GRANDES ÉNIGMES
de l'humanité

GRANDES ÉNIGMES
de l'humanité

LAROUSSE

Directeur éditorial
Carl Aderhold

Édition
Janine Faure

Secrétariat d'édition
Nora Schott, Danielle Cretien, Fabienne Vaslet

Conception graphique
henri-françois Serres Cousiné

Fabrication
Martine Toudert

Réalisation
Libris, Grenoble

Responsable éditorial
Paul André

Mise en page
Stéphane Georis, Gabriel Mathé, Laure Roussel, Sandrine Stéfaniak

Recherche iconographique
Élodie Billet, Silvan Cabot, Michaël Dizet

Ce livre a été conçu à partir d'une sélection de textes d'ouvrages Larousse : « Les grandes énigmes » (collection « Mémoires de l'humanité », © 1992), « Le portail des sciences » et de nouveaux textes écrits par Judith Simony et Frédéric Munier (pour les pages, 36 à 39, 42-43, 73, 230-231 et 308-309), par Thierry Olivaux (pour les pages 14 à 17) et par Renaud Thomazo (pour les pages 154-155 et 345-347).

Distributeur exclusif au Canada :
Messageries ADP, 1751, Richardson, Montréal, Québec

ISBN : 2-03-505347-1

Préface

L'histoire des grandes énigmes est celle de l'humanité.

Parce qu'elles plongent acteurs et spectateurs dans un autre ordre que celui de la réalité habituelle, parce qu'elles révèlent nombre de peurs et aussi d'espoirs jusqu'alors cachés ou tus, ces énigmes témoignent à leur façon, modeste et déroutante, du chemin parcouru par les hommes depuis la préhistoire jusqu'à nos jours.

Elles lèvent le voile sur ce que les livres d'histoire ignorent habituellement ou croient réduire et expliquer en affublant du nom de croyance ou de superstition. Ce livre qui retrace à travers une douzaine de thèmes, les énigmes les plus importantes de l'humanité, n'a pas pour but de juger, mais de montrer, de condamner, mais de comprendre, de stigmatiser, mais d'expliquer. Découvrir qui furent nos aïeux, quelles étaient leurs peurs, leurs attentes, leur façon de se représenter le monde, tel est l'un des principaux buts de cet ouvrage.

Il serait facile de rire de certaines questions que se sont posés nos aïeux, et peut-être plus encore des réponses apportées, mais toute cette histoire, faite d'incompréhensions, d'erreurs aussi, de drames parfois, nous raconte le grand combat entre l'ombre et la lumière qui est le nôtre depuis l'aube des temps. On pourrait parler de naïveté ou d'ignorance, mais il s'agit bien plus sûrement d'un autre rapport au monde, d'une autre façon de percevoir, entendre, sentir les phénomènes. Toute réalité offre de multiples interprétations, dont l'efficacité dépend tout à la fois de son résultat pratique mais aussi du système de pensée et de représentation propre à chaque civilisation, à chaque époque. Surtout, les voies de la vérité sont impénétrables, ou plutôt imprévisibles. Telle erreur qui fait aujourd'hui sourire, a pu se révéler féconde et permettre à la science de faire des progrès importants.

Mais cet ouvrage manquerait à son but, si, en même temps, il n'ouvrait pas toutes grandes les portes de l'imaginaire. Il s'agit aussi et peut-être avant tout, de raconter, de piquer la curiosité, d'éveiller en chacun l'envie de réfléchir, penser et rêver. Trésors cachés, monstres des profondeurs ou des cimes, revenants et phénomènes inexpliqués peuplent ce livre, comme lorsque enfants, nous écoutions, fascinés, les récits de quelque oncle ou grand-parent. Tant il est vrai que, comme disait Baudelaire, l'action est sœur du rêve.

Les énigmes, et avec lui le merveilleux, changent au fil des siècles. Si aujourd'hui, la pierre philosophale n'est plus perçue que comme une curiosité, voire un bon sujet de roman ou de film, d'autres énigmes se posent à nous, comme si, aussi sophistiqués que soient désormais nos moyens d'investigations et de contrôle, cette part d'inexpliqué demeure présente, irréductible, ressurgissant à chaque nouvelle avancée, aussi forte, aussi nécessaire qu'avant. Nécessaire à double titre : comme un défi qui permet aux scientifiques et aux chercheurs d'avancer ; comme un élargissement des horizons et un retour sur soi, sur ses propres pensées et habitudes, ses propres peurs aussi.

Car sur quoi reposent les énigmes ? Sur un certain nombre de sentiments simples et forts, comme la terreur, la croyance, le désir, et les réponses qu'elles nous proposent, appartiennent au domaine de la magie, de l'illusion et du rêve.

Ce sont ces apports particuliers qui font des grandes énigmes un élément primordial au destin des hommes. Loin d'être une zone trouble, plus ou moins reconnue et à laquelle on n'accorde une place qu'à contrecœur, elles constituent au contraire les interrogations essentielles et permanentes de notre histoire. Elles sont notre part d'enfance qui se refuse à mourir, essentielle à notre développement, elles sont notre part de rêve et d'interrogations sans quoi l'homme n'est que pour moitié lui-même…

Après tout, sommes-nous si sûrs de notre rationalité ?

Sommaire

PP. 8 À 33
CHAPITRE I
Entre mythes et sciences

• Comment tout a-t-il commencé ? • La vie serait-elle d'origine extraterrestre ? • De qui descendons-nous ? • Le Déluge a-t-il eu lieu ? • Existe-t-il de la vie ailleurs que sur Terre ? • Des visiteurs de l'espace auraient-ils atterri à Nazca ? • Les « soucoupes volantes » débarquent… • Que s'est-il passé à Roswell ? • Notre planète est-elle condamnée à disparaître ? • Catastrophes pour demain ? •

PP. 34 À 67
CHAPITRE II
Les mystères de la Bible et du christianisme

• Qui a écrit la Bible ? • Quelle est cette « étoile » qui guida les Rois mages ? • Sait-on vraiment où se trouve le tombeau du Christ ? • L'Amérique était-elle le Paradis terrestre ? • Où se trouve le royaume du Prêtre Jean ? • Où est la sépulture de saint Pierre ? • Comment un saint décapité marcha en portant sa tête • Saint Ronan, un dieu celte ? • Saint François portait-il les blessures du Christ ? • Comment l'extase vient à sainte Thérèse • Constantin voit la croix du Christ • Le suaire de Turin : relique ou icône ? • Les prodiges d'une relique • Apparitions ou hallucinations dans la grotte de Lourdes • Une femme est-elle montée sur le trône pontifical ? •

PP. 68 À 97
CHAPITRE III
Le sens caché dévoilé

• Mathusalem est-il mort à 969 ans ? • Qui était « l'immortel » comte de Saint Germain ? • L'oracle de Delphes était-il vraiment clairvoyant ? • Prophéties et divinations dans l'Antiquité • Les astres influencent-ils le destin ? • Nostradamus, prince des astrologues ? • Nicolas Flamel avait-il découvert la pierre philosophale ? • Qui étaient les rose-croix ? • Un franc-maçon à la Bastille • Le magnétisme animal, fiction ou réalité ? •

PP. 98 À 117
CHAPITRE IV
Dans les griffes du diable

• Un terrible tribunal secret se substitue aux autorités • Le livre qui alluma les bûchers • Le démon est-il apparu à Salem ? • Urbain Grandier était-il l'envoyé du démon ? • Qu'est-ce qui agitait les convulsionnaires de Saint-Médard ? • Quand les momies sortent de terre • Comment le vaudou fabrique des zombis •

PP. 118 À 145
CHAPITRE V
Au cœur des phénomènes paranormaux

• Le spectre d'Anne Boleyn est-il apparu à une sentinelle ? • Le futur George V a-t-il croisé un vaisseau fantôme ? • Une maison a-t-elle été attaquée par un « hôte » invisible ? • À l'épreuve des braises • Quand frappe le feu du Ciel • La fin du Titanic a-t-elle été prévue 14 ans à l'avance ? • Les lamas tibétains sont-ils dotés de pouvoirs étranges ? • Des coups frappés au mur • Les lévitations d'un grand médium • Des soldats ont-ils disparu dans un nuage ? • Que s'est-il passé lors de l'expérience Philadelphie ? • Le Triangle des Bermudes ouvre-t-il sur d'autres mondes ? • La réincarnation est-elle possible ? •

PP. 146 À 177
CHAPITRE VI
Créatures et bêtes extraordinaires

• Le vrai visage de Dracula • Gilles de Rais : ogre ou Barbe-Bleue ? • Mi-hommes mi-loups • Le rêve du Dr Frankenstein va-t-il se réaliser ? • L'homme peut-il survivre en dehors de la société ? • Quelle est la frontière entre l'inné et l'acquis ? • Faut-il avoir peur du grand méchant loup ? • La bête de Gévaudan, un tueur en série du XVIIIe siècle • Où se trouve le cimetière des éléphants ? • Yéti y es-tu ? • Qui sont ces sirènes qui sifflent sur les mers ? • Où est passé le grand serpent de mer ? • Qu'abrite le Loch Ness ? •

PP. 178 À 207
CHAPITRE VII
Dans le secret des langues, des peuples et des cultures

• Un mystérieux royaume englouti sous les eaux • Un volcan ébranle la Méditerranée • Que sont devenus les enfants d'Israël ? • D'étranges monticules laissés par des Indiens disparus • Une langue indéchiffrable : l'Étrusque • Le mystère des nœuds des Incas • Pourquoi des intouchables en Inde ? • D'où viennent les Polynésiens ? • Une louve aux origines de Rome ? • Les Basques, rescapés du Déluge ? • Un royaume sans hommes ? • Des tatouages pour les morts • Pourquoi les Jivaros réduisent les têtes ? •

PP. 208 À 237
CHAPITRE VIII
Constructions mystérieuses

• La tour de Babel a-t-elle existé ? • Le labyrinthe du Minotaure : palais ou prison ? • À quoi servaient les alignements de Carnac ? • Stonehenge, lieu de culte ou observatoire astronomique ? • Pour qui a-t-on édifié les statues de l'île de Pâques ? • Le tombeau de Khéops construit grâce au nombre π • À quoi ressemblait le phare d'Alexandrie ? • Pourquoi les Mayas ont-ils abandonné leurs titanesques cités ? • Tihuanaco, une ville de pierres construite dans d'étranges conditions • De biens étranges principes pour bâtir une cathédrale •

PP. 238 À 271
CHAPITRE IX
Mystères de l'histoire de France

• Les Gaulois pratiquaient-ils des sacrifices humains ? • « Alésia ? connais pas Alésia ! » • Les aïeux de Clovis venaient-ils de Troie ? • Les rois mérovingiens étaient-ils fainéants ? • Les rois de France guérissaient-ils les écrouelles ? • Y avait-il un trésor à Montségur ? • Qu'est devenue la fortune des Templiers ? • Qui se cachait sous le masque de fer ? • Charles Geneviève d'Éon, chevalier ou chevalière ? • Louis XVII est-il bien mort en 1795 ? • Napoléon a-t-il été empoisonné à l'arsenic ? • Un meurtre a-t-il été maquillé en suicide ? • La danseuse « hindoue » était-elle vraiment coupable ? •

PP. 272 À 291
CHAPITRE X
Imposteurs et prétendants

• Catherine II devait-elle trembler pour son trône ? • Qui était Gaspard Hauser ? • Le nouveau-né assassiné était-il bien Jean Ier ? • Richard d'York a-t-il survécu à son assassinat ? • Louis-Philippe aurait-il dû ne jamais régner ? • Jeanne d'Arc a-t-elle échappé au bûcher ? • Le roi Sébastien est-il mort à Alcaçar-Quivir ? • Comment un imposteur devint tsar • Alexandre Ier a-t-il choisi de disparaître ? •

PP. 292 À 327
CHAPITRE XI
Dans l'ombre de l'histoire

• L'homme de Similaun livrera-t-il un jour tous ses secrets ? • Qu'est devenue la belle Nefertiti ? • Ramsès III assassiné par ses femmes ? • Qui protège la tombe de Toutankhamon ? • La guerre de Troie a-t-elle eu lieu ? • Homère a-t-il existé ? • Où se trouvaient les mines du roi Salomon ? • La reine de Saba, ancêtre du Négus ? • Riche comme Crésus le Lydien • Des Phéniciens sont-ils arrivés en Amérique du Sud ? • Des signes prémonitoires ont-ils annoncé sa mort à César ? • Néron a-t-il brûlé Rome ? • Le roi Arthur : légende ou réalité ? • La grande peur de l'an 1000 a-t-elle existé ? • L'Eldorado est-il un mythe ? • Combien d'or perdu par les conquistadores ? • Que cachent les Sargasses ? •

PP. 328 À 347
CHAPITRE XII
Drames modernes

• Comment a été assassiné Raspoutine ? • La fille de Nicolas II a-t-elle survécu au massacre de sa famille ? • Hitler était-il sous l'influence de sociétés secrètes ? • Où est passé le cadavre du Führer ? • Qu'est devenu Martin Bormann ? • Pourquoi a-t-on assassiné Kennedy ? • Un effroyable complot •

GENÈSE
pages 10 à 19

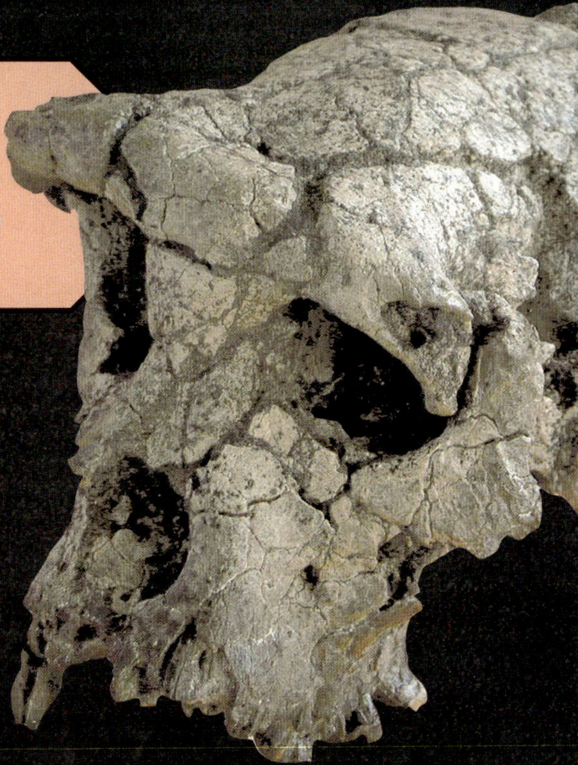

FIN DU MONDE
pages 30 à 33

EXTRATERRESTRES
pages 20 à 29

CHAPITRE I

Entre mythes et sciences

D'OÙ VENONS NOUS ? SOMMES-NOUS SEULS DANS L'UNIVERS ? LA PLANÈTE VA-T-ELLE DISPARAÎTRE ? AUTANT DE QUESTIONS FONDAMENTALES QUI TRAVERSENT TOUTES LES CIVILISATIONS.

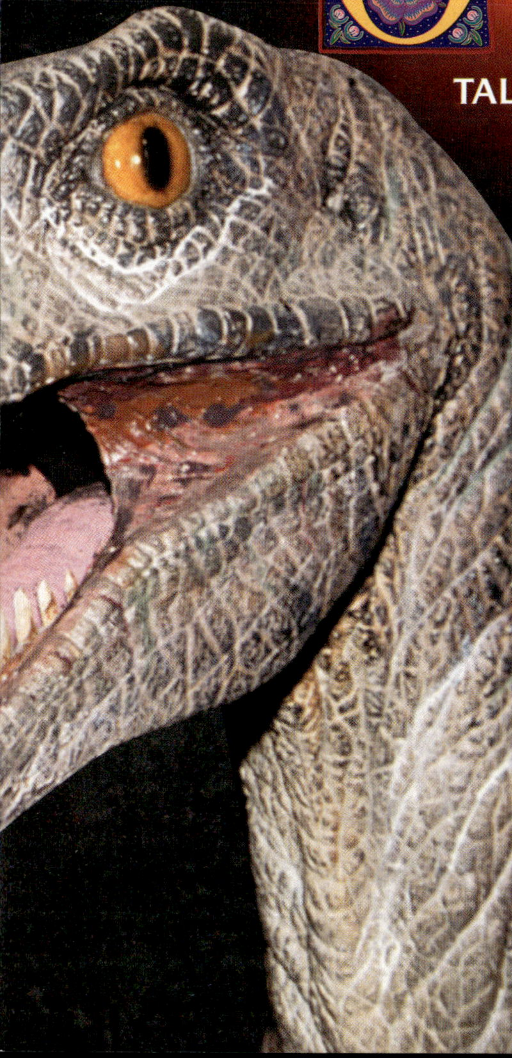

Entre création et apocalypse, silence infini de l'espace et présence d'extraterrestres, les hommes ont cherché avec ardeur et foi aussi des explications satisfaisantes pour calmer leurs inquiétudes. Religion, philosophie, occultisme et science ont, chacune à leur façon, tenté d'apporter ces réponses. Mais entre l'homme des cavernes qui, il y a 100 000 ans, tentait de survivre dans un monde hostile et le citoyen d'aujourd'hui impuissant à enrayer les dégradations écologiques de la planète, la différence est-elle si grande ?

GENÈSE

Comment tout a-t-il commencé ?

Depuis les réflexions des philosophes de la Grèce antique jusqu'aux observations des astrophysiciens actuels, la façon dont les hommes ont considéré l'Univers a profondément changé. Mais beaucoup de questions restent encore sans réponse…

• Un Univers d'abord philosophique ou religieux

Pendant longtemps, ce n'est pas à la science, mais à la philosophie et à la religion qu'on demandait l'explication de l'Univers. Ainsi, lorsqu'au IVe siècle av. J.-C. le Grec Eudoxe de Cnide décrit l'Univers, il place la Terre, immobile, en son centre. Le Soleil et les planètes tournent autour d'elle, entraînés par un jeu de sphères en rotation. Quant aux étoiles, elles sont situées sur la plus grande des sphères, appelée « sphère des fixes », et constituent les limites de l'Univers. Perfectionnée par le savant grec Ptolémée au IIe siècle apr. J.-C., cette vision restera la référence pendant près de 14 siècles.

• La Terre et le Soleil changent de place

En 1543, Nicolas Copernic révolutionne l'astronomie en plaçant le Soleil au centre de l'Univers. Cependant, le monde héliocentrique de l'astronome polonais est toujours sphérique, et s'arrête encore aux étoiles fixes.

L'Univers ne « s'ouvre » réellement qu'en 1609, lorsque Galilée dirige pour la première fois une lunette astronomique vers le ciel. Il découvre alors que la Voie lactée, considérée jusque-là comme une sorte de nébuleuse blanche, est en fait composée d'une multitude d'étoiles qui sont autant de soleils. Relégué au rang d'étoile parmi les autres, le Soleil perd sa place de centre de l'Univers en 1784, lorsque William Herschel découvre que « notre » étoile se trouve au bord de la Galaxie, dont la partie visible est la Voie lactée, qui n'est rien d'autre qu'un disque rempli d'étoiles.

• L'Univers ni immuable, ni éternel

Mais la véritable révolution a lieu au XXe siècle, grâce à l'observation à l'aide de grands télescopes, et à la théorie du big bang. La première a donné à l'Univers sa vraie dimension, et la seconde lui a restitué une histoire.

Au début du XXe siècle, en effet, les scientifiques sont encore persuadés que l'Univers est immuable et éternel : il a toujours été et continuera d'exister tel qu'il est actuellement. Mais alors pourquoi l'Univers, pourtant dominé par la force de gravitation qui attire tous les objets les uns vers les autres, ne s'effondre-t-il pas sur lui-même ? Et si l'Univers est constitué d'un nombre infini d'étoiles qui existent depuis toujours, pourquoi nous apparaît-il sombre et non entièrement brillant ?

La réponse théorique à ces deux questions est donnée entre 1922 et 1927 par le Russe Alexandre Friedmann et le Belge Georges Lemaître, à l'origine de la théorie du big bang. L'Univers n'est pas statique : il est en expansion. L'Univers n'est pas là depuis toujours : il est né voilà 15 milliards d'années. Et, depuis ce moment, il est passé d'un état extrême-

La théorie du big bang, un modèle à parachever

L'évolution de l'Univers dans les premiers instants qui suivirent le big bang est retracée sur la base des acquis de la physique des particules.

L'Univers primordial était un gaz formé de particules et d'antiparticules animées de mouvements désordonnés à des vitesses proches de celle de la lumière. Au gré d'incessantes collisions, certaines particules s'annihilèrent, tandis que d'autres apparurent. Les protons et les neutrons commencèrent à se combiner une seconde après le big bang. Dans les minutes suivantes, une intense activité nucléaire permit la formation de noyaux atomiques légers (hydrogène et hélium, principalement). Cette étape dura moins d'un quart d'heure.

À ces premières minutes exceptionnellement mouvementées succéda une longue période tranquille. Ce n'est que 300 000 à 400 000 ans plus tard, lorsque la température s'abaissa au-dessous de 3 000 degrés, que le rayonnement put enfin se propager librement. Les premières galaxies se seraient formées un milliard d'années environ après le big bang, selon un processus encore mal élucidé.

ment dense et chaud à l'état très dilué et froid que nous connaissons aujourd'hui. Ce que l'observation confirme très vite. Dès 1924, l'astronome américain Edwin Hubble découvre que l'Univers est formé d'une multitude de galaxies comparables à la nôtre, et donne alors à l'Univers toute sa profondeur. En 1929, il constate que ces galaxies s'éloignent les unes des autres : l'Univers est bien en expansion.

• Un modèle scientifique solide, pour le moment…

Aujourd'hui, la théorie du big bang, bien que controversée par certains astrophysiciens, reste le modèle le plus solide. De nombreuses observations sont venues confirmer ses prédictions : l'abondance actuelle des éléments, comme l'hydrogène et l'hélium ; l'étude des galaxies très lointaines, repérées à près de 15 milliards d'années-lumière ; la découverte du rayonnement cosmologique de fond par Arno Penzias et Robert Wilson en 1965, puis son étude détaillée grâce au satellite COBE en 1992.
Sur Terre, les expériences de physique des particules, réalisées dans les grands accélérateurs comme celui du Cern (Laboratoire européen pour la physique des particules), à Genève, sont venues compléter ces observations.

• … mais tout n'est pas résolu…

La théorie du big bang ne donne cependant pas toutes les réponses, notamment en ce qui concerne l'avenir de l'Univers. La gravitation va-t-elle l'emporter sur l'expansion, et l'Univers se terminera-t-il en un « big crunch », l'inverse du big bang ? Ou les deux forces s'équilibreront-elles et l'expansion sera-t-elle stoppée ? Les dernières observations de supernovae (explosions d'étoiles) très lointaines semblent indiquer que l'expansion n'est pas près de s'arrêter : au contraire, elle serait plutôt en train de s'accélérer.
Mais bien d'autres questions demeurent : l'Univers est-il fini ou infini ? Qu'y avait-il avant le big bang ? Notre Univers est-il né d'un autre Univers plus grand ?

Selon la théorie d'Edwin Hubble, les galaxies s'éloignent les unes des autres… l'univers serait donc en perpétuelle expansion…

GENÈSE

La vie serait-elle d'origine extraterrestre ?

Il y a 4 milliards d'années, la Terre était bombardée d'une multitude de petits corps célestes. Certains d'entre eux auraient-ils contenu les éléments chimiques précurseurs des molécules biologiques ?

• Des composés organiques tombés du ciel

En 1906, le Suédois Svante Arrhenius émet l'hypothèse selon laquelle la vie serait née de l'ensemencement de la Terre par des composés organiques extraterrestres. Il suppose ainsi que des germes de vie ont été apportés depuis l'espace jusqu'à la surface terrestre.

Rapidement réfutée et remplacée par un scénario uniquement terrestre, cette théorie connue sous le nom de « panspermie » est remise au goût du jour dans les années 1960, alimentée par les recherches de scientifiques travaillant sur les possibilités de vie extraterrestre dans l'Univers. Ils ont découvert que certains objets (météorites ou comètes, par exemple) contiennent des composés organiques qui entrent dans la chimie de la vie. Ces corps célestes pourraient donc être à l'origine de son apparition sur Terre ou, du moins, y avoir fortement contribué.

• Des comètes ont-elles « ensemencées » la Terre ?

Les planètes du système solaire se sont formées, il y a environ 4,6 milliards d'années. Depuis, chaque corps céleste a évolué, sauf les comètes et les météorites, qui restent les seuls témoins de la construction de la nébuleuse solaire. Il y a 4 milliards d'années, toutes les planètes ont subi un « bombardement » intense qui aurait duré environ 300 millions d'années. On estime que la Terre a alors pu recevoir, chaque jour, des centaines de milliers de tonnes de matières extraterrestres provenant, entre autres, de comètes et de météorites. Or, on sait que le noyau d'une comète contient de l'eau sous forme de glace et des composés organiques. On a découvert en 1986, grâce à la sonde spatiale Giotto, que le noyau de la comète de Halley renfermait de l'acide cyanhydrique et du formaldéhyde.

En présence d'eau liquide, ces deux composés carbonés peuvent conduire aux éléments de base des protéines et des acides nucléiques (ADN et ARN). Ainsi, en tombant sur la Terre primitive, des fragments de comètes ont peut-être contribué à l'apparition de la vie.

• Des particules infimes à l'origine de la vie

Si la vie est venue de l'espace, les météorites et, surtout, les micrométéorites ont dû jouer un rôle prééminent. En effet, parce qu'elles sont très petites (avec une taille inférieure à un millimètre), ces microparticules résistent mieux que des particules plus grandes lorsqu'elles entrent dans l'atmosphère terrestre : seule la surface de ces grains de poussière cosmique se consume

Des scientifiques ont découvert que de simples fragments de comète pouvaient être à l'origine de la vie. (Ici, la comète de Halley.)

(ce qui engendre le phénomène des « étoiles filantes »), mais leur contenu intime est préservé.

On trouve parmi les météorites qui ont bombardé la Terre un type particulier de celles-ci : les chondrites carbonées. Très riches en carbone et en eau, ces météorites contiennent aussi de l'hydrogène, de l'oxygène, de l'azote, des argiles et des molécules organiques. Ces chondrites auraient-elles pu fournir à la Terre les éléments nécessaires à la naissance de molécules biologiques ? L'analyse de l'une d'entre elles, tombée en 1969 près de Murchinson, en Australie, a révélé la présence de huit acides aminés, unités constituant les protéines indispensables à la vie.

On a roulé sur Mars, mais y a-t-on trouvé de la vie ?

Le 4 juillet 1997, la sonde Mars Pathfinder s'est posée avec succès sur la planète rouge. Le site d'atterrissage, baptisé Ares Vallis, est situé au confluent de deux anciens chenaux, maintenant asséchés, où se sont produites des inondations catastrophiques d'eau et de boue, il y a 2 à 3 milliards d'années.

Il s'agissait avant tout pour la NASA de tester un nouveau concept de sonde. Une fois au sol, celle-ci a lâché un petit robot mobile de 10,5 kg, Sojourner, qui a été guidé parmi les rochers afin d'analyser leur composition chimique.

Les premières images ont montré un paysage beaucoup plus chaotique que celui observé précédemment : de nombreux blocs de roche, arrachés en amont, charriés, puis abandonnés, jonchent la surface du sol. Certains sont gris, d'autres tapissés de cavités partiellement remplies de poussières, attestant une érosion par le vent. Le sol brun-jaune est de nature sableuse et non poussiéreuse. À l'horizon, sur les flancs des deux collines baptisées « Twin Peaks », hautes de 30 à 40 mètres, des planétologues ont cru voir des traces d'érosion dues au passage des eaux. Enfin, la couleur rose du ciel martien est essentiellement due aux fines poussières rouges en suspension dans l'atmosphère.

Mais, pour le moment, hélas, nulle trace de Martiens… ou alors, ils se cachent bien !

Le petit robot mobile lâché sur la planète rouge en 1997 n'a croisé aucun Martien…

• Une faune étrange dans les profondeurs océaniques

On a aussi récemment associé la théorie de la panspermie à un autre scénario de l'origine de la vie sur Terre. Des scientifiques imaginent que les molécules biologiques seraient nées au fond des océans, à proximité de sources hydrothermales chaudes, qui forment des concrétions appelées « fumeurs noirs », du fait des volutes de sulfures noirâtres qui s'en dégagent.

Aujourd'hui, certains supposent que les micrométéorites seraient tombées sur le plancher océanique, près de ces fumeurs noirs. L'épaisseur de l'océan aurait alors fourni aux molécules organiques une protection contre les conditions climatiques difficiles qui régnaient à la surface du globe. De plus, la chaleur et les minéraux des sources hydrothermales auraient favorisé les réactions chimiques conduisant à l'apparition des molécules biologiques. Qui plus est, à la fin des années 1970, on découvrit autour de certains de ces « fumeurs » une faune étrange, dont la plupart des espèces semblaient ancestrales.

De qui descendons-nous ?

Tout le monde a en tête ces dessins montrant un singe qui se redresse petit à petit pour se transformer en homme. On sait aujourd'hui que cette idée d'une évolution en droite ligne menant à l'homme moderne ne correspond pas du tout à la réalité : plus les découvertes se succèdent et plus nos ancêtres se diversifient et se multiplient.

• Un aïeul qui ne fait pas honneur

Tout commence en 1856 par la découverte d'un morceau de crâne d'aspect très étrange dans une grotte de la vallée de Neander, près de Düsseldorf en Allemagne. Les commentaires les plus fantaisistes se succèdent. Franz Carl Mayer, éminent professeur d'anatomie à l'Université de Bonn conclut : « Ce pourrait être un cosaque de l'armée du général Tchernitcheff qui a campé dans le voisinage avant de traverser le Rhin le 14 janvier 1814. Ces os seraient ceux d'un déserteur qui se serait caché et serait mort là. » Les scientifiques d'alors ne peuvent en effet admettre que ce crâne, avec son front fuyant, ses arcades sus-orbitaires proéminentes soit celui de notre ancêtre ! À l'époque, si l'on commence à admettre l'idée qu'il y a eu des hommes avant Adam, on ne peut les envisager que beaux et bien formés. La multiplication, dans les décennies suivantes, des découvertes de restes d'hommes de Neandertal, prouve qu'il s'agit pourtant d'un type humain répandu et non d'un individu isolé et dégénéré. Heureusement la mise au jour en 1868, d'un homme fossile, dans l'abri sous roche de Cro-Magnon, en Dordogne, rassure tout le monde : Cro-Magnon présente une haute stature et un front presque vertical. Enfin un ancêtre convenable. Mais quel statut donner alors à la race néandertalienne ? Et surtout comment s'est écrit notre histoire ?

• Un singe pour ancêtre ?

Dans *l'Origine des Espèces* (1859), Darwin démontre que les espèces évoluent au cours du temps par un processus de sélection naturelle. Mais ce n'est qu'en 1871, dans *la Descendance de l'Homme et la Sélection sexuelle*, qu'il ose appliquer sa théorie à l'espèce humaine. Selon lui, l'évolution nous rattacherait aux singes, dont nous serions les descendants. Cette thèse fait bien sûr scandale. Une deuxième découverte survenue en 1891 vient cependant conforter cette thèse. À Java, Eugène Dubois, jeune médecin militaire hollandais et lecteur enthousiaste de Darwin, met au jour une calotte crânienne, puis un fémur qu'il identifie comme d'origine humaine et qu'il baptise Pithécanthrope (ces restes sont aujourd'hui attribués à *Homo erectus*). Il pense avoir découvert le chaînon manquant, « la forme de transition qui, selon les lois de l'évolution, doit avoir existé entre l'Homme et les anthropoïdes. » Comme l'homme de Neandertal, l'*homo erectus* se heurte au scepticisme des savants. L'un d'eux estime qu'il « représente une forme amplifiée, géante, du singe »... Mais là encore, d'autres découvertes à Java et en

La thèse de Charles Darwin selon laquelle l'homme descend du singe a marqué un tournant dans les théories sur l'évolution de l'espèce humaine.

Chine (l'homme de Pékin) viennent confirmer les théories de Dubois. L'homme vient de se trouver des ancêtres bien plus lointains que Cro-Magnon, puisque l'*homo erectus* est daté d'un million d'années.

• *Le premier Australopithèque*

En 1924, un jeune professeur d'anatomie d'origine australienne travaillant à Johannesburg (Afrique du Sud), Raymond Dart, demande à un de ses collègues géologue de se rendre dans les carrières de calcaires de Taung, au nord de Kimberley (ville célèbre pour ses mines de diamants) pour ramasser quelques blocs à la recherche de fossiles. Quelle n'est pas la surprise du géologue de voir, sur le bureau du chef de chantier un petit crâne. L'homme lui répond qu'il s'agit probablement d'un Bushman et l'offre à son visiteur qui le rapporte à Dart. Bien que le crâne soit celui d'un enfant âgé de six ans environ, celui-ci pressent immédiatement l'importance de la découverte et déclare dans la revue *Nature* avoir trouvé un nouvel ancêtre : l'Australopithèque. La petitesse de la boîte crânienne, qui laisse supposer un cerveau peu important, tout autant que le lieu de la découverte, l'Afrique, heurtent la communauté scientifique, qui classe l'Australopithèque parmi les singes. Dart part à Londres convaincre ses détracteurs. Mais il oublie son fossile dans un taxi et il faut toute l'habileté de Scotland Yard, pour retrouver le précieux crâne, emballé dans du papier journal, chez le chauffeur londonien, très intrigué par cet objet…

Lucy ou « Little foot » ?

La célèbre Lucy (*Australopithecus afarensis*), découverte en 1974 en Éthiopie, n'est plus considérée comme « notre » ancêtre. Cette « cousine » éloignée, âgée de 3,2 millions d'années, conserve en effet de nettes aptitudes à la vie dans les arbres. Des empreintes de pas de 3,8 millions d'années découvertes en Tanzanie en 1978, appartiendraient à une autre espèce, qui serait le véritable ancêtre du genre *Homo*. Le squelette très bien conservé d'un « australopithèque » daté de 3,3 millions d'années et découvert en 1993 en Afrique du Sud, chez lequel la morphologie du pied est beaucoup plus moderne que celui de Lucy (d'où son surnom de « Little foot »), renforce cette hypothèse. Les plus anciens outils, datés de – 2,8 millions d'années (vallée de l'Omo, Éthiopie) sont peut-être aussi attribuables à l'un de ces « pré-*Homo* ».

La découverte du crâne de Tumai, vieux de 6 à 7 millions d'années, bouleverse l'histoire de l'humanité.

• *Parents mais pas descendants*

Depuis les années soixante, sous l'impulsion notamment d'une étonnante dynastie de paléontologues d'origine anglaise, les Leakey (Louis et sa femme Mary, puis leur fils Richard et leur belle-fille Meave), ainsi que du Français Yves Coppens, qui met au jour le squelette de la célèbre Lucy, l'histoire naturelle de l'homme a fait des progrès gigantesques. Ainsi l'âge de l'homme lui-même (le genre *Homo*) a-t-il été repoussé à plus de 2,5 millions d'années. Et ses origines s'enracinent de plus en plus profondément dans celles du monde animal…

Si bien des incertitudes demeurent quant aux filiations précises depuis les hominidés jusqu'à l'homme moderne, plusieurs points semblent désormais acquis.

Aujourd'hui, on place les grands singes africains (gorilles et chimpanzés), les australopithèques, les hommes et leurs ancêtres dans la même famille zoologique, celle des hominidés. Parenté mais pas filiation. Autrement dit nous ne descendons pas des grands singes africains, mais nous avons des ancêtres communs.

... De qui descendons-nous ?

Les gènes des chimpanzés auraient 98 % de similitude avec les gènes humains. Cette thèse amorcée par les adeptes de la théorie de Darwin au sujet de l'ADN est souvent considérée par les scientifiques comme trompeuse.

• L'Afrique, berceau de l'humanité

Les découvertes les plus récentes confirment l'origine africaine de l'homme. C'est en Afrique orientale, il y a quelque 25 millions d'années, que s'opère tout d'abord la séparation des « Petits Singes », lointains ancêtres des macaques et autres babouins, et des « Grands Singes », auquel nous appartenons au même titre que le gorille, le chimpanzé et l'orang-outan.

• Les singes à l'ouest, les australopithèques à l'est

Beaucoup plus tard, il y a 8 millions d'années, une grande fracture de l'écorce terrestre, qui forment aujourd'hui les vallées du Rift de l'est africain, entraînent l'élévation des hauts plateaux d'Afrique orientale, créant ainsi une barrière bloquant l'arrivée des pluies venant de l'ouest. Cette barrière climatique est la cause de la divergence entre la lignée de l'homme et celle des grands singes africains actuels, entre - 7,5 et - 5 millions d'années : dans l'ouest africain, les ancêtres des chimpanzés et des gorilles vivent dans la forêt tropicale, tandis qu'à l'est du Rift, de l'Éthiopie à l'Afrique du Sud, les primates doivent s'adapter à un environnement de savanes arborées sèches, et donnent naissance aux australopithèques. Ce scénario dit de l'« East Side Story », proposé par Coppens en 1983, est désormais classique.

• « Millenium ancestor » et « Tumai »

Malheureusement, les restes fossiles de cette période, cruciale pour l'histoire de l'homme ont longtemps consisté en tout et pour tout en un minuscule fragment de mandibule et une dent. Mais deux découvertes sensationnelles ont récemment changé la donne. En 2000 c'est d'abord, au Kenya, celle d'*Orrorin tugenensis* (baptisé « Millenium ancestor » par la presse), un hominidé âgé de 6 millions d'années. Surprise : il montre déjà de nettes prédispositions à la locomotion redressée, ce qui suggère que la bipédie est apparue bien plus tôt qu'on ne le pensait. Puis en 2002, on annonce la découverte, au Tchad cette fois, d'un crâne d'hominidé vieux de 7 millions d'années ! Baptisé « Tumai » (*Sahelanthropus* pour les spécialistes), ce spécimen montre un mélange de caractères de gorille et d'humain.

• Une multitude de lignées

Le plus ancien australopithèque connu, *Australopithecus anamensis*, découvert au Kenya en 1994, est âgé d'un peu plus de 4 millions d'années. Bien qu'encore très primitif, il semble indiscutablement engagé sur la lignée de l'homme. *Kenyanthropus*, découvert en 1999 (âge estimé : 3,5 millions d'années) a une face aplatie et des dents très humaines. Il représente aujourd'hui un candidat sérieux au titre d'ancêtre direct du genre humain (*Homo*). Entre - 3 millions et - 1 million d'années, la famille des hominidés connaît un véritable foisonnement d'espèces. On compte ainsi pas moins de 5 espèces d'australopithèques et 3 ou 4 espèces d'*Homo*. Chez les australopithèques, certains conservent une alimentation plutôt végétarienne et une morphologie gracile, tandis que d'autres retournent à un régime de racines et de tubercules, ce qui nécessite de très puissantes mâchoires et de larges molaires. Ces australopithèques « robustes » seront les derniers survivants du groupe : ils s'éteignent il y a 1 million d'années.

• Les premiers hommes

Le premiers humains (du genre *Homo*) apparaissent vers - 2,5 millions d'années avec *Homo habilis* (en Afrique de l'Est et en Afrique du Sud) et *Homo rudolfensis* (en Tanzanie). Petits (1,50 m tout au plus), ils

Les Homo erectus maîtrisaient la taille de la pierre. On doit aux derniers d'entre eux la maîtrise du feu.

se distinguent des Australopithèques par une locomotion bipède permanente, une denture omnivore à tendance carnivore plus marquée, et une capacité crânienne plus importante. Ils taillent des outils (galets aménagés). Plus récent, *Homo ergaster* (- 1,6 million d'années), connu par un squelette découvert à l'ouest du lac Turkana, est beaucoup plus moderne, et nettement plus grand (près d'un mètre quatre-vingts !).

En 2000, la découverte de deux crânes d'hominidés vieux d'1,8 million d'années en Géorgie a confirmé que *Homo* s'était déployé très tôt sur le continent africain puis hors d'Afrique.

• De l'Homo erectus à l'Homo sapiens

Homo erectus est bien connu par des fossiles en Afrique, en Europe et en Asie jusqu'à Java, entre - 1,5 million d'années et - 200 000 ans. C'est à l'*Homo erectus* de Chine qu'on attribue la maîtrise du feu, il y a quelque 500 000 ans.

Entre - 250 000 et - 100 000 ans se différencie « notre » espèce *Homo sapiens*, mais ses origines sont extrêmement discutées. Toutefois, les dernières découvertes semblent indiquer que le berceau d'*Homo sapiens* se situerait en Afrique du Sud. L'Europe étant plus ou moins isolée à cette époque, la souche d'*Homo* locale, l'« homme de Tautavel » par exemple, aurait évolué vers les néandertaliens, considérés parfois comme une espèce distincte de la nôtre (*Homo neandertalensis*).

Il y a 40 000 ans, des *Homo sapiens* de type moderne, ceux des Eyzies par exemple, sont arrivés du Proche-Orient en Europe, tandis que les derniers néandertaliens s'éteignaient en Espagne 10 000 ans plus tard. L'homme « moderne » était « né ».

GENÈSE

Le Déluge a-t-il eu lieu ?

Sumériens, Européens, Africains, Chinois, Australiens, Sud-Américains, Indiens et Océaniens ont en commun la mémoire d'un déluge qui aurait dévasté la planète plusieurs millénaires avant Jésus-Christ. Les similitudes entre les récits sont frappantes : tous semblent construits sur le même scénario.

• Une arche pour sauver l'humanité

Les chapitres 6 à 8 de la Genèse, dans l'Ancien Testament, rapportent l'histoire du Déluge : Dieu veut supprimer le mal qui a envahi la Terre et décide d'anéantir l'humanité corrompue.

Le récit biblique

« Il y eut le déluge pendant quarante jours sur la terre ; les eaux grossirent et soulevèrent l'arche, qui fut élevée au-dessus de la terre. Les eaux montèrent et grossirent sur la terre et l'arche s'en alla à la surface des eaux. Les eaux montèrent de plus en plus sur la terre et toutes les plus hautes montagnes qui sont sous tout le ciel furent couvertes. Les eaux montèrent quinze coudées plus haut, recouvrant les montagnes.

Alors périt toute chair qui se meut sur la terre : oiseaux, bestiaux, bêtes sauvages, tout ce qui grouille sur la terre, et tous les hommes. Tout ce qui avait une haleine de vie dans les narines, c'est-à-dire tout ce qui était sur la terre ferme, mourut.

Ainsi disparurent tous les êtres qui étaient à la surface du sol, depuis l'homme jusqu'aux bêtes, aux bestioles et aux oiseaux du ciel : ils furent effacés de la terre et il ne resta que Noé et ce qui était avec lui dans l'arche. La crue des eaux sur la terre dura cent cinquante jours. »

Genèse, VII, 17

Un seul homme mérite d'être sauvé : Noé. Dieu s'adresse à lui et lui ordonne de construire une arche pour abriter sa famille et un couple d'animaux de chaque espèce. Lorsque l'arche est terminée, des pluies formidables s'abattent et submergent le monde. Noé et les siens sont durant plusieurs mois ballottés par la tempête. Enfin, la pluie s'arrête et Noé lâche une colombe qui revient avec un rameau d'olivier : la végétation a repris ses droits sur terre. Les eaux refluent, puis déposent Noé et les siens au sommet du mont Ararat, à partir duquel ils repeuplent la Terre.

Ce récit, fusion de deux textes des VIIIe et VIe siècles av. J.-C., a lui-même des origines sumériennes, puis babyloniennes ; dans la version sumérienne du Déluge, Noé s'appelle Zjousoudra. Le récit suivant, babylonien, se trouve dans les tablettes décrivant l'épopée de Gilgamesh : Noé porte alors le nom d'Outanapishtim.

• De Vishnou à Kong-Kong, la permanence d'un mythe

Plusieurs mythes indiens relatent les mêmes faits. On en trouve trace dans certains livres sacrés : le *Satapatha Brahmana*, le *Bhagavata Purana*, et bien sûr le *Mahabharata*. Suivant les versions, Manu (ou Satyaavrata) est prévenu de l'imminence d'un déluge par Vishnou, qui a pris la forme d'un poisson. Sur les conseils du dieu, l'ascète construit un bateau pour abriter les espèces vivant à la surface du monde : il échoue sur une montagne après le reflux des eaux. Dans certaines versions, l'ascète lâche un oiseau, qui revient, branchage au bec.

Au total, 13 récits différents du Déluge nous viennent d'Asie, et 9 d'Océanie, surtout d'Australie. Le Déluge australien est provoqué par un dieu grenouille qui, ayant bu toutes les eaux de la terre, les recrache brutalement. La plupart des quatorze versions sud-américaines donnent comme origine du cataclysme la brouille entre les dieux jumeaux fondateurs du monde : l'un d'eux, frappant du pied sur le sol, fait jaillir des eaux qui viennent recouvrir le monde entier. Dans sept récits venus d'Amérique centrale et seize d'Amérique du Nord, des pluies et des inondations sont à tour de rôle responsables de la catastrophe.

Dans les récits chinois, enfin, le dieu mauvais Kong-Kong abat de sa tête une des colonnes qui soutiennent le ciel : la voûte céleste se crève, laissant passer des trombes d'eau qui viennent noyer toute vie sur terre.

• A-t-on trouvé des vestiges du Déluge ?

En 1929, lors de fouilles archéologiques menées sur le site de l'antique ville sumérienne d'Our, le Dr Wooley découvre une couche argileuse de plus de 2 mètres d'épaisseur. Les analyses montrent qu'il s'agit d'un dépôt laissé par les eaux. Or, des vestiges d'une civilisation plus ancienne sont encore présents sous la couche d'argile.

Cette rupture de l'Histoire a-t-elle été causée par une fantastique arrivée d'eau ? L'épaisseur de la couche argileuse laisse en effet présumer une inondation hors du commun. À Ninive, Babylone, Shourouppak, Ourouk, Kish, Tello et Fara, d'autres fouilles ont mis au jour la même couche sédimentaire. Constitue-t-elle la preuve de la réalité du Déluge biblique ?

• Des Déluges à répétition

Les techniques de datation mises en œuvre semblent indiquer que ces dépôts, donc les inondations, ne remontent pas toutes à la même époque. Selon les lieux, il n'y aurait donc pas eu un mais plusieurs Déluges.

La géophysique corrobore cette hypothèse : un déluge submergeant toute la planète semble irréaliste, mais l'existence d'une période agitée durant laquelle se produisent des phénomènes météorologiques d'une rare violence peut être envisagée.

Les sédiments découverts correspondraient à des crues exceptionnelles des fleuves mésopotamiens.

• Quelle origine à ces cataclysmes ?

Pour certains, une mer située au centre de l'Asie aurait été vidée par un formidable tremblement de terre et aurait envahi les contrées voisines.

L'hypothèse la plus vraisemblable est celle d'un « Déluge » étalé sur plusieurs siècles : il correspondrait au réchauffement consécutif à la fin de la dernière glaciation, entre 10000 et 5000 av. J.-C. : la fonte des glaces aurait entraîné brouillards et pluies torrentielles.

Le Déluge. ***Léon François Comerre (1850-1916)***
1911, huile sur toile. Nantes, musée des Beaux-Arts.

Extraterrestres

Existe-t-il de la vie ailleurs que sur Terre ?

La vie n'est connue que sur notre planète. Pourtant, les conditions favorables à une chimie dite « prébiotique », celle qui précède l'apparition d'organismes vivants, existent ailleurs que sur Terre.

• Une « simple » affaire de chimie ?

Les spécialistes du ciel cherchent à définir dans quelle partie de l'Univers existent des milieux propices à l'apparition des édifices complexes qui caractérisent le vivant. La formation de molécules participant à de tels édifices exige pour commencer une bonne « colle » et de bons « ciseaux ». La vie se résumerait-elle alors à une « simple » affaire de chimie ?
Dans le cas des organismes terrestres, la « colle » est constituée par des atomes de carbone qui se lient aisément entre eux et auxquels d'autres éléments chimiques s'agrègent avec facilité.
Le rôle des « ciseaux » est tenu par l'eau à l'état liquide. En termes chimiques, l'eau est un solvant, un milieu qui dissout et qui assemble. Dans un solvant, les atomes peuvent se rapprocher pour former des molécules et les molécules s'assembler pour former des édifices de plus en plus complexes. Mais, en même temps, les molécules du solvant peuvent trancher les liens ainsi établis. Ce qui permet de nouveaux arrangements, de nouveaux échanges. Un organisme vivant n'est pas un édifice chimique figé.

• Silicium et ammoniac, ou carbone et eau ?

Une chimie du vivant fondée sur le silicium dans le rôle de la « colle », et l'ammoniac dans celui des « ciseaux », est parfois évoquée. Mais la chimie qui se fonde, comme sur Terre, sur le carbone et l'eau reste celle qui offre la voie la plus efficace pour obtenir la complexité et la richesse requises par le vivant.
Or, de l'eau et du carbone, il y en a en quantité dans l'Univers. Des composés organiques variés existent aussi bien dans l'espace interstellaire qu'au sein des comètes. La grosse difficulté reste cependant de rencontrer l'eau à l'état liquide. Cela est possible dans des conditions de température et de pression précises, que l'on ne pense pouvoir rencontrer que sur des planètes analogues à la Terre.

• La vie sur Mars, ou sous Mars ?

De ce point de vue, Mars semble offrir les meilleures chances. Tout porte à penser qu'il y a 3 milliards d'années, la planète a connu, pendant quelque temps, un climat comparable à celui de la Terre. De l'eau a coulé en abondance à sa surface. Peut-être des micro-organismes ont-ils pu y apparaître et s'y développer.
Dans cette hypothèse, il n'est pas exclu que certains aient survécu au changement climatique qui a conduit à la disparition de l'eau liquide. Ils pourraient avoir trouvé refuge dans quelque havre préservé du sous-sol.

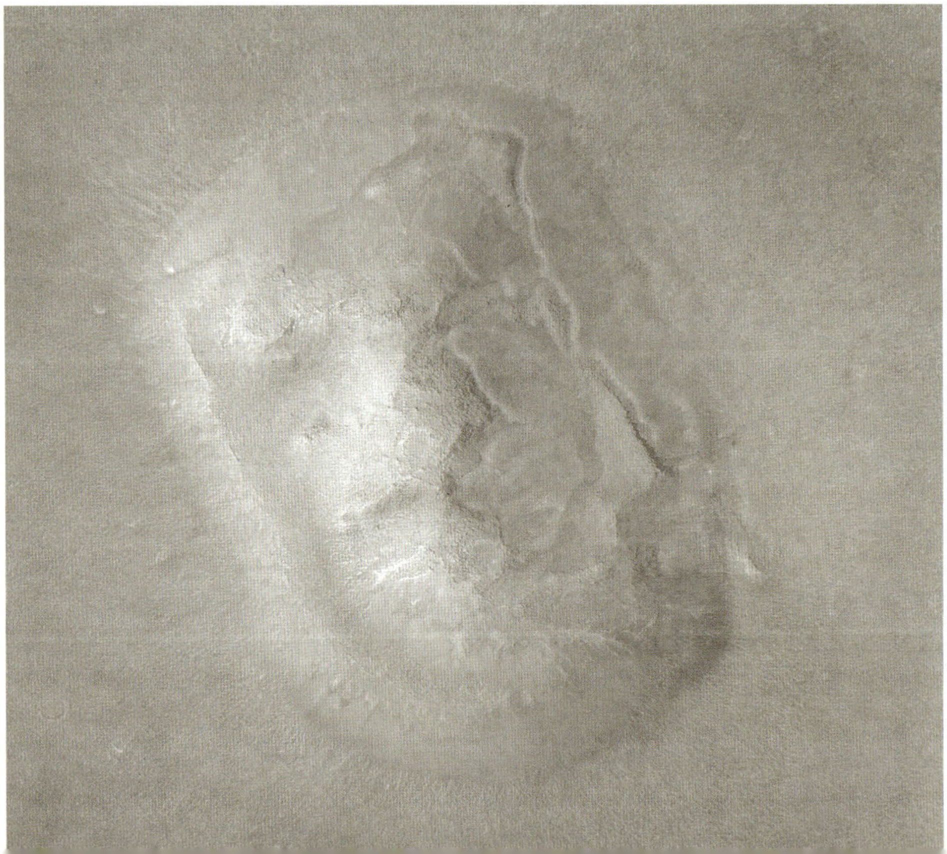

Le « visage de Mars », source d'interrogation chez les astronomes.

• *Des océans sous la glace de lointains satellites*

Plus surprenante est la situation d'Europe et de Callisto, deux des satellites principaux de Jupiter. Ceux-ci semblent en effet abriter sous leur surface de glace un océan d'eau liquide et salée. Une forme de vie peut-elle s'accommoder de tels océans souterrains ? Rien n'est moins sûr, mais l'hypothèse la plus souvent retenue est que ces satellites pourraient au moins offrir les conditions d'une chimie prébiotique.
Un autre candidat à une chimie du vivant pourrait être Titan, la principale et très froide lune de Saturne, qui présente des ressemblances avec notre planète. Le constituant majeur de son atmosphère y est également l'azote, et la pression y est à peine plus élevée que celle que nous subissons sur Terre.

Hors de notre système solaire, d'autres galaxies ont été découvertes. La vie ailleurs est-elle envisageable ?

• *La vie hors du système solaire ?*

Quant à savoir où rencontrer des conditions favorables à l'émergence et au développement d'êtres vivants au-delà du système solaire, l'affaire est encore plus délicate. Depuis 1995, la découverte de planètes géantes autour d'étoiles semblables au Soleil pouvait laisser espérer l'existence de mondes comparables au nôtre. Pourtant, ce n'est pas le cas. Ces planètes sont très différentes de la Terre. Le contexte dans lequel elles évoluent s'est révélé terriblement éloigné de tout ce que l'on avait cru comprendre à partir de l'exemple constitué par notre seul système solaire. Ces découvertes incitent donc plus à la prudence qu'à l'optimisme.
La seule façon d'estimer les chances d'une vie extraterrestre serait d'en observer directement les effets. Sur Terre, l'oxygène atmosphérique ne peut exister que parce que le mécanisme de la photosynthèse (le processus de fabrication de matière organique à partir du gaz carbonique et de l'eau de l'atmosphère), en libère continûment. La détection d'oxygène dans l'atmosphère d'une planète extrasolaire serait donc, estime-t-on, un indice fort de la présence de vie.
Les projets d'étude qui seront mis en œuvre dans les prochaines décennies permettront-ils de trancher la question ?

UN PROGRAMME D'ÉCOUTE EXTRATERRESTRE

Certains astronomes font le pari qu'il existe ailleurs des civilisations technologiques avancées qui utilisent les ondes radio pour communiquer. C'est ainsi que les premières tentatives d'écoutes extraterrestres ont débuté dans les années 1960. Elles se poursuivent sous le nom générique de programme SETI (acronyme de *Search for ExtraTerrestrial Intelligence*). Cependant, ces écoutes sont fortement gênées par les émissions parasites venant de la Terre. Ainsi, l'avenir des recherches de signaux d'intelligences extraterrestres passe sans doute par l'installation de radiotélescopes sur la face arrière de la Lune, à l'abri de toutes émissions terrestres. Des études sont en cours pour mettre en œuvre ces projets. Mais à quelle échéance se concrétiseront-ils ?

EXTRATERRESTRES

Des visiteurs de l'espace auraient-ils atterri à Nazca ?

Au sud du Pérou s'étend le plateau désert de Nazca, couvert d'un très grand nombre de dessins et de figures géométriques qu'on ne peut découvrir que depuis le ciel.

• Un « gisement » archéologique à l'échelle du paysage

Il faut attendre 1927, c'est-à-dire plus de 1 000 ans après la disparition présumée des Indiens Nazcas, pour qu'un pilote péruvien découvre par hasard, à 400 kilomètres de Lima et 50 kilomètres de la côte du Pacifique, l'incroyable réseau dessiné au sol et que l'on commence à entrevoir l'ampleur des questions posées. L'archéologue américain Paul Kosok, le premier à essayer de les résoudre, arrive sur place en 1939.

S'étendant sur plus de 500 km^2, les marques de Nazca ont été tracées en déblayant la fine couche de pierres sombres couvrant le désert pour mettre à nu le sol plus clair.

Les marques relèvent de trois types bien définis : des lignes droites, ou en zigzag, ou dessinant des spirales qui peuvent atteindre jusqu'à 5 km de long ; des figures géométriques en forme de bandes de très grande taille ressemblant à des « pistes » ; des représentations d'animaux dépassant souvent 150 mètres de long.

Au flanc de certaines hauteurs bordant le désert, des dessins d'êtres humains d'une facture différente et plus primitive sont attribués, eux, aux Paracas, prédécesseurs des Nazcas dans la région.

• Un chef-d'œuvre visible uniquement du ciel

Les figures, au tracé géométrique à travers les reliefs, comme s'ils n'existaient pas, et recouvertes par la poussière des ans, ont resurgi dans leur splendeur grâce au travail d'une mathématicienne allemande, Maria Reiche. Elle leur a consacré toute sa vie à partir de 1945, en commençant par seconder Paul Kosok, et en partageant son temps entre ses recherches sur ces figures et leur entretien.

Comment les Nazcas ont-ils fait pour tracer des dessins si parfaits sans les voir ? Maria Reiche affirme que c'est en agrandissant des « maquettes » dont elle a trouvé les traces près de certaines figures animales.

Les tracés de Nazca constituent de véritables chefs-d'œuvre. Preuve d'une vie extra-terrestre ou calendrier solaire ?

• « Le plus grand livre astronomique » jamais écrit ?

Tout comme Paul Kosok à qui on doit la définition ci-dessus, Maria Reiche pense que les lignes droites constituent une sorte de calendrier astronomique ; en effet, ces lignes forment souvent des motifs solaires en s'entrecroisant. Un tel calendrier aurait été indispensable à la maîtrise de la production agricole et aurait donc permis de calculer les dates des saisons.

Suite à des études par ordinateur menées en 1968, l'astronome américain Gerald Hawkins (connu pour avoir interprété les alignements astronomiques de Stonehenge) reconnaît que beaucoup de ces figures, même si ce n'est pas le cas de toutes, permettent d'observer les solstices et autres phénomènes astronomiques.

Cependant, l'ethnologue Simone Waisbard et son fils Jack, informaticien, sont persuadés, quant à eux, pour avoir étudié le plan d'ensemble des figures géométriques et des représentations d'êtres vivants, qu'il s'agit bien là d'un calendrier météorologique. Ou, plutôt, de plusieurs calendriers superposés au fil des siècles, ce que laisse supposer, par exemple, la surimpression d'une « piste » sur un magnifique oiseau de plus de 100 m de long.

• Ou un immense « édifice » religieux dépourvu de murs ?

Un autre spécialiste du site, l'explorateur britannique Tony Morisson, accorde plutôt aux dessins tracés une signification religieuse, en se fondant sur les coutumes et la religion des Nazcas. Pour lui, les lignes sont des sentiers sacrés reliant des autels (qui peuvent être matérialisés par les nombreux monticules de pierres reliés par ces lignes), les dessins, des hommages aux dieux du ciel et les grandes « pistes », des lieux de rassemblement religieux.

Ainsi, à défaut de permettre l'atterrissage de vaisseaux extraterrestres, les grandes pampas de Nazca auraient été à la fois une sorte d'immense centre cérémoniel et un oratoire pour les prêtres qui vivaient dans la ville proche de Cahuachi.

Les Nazcas, peuple des Andes

Ce peuple mystérieux semble avoir connu son apogée au cours des derniers siècles av. J.-C., avant de décliner pour se fondre vers 900 dans les flux de population venus du haut plateau andin.

Les Nazcas sont réputés pour leurs poteries polychromes, qui fournissent la plupart des renseignements que l'on possède sur leur mode de vie. La ressemblance entre certains de leurs dessins et ceux de la plaine permet de penser qu'ils sont bien les auteurs des énigmatiques figures au sol.

Agriculteurs sédentaires, les Nazcas règnent sur les vallées de la côte sud du Pérou. Ils édifient des cités dont la plus importante est Cahuachi. Ils n'emploient que rarement le métal.

Les Nazcas momifient leurs morts et les enterrent avec divers objets et vêtements finement tissés dans des tombes cylindriques et verticales. Ils décapitent leurs ennemis et vouent un culte aux têtes coupées abritant, selon eux, la force vitale de l'adversaire.

Figures étranges du Nouveau Monde

Si les dessins de Nazca sont les plus célèbres du genre en Amérique, il existe d'autres exemples de figures monumentales tracées dans le paysage.

La baie de Pisco, au Pérou, est dominée par un gigantesque « candélabre » taillé par les Paracas.

Plus au sud, au Chili, s'étend le désert d'Atacama. Dans la vallée de la Liuta, on peut voir à flanc de montagne des images d'animaux, des cercles, des spirales et un homme volant, dessinés avec des pierres. Mais la plus belle pièce est ce qu'on appelle le géant d'Atacama, haut de 120 mètres, sur la Sierra Unica. Comme les figures de Nazca, il est entouré d'un réseau de lignes et de « pistes ».

En Amérique du Nord, on trouve dans le désert près de Blyth, en Californie, trois groupes de figures d'hommes et d'animaux dont la plus grande atteint 51 mètres de haut. Ces dessins, visibles uniquement du ciel, n'ont été remarqués qu'en 1932.

Le peuple Nazca est réputé pour ses poteries polychromes. Ces poupées reprennent les motifs des tracés.

Les « soucoupes volantes » débarquent...

Lorsqu'il croise 9 disques volants au sud-est de Seattle, le 24 juin 1947, Kenneth Arnold ne sait pas qu'il va passer à la postérité. À son retour, il raconte son aventure, parle de « soucoupes » et l'expression « soucoupes volantes » éclate dans les manchettes des journaux du monde entier.

Les nuages lenticulaires, phénomène météorologique, peuvent être confondus avec des « soucoupes volantes ». Au premier plan, ces trois pilotes prétendent avoir vu une soucoupe volante pendant leur vol en direction de Seattle (capitaine E.J. Smith, Kenneth Arnold et Ralph E. Stevens).

Les méchants extraterrestres, une métaphore politique ?

Il est symptomatique de constater que les témoignages sur les rencontres avec d'éventuels extraterrestres ont vu leur nombre littéralement exploser à partir des années 1950, en tout premier lieu aux États-Unis. Cette période correspond à la montée en puissance de la tension Est-Ouest et, principalement, de la confrontation États-Unis/Union soviétique, période dite de la « guerre froide ». Le silence de l'armée américaine sur les phénomènes d'ovnis peut donc s'expliquer, notamment, par le fait que celle-ci voyait d'abord dans ces engins de possibles armes secrètes de l'ennemi – lorsqu'il ne s'agissait pas de ses propres expérimentations...

D'un point de vue politique, les autorités américaines ont, à la même époque, mis en place des commissions d'enquête cherchant à débusquer les activités considérées comme « anti-américaines ». Cette commission, présidée par le sénateur McCarthy – d'où le nom de maccarthysme donné à cette période d'inquisition politique – s'est alors livrée à ce que ses opposants ont décrit comme une « chasse aux sorcières ». Les démons traqués dans les siècles précédents refaisaient surface sous une autre forme : le traître à la nation américaine, le « rouge », le communiste, l'ennemi de l'intérieur...

Certains cinéastes américains ne s'y sont pas trompés : lorsqu'en 1956 Don Siegel tourne *Invasion of the Body Snatchers* (littéralement, « l'invasion des kidnappeurs »), il décrit comment des germes végétaux extraterrestres tombés sur Terre se développent dans des sortes de chrysalides géantes pour donner naissance à des êtres qui ont toutes les apparences d'humains mais sont en fait mentalement manipulés par une puissance extérieure. Ainsi, à travers cette métaphore, l'extraterrestre personnifie d'abord l'ennemi et, en l'occurrence, bien évidemment le péril communiste, même si, dans l'esprit du cinéaste, cette histoire était aussi une dénonciation cryptée des méthodes maccarthystes pratiquées par les autorités américaines.

• *Un témoin a priori digne de confiance, et des « incidents » à répétition*

L'observation inspire confiance : le temps est très clair au-dessus des Rocheuses, et le témoin est ingénieur, pilote chevronné et donc peu enclin à se laisser abuser par un phénomène aérien naturel en plein jour. La nouvelle fait rapidement le tour du monde et les « objets volants non identifiés », comme on les appelle bientôt, deviennent un des grands mystères médiatiques de la seconde moitié du XXe siècle.

En effet, de façon très significative, c'est au cours de la Seconde Guerre mondiale que les témoignages se multiplient : les deux camps parlent alors de « chasseurs fantômes ». En 1946, la première vague importante d'observations a lieu en Scandinavie. Puis, en 1947-1948, les incidents deviennent plus fréquents encore et prennent un tour dramatique. Après la mort du capitaine Mantell, supposé avoir été « abattu » par un ovni, l'US Air Force est obligée de réagir.

• *Des commissions en série pour des rapports sabotés*

Une série de commissions se succèdent alors, chargées officiellement d'enquêter sur le phénomène, et en fait mandatées pour démontrer que celui-ci est le résultat d'une illusion. La plus célèbre de ces commissions est le *Project Blue Book*, lequel cesse ses activités en 1969 après qu'une commission scientifique civile – la commission Condon – ait conclu à la non-existence des ovnis.

Mais avant même la publication des conclusions, la presse publie un rapport confidentiel : il prouve que le Docteur Condon a eu pour mission dès l'origine d'aboutir à des conclusions négatives et discrédite ainsi son rapport. Mieux, des membres militaires ou scientifiques du Project Blue Book, réputés dans les premiers temps profondément sceptiques, s'avouent progressivement convaincus de la réalité du phénomène qu'ils étaient censés réduire à néant. Des commissions, chargées de mener les mêmes investigations, et dont les gouvernements attendent aussi qu'elles aboutissent à des conclusions négatives, sont créées en Europe et dans les pays de l'Est. Le problème des ovnis est également abordé à plusieurs reprises par des parlementaires de plusieurs pays, dont l'Angleterre et la France ainsi qu'à l'ONU. Mais jamais les instances officielles ne parviennent à des conclusions probantes : l'existence même d'objets venus de l'espace répugne trop aux esprits raisonnables qui les composent pour que les débats s'établissent sur des bases saines.

Les expressions « soucoupes volantes » et « OVNI » apparaissent suite à l'aventure de Kenneth Arnold en 1947.

Qu'est-ce qu'un ovni ?

Dans le plus grand nombre de cas, c'est un phénomène aérien solide ou lumineux (ou les deux) dont la nature n'est pas connue ou reconnue par les observateurs. C'est bien évidemment parmi ces observations que se situent la plus grande partie des erreurs d'interprétation : planètes et étoiles brillantes, météorites, ballons-sondes éclairés par le soleil, satellites artificiels rentrant dans l'atmosphère, etc., sont souvent pris à tort pour des objets volants venus d'ailleurs. Restent les observations plus précises et moins fugitives.

Dans les « rencontres rapprochées du premier type », l'ovni est très proche des témoins mais sans qu'il y ait interaction avec eux ou avec l'environnement.

Dans les « rencontres du deuxième type », en revanche, l'ovni provoque des perturbations électromagnétiques ou autres, des modifications d'état de conscience (transe hypnotique, etc.) et laisse des traces au sol.

Lorsque les témoins affirment (ou imaginent ?) avoir eu en plus un contact physique avec les « occupants » (ou subi un « enlèvement »), on parle alors de « rencontres du troisième type ».

Dans ces trois catégories, ce sont avant tout les possibilités d'hallucination ou de mystification que doivent traquer les enquêteurs. Cependant, le Professeur Hynek consultant scientifique de la commission Project Blue Book, estime à 640 les cas transmis à l'US Air Force entre 1948 et 1969 qui se sont révélés rebelles à toute explication...

• L'ovni peut-il être un objet d'étude scientifique ?

Pour reprendre l'analyse du Professeur Hynek, directeur d'observatoire atomique et qui fut pendant près de 20 ans l'expert de l'US Air Force sur le problème des ovnis, le phénomène en question se révèle « si étrange, si inacceptable et si gênant que pas plus la sphère scientifique [...] que la sphère militaire [ne condescend] à lui accorder plus qu'un intérêt superficiel ».

Cette attitude de réserve ou de négation systématique a un effet pervers : elle laisse libre cours à toutes les initiatives individuelles ou collectives privées, c'est-à-dire aussi bien aux recherches sérieuses de quelques scientifiques dépourvus de préjugés qu'aux élucubrations d'illuminés ou de sectes qui décrivent sans aucun recul les « messages » envoyés par des extraterrestres. Car, du côté de la recherche scientifique « officielle », seuls sont en fait reconnus les programmes dits d'« exobiologie », ceux consacrés à la détection d'une éventuelle forme de vie extraterrestre.

Ainsi que l'écrit le sociologue Pierre Lagrange : « La longue histoire des ovnis peut se ramener à celle d'un phénomène qui n'a pas eu la chance de trouver – pour l'instant – son instrument de détection, et qui a eu la malchance d'intéresser les magazines populaires avant de susciter un programme de recherche. »

Que s'est-il passé à Roswell ?

Le soir du 2 juillet 1947, des témoins voient un disque traverser le ciel puis exploser en partie au-dessus d'un ranch près de Roswell, au Nouveau-Mexique. Le 8, l'armée publie un communiqué affirmant qu'elle détient les restes d'un ovni et prend l'affaire en main.

• Du communiqué officiel à la contre-enquête, tout aussi officielle

Ce communiqué reste le seul aveu officiel de l'existence des ovnis jamais fait par les autorités américaines. L'US Air Force ne tarde pas à le regretter : après cette date, un filtrage des informations est mis en place de façon systématique, et celles-ci sont classées « ultra top secret », ainsi que le mentionne une lettre du sénateur Barry Goldwater.

• Un ovni en difficulté

Lorsque l'objet brillant passe dans le ciel, cela fait une semaine que des observations d'ovnis ont lieu dans tout le Nouveau-Mexique. Au-dessus du ranch de McBracel, le disque semble frappé par la foudre, dispersant une grande quantité de débris au sol. Il poursuit néanmoins sa route avant de s'abattre près de la ville de Magdalena, à plus de 250 kilomètres de là. Le propriétaire du ranch tarde à prévenir les autorités et ce n'est que le 6 juillet que l'officier chargé du renseignement à la base de Roswell, le major Jesse A. Marcel, et l'agent du contre-espionnage Cavitt se rendent sur les lieux. Ils découvrent un très grand nombre de fragments légers, rigides, extrêmement résistants. Certains portent des symboles indéchiffrables. Il y a aussi un morceau plus gros que les autres, presque circulaire et d'environ trois mètres de diamètre. Une partie des débris est expédiée dans un sac le jour même à Washington, via la base de Fort Worth, au Texas. Le destinataire est le général McMullen, adjoint du général Vanderberg, chef d'état-major de l'US Air Force. Le 8 juillet, le communiqué de presse met les journalistes en effervescence. Pour que revienne le calme, le général Ramey, commandant le 8ᵉ district aérien à Fort Worth, fait diffuser un rectificatif disant que les débris sont ceux d'un ballon-sonde, manœuvre de diversion qui sera reconnue comme telle en 1979 par Marcel, devenu lieutenant-colonel. Ce même jour de 1947, un avion arrive à Roswell de Washington avec une équipe chargée de superviser la récupération des débris. Quatre nouveaux sacs sont expédiés à Fort Worth, accompagnés par le major Marcel. D'autres partent par avion pour Wright Field, dans l'Ohio.

• Une épave habitée venue de l'espace ?

Mais qu'est-il advenu du reste de l'engin ? Un témoin, l'ingénieur Barnett, arrivé à Magdalena le lendemain matin, 3 juillet, affirme avoir découvert un disque de 8 à 10 mètres de diamètre, ainsi

LE CULTE DU SECRET : MÊME LE PRÉSIDENT DES ÉTATS-UNIS N'EST PAS AU COURANT...

Au début des années 1950, intrigué par les rumeurs courant sur la capture d'un ovni et de ses occupants, le président des États-Unis, Dwight Eisenhower, fait procéder personnellement à une enquête. Au cours d'un voyage en Californie, il se rend à la base d'Edwards pour voir l'« épave », au cours de la nuit du 20 février 1954. Il n'a prévenu personne : le bruit de sa mort court un moment dans le pays...
Que le premier personnage d'un tel pays en vienne à de telles extrémités pour s'informer s'explique par l'obsession du secret à l'époque : certaines informations classées peuvent être interdites au chef de l'État en personne ! Sept ans plus tôt, de la même manière, Edgar Hoover, chef du FBI, se plaignait dans un mémorandum que l'armée ne lui laissait pas « avoir plein accès aux disques (sic) récupérés » sur lesquels elle avait, selon son expression, « mis le grappin »...

que quatre cadavres. Ce seraient ceux d'humanoïdes de petite taille et vêtus d'un vêtement gris d'une seule pièce. Barnett, rejoint par les membres d'une équipe de recherche archéologique de l'université de Pennsylvanie, est empêché de continuer ses recherches par des militaires qui encerclent le secteur et prient tout le monde de garder silence sur l'affaire. Épave et cadavres sont rapidement transférés à la base d'Edwards, en Californie, pour y être examinés.
À la fin de 1954, semble-t-il, les restes de l'ovni sont transférés à la base de Wright-Patterson, dans l'Ohio, où se trouvent apparemment, depuis la fin des années quarante, d'autres fragments et des cadavres. Puis, en 1978, une partie de l'épave et les cadavres conservés subissent un nouveau déménagement : cette fois vers le centre de la CIA, à Langley, probablement.

• L'« ovni » de Roswell : une conséquence de la « guerre froide »

Quarante-sept ans plus tard, le 8 septembre 1994, l'US Air Force publie un nouveau rapport qui commence ainsi : « La secrétaire de l'Air Force [...] a annoncé aujourd'hui l'achèvement d'une étude [...] visant à localiser des archives qui permettraient d'expliquer un prétendu incident ovni en 1947. Les chercheurs favorables aux ovnis prétendent qu'un vaisseau extraterrestre et ses occupants ont été récupérés près de Roswell, Nouveau-Mexique, en juillet 1947, et que le fait a été caché au public. »
Le rapport explique qu'il s'agissait en fait d'un ballon stratosphérique, bien plus sophistiqué, développé dans le cadre d'un projet de recherche militaire « top secret », le « projet Mogul ». Le but de l'armée américaine était de détecter dans la haute atmosphère les ondes sonores produites par les explosions atomiques soviétiques. Or, en 1947, en pleine guerre froide, il

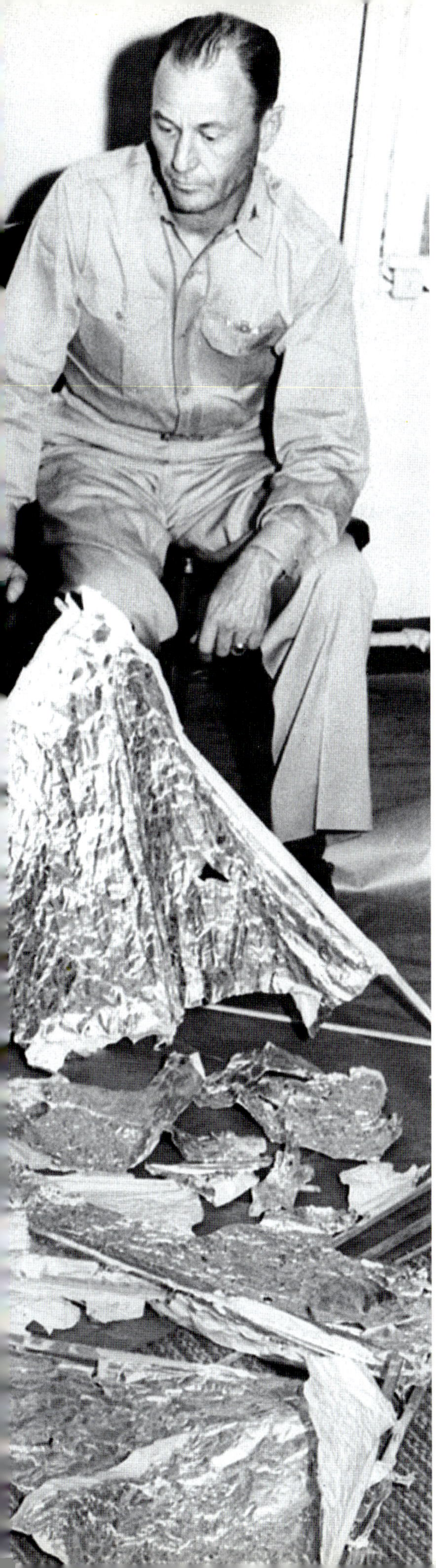

Les autorités militaires américaines identifient les restes du ballon sonde trouvés par un fermier près de Roswell.

fallait impérativement que le secret soit gardé sur ce genre d'expériences. Les Soviétiques ne devaient pas se douter que leurs recherches nucléaires pouvaient être aussi bien espionnées de si loin.

• *Nouveaux rebondissements...*

Où sont alors passés les cadavres d'extraterrestres ? En effet, des témoins présents sur les lieux du crash, en 1947, ont affirmé avoir vu des cadavres. Début 1995, nouveau coup de théâtre : un producteur dit avoir retrouvé le film de l'autopsie d'un des extraterrestres tombés à Roswell. Le producteur vend les droits du film à 27 chaînes de télévision. D'après lui, ce document vient d'un cameraman de l'armée américaine, un certain Jack Barnet. Dans le film on voit un extraterrestre ayant 6 doigts à chaque main, une grosse tête et pas de nombril... Ce film est présenté à un congrès d'ufologues les 19 et 20 août 1995 et, même pour ceux-ci, le film est un faux. En effet, il n'y a jamais eu de Jack Barnet cameraman pour l'armée américaine, mais un certain Jack Barret, qui est mort depuis très longtemps. La table d'autopsie n'en est pas une... Enfin, le producteur a toujours été incapable de donner des preuves de l'origine du document...
C'est ainsi que l'« affaire de l'extraterrestre de Roswell », de rebondissements en « révélations », est passée de la sphère ufologique à l'affaire politico-militaire puis au « débat de société », avec la cristallisation de peurs contemporaines – le syndrome *X-Files*. Pour être finalement récupérée par le domaine médiatique et devenir ainsi une nouvelle mythologie contemporaine.

Les occupants du disque de Roswell

Il n'existe que des témoignages fragmentaires des médecins (ici, l'anonymat semble de règle...) qui auraient autopsié les occupants du disque. Leur regroupement, opéré, entre autres, par le chercheur Leonar Stringfield, propose ce qui peut être une description des éventuels « pilotes » extraterrestres : taille, entre 1 m et 1,30 m ; tête chauve, proportionnellement plus grosse que chez l'homme ; grands yeux écartés et un peu bridés ; pas de lobes d'oreilles autour de l'orifice auditif ; nez pratiquement inexistant ; bouche réduite à une simple fente ; jambes et bras très fins ; mains à 4 (ou 5) doigts et légère palmure entre les doigts ; peau rude et grisâtre ; sang de type inconnu. Ce portrait-robot est appuyé sur les témoignages du Dr Weisberg, médecin, de Nicholas von Poppen, spécialiste d'analyse photographique des métaux, engagé par l'armée pour prendre des clichés du vaisseau accidenté, et du sergent Melvin E. Brown, un des membres de l'équipe chargée de récupérer les restes de l'épave.

FIN DU MONDE

Notre planète est-elle condamnée à disparaître ?

Le destin à long terme de la planète Terre est difficile à prévoir : selon les modèles scientifiques, celle-ci est condamnée à partir en fumée ou verra au contraire ses océans congelés…

• La mort inéluctable du Soleil précipite celle de la Terre

Né il y a 4,6 milliards d'années d'un nuage de gaz, de poussières et de cristaux de glace, le système solaire dont fait partie la Terre ne durera pas éternellement. D'ici 5 à 7 milliards d'années, le Soleil aura épuisé son combustible, l'hydrogène. La pression et la température augmentant en son centre, il s'ensuivra une extraordinaire et très rapide dilatation de son enveloppe gazeuse : notre astre deviendra alors une étoile dite « géante rouge ». Ses couches extérieures auront certes refroidi, mais se seront suffisamment dilatées pour englober et consumer la Terre. La chaleur aura d'ailleurs eu déjà raison de la vie d'ici quelque 3,5 milliards d'années.

Ne pouvant plus entretenir de réaction thermonucléaire, le Soleil finira par s'effondrer sur lui-même. Transformé en un autre type d'étoile dite « naine blanche », pas plus grosse que la Terre, le Soleil deviendra aussi froid que les planètes gravitant autour de lui.

• Une nouvelle ère glaciaire…

De récentes simulations font aussi envisager un tout autre destin. Il est ainsi possible qu'une des planètes de notre système solaire soit attirée par le passage d'une étoile et modifie en conséquence son orbite. Or, si Jupiter changeait légèrement son orbite, la Terre risquerait d'être éjectée dans l'espace ou au contraire de se précipiter vers le Soleil. Dans le premier cas, la vie pourrait continuer à exister près des sources hydrothermales, dans les grands fonds océaniques. Les océans, en effet, ne se transformeraient en glace qu'au bout d'un million d'années.
Malheureusement, il n'y a qu'une « chance » sur 100 000 pour qu'un tel événement se produise dans les 3,5 milliards d'années à venir…

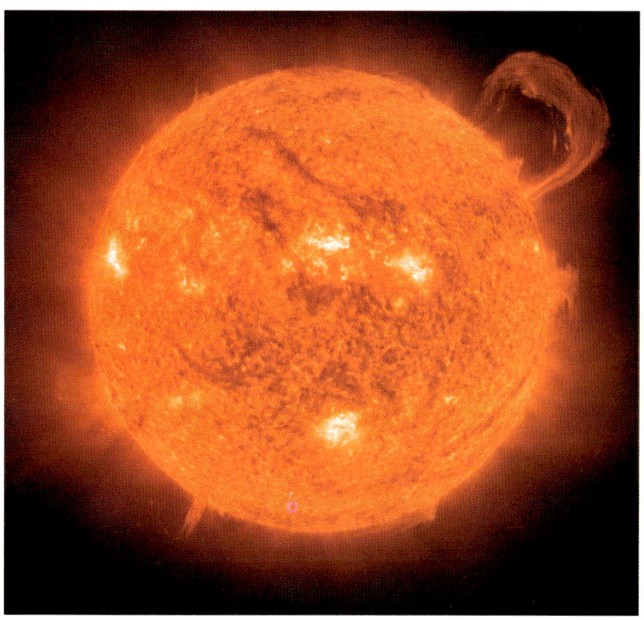

D'ici 5 à 7 milliards d'années, le soleil se transformera en étoile dite « géante rouge » et se refroidira de plus en plus.

• … ou bien un réchauffement mortel ?

À l'opposé, l'élévation des températures pourrait conduire à la disparition totale des océans dans un milliard d'années « seulement ». Les ennuis de la Terre pourraient même commencer 500 millions d'années plus tôt, du fait d'une chute du taux de gaz carbonique (CO2) dans l'atmosphère. La chaleur aidant, les carbonates (minéraux qui se forment à partir du CO2) précipiteraient plus facilement dans l'eau, pompant de la sorte davantage de gaz carbonique. Et, dans 500 millions d'années, le carbone disponible manquerait : forêts et cultures ne pourraient plus réaliser leur photosynthèse. Certaines plantes tropicales parviendraient à survivre, mais sans toutefois suffire à alimenter la biosphère.
Quant à l'actuel effet de serre, qui contribue à maintenir une température moyenne « vivable » sur Terre, il ne donnerait à nos descendants qu'un sursis de quelques millions d'années…

• Et si la Terre cessait de tourner ?…

Autre scénario catastrophe ! On constate en effet un ralentissement progressif de la vitesse de rotation de la Terre, que plusieurs mécanismes tentent d'expliquer. Ainsi, la friction entre le noyau et le manteau terrestre modifie la vitesse de rotation de la planète. Lorsque cette friction deviendra très forte, la planète pourrait se retrouver irrémédiablement bloquée. Mais ce phénomène est encore assez mal quantifié.
Cependant on a calculé que la Terre met pour tourner sur elle-même 2 millièmes de seconde de moins par siècle ! Ainsi, au début du carbonifère, il y a 350 millions d'années, une année comptait 400 jours de 22 heures. Nous connaissons actuellement

L'homme connaîtra-t-il le sort des dinosaures ?

Il y a 65 millions d'années, la Terre connaît l'une des plus grandes catastrophes biologiques de son histoire : dans les océans, la moitié des espèces d'invertébrés et près de 90 % du plancton disparaissent. Sur la terre ferme, la moitié des vertébrés, dont les célèbres dinosaures, sont éliminés.

Cette hécatombe serait due à la collision d'un gros astéroïde d'environ 10 km de diamètre, qui s'est abattu dans la région de Chicxulub (péninsule du Yucatán, au Mexique), alors que la région était recouverte par les eaux de l'Atlantique. Le cratère (160 km de diamètre !), actuellement enfoui sous 1 000 m de sédiments, a été identifié il y a quelques années. Sous la violence de l'impact, un gigantesque raz-de-marée – on estime à 500 m la hauteur de la vague ! – a déferlé sur les côtes américaines et mexicaines, tandis que plus de 50 000 km^3 de poussières et d'aérosols étaient projetés dans l'atmosphère, plongeant la Terre dans le froid et l'obscurité.

La disparition des dinosaures. Avec le ralentissement, voire l'arrêt, de la photosynthèse, la mort de nombreuses espèces végétales aurait entraîné celle des herbivores puis logiquement celle des carnivores. Les « stars » de l'époque, les dinosaures, le plus souvent trop gros, trop fragiles, et incapables de s'adapter à de nouvelles conditions climatiques difficiles, disparaissent irrémédiablement.

Mais cet impact d'astéroïde est-il la cause première de l'extinction, ou bien une sorte de « coup de grâce » donné à des écosystèmes déjà fragilisés par les conséquences du recul des océans et de l'augmentation des surfaces continentales, lors de la seconde moitié du crétacé, puis par celles des gigantesques éruptions volcaniques qui se produisirent en Inde occidentale à la fin du secondaire et au tout début du tertiaire ? En fait, il faudrait savoir si la disparition des espèces a été ou non brutale.

Les dinosaures ont disparu suite à une grande catastrophe biologique.

Un nouvel astéroïde. Il n'empêche que, tant dans les fictions cinématographiques que suite aux observations astronomiques, on envisage sérieusement un « scénario » qui verrait la Terre dévastée par un nouvel impact d'astéroïde. Des météorites tombent en permanence sur la surface terrestre, le plus souvent sans trop faire de dégâts. Et des astéroïdes de taille plus importante passent aussi régulièrement à proximité de notre planète. « À proximité » signifie, pour les astronomes, au moins quelques centaines de milliers de kilomètres, autrement dit une distance comparable à celle Terre-Lune. C'est à la fois très peu, au regard des distances cosmiques, et suffisant pour éviter à la Terre un nouveau cataclysme majeur, même si la probabilité d'une telle collision est infime.

... Notre planète est-elle condamnée à disparaître ?

des années de 365 jours de 24 heures. Dans un milliard d'années, la journée durera presque 30 heures et l'année aura 290 jours.
On connaît bien en revanche l'influence des marées. Sur Terre, elles se traduisent par un niveau d'eau maximal dans la zone faisant face à la Lune et dans celle qui lui est diamétralement opposée, particulièrement important quand la Terre, la Lune et le Soleil sont alignés. Dans une moindre mesure, les marées agissent également sur la croûte terrestre et l'atmosphère. Elles forment des bourrelets qui créent un couple de rappel ralentissant la rotation de notre planète, tout en éloignant la Lune : la distance Terre-Lune augmente ainsi de quelques centimètres par an, et la Lune finirait par échapper à l'attraction terrestre.

... ou si elle basculait ?

Perdant son satellite, tournant de moins en moins vite, la Terre risque aussi de basculer... L'obliquité de la Terre – l'inclinaison du plan de l'équateur par rapport au plan orbital – varie en continu sous l'influence de divers facteurs. Actuellement, cette obliquité est de 23,3 degrés et subit, sur une période d'environ 41 000 ans, de petites variations de 1,3 degré. Bien que faibles, celles-ci suffisent à provoquer des variations de près de 20 % de l'insolation, autrement dit de la quantité d'énergie reçue du Soleil, et pourraient expliquer les périodes glaciaires qu'a connu l'époque quaternaire (les quelque 2 derniers millions d'années). De façon générale, c'est cette obliquité qui est l'origine des saisons.
Aussi, les facteurs qui ralentissent la rotation de la Terre pourraient avoir pour conséquence de faire basculer celle-ci selon un angle bien plus important qu'aujourd'hui, avec deux possibilités extrêmes : une Terre bloquée soit à une obliquité nulle (avec l'axe des pôles perpendiculaire au plan orbital) soit, au contraire, égale à 180 degrés (avec l'axe des pôles dans le plan orbital). Résultat : au sens propre de l'expression, il n'y aurait plus de saisons...

Catastrophes pour demain ?

Depuis sa création, la Terre a subi bien des avatars, et s'en est toujours remise. En sera-t-il de même demain ?

L'effet de serre. Présents à l'état de trace dans l'atmosphère, certains gaz agissent comme les vitres d'une serre : ils piègent les rayons infrarouges et réchauffent notre planète. Sans eux, la vie sur Terre serait impossible. Mais du fait de l'activité humaine, leur concentration s'est accrue : en l'espace de 150 ans, celle du gaz carbonique a ainsi augmenté de 30 % et celle du méthane de 145 %. Résultat : depuis la fin du XIXe siècle, la Terre s'est réchauffée de 0,3 à 0,6 °C, tandis que le niveau des océans s'est élevé de 10 à 25 cm.

D'ici à 2100, le réchauffement global moyen pourrait atteindre de 1 à 3,5 °C et la mer monter de 15 à 95 cm…

L'extinction des espèces. L'Union mondiale pour la nature estime que, depuis 1600, 108 espèces d'oiseaux et 89 espèces de mammifères se sont éteintes. Ce taux d'extinction, de 40 à 200 fois plus important qu'il ne devrait l'être dans les conditions naturelles, est imputable aux activités humaines (déforestation, urbanisation, pollution, pêche et chasse abusives, etc.).

Le trou dans la couche d'ozone. L'ozone présent dans la haute atmosphère nous protège des rayons ultraviolets nocifs. Au-dessus des pôles, cette couche d'ozone stratosphérique tend à rétrécir, du fait de l'utilisation de chlorofluorocarbures (CFC) : le chlore qu'ils libèrent s'accumule dans la zone polaire pendant l'hiver et devient destructeur au printemps, avec le retour du rayonnement solaire.

Depuis 1982, zone tropicale exceptée, on estime à 6,5 % la diminution du taux d'ozone stratosphérique dans l'hémisphère Nord et à 9,5 % celui de l'hémisphère Sud.

Pollutions en tous genres. Depuis le début de l'ère industrielle, au XIXe siècle, on constate une très nette augmentation de la concentration atmosphérique de gaz à effet de serre (gaz carbonique, CFC, méthane, oxydes d'azote), mais aussi d'oxydes de soufre qui acidifient les précipitations.

L'air, l'eau et le sol sont également contaminés par des polluants à la fois toxiques et très persistants, parmi lesquels figurent le plomb, le cadmium, le mercure, mais aussi les dioxines ou les hydrocarbures.

Déboisement et désertification. Les forêts, qui couvraient la moitié des continents il y a 5 000 ans, ne représentent plus que 20 % des surfaces. Cette déforestation provoque la disparition de nombreuses espèces végétales, induit d'importantes perturbations sur le cycle de l'eau, mais aussi une forte érosion des sols. À l'exclusion des déserts existants, près du quart de la surface émergée du globe est ainsi menacée de désertification…

La déforestation perturbe les écosystèmes.

ORI
pages

SAINTS
pages 48 à 55

PARADIS
pages 44 à 47

PAPE
pages 66 à 67

CHAPITRE II

Les mystères de la Bible et du christianisme

NE
à 43

LES MIRACLES ET LES INTERVENTIONS DIVINES CONTENUS DANS LA BIBLE SONT UN LEVAIN PROPICE AUX ÉNIGMES. LE CHRISTIANISME, ET LES RELIGIONS EN GÉNÉRAL, PRODIGUES EN ÉVÉNEMENTS INEXPLICABLES, CENSÉS ENTRAÎNER L'ADHÉSION ET LA CROYANCE DES FIDÈLES, SE POSENT EN SIGNES, EN MANIFESTATIONS D'UN AUTRE ORDRE, SUPÉRIEUR À LA RÉALITÉ DU MONDE.

Si, longtemps les hommes ont considéré qu'il n'était nul besoin de « prouver » la véracité de ces miracles, l'essor de la pensée rationaliste, au XVIIIe et au XIXe siècles, a modifié la situation. Et les instruments toujours plus sophistiqués et précis des scientifiques d'aujourd'hui ont contribué à débusquer nombre de supercheries, ou même de légendes. Mais il arrive aussi que des récits bibliques se voient confortés par les chercheurs…

MIRACLES
ages 56 à 65

ORIGINE

Qui a écrit la Bible ?

Voilà une question bien moderne que le plus audacieux des exégètes n'aurait pas osé poser jusqu'au XVIIe siècle. En effet, les traditions juive puis chrétienne attribuaient sans hésiter les principaux livres de la Bible à des auteurs illustres.

• L'« évidente » clarté des traditions

Selon ces traditions, Moïse aurait lui-même écrit le Pentateuque (ensemble de 5 livres constitués de la Genèse, l'Exode, le Lévitique, les Nombres et le Deutéronome), le roi Salomon serait l'auteur du Cantique des cantiques, des Proverbes, de l'Ecclésiaste, et les évangélistes Matthieu, Luc, Marc et Jean ceux des textes qui portent leur nom. La Bible était perçue comme la simple mise par écrit d'épisodes ou d'expériences le plus souvent vécus par leurs rédacteurs.

• Des incohérences logiques

C'est au XVIIe siècle que le philosophe Baruch Spinoza remet en cause cette vision des choses. Adoptant une lecture rigoureusement rationaliste des textes sacrés, il pointe des incohérences qui lui semblent être la preuve que la tradition se trompe. Ainsi, remarque-t-il que l'attribution du Pentateuque à Moïse est peu crédible puisque le texte s'achève sur sa propre mort. Comment Moïse aurait-il pu rédiger le récit de sa disparition ? Spinoza initie un mouvement de lecture critique des Écritures qui bouleverse bien des certitudes.

Pour autant, renoncer à la tradition pose un problème de taille : il s'agit désormais d'essayer de percer le mystère des véritables auteurs de la Bible.

• Une thèse trop séduisante pour être exacte

Au XIXe siècle, certains philologues croient pouvoir distinguer dans l'Ancien Testament des styles différents, qui définissent autant d'auteurs. On par le alors de deux principaux rédacteurs : le « Yahviste » et l'« Elohiste », ainsi nommés car le premier utilise uniquement le nom de Yahvé pour désigner Dieu, le second celui d'Elohim. Cette thèse séduisante est abandonnée dans les années 1970 au profit d'explications plus complexes encore.

Bible éthiopienne datant de l'an 1000 et découverte à Axum (Éthiopie).

Y a-t-il une explication scientifique aux prodiges de la Bible ?

Les faits miraculeux ne manquent pas dans la Bible. Certains ont cherché dans les sources historiques les faits qui auraient pu en être à l'origine.

Ancien Testament

Les dix plaies d'Égypte. Devant le refus de Pharaon de libérer les Hébreux tenus en esclavage, Moïse lui prédit que l'Égypte sera frappée par une série de fléaux. Des scientifiques mettent aujourd'hui en relation les événements décrits dans la Bible (pluie de grenouilles, vague de moustiques, de taons, de sauterelles, morts de troupeaux, grêle, ténèbres…) avec des phénomènes climatiques dus à l'éruption du volcan de l'île de Théra (aujourd'hui Santorin) à une époque contemporaine de l'Exode. Une telle catastrophe aurait pu en effet être de nature à provoquer un nuage de cendre sur le bassin méditerranéen qui aurait momentanément bouleversé le temps, perturbé les animaux, assombri le ciel…

Les trompettes de Jéricho. Lorsque les Hébreux avancent vers Jéricho, portant avec eux l'Arche d'Alliance, leurs trompettes font s'écrouler les murs de la ville dont ils peuvent ainsi s'emparer. Des recherches archéologiques ont montré que Jéricho a subi plusieurs tremblements de terre au cours de son histoire. Seul problème : aucun n'est contemporain des événements rapportés par la Bible…

La traversée de la mer Rouge. Le texte biblique présente Moïse traversant la mer Rouge à pied sec avec son peuple. À leur suite, les armées de Pharaon auraient été englouties par les eaux. Pour certains, le retrait spectaculaire et momentané de la mer Rouge serait dû là encore à des phénomènes volcaniques sous-marins. Pour d'autres, il pourrait s'agir de vents qui auraient soufflé de façon continue dans un sens, repoussant ainsi le niveau de la mer, avant de changer de direction subitement. Cette thèse est corroborée par le fait que Moïse n'aurait probablement pas traversé la mer Rouge mais la mer des Roseaux, beaucoup plus étroite.

Moïse et les enfants d'Israël à travers la mer Rouge : dans la Bible, le prophète ouvre les flots en deux pour le passage de son peuple.

Nouveau Testament

La résurrection de Lazare. Il s'agit d'un épisode marquant durant lequel Jésus ressuscite un mort du nom de Lazare. On peut penser que celui-ci n'était peut-être que plongé en catalepsie. Des exégètes modernes récusent la véracité de cet épisode dans lequel ils voient avant tout une annonce de la résurrection de Jésus.

La marche sur l'eau. L'explication rationnelle de ce récit reposerait sur le fait que les fonds marins sont irréguliers. Vu de loin, un personnage marchant sur un banc de sable semble « marcher sur l'eau ».

La résurrection de Jésus. Jésus, mort sur la croix, est mis au tombeau. Deux jours plus tard, sa sépulture est retrouvée vide tandis qu'un ange annonce sa résurrection. Événement le plus prodigieux du Nouveau Testament, il fonde la spécificité de la religion chrétienne.

Pour les croyants, il est la preuve de la divinité du Christ et annonce la Vie éternelle. Pour les autres, Jésus ne serait pas réellement mort sur la croix, mais tombé dans le coma, il aurait repris conscience après sa mise au tombeau.

Le site de Qumran, un ancien monastère où un garçon bédouin a découvert les centaines de manuscrits connus sous le nom des « manuscrits de la mer Morte ».

Les manuscrits de la mer Morte ont été préservés pendant 2 000 ans grâce à la sécheresse quasi-permanente sur les rivages de la mer Morte.

• Changement de questionnement tant pour l'Ancien...

En effet, en ce qui concerne l'Ancien Testament, les exégètes modernes déplacent les termes du questionnement, préférant le « quand a-t-on écrit ? » au « qui a écrit ? ». Il apparaît en effet que la Bible juive est un ensemble composite de textes rédigés, parfois à diverses reprises, au cours du Ier millénaire av. J.-C. Il est fort probable qu'il ne soit pas revenu à une seule personne d'écrire ces textes. Ainsi, les critiques modernes pensent que les livres des Rois ont été composés, non par le prophète Jérémie, mais par un auteur qui aurait puisé ses sources dans les annales royales de Juda et d'Israël. De même, les écrits prophétiques n'auraient pas été écrits par les prophètes eux-mêmes mais par leur entourage.
Le Pentateuque qui relate des récits du IIe millénaire av. J.-C. n'a probablement connu sa rédaction finale qu'au VIe siècle av. J.-C. En outre, il faut considérer que les auteurs de ces textes ont pu puiser non seulement dans des sources écrites antérieures à eux mais également dans une tradition orale dont nous n'avons aujourd'hui plus aucune trace. Ainsi, plus la recherche progresse, plus la perspective de savoir qui a écrit cette partie de la Bible s'éloigne.

• ... que pour le Nouveau Testament

Le problème est un peu différent pour le Nouveau Testament puisque chaque Évangile se réclame d'un auteur unique. Mais, là encore, les conjectures l'emportent sur les faits avérés. Ainsi, l'Évangile de Jean, le seul des quatre évangélistes à avoir été apôtre et à avoir connu directement Jésus, serait en réalité le produit d'élaborations successives dont nous ne connaissons rien. Autre problème posé par ces documents : rédigés à la fin du Ier siècle apr. J.-C., ils relisent le message de Jésus à la lumière de la situation du christianisme un demi-siècle après la mort du Messie.
Ainsi, depuis plus de trois siècles, poser la question des auteurs de la Bible revient à s'attaquer à l'un des problèmes les plus ardus de l'exégèse.

A-T-ON TROUVÉ LES SOURCES DE LA BIBLE ?

Tout commence par hasard, en 1947, sur les rivages de la mer Morte : un bédouin à la recherche d'une chèvre égarée se glisse dans une grotte et y trouve des jarres en terre contenant des parchemins. D'abord vendus à un antiquaire de Bethléem, ils sont ensuite confiés à l'École biblique de Jérusalem qui les date de l'époque de Jésus.

Des fouilles plus systématiques sont alors entreprises et, entre 1947 et 1956, ce sont environ 870 manuscrits différents divisés en près de 15 000 fragments qui sont découverts dans la région de Qumran. La nature extraordinaire de ces documents met le monde des historiens en effervescence et provoque curiosités et convoitises. Cependant, l'équipe de Jérusalem retient une large partie des manuscrits pendant près de 40 ans et il faut attendre le début des années 1990 pour que la totalité des textes soit enfin mise à la disposition de tous.

Plusieurs équipes de spécialistes, souvent rivales, se sont attelées à la difficile tâche de reconstituer, déchiffrer et interpréter cet immense puzzle incomplet que sont les rouleaux de la mer Morte. Rédigés en hébreu et en araméen, ils comportent des fragments de la Bible hébraïque, des textes inconnus jusqu'alors relatant la vie de grandes figures bibliques telles que Noé, Hénoch, Tobie ou Abraham, des commentaires de la Bible, des prières, une règle communautaire, un texte sur la guerre.

Peut-on établir un lien direct entre ces textes et la naissance du christianisme ? Aujourd'hui encore les réponses apportées à ces questions divergent fortement.

Les thèmes développés dans les manuscrits présentent d'indéniables analogies avec le christianisme des premiers temps : attente messianique, vives critiques adressées aux prêtres du Temple, importance accordée à la grâce divine, au salut individuel, à la pauvreté ou au culte divin quotidien.

Pour une partie des historiens, ces idées sont celles de l'essénisme, courant messianique juif né au IIe siècle av. J.-C. Ces Esséniens auraient vécu sur le site même de Qumran à l'époque du Christ. Ils y auraient développé et rédigé leur doctrine et mené une vie communautaire particulièrement ascétique. Les textes découverts seraient ceux de leur bibliothèque et le christianisme serait né de l'essénisme.

Pour d'autres, les manuscrits de la mer Morte auraient été écrits par plusieurs centaines de scribes différents, entre le IIe siècle av. J.-C. et le Ier siècle apr. J.-C., et n'auraient aucun lien direct avec la naissance du christianisme. Pour tous, les documents de Qumran, antérieurs de près de 1 000 ans aux plus anciens textes bibliques dont nous disposons, ont permis de montrer que la transmission de la Bible a été fidèle. Ils témoignent de la diversité du judaïsme antique comme des liens très étroits entre les pensées juives et chrétiennes des premiers temps.

ORIGINE

Quelle est cette « étoile » qui guida les Rois mages ?

Il est dit que l'événement fondateur de l'histoire de la chrétienté, la naissance de Jésus, fils de la Vierge Marie et du charpentier Joseph, fut annoncé par l'apparition de l'étoile des Rois mages, ou étoile de Bethléem.

• Des Mages venus d'Orient

Longtemps considérée comme miraculeuse, cette apparition dans le ciel de Judée a été depuis authentifiée par les astronomes, même si des détails de l'épisode historique restent imprécis.
Venus d'Orient, les Mages, au nombre de trois selon le récit des Évangiles, se présentent à Hérode dans son palais de Jérusalem. Ils viennent voir le Messie, dont une étoile annonce la naissance à Bethléem, comme l'a indiqué jadis le prophète Michée.
Craignant un dangereux concurrent en ce Roi-Messie, Hérode invite les Mages à revenir lui dire où se trouve celui qu'ils cherchent lorsqu'ils l'auront trouvé. Mais après avoir vu Jésus dans une étable, les Mages repartent par un autre chemin.
Hérode fait alors massacrer tous les garçons de moins de 2 ans vivant à Bethléem. Cependant, ses sbires ne trouvent pas Jésus, car Marie et Joseph ont réussi à s'enfuir.

La naissance du roi d'Israël

« Alors que Joseph se préparait à partir pour la Judée, une vive agitation éclata à Bethléem de Judée. Les Mages arrivèrent, disant : "Où est le roi des Juifs ? Nous avons vu son étoile en Orient, et nous sommes venus l'adorer." Cette nouvelle alarma Hérode qui dépêcha des serviteurs auprès des Mages. (...)

Puis il les interrogea, leur disant : "Quel signe avez-vous vu au sujet du roi nouveau-né ?" Et les Mages répondirent : "Nous avons vu une étoile géante, parmi les autres constellations, si éblouissante qu'elle les éclipsait toutes. Ainsi avons-nous compris qu'un roi était né à Israël et nous sommes venus l'adorer." Hérode leur dit : "Partez à sa recherche, et si vous le trouvez, faites-le moi savoir afin que moi aussi j'aille l'adorer." Les Mages partirent. Et voici, l'astre qu'ils avaient vu en Orient les conduisit jusqu'à ce qu'ils fussent arrivés à la grotte, et au-dessus de la tête de l'enfant, il s'arrêta. »

Évangiles apocryphes

L'Adoration des Mages, d'après le tableau de Burne-Jones.

• À quelle date eurent lieu ces événements ?

Un premier indice historique montre que ce n'est pas en l'an 0 comme le voudrait la tradition en guise de point de départ du calendrier chrétien. En effet, Hérode le Grand est mort en 4 av. J.-C. Par ailleurs, on possède des données historiques sûres grâce à l'écrivain Macrobe (vers 400 apr. J.-C.) qui semble être bien renseigné sur le règne de l'empereur Auguste, contemporain d'Hérode et homme de paille des Romains en Palestine.
Tout semble indiquer que l'épisode du massacre des enfants de Bethléem aurait eu lieu vers 7 av. J.-C.

• Comète, nova, supernova…

Depuis des siècles, les astronomes tentent d'établir la réalité de l'étoile de Bethléem. La première idée avancée est celle d'une comète, un corps céleste souvent associé aux grands événements historiques. Cependant, aucune des comètes répertoriées de nos jours (qui suivent toutes une trajectoire régulière autour du Soleil) n'a pu être visible à cette date, même si l'on peut admettre que l'éventuelle comète ait disparu depuis.

Par la suite, les esprits penchent en faveur d'une nova ou d'une supernova, c'est-à-dire des étoiles en train d'exploser et qui deviennent fort brillantes dans le firmament. Mais les grands astronomes asiatiques, surtout chinois, de l'Antiquité tenant un compte scrupuleux des phénomènes célestes, on sait qu'aucune nova ou supernova n'a été visible à l'époque en question : les plus proches datent en effet de 134 av. J.-C. et de 123 apr. J.-C.

Les Rois mages et l'Étoile de Bethléem. ***Peinture de Gustave Moreau, XIXe siècle.***

• … ou triple conjonction de planètes ?

Une dernière théorie est émise par Kepler dès 1606. L'étoile de Bethléem serait le souvenir d'une triple conjonction de Jupiter et de Saturne dans le signe des Poissons, ce qui signifie que ces deux planètes se sont trouvées par 3 fois alignées par rapport à la Terre et visibles sous forme d'un point très brillant dans la constellation des Poissons.

Si l'alignement simple est un phénomène relativement courant, la triple conjonction est très rare. On a pu déterminer que, depuis 4 000 ans, elle n'a eu lieu, dans les Poissons, qu'en 860 et en… 7 av. J.-C., approximativement vers les 12 avril, 3 octobre et 4 décembre.

• En route pour Bethléem

L'astronomie et l'histoire tendent donc à confirmer que l'« étoile de Bethléem » est un phénomène authentique. On peut interpréter ainsi les descriptions des textes sacrés : des astrologues juifs de Babylone ayant observé la première conjonction (rien n'indique qu'il s'agisse de rois et l'observation astronomique est attestée par une inscription cunéiforme) vers le 12 avril de l'an 7, puis de nouveau vers le 3 octobre, ils y voient le signe de l'arrivée du Messie, tant attendu pour chasser l'étranger de Palestine.

Ils se mettent donc en route et arrivent à Jérusalem vers la fin du mois de novembre.

Bas-relief d'un tombeau byzantin du Ve siècle représentant l'Adoration des Rois mages (église de Saint-Vital à Ravenne).

• L'Étoile désigne l'étable de Jésus

La troisième conjonction les confirme dans leur certitude, et ils partent vers le 4 décembre au soir en direction de Bethléem, à 8 kilomètres au sud de Jérusalem, « guidés » par le gros point qui brille devant eux dans la nuit tombante. Trouver l'étable de Jésus dans une si petite localité n'est plus qu'une question d'heures.

Toutefois, les textes sacrés précisent, eux, que l'Étoile a « désigné » celle-ci. Des auteurs voient là un effet littéraire destiné à insister sur l'aspect divin de l'épisode et d'autres l'intervention de l'inspiration de Dieu sur les Mages lorsque ceux-ci arrivent à Bethléem.

ORIGINE

Sait-on vraiment où se trouve le tombeau du Christ ?

Au IVe siècle, les Byzantins déclarent avoir retrouvé, sur la colline du Golgotha, non seulement la Vraie Croix mais aussi la sépulture de Jésus. Quels éléments peuvent permettre de désigner ce lieu comme étant celui du véritable tombeau du Christ ?

• L'église du Saint-Sépulcre

L'un des hauts lieux du christianisme, cette basilique, située à Jérusalem, aurait été bâtie à l'endroit même où se seraient déroulés les épisodes de la Passion du Christ, sur la colline du Golgotha.

La Bible donne des indications assez nombreuses et convergentes concernant sa localisation. Ainsi l'évangéliste Jean précise que la crucifixion eut lieu sur une colline appelée Golgotha (Jean, XIX, 17) hors de la ville (Jean, XIX, 20) et que le tombeau se trouvait à proximité (Jean, XIX, 41). Ces renseignements sont corroborés par les autres Évangiles. L'Épître aux Hébreux ajoute en outre que cet endroit se situe près d'une des portes de la ville. Cependant, à regarder une carte de la Jérusalem romaine, on s'aperçoit que le Saint-Sépulcre se trouve en plein milieu de la cité. Cette objection majeure est levée par les archéologues du XXe siècle qui peuvent démontrer que cet espace n'a été intégré à Jérusalem qu'après la mort de Jésus, quand le roi Hérode Agrippa (41-44 apr. J.-C.) fit élever une nouvelle ceinture de murailles.

Quoiqu'il en soit, les historiens pensent aujourd'hui que le tombeau de Jésus était connu et faisait l'objet dès la fin du Ier siècle d'une forme de culte dont les Évangiles, rédigés au même moment, se font l'écho. Ajoutons que des légendes postérieures font du Golgotha le lieu où aurait été déposé le crâne d'Adam. Jésus, en versant son sang sur la croix, aurait racheté du même coup le péché originel du premier des hommes. C'est dire que ce site apparaît comme un résumé de toute l'Histoire sainte.

• Une statue de Jupiter sur le tombeau…

C'est probablement parce que la sépulture de Jésus suscita un fort courant de dévotion religieuse que les empereurs romains ont voulu y établir leur plus haut lieu de culte. En 132, à la faveur d'un soulèvement juif rapidement écrasé par Rome, l'empereur Hadrien décide de romaniser Jérusalem : il fait raser la capitale juive pour la remplacer par une cité romaine du nom d'Aelia capitolina. C'est sur le site du Golgotha qu'il fait construire son capitole. Saint Jérôme rapporte dans sa correspondance qu'une statue de Vénus trônait sur la colline tandis que le tombeau de Jésus était surmonté par une statue de Jupiter. Pour les tenants du Saint-Sépulcre actuel c'est une preuve supplémentaire de la localisation du tombeau du Christ.

Au IVe siècle, le destin de l'Empire bascule. L'empereur Constantin se convertit au christianisme et réunit un concile de toute la chrétienté à Nicée en 325. L'évêque de Jérusalem/Aelia capitolina s'y rend et plaide pour que l'on redonne leur dignité aux lieux de la Passion du Christ. Constantin dépêche des ouvriers qui détruisent le capitole romain afin d'exhumer le sépulcre. La meilleure sour-

Des travaux de Romains

« [Constantin] ne se contenta pas d'avoir abattu le Temple de l'idole de l'impureté. Il en fit jeter fort loin les démolitions et commanda de creuser la terre qui avait été souillée par l'impiété des sacrifices (…). Ces ordres n'eurent pas été sitôt exécutés (…) que l'on vit (…) le très saint et vénérable tombeau, d'où le Sauveur était autrefois ressuscité et on admira dans la découverte de ce sanctuaire la plus fidèle et la plus vive image que l'on eût pu jamais désirer du mystère de sa glorieuse résurrection ».

Eusèbe de Césarée

Le Saint-Sépulcre renfermerait le tombeau du Christ. De nombreux éléments viennent contredire cette version officielle.

L'ensevelissement du Christ, ***d'après Gralasso Galassi, XVe siècle.***
Ce tableau montre la mise au tombeau du Christ telle que la tradition chrétienne la représentait.

ce à ce sujet, l'historien Eusèbe de Césarée (v. 265- v. 340), laisse le témoignage des gigantesques travaux menés sous l'impulsion de l'Empereur. Cependant il ne dit pas comment les Byzantins identifient avec certitude le tombeau qu'ils découvrent sous l'édifice romain car cette zone, qui était un ancien cimetière, en comporte plusieurs. Peut-être des graffitis laissés par les premiers chrétiens attestent-ils de la nature de la tombe.

• Quelle était l'apparence de ce tombeau ?

D'après les restes que nous en avons, il s'agit d'une sépulture de type *arcosolium*, c'est-à-dire d'une table surmontée d'un arc voûté sur laquelle on déposait le corps. On devait y accéder par une sorte de vestibule.

Autour de cette tombe, Constantin organise la construction d'une église aux dimensions monumentales de près de 140 mètres de long pour une largeur d'environ 40 mètres. L'édifice comporte 4 parties : une entrée menant à une cour, une basilique, un atrium intérieur et enfin une rotonde entourée de colonnes byzantines que surmonte une coupole. Cet ensemble appelé « la Sainte Résurrection » qui enchâsse et isole le sépulcre lui-même, est entouré d'un déambulatoire qui permet aux pèlerins de cheminer autour du tombeau. La basilique du Saint-Sépulcre est inaugurée par l'empereur Constantin lui-même le 17 septembre 335.

• Une histoire dramatique

Après l'invasion perse du VIIe siècle qui lui occasionna d'importantes destructions, elle fut détruite sur ordre du calife Hakim en 1009. Lors des croisades, Jérusalem redevenue chrétienne fit peau neuve : la rotonde fut restaurée, la basilique reconstruite et étendue. En 1808 enfin, un incendie ravagea l'édifice ce qui obligea à reconstruire l'édicule qui abritait la tombe.

Grâce à de récentes recherches archéologiques menées à la fin du XXe siècle, il semble que ni la conquête musulmane, ni l'incendie du XIXe siècle n'aient entièrement détruit la table rocheuse de la tombe, toujours considérée comme le véritable saint des saints chrétien. Néanmoins il nous est toujours impossible d'acquérir la certitude absolue que cette sépulture, remontant aux débuts de notre ère et vénérée par les catholiques, les orthodoxes, les Arméniens, les coptes et les Éthiopiens soit le vrai tombeau du Christ.

Crucifixion, ***d'après Bartolomé Esteban Murillo.***

PARADIS

L'Amérique était-elle le Paradis terrestre ?

Personnage longtemps considéré à tort comme légendaire, le moine Brandan, à défaut d'être un saint officiel, est un des grands voyageurs de l'époque celte. Durant des siècles, les récits apocryphes de ses voyages ont passionné les lecteurs médiévaux, convaincus que Brandan avait découvert l'île des Merveilles, autrement dit le Paradis terrestre.

• Les moines navigateurs à la recherche du Paradis

Aux Ve et VIe siècles, les moines celtes, dont la tradition catholique d'origine orientale s'oppose quelque peu à celle que Rome tente d'imposer en Europe continentale, se tournent vers la mer. C'est vers l'ouest qu'ils s'emploient à convertir les païens, ce qui explique l'importance qu'ils attachent à reconnaître les îles de l'Atlantique. Par ailleurs, il leur est recommandé, au cas où ils pourraient effectuer au moins une fois le voyage jusqu'à Jérusalem, de s'exiler seuls ou en petits groupes sur une terre désolée pour y faire pénitence et y édifier, éventuellement, un monastère.
Ainsi, des moines s'établissent en Islande dès la fin du Ve siècle. Mais nombre d'entre eux ne peuvent plus s'intégrer à la vie commune et passent leur temps à aller d'île en île. Leur errance s'explique par un espoir fou : découvrir le Paradis terrestre, qu'une tradition situe, avec une étrange certitude, de l'autre côté de l'Atlantique.

• Premières tentatives de Brandan

Vers 506, Brandan, un homme libre né vers 484 en Irlande et ordonné prêtre aux alentours de 504, vit au pays de Galles. Une quinzaine d'années plus tard, il accomplit son premier grand voyage,

Saint Brandan, une figure historique ?

S'il n'y a nulle raison de douter de l'existence de Brandan, moine-navigateur dans la première moitié du VIe siècle, rien n'indique, en revanche, que tous les exploits que les manuscrits lui attribuent lui reviennent spécifiquement. En effet, il se peut que la célébrité médiévale du moine voyageur et de son île des Merveilles lui ait fait endosser la paternité de voyages, ou d'épisodes de voyages, dont la gloire serait plus justement endossée par d'autres navigateurs celtes demeurés anonymes.

On sait avec quelle prudence il faut lire les textes hagiographiques. Mais la véracité et le détail de nombre de descriptions (les icebergs et les noix de coco, par exemple) montrent à l'évidence qu'elles ont été faites à partir de témoignages réels.

Par ailleurs, de multiples indices suggèrent que l'Atlantique était fréquenté bien plus qu'on ne le croit depuis l'Antiquité. Le voyage jusqu'aux îles américaines est donc moins improbable qu'il ne paraît, et Brandan, ou quelque autre marin celte, peut très légitimement être considéré comme un précurseur du grand Christophe Colomb.

Les moines navigateurs, à la recherche du paradis terrestre, sont à l'origine de nombreuses légendes. Ici, les moines seraient arrivés sur une île-baleine… !

allant avec un équipage jusqu'en Islande, à bord d'un léger esquif. Au cours du voyage qui le mène dans cette île, considérée alors comme l'antichambre du Paradis – une sorte de « purgatoire » moderne –, il aperçoit pour la première fois la couche glacée qui recouvre l'océan polaire et les icebergs.

Vers 527, cette fois en compagnie de deux autres bateaux, il se rend, semble-t-il, une première fois jusqu'aux Canaries, puis met le cap vers le large. Jusqu'où le mène exactement cette navigation ? On ne saurait le dire, les différentes sources tendant à mélanger les péripéties de ce voyage-ci et celles de l'expédition suivante, beaucoup plus considérable. Il apparaît cependant que, après avoir progressé péniblement, les bateaux doivent affronter une tempête terrible qui coule deux d'entre eux. Lorsque revient le calme, Brandan et les survivants aperçoivent des débris végétaux flottant sur l'eau, preuve probable qu'une terre occidentale est toute proche.

Mais les marins, trop éprouvés, décident de rebrousser chemin : finalement, le voyage n'aboutit pas.

• *On a marché sur le Paradis !*

Une quinzaine d'années plus tard, en 544-545 sans doute (Brandan a alors presque 60 ans et séjourne en Bretagne), le moine repart en expédition. Il embarque cette fois sur un solide navire en bois, et, après une nouvelle escale aux Canaries, se lance de nouveau à l'assaut de l'Atlantique.

Derechef, les textes font état des difficultés d'une longue traversée en haute mer et mentionnent une tempête. Puis les navigateurs découvrent sur l'eau des feuilles de palmiers et d'étranges coques flottantes couvertes de fibres – certainement des noix de coco.

Ce détail est très important, car les textes qui le citent datent d'une époque où ces fruits ne sont pas encore connus en Europe. Quelques jours plus tard, le bateau arrive enfin en vue d'une grande île tropicale. La description de cette île et celle du courant marin qui la contourne avant de partir vers l'est laissent à penser qu'il pourrait peut-être s'agir de Cuba. Brandan y aborde, y séjourne un temps indéterminé, puis s'en retourne en Bretagne, qu'il atteint deux années après son départ.

Les diverses versions de la *Navigation de saint Brandan,* qui s'échelonnent entre le IXe et le XIVe siècle, affirment, quant à eux, qu'il a foulé le sol du Paradis terrestre.

PARADIS

Où se trouve le royaume du Prêtre Jean ?

La situation militaire en Palestine est plus que délicate pour les chrétiens à la fin de la première moitié du XIIe siècle. C'est alors que leur parvient la nouvelle incroyable qu'un grand roi d'Asie vole à leur secours.

• Un sauveur inespéré pour les croisés

Lorsque l'on évoque pour la première fois l'existence d'un grand royaume chrétien en 1145, le royaume de Jérusalem tenu par les croisés vacille sous les coups des armées musulmanes. Le jour de Noël 1144, la forteresse d'Édesse est tombée aux mains de l'ennemi et l'avenir s'annonce sombre.

C'est alors que parvient la nouvelle qu'un puissant chef de guerre a écrasé l'armée musulmane du sultan de Perse, près de Samarkand, lors d'une formidable bataille, les 8 et 9 septembre 1141. On affirme que le vainqueur est un souverain chrétien, quoique schismatique, « nestorien » : il porte le nom de Johannes Presbyter, francisé plus tard en Prêtre Jean.

Les richesses du Prêtre Jean

«… Chaque jour, trente mille personnes, sans compter celles qui viennent sans être attendues, mangent à notre table, et chacune se voit gratifiée de cadeaux de notre part, chevaux ou tous autres objets. La table est en émeraude précieuse et quatre colonnes d'améthyste la soutiennent. (…) Chaque mois, sept rois prennent leur tour pour nous servir, puis soixante-deux ducs, deux cent soixante-cinq comtes et marquis, sans compter ceux qui sont employés dans plusieurs autres services. Chaque jour mangent à notre table douze archevêques assis à notre droite et vingt évêques à notre gauche. (…) Notre empire s'étend, d'un côté, sur une distance de quatre mois de marche, mais, de l'autre côté, personne ne sait jusqu'où s'exerce notre domination… »

Extrait de *la Lettre du Prêtre Jean à l'empereur de Byzance Manuel* (1165).

De nombreux voyageurs sont partis en Asie centrale à la recherche du royaume du Prêtre Jean.

Mais l'armée salvatrice tarde à arriver. Des rumeurs circulent parmi les croisés pour justifier ce retard : elles leur permettent de garder espoir, tandis que la situation du royaume de Jérusalem empire. Après sa victoire sur le sultan, dit-on, le Prêtre Jean aurait voulu voler au secours des croisés ; mais il n'a pu franchir le Tigre, il a dû s'en retourner dans son énigmatique royaume d'Asie...

Portrait de Gengis Khan d'après Pierre Duflos, 1780.

On sait aujourd'hui que le vainqueur des musulmans à Sarmakand est le chef d'une peuplade turque d'Asie, en effet peut-être christianisée, les Kara-Kitaï. Son nom était Gurkhan et il mourut en 1143 ou 1144, c'est-à-dire avant même qu'on parle pour la première fois du Prêtre Jean.

• Le mythique royaume des « trois Indes »

En 1165, Manuel Ier, le souverain de Byzance, reçoit une étrange lettre prétendument envoyée par le fameux Jean et décrivant les merveilles de son royaume des « trois Indes », une sorte d'Eldorado oriental. Ce texte, dont l'origine est pourtant fort suspecte, entretient le mythe en Europe jusqu'à la Renaissance. L'empereur germanique Frédéric Barberousse ne semble guère croire à l'authenticité du document et ne tente rien pour prendre contact avec le lointain roi chrétien. Le pape Alexandre III tarde aussi à réagir. Toutefois, en 1177, il fait rédiger une réponse au « célèbre et magnifique roi des Indiens, le très-saint Prêtre », et confie celle-ci à son médecin personnel, un certain Philippe. Malheureusement, nul n'entend plus parler de l'émissaire après son départ en Orient et, lorsque le sultan Saladin prend Jérusalem en 1187, aucune armée chrétienne d'Asie n'intervient pour sauver la ville sainte. On pourrait croire à la fin du mythe.

• Gengis Khan confondu avec le Prêtre Jean

Mais c'est compter sans la ferveur mystique qu'éprouvent les chrétiens à l'égard du Prêtre Jean, ferveur entretenue par le désir de vaincre les infidèles et l'image d'un royaume asiatique débordant de richesses. Ainsi, lorsque la chrétienté apprend, en 1221, la victoire d'une grande armée venue de l'Est sur les musulmans, à Samarkand de nouveau, on croit reconnaître l'action du roi légendaire. Terrible méprise, car celui que l'on prend une fois encore pour le Prêtre Jean, ou l'un de ses successeurs, écrase peu après le royaume chrétien de Géorgie, puis dévaste l'Europe orientale jusqu'en 1241. Cet homme n'est autre que Gengis Khan, le chef de l'invasion mongole venue de l'autre bout de l'Asie...

• Une erreur de localisation ?

Une fois la paix établie avec les Mongols, de nombreux voyageurs européens, dont le célèbre Marco Polo, cherchent en vain le royaume du Prêtre Jean en Asie centrale. Mais il en faut plus pour les décourager. Dès le début du XIVe siècle, on pense qu'il y a peut-être eu erreur sur le continent et qu'il faut se tourner vers l'Afrique, où se trouve le royaume d'Abyssinie (l'Éthiopie), justement surnommé l'« Inde africaine ». Le Prêtre Jean est alors identifié au négus d'Éthiopie et les chrétiens forment le projet d'aller lui demander de l'aide pour attaquer le sultan d'Égypte. L'itinéraire choisi doit contourner l'empire musulman : le seul possible fait donc le tour de l'Afrique par le sud. La circumnavigation du continent africain est effectuée par les Portugais, qui atteignent en effet l'Éthiopie en 1493. Ainsi, l'ouverture de cette nouvelle voie maritime doit beaucoup à la légende du Prêtre Jean. Mais les Portugais s'aperçoivent vite que le négus est incapable de leur fournir l'aide espérée et ce sont eux qui, finalement, doivent l'assister pour résister à la pression musulmane au nord de son royaume. À la Renaissance disparaît ainsi une légende sur laquelle des générations de chrétiens avaient fondé bien des espoirs.

Où est la sépulture de saint Pierre ?

En 1939 commencent au Vatican, sur ordre du pape Pie XII, des fouilles extraordinaires. Des archéologues recherchent le tombeau de celui qui fut le premier compagnon de Jésus, l'apôtre Pierre, supplicié, selon la tradition, dans le cirque de Néron en 67.

• « …sur cette pierre je bâtirai mon Église »

L'exploration de la basilique vaticane a une très grande importance. En effet, l'évêque de Rome est considéré comme l'héritier de Pierre, lui-même désigné par Jésus pour être le « fondement de l'Église du Christ ». Or, si la basilique est effectivement construite à l'emplacement du tombeau de l'apôtre – « et moi je vous dis que vous êtes Pierre et que sur cette pierre je bâtirai mon Église » –, la primauté de Rome à la tête de la chrétienté s'en trouve renforcée.

• Le sacrifice du fondateur de l'Église chrétienne

La tradition qui veut que Pierre ait été sacrifié à Rome, sous le règne de Néron, est tardive. Elle est élaborée à partir du IIIe siècle seulement et reprise par des textes hagiographiques ultérieurs. On y raconte que Pierre a vécu 25 ans à Rome. Arrêté, il est condamné à être sacrifié en même temps que Paul. Celui-ci, citoyen romain, a la tête tranchée ; Pierre, lui, est voué comme son maître à la crucifixion. Exécuté la tête en bas, car il ne se sent pas digne d'être martyrisé dans la même position que le Christ, l'apôtre serait donc mort dans le cirque de Néron qui se trouverait sur l'emplacement actuel de la basilique Saint-Pierre.

• Rome bouleversée par l'histoire

Il est possible cependant que le lieu servant depuis le Ier siècle de centre de culte et de pèlerinage en l'honneur de Pierre ne soit pas réellement le lieu de l'inhumation mais seulement un endroit consacré postérieurement au saint et à son martyre.
L'histoire tumultueuse de la ville accrédite cette hypothèse : Rome est dévastée par les vagues d'invasions barbares au Ve siècle, puis, à la fin du Xe siècle, un énorme incendie endommage la basilique.
Enfin, en 1527, la ville est de nouveau ravagée, cette fois-ci par les Allemands. La dépouille a donc pu être déplacée par des fidèles pour être protégée ou elle a pu disparaître, lors des troubles successifs ou dans la tourmente des premières persécutions chrétiennes.

• Les archéologues au secours du Saint-Siège

Les travaux commandés par Pie XII ont pour but de fouiller les soubassements de la basilique, à l'endroit que l'on appelle la « confession » de saint Pierre, c'est-à-dire un lieu aménagé à la Renaissance pour que les fidèles puissent célébrer l'apôtre. Les recherches des archéologues doivent apporter la preuve que, au IVe siècle, l'em-

La basilique Saint-Pierre

Édifiée en 324 sous le règne de Constantin, la première basilique est un immense bâtiment à 5 nefs. À partir du début du XVIe siècle, sous les auspices du pape Jules II, elle est totalement transformée. Un projet grandiose, fondé sur une immense coupole portée par une « croix grecque » (les 4 branches de la nef étaient de longueur égale), est proposé par Bramante.
L'architecte meurt avant d'avoir achevé son œuvre, mais les travaux sont poursuivis par Giuliano de Tangello, puis par Raphaël (jusqu'à 1520) et enfin par Michel-Ange. À la mort de Michel-Ange en 1564, les deux bras du transept, l'abside et la partie qui soutient la coupole (tambour) sont achevés et c'est Giacomo della Porta qui poursuit cet immense chantier.
Au début du XVIIe siècle, à l'époque de la Contre-Réforme, le pape Paul V ordonne que la croix grecque soit transformée en croix latine. La nef est alors allongée par Carlo Maderno. La splendeur du bâtiment est complète lorsque le Bernin élève à l'intérieur le baldaquin, chef-d'œuvre d'art baroque (1623-1633).
À l'extérieur, la place Saint-Pierre elle-même est un hymne à la puissance de Rome. Elle se présente comme une scène fermée, entourée d'une quadruple colonnade (construite par le Bernin en 1657-1667) au sommet de laquelle se nichent 140 statues de saints. Au centre s'élève un obélisque provenant d'Héliopolis, à l'endroit même où se dressait autrefois le cirque de Néron, lieu de supplice des premiers chrétiens.

pereur Constantin a bien choisi d'édifier la première basilique au-dessus du lieu du martyre et de la sépulture de l'apôtre.
Mais les résultats des fouilles révèlent bien d'autres choses. On retrouve en effet sous les fondations de la basilique une immense nécropole et non les restes d'un cirque : des dizaines de tombes, païennes pour la plupart, sont découvertes en ce lieu. Il est plus que possible que saint Pierre ait été enterré dans ce cimetière : les archéologues y découvrent en effet une zone vide, sur laquelle les autres tombes n'empiètent pas et, fait extraordinaire, cet espace se trouve exactement sous la « confession ». Par ailleurs, les fouilles révèlent qu'au Ier siècle un mur badigeonné de rouge fut élevé pour délimiter la zone ; au siècle suivant, le mur fut augmenté et renforcé. La preuve est faite qu'il y avait un espace sacré que l'on a voulu délimiter par une cloison de protection.
Le choix du lieu de l'édification de la basilique par Constantin s'expliquerait donc facilement : au-dessus de la tombe de saint Pierre, le fondateur de l'Église romaine.

• Le mystère est-il résolu ?

Le rapport qui, 10 ans après le début des fouilles, clôt l'enquête conclut à la présence du tombeau de l'apôtre sous la basilique.
Mais qu'en est-il du corps lui-même ? On découvre des ossements dans des niches secrètes creusées dans ce mur de couleur rouge. Pourquoi aurait-on caché des restes humains s'ils n'étaient ceux d'un personnage important dont on voulait absolument préserver les reliques, en une période de troubles comme celle des invasions barbares ? Grâce à un faisceau de présomptions, l'archéologie viendrait donc appuyer la tradition et le mystère dont dépend la primauté de Rome sur la chrétienté semble ainsi résolu…

Portrait de saint Pierre par Petrus Paulus Rubens.

Comment un saint décapité marcha en portant sa tête

Au milieu du IIIe siècle, les environs de Paris sont le théâtre d'un spectacle peu commun. Un prédicateur chrétien, torturé et décapité par les Romains, revient à la vie et marche en portant lui-même sa tête.

• Un chrétien en Gaule romaine et païenne

Les premiers textes mentionnant saint Denis datent du VIe siècle. Ils nous apprennent que Denis appartient à une des dernières générations de chrétiens à avoir été clandestins et persécutés, sous l'Empire romain. Il est l'un des sept « évêques » envoyés de Rome vers 250 pour évangéliser la Gaule et y implanter des structures ecclésiastiques.
Denis choisit la région des Parisii, dont la capitale s'appelle alors encore Lutèce, un des lieux où le paganisme est le plus profondément ancré. Il prend la parole devant une assemblée d'habitants d'un faubourg de Lutèce, afin d'essayer d'éclairer leurs âmes. Et il réussit ! À la fin de sa prédication, la foule est à genoux et se montre prête à renier ses croyances païennes.
Mais les administrateurs romains, inquiets de ce succès, le font arrêter. Car l'Empire voit encore dans le christianisme un ferment de révolte contre l'autorité. En refusant de pratiquer les sacrifices dus aux dieux de la cité, les chrétiens se mettent au ban de la communauté civique.

• Le martyre de Denis, Rustique et Éleuthère

D'après la légende, en compagnie de deux de ses compagnons, Rustique et Éleuthère, Denis est emprisonné et longuement torturé. Puis les Romains ordonnent aux trois hommes qu'ils sacrifient aux dieux païens dans le temple de Mercure, sous les yeux de la foule qu'ils ont précédemment conquise à la parole de Dieu. Ayant refusé, les trois missionnaires sont condamnés à mort et exécutés. Leurs corps sont volés et ensevelis au pied des murs de Lutèce par des chrétiens.
À partir de là, seuls des écrits bien postérieurs nous donnent des informations : ce sont *les Vies de saint Denis* d'époque carolingienne (IXe siècle). Selon ces textes, Denis, Rustique et Éleuthère ont la tête tranchée à la hache. À l'instant même de la décollation, trois couronnes descendent du ciel et se posent sur la tête des victimes, signe de la reconnaissance divine pour leur sacrifice. Selon d'autres versions, trois colombes apparaissent, symbolisant leur âme emportée par le Saint-Esprit.

• Où est parti Denis avec sa tête ?

L'hagiographie carolingienne apporte une grande innovation : le corps décapité de Denis se relève, ramasse sa tête et la porte ; il marche ainsi, guidé et soutenu par des anges, jusqu'à un endroit distant de quelques kilomètres, nommé Catulliacus. C'est là qu'il désire être enterré, et c'est là que s'élèveront plus tard l'abbaye royale et la ville proche de Paris qui porteront son nom : Saint-Denis.
Le lieu du martyre, longtemps identifié à tort à Montmartre, est en fait une colline nommée Montjoie, qui servait de centre cultuel païen depuis des temps immémoriaux. Puis, vers 460, sainte Geneviève construit une basilique à l'endroit présumé de la sépulture de Denis : le site étant créé, le culte des reliques du martyr peut prendre son élan.

• Saint Denis récupéré par la royauté

Les Mérovingiens ont d'abord utilisé l'image de Denis comme instrument de propagande, afin de promouvoir la christianisation et d'extirper l'idolâtrie et le druidisme qui imprégnaient encore les campagnes gauloises.

Fresque de la chapelle Saint-Érige représentant la décapitation de saint Denis.

Il ne reste plus ensuite qu'à lier la dévotion à Denis à l'imaginaire politique de la monarchie. Sous le règne de Clotaire II, vers 627, les reliques sont transférées dans une autre chapelle, située plus loin au nord de Paris, précisément à Catulliacus. Le clergé s'emploie à la faire passer pour une fondation royale, attribuée à Dagobert, le plus prestigieux des rois mérovingiens après Clovis Ier, et tous les rois de France, à partir de Clotaire II, s'y font enterrer.

Ainsi, saint Denis devient l'apôtre protecteur de la Gaule franque et le symbole de son unité, en même temps que Lutèce devenue Paris en devient le centre politique. Carolingiens et Capétiens accentuent cette identification en faisant de Denis le patron de leurs dynasties respectives.

L'épisode de la céphalophorie (le transport de la tête), ajout tardif destiné à justifier le transfert des reliques du tombeau originel à un endroit prétendument voulu et désigné par le saint lui-même, apparaît donc comme une trouvaille ingénieuse, capable par le poids de mystère et de merveilleux qu'elle apporte, de servir au mieux les intérêts politiques de la propagande royale de la dynastie franque..

Saint Denis. Décoration de la chapelle du Palais de l'Élysée. Sébastien Melchior Cornu, vers 1860.

Quelques martyres célèbres

Plusieurs saints ont eu à subir les pires tourments avant d'aller rejoindre le Dieu qu'ils refusaient de renier.

Parmi les apôtres. Outre le martyre de Pierre, crucifié la tête en bas à sa demande, parce qu'il ne se sent pas digne de mourir comme le Christ, l'exécution de l'évangéliste Marc, à Alexandrie sous Néron, est particulièrement atroce. On lui passe une corde autour du cou, et on le traîne ainsi pendant des heures dans les rues d'Alexandrie, jusqu'à ce que son corps soit déchiré et vidé de son sang.

Sainte Agnès. À la même époque, cette jeune fille veut préserver sa virginité pour le Christ et se refuse aux Romains de haute condition qui demandent sa main. Elle est dépouillée alors de ses vêtements et livrée aux clients d'une maison close. Mais ceux-ci, au moment où ils vont abuser d'elle, sont touchés par la grâce et se mettent à prêcher la foi. Les prêtres des temples païens se déchaînent alors contre la vierge et, comme les anges empêchent de la brûler ou de la lapider, ils la font finalement égorger.

Sainte Christine. Elle connaît une fin moins enviable encore, en 287, sous Dioclétien. Ayant brisé les idoles de son père et refusé de sacrifier aux dieux, elle est condamnée à différents supplices, que l'Esprit Saint fait d'abord échouer. Finalement, son juge lui fait couper les seins et la langue, et, comme elle la ramasse et la lui jette à la figure, il lui perce le cœur de trois flèches.

Saint Ronan, un dieu celte ?

Peu après la chute de l'Empire romain, un ermite venu d'Irlande débarqua dans une Bretagne encore attachée à ses traditions celtiques. Le saint homme devint influent, mais ses ennemis l'accusèrent d'être un loup-garou et un sorcier.

À travers champs pendant la grande Troménie (Locronan, Finistère). Cette procession a lieu tous les six ans et retrace le parcours hebdomadaire de saint Ronan.

• *Un personnage historique...*

La « vie », ou plutôt la légende du saint nous est connue par un texte rédigé autour de 1236. Né en Irlande de parents païens, le jeune Ronan se convertit au catholicisme. Brillant théologien, il parvient rapidement à l'épiscopat.

Ronan décide alors de mener une vie d'ermite et s'exile en Bretagne. Il débarque tout d'abord à l'île Molène, entre Ouessant et la pointe Saint-Mathieu, puis il gagne la baie de Douarnenez et s'installe à la lisière de la forêt de Nevet, en un lieu aujourd'hui appelé Locronan. Il chasse de la forêt des « sorciers », écrit son hagiographe ; sans doute ces sorciers sont-ils en réalité quelques druides, repoussés au plus profond des bois par la christianisation. Bientôt, les miracles de Ronan attirent l'attention du roi Grallon, établi depuis peu à Quimper.

La biographie de Ronan ne donne que peu de renseignements vérifiables sur l'existence de l'homme et sur son origine sociale, à une époque où une ascendance royale, ou au moins noble, est conférée à la plupart des saints. Les accessoires que lui attribuent les représentations tardives, cloche et fontaine, ne sont pas mentionnés dans les textes anciens. La cloche conservée à Quimper parmi les reliques est d'un modèle courant en Irlande, mais beaucoup plus rare en Bretagne ; rien ne permet cependant d'avancer qu'elle soit authentique.

• *... ou une légende d'outre-Manche importée sur le continent ?*

Puisque aucune preuve de la réalité de saint Ronan n'a été découverte en Bretagne, certains historiens suggèrent qu'il s'agit, en fait, d'un Britannique dont la légende aurait franchi la Manche. On

trouve, en effet, un saint Ronan en Irlande au VIIe siècle, et un autre en Écosse au VIIIe siècle.
Au XIIIe siècle circule en Cornouailles une *Vie de Saint Rummon* qui ressemble fort à celle de saint Ronan. Ces éléments ont conduit l'historien britannique Doble, au début du XXe siècle, à avancer que les deux saints n'en font qu'un. Selon lui, Rummon aurait été transformé en Ronan dans les noms de lieux au XIe siècle. En effet, de nombreux villages et lieux-dits de Bretagne semblent tenir leur nom de saint Ronan. Sept de ces toponymes commencent en « Lok » (déformation de *loc* ou *locus*, « lieu »), dont le célèbre village de Locronan. Ronan devient parfois Renan, Drenan, Ernan, Erlan, René ou Régnan.

• *Des rites peu chrétiens...*

La procession en l'honneur de saint Ronan, qui se pratique encore aujourd'hui à Locronan, intègre plusieurs sites qui n'ont rien de chrétien, notamment des menhirs et des dolmens. L'un d'eux, baptisé « kador sant Ronan », (chaise de saint Ronan), est encore connu sous son ancien nom de « jument de pierre ». Un ancien rite celtique de fécondité s'y rattache. Malgré l'hostilité de l'Église, certaines femmes de la procession viennent s'y asseoir pour combattre la stérilité.
Un autre menhir, disparu au début du siècle, était, au sommet de la montagne Saint-Ronan, la principale station du pèlerinage. Il était couvert de spirales serpentiformes, et dominait un tumulus de l'âge du bronze et un lieu de culte romain dédié à la fécondité.

Statue de saint Ronan. Cet ermite irlandais a apporté le christianisme en Bretagne.

• *Dernière hypothèse : un dieu païen christianisé ?*

En 1911, l'historien Robert Latouche propose une hypothèse intéressante : saint Ronan aurait été inventé au début du Moyen Âge, en plusieurs endroits, pour remplacer une divinité celtique. Cette pratique était alors courante ; certaines fêtes chrétiennes, comme Pâques, étaient parfois célébrées par le clergé local à des dates différentes de celles prévues par la papauté, de manière à occulter les fêtes païennes traditionnelles.
Une analyse de l'histoire de Ronan permet de découvrir plusieurs éléments qui corroborent cette thèse. L'hagiographe utilise beaucoup de métaphores lumineuses et renvoie à une image solaire du personnage, par ailleurs connu pour ses rapports avec les loups. Or, dans les religions celtiques, le loup est un animal sacré lié au culte solaire. Lug, le premier des dieux gaulois, est un dieu solaire et, comme Ronan, il sait parler aux loups...

Le saint et les loups

Tous les textes chantant les louanges des saints – les hagiographies – comportent, comme autant d'étapes inévitables, des miracles directement inspirés de la vie du Christ. Pourtant, plusieurs anecdotes concernant Ronan s'éloignent de ce schéma classique.

Le saint qui parle aux oreilles des loups. Souvent, les récits font état des rapports étranges que le saint entretient avec les loups. Un jour, un loup, rôdant à l'orée de la forêt, se jette sur une brebis et l'emporte. Ronan, qui assiste à la scène, lève un bras et hurle un ordre : le dangereux animal relâche sa proie et fuit sous le couvert des arbres. Le saint sait se faire comprendre des loups : cela peut être interprété comme un signe divin, ou comme une preuve de sorcellerie.

Le saint soumis au jugement de Dieu. De fait, une femme nommée Kéban accuse Ronan d'être un loup-garou et d'avoir dévoré sa fille. Ronan est traduit devant le roi Grallon : celui-ci décide de s'en remettre à la justice divine. Ronan sera enfermé avec deux loups furieux ; s'il est coupable, ils le mettront en pièces. S'il est innocent, Dieu lui donnera la force de repousser les féroces créatures. Ronan subit l'épreuve et, d'un signe de croix, il calme les deux bêtes féroces. Les auteurs chrétiens innocentent donc rapidement Ronan.

Saint François portait-il les blessures du Christ ?

À la mi-septembre 1224, François d'Assise se retire pour méditer et jeûner sur la Verna, le mont Alverne, près d'Arezzo, en Toscane. Au retour, il porte sur son corps des blessures semblables à celles du Christ en croix, coup de lance au côté, marques de clous aux pieds et aux mains : ce que l'on appelle les stigmates.

• *Un corps resplendissant*

Ce n'est qu'un des miracles dont est tissée la vie du saint, de la domestication, à Gubbio, d'un loup féroce par un simple signe de croix, ou des guérisons de malades, jusqu'au fait que son corps, après sa mort, serait devenu resplendissant et aurait exhalé un parfum admirable, puis serait apparu en 1228 au pape Grégoire IX pour lui montrer sa blessure au côté, remplissant même une fiole de son sang. Mais les stigmates ont une particulière importance, à cause de leur nouveauté, des autres cas attestés jusqu'à nos jours, du nombre de ceux qui les ont vus et de la multitude de tableaux qu'ils ont inspirés.

• *Des flèches de feu*

Malgré leurs divergences de détails, tous les récits des compagnons ou des premiers biographes s'accordent : François a vu venir à lui, alors qu'il était peut-être en état d'extase, un séraphin – ange aux ailes lumineuses et enflammées –, qui semblait crucifié. Selon saint Bonaventure, l'ange « avait les pieds et les mains étendus et attachés à une croix, et ses ailes étaient tellement disposées, que deux s'élevaient au-dessus de sa tête, deux s'étendaient pour voler, et les deux autres lui couvraient tout le corps ». Le saint, impressionné, médite une fois de plus sur la crucifixion et voit apparaître ses stigmates. Ceux-ci ne lui ont donc pas été infligés par l'ange, mais par son amour pour le Christ martyrisé. Seul frère Léon, compagnon du saint, bien longtemps après un premier récit très sobre et sans détails, dit à un franciscain anglais, Pierre de Tewkesbury, que le séraphin a « touché durement » François. Cette explication convient mieux aux fidèles, à la fois assoiffés de merveilleux et peu enclins à admettre que les stigmates ont pu apparaître spontanément. L'iconographie l'améliore encore : Giotto, Bruegel, Dürer puis les Carrache montrent François à genoux, face à l'ange crucifié, d'où partent des faisceaux lumineux, véritables flèches de feu. Ce sont eux, et non une force intérieure, qui impriment dans son corps les marques de la Passion du Christ. Paradoxalement, l'intervention physique de l'ange est une rationalisation : comme le note François de Sales au début du XVIIe siècle, « quant à faire les ouvertures en la chair, par dehors, l'amour, qui était dedans, ne le pouvait pas bonnement faire ».

Saint François recevant les stigmates, ***d'après Michelangelo Merisi da Caravaggio, 1600.***

• *Une simple dispute ?*

Bien entendu, les commentateurs ne manquent pas pour donner des stigmates une explication plus terre à terre. Au XVIe siècle, les protestants, indignés qu'on ait pu parler de François d'Assise comme d'un « second Christ », imaginent une dispute avec saint Dominique, le fondateur de l'ordre des Dominicains ; il se serait réfugié sous un lit, et l'autre l'aurait lardé de coups de broche, lui causant des plaies correspondant par hasard à celles du Christ…
Plutôt que cette pantomime volontairement grotesque, le *Grand Dictionnaire Universel du XIXe siècle*, publié entre 1863 et 1876 par Pierre Larousse, porte-parole du rationalisme républicain, préfère croire à « quelque jonglerie des prêtres, dont François lui-même a très bien pu être la dupe, pendant un de ses sommeils cataleptiques », sans se demander comment les plaies auraient pu être entretenues ensuite. Les efforts du saint pour cacher ses stigmates et la longue incrédulité de bien des prêtres semblent cependant incompatibles avec une mystification.

• *À chacun sa vérité*

Plus sérieusement, le même dictionnaire invoque « la surexcitation nerveuse de l'ascète et la tension extraordinaire de son esprit, toujours en contemplation devant les diverses phases de la vie du crucifié », qui « auraient suffi pour que ces stigmates, si ardemment désirés, apparussent ». On est bien loin de l'ange aux rayons lumineux ; mais on l'est beaucoup moins, peut-être, des récits du XIIIe siècle. Que François d'Assise ait désiré porter dans sa chair les blessures du Christ, c'est l'évidence. Et on peut exclure l'hypothèse d'une blessure ordinaire, ou d'une supercherie. À chacun, alors, selon ses convictions, de juger si les stigmates du saint ont une origine divine ou s'ils sont une manifestation psychosomatique, que le mot « simple » qualifierait d'ailleurs fort mal, tant elle constituerait elle-même un mystère.

D'autres cas, du XIVe siècle à nos jours

Après François d'Assise, d'autres saints de l'Église catholique ont reçu des stigmates

Tous les stigmates ne reproduisent pas les plaies du Christ, et ils ne saignent pas toujours. Ainsi, ceux de Catherine de Sienne (1347-1380) ne s'accompagnent d'aucune perte de sang ; Rita de Cascia (1381 ?-1447) porte une plaie au front, due à une épine de la couronne du Christ reçue alors qu'elle assiste en extase à une prédication dans l'église franciscaine de sa ville ; et, le 28 août 1812, c'est une croix sanglante qui marque la poitrine de la Westphalienne Anne Catherine Emmerich, connue pour ses extases et ses prédictions.

Au XXe siècle. Un cas plus récent a été popularisé par l'académicien catholique Jean Guitton : paralysée, bientôt aveugle, ne se nourrissant que de l'hostie de la communion, dictant des textes d'une grande richesse spirituelle et théologique, Marthe Robin (1902-1971), fille de paysans de la Drôme, revit dans sa chair la Passion du Christ chaque vendredi, à partir de 1930, éprouvant alors « une paix et une joie humainement incompréhensibles ». En Italie, Padre Pio (1887-1968), canonisé par l'Église en 2002 porta lui aussi pendant des années les stigmates, d'abord sur ses mains puis sur d'autres parties de son corps, qui tous disparurent au moment de sa mort.

Le moine capucin Padre Pio fut béatifié 30 ans après sa mort puis canonisé en 2002 par le pape Jean-Paul II.

MIRACLES

Comment l'extase vient à sainte Thérèse

Née en 1515, petite-fille d'un drapier juif converti au catholicisme, enfant précoce, passionnée par les vies de saints et les romans de chevalerie, Thérèse Sanchez de Cepeda y Ahumada entre à 21 ans chez les carmélites d'Ávila. Rien ne la distingue alors des autres religieuses de ce couvent sans histoire.

• De l'extase à la transverbération

D'un caractère exalté, Thérèse veut se consacrer à Dieu seul et prie pour que son âme devienne « sourde, aveugle et muette au monde extérieur ». Ses dévotions sont si ardentes qu'en 1538 elle tombe malade et reste trois jours dans le coma : on la croit morte. Guérie, elle fuit pour un temps les oraisons trop intenses qui compromettent sa santé. Mais, en 1543, son père meurt : bouleversée, elle se remet à prier avec ferveur. Douze ans plus tard, le choc provoqué par une peinture d'un *Christ à la colonne*, couronné d'épines et subissant le fouet, change sa vie. Elle a 40 ans, une exceptionnelle aventure spirituelle commence.

Durant ses oraisons, comme transportée hors d'elle-même, ses sens suspendus, Thérèse, d'après ses récits, entre en contact direct avec Dieu. Lorsqu'elle communie, elle sent son corps se soulever de terre : des témoins confirment le phénomène. Inquiète, elle consulte des clercs, craignant un piège du démon. Certains la découragent, mais son confesseur, lui, la soutient, l'incitant seulement à répondre aux faveurs divines par l'obéissance, l'humilité et la pénitence. Rassurée, elle prie cependant pour que ses phases de lévitation ne se produisent pas en public. Ses visions se multiplient : elle voit Dieu, Père, Fils et Esprit, ainsi que la Vierge et une foule de saints, de Joseph à Pierre. Elle parle avec eux. Cette proximité avec le monde divin devient un mariage mystique. Un jour, elle entend l'apparition lui dire : « Désormais, comme une véritable Épouse, vous serez remplie du zèle de ma gloire. Je suis maintenant tout à vous, et vous, par un bienheureux retour, vous êtes aussi toute à moi. » Ses directeurs de conscience lui font mettre par écrit ses expériences. C'est ainsi qu'elle décrit sa transverbération, extase exceptionnelle au cours de laquelle un ange lui perce le cœur, scène immortalisée par une sculpture du Bernin (1644-1647), dans l'église romaine de Santa Maria della Vittoria.

Sainte Thérèse en extase

« Je vis un ange auprès de moi, à ma gauche, en forme corporelle, ce qui ne m'est donné qu'exceptionnellement. Il n'était pas grand, mais petit et très beau. À son visage enflammé il paraissait être des plus élevés parmi ceux qui semblent tout embrasés d'amour. Il tenait en ses mains un long dard en or dont l'extrémité de fer portait je crois un peu de feu. Il semblait qu'il le plongeait plusieurs fois dans mon cœur et l'enfonçait jusqu'aux entrailles. En le retirant, on aurait dit que ce fer les emportait avec lui et me laissait tout entière enflammée d'un immense amour de Dieu (...). La douleur était si vive que je gémissais et si excessive la suavité de cette douleur qu'on ne peut désirer qu'elle cesse. Douleur spirituelle et non corporelle, bien que le corps ne manque pas d'y avoir part, et même beaucoup. »

• Une grande obéissance

La tradition rapporte prophéties, guérisons, conversions miraculeuses. En même temps, fidèle aux principes de mortification et d'humilité, Thérèse se met le corps en sang en portant à même la peau un cilice, des orties, des cordes garnies de bouts de fer : elle s'impose des veilles, des jeûnes excessifs. Mais là ne s'arrête pas sa dévotion. D'une très grande activité, elle fonde en 1562, un nouveau couvent afin de réhabiliter la sévérité de la règle originelle des carmélites, parcourt la Castille de 1567 à sa mort en 1582, et crée une quinzaine de couvents.

Son zèle, explicitement dirigé contre la réforme protestante, sa sévérité envers ses disciples qui se croient l'objet des mêmes grâces divines qu'elle, son dévouement aux bonnes œuvres, l'humilité et l'obéissance dont elle fait preuve expliquent la très grande place que lui a accordée l'Église. Celle-ci s'est en effet toujours défiée des mystiques qu'elle ne peut contrôler. Sceptique par précaution, elle cherche d'abord à déceler la supercherie ou la présence de maladies nerveuses, lorsque des personnes, même pieuses et vertueuses, affirment connaître des extases religieuses. Ce n'est qu'après s'être assurée, par de longues enquêtes, de la véracité des témoignages et des manifestations, qu'elle reconnaît le caractère miraculeux de certains faits : Thérèse est canonisée en 1622 et admise parmi les docteurs de l'Église en 1970 seulement.

• Une puissance d'expression exceptionnelle

Les doutes des rationalistes sont évidemment plus grands encore. Pour le *Grand Dictionnaire universel du* XIX*e siècle*, publié de 1863 à 1876 par Pierre Larousse, Thérèse « n'est qu'une âme ardente, une hallucinée douée de l'imagination la plus vive et de la foi la plus sincère : un physiologiste ne serait pas loin d'attribuer son exaltation religieuse, son mystique amour, à un simple déplacement des facultés. Dans ses écrits, qui restent des modèles inimitables, il suffirait de changer le nom de Jésus pour avoir des hymnes d'amour plus brûlants que les strophes de Sapho ».

De fait, il est facile de parler d'hystérie, d'insister sur ce qu'il peut y avoir d'abandon érotique dans les extases de la sainte – ce que la statue du Bernin souligne d'ailleurs avec évidence. Mais le style de Thérèse, sa sincérité, sa sensibilité font de ses écrits des textes d'une poésie et d'une force exceptionnelles, sans que l'on puisse dire si leur puissance d'expression résulte d'un contact avec l'au-delà par la prière, ou des frustrations transcendées d'une religieuse exaltée.

L'apparition du Christ à sainte Thérèse. Peinture du Guerchin (1591-1666).

Constantin voit la Croix du Christ

En 312, Constantin est vainqueur de son rival, Maxence, à la bataille du pont Milvius, au bord du Tibre. Selon la légende, la victoire est due à une vision apparue à Constantin au cours de son sommeil, la nuit précédant le combat décisif.

• « Par ce signe, tu vaincras », dit l'ange

La nuit qui précède la bataille, un signe est venu du ciel annoncer à Constantin sa future victoire sur Maxence. Une splendide fresque de l'église San Francesco, à Arezzo, peinte par Piero della Francesca, représente la scène. Constantin repose sous sa tente, un valet se tient à ses côtés. L'espace est envahi par une très forte clarté qui provient d'un ange descendu du ciel, que l'on voit en haut et à gauche de la fresque. Cette figure descend vers le futur empereur endormi et, le bras tendu, lui transmet un message.

Les textes nous apprennent que l'ange prononce ces mots : « Par ce signe, tu vaincras. » Ce « signe », selon Lactance, est un X traversé de la lettre I infléchie vers son sommet. Certains historiens y voient un arrangement d'un symbole païen ; d'autres, le monogramme constantinien interprété comme les deux premières lettres grecques du nom du Christ.

• Constantin unifie l'Empire romain

Le lendemain, Constantin fait donner l'ordre à ses soldats de reproduire ce signe sur leur bouclier. Piero della Francesca représente les divers épisodes de la bataille : au bord du Tibre, Maxence fuit sur son cheval et, de l'autre côté du fleuve, l'armée de Constantin s'avance victorieuse derrière son chef, qui brandit un petit crucifix blanc.

Le jour suivant, on retrouve le corps de Maxence dans les eaux du Tibre, et Constantin fait dans Rome une entrée triomphale ; il est désormais seul à la tête de l'Empire romain d'Occident. Il lui reste toutefois à établir sa suprématie sur l'ensemble de l'Empire romain. En effet, après 312, il doit encore éliminer un ennemi en Orient – c'est l'empereur Licinius, qui désigne son propre fils, César, comme héritier du pouvoir après sa mort.

En 324, Constantin bat Licinius à Andrinople puis à Chrysopolis et le fait mettre à mort ainsi que son fils. Resté seul empereur, Constantin désigne son fils, Constance, comme son successeur. L'Empire est réuni et le pouvoir impérial devient héréditaire.

La victoire de Constantin contre Maxence lors de la bataille du pont Milvius, d'après Piero della Francesca.

• *La fin des persécutions*

L'autre conséquence majeure de ces événements est la conversion de Constantin au christianisme.
Dès 311, l'empereur Galère a fait proclamer un édit selon lequel le christianisme est reconnu, à condition que les chrétiens ne viennent pas troubler l'ordre et prient leur Dieu pour la prospérité de l'empereur. En 313 est édicté le fameux édit de tolérance de Milan, non pas par Constantin, mais par Licinius, qui cherche à cette date le soutien des populations chrétiennes de ses provinces. Constantin n'a sûrement fait qu'approuver ces textes.
Il est attesté par l'étude des monnaies que Constantin n'incline très nettement vers le christianisme qu'à partir de 320. S'il se convertit en 312, il ne recevra le baptême qu'à la veille de sa mort en 337.
Son rapprochement du christianisme est-il lié à son combat contre Licinius qui continue, malgré l'édit qu'il a lui-même proclamé, à persécuter les chrétiens en Orient ?
La victoire de Constantin à Andrinople est-elle, comme le veut la tradition chrétienne, une victoire contre le paganisme ? Pas vraiment puisque l'empereur ne cherche pas à imposer le christianisme comme religion officielle et donne aux Orientaux la possibilité de pratiquer librement leurs croyances.

Quelques visions d'importance historique

Détail de la fresque de Piero della Francesca de l'église de San Francesco : **Le songe de Constantin.**

Dans la Bible. Dieu apparaît à plusieurs reprises pour annoncer aux personnages des événements à venir. La plus célèbre vision évoquée dans le livre sacré est celle d'Abraham : alors que celui-ci s'attend à mourir sans héritier, Dieu le visite pour lui montrer sa future descendance, le peuple hébreu tout entier. « Regarde vers le ciel, et compte les étoiles si tu peux les compter. Telle sera ta postérité. » De même, pour s'adresser à Moïse et lui donner mission de faire sortir les Hébreux d'Égypte, Dieu envoie un ange qui se manifeste dans le célèbre Buisson ardent : « L'ange de l'Éternel lui apparut dans une flamme de feu, au milieu d'un buisson. Moïse regarda et voici que le buisson était tout en feu, et le buisson ne se consumait point. » Dieu l'interpelle alors par son nom et se fait reconnaître à lui : « Moïse ! Je suis le Dieu de ton père, le Dieu d'Abraham, d'Isaac et de Jacob ».

Dans l'antiquité romaine. Les cas de visions pendant le sommeil sont très fréquents et servent généralement de présages. Ainsi Jules César, la veille de sa mort, est averti du danger qu'il court : il se voit en songe, « volant au-dessus des nues et serrant la main de Jupiter », selon le témoignage de l'historien romain Suétone. Le même auteur nous dépeint aussi l'empereur Galba, successeur de Néron, prévenu de son propre assassinat. Alors qu'il devait offrir un collier de perles à la déesse Fortune, il change d'avis et le dédie finalement à Vénus. La Fortune lui apparaît alors en rêve, « se plaint d'être frustrée du présent qui lui était destiné et menace de lui arracher elle-même à son tour les dons qu'elle lui avait faits ».

MIRACLES

Le suaire de Turin : relique ou icône ?

En l'an 1357, la veuve d'un noble français, Godefroy Ier de Charny, cède à l'église collégiale de Lirey un suaire marqué de l'empreinte d'un crucifié. Est-ce le linceul dans lequel fut enveloppé le cadavre de Jésus-Christ ?

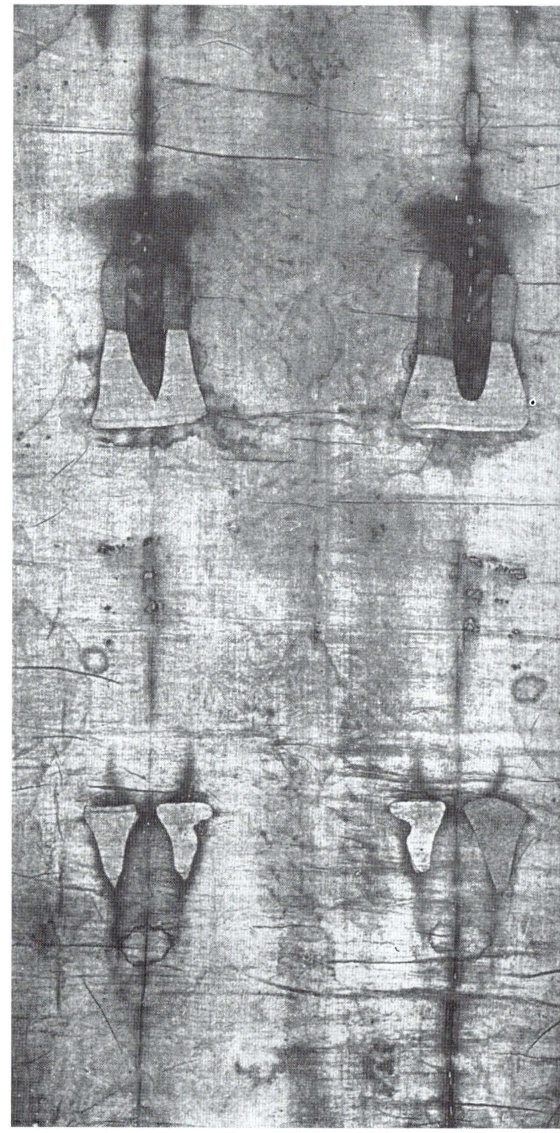

Le saint Suaire : l'empreinte du corps vu de dos.

• De la Palestine à la Champagne puis à l'Italie ?

Le nom de « Saint Suaire » a été donné il y a quelques siècles au linceul, dans lequel Joseph d'Arimathie est censé avoir enveloppé le corps du Christ après la crucifixion. Entre ce moment et l'« apparition » du linge à Lirey, dans le diocèse de Troyes, près de 14 siècles plus tard, on avait perdu totalement sa trace, au point de se demander s'il s'agit bien du même. Les vicissitudes de la guerre et de la politique font que le suaire quitte la Champagne en 1418. On le trouve ensuite à Liège, puis à Chambéry (1453), où il est partiellement détruit dans un incendie en 1532. En 1578, il arrive à Turin, où il est, depuis, conservé et vénéré par des millions de fidèles.

• Une falsification de génie ?

Les chanoines de Lirey ont toujours présenté la relique comme étant une « figure ou représentation du suaire de Notre Seigneur Jésus-Christ », formule qui ne tranche pas le problème de son authenticité. Intrigué, Pierre d'Arcis, l'évêque de Troyes, fait procéder à une enquête dont on connaît la conclusion : un texte de son prédécesseur, Henri de Poitiers, consigne l'aveu d'un peintre qui dit avoir réalisé l'image. L'ostension de celle-ci est dès lors interdite.

En 1389, Geoffroy II de Charny obtient pourtant du légat du pape d'Avignon, Clément VII, l'autorisation d'exposer de nouveau le suaire. Les pèlerins affluent aussitôt pour vénérer ce qu'ils considèrent comme l'empreinte incontestable du corps du Christ, et cette crédulité populaire inquiète tant l'évêque de Troyes qu'il renouvelle au bout de quelques mois l'interdiction d'exhiber l'image contestée, cette fois sous peine d'excommunication. Sa décision est cassée dès 1389 par Clément VII, qui demande toutefois aux chanoines de Lirey de bien avertir les fidèles « à haute et intelligible voix que cette image ou représentation n'est pas le suaire de Notre Seigneur Jésus-Christ mais seulement une peinture, un tableau qui le figure. »

Pourtant, dès le XVIe siècle, la « relique » fait l'objet d'une immense vénération et nul ne songe plus à mettre en doute son authenticité. Mais, l'Église s'abstient toujours de confirmer celle-ci.

• L'enquête scientifique commence

Le Suaire est redécouvert en 1898 à la faveur des photos d'inventaire faites à la cathédrale de Turin. Ces 4 mètres de lin ponctués de traces de brûlures symétriques, laissent apparaître une silhouette d'homme, de face et de dos, sur le négatif à forts contrastes. Qui plus est, cette image si nette de cet homme crucifié est d'une impressionnante beauté.

Montré deux fois, en 1933 et en 1978, le Suaire apparaît encadré et protégé par une vitre, rayonnant avec la force d'une grande œuvre d'art. L'Église évite toutefois que l'on fasse ces comparaisons parce que l'œuvre d'art est toujours le fait d'un artiste, fut-il anonyme. On évite aussi de qualifier le Suaire de « relique ».

La Descente de Croix, *d'après Nicolas Poussin.*

Une œuvre d'art ?

Au Moyen Âge, devant les cathédrales, on revivait la Passion du Christ chaque Vendredi saint. Un homme pieds nus portait une croix sur un parcours figurant le chemin du Calvaire. Il mimait ensuite la Crucifixion avant d'être enveloppé dans un linceul peint.

Au XVIIe siècle, le *Registre des Résolutions* de la Chambre de ville de Langres donne le détail d'une procession à l'Octave de la Pentecôte 1659 dans laquelle figurent « des linges portés par des filles, représentant les Suaires de Notre-Seigneur. »

L'historien De Mely a, en 1900, recensé 43 de ces linceuls encore existants. Ils étaient peints, semble-t-il, par le procédé du poncis, sorte de pochoir géant, les plaies du Christ étant souvent figurées par du sang de bœuf.

De Mely a aussi découvert dans le *Livre des Mestiers* d'Estienne Boileau au chapitre consacré aux marchands de toile que la mesure spéciale aux toiles de Rouen était l'aune d'une longueur de 1 mètre et 396 millimètres. Or, la largeur du Suaire de Turin est de 1,40 mètre…

Autant d'indices qui, aux yeux de certains, prouveraient que le Suaire serait une œuvre d'art, une chose pensée et faite de main d'homme, par un artiste animé… d'un sentiment religieux.

Calvin n'a-t-il pas dénoncé « l'idolâtrie qui s'empare des catholiques fermant les yeux devant les reliquaires » ?

En octobre 1978, alors que le Suaire est exposé durant 5 semaines, une trentaine de scientifiques armés de 6 tonnes de matériel font des analyses du tissu. Les examens montrent la présence de traces de sang de groupe AB sur le tissu…

• *L'épreuve du carbone 14*

Pour connaître l'âge du Suaire, la méthode la plus approprié consiste en la datation au carbone 14, couramment utilisée en archéologie pour les périodes historiques et préhistoriques. Le 21 avril 1988, l'autorisation est donnée, à la demande du Vatican, de couper quelques centimètres carrés au bord du tissu pour effectuer cette datation.

En juillet 1988, le *Sunday Telegraph* publie les premiers résultats des tests scientifiques effectués sur le suaire de Turin. Le 13 octobre, Mgr Ballestrero, archevêque de Turin, se faisant le porte-parole de l'Église, confirme que l'étoffe aurait été tissée entre 1260 et 1370.

Mais, depuis lors, d'autres découvertes ont été faites qui vont au contraire dans le sens de l'authenticité. Ainsi une analyse des pollens de fleurs retrouvés sur le linceul montre qu'ils proviendraient bien du Proche-Orient…

L'image visible sur le saint Suaire est-elle le visage du Christ ou l'œuvre d'un peintre ?

MIRACLES

Les prodiges d'une relique

Parmi toutes les reliques à prodiges, celle du patron de Naples, saint Janvier (San Gennaro), tient une place à part. Ses manifestations miraculeuses semblent en effet liées aux événements politiques agitant la grande cité et le reste de l'Italie.

• Une relique qui annonce les grandes catastrophes

La tradition fait de saint Janvier un évêque de Bénévent martyrisé sous le règne de Dioclétien, en 305, à Pouzzoles. Les bêtes sauvages censées le dévorer l'ayant épargné, il fallut le décapiter. Un peu de son sang aurait alors été recueilli par sa nourrice et déposé dans deux fioles. Une partie du corps, la tête et les fioles auraient été emportées à Naples.

Le martyre de saint Janvier, *d'après Giordano Luca.*

La première liquéfaction du sang enregistrée par un chroniqueur a lieu en 1389, et la première apparition du miracle semble remonter à 1337 seulement. L'événement se reproduit ensuite avec une grande régularité : chaque samedi précédant le premier dimanche de mai (anniversaire du transfert des reliques dans les catacombes de Capodimonte) et le 19 septembre, jour anniversaire de la mort du saint. Mais le sang ne se liquéfie pas lorsque des événements désastreux se préparent. Cette singularité fait de cette relique un cas particulier – une sorte de détonateur pour le peuple, qui voit dans l'absence du miracle l'annonce d'un désaveu du saint ou le signe d'une imminente calamité. Ce qui explique l'attention portée au phénomène par les autorités en place.

• Quelques illustrations

Par exemple, le miracle ne se produit pas en 1527 lors du sac de Rome par le connétable de Bourbon. En 1702, le sang ne se liquéfie qu'à moitié lorsque Philippe V d'Espagne vient prendre possession de la couronne des Deux-Siciles. Au cours de la guerre de la Succession d'Espagne (1701-1713), alors que les Français occupent Naples, il faut menacer discrètement l'archevêque de pendaison pour que le miracle ait lieu. En avril 1799, les Français établis de nouveau à Naples et le peuple s'agitant, le gouvernement local imagine de provoquer, cette fois, le miracle au mois d'avril, c'est-à-dire en dehors des dates habituelles. La liquéfaction tarde et le cardinal Zurlo se retrouve soudain face à un pistolet dissimulé par le gilet du président du gouvernement napolitain. Une nouvelle fois, la menace de mort fait son effet et le contenu de la fiole change d'aspect. Le peuple y voit l'adhésion de saint Janvier à la Révolution. À l'inverse, le saint « boude » sans remède le pape Pie IX, venu assister au miracle de la liquéfaction du sang en 1849.

• Un mélange chimique ?

L'explication du retour périodique du sang de saint Janvier à la fluidité est très incertaine. On peut y voir, selon ses convictions, soit un authentique miracle, soit l'utilisation d'un produit réagissant à l'ouverture d'une soupape permettant l'entrée de l'air dans le reliquaire.

Des analyses spectroscopiques, menées en 1902 puis en 1989, ont montré la présence d'hémoglobine, ce qui ne signifie pas qu'il n'y ait que du sang dans les ampoules. En 1991, trois chercheurs de l'université de Pavie ont reproduit le miracle grâce à une solution gélatineuse sensible aux mouvements mécaniques et composée suivant des méthodes et des moyens disponibles au Moyen Âge. Mais, si la transformation est le résultat d'un subterfuge reproductible à volonté, pourquoi, en 1976 encore, le sang du saint a-t-il refusé de se liquéfier, en dépit de huit jours d'invocations et de « manipulations » diverses ? Il sera en vérité impossible de connaître le mot de la fin tant

que les Napolitains n'auront pas accepté de laisser décacheter les précieuses fioles, demeurées scellées depuis le XIVe siècle, pour qu'on puisse en analyser le contenu. Mais l'état même des ampoules, qui rend l'opération fort délicate, et peut-être la légitime prudence de l'Église – qui, si elle n'a jamais reconnu le miracle, ne l'a jamais non plus nié – rendent cette opération pour le moins très hypothétique.

Des reliques à foison…

Reliques en surnombre. En 1982, une enquête du quotidien italien la *Repubblica* détermine qu'il existe dix crânes de saint Jean-Baptiste, dix-huit bras de l'apôtre Jacques et de quoi reconstituer une vingtaine de squelettes de saint Georges, le tout reconnu comme authentique par l'Église. On a par ailleurs recensé plus de 1 150 lieux abritant un ou des fragments de la Vraie Croix.

Jésus. Les reliques attribuées au Christ se prêtent aux statistiques les plus étonnantes. Ainsi, plusieurs cordons ombilicaux et plusieurs prépuces de Jésus ont été vénérés. Des églises ont possédé des dents de lait du Fils de Dieu, mais aussi de ses saintes larmes, deux récipients ont conservé son souffle et des établissements chrétiens exhibaient des « lettres » du Sauveur tombées du ciel.

Marie. La Mère de Jésus a éparpillé tant de gouttes de son lait aux quatre coins de la Terre que Calvin a pu dire qu'il lui aurait fallu nourrir toute sa vie pour y parvenir.

Joseph et le Saint-Esprit. Le poète protestant Agrippa d'Aubigné rapporte que les huguenots ont brisé, lors des guerres de Religion, à Périgueux, une fiole abritant… un éternuement du Saint-Esprit ! Seule une petite église près de Blois, en France, peut encore opposer une concurrente sérieuse à cette « relique » avec son *han !* de saint Joseph, poussé alors qu'il fendait du bois…

Chaque année, le miracle du sang de saint Janvier attirent de nombreux fidèles. Ici, le cardinal Michele Giordano présente la relique au maire de Naples, Antonio Bassolini.

Apparitions ou hallucinations dans la grotte de Lourdes ?

Le 11 février 1858, cherchant du bois avec sa sœur et une amie, Bernadette Soubirous se dirige vers la grotte de Massabielle, à côté de Lourdes. Soudain, au creux du rocher, elle voit une « lumière »...

Le culte de Marie

Le XIXe siècle français, héritier de 1789, est marqué par le rationalisme et la déchristianisation. Mais, il voit aussi de grands efforts de reconquête catholique. Un clergé d'origine plus populaire, et plus proche de la sensibilité romaine, insiste sur les bénédictions, les processions, la dévotion aux saints et surtout à la Vierge Marie.

En 1854, Pie IX fait un dogme de la tradition qui veut que la mère du Christ a été conçue en étant préservée du péché originel : c'est l'Immaculée Conception. De nouveaux sanctuaires sont dédiés à la Vierge : Fourvières à Lyon, Notre-Dame de la Garde à Marseille. Mais l'élément majeur de ce culte marial, ce sont les apparitions : le miracle est une preuve en faveur de la foi.

La Vierge s'adressant à des jeunes filles ou à des enfants, issus souvent de milieux très modestes, parlant plus patois que français, témoigne d'un nouveau public pour l'Église de France - un public féminin, populaire, voire marginalisé -, en un temps où les allées du pouvoir se ferment à son influence.

• La merveilleuse histoire de Bernadette

Minée par l'asthme et la tuberculose, cette fillette de 14 ans en paraît 12. Enfant d'un meunier ruiné, elle n'a jamais appris assez de catéchisme pour faire sa première communion. Pourtant, ce jour-là, une « belle dame » vêtue de blanc, tenant un chapelet, lui apparaît.

Le 14, l'enfant revient, jette de l'eau bénite pour vérifier que ce n'est pas un piège du diable. Du 18 février au 4 mars, l'apparition se renouvelle presque chaque jour, puis trois fois encore, à la fin du mois de mars, en avril et en juillet. Souvent muette, elle délivre pourtant, en patois, un message de résignation et de pénitence, invite Bernadette à boire l'eau de la grotte, à se laver avec, demande qu'on vienne sur le lieu en procession, qu'on y construise une chapelle. Le 25 mars, elle dit être l'*Immaculada Concepcion* : le dogme n'a été proclamé que 4 ans plus tôt par Pie IX.

Bernadette Soubirou est à l'origine des nombreux « miracles » de Lourdes.

• Premier miracle

En ville, Bernadette parle. Elle est seule à voir la « belle dame », mais plus de 1 000 personnes la suivent le 28 février, et peut-être 8 000 le 4 mars. Le 1er mars, une certaine Catherine Latapie voit guérir sa main, après l'avoir trempée dans l'eau de la grotte :

La basilique de Lourdes fut construite sur la grotte où l'Immaculée Conception apparut à Bernadette.

c'est le premier miracle. Mais, c'est surtout la référence à l'Immaculée Conception qui convainc les autorités religieuses : la pauvre enfant ne peut avoir inventé cette appellation, qu'elle ne comprend pas.
Modeste et désintéressée, Bernadette ne ment pas. Elle ne tire aucune gloire d'une célébrité qui devient vite nationale, fuit même les visiteurs, manifeste la plus grande humilité. Elle passe loin de Lourdes, dans un couvent de Nevers, les 13 dernières années de sa vie, et meurt en 1879, à l'âge de 35 ans. Dès 1862, l'évêque de Tarbes, dont dépend Lourdes, reconnaît l'authenticité des apparitions. Bien avant, la police, qui avait d'abord fermé la grotte, la rouvre, sur ordre de Napoléon III lui-même.

• Un pèlerinage organisé

Au-delà de ce que Bernadette a vu, il y a les miracles. Trente-deux guérisons ont lieu en 1859 ; 7 sont inexplicables par la médecine du temps. Et cela justifie l'importance que prend le pèlerinage, facilité par le chemin de fer qui atteint Lourdes le 19 mai 1866 et bientôt pris en main par les membres de la congrégation des Assomptionnistes, qui organisent en 1874 le premier pèlerinage national des malades. Dès lors, le succès de Lourdes ne se dément plus, le million de visiteurs annuel est atteint en 1908, et leur nombre quadruple dans la suite du siècle.

• Une soixantaine de guérisons miraculeuses

L'Église, cependant, ne se hâte pas de reconnaître les guérisons inexplicables, craignant les supercheries. Surtout, elle se préoccupe de plus en plus de développer une foi plus intérieure, moins attachée au spectaculaire. Aussi impose-t-elle un triple contrôle (qui sera réellement pointilleux à partir de 1946).

Sur place, le Bureau médical examine les 30 à 50 cas déclarés chaque année. Il juge la réalité du mal, le caractère définitif de la guérison ; souvent, l'enquête tourne court, bien des médecins traitants répugnant à témoigner. Ensuite, une fois par an, un Comité international médical trie à Paris les dossiers transmis par le Bureau. Enfin, les évêques des diocèses des « miraculés » recensés enquêtent, suivant la procédure des procès en canonisation.
Ce triple filtre explique que, sur plus de 5 000 cas, l'Église ne reconnaît à présent qu'une soixantaine de véritables « miracles » : les premiers, en 1858-1859, puis ceux qui ont fait l'objet d'enquêtes sérieuses de 1907 à 1913, et depuis 1947.

• Guérisons « spontanées »

Malgré l'examen rigoureux auxquels ils ont été soumis, les miracles « officiels » restent suspects aux yeux de certains : on peut toujours invoquer le simple choc émotionnel ou le phénomène psychosomatique bien que la guérison des maladies fonctionnelles ou psychiques n'est jamais reconnue comme miraculeuse.
Mais il faut savoir qu'il arrive aussi parfois que des guérisons inexplicables de malades considérés comme « condamnés » par la médecine aient lieu dans un cadre qui n'a rien de religieux, ne serait-ce qu'à l'hôpital – et que les malades soient croyants ou incroyants. L'origine de ces guérisons « spontanées » est sans doute à rechercher dans les secrets de la physiologie et de la psychologie humaine.

• « La religion en bouteille »

Ainsi, entre les rationalistes sceptiques et les fidèles convaincus de la réalité du miracle, s'instaure le plus souvent un dialogue de sourds. D'autant que le spectacle qu'offre Lourdes, mélange de mercantilisme et d'exaltation, peut exaspérer. Quinze ans après les apparitions, Pierre Larousse ironise déjà sur « cette façon de mettre la religion en bouteille, cette lucrative exploitation des miracles »…

PAPE

Une femme est-elle montée sur le trône pontifical ?

À partir du XIIIe siècle, une rumeur se répand en Europe : une femme aurait dirigé l'Église romaine entre 855 et 858. Jusqu'au XVIe siècle, l'Église vit dans l'existence de la papesse un fait établi, avant de dénier toute réalité à ce personnage.

• Jean VIII l'Angélique était enceinte !

Considérée par la plupart des historiens comme une légende non dépourvue d'arrière-pensées anticléricales, l'histoire de la papesse Jeanne est cependant loin d'être éclaircie aujourd'hui. D'après les biographies médiévales, Jeanne serait née en 822 à Ingelheim, près de Mayence. Avide de connaissances, elle fait tout d'abord un séjour à Athènes. À cette époque, les femmes ne sont pas censées étudier, elle se fait donc passer pour un garçon et prend le nom de Jean l'Anglais. Le subterfuge lui permet de fréquenter par la suite les plus importantes abbayes de la France du IXe siècle, dont celle de Saint-

La chaise percée, légende ou réalité ?

Une légende veut que, à partir de l'an 1000 environ, il ait été procédé à une vérification du sexe de chaque nouvel élu sur le trône pontifical. La cérémonie se serait déroulée au palais du Latran. Tous les nouveaux papes auraient été tenus de s'asseoir sur un siège de porphyre percé, sous lequel se serait glissé un diacre chargé de vérifier la présence chez le candidat d'attributs masculins... Le rite aurait perduré jusqu'à l'élection de Léon X, en 1543.

L'Église nie, de nos jours, la réalité de cette « vérification », bien peu digne. Pourtant, nombre de témoignages accréditent son usage. Le musée du Louvre, à Paris, conserve même un trône de porphyre antique qui, selon certains, aurait servi à cet usage bien singulier...

Si la cérémonie a vraiment eu lieu, c'est que l'Église avait quelque raison de craindre qu'une femme usurpât le trône pontifical ; en revanche, si ce rite n'est que pure légende, alors celle-ci traduit la misogynie qui marqua longtemps l'Église chrétienne et qui expliqua certainement en partie l'invention de l'histoire de la papesse Jeanne.

Germain-des-Prés, et d'y acquérir un grand savoir. Lorsqu'elle se rend à Rome, elle est tout de suite remarquée pour sa science, sa piété autant que pour sa grande beauté. Devenue cardinal, à la mort du pape Léon IV, en 855, elle est désignée pour prendre sa succession. Nul ne connaît évidemment sa véritable identité, et Jeanne monte sur le trône pontifical sous le nom de Jean VIII l'Angélique. Elle s'y dépense sans compter et se montre, apparemment, parfaitement digne de sa charge.

Mais voilà qu'en avril 858, au cours de la fête des Rogations, elle s'écroule soudain dans une rue, met un enfant au monde et meurt dans les heures qui suivent ! Le scandale est énorme parmi les fidèles, et la papesse est enterrée à la sauvette, hors des lieux sacrés.

Jean VIII l'Angélique, ou plutôt Jeanne, accouche en pleine procession et provoque un scandale chez les Chrétiens.

• Des sources diverses, variées et obscures

Le livre qui établit au XIIIe siècle l'histoire de la papesse est la *Chronique des papes et des empereurs* du dominicain Martin de Troppau. Peu avant lui, un autre dominicain, Étienne de Bourbon, mentionne déjà une affaire de femme pape mais en la situant plus tardivement, aux environs de 1100. Le pape Léon II lui-même aurait évoqué dans une lettre au patriarche de Constantinople, au milieu du XIe siècle, une « femme qui occupa le siège des pontifes de Rome ».

Un seul fait est certain : au début du XVe siècle, l'existence historique de la papesse est admise par tous, puisque des dignitaires de l'Église s'en portent garants dans des écrits que Rome ne juge pas bon de censurer. En aucun cas on ne peut soutenir, en conséquence, que l'histoire de Jeanne a été inventée par les détracteurs de l'Église pour porter un coup à la réputation de celle-ci. Au contraire, le premier auteur à prendre position contre l'existence d'une femme pape, en 1647, est... protestant ; il se nomme David Blondel.

• Jeanne et Benoît III ne feraient-ils qu'un ?

La thèse qui réfute l'existence de la papesse en prétendant qu'une femme ne saurait se cacher si longtemps sous des habits masculins est pourtant contredite par un fait essentiel : l'Église a admis l'existence de Jeanne durant des siècles. De plus, plusieurs saintes et bienheureuses (Euphrasie, Hildegarde, Eugénie) semblent avoir vécu incognito jusqu'à leur mort sous l'habit d'homme, parmi des moines.

Surtout, la confusion qui règne autour du pape reconnu aujourd'hui comme le successeur immédiat de Léon IV, Benoît III, autorise une autre hypothèse. L'existence de Benoît n'est pas mentionnée dans le plus ancien exemplaire connu du *Liber pontificalis*. Les rares chroniqueurs qui parlent de lui lui attribuent un beau physique, une aversion pour les apparitions en public ainsi qu'une grande modération. On ne sait pratiquement rien d'autre de lui, sinon qu'il manqua être la victime d'un antipape, qu'il mourut subitement le 17 avril 858 et qu'il fut enterré en dehors de la basilique Saint-Pierre, conformément à sa volonté – il se serait jugé « indigne de se mettre près des saints ».

Tous ces faits peuvent s'appliquer au règne de la mystérieuse papesse, aussi bien qu'à celui de l'incertain Benoît. L'histoire officielle de l'Église aurait-elle rebaptisé Jeanne – ou Jean VIII l'Angélique – en l'appelant Benoît pour mieux dissimuler son sexe ?

• Jeanne, un pape efféminé ?

Autre hypothèse, une confusion a pu également se produire entre deux pontifes. En effet, un autre pape porte, en 872, le nom de Jean VIII. Son existence, cette fois, est bien avérée. Or, quelques documents le surnomment « la papesse » en raison de sa faiblesse face aux Sarrasins et de son homosexualité supposée.

Les deux personnages n'ont-ils aucun rapport l'un avec l'autre, ou une confusion s'est-elle établie après coup entre le successeur mal connu de Léon IV et un historique pape Jean aux mœurs efféminées ?

IMMORTALITÉ *pages 70 à 75*

PRÉDICTIONS *pages 76 à 85*

FLUIDES *pages 94 à 97*

ILLUMINISME *pages 90 à 93*

ALCHIMIE *pages 86 à 89*

CHAPITRE III

Le sens caché dévoilé

QUI D'ENTRE NOUS N'A JAMAIS RÊVÉ D'ÊTRE IMMORTEL, OU BIEN ENCORE ÉTERNELLEMENT JEUNE ? QUI N'A PAS SOUHAITÉ AU MOINS UNE FOIS DANS SA VIE SAVOIR SON AVENIR ? OU POSSÉDER UNE FORTUNE SANS LIMITES ? CES DÉSIRS, VIEUX COMME L'HUMANITÉ, LES SCIENCES OCCULTES ONT TENTÉ DE LES RÉALISER ET BIEN DES ASTROLOGUES, DES ALCHIMISTES ET DES ILLUMINÉS ONT PASSÉ LEUR VIE À CHERCHER...

Par son langage empreint d'un fort symbolisme, ses expériences entourées souvent d'un grand secret, et ses résultats tout aussi mystérieux, l'ésotérisme est une des sources les plus importantes d'énigmes. Cependant, ses méthodes et ses anticipations fécondes ont parfois permis d'ouvrir la voie à la révolution scientifique du XVIIe siècle, comme en témoigne Newton, le fondateur de la science classique, féru d'alchimie...

IMMORTALITÉ

Mathusalem est-il mort à 969 ans ?

La mort est sans doute la plus terrible barrière à laquelle l'homme se trouve confronté. Aussi, l'un de ses plus anciens combats est d'essayer de retarder l'instant fatidique.

• « Vieux comme Mathusalem »

Selon les époques, il s'est tourné vers des pratiques relevant de la magie puis de l'occultisme. De nos jours, c'est la science qui a pris le relais. Mais l'imagination humaine s'est aussi nourrie de récits où des personnages vivaient indéfiniment.

La longévité attribuée à Mathusalem, l'un des patriarches antédiluviens de la Genèse, est proverbiale. Les 969 ans que lui accordent les scribes dans l'Écriture constituent à peu près le seul renseignement que l'on ait sur ce personnage. Ils lui confèrent une sorte de record puisque son arrière-grand-père, Adam, aurait vécu 930 ans, son grand-père, Seth, 912 ans, et son père Hénoch, 365 ans – il est vrai que ce dernier n'est pas mort mais qu'il a été « enlevé » par Dieu après une vie parfaite. Le fils de Mathusalem, Lamech, lui, n'est crédité que de 177 ans, mais la lignée retrouve sa vigueur avec Noé, le héros du Déluge, qui meurt à l'âge de 950 ans.

• Une année par mois de vie ?

L'interprétation de ces longévités fabuleuses relève de deux hypothèses qui ne sont d'ailleurs pas contradictoires. La première veut que les années octroyées aux patriarches soient en fait le nombre de mois de leur vie : on obtiendrait ainsi environ 77 ans pour Adam, 76 pour Seth, à peu près 81 ans pour Mathusalem, 30 ans d'existence terrestre pour Hénoch et 79 ans pour Noé. En revanche, selon ce calcul, Lamech aurait vécu à peine quinze ans. Les scribes auraient opéré ces conversions afin d'exalter des hommes tenus pour admirables. Selon une autre théorie avancée par les spécialistes de la Bible, ces vies suprasurnaturelles auraient été inventées pour établir des généalogies sans faille reposant sur un très petit nombre de noms, pour des périodes préhistoriques immenses.

À 969 ans, Mathusalem devait ressembler à ce vieil homme, peint par Albrecht Dürer en 1521.

Vampires et alchimistes

Pour lutter contre les ravages du temps, les hommes ont souvent été tentés de faire appel au surnaturel.

Une scène du film **Entretien avec un vampire** *(1994), réalisé par Neil Jordan.*

La Voie royale. L'alchimie se présente comme une tentative de reconquête par la connaissance des anciens secrets des privilèges perdus lors de la chute originelle. Parmi ces privilèges figure l'immortalité. Les alchimistes ont, pendant des siècles, tenté de retrouver le secret de l'élixir de longue vie, « l'or potable », censé leur permettre de traverser les siècles en réalisant leur but ultime : la *transmutation* du corps et le retour à l'immortalité adamique. La tradition veut que certains adeptes tels que Nicolas Flamel, le comte de Saint-Germain, l'alchimiste arabe du Moyen Âge Artéphius aient réussi cette transmutation.

Le vampirisme. Le vampire n'est pas un défunt mais un « non-mort » (c'est le sens de *nosferatu*), un être immobilisé sur la frontière séparant la vie de la mort. Le vampire a acquis la longévité, souvent contre son gré, en étant victime d'un autre vampire. Cette forme de semi-immortalité a tout d'une damnation et le « vrai » vampire est plus proche du monstrueux Nosferatu que du fascinant Dracula, les deux visages donnés par le cinéma au même héros de l'écrivain Bram Stoker.

La Voie noire. Une longévité voulue peut résulter d'un pacte passé avec des forces obscures. Certains grands sorciers de la *macumba*, la magie noire brésilienne, sont ainsi réputés avoir vécu plus de deux siècles. Des auteurs de science-fiction, tel Lovecraft, ont par ailleurs imaginé une forme de « vampirisme » psychique permettant à des êtres humains vieillissants de rajeunir en se nourrissant de l'énergie vitale de jeunes gens.

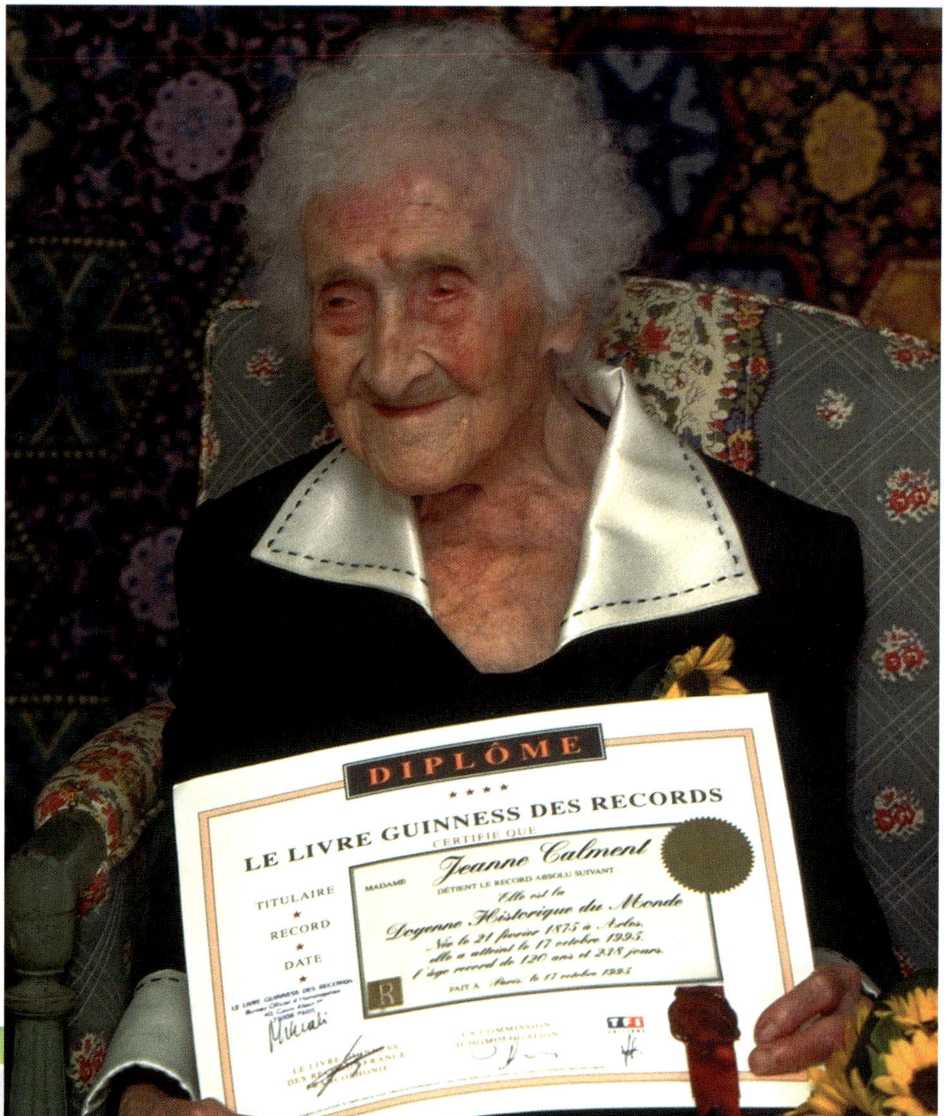

Jeanne Calment, la « doyenne de l'humanité », est décédée à l'âge de 122 ans.

On retrouve cette manière de procéder chez le Chaldéen Bérose, par exemple, qui, dans son histoire de la Babylonie datant d'environ 280 av. J.-C., affirme que les règnes de dix rois des époques fabuleuses ne couvrent pas moins de... 432 000 ans.

• *La « barrière biologique »*

De façon plus certaine, à travers les siècles, l'histoire nous apprend épisodiquement l'existence de personnes ayant très largement dépassé l'espérance de vie de leur époque. Celle-ci s'est allongée dans des proportions extraordinaires depuis la préhistoire, mais le « décollage » essentiel date seulement du XIXe siècle. De fait, un homme d'aujourd'hui vit trois fois plus longtemps en moyenne qu'un homme de Cro-Magnon. D'autre part, les recherches récentes placent la barrière biologique de l'espèce humaine aux alentours de 110 ans. Un Colombien en 1958, aurait atteint l'âge respectable de 160 ans. Record commémoré par les Postes colombiennes avec un timbre ayant pour légende : « L'homme le plus vieux du monde » ! La « doyenne de l'humanité » la plus célèbre, la Française Jeanne Calment, est décédée à l'âge de 122 ans. Cette notion de barrière biologique a été mise en lumière en 1965 par un Américain, le Pr Leonard Hayflick : ses expériences *in vitro* semblent prouver que les cellules se comportent comme si elles avaient une sorte d'horloge interne qui détermine à l'avance pendant combien de temps elles vivront et continueront de se diviser. Tout se passe donc, pour reprendre les mots de l'humoriste Pierre Dac, comme si la mort était, au sens propre, « un manque de savoir-vivre ».

Histoires d'immortels

Déjà, la mythologie assyro-babylonienne, dans l'*Épopée de Gilgamesh*, au IIIe millénaire av. J.-C., évoque la possibilité de l'immortalité. Ce thème traverse discrètement l'histoire de la littérature jusqu'au XIXe siècle, puis s'épanouit au sein d'un courant fantastique qui le traite en général comme une malédiction. Des œuvres importantes, comme *Le Juif errant* d'Eugène Sue (1845), le cycle de *She, Celle-qui-doit-être-obéie* de sir Henry Rider Haggard (1887-1923), *Dracula* de Bram Stoker (1897) ou des séries très populaires en leur temps, telle celle consacrée à l'énigmatique *Dr Nikola* par Guy Boothby (1895-1901), illustrent la poursuite d'un rêve qui se révèle être, en fin de compte, un cauchemar physique et mental.

Au XXe siècle, l'évolution de la science offre de nouvelles ressources. Mais les récits restent dominés par l'idée qu'une extrême longévité ne procure que l'ennui et qu'elle ne s'acquiert qu'au prix de compromis moralement inacceptables : ainsi le savant Faust n'hésite pas à pactiser avec le diable en échange d'une nouvelle jeunesse.

Où coulait la fontaine de jouvence ?

C'est dans l'antiquité gréco-latine qu'est né le mythe : Jupiter aurait transformé une nymphe nommée Jouvence (*Juventa* en latin, ce qui signifie « jeunesse ») en une fontaine capable de rajeunir quiconque s'y baignerait. Junon s'y rendait une fois par an afin de conserver sa jeunesse.

Le thème de la fontaine de jouvence connaît au Moyen Âge un essor prodigieux. À partir du XIIe siècle en effet, les mentalités changent dans l'Europe chrétienne : il n'est plus désormais impensable d'améliorer la création divine et, partant, d'améliorer l'homme. Cette idée, jusque-là audacieuse, est partagée par un grand nombre de savants de cette époque. Le mythe de la fontaine de jouvence est christianisé d'autant plus facilement que la *Genèse* mentionne l'existence d'une fontaine de vie située au centre du Paradis terrestre, au pied de l'Arbre de Vie, dont les eaux se séparaient en quatre fleuves irriguant le monde.

Ainsi, la quête de la jeunesse éternelle est lancée en Occident. L'alchimie se développe et avec elle la recherche du fabuleux élixir de jouvence tiré de la pierre philosophale. La fontaine de jouvence est associée à la légende du Prêtre Jean. Ce personnage imaginaire et énigmatique aurait été le souverain d'un royaume lointain empli de richesses ; parmi elles, une fontaine dont l'eau redonnait la jeunesse à celui qui en buvait trois fois…

Dans le même esprit, la quête du Graal par les chevaliers de la table ronde peut être lue comme la recherche de la régénération aussi bien spirituelle que physique accordée par le sang rédempteur du Christ.

À la Renaissance, le peintre Jérôme Bosch l'immortalise dans son tableau, *Le jardin des délices terrestres*. C'est à cette époque également que commencent les grandes découvertes. Imprégnés des légendes médiévales qui plaçaient la fontaine de jouvence ainsi que le Paradis en Orient, les premiers Européens parvenus en Amérique recherchèrent ardemment la source miraculeuse d'autant que des récits indiens se faisaient l'écho de mythes semblables. Certains crurent la trouver en Floride.

Au terme des grands voyages du XVIe siècle, l'idée que le Paradis biblique se trouve sur terre s'évanouit et, avec elle, la croyance en l'existence de la fontaine de jouvence. De nos jours, c'est la recherche médicale qui a repris le flambeau de nouveaux espoirs de jeunesse éternelle (mélatonine, DHEA).

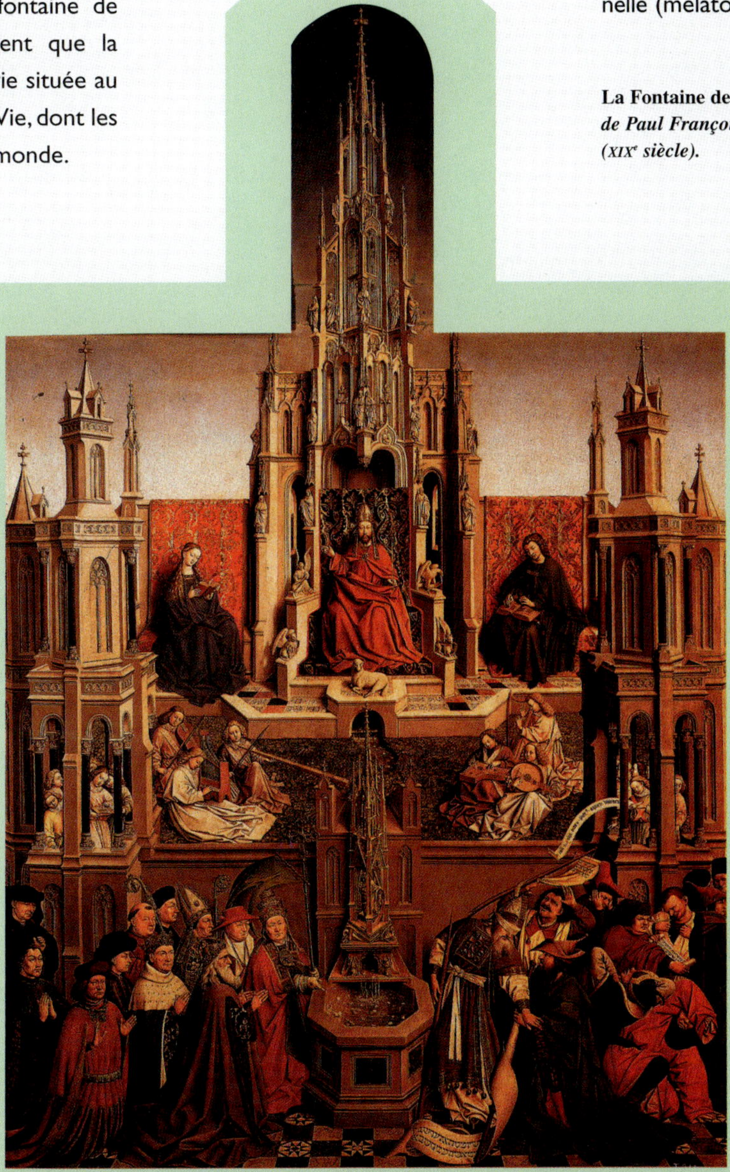

La Fontaine de jouvence,
de Paul François Quinsac
(XIXe siècle).

Qui était l'« immortel » comte de Saint-Germain ?

C'est son passage à Paris, entre 1758 et 1760, qui fait connaître l'étonnant comte. Dans les salons de la capitale comme dans les cours d'Europe, des rumeurs folles circulent : il aurait plus de trois mille ans, il aurait connu Jésus-Christ, il saurait fabriquer des diamants et se rendre invisible !

• *Première apparition à Londres*

Le comte de Saint-Germain est, pour la première fois, mentionné en 1745. Cet homme, qui paraît 50 ans et vit à Londres depuis deux années, est arrêté cette année-là, porteur de lettres favorables aux Stuarts. L'Angleterre se méfie des étrangers et plus particulièrement des Français : Saint-Germain est durant plusieurs semaines assigné à résidence. Il reconnaît alors deux choses : vivre sous un faux nom et « ne vouloir avoir aucun commerce avec les femmes » !

• *Un laboratoire d'alchimie au château de Chambord*

Saint-Germain quitte Londres en 1746. On perd sa trace pendant douze ans. Pour certains, il se retire en Allemagne où il se consacre à ses recherches chimiques et alchimiques. Pour d'autres, il voyage jusqu'en Inde et au Tibet ; aucune preuve de ces périples n'est avancée, mais on constate plus tard, en effet, que le comte a une profonde connaissance de l'Orient.

Il arrive à Paris au début de 1758 et, aussitôt, adresse une requête à Marigny, directeur des Bâtiments du roi. Il demande qu'une maison royale soit mise à sa disposition afin qu'il puisse y installer un laboratoire et une manufacture, promettant en échange à Louis XV « la plus riche et la plus rare découverte qu'on ait faite ». Ouvert à la recherche dans les « arts utiles », Marigny lui attribue le château de Chambord, grande bâtisse désertée. Saint-Germain installe ses assistants, ses ouvriers et son laboratoire dans les communs. Pourtant, il est plus souvent à Paris qu'à Chambord et, rapidement, est invité dans les plus fameux salons. Il se fait présenter à la marquise de Pompadour : celle-ci, séduite, l'introduit auprès du roi. Louis XV apprécie immédiatement le brillant personnage qui, très vite, devient l'un de ses familiers. Saint Germain est, en ces circonstances, décrit

Vue du château de Chambord vers 1722. Au premier plan, le duc d'Orléans, régent, donnant ses ordres pour la chasse.

comme un homme de 40 à 50 ans, alors que plus de dix années ont passé depuis son séjour à Londres !

• *Deux anecdotes merveilleuses pour bâtir une réputation*

Deux anecdotes authentiques sont à l'origine des rumeurs sur les connaissances alchimiques et l'immortalité du comte de Saint-Germain.
Voici la première : Saint-Germain possède une très belle collection de pierres précieuses et prétend un jour devant le roi savoir rectifier les imperfections des diamants. Louis XV lui confie alors un diamant taché. Saint-Germain le rapporte quelques jours plus tard, parfaitement pur. A-t-il usé d'un procédé chimique ou tout simplement fait tailler une pierre identique ? Mystère.
La seconde anecdote intervient lors d'un dîner avec la vieille comtesse de Cergy, qui reconnaît en lui un homme vu à Venise cinquante ans auparavant. Saint-Germain, peut-être simplement amusé, ne détrompe pas la vieille dame : l'histoire fait le tour de Paris.

La véritable identité du comte de Saint-Germain ?

Malgré la douzaine de pseudonymes dont il usa au cours de ses pérégrinations, l'origine de Saint-Germain semble aujourd'hui à peu près connue : il serait l'enfant naturel de la reine d'Espagne Marie-Anne de Neubourg, veuve de Charles II, et d'un noble, le comte de Melgar. Cette parenté expliquerait le train de vie aisé qu'il a toujours mené, son éducation et sa culture. En effet, outre ses connaissances certaines en chimie, Saint-Germain est reconnu par ses contemporains comme un homme de très grand savoir, musicien habile et peintre de qualité.
Sa longévité et sa durable jeunesse peuvent s'expliquer par une nature clémente et, pour une bonne part, par les efforts d'entretien physique de son corps que ne manque pas de faire le comte.
D'après tous les témoins, Saint-Germain appliqua toute sa vie des règles alimentaires strictes, assistant aux dîners mais mangeant peu, ne buvant jamais : il apparaît ainsi comme un précurseur des adeptes de la diététique moderne !

Le comte de Saint-Germain.

• *Aimé de Louis XV, et détesté de Choiseul*

Mais, si le comte s'est attiré la sympathie du roi, il s'est aliéné le puissant duc de Choiseul, principal ministre de Louis XV, qui lance une campagne pour le discréditer. Choiseul paye un amuseur nommé Gauve pour imiter le comte de Saint-Germain et se faire passer pour lui. Gauve parcourt les salons sous l'identité de Saint-Germain et raconte les histoires les plus invraisemblables : il a bu avec Alexandre le Grand, a fait bombance aux noces de Cana – il connaissait d'ailleurs bien Jésus et lui avait prédit une fin abominable…
Rapidement, la supercherie est dévoilée et Gauve reconnu, mais les histoires se propagent. Contrairement à ce qu'attend Choiseul, le vrai Saint-Germain n'en sort pas ridiculisé, mais grandi, entouré d'une aura mystérieuse !
Dépité, le ministre doit attendre 1760 pour parvenir à se débarrasser de Saint-Germain, en le faisant accuser d'espionnage. Tombé en disgrâce, le comte se réfugie aux Pays-Bas.
Dans les années suivantes, on le signale en Angleterre, en Italie, en Russie, en Saxe, en Prusse : partout, il cherche à monter des laboratoires pour poursuivre des recherches sur les pigments et les couleurs.

• *La mort de l'immortel*

En 1766, il se met sous la protection du roi de Prusse Frédéric II mais le quitte l'année suivante. Il arrive enfin à Gottrop, sur la Baltique, où il est hébergé par le prince de Hesse. Il y meurt en 1784, âgé de 93 ans selon le prince de Hesse à qui il a fait des confidences. Physiquement, il en paraît pourtant à peine soixante.
Aussitôt la nouvelle connue, nombreux sont ceux qui refusent de croire à la mort du comte. Les témoignages affluent : certains évoquent sa présence à un congrès maçonnique en 1785, on le voit à Venise en 1788, il aurait prévenu Marie-Antoinette de l'imminence d'une révolution l'année suivante, assisté au congrès de Vienne en 1815, un Anglais l'aurait rencontré à Paris sous Louis-Philippe, d'autres auraient croisé sa route en 1905 au Tibet, puis en 1926 à Rome. Légendes…
Saint-Germain, personnage exceptionnel qui, amusé par les rumeurs, ne les a jamais démenties, reste dans l'histoire car il symbolise le plus vieux rêve de l'homme : l'immortalité.

PRÉDICTIONS

L'oracle de Delphes était-il vraiment clairvoyant ?

Rois ou paysans, Grecs ou Orientaux, les hommes de l'Antiquité se rendent au temple d'Apollon à Delphes pour apprendre, par la voix de la pythie, ce que leur réserve le destin. Son influence est telle que des guerres se décident sur les conseils de l'oracle ; des empires se seraient écroulés pour ne pas l'avoir écouté.

Une sceptique, Jocaste

Dans *Œdipe-Roi*, Sophocle, au Ve siècle av. J.-C. présente par la voix de Jocaste les arguments des sceptiques. Œdipe est préoccupé par les agissements d'un devin, Jocaste le rassure :

« Ne t'inquiète donc pas de ce que tu dis là, écoute-moi et apprends qu'aucun être mortel n'entend rien à l'art divinatoire. Je vais en peu de mots t'en donner des preuves. Un oracle autrefois fut rendu à Laïos (…).

Le destin du roi devait être de mourir de la main de l'enfant qui naîtrait de moi et de lui. Laïos pourtant, tout le monde l'affirme, des brigands étrangers l'ont assassiné, il y a longtemps, dans un triple chemin, et à la naissance de son enfant, trois jours ne s'écoulèrent pas, qu'il lui lia les articulations des pieds et le fit jeter par des mains étrangères dans une montagne inaccessible. En cette occasion, Apollon n'a pas réalisé la prédiction : ni le fils de Laïos n'a tué son père, ni Laïos, chose horrible qu'il appréhendait tant, n'est mort de la main de son enfant. Voilà pourtant comment les choses avaient été fixées d'après les avertissements oraculaires : ne t'en inquiète aucunement. Ce que le dieu juge nécessaire de faire connaître, il le manifeste aisément tout seul. »

Œdipe-Roi, vers 707 à 725

• Une construction légendaire

Dans *l'Iliade*, Homère nous raconte la fondation du temple. En des temps obscurs, le site abrite un oracle dédié à l'ancienne divinité de la terre, Gaia. Il est gardé par le terrible dragon Typhon. Pour s'approprier l'endroit, Apollon tue Typhon dans un combat épique. Le cadavre du monstre, pourrissant sur place, laisse son nom au lieu, Pytho signifiant « je fais pourrir ». Apollon se transforme ensuite en dauphin (delphes) et détourne un navire crétois : l'équipage forme les premiers serviteurs du temple et le dieu promet de venir chaque année conseiller les humains. Son temple est situé au centre de l'univers, il symbolise le nombril du monde, marqué par une pierre nommée Omphalostes. Zeus, soucieux de vérifier le fait, lâche un jour deux aigles, un à chaque bord de la terre : ils se croisent au-dessus de la pierre.

Loin du mythe l'histoire nous apprend que le premier temple de Delphes date de la fin du IIe millénaire av. J.-C. Accroché

Chemin sacré du temple d'Apollon à Delphes.

à la face sud du mont Parnasse, encadré par la falaise rose de Rhodini et la falaise flamboyante de Phlemboucos entre lesquelles jaillit la source sacrée de Castalie, il domine une plaine couverte d'oliviers, domaine d'Apollon, qu'il est interdit de cultiver. Les pèlerins y arrivent soit par mer, en débarquant au petit port de Kirrha, soit par terre, en franchissant la passe d'Arachova. À partir du VIe siècle av. J.-C., la ville de Delphes apparaît non loin du temple, tirant ses ressources du passage des pèlerins. En 548, un incendie ravage le temple : il est reconstruit, plus grand et plus beau, grâce à une souscription panhellénique.

• Plusieurs jours d'attente

Dans les premiers temps, l'oracle est rendu une fois par an. Devant le succès grandissant, les prêtres adoptent un rythme mensuel et emploient deux, puis trois pythies. Malgré tout, ceux qui viennent consulter attendent souvent plusieurs jours avant que leur tour arrive. Ces journées sont consacrées aux offrandes, aux sacrifices et aux purifications. On s'asperge à la source de Castalie, au-dessus de laquelle se trouve encore aujourd'hui gravée cette phrase : « Une goutte suffit au bon pèlerin, quant au méchant, l'océan lui-même ne laverait pas sa souillure. » L'oracle est coûteux ; le consultant doit acheter, fort cher, un gâteau qu'il offre sur un autel, face au sanctuaire ; puis, sur un autre autel, il sacrifie un mouton ou une chèvre.

• La transe de la pythie

La pythie est l'intermédiaire entre le dieu et les hommes. Les premières pythies sont de jeunes vierges, nous rapporte l'historien grec Diodore de Sicile, mais la tradition est modifiée le jour où un consultant, emporté par ses sens, viole l'une d'elles. Elles sont alors remplacées par des femmes d'une cinquantaine d'années, le plus souvent de simples paysannes de la région. Il n'est pas nécessaire qu'elles possèdent de don particulier : elles ne sont que l'instrument d'Apollon. Le jour de l'oracle, la pythie se purifie par un bain rituel et revêt un costume d'apparat. Puis elle va s'installer au plus profond du sanctuaire, sur un trépied d'or. Là, elle respire l'exhalaison sacrée *(pneuma enthousiastikon)*, et très probablement hallucinogène, qui monte d'une fissure du sol. Elle entre alors en transes, elle devient la voix d'Apollon. Elle hurle, gémit, chante des paroles incompréhensibles que le prêtre *(prophêtês)* interprète pour donner une réponse au consultant.

• Un enjeu politique et stratégique

À propos de l'oracle, les auteurs antiques sont partagés. Plutarque, qui fut prêtre à Delphes, laisse de nombreux opuscules sur les cultes et les rites, dans lesquels il ne remet pas en cause la tradition. Héraclite et Platon défendent également l'oracle, mais Eschyle, Euripide et Thucydide se montrent sceptiques. Hérodote, quant à lui, affirme sa croyance dans le principe de l'oracle, mais reconnaît que Delphes n'est pas

Ruine du temple d'Apollon à Delphes.

inaccessible à la corruption. De fait, l'oracle, consulté par les rois, a une forte influence politique et les puissants en sont conscients. Sparte, en particulier, fait à plusieurs reprises répandre des oracles défavorables à ses adversaires : Delphes apparaît ainsi au VIe siècle comme l'enjeu stratégique d'une guerre psychologique entre cités.

• Une imposture ?

Pour le Latin Cicéron, en revanche, il n'y a pas de doute : dans le *De divinatione*, il dénonce l'oracle comme une imposture. Le monde romain en effet, puis surtout le christianisme détruisent au cours des siècles l'influence du sanctuaire. C'est le très chrétien empereur Théodose qui le fait fermer en l'an 390. Oribase, envoyé en 362 pendant le court règne de Julien l'Apostat pour tenter de restaurer le temple, a recueilli le dernier oracle connu : « Allez dire au roi qu'il s'est effondré, le superbe édifice. Phoïbos n'a plus même une cabane, plus même de laurier prophétique, plus de fontaine babillante ; même l'eau loquace s'est tue… »

Les prêtres, pendant l'oracle, consultent la pythie pour savoir ce que réserve le destin.

Prophéties et divinations dans l'Antiquité

Les oracles sont très nombreux à cette époque. À Rome, deux catégories d'hommes exercent des talents divinatoires et font connaître la volonté des dieux : les augures et les haruspices.

La multiplicité des oracles grecs. Le plus ancien des oracles grecs connu est celui de Dodone, en Épire. Homère l'évoque dans *l'Iliade* : Achille y interroge Zeus, père de tous les dieux. La réponse vient par le bruissement des arbres sacrés et le murmure d'une source, et elle est interprétée par les Selles, prêtres du lieu. À Olympie, les lamides tirent leurs prophéties du feu et des entrailles des animaux sacrifiés. À Thèbes et à Lébadée, c'est dans les rêves du consultant endormi sur le lieu saint que les dieux viennent donner leurs réponses. L'oracle de Délos est également connu : il fut, selon la légende, créé pour célébrer l'île qui avait vu la naissance d'Apollon.

Les oracles égyptiens. Contemporains des oracles grecs, ils remportent aussi de grands succès. Le plus connu est celui d'Amon-Râ, qui remonterait à la célèbre reine Hatshepsout, vers 1500 av. J.-C. Suivant la tradition, l'oracle se matérialise en une image du dieu qui parle et se déplace. Les questions lui sont posées par écrit, sur des rouleaux de papyrus, il y répond de vive voix. L'oracle d'Amon-Râ reçoit en 332 av. J.-C. la visite d'Alexandre.

Les augures. Ce sont des experts officiels. Ils sont regroupés dans un collège qui compte, selon les époques, entre six et quinze membres. L'augure est équipé d'un bâton recourbé avec lequel il définit, dans le ciel ou sur la terre, l'espace (dénommé *templum*) dans lequel il observera les signes célestes : phénomènes météorologiques tels qu'éclairs et tonnerre, indications fournies par le vol des oiseaux. Il prend aussi les auspices (expression qui signifie examiner les oiseaux) en observant l'appétit des poulets sacrés. Il tire des présages du mouvement de quadrupèdes ou de serpents ainsi que des incidents advenus pendant la divination. Tout acte public, à Rome, doit être précédé de la consultation des augures : ainsi la convocation et la venue des assemblées, l'entrée en fonction des magistrats, le départ des armées pour la guerre… Mais le pouvoir réel des augures, considérable sous la royauté, s'amenuise sous la République.

Les haruspices. Ce sont des prêtres de rang inférieur. Souvent considérés comme des charlatans, ils donnent au moraliste Caton l'occasion d'un bon mot : « Deux haruspices ne peuvent se regarder sans rire. » Ils observent, selon une coutume d'origine étrusque, les entrailles de victimes animales, surtout des bêtes à cornes. Ils examinent les poumons, la rate, les reins, l'estomac, le cœur et plus particulièrement le foie.

Les sibylles romaines. Les sibylles, généralement des Étrusques, sont les intermédiaires entre les dieux et les hommes. On vient de loin pour entendre les oracles de la sibylle de Tibur ou de la sibylle de Cumes. Leurs prophéties sur l'avenir de Rome sont réunies en neuf volumes que le roi Tarquin ordonne de conserver, mais qui sont malheureusement détruits dans un incendie peu avant l'ère chrétienne. Pourtant, le christianisme lui-même se réapproprie rapidement le mythe des sibylles : il les assimile aux prophétesses de l'Ancien Testament. L'une d'elles, d'ailleurs, aurait annoncé à Auguste la naissance du Messie.

Le temple d'Amon-Râ, le plus connu des oracles égyptiens.

PRÉDICTIONS

Les astres influencent-ils le destin ?

L'astrologie étudie l'influence des astres sur le comportement et la destinée des hommes. Pratiquée depuis la plus haute Antiquité, elle a longtemps été confondue avec l'astronomie, dont elle a permis le développement.

• Un règne glorieux inauguré par une prédiction astrologique

Jusqu'à l'époque moderne, les astrologues ont joué un rôle important dans la vie politique des nations : des souverains, à l'exemple d'Élisabeth Ire d'Angleterre, ont fait appel à leurs services pour démêler les fils du destin et conduire une politique.
Lorsque Élisabeth succède à son père Henri VIII sur le trône d'Angleterre en 1558, un de ses premiers gestes est de faire calculer par son astrologue, John Dee, le jour le plus favorable pour son couronnement. Dee propose le 14 janvier 1559, suggestion que suit la reine – pour son bonheur, apparemment : les 45 ans de règne d'Élisabeth correspondent en effet à l'une des périodes les plus fastes du royaume d'Angleterre et certains peuvent ainsi attribuer à John Dee une partie de la gloire du « siècle élisabétain ».

• Qui est le talentueux Dr John Dee ?

John Dee est né le 13 juillet 1527 à Londres, dans une famille modeste. Au terme de brillantes études, il obtient, en 1546, le titre de *Bachelor of Arts* au Trinity College de Cambridge. Il se passionne dès lors pour les mathématiques, matière peu prisée à l'époque, et notamment pour les théories de Pythagore. C'est à ce moment aussi qu'il s'initie à l'alchimie et à l'hermétisme. De 1547 à 1551, il voyage en Europe et séjourne surtout à l'université de Louvain, une des meilleures du continent. En 1550, il est à l'université de Paris, où il enseigne la géométrie d'Euclide.
Sa renommée, désormais considérable, atteint les frontières de l'Europe. Il garde des liens avec l'Angleterre, où il revient,

Au XVIe siècle, savants et astrologues croient en l'influence des constellations et des planètes sur la destinée humaine.

par exemple, en 1548, y faisant découvrir des instruments de navigation jamais vus encore.

• Mathématicien et occultiste

En 1570, il préface une traduction du grand traité de mathématiques d'Euclide, les *Éléments*, contribuant ainsi de façon magistrale à la promotion de cette discipline dans les milieux universitaires. Il retourne s'établir définitivement à Londres en 1551. C'est alors qu'Élisabeth le prend sous sa protection. Pour elle, il dresse des horoscopes, établit des cartes géographiques, travaille à un nouveau calendrier et contribue à l'élaboration des plans de défense navale de l'Angleterre. Les savoirs que nous considérons aujourd'hui comme « savants » ne se distinguent pas, à l'époque, des autres.

Par ailleurs, Dee est toujours fasciné par l'occultisme et travaille à la recherche de la pierre philosophale, chère aux alchimistes. En 1581, à en croire ce qu'il dit, il reçoit la visite d'un angelot qui lui remet un globe de cristal poli dans lequel est enfermé un ange nommé Uriel, et un miroir magique en anthracite noir : on peut encore voir aujourd'hui au British Museum la fameuse boule de cristal, ainsi que des tablettes de cire sur lesquelles l'astronome avait gravé les hiéroglyphes mathématiques dont il se servait lors de cérémonies magiques.

La mort et l'astrologue, ***d'après une gravure du XVIe siècle. Ce vieil astrologue accueille la mort sans surprise ; il savait son heure venue grâce aux astres.***

• Edward Kelly entre en scène

Peu de temps après cet événement, cette même année 1581, Dee rencontre un étrange personnage, Edward Kelly (1555-1597), qui s'affirme capable de converser avec les défunts. Dee le prend à son service, afin qu'il l'aide à entrer en communication avec les esprits de son

Astrologies de tous les pays

L'astrologie s'est épanouie dans toutes les grandes civilisations du monde.

L'astrologie indienne. Elle s'est développée à partir d'un zodiaque lunaire formé par 27 à 28 constellations, les *maksatra*. L'ouvrage le plus important est le *Brahajjâtaka*, dans lequel on trouve notamment des considérations sur la possibilité de déterminer astrologiquement les conditions d'une réincarnation ultérieure.

L'astrologie aztèque. Pour les Aztèques, le mois (qui dure 20 jours) de naissance est déterminé par la présence de la Lune, et le jour de naissance est défini par la position du Soleil. L'horoscope aztèque comprend 12 signes. Il est possible d'affiner le thème en calculant le mois ascendant. Il y a 18 mois ascendants de 20 jours chacun.

L'astrologie chinoise. Elle repose sur un cycle lunaire fondé sur le rythme annuel des lunaisons. Les douze signes, qui correspondent à des animaux, varient donc ici selon l'année et non le mois. Il est permis d'affiner un thème en intégrant des facteurs tels que le Compagnon de route, déterminé par l'heure de naissance, et l'Élément prédominant, qui se rapporte à 5 « éléments » : Terre, Feu, Eau, Bois et Métal.

Le siècle de l'astrologie

À l'époque de Dee, l'étude des astres et l'interprétation de leur influence sur le destin des hommes entrent fréquemment dans le champ des compétences des savants. En Europe, le XVIe siècle est celui de l'âge d'or de la magie et de l'occultisme. De grands magiciens ou astrologues marquent durablement leurs domaines. Tous pensent que l'homme est relié à l'univers par de multiples correspondances. Ils voient une analogie entre le macrocosme interplanétaire et le microcosme humain. Pour reprendre une formule canonique de la tradition hermétique de l'époque : « Tout ce qui est en haut est en bas » (*la Table d'émeraude*, vers 1520). Dans cette perspective, les astres ont une influence sur la destinée des êtres humains. Ainsi, Paracelse croit qu'il y a un lien entre les 7 organes du corps et les 7 planètes (car on n'en connaissait alors que 7). C'est après avoir examiné le mouvement des astres et du ciel que Nostradamus rédige ses fameuses prophéties. Enfin, Cornélius Agrippa (1486-1535), docteur en théologie, cherche à démontrer, dans son ouvrage *De la philosophie occulte* (1510-1533) l'importance des signes du zodiaque.

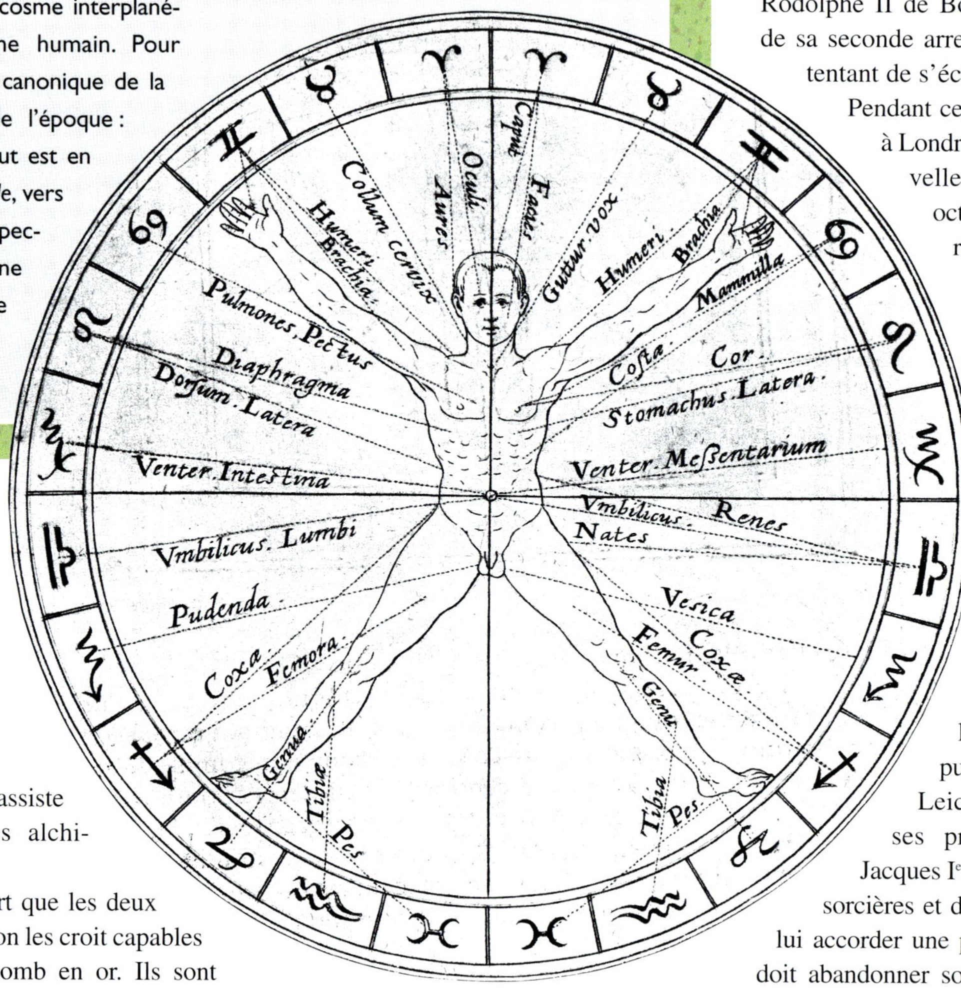

Le cercle du zodiaque et ses relations avec les parties du corps humain. Gravure de 1619.

globe de cristal et l'assiste dans ses recherches alchimiques.

Bientôt, le bruit court que les deux hommes ont réussi : on les croit capables de transmuter du plomb en or. Ils sont invités partout en Europe, et se rendent notamment en Pologne, où ils séjournent chez le prince Laski à qui ils ont promis fortune. Mais le pape Sixte V les accuse de nécromancie – l'invocation des morts pour connaître l'avenir –, et obtient leur expulsion du pays. Les deux hommes et leurs épouses gagnent pour quelque temps Leipzig puis Hesse-Cassel.

• Grandeur et chute du Dr Dee

Le 18 avril 1587, une première querelle oppose Dee et Kelly. Celui-ci prétend qu'un esprit de la boule de cristal a ordonné que Dee et lui-même mettent leurs épouses en commun. Cela n'est pas du goût de Dee ni de sa femme, Jane. D'autres disputes suivent et le quatuor se disloque. Dee s'installe alors à Brême tandis que Kelly se rend à Prague où il continue à transformer, dit-il, du plomb en or. Ses prouesses lui valent le titre éphémère de maréchal de Bohême ; il tombe peu après en disgrâce et il est même par deux fois emprisonné sur l'ordre de Rodolphe II de Bohême. C'est au cours de sa seconde arrestation qu'il se tue en tentant de s'échapper du donjon.

Pendant ce temps, Dee est revenu à Londres où la reine lui renouvelle sa confiance et lui octroie une pension. Le retour dans son pays n'est cependant pas totalement heureux : rentrant chez lui, à Mortlake, Dee découvre que sa maison a été pillée et que 500 livres sur les 4 000 de sa bibliothèque, dont des manuscrits très rares, ont disparu. La fin de sa vie est difficile, surtout après la mort d'Élisabeth, puis celle du comte de Leicester, un autre de ses protecteurs. En 1603, Jacques Ier, grand pourfendeur de sorcières et de magiciens, refuse de lui accorder une pension et, en 1605, il doit abandonner son poste de recteur du Collège de Manchester.

Dee meurt dans la pauvreté en décembre 1608. Mais sa forte personnalité, à mi-chemin entre le savant et le mage, a marqué son temps.

PRÉDICTIONS

Nostradamus, prince des astrologues ?

Connaître l'avenir est un rêve qui hante les hommes. Au XVIe siècle, après les devins païens et les prophètes bibliques, vient le temps des mages laïcs.

Nostradamus, un prophète qui étonne l'Europe.

• Du médecin à l'astrologue

En 1555 paraît à Lyon la première édition des *Centuries astrologiques*, quatrains énigmatiques signés par un certain Nostradamus, qui s'impose rapidement comme le plus grand des visionnaires de son temps et dont la réputation a franchi les siècles.

Michel de Nostre-Dame, dit Nostradamus, d'origine juive, est né en 1503 à Saint-Rémy-de-Provence. Ses deux grands-pères sont médecins et c'est la médecine qu'il étudiera lui-même à l'université de Montpellier. En 1526, une épidémie de peste éclate dans le Languedoc : il soigne les malades avec un dévouement exemplaire, depuis Aix jusqu'à Marseille. Il s'établit à Agen, se marie et fait connaissance de Jules César Scaliger, un des plus grands savants d'Europe. Mais, quelques années plus tard, il perd sa femme et ses enfants, victimes d'une nouvelle épidémie de peste.

Nostradamus se met alors à voyager, allant, disent certains, jusqu'en Égypte – il semble en fait que ses pérégrinations se limitent au midi de la France et à l'Italie. Au cours de cette errance se situe peut-être la première manifestation de son « don » de voyance : un jour, croisant un moine sur la route, il aurait reconnu en lui le futur pape Sixte V et serait tombé à genoux, déclarant : « Je m'agenouille devant Sa Sainteté. » Du moins est-ce sans doute pendant cette période d'errance solitaire que son esprit s'exalte, au point qu'il croit se découvrir le don de prédire l'avenir.

• L'homme qui prédit sa mort

En 1546, en effet, il se fixe à Salon, deux ans plus tard, se remarie : il ouvre alors un cabinet médical, vite florissant mais, surtout, il se tourne vers des observations astrologiques. C'est à ce moment qu'il rédige, d'abord, un almanach « avec (des) présages » (1550), puis surtout ses *Centuries*, résultat, semble-t-il, de visions qui s'imposent à lui pendant des veilles nocturnes.

... Nostradamus, prince des astrologues ?

L'ouvrage fait aussitôt sensation et, en juillet 1556, Catherine de Médicis, passionnée d'occultisme, fait venir le devin à sa cour pour qu'il établisse l'horoscope de ses fils. Il annonce alors que trois d'entre eux régneront – prédiction étonnante, qui se vérifiera : les trois garçons monteront sur le trône sous les noms de François II, Charles IX et Henri III. Quatre ans plus tard, en 1559, alors que Nostradamus est retourné chez lui, leur père, le roi Henri II, meurt dans un tournoi. La visière mal fermée de son heaume a laissé pénétrer la lance de son adversaire, le comte de Montgoméry, et le souverain agonise, dix jours durant, l'œil crevé et le cerveau atteint. Les contemporains se souviennent alors de l'étrange prédiction du 35e quatrain :

« Le lyon jeune, le vieux surmontera En champ bellique par singulier duelle : / Dans cage d'or les yeux lui crèvera / Deux classes une, puis mourir, mort cruelle ».

En l'an 1564, Charles IX confie à Nostradamus l'importante charge de médecin ordinaire du roi. Sinécure prestigieuse, puisque le médecin continue de résider à Salon. Il est alors au faîte de sa renommée, encensé par des poètes tels que Ronsard.

Deux ans plus tard, il meurt, au retour d'une mission en Arles. De nouveau, un quatrain semble avoir prédit cette fin :

« De retour d'ambassade, don de roy mis au lieu / Plus n'en fera, sera allé à Dieu / Parens plus proche, amis, frères du sang / Trouvé tout mort près du lict du banc ».

Nostradamus faisant des prédictions (XIXe siècle).

• ***Et demain…***

Augmentées constamment de la première édition à la mort de Nostradamus, les *Centuries* sont des ensembles de quatre vers regroupés par groupes de cent (d'où le titre du recueil). L'édition définitive des œuvres de Nostradamus comprend la *Lettre à César* (fils de Nostradamus), *l'Épître au très Invincible, très Puissant et très Chrétien Henry Second, roi de France*, les *Centuries* elles-mêmes (finalement au nombre de 12), les *Présages* (141 quatrains) et enfin les *Sixains* (58 strophes de 6 vers).
Beaucoup de termes latins francisés sont mêlés à la langue du XVIe siècle, ce qui ne facilite pas l'interprétation des prédictions, que l'astrologue a d'ailleurs rédigées volontairement de façon obscure, afin peut-être d'éviter toute poursuite. Dans la préface de l'édition de 1555, il manifeste ainsi la crainte d'être poursuivi par l'Église et se défend d'être un hérétique. Il dit aussi ne posséder aucun livre de magie.
Les prophéties couvrent l'histoire de France et, dans une moindre mesure, celle de l'Europe et du monde, jusqu'au début du XXIe siècle. Pour les inconditionnels du mage, certaines se sont effectivement réalisées : Michel de Notre-Dame aurait ainsi prévu la fuite de Louis XVI à Varennes, l'avènement de Napoléon Ier puis l'instauration d'une République après la chute de la monarchie.

• ***Et aujourd'hui ?***

En ce qui concerne notre époque, et précisément les années à venir, des commentateurs croient lire dans les quatrains l'annonce de choses peu rassurantes : un troisième conflit mondial, qui partira du Moyen Orient et au cours duquel Marseille et Paris, notamment, seront détruites, et l'arrivée de l'Antéchrist sur Terre. Jean-Charles de Fontbrune, un des exégètes les plus connus de Nostradamus, fixait cette arrivée pour 1999...

Prophètes et visionnaires

Depuis l'Antiquité, bien des prophètes ont eu leur heure de gloire. Certains ont été très clairement démentis, comme Charles Russel, fondateur des Témoins de Jéhovah, qui prévoyait le retour sur Terre du Christ sauveur en 1914 ! L'obscurité des textes met cependant souvent les devins à l'abri de contestation ultérieure… Ou bien, à l'inverse, une prophétie est « comprise » – et évidente – a posteriori, lorsque l'événement qu'elle est censée annoncer s'est effectivement produit.

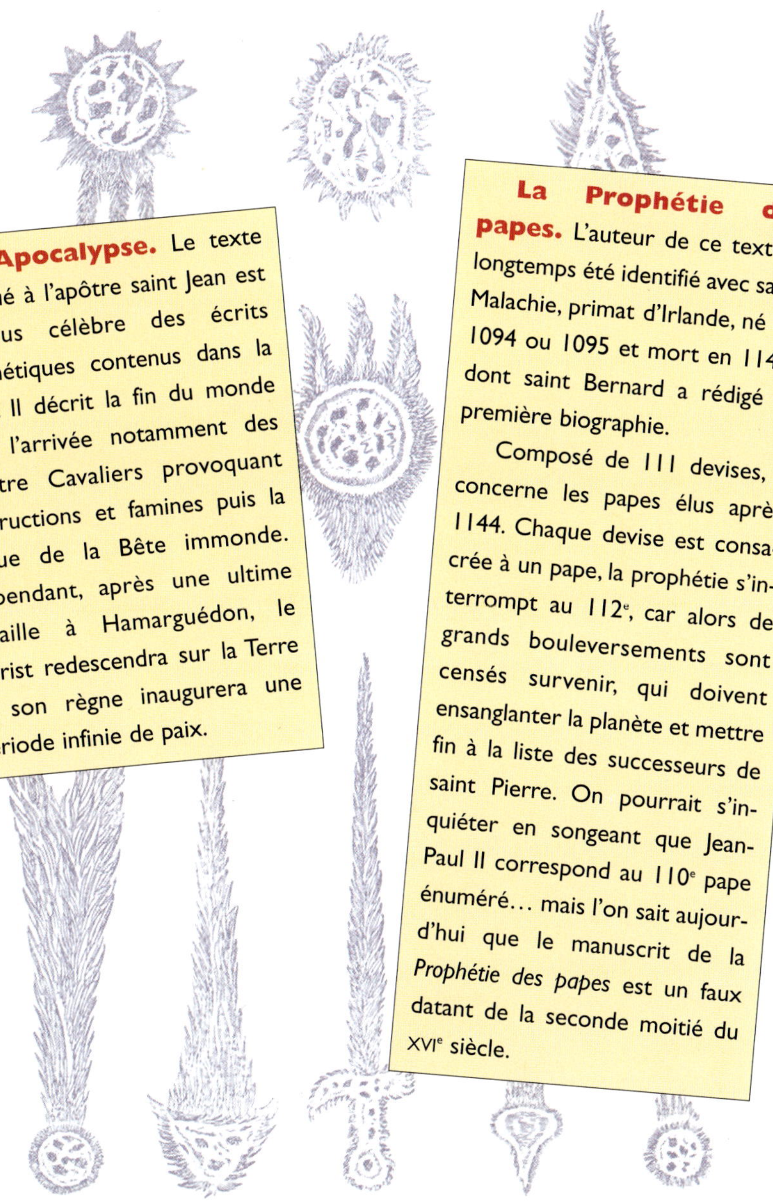

L'Apocalypse. Le texte attribué à l'apôtre saint Jean est le plus célèbre des écrits prophétiques contenus dans la Bible. Il décrit la fin du monde avec l'arrivée notamment des Quatre Cavaliers provoquant destructions et famines puis la venue de la Bête immonde. Cependant, après une ultime bataille à Hamarguédon, le Christ redescendra sur la Terre et son règne inaugurera une période infinie de paix.

La Prophétie des papes. L'auteur de ce texte a longtemps été identifié avec saint Malachie, primat d'Irlande, né en 1094 ou 1095 et mort en 1148, dont saint Bernard a rédigé la première biographie.

Composé de 111 devises, il concerne les papes élus après 1144. Chaque devise est consacrée à un pape, la prophétie s'interrompt au 112e, car alors de grands bouleversements sont censés survenir, qui doivent ensanglanter la planète et mettre fin à la liste des successeurs de saint Pierre. On pourrait s'inquiéter en songeant que Jean-Paul II correspond au 110e pape énuméré… mais l'on sait aujourd'hui que le manuscrit de la *Prophétie des papes* est un faux datant de la seconde moitié du XVIe siècle.

ALCHIMIE

Nicolas Flamel avait-il découvert la pierre philosophale ?

Possesseur d'un vieux manuscrit, un écrivain public mystérieusement enrichi aurait découvert la pierre philosophale recherchée depuis l'Antiquité par des générations d'alchimistes…

• L'héritage de la science arabe

L'histoire de l'alchimie occidentale commence au XIIe siècle en Espagne, alors frontière entre le monde occidental et le monde arabe. Les catholiques reprennent peu à peu la péninsule Ibérique et s'approprient les trésors des bibliothèques arabes, riches en textes sur la médecine, les mathématiques, l'astronomie et l'alchimie. Les Européens découvrent les écrits de Djabir ibn Hayyan et de ibn Zakariyya al-Razi (Geber et Rhazès en latin), alchimistes des VIIIe et IXe siècles, eux-mêmes héritiers d'un savoir transmis depuis l'Antiquité. Aux XIIe et XIIIe siècles, outre les traductions de textes arabes, de nombreux manuscrits originaux, pour la plupart livres de recettes chimiques élémentaires, sans portée ésotérique, circulent en Europe. Aux XIVe et XVe siècles, l'alchimie est au sommet de sa gloire.

• Nicolas Flamel : un libraire et « éditeur » du Moyen Âge

C'est à Pontoise, vers 1330, que naît Nicolas Flamel. Ses parents sont d'origine modeste, mais il apprend à lire et à écrire le français ainsi qu'un peu de latin auprès des bénédictins.

Gravure du XVIe siècle représentant des alchimistes dans leur atelier.

L'ALCHIMIE, UNE SCIENCE ?

Au Moyen Âge, l'alchimie est la Science par excellence, contenant les principes de toutes les autres. Elle se donne pour objet l'étude de la vie, son but étant la découverte et la fixation d'un ferment mystérieux, grâce auquel la désagrégation des corps, et donc la mort, pourrait être presque indéfiniment retardée. Cet agent devait assurer la progression rapide des êtres vers l'état supérieur. Produit au cours du Grand Œuvre, il pouvait être liquide (*élixir de longue vie* ou *panacée,* remède infaillible de toutes les maladies) ou solide (*pierre philosophale,* qui, introduite dans la masse d'un métal en fusion, assurerait sa transmutation vers l'état désiré, or ou argent). L'ensemble des lois et principes alchimiques était consigné dans des textes écrits dans une langue symbolique et à double sens, dont le déchiffrement par le nouvel adepte faisait partie des épreuves d'initiation.

Cet aspect ésotérique en fait ce que les historiens des sciences considèrent comme une « fausse science ». Autrement dit, elle se présente comme un ensemble de concepts très généraux et éloignés des faits, qui inspirent cependant un certain nombre de recettes opératoires, et auquel se ramène, de toute façon, toute interprétation des résultats. Tel est aussi le cas de l'astrologie ; on retrouve chez l'une et l'autre la tentative de mettre en relation le macrocosme (l'univers) et le microcosme (l'homme).

C'est pourquoi elle a pu, par certains aspects techniques, anticiper certaines voies de la chimie moderne, ou même influencer favorablement la pensée de certains savants (Paracelse, le père de la médecine hermétique, et peut-être même Newton, dont on sait qu'il s'y adonna, annotant de sa main des traités d'alchimie).

Portrait de Paracelse : le père de la médecine hermétique a été favorablement influencé par l'alchimie.

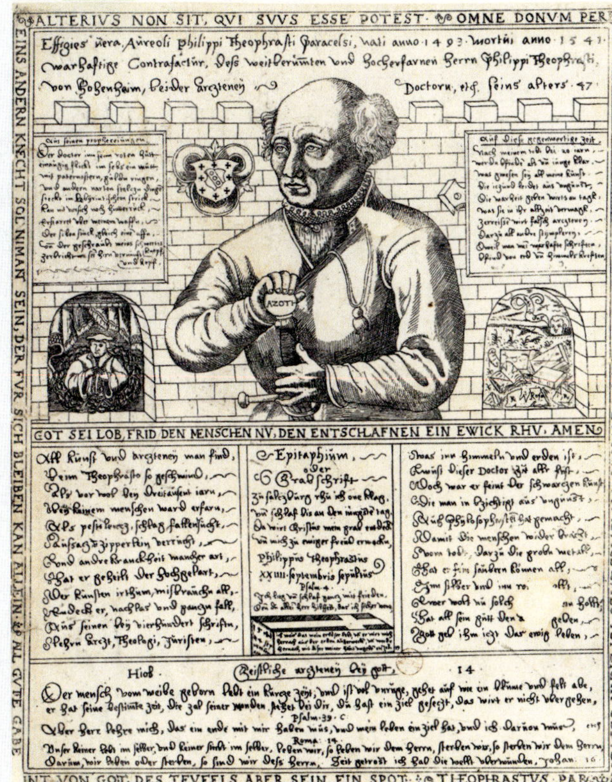

Il devient apprenti écrivain public chez maître Gobert, puis rachète une charge de libraire et écrivain juré de l'université de Paris.

Son échoppe est sise près de l'église Saint-Jacques-la-Boucherie, dont il reste aujourd'hui la tour Saint-Jacques. Dans sa boutique à l'enseigne de « La fleur de lys », il dresse les comptes des petits commerçants, apprend aux bourgeois à signer de leur nom, copie et enlumine des textes et des manuscrits pour l'Université : l'imprimerie n'existe pas encore, la « demande » est très forte et le commerce très lucratif.

• *Naissance d'une légende*

D'après les récits de Flamel – dont on sait aujourd'hui qu'ils sont apocryphes, un ange lui apparaît une nuit en songe et lui montre un ouvrage extraordinaire. Mais il se réveille avant d'avoir pu en lire le contenu. Intrigué, il garde le rêve en mémoire. En 1357, un homme entre dans sa boutique et lui propose un volume relié de cuivre. Flamel le reconnaît : il l'a vu dans les mains de l'ange. Il l'achète aussitôt pour la somme de deux florins.

L'ouvrage, signé Abraham le Juif, porte sur la première page une malédiction destinée à ceux qui oseraient aller plus loin dans leur lecture, à l'exception des prêtres et des écrivains. Entrant dans cette dernière catégorie, Flamel commence à lire. Le volume provient sans doute des affaires abandonnées d'un juif arrêté ou ayant fui précipitamment pour échapper au bûcher. Il contient 21 feuillets couverts de textes alchimiques que Flamel ne comprend pas.

• *La route de Saint-Jacques de Compostelle*

Pendant près de 20 ans, Nicolas Flamel tente avec l'aide de sa femme, Pernelle, de déchiffrer l'ouvrage. Il ne délaisse pas sa boutique mais, chaque soir, passe des heures sur le manuscrit hermétique. Pourtant, le travail ne progresse pas et il désespère. Les alchimistes consultés ne parviennent pas plus que lui à éclairer le texte mystérieux. Il voudrait trouver l'aide d'un savant hébraïque, mais les juifs, persécutés depuis l'époque de Philippe le Bel, ont fui la France ou se sont convertis.

… Nicolas Flamel avait-il découvert la pierre philosophale ?

C'est en 1378, lors d'un pèlerinage à Saint-Jacques de Compostelle, que Flamel rencontre maître Canches, vieux médecin juif converti. Il lui montre une copie de passages qu'il a emportés avec lui. Maître Canches, enthousiaste, est persuadé qu'il s'agit d'un livre ayant trait à la kabbale, ancienne tradition juive ésotérique fondée sur l'interprétation mystique de l'Ancien Testament. Le médecin décide d'accompagner Flamel à Paris pour voir le manuscrit original. En chemin, il lui explique ses clefs d'interprétation et les deux hommes se mettent au travail sur les extraits emportés par l'écrivain. Mais, déjà malade avant sa rencontre avec Flamel, maître Canches doit s'arrêter à Orléans. Il meurt sans avoir vu le manuscrit original d'Abraham le Juif.

• De l'or ! De l'or !

Grâce à son aide cependant, Flamel en sait assez pour poursuivre ses recherches. Pendant deux années, il étudie le manuscrit et tente des expériences. Le 17 janvier 1382, il parvient à un premier résultat : « La première fois que je fis la projection, ce fust sur du mercure, dont j'en convertis demy-livre ou environ en pur argent, meilleur que celuy de la minière, comme j'ay essayé et faict plusieurs fois. » Selon ses dires, Flamel a découvert l'élixir blanc, le petit magistère, qui transmute le mercure en argent. Il se sait proche du Grand Œuvre. Trois mois plus tard, Flamel réalise l'élixir rouge, la pierre philosophale. « Je fis la projection avec de la pierre rouge sur semblable quantité de mercure, en présence encore de Pernelle seule, en la même maison, le vingt-cinquième d'avril suivant de la même année, sur les cinq heures du soir, que je transmuay véritablement en quasi autant de pur or, meilleur très certainement que l'or commun plus doux et plus ployable. »
À 52 ans, le petit écrivain public détient un pouvoir plus grand encore que celui du roi : il peut fabriquer de l'or. Mais il reste discret et ne modifie pas ses habitudes de vie, de crainte d'attirer l'attention.

• Quelle était l'origine de la fortune de Flamel ?

Cette histoire est tirée de textes que l'on a dit rédigés par Flamel, dans lesquels bien entendu il ne parle jamais clairement de sa méthode de travail, se contentant d'évoquer ses « projections ». Mais un fait demeure : Nicolas Flamel, après 1382, devient un homme très riche. Il participe à de nombreuses œuvres de charité, fonde 14 hôpitaux et 3 chapelles. La publicité dont il entoure ses donations en grossit l'importance.
Les rumeurs sur sa fortune courent alors dans la capitale. D'où vient l'or ? Pour les uns, aucun doute, Flamel possède le secret de la pierre philosophale. Pour d'autres, c'est sa boutique d'écrivain qui lui assure de bons revenus : il a, à son service, plusieurs copistes et parmi sa clientèle on trouve alors les meilleures familles de Paris ainsi que l'Université.
Après la mort de Flamel, le 22 mars 1417, sa maison et sa tombe sont mises à sac par des gens qui cherchent la cachette de la fameuse pierre. Ils ne trouveront rien. Le livre d'Abraham le Juif aurait réapparu, deux siècles plus tard, dans les mains de Richelieu. On ne sait aujourd'hui ce qu'il est devenu.

• En quoi consiste la pierre philosophale ?

La pierre philosophale représente pour les alchimistes, non seulement le moyen de réaliser la transmutation tant souhaitée, mais elle est aussi porteuse de médecine universelle et d'immortalité. La fabrication apparaît comme un processus long et complexe. L'alchimiste doit tout d'abord extraire sa matière première des profondeurs du sol, puis procéder en 4 étapes : rendre la matière liquide ; évaporer l'eau superflue pour obtenir un produit visqueux ; séparer et purifier chacun des éléments de la matière ; enfin, réunir ces esprits purs pour former la pierre philosophale.
C'est donc un expert qui doit maîtriser plusieurs techniques : l'Œuvre au noir, qui est l'art de débarrasser la matière de ses impuretés ; l'Œuvre au blanc, qui permet de fabriquer la pierre blanche transmutant les métaux vils en argent, et l'Œuvre au rouge, qui produit la pierre rouge transmutant le mercure en or.
Le langage alchimique ne peut être dissocié du langage symbolique : l'Œuvre au noir est aussi la mort, l'Œuvre au blanc, la restitution de l'âme au cœur purifié, et l'Œuvre au rouge, la vie spirituelle éternelle.

• La transmutation est-elle possible ?

Peut-on aujourd'hui penser que Nicolas Flamel a pu réussir à transmuter le métal vil en or ?
La pensée scientifique moderne, depuis le positivisme du XIXe siècle, considérait comme impossible toute transmutation : on sait, dès cette époque, que le plomb, le mercure, l'or ou l'argent sont des corps simples, dont il est impossible d'extraire d'autres corps simples. Imaginer que l'on puisse changer l'un en l'autre est, depuis les travaux de Lavoisier en 1772, qui marquent la naissance de la chimie moderne, une absurdité.
Avec les découvertes de la physique atomique et nucléaire au XXe siècle, cette logique d'une science positiviste, sûre d'elle-même, n'est plus celle des scientifiques actuels. On sait aujourd'hui que l'or est, certes, un corps simple, mais aussi qu'il est constitué d'atomes, tous identiques, et que chacun de ceux-ci est, à son tour, composé d'un noyau de protons et de neutrons autour duquel tournent des électrons.
Les physiciens peuvent maintenant réaliser le Grand Œuvre, cher aux alchimistes, dans les accélérateurs de particules, en utilisant des réactions nucléaires. Seul inconvénient de cette alchimie moderne, par ailleurs évidemment inaccessible à l'alchimiste du XVe siècle, chaque atome d'or produit coûte des millions de fois sa valeur marchande !

Recette : fabrication de l'or

Dans son ouvrage *Des divers arts*, le moine du VIIe siècle Théophile, de son vrai nom Rogerus, qui vivait dans le nord de la Germanie, explique comment les alchimistes fabriquent de l'or espagnol, un or particulièrement souple et facile à travailler.

Tout d'abord, il faut générer des basilics, reptiles pondus par un vieux coq :

« Ils ont sous terre une chambre dont le haut, le bas et toutes les parties sont en pierre, avec deux petites fenêtres si étroites qu'à peine on voit quelque chose à travers. Ils y mettent deux vieux coqs de douze ou quinze ans, et leur donnent suffisamment à manger. Ceux-ci, quand ils sont engraissés, par la chaleur de leur embonpoint s'accouplent et pondent des œufs. Alors on ôte les coqs, et l'on met, pour couver les œufs, des crapauds : on leur donne du pain en nourriture. Les œufs couvés, il en sort des poulets mâles comme les poussins des poules, auxquels au bout de sept jours croissent des queues de serpent ; aussitôt, si la chambre n'avait un pavement de pierre, ils entreraient dans la terre. Pour prévenir cela, ceux qui les élèvent ont des vases d'airain ronds, de grande capacité, perforés de toutes parts, dont les orifices sont resserrés : ils y placent ces poulets, bouchant les orifices avec des couvertures de cuivre, les enfouissent sous la terre ; et les poulets se nourrissent six mois de terre fine qui pénètre par les trous. Après cela, ils enlèvent les couvercles et allument un grand feu jusqu'à ce que les animaux soient dedans entièrement brûlés. Lorsque c'est refroidi, ils retirent et broient soigneusement, y ajoutant un tiers de sang d'homme roux : ce sang desséché sera trituré. Ces deux choses réunies sont détrempées de vinaigre fort dans un vase propre. Ensuite, on prend des lames très minces de cuivre rouge très pur, on y met de chaque côté une couche de cette préparation, et l'on met au feu. Quand elles ont chauffé à blanc, on retire, on éteint et on lave dans la même préparation : on fait ainsi jusqu'à ce que la préparation ronge le cuivre de part en part, et prenne de là le poids et la couleur de l'or. Cet or est propre à tous les ouvrages. »

Alchimiste dans son laboratoire. Peinture de Thomas Wyck (1616-1677).

Qui étaient les rose-croix ?

Né en 1614 de l'imagination de trois intellectuels luthériens, le mot Rose-Croix ne désigne pas un courant de pensée continu. Il est, à travers les époques, utilisé par diverses associations ésotériques sans rapport direct avec les idées formulées à l'origine.

• Révélations alchimistes

En 1614 paraît en Allemagne un manifeste en latin, le *Fama fraternitatis - les Échos de la fraternité de la Rose-Croix*, accompagné de traités et de lettres, et notamment d'une biographie de Christian Rosencreutz (Rose-Croix), mage du XIVe siècle, visiteur de l'Orient et penseur mystique.

Le prétexte avoué de la publication est la découverte de la tombe de Rosencreutz en 1604 : elle aurait contenu des parchemins couverts de formules magiques et de règles de vie. L'ouvrage est réédité l'année suivante, en allemand, complété d'une *Confession de la fraternité de la Rose-Croix* promettant aux lecteurs de merveilleuses révélations alchimiques. En 1616, un troisième texte vient compléter les deux précédents : les *Noces chimiques de Christian Rosencreutz*. Le récit de la vie du personnage, passionnant, est certainement imaginaire. Le message transmis, une fois débarrassé de sa mise en forme ésotérique, est clair : la véritable recherche doit se faire en soi, la lumière ne vient pas de l'extérieur mais de l'intérieur. En ces années troublées où la tension entre pays réformés et pays fidèles à Rome s'accroît - elle débouchera sur la guerre de Trente Ans -, le rédacteur de ce message simple mais irréfutable renvoie dos à dos catholiques et protestants en leur opposant la sincérité de la foi.

• Un formidable succès

Des trois ouvrages parus entre 1614 et 1616, un seul est signé - le dernier. Son auteur, Johann Andreä, est un diacre luthérien qui vit à Tübingen. Avec deux de ses amis, Christoph Besold et Tobias Hess, il affirme avoir créé « l'ordre, ou fraternité, louable de la Rose-Croix ». En fait, pas plus que Christian Rosencreutz, cet ordre n'existe. L'invention n'est qu'un prétexte pour rédiger un programme mystique, une plaisanterie érudite pour ces trois intellectuels qui forment ce que l'on appelle aujourd'hui « le cénacle de Tübingen ». Mais, dès 1616, Andreä, Besold et Hess sont dépassés par leur création : la Rose-Croix, lancée comme un jeu, devient une réalité. Dans plusieurs villes d'Europe se montent des loges rose-croix, sans rapport avec le cénacle de Tübingen.

Témoignage sur les rose-croix

Dans ses *Instructions à la France sur la vérité de l'histoire des frères de la Rose-Croix*, l'historien C. Vaudé écrit au XVIIIe siècle :

« Les rose-croix affirment qu'ils sont destinés à accomplir le rétablissement de toutes choses en un état meilleur, avant que la fin du monde arrive. Qu'en quelque lieu qu'ils se trouvent, ils connaissent mieux les choses qui se passent dans le reste du monde que si elles étaient présentes. Qu'ils ne sont sujets ni à la faim, ni à la soif, ni à la vieillesse, ni à la maladie ni à aucune incommodité de la nature… […]

Qu'ils confessent librement et publient, sans aucune crainte, que le pape est l'Antéchrist. Qu'ils reconnaissent l'empereur des Romains pour leur chef et celui de tous les chrétiens. Qu'ils lui fourniront plus d'or et d'argent que le roi d'Espagne n'en a tiré des Indes, tant orientales qu'occidentales. […]

Enfin, qu'ils sont certains et assurés que la vérité de leurs maximes doit durer jusqu'à la dernière période du monde. »

• Un bric-à-brac intellectuel

Des mages et des charlatans se proclament grands maîtres ou hauts initiés d'un ordre qui n'a jamais eu de réalité ! Soucieux de se démarquer, Andreä désavoue ces associations. Lui et ses amis cessent de faire allusion à la Rose-Croix. Rien n'y fait : les références à « l'Ordre » se multiplient dans les publications. L'Anglais Fludd s'en réclame en 1617, l'Allemand Maier l'utilise en 1622, Francis Bacon est influencé par les idées que la « tradition » rose-croix est censée incarner quand il rédige sa *Nouvelle Atlantide*, le philosophe français Descartes lui-même est suspecté d'appartenir à la fraternité.

Tout au long du XVIIIe et du XIXe siècle, les sociétés rose-croix se multiplient sans lien ni logique. Bien des groupements, qui cherchent simplement à se donner un halo de mystère, adoptent ce nom, entretenant ainsi la confusion.

Cette croix est le symbole de la tradition rosicrucienne et comporte de nombreux signes ésotériques.

• La « guerre des deux Roses »

En France, l'histoire des rose-croix connaît un sursaut à la fin du XIXe siècle. En 1888, le jeune poète Stanislas de Guaïta fonde « l'Ordre kabbalistique de la Rose-Croix », dédié aux idées spiritualistes et ésotériques. Le médecin Gérard Encausse, qui signe du pseudonyme de Papus, et le polygraphe Joséphin Péladan rejoignent ce nouvel avatar rosicrucien. Guaïta est un hermétiste contemplatif, Péladan un fantaisiste brouillon. Il se donne le titre de sâr, preuve de sa filiation avec un ancien roi de Babylone… En 1890, ne supportant pas de ne pas être le grand maître, il monte une association concurrente : « l'Ordre de la Rose-Croix catholique », qui « concentre son effort de lumière sur le plan artistique ». Tout en travaillant à définir une doctrine esthétique idéaliste et mystique, les deux ordres s'invectivent, rédigent des pamphlets. Le public ravi suit l'évolution de la « guerre des Roses », rendue piquante grâce à l'excentricité du sâr et à quelques duels au pistolet sur le Pré-Catelan ! La réputation des rose-croix, déjà confuse, n'y gagne évidemment pas en sérieux.

Le mysticisme peut être défini comme un art de vivre dans les sociétés rosicruciennes.

Illuminisme

Un franc-maçon à la Bastille

De Rome à Londres, de Madrid à Saint-Pétersbourg, de Paris à Amsterdam, Cagliostro s'introduit dans toutes les cours, séduit, fascine et s'enrichit !

• *Proxénète, escroc et charlatan*

C'est à Palerme que Giuseppe Balsamo, fils d'un employé de magasin, voit le jour en 1743. Dès son plus jeune âge, le petit Giuseppe est turbulent. Entré au séminaire à douze ans, il se fait renvoyer à la suite de menus larcins. Son père le place alors comme apprenti chez l'apothicaire

Un portrait de Cagliostro

Un contemporain de Joseph Balsamo, le comte Beugnot, en dresse dans ses *Mémoires* (publiées en 1866) le portrait suivant :

« Il était d'une taille médiocre, assez gros, avait le teint olive, le cou fort court, le visage rond, orné de deux gros yeux à fleur de tête et d'un nez ouvert et retroussé. Il avait tout l'extérieur et l'attirail d'un charlatan, et faisait sensation, surtout sur les dames, dès qu'il entrait dans un salon. Sa coiffure était nouvelle en France ; il avait les cheveux partagés en plusieurs petites cadenettes qui venaient se réunir derrière la tête, et se retroussaient dans la forme de ce qu'on appelait alors un catogan. Il portait ce jour-là un habit à la française gris de fer, galonné en or, une veste écarlate brodée en large point d'Espagne, une culotte rouge, l'épée engagée dans les basques de l'habit, et un chapeau bordé avec une plume blanche… Des manchettes de dentelles, plusieurs bagues de prix et des boucles de souliers assez brillantes pour qu'on les crût de diamants fins. »

Portrait présumé de Cagliostro (Le Gay, XVIIIe siècle). Ce charlatan va réussir à s'introduire dans le milieu des sociétés les plus puissantes d'Europe.

d'un couvent ; la manipulation des poudres et des onguents est une révélation pour Giuseppe. Il se fait pourtant de nouveau renvoyer après quelques mois.
À Palerme puis à Naples, Giuseppe devient tour à tour peintre pour les touristes, faussaire en tableaux, fabricant de papiers d'identité, proxénète... Il apprend l'art de la prestidigitation et enrichit ses tours par des manipulations chimiques : devenu « mage », il vit en exploitant la crédulité publique. Une de ses prestations tourne mal : un client, voyant qu'il a été joué, veut récupérer sa mise et Giuseppe Balsamo doit fuir Naples au plus vite.
À Rome, Giuseppe reprend ses activités habituelles : faux tableaux, quêtes pour des ordres religieux imaginaires et tours de charlatan. En 1768, il épouse une très belle femme, Lorenza Feliciani. Fille d'un petit artisan, intelligente et dévorée d'ambition, elle pousse Giuseppe à ne plus se contenter de ses tours à la sauvette ; elle le baptise comte de Cagliostro. Elle-même devient Séraphina. Ils partent faire fortune en Espagne, où personne ne les connaît. Leur idée est simple : Lorenza-Séraphina, irrésistiblement belle, se glissera dans le lit des puissants pendant que Balsamo-Cagliostro établira dans les salons sa réputation de mage. Le plan réussit parfaitement ; à peine le couple est-il arrivé en Espagne, que Séraphina séduit le vice-roi. Introduit grâce à elle dans la meilleure société, Cagliostro gruge les naïfs.

• *Expérience satanique*

Les deux escrocs passent ensuite en Angleterre, où Séraphina soulage un vieux lord d'une partie de sa fortune pendant que son mari fait « maladroitement » s'évaporer une rivière de diamants dans une expérience satanique qui « échoue ». En France, Séraphina réchauffe le lit du cardinal de Rohan. Très vite, Paris ne parle plus que de la « divine Séraphina » et du merveilleux mage qui l'accompagne. De capitale en capitale, Cagliostro comprend pourtant que ses tours deviennent dangereux et qu'il peut être démasqué. Il a déjà tâté de la paille humide des cachots londoniens. Il modifie alors le champ de ses activités, s'intéresse à l'alchimie et à l'ésotérisme.

• *La franc-maçonnerie égyptienne*

Se proclamant « Grand Cophte d'Asie et d'Europe », il raconte qu'il est le fils déchu d'un roi de Trébizonde, recueilli tout enfant par le calife de La Mecque et initié aux secrets de la Perse, de l'Islam et de l'Inde. Il aurait ensuite parfait son éducation chez les derviches tourneurs, puis dans une secte égyptienne, avant d'être instruit en alchimie à Damas puis dans les laboratoires secrets des chevaliers de Malte
Dans les années 1770, la franc-maçonnerie connaît un essor formidable. Cagliostro, initié dans une loge traditionnelle, décide de créer sa propre obédience : la maçonnerie égyptienne, caractérisée par une structure hiérarchique rigide. Le succès est foudroyant et l'affaire rapporte gros. Pour la première fois de son existence, Cagliostro semble se passionner réellement pour sa recherche. Avec deux compagnons lyonnais, Magneval et Saint-Costard, il effectue un travail ésotérique sérieux et profond. C'est là que naît le second Cagliostro : en voulant se documenter en vue d'une nouvelle escroquerie, il s'est pris au jeu et devient un véritable ésotériste ! Ses systèmes symboliques marquent de nombreux disciples, la maçonnerie égyptienne fait école.

• *La fin de l'aventure*

En 1786, Cagliostro est au sommet de sa gloire. Parallèlement à la maçonnerie égyptienne, il n'a pu s'empêcher de reprendre son activité de mage et manifeste son habituel attrait pour les pierres précieuses. De sorte que, lorsqu'éclate l'affaire du Collier, qui compromet la reine Marie-Antoinette, il est accusé d'avoir volé le bijou. Arrêté, il est conduit à la Bastille le 22 août. Dix jours plus tard, il est lavé de tout soupçon. Pourtant, il demeure presque un an à la Bastille, ce qui lui permet de devenir, aux yeux des libéraux, un symbole de l'arbitraire royal. Lorsqu'il sort enfin, fêté par les Parisiens, il est frappé d'un décret d'expulsion : il a deux semaines pour quitter la France. Il retourne à Rome, où Séraphina le trahit. Elle le dénonce au Saint-Office comme « commerçant avec Satan ». Cagliostro est de nouveau jeté en prison ; il y meurt, fou, en 1795. Nul doute qu'il ait été un escroc, mais cela discrédite-t-il ses recherches ésotériques ? Dans bien des lieux, on pratique toujours les rituels de la maçonnerie égyptienne.

***La personnalité de Cagliostro a inspiré de nombreux artistes. Ici, affiche suédoise du film* Cagliostro.**

Le magnétisme animal, fiction ou réalité ?

Dans la seconde moitié du XVIIIe siècle, Paris se passionne pour un nouveau procédé, le magnétisme, qui semble opérer des guérisons miraculeuses. La méthode est décriée par la médecine officielle, mais elle n'en est pas moins à l'origine d'un certain nombre de découvertes scientifiques.

• Les « baquets » de Mesmer

Mesmer soigne ses patients autour de baquets, transformés en quelque sorte en appareils de distribution de magnétisme. Pour cela, des aimants et un mélange de limaille de fer, de verre pilé et de soufre sont immergés dans des récipients d'eau reliés entre eux par des fils de fer. Les patients y plongent des tiges de fer articulées, qu'ils peuvent diriger sur eux-mêmes ou sur les parties malades de leur corps. Ils se tiennent également par les mains, pour recevoir les vagues de courant magnétique et forment ainsi une chaîne. La pénombre et le silence, ainsi que l'immobilité, sont préconisés pendant ces séances collectives. Seul Mesmer se déplace dans la pièce, imposant ses mains sur les patients ou les touchant à l'aide d'une baguette. La musique est pourtant parfois admise.

En 1779, Mesmer, fondateur du magnétisme, publie son *Mémoire sur la découverte du magnétisme animal*. Il y expose, en vingt-sept articles, sa doctrine, et le texte devient la charte à laquelle se réfèrent tous ses fidèles.

Gravure : portrait de Mesmer, créateur du mesmérisme et de l'hypnotisme.

• Le magnétisme animal

Né en Allemagne en 1734, Franz Anton Mesmer suit des études de médecine à l'école de Vienne et en sort diplômé en 1766. À cette époque, il est déjà docteur en philosophie. Il ouvre un cabinet à Vienne et, en 1772, commence à expérimenter la méthode magnétique sur ses patients. L'Allemand part du postulat qu'il existe un fluide universel qui est en interaction avec les corps célestes et les autres corps animés. Il résulte de cette influence mutuelle des effets de flux et de reflux, qui agissent sur l'homme en s'insinuant dans la substance des nerfs. Or, toutes les maladies proviennent d'une mauvaise répartition du fluide à l'intérieur du corps. Le lien entre l'homme et l'univers étant du même genre que le lien existant entre les objets aimantés, il suffit donc, grâce à un aimant (« magnétisme minéral »), de drainer le fluide afin de rééquilibrer l'organisme.

Mesmer soigne tout d'abord ses malades en leur appliquant des aimants qu'il fait fabriquer par les ouvriers de l'Observatoire de Vienne afin qu'ils puissent convenir à

Satire du « Magnétisme animal », cette méthode connaît alors un grand succès dans les salons parisiens.

différentes parties du corps. Puis, après un an de pratique, s'apercevant qu'il obtient d'aussi bons résultats par l'imposition des mains, il abandonne les aimants. Il passe ainsi du « magnétisme minéral » au « magnétisme animal », c'est-à-dire transmis par le corps même, en l'occurrence les doigts.

• Controverse et succès

La thérapeutique de Mesmer consiste en une imposition des mains (« passe »), localisée ou générale suivant la maladie. Elle doit redonner du tonus nerveux aux patients et supprimer notamment les douleurs et les tics. La première relation de ce traitement concerne un certain Osterwald, membre de l'académie de Bavière, que Mesmer aurait quasi miraculeusement guéri d'une paralysie et d'une cécité totales. Mais l'Hôpital général de Vienne refuse d'authentifier cette guérison. Il s'agit là de la première confrontation entre Mesmer et la médecine officielle, laquelle niera toujours toute légitimité à ses pratiques.

Mesmer décide ensuite de tenter de guérir des affections comme l'hémiplégie, l'ophtalmie ou encore les vomissements de sang. Et il semble, en effet, obtenir des résultats. Le grand-duc de Bavière, Maximilien-Joseph, le fait venir à deux reprises à Munich pour qu'il lui expose sa méthode. Il devient réellement célèbre avec la guérison du baron Horka, qui souffre de spasmes du pharynx et qu'aucun médecin n'a pu auparavant soulager.

Mais, en 1775, l'académie de Berlin publie une lettre dans laquelle elle traite le magnétisme de mystification. Mesmer n'en continue pas moins ses traitements. Plusieurs échecs, pourtant, et l'opposition continuelle des médecins le font quitter Vienne pour Paris, où il s'installe en 1778. L'année suivante, son *Mémoire sur la découverte du magnétisme animal* lui assure un succès de curiosité et il reprend ses traitements.

• Le « baquet » de Mesmer

S'apercevant que les propriétés de l'aimant peuvent se transmettre à d'autres objets, comme à des barres de fer, Mesmer pense que le magnétisme animal peut lui aussi se transmettre, notamment à l'eau. Il invente ainsi son fameux « baquet » et développe les pratiques de « magnétisme collectif » qui regroupent une dizaine de patients. Le magnétisme collectif alterne avec le « magnétisme individuel », qui peut se pratiquer au domicile du malade. Mesmer se livre alors à des manipulations qui se limitent à l'organe déficient du malade, ces manipulations pouvant parfois prendre la forme de longs massages. Il prescrit en général très peu de médicaments.

Dans les années 1783-1784, le mesmérisme devient la cure à la mode : c'est alors que la Faculté de médecine obtient l'interdiction des séances, ce qui entraîne la colère des patients et de l'opinion. À la suite de cette affaire, Louis XVI décide de créer deux commissions chargées d'étudier le phénomène. L'une composée de membres de la Société royale de médecine, l'autre de savants de l'Académie des sciences. Leur verdict est sans appel. Il conclut à l'inexistence du fluide universel et insiste sur le rôle de l'imagination dans la pratique du magnétisme. Un dernier rapport note que le mesmérisme peut être dangereux pour les mœurs à cause de ses connotations sexuelles (notamment les attouchements par l'imposition des mains).

Désabusé, et la pratique du magnétisme lui étant interdite malgré les guérisons attestées par les malades, Mesmer se retire à Constance, où il vit paisiblement jusqu'à sa mort (1815).

Baquet de Mesmer (musée de l'Histoire de la médecine, Lyon).

• La théorie du fluide universel

Mesmer postule l'existence d'un fluide universel. Selon lui, il existe une influence mutuelle entre les corps célestes, la Terre et les corps animés. Un fluide universellement répandu, qui ne souffre d'aucun vide, est le moyen de cette influence.

En cela, il se montre l'héritier d'un certain nombre d'auteurs et de philosophes. Ainsi, les idées d'âme du monde et de matière première dues à Platon, la doctrine d'Aristote du cinquième élément appelé « éther » ou « premier corps », théories reprises par l'hermétisme pour donner naissance à la notion alchimique de fluide.

Pour les alchimistes, la matière première est un chaos, une substance absolue et présente dans tout. L'énergie universelle, en s'unissant à elle, forme le

monde et tous les êtres qu'il abrite, et devient le principe vital unique. Le médecin et alchimiste suisse Paracelse (1493-1541) estime ainsi que la lumière est active et son action s'exerce sur le chaos primitif, et il voit dans l'aura, double psychique du corps humain, une manifestation du principe vital universel.
La doctrine spirite accorde aussi une place importante à la notion de fluide, car celui-ci demeure l'agent intermédiaire dont les esprits se servent pour se manifester au monde sensible. Le spiritisme moderne lui donne un nom plus scientifique en employant le terme d'onde ou de radiation.

Du magnétisme à l'hypnotisme

Les disciples de Mesmer, dont les principaux sont Deleuze, l'abbé Faria et le marquis de Puységur, continuent son œuvre. En 1784, Puységur a la surprise de voir ses patients s'endormir lorsqu'il pratique l'imposition des mains. Il découvre ainsi le phénomène du somnambulisme artificiel (qu'il dénomme « sommeil spasmodique »). Un dentiste de Manchester James Braid, qui utilise ce « sommeil artificiel » comme méthode pour anesthésier ses patients, remplace en 1843 le mot somnambulisme par hypnotisme, désireux d'affirmer une certaine rupture avec le mesmérisme. Le professeur Charcot (1825-1893), enfin, neurologue exerçant à la Salpêtrière, utilise à son tour l'hypnose dans ses thérapies. Peu après, le docteur Sigmund Freud montre, le premier, que l'hypnose permet des manifestations de l'activité de l'inconscient, et c'est à partir de sa pratique qu'il découvre la psychanalyse. Si les hystériques restent les sujets le plus facilement hypnotisables, on a montré que c'est aussi le cas de tous ceux dont les facultés imaginatives et créatives ainsi que la crédulité religieuse sont particulièrement développées.

Le professeur Charcot, lors de ses cours à la Salpêtrière, mène des travaux sur l'hypnose.

Châtiments

pages 100 à 101

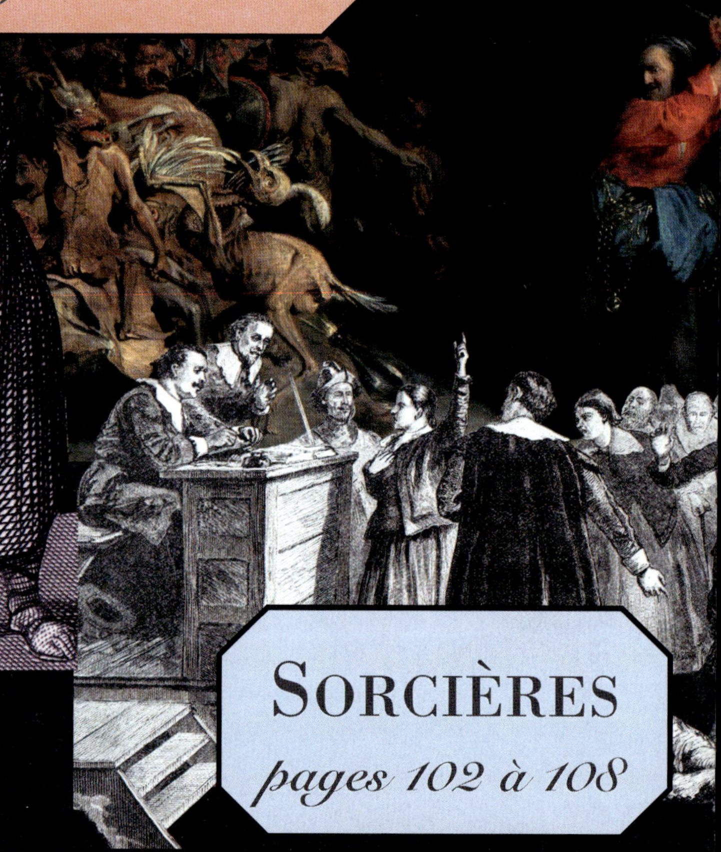

Sorcières

pages 102 à 108

Morts-vivants

pages 114 à 117

Possédés

pages 109 à 113

CHAPITRE IV

Dans les griffes du diable

REVENANTS ET SORCIÈRES ONT TOUJOURS FASCINÉ. CEUX QUI FLIRTENT AVEC L'AU-DELÀ, QUI PACTISENT AVEC LUCIFER ET SES DÉMONS, QUI FONT REVENIR LES MORTS À LA VIE N'ONT CESSÉ DE HANTER LES IMAGINATIONS ET LES RÉCITS DES HOMMES.

Mais cette fascination s'accompagne d'une véritable terreur. On brûle les sorcières, on enferme les convulsionnaires, on pourchasse tous les serviteurs supposés de Satan. Pour les malheureux condamnés, tout ceci s'achève souvent dans d'atroces souffrances et une mort brutale, victimes des croyances de leur époque et de juges pour qui la défense de l'ordre social passe par la répression des forces du Mal.

CHÂTIMENTS

Un terrible tribunal secret se substitue aux autorités

En Westphalie, à la fin du Moyen Âge, pendant la longue période de désordres qui suivit la mort de l'empereur germanique Frédéric II en 1250, naquit une confrérie secrète et terrifiante, la Sainte-Vehme. Érigée en tribunal occulte, elle jugeait toute sorte de délits et les supplices qu'elle infligeait étaient atroces.

Suspendu par les mains, tiraillé par les pieds et forcé de boire de l'eau en permanence, le supplicié faisait parfois l'aveu d'un crime dont il était innocent.

• Un indescriptible chaos politique

Avec la mort, en 1254, de Conrad IV de Hohenstaufen, le dernier représentant de la famille régnante, commence une période d'anarchie politique qui ne prend officiellement fin que 20 ans plus tard. Durant ces décennies communément appelées « le Grand Interrègne », plusieurs candidats se disputent le trône.

Les procédés auxquels ont eu recours les bourreaux sont plus atroces les uns que les autres. Ici, la question des brodequins.

Guillaume de Hollande, Richard de Cornouailles, Alphonse X de Castille, respectivement soutenus par différents clans nobiliaires, sont les prétendants les plus acharnés. Au cours de cette vacance du pouvoir central, les princes territoriaux acquièrent une plus grande autonomie politique et les villes arrachent des chartes garantissant leurs libertés ainsi que l'exemption de toute charge auprès de la monarchie. L'empire universel tel que l'a rêvé Frédéric II n'existe plus. Ce n'est plus qu'un conglomérat de royaumes, de villes libres, de duchés combattant pour accroître leur propre pouvoir.
Par ailleurs, les relations de l'Empire avec le Saint-Siège n'ont jamais été si mauvaises. Depuis Frédéric II, les deux pouvoirs, prétendant chacun à l'universalité, s'affrontent. Rome tente par tous les moyens de disloquer l'État constitué par le grand empereur ; en 1268, le propre petit-fils de Frédéric est poursuivi et décapité sur ordre de la papauté.

• Une « justice » parallèle, et souvent corrompue

Ainsi naît la confrérie secrète de la Vehme (du hollandais *veem*, signifiant corporation ou association), ou Sainte-Vehme, car elle prétend agir au nom du Saint-Siège et du Saint-Empire romain, alors qu'elle les supplante. Faisant office de tribunal, avec pour objectif de maintenir l'ordre et la paix, elle est composée, au départ, principalement d'échevins, c'est-à-dire de magistrats urbains, dont le nombre est complété par des membres de la noblesse et des paysans libres.
Quatorze juges (en général 7 nobles et 7 bourgeois) composent cette assemblée. Le tribunal central se trouve dans la ville libre de Dortmund mais, au XVe siècle, il existe des centaines d'autres tribunaux dans toute la région. Les candidats à cette fonction n'ont pas tous les mêmes motivations : ils peuvent prétendre à une meilleure justice que celle qui est rendue par les instances impériales ou ecclésiastiques, craignent eux-mêmes la Vehme et pensent que le meilleur moyen de s'en protéger est d'en faire partie, ou encore, ils trouvent là une source de rémunération car les victimes, pour ne pas être condamnées, paient grassement leurs juges.

• *Horribles tortures et supplices variés*

Les procès et les délibérations sont absolument secrets. Deux catégories de délits sont établies. L'une comprend les délits les moins graves, comme les bagarres, les blasphèmes ou l'adultère. Une grosse amende permet souvent de régler la question. L'autre s'occupe des vols, des crimes sexuels, des homicides, d'hérésie, de sorcellerie, de la trahison des secrets du tribunal : ce sont des crimes passibles de la peine capitale.

Les victimes sont en général torturées avant d'être condamnées. On leur fait subir les supplices les plus atroces, par exemple celui de la roue, l'écartèlement, les brûlures par le feu ou la poix incandescente, la torture des tenailles et on finit par les pendre.

On raconte qu'à Nuremberg un supplice plus terrible encore a été imaginé. Le condamné est amené dans un souterrain où se trouve une statue creuse représentant la Vierge. La statue, ou plutôt la boîte en forme de femme, est ouverte, et le supplicié est poussé à l'intérieur. Lorsque le couvercle est refermé sur lui, des pointes aiguisées, fixées sur sa paroi, transpercent lentement le malheureux. Son cadavre, ensuite haché menu, tombe dans une rivière qui coule sous ces galeries…

Gravure représentant la torture de la roue de feu.

Que recouvre la crise du Grand Interrègne ?

La vacance du pouvoir central et les troubles régionaux qui marquent le « Grand Interrègne » contribuent pour longtemps à priver la monarchie de support héréditaire. Pendant près de deux siècles, se maintient la pratique des élections tournantes qui font alterner des souverains de familles différentes.

Trois maisons principalement sont capables de soutenir un candidat au trône : les Habsbourg, les Luxembourg et les Wittelsbach, qui fournissent à elles seules 9 des 10 rois élus de 1273 à 1438. En face des heureux élus, il y a toujours des prétendants d'autres dynasties, des « contre-rois ».

La situation de faiblesse du pouvoir royal est aggravée par les pillages des domaines de la couronne qui ont lieu à l'occasion de ces troubles politiques et dynastiques. Le Saint Empire romain germanique connaît également une dislocation de ses territoires voisins de la France et de l'Italie, ainsi que l'effritement de l'autorité impériale en dehors de ses frontières.

C'est seulement à la fin du Moyen Âge que les pays germaniques parviennent à surmonter ces difficultés.

• *Le retour du pouvoir central*

Heureusement, la Vehme décline à partir du XVIe siècle, lorsque la justice impériale retrouve son autorité grâce à la fermeté d'empereurs comme Maximilien Ier, puis Charles-Quint. Les princes interdisent alors à leurs sujets tout contact avec le terrible tribunal secret qui, après un regain d'activité pendant la guerre de Trente Ans (1618-1648), disparaît définitivement à la fin du XVIIIe siècle.

Si on ne sait pas combien la Vehme a jugé de personnes, il est certain que cette institution a très fortement marqué les mentalités allemandes. Au début du XIXe siècle encore, des auteurs comme les frères Grimm, dans leurs célèbres *Contes*, décrivent avec une fascination quelque peu morbide ses activités.

Le livre qui alluma les bûchers

En 1486, à Strasbourg, deux inquisiteurs dominicains, Henry Institoris et Jacques Sprenger, publient un gros ouvrage intitulé *Malleus Maleficarum* – « le Marteau des sorcières ». C'est un manuel de lutte contre les démons, écrit à l'usage des inquisiteurs et des magistrats qui participent à la lutte contre la sorcellerie.

• Une nouvelle forme d'hérésie, au service du diable

Selon la tradition, le sorcier est celui qui sait obtenir, par des moyens magiques et inavouables, des satisfactions tant morales que matérielles. Personnage ambigu, capable de faire le mal mais aussi de guérir, il est à la fois craint et respecté par les populations paysannes, qui attribuent en général de grandes vertus aux philtres qu'il concocte.

Mais, dès le Xe siècle, l'Église catholique voit en lui un ennemi qui incarne la survie des pratiques préchrétiennes, puis un personnage hérétique qui s'est fait le serviteur du diable. En 1270 paraît la *Summa de Officio Inquisitionis (le Traité de l'Office de l'Inquisition)*, qui édicte les peines à infliger aux sectateurs du démon. En 1435, à Toulouse, un procès retentissant a lieu devant le tribunal de l'Inquisition. Soixante-trois hommes et femmes accusés d'hérésie avouent sous la torture qu'ils adorent le diable et se rendent à des sabbats. Dès cette époque, les crimes d'hérésie et de sorcellerie sont donc associés. Un démonologue de l'époque, Jean Vinetti, dans son *Tractatus contra demonum invocatores (Traité contre les invocateurs du démon)* de 1450, fait d'ailleurs explicitement entrer la sorcellerie dans le cadre de l'hérésie.

Frontispice du Malleus Maleficarum, *ouvrage traitant des mille et une façons de combattre les hérétiques.*

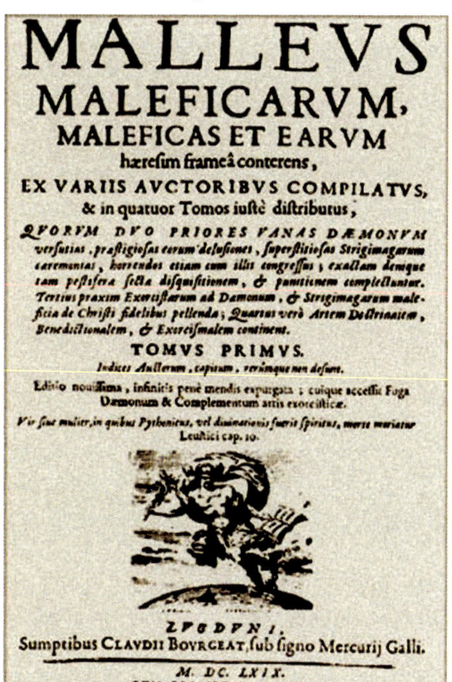

MALLEVS MALEFICARVM,
MALEFICAS ET EARVM
hæresim frameâ conterens,
EX VARIIS AVCTORIBVS COMPILATVS,
& in quatuor Tomos iustè distributus,
QVORVM DVO PRIORES VANAS DÆMONVM versutias, præstigiosas eorum delusiones, superstitiosas Strigimagarum cæremonias, horrendos etiam cum illis congressus; exactam denique tam pestiferæ sectæ disquisitionem, & punitionem complectuntur. Tertius praxim Exorcistarum ad Dæmonum, & Strigimagarum maleficia de Christi fidelibus pellenda; Quartus verò Artem Doctrinalem, Benedictionalem, & Exorcismalem continent.
TOMVS PRIMVS.
Indices Auctorum, capitum, rerùmque non desunt.
Editio nouissima, infinitis penè mendis expurgata; cuique accessit Fuga Dæmonum & Complementum artis exorcisticæ.
Vir siue mulier, in quibus Pythonicus, vel diuinationis fuerit spiritus, morte moriatur Leuitici cap. 10.
LVGDVNI,
Sumptibus CLAVDII BOVRGEAT, sub signo Mercurij Galli.
M. DC. LXIX.
CVM PRIVILEGIO REGIS.

• Le pape prône le « tout répressif »

C'est surtout à partir de la seconde moitié du XVe siècle que se développe une violente répression de la sorcellerie. Le pape lui-même intervient : Innocent VIII promulgue en 1484 une bulle, *Summis desiderantes*, qui condamne la sorcellerie comme

Le sabbat des sorcières

Le sabbat n'est pas évoqué dans le *Malleus Maleficarum*, mais il devient un peu plus tard, pour les démonologues, une activité caractéristique des servantes du diable. Il est décrit dans les actes du procès d'une nommée Jehennon, jugée à Nancy en 1602 :

« A dit qu'il la mena [maître Perrin son diable], ou, pour plus vraiment dire, qu'il la porta sur son cou au sabbat, au lieu dit à la Goutte-du-Rupt, là où il y avait un grand feu et une grande préparation pour faire grande chère. […]

- Qu'est-ce que faisaient les personnes assemblées en ce sabbat, et s'il y en avait un grand nombre ?

- A dit qu'il y en avait un grand nombre qui dansaient et y avait pour ménétriers des joueurs de violon […]

- Si a quelquefois aidé à faire de la grêle ?

- A dit que oui.

- Comment ils faisaient et quelles cérémonies ils observaient ?

- A dit qu'ils battaient l'eau avec des petites baguettes que leur maître leur donnait, d'où s'engendrait la grêle.

- Si elle sait à quelle fin la grêle se faisait ?

- A dit que oui, que c'était pour faire perdre les biens du Val-Saint-Dié. […] »

Dumont, Justice criminelle des duchés de Lorraine et de Bar, du Bassigny et des Trois-Évêchés, II, Nancy, 1848.

La sorcière, par David Ryckaert III.

l'ont déjà fait les autorités temporelles. Le pape y donne tout pouvoir aux inquisiteurs pour pourchasser les hérétiques.

La publication du *Malleus Maleficarum* s'inscrit dans ce contexte. Il n'est d'ailleurs pas le seul code destiné à guider les inquisiteurs, puisqu'il s'inspire d'autres manuels du même genre : la *Practica Officii Inquisitionis (Pratique de l'Office de l'Inquisition)*, due à l'inquisiteur Bernard Gui (personnage que Umberto Eco fait apparaître dans son roman *le Nom de la Rose*), et le *Directorium Inquisitorum (Guide des Inquisiteurs)*, rédigé par Eymerich.

• Les femmes, complices du diable

Les auteurs du *Malleus Maleficarum* décrivent la sorcellerie comme un vaste complot démoniaque qui vise à détruire le

L'Inquisition, le bras armé de l'Église

L'Inquisition est un tribunal religieux d'exception chargé de poursuivre les hérétiques, qui sont ensuite remis au pouvoir civil afin de subir leur condamnation. Créée en 1231 pour lutter contre les hérétiques cathares et les vaudois, elle est progressivement étendue aux sorciers et aux devins.

L'Inquisition doit son nom à la procédure inquisitoire qui donne au juge un rôle prépondérant dans la conduite de l'instance. Ainsi, les inquisiteurs recherchent eux-mêmes les suspects et peuvent convoquer les populations entières d'un village. De nombreux moyens de contrainte sont utilisés pour obtenir des aveux, y compris la torture. Les peines les plus graves sont l'emprisonnement à perpétuité accompagné de la confiscation des biens et, bien souvent, le bûcher.

En Allemagne, mais aussi en Espagne, l'Inquisition connaît un essor particulièrement important. Elle se signale par de terribles exactions, notamment, dans ce dernier pays, celles du sinistre inquisiteur général Torquemada (1485-1494), qui soulèvent la désapprobation du pape Sixte IV lui-même.

monde chrétien. Pour parvenir à ses fins, affirment-ils, le diable s'est assuré principalement de la complicité des femmes. Les deux dominicains s'appuient, pour prouver leurs dires, sur la proportion des condamnations qui est, effectivement, de 3 ou 4 femmes pour un homme.

Le vieux sentiment de misogynie, ou en tout cas de méfiance de l'Église vis-à-vis des femmes, qui voit dans les filles d'Ève d'éternelles tentatrices, transparaît ici. À cela s'ajoute une crainte de la sexualité incarnée par les femmes : les pages du *Malleus Maleficarum* relatives à ces dernières en disent long sur le mépris que les deux hommes leur portent.

• Tous les maux de la terre

Profitant de la faiblesse des femmes et de leur penchant pour la luxure, le démon les séduit et les corrompt. En s'unissant charnellement à elles, il en fait ses créatures. Devenues sorcières, les servantes du diable sèment le désastre et la désolation. Dans tous les malheurs des temps anciens et présents, les deux inquisiteurs relèvent l'empreinte du diable et de ses succubes. Les sorcières rendent les hommes impuissants et les femmes stériles, font périr le fœtus dans le ventre de la mère, consacrent les nouveau-nés au diable et changent les humains en bêtes, par exemple en loups – c'est la légende des loups-garous. Elles provoquent maladies et infirmités, de la lèpre à la cécité, et n'hésitent pas à tuer humains et animaux. Elles déchaînent les éléments, foudre, tempête, grêle.

La Sorcière, ***1897.***
Lucien Levy-Dhurmer (1865-1953).
Pastel/Orsay.

• La guérisseuse, une coupable toute trouvée

C'est essentiellement au sein du monde rural que les auteurs du *Malleus Maleficarum* trouvent des guérisseuses. En l'absence de tout personnel médical, ces femmes sont, en cas de maladie, les uniques recours des paysans. Mais leur savoir même les fait craindre : traditionnellement, on les accuse non seulement de guérir, mais aussi de susciter souffrances et calamités diverses.

Désormais, ces rumeurs sont systématiquement exploitées par les chasseurs de sorcières. Les pratiques magiques ou superstitieuses de ces femmes sont taxées de démoniaques, et les paysans sont appelés à les dénoncer. Dès lors, les accusations se multiplient : quand des hommes ou des bêtes tombent malades ou meurent subitement, ce sont les guérisseuses que l'on soupçonne de les avoir ensorcelés.

Dans leurs propos, toutefois, les paysans ne mentionnent jamais le diable, car celui-ci ne fait pas partie de leur culture. Ce sont les inquisiteurs, les juges appartenant à une élite savante, qui relient au complot satanique les méfaits dont ils estiment ces femmes coupables.

• Des centaines de bûchers pour de pauvres vieilles malheureuses

Le monde de la terre, ainsi, ne poursuit pas le démon. Pour les ruraux, la chasse aux sorcières signifie l'élimination de femmes inquiétantes qu'ils rendent responsables de leurs malheurs. Ce sont, le plus souvent, des vieilles personnes isolées, qui ont perdu mari, enfants et parents. Elles sont redoutées des villageois, généralement moins misérables qu'elles, et qui imaginent, non pas qu'elles ont conclu un pacte avec le diable pour perdre le monde mais, beaucoup plus simplement, qu'elles veulent se venger de leur pauvreté en s'attaquant à leurs biens et à leurs personnes.

De la conjonction des idées démoniaques développées par les inquisiteurs et des mœurs paysannes naissent les centaines de bûchers allumés aux XVIe et XVIIe siècles.

• Une méthode expéditive et violente

Dans le *Malleus Maleficarum*, les inquisiteurs dominicains définissent les règles à suivre lors des procès où sont jugées des sorcières. Le rôle accordé à la délation est important. Ces affaires, à la différence des causes où comparaissent des hérétiques, relèvent de la compétence des tribunaux civils et non de l'Inquisition. Mais la procédure n'en est pas moins extrêmement désavantageuse pour les accusées, rarement défendues par un avocat. Les juges gardent le secret sur leur dossier et ne communiquent aux intéressées ni les accusations exactes dont elles font l'objet ni le nom des personnes qui témoignent contre elles.

Dans le livre, la procédure débute par une information qui réunit les témoignages. S'ils sont concluants, la sorcière présumée est arrêtée. Le plus fréquemment, l'accusée commence par nier les faits qu'on lui reproche. Elle est alors soumise à la « question », c'est-à-dire à la torture. Les supplices déliant les langues, les sorcières avouent ce que les magistrats souhaitent. Pour ces derniers, l'aveu est essentiel car, sans lui, ils n'ont pas le droit de prononcer de condamnation. Et, comme les juges sont persuadés de la culpabilité des sorcières, le recours à la torture fait partie de la procédure normale. Les rares accusées qui résistent au supplice sont condamnées au bannissement.

• Dénonciations et condamnations en cascade

Sous la torture, les juges font confesser à leurs victimes le pacte avec Satan et la copulation avec un diable, le reniement de leur foi chrétienne, et leur font avouer qu'elles possèdent une poudre diabolique destinée aux maléfices. Ils obtiennent aussi les noms de leurs complices, car une sorcière est censée ne pas agir seule. Pour mettre fin à leurs souffrances, les malheureuses en viennent à dénoncer n'importe qui, parents ou amis, qui, à leur tour, sont broyés par la justice et dénoncent d'autres gens. Les aveux provoquent la condamnation au bûcher, rapidement exécutée. Le *Malleus Maleficarum* remplit efficacement sa mission.

• L'Europe sans frontières de la chasse aux sorcières

Fréquemment réédité en France, en Allemagne et en Suisse, le *Malleus Maleficarum* connaît un énorme succès. Son petit format permet de le consulter aisément au cours des procès. Tout au long des XVIe et XVIIe siècles, il guide une impitoyable chasse aux sorcières. L'ouvrage inspire par ailleurs une série de textes similaires qui alimentent eux aussi les verdicts de très nombreux procès.

À travers toute l'Europe, la lutte contre la sorcellerie se poursuit, avec une vigueur inégale selon les époques, les plus troublées favorisant le mieux la répression.

C'est en Allemagne que celle-ci est la plus sanglante. La violence des juges est parfois si forte qu'elle suscite des révoltes et que certains inquisiteurs sont assassinés, dont le fanatique Conrad de Marbourg.

Après avoir atteint son apogée au début du XVIe siècle, cette répression commence à décliner vers la fin du XVIIe siècle. Mais elle a longtemps été si intense que l'expression « chasse aux sorcières » demeure encore, de nos jours, synonyme de poursuites arbitraires et iniques.

Le **Mallus Maleficarum** *va provoquer des condamnations en cascade. Ici, un bûcher de sorcières.*

SORCIÈRES

Le démon est-il apparu à Salem ?

En mars 1692, dans le village de Salem, dans le Massachusetts, plusieurs femmes sont arrêtées et dénoncées comme sorcières. Leurs accusatrices sont des fillettes, qui se disent victimes de leurs maléfices.

Le procès des sorcières à Salem, Massachusetts (lithographie de George Waker).

• Premières manifestations du démon

Au début de 1692, deux adolescentes de 9 et 12 ans, Elizabeth Parris et Abigail Williams, respectivement la fille et la nièce du révérend Samuel Parris, ressentent des symptômes alarmants : convulsions, suffocations, perte de l'ouïe et de la parole, cris, contractions nerveuses. Le révérend Parris ordonne des prières et des jeûnes puis, comme la maladie ne cesse pas, il conduit les fillettes au docteur William Griggs qui diagnostique… « la main du démon ».

• La marque du diable

Peu de temps après, deux adolescentes, les petites Ann Putnam et Mary Wilcot, âgées de 16 ans, se disent atteintes du même mal. Les victimes de l'étrange maladie affirment être torturées par les puissances infernales et elles reconnaissent les spectres de celles qui les tourmentent : il s'agit d'une métisse esclave, ramenée des Barbades et nommée Titube, et de deux vieilles femmes de réputation douteuse, Sarah Good et Sarah Osburn. Quatre fermiers du pays appuient les dires des jeunes filles et déclarent, sous serment, avoir déjà constaté d'étranges pratiques de la part des trois suspectes.
Les accusées font assez mauvaise impression. L'une d'elles a une verrue qui pourrait être la marque du diable. Le 21 mars, à l'église, la petite Abigail se roule sur le sol en criant qu'elle a vu un oiseau jaune becqueter dans la main de Martha Corey, une femme pourtant honorablement connue. L'affaire est si préoccupante que, le jour même, deux magistrats de la colonie viennent s'installer à la maison commune du village, pour interroger les suspectes.
Titube avoue ce qu'on veut : le diable lui apparaît sous la forme soit d'un animal, soit d'un homme aux cheveux blancs, vêtu de noir. Martha Corey, en revanche, s'insurge : « Vous ne devriez pas croire ce que disent ces enfants irresponsables ! » Les accusées sont transférées à la prison de Boston.

• Dénonciations en série

Les fillettes déclarent que Salem abrite encore bien d'autres sorcières qui n'ont pas été démasquées. Chacun s'épie secrètement. Le rythme des dénonciations s'intensifie en avril. Les juges organisent des confrontations dans le temple. Le pasteur commence par réciter la prière. Les fillettes sont installées non loin des juges, et près des accusées. Alors, celles-ci, qui ont été ramenées de Boston, entrent une à une, entourées de chaque côté d'un garde qui leur tient fermement les mains.
Elles ont ordre de regarder droit devant elles, sans fixer personne. On vérifie qu'elles sont capables de réciter le Pater. Priées d'approcher d'elles et sommées de les toucher, les jeunes filles sont prises de convulsions : elles se mordent les lèvres si l'une des « sorcières » se mord les lèvres ; elles hurlent et pleurent.

Lors d'une des séances, le capitaine Nathaniel Cary est présent dans l'église – car sa femme est au nombre des accusées. Lorsque la jeune Abigail la désigne, Nathaniel tente de s'interposer. Mais le juge le repousse. La pauvre femme est arrêtée et envoyée à Boston, fers aux pieds. Le capitaine parviendra à la faire évader, lui sauvant la vie.

• *Des innocents sacrifiés*

Le nouveau gouverneur de la colonie, arrivé de Londres, sir William Phips, crée en mai un conseil criminel extraordinaire, que préside l'austère juge Stoughton, avec mission d'enquêter à Salem et de mener une action vigoureuse. Une lettre du révérend Cotton Mather, qui représente la conscience morale de la colonie américaine, réclame la prudence.

Le tribunal siège plusieurs fois en juin. Le 30, cinq personnes sont condamnées : elles sont exécutées le 19 juillet. Rebecca Nurse obtient un verdict de non-culpabilité, mais Abigail Williams et ses compagnes poussent un tel rugissement que les juges se sentent tenus de délibérer

Plusieurs femmes sont exécutées suite aux procès de Salem. À l'origine de ces accusations, des fillettes qui se disent victimes de maléfices.

de nouveau pour, cette fois, la condamner ! De nouvelles exécutions ont lieu en août et en septembre 1692.
Plus de 20 victimes, hommes et femmes, périssent en protestant de leur innocence. Certaines, comme Martha Corey, meurent en pardonnant à leurs accusatrices. Face à l'hécatombe, la communauté commence à se diviser. Bien que le juge Stoughton se vante de ne faire que son devoir et que le révérend Cotton Mather refuse de se désolidariser des juges, le gouverneur Phips s'inquiète et écrit au roi – l'Amérique, à ce moment, est colonie anglaise. Mais les courriers d'outre-Atlantique sont lents, aussi, pour éviter le pire avant qu'il ne soit trop tard, prend-il la décision d'une amnistie générale.
Le tribunal est dissous au début de l'année 1693. Ordre est donné à tous les gens de Salem de jeûner et de faire pénitence. C'est la fin des exécutions.

• Réhabilitation

Comment des magistrats ont-ils pu se laisser entraîner dans de tels excès ? À travers ce tribunal exceptionnel, ont-ils cherché le moyen de renforcer leur autorité pour mieux tenir en main la colonie ? Il semble plutôt qu'un certain nombre de juges aient été effectivement convaincus par l'attitude et les affirmations des jeunes filles de Salem. Bientôt, cependant, leurs certitudes se sont effacées : quelques-uns, entièrement revenus de leur erreur, demandèrent publiquement pardon.
L'affaire, vécue rétrospectivement avec un sentiment d'horreur, hâta sans doute le déclin des communautés puritaines en Amérique. Sur un plan individuel, la jeune Ann Putnam, une des premières accusatrices, reconnut en 1706 avoir été « abusée par Satan ». Debout, elle lut à haute voix sa confession et affirma ses regrets à l'égard de celles qu'elle avait dénoncées : « J'ai des raisons de croire qu'elles furent justes et innocentes », dit-elle.
En 1710, une commission fut créée pour indemniser les familles des victimes et rendre leurs droits civils aux morts.

Une époque de suspicion, de dénonciation et de condamnations

Les procès de sorcières en Nouvelle-Angleterre (la région orientale de l'Amérique où arrivèrent les premiers colons) commencent avec la deuxième génération d'émigrants, dans les années 1650.
Six personnes sont ainsi pendues dans l'actuel État du Massachusetts, entre 1647 et 1663. L'une d'elles, Margaret Jones, est accusée d'avoir le don de provoquer douleurs et vomissements ainsi que de lire dans les pensées. Elle est exécutée en 1648, bien que protestant de son innocence. Les inculpations commencent toujours par une dénonciation de voisin.
Le procès le plus retentissant est celui d'Ann Hibbins, à Boston, sœur d'un ex-gouverneur. Intelligente mais aigrie par des revers de fortune, celle-ci est bientôt prise en grippe par ses voisines qui l'accusent de sorcellerie. Comme les juges l'innocentent une première fois, elle est poursuivie devant la Cour générale de Boston, où, sous la pression populaire, elle est condamnée à mort.

Urbain Grandier était-il l'envoyé du démon ?

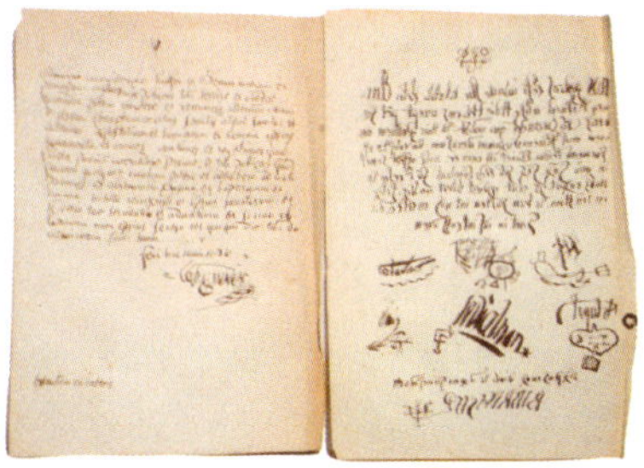

À droite : Urbain Grandier.
Ci-dessus : le pacte conclu avec le diable.

En 1632, les 17 sœurs d'un couvent de Loudun hurlent qu'elles sont possédées par le diable. Elles nomment celui par qui le démon est entré en elles : Urbain Grandier, curé d'une paroisse de la ville. Après deux ans d'accusations, Grandier est reconnu coupable de sorcellerie et brûlé. Pourtant, les crises de possession des sœurs ne cessent pas.

Procès-verbal d'une possession

« Ce qui était sensiblement admirable, c'est que (le diable) étant commandé en latin de lui laisser (à Jeanne des Anges) joindre les mains, on remarquait une obéissance forcée, et les mains se joignaient toujours en tremblant. Et le saint Sacrement reçu en la bouche, il voulait, en soufflant et rugissant comme un lion, le repousser. Commandé de ne faire aucune irrévérence, on voyait cesser (ces manifestations), le saint Sacrement descendre dans l'estomac. On voyait des soulèvements pour vomir, et lui étant défendu de le faire, il cédait. […]

Et commandé (le diable) de dire le nom du troisième (la possédée) s'est tourmentée davantage, enfonçant sa tête, tirant la langue avec des mouvements indécents, soufflant et crachant, et s'élevant fort haut. […]

Le corps de la sœur étant couché sur le ventre et retournant ses bras en arrière, y a eu de grandes et violentes contorsions, comme aussi en ses pieds ou mains, lesquels étant enlacés ensemble et même les plantes des deux pieds tellement jointes qu'ils semblaient être collés et attachés ensemble de quelques forts liens, plusieurs personnes s'étant inutilement efforcés de les séparer. »

Acte établi par M. de Laubardemont, chargé de l'instruction du procès Grandier.

• D'étranges phénomènes qui font du bruit

Au cours de la nuit du 21 septembre, dans le couvent des ursulines, la prieure Jeanne des Anges et deux sœurs voient apparaître l'ombre de leur confesseur, le prieur Moussaut, mort de la peste quelques semaines plus tôt. Dans les jours qui suivent, d'étranges phénomènes se manifestent : une boule noire vole à travers le réfectoire, un fantôme se promène dans les couloirs. Au début d'octobre, plusieurs sœurs manifestent des signes de démence, hurlent et se roulent par terre.
Tout le couvent est bientôt atteint. Les prêtres accourent et leur conclusion tombe rapidement : les ursulines sont possédées, victimes du Malin. Suivant la logique des religieux, Lucifer ne peut pas apparaître s'il n'a pas été appelé par un sorcier. Il faut trouver le responsable de cet acte démoniaque.

• Un coupable idéal : le curé, bel homme et libertin

De toute la région, puis de toute la France, des prêtres arrivent. Ils se livrent à des séances d'exorcisme, traquant le diable, cherchant l'homme qui l'a fait venir. Le 11 octobre, une religieuse possédée, dit-elle, par le démon Astaroth lâche un nom : celui d'Urbain Grandier, curé de l'église Saint-Pierre-du-Marché, au centre de Loudun. Un coupable est désigné, l'accusation est reprise par d'autres sœurs et, en ville, les rumeurs se répandent rapidement : Urbain Grandier est un sorcier.
Le peuple a déjà jugé. Urbain Grandier est un grand et bel homme, vif et intelligent. Il captive son auditoire lorsqu'il monte en chaire, mais on lui reproche son libertinage et, très précisément, son goût pour ses paroissiennes.

• L'affaire devient politique

Grandier n'est jamais entré dans le couvent des ursulines, mais la ville entière ne parle que de ça, les ursulines le savent et se mettent à rêver de lui. Les bourgeois de Loudun critiquent sa hauteur et son extrême ambition. Les capucins, eux aussi installés à Loudun, profitent de la mise en cause de Grandier pour dénoncer en lui l'auteur d'un violent pamphlet contre Richelieu.
Or, le baron de Laubardemont, commissaire du ministre-cardinal, arrive dans la ville en septembre 1633, pour une mission sans rapport avec l'affaire. Sur place, il entend parler des crises incessantes des religieuses, des exorcistes qui se succèdent et des présomptions contre le

... Urbain Grandier était-il l'envoyé du démon ?

curé de Saint-Pierre. De retour à Paris, il se fait attribuer le dossier. Le 8 décembre, il est de retour à Loudun, chargé par Richelieu, qui lui a donné les pleins pouvoirs, d'instruire le procès de Grandier.

• Des exorcismes suivis comme des spectacles

Le lendemain de son arrivée, Laubardemont fait arrêter Grandier. Il perquisitionne chez le prêtre sans rien y trouver de compromettant et, durant le mois de

La démonopathie

En psychiatrie, on appelle « démonopathie » un délire systématisé ayant pour objet le démon et ce qui l'environne : enfer, idées de damnation, attaques externes ou internes.

Au XVIIe siècle, la France est tout particulièrement le théâtre de telles crises épidémiques de démonopathie qui se propagent dans les couvents et cela en liaison directe avec la période des procès de sorcellerie. Le processus est, à quelques variantes près, identique dans tous les cas : un prêtre se trouve accusé d'avoir envoyé des démons, séduit ou tourmenté en esprit une ou plusieurs religieuses ; des exorcistes sont alors envoyés sur les lieux, les rumeurs s'amplifient, les crises aussi, puis, la torture aidant, la condamnation s'abat sur le prêtre... qui est brûlé !

Surtout, par-delà l'hystérie, il est nécessaire de prendre en compte le contexte de l'époque : rigidité de vie et morale de fer imposées à ces femmes (avec, notamment, une exacerbation des frustrations sexuelles), présence en toile de fond des milliers de bûchers allumés pour d'autres femmes, impact du Diable et de la notion de péché ; tout cela engendra une révolte plus ou moins consciente contre les premiers représentants de ce système : les hommes et les prêtres.

Scène tirée du film L'exorciste, *de William Friedkin, 1973.*

Urbain Grandier au supplice.
La sorcellerie était condamnée par le bûcher.

janvier 1634, il recueille dépositions et témoignages. Du 4 au 11 février, il interroge Grandier. Le prêtre nie les accusations de sorcellerie puis refuse de répondre aux questions de Laubardemont. Dans leur couvent, les possédées ne sont toujours pas délivrées. Laubardemont décide de les séparer pour examiner chaque cas : cela n'empêche pas le public de venir assister, en foule, aux innombrables exorcismes. Les médecins, conviés par Laubardemont à observer les possédées, rendent bientôt leur conclusion : « Toutes lesquelles choses nous jugeons surpasser absolument les forces et les moyens de la nature… » L'affaire est entendue : les religieuses sont victimes du surnaturel.

• *Un pacte avec le diable*

Le procès s'ouvre le 8 juillet 1634. Douze juges ont été désignés, ils viennent de petits tribunaux de la région. Ils lisent les comptes rendus d'instruction de Laubardemont, interrogent les possédées et cherchent sur Grandier des « preuves extraordinaires ». Une cicatrice au pouce désigne ainsi l'ancienne blessure qu'il se serait infligée pour signer de son sang un pacte avec le diable. L'insensibilité d'une épaule montre que le Malin s'est emparé de cette partie de son corps et la fait échapper aux lois de la nature. Ces preuves sont considérées comme décisives.

Le 18 août, à 5 heures du matin, les juges prononcent la sentence. Deux heures plus tard, Laubardemont vient chercher Grandier dans sa prison. Il est torturé puis, dans l'après-midi, amené sur la place du Marché où l'attend son bûcher.

• *Tout se calme…*

Les crises d'hystérie des nonnes, toujours spectaculaires, continuent plusieurs années après la mort de Grandier, jusqu'au jour où la plus virulente des possédées, Jeanne des Anges, devient alors une mystique, une visionnaire habitée par Dieu, presque une sainte…

Lors d'une tournée qui lui fera parcourir les routes de France, elle sera même présentée, en 1638, à Richelieu et à Louis XIII.

Un cas en appelle-t-il un autre ?

La sorcellerie touche les campagnes et concerne les pauvres, la possession les villes et les bourgeois.

Au début du XVIIe siècle, des dizaines d'affaires sont instruites en Bretagne, Franche-Comté, Lorraine, Alsace, Poitou, Béarn, Provence… Les possédés sont des femmes plutôt que des hommes. Certaines deviennent célèbres : Nicole Aubry, Jeanne Féry, Marthe Brossier.

De toutes ces affaires, celle qui fait le plus grand bruit est le procès de C. Gaufridy, qui se tient à Aix-en-Provence, et dure plus de deux ans, entre 1609 et 1611. Gaufridy tombe sous l'accusation de deux religieuses, Madeleine de Mandol et Louise Capel ; la première frôlera le statut de sorcière et terminera ses jours en prison. Un livre relatant les faits dans le détail paraît l'année suivante : on ne peut exclure que sa lecture n'influencera pas les cas postérieurs, notamment ceux du Faubourg Saint-Jacques, entre 1621 et 1622, de Loudun entre 1632 et 1640, de Louviers entre 1642 et 1647 (une franciscaine, Madeleine Bavent, parvient à faire condamner le vicaire Bouillé, brûlé en 1647 avec le cadavre du père Picard, accusé rétroactivement !) et d'Auxonne entre 1658 et 1663.

POSSÉDÉS

Qu'est-ce qui agitait les convulsionnaires de Saint-Médard ?

Autour de la tombe d'un diacre, dans le cimetière Saint-Médard de Paris, ont lieu successivement, entre 1727 et 1732, des guérisons « miraculeuses » et des crises de dévotion se traduisant par des convulsions corporelles.

• Un prolongement de la querelle janséniste ?

L'homme par qui le scandale arrive, le diacre François de Pâris, est mort en 1727, à l'âge de 37 ans. Sa vie a inspiré un tel respect au petit peuple parisien, auprès duquel il avait choisi de vivre, qu'il est mort, comme on dit, en « odeur de sainteté ». Il a constamment pratiqué l'ascèse et la charité. Or, cet homme à la destinée exemplaire est un membre actif du parti des « appelants », c'est-à-dire un janséniste.

En principe, l'affaire janséniste est close depuis la ferme condamnation de l'« hérésie » par la bulle papale *Unigenitus* (1713). Ce texte, rejetant les grandes thèses sur la grâce et la prédestination propres aux jansénistes, n'a pas réussi à réduire ceux-ci au silence en France. Le jansénisme n'est plus seulement dans ce pays un débat théologique réservé à l'élite : il s'est démocratisé. Le petit peuple des villes ne l'ignore plus, et il vénère, pour son dévouement, le clergé janséniste.

Se constitue alors, sous la Régence, un parti d'évêques, de moines, de prêtres et même de laïcs qui font « appel » du texte d'*Unigenitus* au pape, d'où leur nom d'« appelants ». Plusieurs de ces chefs sont excommuniés ou déposés après les appels de 1717, de 1720 et de 1727. Or, François de Pâris les a tous signés ! Peut-on reconnaître la sainteté de quelqu'un appartenant à un parti condamné par l'Église et par le pouvoir ?

• D'abord des « miracles »...

Les premières guérisons « miraculeuses » se produisent autour du tombeau de Pâris dès 1727. Le cimetière devient vite le lieu de rendez-vous d'une foule de candidats à la guérison et de simples spectateurs, de toutes conditions sociales. On vient se coucher sur la pierre tombale pour se faire soigner, on récolte la terre autour du monument pour en faire des baumes ou des emplâtres.

Le 15 juillet 1731 débute une controverse : alors que les jansénistes profitent de la publicité que leur apportent ces

Le martyre d'une convulsionnaire

« Elle eut ses convulsions et demanda les secours comme à l'ordinaire. Elle se fit aussi tirer les seins : elle était assise sur le carreau, sa robe croisée sous son menton, avec deux demoiselles, une de chaque côté ; celle qui était à droite tirait la mamelle droite. Elles tiraient de toutes leurs forces, et pour leur en donner davantage, on tirait ces deux demoiselles par les épaules, de sorte qu'il y avait quatre personnes occupées à ce secours. Pendant cette opération, sœur Françoise s'écriait : « Tirez fort, arrachez ! » Elle portait ses mains sur sa tête et semblait s'en arracher la peau avec les ongles, elle portait ses mains à moitié fermées sur son ventre et faisait des efforts pour s'arracher les entrailles ; enfin, elle se pressait le cou avec les deux mains comme pour s'étrangler, et alors son front se ridait, ses narines s'ouvraient, elle devenait violette et ses pieds se raidissaient comme si elle eût été pendue. »

(Archives nationales.)

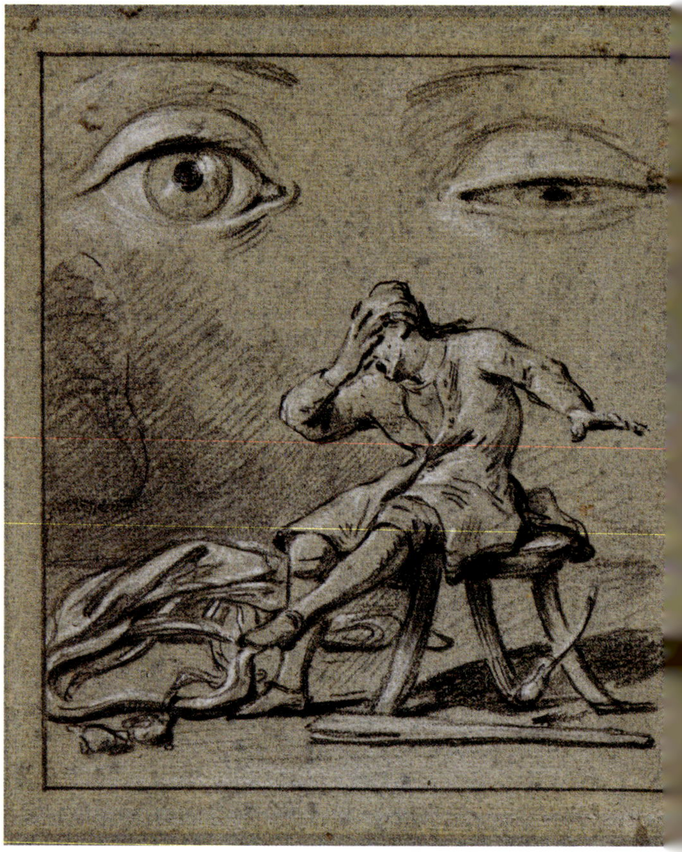

Convultionnaires et miraculés de Saint-Médard, P.G. de Pézenas. Ce dessin représente la maladie.

miracles, l'archevêque de Paris affirme, dans un mandement, qu'ils sont faux et que doit cesser ce culte des reliques. Vingt-trois curés parisiens lui adressent alors une requête pour faire reconnaître quatre miracles sur lesquels ils ont un solide dossier de témoignages. Mais les autorités religieuses répondent par le silence.

• ... puis des convulsions

La nature du phénomène se transforme alors. Les « guérisons » s'opèrent désormais à travers de longues et douloureuses crises de convulsions. Ces accès de tremblements incontrôlés, accompagnés de hurlements et de craquements d'os, impressionnent vivement. Les corps des sujets sont comme possédés, tordus et tirés dans tous les sens par une force mystérieuse qui leur arrache des mouvements désordonnés. Les yeux sont révulsés, la bouche écumante.

L'effet parfois scabreux de ces scènes n'échappe pas à la police du roi : « Ce qu'il y a de plus scandaleux, dit un indicateur, c'est d'y voir des jeunes filles assez jolies et bien faites entre les bras des hommes, qui, en les secourant, peuvent contenter certaines passions, car elles sont deux ou trois heures la gorge et les seins découverts, les jupes basses, les jambes en l'air... »

Appelés à juger, les médecins du roi ne voient dans le phénomène qu'imposture. Par peur de troubles, le cimetière est fermé le 29 janvier 1732.

Cet autre dessin de P.G. de Pézenas représente le miracle de la guérison.

• L'histoire ne s'arrête pas là

Certains convulsionnaires continuent de se donner en spectacle à leur domicile, dans des caves ou dans des salons bourgeois. Les crises changent de nature : le corps des sujets est pris de violentes contractions qui nouent horriblement les muscles. La convulsion devient une véritable torture. La raideur absolue et étouffante du corps figure la passion du Christ : le secours des spectateurs, qui piétinent, frappent le convulsionnaire et étirent désespérément ses membres pour essayer de les détendre, est un supplice. Cette souffrance serait le prix que paient les sujets pour démontrer, seuls contre tous, la véracité des « miracles ».

On s'éloigne de plus en plus de l'affaire Pâris et les convulsionnaires, emprisonnés, condamnés par le parlement et même par les jansénistes, sont marginalisés et privés d'appui. Désormais, ils exigent d'être traités à coups de barre de fer, d'épée, d'objet tranchant...

• L'ultime mortification : la crucifixion

À partir de 1745, il n'existe plus que quelques communautés clandestines de convulsionnaires. L'indifférence des autorités, du clergé et du public conduit à une dernière surenchère : la crucifixion. Certains s'y adonnent régulièrement. C'est l'épreuve suprême, supposée être l'identification totale au corps du Supplicié Rédempteur.

Enfin, à dater de 1789, on n'entend plus parler des convulsionnaires.

MORTS-VIVANTS

Quand les momies sortent de terre...

« *Tous les morts enterrés dans ce cimetière sortent toute la journée de leurs tombeaux, demeurent immobiles et privés de sentiments au regard de tous et, la solennité terminée, rentrent dans leurs sépulcres. Le phénomène se reproduit tous les ans et il n'y a pas d'adulte au Caire qui l'ignore.* »

• Le lieu et la date du miracle varient

C'est ainsi qu'en 1483, un Européen, B. de Breydenbach, rapporte pour la première fois les fantastiques événements qui se produisent chaque année dans un cimetière du Caire.

Durant trois siècles, du XVe au XVIIIe siècle, le miracle est régulièrement rapporté par les voyageurs occidentaux. Selon les époques, son emplacement change. Il passe de la rive droite du Nil, où il est localisé dans les premiers temps, à la rive gauche, où il a lieu dans le voisinage des vastes nécropoles pharaoniques et les ressuscités sont des musulmans, des chrétiens ou des Égyptiens de l'Antiquité. La date du miracle varie presque autant que le lieu. Au XVe siècle, la résurrection est fixée au vendredi saint, jour anniversaire de la mort du Christ. Seule change la durée du phénomène. Il peut s'étendre aux trois jours précédant le dimanche de Pâques, qui commémore la résurrection du Christ, et parfois même se prolonger aux deux ou trois semaines qui suivent le vendredi saint.

• Les morts visitent les vivants, qui font la foire !

Selon les voyageurs européens, qui constatent eux-mêmes les faits ou recueillent les récits de Cairotes ou de compatriotes, les corps apparaissent tout entiers ou par morceaux : têtes, mains, bras, jambes, pieds... Corps et membres ne se déplacent pas : ils surgissent brusquement de la terre, restent en surface sans bouger, pendant un instant, puis sont à nouveau engloutis par les sables.

Pour assister à cette « chose très admirable et épouvantable », selon les termes d'un voyageur de la fin du XVIe siècle, le public vient en masse, toutes confessions mêlées. Chrétiens, musulmans et juifs, tous sont là pour contempler le miracle. Certains prient, tandis que d'autres se risquent à toucher les corps ou les membres des morts. La plupart, cependant, se contentent de regarder.

Le rassemblement n'est pas loin de rappeler celui d'une gigantesque foire. Il donne lieu à de grandes réjouissances. Une partie de l'assistance passe la nuit sur place. Des marchands ambulants fournissent de quoi manger et boire. On passe la soirée en chantant.

• Dieu, le diable ou... les bateliers du Nil ?

Il n'est pas impossible qu'à l'origine des événements rapportés pour le vendredi saint, il y ait eu un autre miracle : l'apparition d'une lumière, le samedi saint, dans un vieux cimetière copte ou chrétien, qui préfigurait la résurrection, le dimanche de Pâques.

Vue aérienne du cimetière de la cité des Morts au sud-est de la citadelle du Caire, en Égypte.

Au Caire, on rapporte que les morts qui quittent leur sépulture sont des sceptiques qui ne croyaient pas à la résurrection. Pour les punir ou pour donner un avertissement aux vivants, Dieu les a condamnés à se livrer à ces apparitions inquiétantes. Les voyageurs occidentaux, quant à eux, voient dans l'événement une manifestation du diable plutôt que l'expression de la volonté divine.

Quelques esprits mal tournés ou, plus simplement, rationalistes font part de leurs doutes et parlent de supercherie : selon ces personnes, corps et ossements apparaissent toujours quand l'observateur a le dos tourné… Certains avancent même que ce sont les bateliers égyptiens qui mettent en scène les résurrections afin de faire traverser le Nil à une clientèle nombreuse…

Égypte, patrie des morts

Dès 3000 av. J.-C., l'Égypte affirme sa croyance en une vie future. Elle pense que la préservation du corps humain dans son intégrité est indispensable pour accéder à cette nouvelle existence. C'est pourquoi elle invente la momification.

Le corps, vidé de ses viscères et du cerveau, qui sont traités à part, est couvert de natron – du carbonate de sodium –, qui dessèche le cadavre. Il est ensuite enduit d'onguents et bourré de tissus avant d'être enveloppé dans des linceuls et des bandelettes en lin. Les pauvres, qui ne peuvent s'offrir un embaumement sophistiqué, se contentent de la momification naturelle du corps due à son enfouissement dans les sables du désert égyptien.

Cette tradition, qui n'a cessé de fasciner les visiteurs de l'Égypte dès Hérodote, au Ve siècle av. J.-C., n'est probablement pas étrangère à l'accréditation du mythe des ressuscités du Caire.

Les mangeurs de cadavre

Tandis que les Cairotes s'émerveillent devant les cadavres de leurs ancêtres, les Européens, à la même époque, n'hésitent pas à consommer, en tant que remède, les corps plus ou moins desséchés d'antiques momies.

Ce remède, la « mummie », parvient chez les apothicaires sous trois formes : morceaux de cadavre, pâte noirâtre ou encore poudre obtenue en consumant les corps.

Certains fabricants, considérant sans doute que la recherche de momies est par trop fastidieuse, trouvent bien plus commode d'utiliser pour leur sinistre commerce des cadavres plus accessibles.

La mummie est considérée, à la fin du Moyen Âge, comme un remède efficace contre toutes sortes de maux parmi lesquels les douleurs gastriques et les blessures, et il est bientôt prescrit en toute occasion. François Ier en est l'un de ses plus fameux consommateurs. Jamais il ne se déplace sans sa mummie.

Le commerce reste florissant jusqu'à la fin du XVIIe siècle. À cette époque, en Égypte, les fabricants se trouvent lourdement imposés et cessent leur activité.

Ambroise Paré, le grand chirurgien français de la seconde moitié du XVIe siècle, dénonce avec virulence l'usage de la mummie dans ses écrits. Après avoir tenté de faire comprendre à ses contemporains que les anciens Égyptiens n'ont pas embaumé parents et amis pour faciliter leurs problèmes de digestion, il insiste sur le fait que le remède est pire que le mal et qu'il est cause de douleurs et de vomissements.

Momie égyptienne trouvée dans la Vallée royale.

MORTS-VIVANTS

Comment le vaudou fabrique des zombis

Le vaudou, aujourd'hui encore, est très implanté en Haïti, surtout dans les couches les plus populaires de la société. Il fascine par ses rituels magiques et par la création des zombis, des morts-vivants que des sorciers, les « boko », prétendent pouvoir tirer de leur tombe pour en faire des esclaves.

• Le paysan devenu zombi

Clairvius Narcisse, qui se plaint de fièvres et de douleurs, se présente, le 30 avril 1962, à l'hôpital Albert-Schweitzer à Deschapelles. Son état empire et, le 2 mai, il est déclaré mort par deux médecins en présence de sa sœur Angéline. Le corps demeure dans la chambre froide de l'hôpital avant d'être inhumé, le 3 mai, dans un cimetière de son village.
Dix jours après, une dalle est posée sur la tombe.
Dix-huit ans plus tard, en 1980, Angéline rencontre un homme qui prétend être son frère décédé. Il lui dit avoir été transformé en zombi à cause d'une querelle de succession avec un autre de ses frères ; celui-ci aurait payé un « boko » à cet effet. Il se souvient de son « agonie », des pleurs d'Angéline et de l'impression qu'il avait de flotter au-dessus de son corps. Il raconte avoir ensuite été extrait du cercueil et, après sa « résurrection », emmené dans les environs de Cap-Haïtien et contraint à travailler pendant deux ans comme ouvrier agricole dans une plantation, en compagnie d'autres zombis.

• Revenu à la vie

Bien qu'il se rende alors compte de sa situation, Narcisse ne peut pas réagir et vit comme dans un rêve, avec l'impression que les événements se déroulent au ralenti. Il mange normalement, sauf que le sel lui est totalement interdit. Narcisse ne songe à revenir dans son village natal qu'à la mort de son frère, la crainte que lui inspire celui-ci étant toujours très forte. Il ne veut d'ailleurs pas nommer ceux qui l'ont extrait du cimetière et maintenu en esclavage. En effet, seul le décès de leur maître libère les zombis de la force qui les maintenait en quelque sorte prisonniers.
L'affaire a un tel retentissement qu'en 1981 une équipe de la BBC est dépêchée sur les lieux pour y mener une enquête. Lamarque Douvon, directeur du centre de psychiatrie et de neurologie de Port-au-Prince, qui s'intéresse au vaudou depuis les années 1950, décide de vérifier les dires de Narcisse. Il prépare avec les membres de la famille de celui-ci une série de questions dont les réponses ne

Comment fonctionne le culte vaudou ?

Selon le culte vaudou, Dieu (le « Grand Maître ») est au-dessus de tout et a créé les esprits, les « loa », qui sont au service de l'homme. Après le baptême catholique, l'adepte est placé sous la protection de son « loa racine », sorte d'esprit tutélaire de la famille. Plus tard, il revêt une nouvelle personnalité au cours d'une initiation et doit servir le « loa maître-tête », qui assume la direction de sa vie. La prise de possession par ce maître se fait au cours d'une cérémonie où des animaux, des volailles le plus souvent, sont immolés.
Les officiants sont le « uga », prêtre vaudou, ou « mambo » s'il s'agit d'une femme, le « boko », magicien qui peut indifféremment faire le bien ou le mal, et le « loup-garou », le sorcier. Ils sont inséparables.

La prêtresse Yaffa, connue sous le nom de « Rose », danse pendant sa cérémonie de reine vaudou (Nouvelle-Orléans, Louisiane).

peuvent être connues que d'eux seuls. Elles sont destinées à confondre l'éventuel imposteur. Or, Narcisse répond correctement à tout. Douvon est alors convaincu de la réalité du phénomène. Comme ni sa famille ni les habitants de son village ne veulent le revoir, Narcisse est admis dans la clinique de Douvon puis dans une mission baptiste.

• Qu'est-il arrivé à Clairvius Narcisse ?

Des études récentes ont montré qu'il est possible, à l'aide de certaines substances, de ralentir presque totalement le rythme cardiaque d'un être vivant afin de donner l'apparence de la mort. Il ne reste plus alors au sorcier et à ses assistants qu'à attendre le départ de la famille après l'enterrement pour exhumer le corps du cercueil et s'emparer du « défunt ».

On a aussi remarqué que ceux qui deviennent des zombis sont souvent des gens à qui certains comportements répréhensibles (affaires de terres, ambition excessive, enlèvement de la femme d'un autre homme, diffamation…) ont été reprochés, et qui ont été jugés par des sociétés secrètes haïtiennes, les Bizango.

Ainsi Narcisse était-il effectivement lié à un litige successoral, et son frère semble le lui avoir fait chèrement payer.

La « poudre aux zombis »

Des chercheurs ont supposé que les sorciers haïtiens utilisent une poudre spéciale pour transformer leurs victimes en zombis. Ce poison est versé le plus souvent dans la chaussure ou sur le dos de la personne visée, afin qu'il imprègne la peau.

Préparer la poudre. Selon des études récentes, cette préparation contiendrait des ossements humains réduits en poudre (prélevés sur un cadavre), deux lézards récemment tués, les carcasses séchées d'un gros crapaud, un *Bufo marinus* (très venimeux) et d'un ver polychète. Des plantes seraient aussi ajoutées, une sorte d'*albizzia* qui contient de la saponine (qui peut perturber la respiration), le *pois gratter* et deux poissons de mer dont le poisson-globe (qui contient de la tétrodotoxine). Les animaux sont grillés puis placés dans un mortier où ils sont écrasés avec le reste des ingrédients. Le tout est ensuite passé au tamis.

La tétrodotoxine. Elle provoque une paralysie entraînant une immobilité totale durant laquelle la frontière entre la vie et la mort devient incertaine, même pour des médecins expérimentés. Pour le docteur Wade Davis de l'université d'Harvard, le « boko » utilise donc un support matériel, le poison, qui amplifie subtilement les terreurs de la victime mais qui fonctionne d'autant mieux que celle-ci est persuadée des pouvoirs de son tortionnaire et de la réalité du vaudou.

Crânes vaudous.

SPECTRES

pages 120 à 125

FEU

pages 126 à 129

VIES ANTÉRIEURES

pages 144 à 145

PRÉMONITIONS

pages 130 à 131

DISPARITIONS
pages 138 à 143

CHAPITRE V

Au cœur des phénomènes paranormaux

SPIRITISME, PRÉMONITIONS, RÉINCARNATION, AUTANT DE SUJETS BRÛLANTS QUI SUSCITENT DE VIVES POLÉMIQUES DANS NOS SOCIÉTÉS FONDÉES SUR DES PRINCIPES RATIONNELS.

L'essor de la civilisation occidentale s'est en effet réalisé à partir d'une véritable révolution scientifique rejetant toute manifestation paranormale. Mais dans bien d'autres civilisations, le pouvoir de l'esprit et des esprits est reconnu et valorisé. Pour autant, nombre de ces phénomènes ne résistent pas à une analyse précise des faits.

Les fantômes et autres spectres, les esprits frappeurs et les disparitions n'en continuent pas moins de fasciner. Tant de choses qui résistent à notre raison, ouvrant à l'imagination des portes vers d'autres mondes. Rêves ou réalités... ?

POUVOIRS
ages 132 à 137

SPECTRES

Le spectre d'Anne Boleyn est-il apparu à une sentinelle ?

La figure du revenant se rencontre dans toutes les traditions culturelles du monde. Le folklore britannique a si totalement intégré le fantôme que l'adjectif « hanté » vient naturellement à l'esprit dès que l'on parle d'un manoir ou d'un château d'outre-Manche.

Anne Boylen est condamnée pour adultère et exécutée le 15 mai 1536.

• Un fantôme sans tête

Une des plus impressionnantes manifestations du fantôme se produit pendant l'hiver de 1864. Une nuit, une sentinelle est retrouvée inconsciente. Accusé de s'être endormi à son poste, l'homme comparaît devant un tribunal militaire. Il raconte que, vers l'aube, il a vu sortir du brouillard une silhouette blanche. Un bonnet la surmontait, sans tête en dessous, et elle se dirigeait vers lui. Après avoir fait les trois sommations d'usage, le soldat s'est approché de la forme ; mais, lorsque la baïonnette de son fusil a traversé celle-ci, un éclair s'est propagé le long du canon et lui-même a été assommé par le choc.

• La deuxième femme de Henri VIII hante la Tour de Londres

Bien sûr, la plus célèbre des forteresses britanniques, la Tour de Londres, a son lot d'apparitions célèbres. Condamnée à mort pour adultère, décapitée, le 19 mai 1536, par un bourreau venu spécialement de France, Anne Boleyn est exécutée mille jours après avoir épousé Henri VIII ; c'est la deuxième des six épouses – et la première victime – du roi. Après l'exécution, sa dépouille est enterrée à la hâte dans la chapelle Saint-Pierre, à la Tour de Londres, où elle était détenue prisonnière. Dès lors, et pendant des siècles – la dernière apparition remonterait à 1933 –, son spectre apparaît à intervalles réguliers.

QUELLES EXPLICATIONS POUR LES FANTÔMES ?

Pour les sceptiques, les apparitions n'ont de réalité que dans l'esprit de ceux qui les voient. Les parapsychologues modernes partagent ce point de vue pour bien des cas, mais soutiennent qu'une minorité de témoignages résistent à toute tentative d'explication rationnelle. Les fantômes, selon eux, apparaissent « spontanément » ou leur manifestation est « provoquée » par un médium. Pour certains, le spectre est la manifestation de l'esprit d'un mort ; pour d'autres, il est le produit de l'esprit du médium ou du témoin qui assiste à l'apparition. La première explication postule l'existence d'une entité indépendante du corps (l'âme ?), capable de survivre au décès et de devenir plus ou moins visible à volonté. La seconde explication ne rejoint qu'en apparence celle des sceptiques ; elle suppose en effet que ce que voient les témoins a une existence tangible au lieu de relever du seul fantasme psychique.

Tout cela ressemblerait à une excuse bien trouvée, si deux autres soldats ainsi qu'un officier ne témoignaient, après la déposition de l'accusé, avoir eux aussi aperçu le spectre par une fenêtre. Lorsqu'il s'avère que la forme, dans les quatre cas, a été vue juste sous l'ouverture de la pièce dans laquelle Anne Boleyn avait passé sa dernière nuit avant son exécution, le tribunal relaxe la sentinelle.

• Le cadavre d'un chat

Le long passé de prison d'État de la Tour, la qualité de certains de ses détenus et des victimes exécutées entre ses murs font du bâtiment un terrain de prédilection pour les fantômes.

De grandes dames du royaume, assassinées là, occuperaient ainsi le bâtiment, se promenant sur les remparts, longeant les corridors, traversant les murs. Margaret, comtesse de Salisbury, par exemple, exécutée en 1541 à l'âge de 70 ans dans des conditions atroces – le bourreau dut s'y reprendre à trois fois pour la décapiter –, « revivrait » périodiquement ses derniers moments. Mais des hommes aussi hantent la Tour. Le plus ancien fantôme est celui de saint Thomas Becket, assassiné en pleine messe dans la cathédrale de Canterbury en 1170, et qui reviendrait quelquefois visiter la Tour dont il fut un temps gouverneur. Un autre spectre illustre est celui du grand explorateur sir Walter Raleigh, emprisonné par Jacques Ier pour complot de 1603 à 1616, relâché deux ans, puis de nouveau enfermé, et décapité. Mais deux enfants, le jeune prince Édouard V et son frère le duc d'York, tués en 1483 par leur oncle Richard III, se promèneraient aussi dans les couloirs de la Tour, vêtus de robes blanches et se tenant par la main.

Curieusement, le donjon de la forteresse, la Tour blanche, paraît n'avoir jamais été hanté. La tradition veut qu'au début de sa construction, au XIe siècle, il y ait été pratiqué un sacrifice animal destiné à éloigner les esprits malfaisants. Or, au cours de travaux effectués au XIXe siècle, des ouvriers ont découvert à l'intérieur d'un des murs maîtres le squelette d'un chat…

Châteaux hantés

Glamis Castle (Écosse). Cette demeure de la famille royale voit ses couloirs hantés par le spectre d'une jeune femme exécutée au XVIe siècle, Janet Douglas. Mais d'étranges parties de cartes s'y déroulent aussi, entre des joueurs morts depuis le XVe siècle. Enfin, un fils contrefait de la famille, enfermé entre quatre murs de son vivant, hurlerait encore sa douleur, certaines nuits.

Hampton Court. Cette résidence, où vécurent Henri VIII et ses femmes, est hantée par les apparitions de celles-ci : Anne Boleyn ; Catherine Howard, cinquième épouse du roi, décapitée pour adultère en 1542 ; Jane Seymour, qui mourut en donnant naissance à son fils. Mais d'autres spectres, ceux de la nourrice d'Édouard VI, de la reine Élisabeth Ire et du roi Henri III, hanteraient aussi le château.

Windsor. Les forêts de ce château seraient parcourues par un cavalier fantôme : le spectre d'un jeune chasseur nommé Herne, un temps favori du roi Richard II, et qui se suicida après sa disgrâce. La dernière apparition du fantôme remonterait à 1976, année où le cavalier surgit de la nuit devant un jeune homme, qui en tomba évanoui de frayeur…

Les apparitions d'Anne Boylen interviennent à intervalles réguliers, sous la forme d'une silhouette blanche… sans tête.

Spectres

Le futur George V a-t-il croisé un vaisseau fantôme ?

Tout au long de l'histoire maritime, des navires partis pour des destinations lointaines ont fait naufrage, vaincus par des éléments naturels trop forts. Certains d'entre eux n'ont pas rejoint l'immense cimetière des abîmes et continuent à hanter inlassablement les mers.

• Un halo rougeâtre

Beaucoup de marins affirment avoir été témoins de ses nombreuses apparitions. Le plus célèbre d'entre eux reste le jeune duc d'York, futur roi George V d'Angleterre.

Le duc, alors âgé de 16 ans, navigue comme enseigne de la Royal Navy à bord de la *Bacchante*, qui fait le tour du monde. Dans la nuit du 11 au 12 juillet 1881, alors que le navire se trouve au large des côtes australiennes, une lueur brille brusquement dans l'obscurité et, à 200 mètres environ, surgit un brick entouré d'un sinistre halo rougeâtre, qui vient couper la route de la *Bacchante*. Les mâts et les vergues du vaisseau fantôme se détachent nettement sur cette étrange lumière phosphorescente.

• Des morts étranges

L'enseigne de quart est immédiatement envoyé sur le gaillard d'avant, mais le navire a déjà mystérieusement disparu dans la nuit claire et il n'aperçoit rien. Le duc d'York et douze autres membres de l'équipage sont les seuls spectateurs de ce phénomène étrange. Le futur George V est persuadé avoir vu le célèbre « Hollandais volant », même si le type du navire ne correspond pas vraiment. La nuit même, dit-on, le marin qui a aperçu le premier le navire spectral tombe d'un des mâts et se tue. Quelques semaines plus tard, l'amiral de la flotte décède. Pour certains, ces événements dramatiques seraient liés à la vision étrange qu'aucune explication rationnelle n'est parvenue jusqu'à présent à éclaircir.

• Un pacte avec le diable ?

La légende du vaisseau fantôme, commandé par un « Hollandais volant », remonte au XVIIe siècle, mais elle varie selon les versions.

Selon l'une d'elles, le maître du navire – le Hollandais – est un capitaine nommé Barent Fokke qui vit à Amsterdam vers les années 1650. Ses colères et ses orgies sont célèbres auprès des marins, et son vaisseau est le plus rapide de tous ; il va d'Amsterdam à Batavia en trois mois, exploit exceptionnel à l'époque, qui ne

La Bacchante et le « Hollandais volant »

« À quatre heures du matin, un brick passa sur notre avant, à environ 300 mètres, le cap vers nous. Une étrange lumière rouge éclairait le mât, le pont et les voiles. L'homme de bossoir le signala sur l'avant, ainsi que le lieutenant de quart. Un élève officier fut envoyé dans la vigie. Mais il ne vit cette fois aucune trace, aucun signe d'un navire réel. Treize personnes ont été témoins de l'apparition. La nuit était claire et la mer calme. Le Tourmaline et le Cléopâtre qui naviguaient par tribord avant nous demandèrent par signaux si nous avions vu l'étrange lumière rouge. »

Journal de bord de la *Bacchante*.

Le futur George V, à bord de la **Bacchante**, *aperçut un vaisseau fantôme qu'il apparenta à la légende du « Hollandais volant ».*

Clair de lune, *d'après Ivan Aivazovski. Musée russe, Saint-Pétersbourg.*

peut s'expliquer, pour beaucoup, que par l'intervention du diable. Aussi, lorsqu'il disparaît en mer, une croyance naît, qui lui fait parcourir à jamais les océans, maudit pour avoir passé un pacte semblable à celui de Faust. Dans d'autres versions, le triste héros de la légende est le capitaine Van der Staten, qui subit la même punition pour avoir appareillé un vendredi saint.

• Un capitaine puni pour ses blasphèmes

Mais la légende la plus répandue met en scène le capitaine Van der Decken. À bord de son vaisseau, il fait route depuis la Hollande vers les Indes orientales lorsqu'une violente tempête éclate au large du cap de Bonne-Espérance. Follement confiant dans ses talents de navigateur, et en dépit des supplications de son équipage, Van der Decken défie alors avec arrogance le Tout-Puissant de le faire sombrer. Il échappe au naufrage, mais, en châtiment de son blasphème, il est condamné à naviguer éternellement sur les mers…

L'histoire est colportée oralement pendant plusieurs siècles avant que le poète allemand Heinrich Heine, en 1830, n'en tire une œuvre écrite ; le marin errant y est délivré de sa malédiction par l'amour d'une femme, qui accepte de mourir pour lui permettre de trouver le repos. Et son navire aux voiles rouges est enfin englouti par les flots… Richard Wagner s'inspire du texte de cette histoire pour composer, en 1843, son opéra *le Vaisseau fantôme*.

• Quelques réapparitions du « Hollandais volant »

En 1887, l'équipage du navire américain *Orion*, faisant route de San Francisco à la Chine, remarque un trois-mâts ancien éclairé par une étrange lumière blanche. Un instant, le vaisseau se rapproche, puis il disparaît soudainement au moment où les rayons de la lune sont voilés par des nuages. Il a toute sa toile, alors que souffle un vent très violent.

En 1939, un bateau semblable est aperçu depuis la terre ferme par une centaine de personnes se trouvant sur une plage d'Afrique du Sud, au sud-est du Cap. Le navire, qui a toujours toutes ses voiles dehors, traverse la mer à vive allure bien qu'il n'y ait pas la moindre brise. Il s'évanouit mystérieusement en un instant.

On voit encore l'étrange trois-mâts une fois en 1942, à Mouille Point, aux abords du Cap, antique silhouette s'approchant de la baie de la Table. Puis, ses apparitions se raréfient. L'ère des navires modernes semble lui avoir porté un coup fatal, comme à un certain romantisme de la mer.

Une maison a-t-elle été attaquée par un « hôte » invisible ?

Né de la combinaison de deux anciens mots allemands signifiant « esprit frappeur », le terme poltergeist recouvre les phénomènes de hantise, souvent destructrice, qui peuvent s'acharner sur un lieu ou sur des personnes.

• Des meubles vagabonds

En 1977, à Enfield, vit la famille Harper, qui se compose de la mère, séparée du père, et de quatre enfants : Rose, 13 ans ; Janet 11 ans ; Pete, 10 ans ; et Jimmy 7 ans. Le soir du 30 août, les lits de Pete et Janet, qui dorment dans la même chambre, se mettent à bouger. Le soir suivant, Mrs Harper découvre la commode de la chambre en train de se déplacer toute seule sur une cinquantaine de centimètres. Elle fait venir les voisins, qui constatent qu'on entend des coups mystérieux, puis elle appelle la police. Celle-ci ne peut rien faire. Le lendemain, vers la même heure, ce sont les jouets des enfants qui sont lancés par une main invisible.

Ces éléments retrouvés dans la maison des Harper, à Enfield, ont brûlé mystérieusement.

• La presse alertée

L'entourage avertit la presse, et la rédaction du *Daily Mirror* contacte la Society for Psychical Research, laquelle dépêche un de ses membres, Maurice Grosse, ingénieur-conseil renommé. Quelques jours après, le chercheur Guy Playfair arrive à son tour à Enfield pour aider Maurice Grosse. Sous leurs yeux, jets et chutes d'objets se poursuivent. Une femme médium vient dans la maison. Au cours d'une transe, elle affirme que la hantise est centrée sur la petite Janet et que plusieurs « entités » puisent leur énergie dans les *auras* de Janet et de sa mère. La médium les « soigne » et les manifestations cessent pendant plusieurs semaines.

• Le cas se complique

Mais à la fin du mois d'octobre, tout recommence, cette fois avec plus de violence. Des meubles sont déplacés, des couvertures arrachées aux lits, des flaques d'eau (dont une aux contours de silhouette humaine) apparaissent sur le sol de la cuisine, une grille de cheminée tombe sur l'oreiller de Jimmy, tout près

de sa tête, un radiateur à gaz est arraché d'un mur.
Grosse et Playfair essaient de communiquer avec l'« entité », qui dit avoir vécu 30 ans dans la maison puis se lance dans des discours dépourvus de sens. Plus tard, les enfants voient des silhouettes et des ombres dans la maison. Devant de nombreux témoins, l'« entité » malmène les deux fillettes et laisse un message disant qu'elle refuse de partir. Pensant que le poltergeist pourrait être l'œuvre de Rose et Janet, la Society for Psychical Research envoie cette fois une équipe d'enquêteurs sur les lieux, mais leur recherche de la fraude éventuelle demeure sans résultat.

Les poltergeists

Les premières relations précises de « poltergeist » remontent à un peu avant l'an 1000, en Allemagne, mais on sait que le phénomène était connu dans l'Antiquité.
Dès le Moyen Âge, l'Église y voit une manifestation diabolique. Elle attribue chaque action de type poltergeist à un démon particulier et ce point de vue triomphe jusqu'à l'apparition du spiritisme.
En effet, Allan Kardec, fondateur du mouvement spirite, voit en eux des esprits restés à un stade inférieur et refusant l'idée d'être morts. Cette thèse continue à avoir cours, car elle n'entre pas forcément en contradiction avec celle d'une « débauche » incontrôlée de manifestations psychologiques tournant autour d'adolescents perturbés ou de personnes en proie à des névroses diverses. Dans ce cas, on pense, comme les médiums venus à Enfield, que ce sont les « victimes » qui attirent inconsciemment des esprits mal intentionnés.
Bien entendu, les sceptiques, tel le magicien de music-hall américain James « the Amazing » Randi, n'y voient qu'hallucinations ou mystifications. Randi part du principe que toute manifestation dite « psi » est fausse du moment qu'il peut la reproduire, démarche d'une rigueur douteuse, même si elle permet de débusquer effectivement certaines mises en scène.

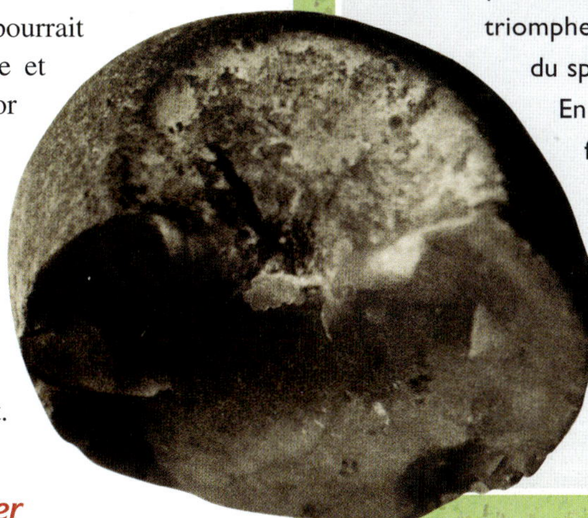

• *Janet en danger*

Il devient clair que tout tourne autour de Janet. Celle-ci présente de plus en plus de signes de « possession » (convulsions, transes, etc.).
En décembre, le poltergeist ajoute des sifflements et des aboiements à sa panoplie et, par l'intermédiaire d'une étrange voix désincarnée, dit s'appeler Joe Watson. Par la suite, elle change plusieurs fois de voix et d'identité ; mais toujours, elle insiste sur le fait qu'elle parle pour une personne morte. Ses interventions sont, en outre, souvent d'une extrême grossièreté.
Le poltergeist montre plus tard d'autres talents et s'attaque de plus en plus violemment à Janet, essayant de l'étrangler avec les rideaux et la poursuivant avec un couteau flottant en l'air. Les lieux se mettent à sentir mauvais, deux feux se déclarent dans des tiroirs, les deux poissons rouges sont tués dans leur bocal, et des messages obscènes apparaissent sur les murs. Un autre médium vient alors s'occuper du cas en « soignant » les *auras* de toute la famille, et le calme revient pour quelques semaines.

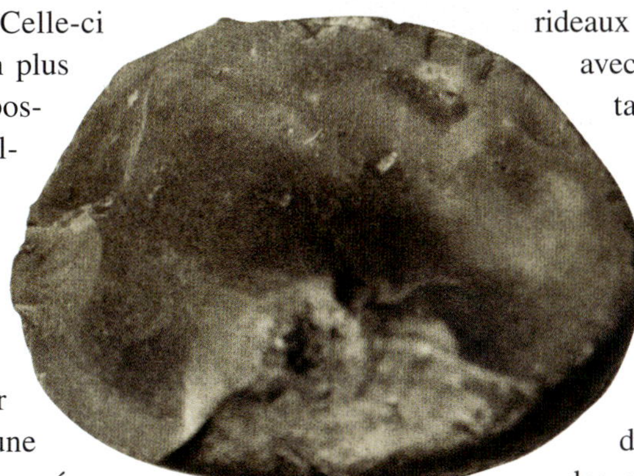

L'enquêteur Maurice Grosse trouva ces trois morceaux de pierre « jetés » par le poltergeist à plusieurs heures d'intervalle. Pourtant, elles s'encastrent les unes dans les autres pour ne former qu'une seule pierre.

• *Plus de 1 500 incidents enregistrés*

La suite des événements prend la tournure d'une hantise plus « banale », avec apparitions fugitives de personnages divers, parmi lesquels un double de Maurice Grosse. Janet fait un séjour à l'hôpital, au cours duquel l'activité du poltergeist se réduit considérablement. Lorsqu'elle revient, en bien meilleure santé, le phénomène touche à sa fin. Un médium hollandais du nom de Gmeling-Meyling met un terme définitif aux manifestations après avoir opéré, dit-il, une intervention sur le « plan astral ». Vers avril 1979, tout se termine enfin. Quelle que soit l'explication à donner à ce poltergeist fameux (plus de 1 500 incidents enregistrés), il est à noter que l'on trouve au départ une situation de forte tension née du divorce récent des parents, ainsi que des enfants approchant de la zone de turbulence mentale et physique de la puberté.

À l'épreuve des braises

Malgré l'immémoriale peur du feu, sur tous les continents, à toutes les époques, certains individus semblent avoir acquis une stupéfiante immunité aux brûlures. Pratiquée depuis des siècles, la marche sur le feu est officiellement observée pour la première fois par les scientifiques en 1937.

Au Moyen Âge, le jugement de Dieu, l'ordalie, est pratiqué couramment afin de prouver l'innocence des condamnés : seuls les justes ne sont pas brûlés.

• Déjà dans la Bible...

Le plus ancien cas de résistance au feu qui nous soit rapporté se trouve dans la Bible (Daniel, III). Trois intendants du roi Nabuchodonosor sont condamnés au bûcher, mais les flammes ne semblent avoir aucune emprise sur eux : « S'assemblèrent satrapes, magistrats, gouverneurs et intimes du roi pour voir ces hommes : le feu n'avait pas eu de pouvoir sur leur corps, les cheveux de leur tête n'avaient pas été consumés, leur manteau n'avait pas été altéré, nulle odeur de feu ne s'attachait à eux. » Isolée, cette anecdote serait à mettre au compte des « miracles » bibliques, mais, quelques siècles plus tard, Platon et Virgile évoquent des hommes qui marchent sur des charbons ardents sans ressentir de brûlures.

• Le jugement de Dieu

Au Moyen Âge, cette immunité à la brûlure apparaît comme un don céleste. Jusque tard pendant cette période, l'ordalie, jugement de Dieu, recourt souvent au feu : le juste ne peut être brûlé. En 1062, l'évêque de Florence est accusé de corruption par un saint homme, Pierre Aldobrandini. L'épreuve du feu doit trancher la polémique. Un long couloir est alors couvert de charbons ardents ; à chaque extrémité, on allume un grand feu. Aldobrandini traverse le couloir sans que sa peau ni ses vêtements soient brûlés, et l'évêque, qui renonce à tenter lui-même l'expérience, doit abandonner sa charge.

Le concile du Latran, en 1215, met théoriquement fin à la pratique du jugement de Dieu, mais, en 1497, le prieur réformateur florentin Savonarole, accusé d'hérésie, réclame de passer l'épreuve pour prouver la justesse de ses points de vue. Il se dérobe devant le brasier et... est condamné au bûcher.

• La peau nue sur les braises

À partir du XVIIe siècle, les voyageurs rapportent de pays lointains un certain nombre de témoignages. Le jésuite Paul Lejeune, de retour du Nouveau Monde, livre le récit de ses aventures chez les Indiens hurons, en 1637. « Vous devez me croire, car je parle de choses que j'ai vues de mes propres yeux », écrit-il avant d'expliquer à ses contemporains que les Hurons frottent les malades de braises ardentes et qu'en aucun cas la peau n'est brûlée.

D'Asie proviennent des récits de marche sur le feu : des hommes, pieds nus, traversent sans douleur ni brûlure des fosses remplies de braises rouges. En 1890,

Une épreuve à la portée de tous !

Selon le physicien Georges Charpak, dans son livre *Devenez sorciers, devenez savants* (2002), l'épreuve de la marche sur le feu n'a rien d'énigmatique et le fait d'en sortir indemne s'explique par un certain nombre de facteurs physiques. En premier lieu, le temps de contact du pied avec les braises est inférieur à une demi-seconde à chaque pas. Des cals ou de la corne sont également recommandés... Surtout en ce qui concerne les matériaux utilisés, si l'on examine leur capacité calorifique, c'est-à-dire leur aptitude à emmagasiner la chaleur, et leur conductivité thermique, leur aptitude à conduire la chaleur, elles sont toutes deux faibles. Et ce d'autant plus qu'en marchant dessus, on prive le charbon de l'apport d'oxygène au point de contact avec le pied, l'incandescence étant très momentanément stoppée. Ainsi n'importe qui peut marcher sur des braises... avec de faibles risques de brûlure.

quatre Britanniques dont un médecin, le Dr Hocken, tentent l'expérience en Polynésie : ils marchent sur le feu. À leur grande surprise, ils ne ressentent qu'un léger picotement. Leur récit fait scandale dans les milieux scientifiques londoniens, et la controverse s'installe pendant des années. Plusieurs savants sont persuadés qu'il s'agit d'une supercherie : selon eux, les indigènes passent trop rapidement pour avoir le temps d'être brûlés, ou s'enduisent auparavant d'une substance qui les protège ou encore utilisent des drogues qui annihilent la douleur.

• Un phénomène attesté

Le 9 avril 1937, des chercheurs de l'université de Londres veulent en avoir le cœur net : ils reconstituent l'expérience dans un cadre scientifique. Dans la campagne du Surrey, à Carshalton, une fosse de 7 mètres est creusée et remplie de braises. La température de surface enregistrée par les thermomètres est de 430 °C. Un jeune Indien accepte de servir de cobaye. Aucune fraude n'est possible, et la plante des pieds du jeune homme est fine et sans corne. Il traverse à quatre reprises la fosse sous les yeux des savants. Sa peau est examinée sur l'instant, puis le lendemain : le résultat est incontestable, il n'y a aucune trace de brûlure. Depuis, le phénomène a été constaté par des milliers de témoins aux quatre coins du globe : Afrique, Amérique du Nord, Haïti, Inde, Polynésie, Malaisie, Tibet, Philippines, îles Fidji, Japon, mais aussi en Europe. La communauté tamoul de l'île de la Réunion organise chaque année au mois de mars une grande marche sur le feu, où les touristes se pressent.

Ce jeune Indien est en pleine prière alors qu'il franchit des flammes. Le contrôle par le mental expliquerait en grande partie l'immunité aux brûlures.

Quand frappe le feu du Ciel

Depuis toujours, des récits font état d'hommes et de femmes frappés brutalement par un « feu » invisible qui les réduit en cendres, sans que leur environnement en soit affecté d'aucune manière.

• Des cas nombreux

Les cas de combustions spontanées d'êtres humains sont nombreux dans tous les pays. La plupart entraînant la mort des victimes, ils sont suivis par des enquêtes policières. On possède donc de très nombreux documents photographiques sur les cas récents, ainsi que d'excellents rapports d'experts, mais aucune explication n'a pu être avancée. De toutes les attaques du « Feu du Ciel », comme l'appelaient les Anciens, la plus spectaculaire est sans doute celle qui a frappé une Américaine de 67 ans, Mrs Mary Reeser.

• Un petit tas de cendres

En cette soirée du 1er juillet 1951, il fait beau sur la Floride et sur le port de Saint-Pétersbourg où vit Mrs Reeser, même si l'on sent planer l'approche d'un orage subtropical. Vers 9 heures du soir, la propriétaire de Mrs Reeser, Mrs Carpenter, vient lui dire bonsoir. Elle trouve la vieille dame en robe de chambre, assise dans un « fauteuil rembourré » et fumant une cigarette. Mrs Carpenter est la dernière personne à la voir vivante.

À 8 heures, le lendemain matin, Mrs Carpenter, qui a déjà remarqué une odeur de brûlé vers 5 heures, découvre que le bouton de porte du studio de Mrs Reeser est presque brûlant. Elle appelle à l'aide deux ouvriers. L'un d'eux peut ouvrir la porte en s'aidant d'un chiffon et un souffle d'air chaud jaillit de l'intérieur. Dans le studio désert, au milieu d'un cercle noirci d'environ 1,20 mètre de diamètre, gisent quelques ressorts de fauteuil, les cendres d'un guéridon et les parties métalliques d'un lampadaire ainsi que ce qui reste de la locataire : « un foie carbonisé attaché à

Un pied chaussé d'une pantoufle de satin noir et une cheville sont les seules parties à être restées intactes après la combustion de Mrs Mary Reeser.

un fragment de colonne vertébrale, un crâne qui avait rétréci jusqu'à n'avoir plus que la taille d'une balle de base-ball, un pied chaussé d'une pantoufle de satin noir, mais brûlé jusqu'à la cheville, et un petit tas de cendres noircies ». Jamais une combustion spontanée n'a été aussi totale et aussi impressionnante.

• *Un cercle de chaleur de 1,20 mètre*

La chaleur, étrangement sélective, a déformé l'installation électrique, fait fondre des bougies sans attaquer les mèches, un gobelet en plastique (mais pas les brosses à dent toutes proches) dans la salle de bain et craquelé un des miroirs accrochés aux murs. Toutes les surfaces de glace sont couvertes de suie grasse au-dessus d'une ligne située à environ 1,20 mètre du sol. Au-dessous de cette limite, l'appartement est intact, à l'exception de la victime, de son fauteuil, du guéridon et du lampadaire. Ainsi, le mur derrière le fauteuil et un tas de vieux journaux à 20 centimètres du cercle noirci n'ont pas été affectés. L'explosion de chaleur semble donc s'être produite dans un espace restreint de 1,20 mètre de diamètre et le pied resté indemne dans sa pantoufle devait dépasser du cercle fatal. La destruction presque totale du corps de Mrs Reeser est typique des cas de combustions spontanées, de même que l'absence de cri de la part de la victime ou d'odeur de chair carbonisée. Ce qui l'est moins, c'est la réduction étrange de son crâne.

• *Des conclusions peu convaincantes*

L'enquête qui s'ensuit réunit des experts du FBI, des médecins, des spécialistes en incendies criminels et même des météorologues. Les fabricants du fauteuil sont entendus : on leur demande de prouver que celui-ci n'a pas pu prendre feu tout seul ou exploser. Tout cela ne donne rien et aboutit à un rapport peu probant de la police disant que Mrs Reeser s'est endormie, sa cigarette à la main, et qu'elle a ainsi enflammé ses vêtements. Le feu se serait ensuite propagé au fauteuil, lequel aurait produit la chaleur qui a détruit le corps, le guéridon et le lampadaire.

Ces conclusions sont contredites par les faits. En effet, pour réduire des os en cendres, il faut une température d'au moins 1 650°, ce qu'un simple incendie de fauteuil ou de vêtement est incapable de produire. De plus, une telle température aurait entraîné la combustion de toute la maison (à titre de comparaison, la chaleur d'une voiture enflammée n'atteint que 700° environ...). Enfin, la quantité de suie dégagée montre que le feu qui a consumé Mrs Reeser l'a fait lentement.

Les formules catégoriques du rapport tranchent avec les déclarations du détective Cass Burgess, un an plus tard : « L'affaire est toujours ouverte. Nous sommes dans l'incapacité de déterminer une cause logique à cette mort tout autant que lorsque nous avons pénétré dans l'appartement de Mrs Reeser. »

Caractéristiques et hypothèses

Les combustions spontanées présentent des constantes : la victime semble ne pas avoir conscience de ce qui lui arrive, la chaleur dégagée est très intense, le feu ne s'étend pas (des victimes ont été carbonisées dans leurs vêtements presque intacts) et aucun lieu ne semble offrir de protection, y compris les espaces découverts, les navires, les voitures ou même... les cercueils.

Bien des hypothèses ont été avancées mais sans qu'aucune soit réellement satisfaisante. Au XIXe siècle, une théorie veut que seuls des ivrognes imbibés d'alcool soient touchés, et une autre met en cause les feux de cheminées... Plus tard, on parle de mystérieuses boules de feu, d'effets de l'augmentation de la courbe géomagnétique de la Terre, de « suicides psychiques » ou même d'attaques d'esprits frappeurs.

Quand aux médecins qui nient la réalité d'un phénomène qu'ils ne comprennent pas, ils oublient qu'un certain nombre de leurs confrères figurent parmi la très longue liste des victimes des combustions.

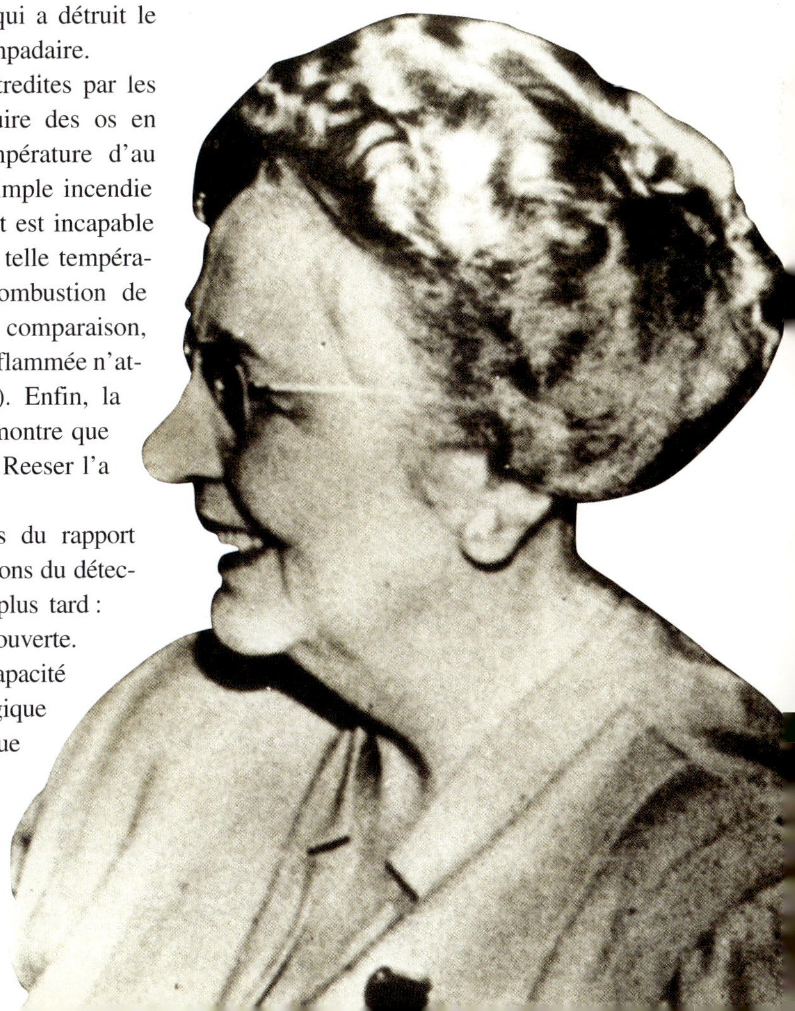

Mrs Reeser de Saint-Pétersbourg en Floride, a-t-elle été victime de la combustion spontanée ?

PRÉMONITIONS

La fin du Titanic a-t-elle été prévue 14 ans à l'avance ?

Phénomènes insaisissables, les prémonitions plus ou moins vérifiées se comptent par milliers. La plupart relèvent de l'anecdote personnelle, mais certaines concernent des événements mondialement connus et ont été révélées en temps voulu, c'est-à-dire avant que l'événement ait lieu.

• De bien étranges coïncidences

La plus célèbre de ces prémonitions constitue le sujet d'un court roman, œuvre de l'écrivain américain Morgan Robertson qui, 14 ans avant la catastrophe, prévoit dans le détail le naufrage du *Titanic*. Né en 1861, Morgan Robertson, un auteur spécialisé dans les histoires maritimes, est assez injustement oublié de nos jours. Un seul de ses livres, *Futility* (1898) – loin d'être le meilleur qu'il ait écrit –, lui assure cependant, aujourd'hui encore, une certaine renommée posthume. Ce court roman sur la faiblesse de l'homme face aux forces du destin raconte le naufrage du « plus grand paquebot construit par l'homme », le *Titan*. Celui-ci est éventré par un iceberg avant de couler, avec la majeure partie de ses passagers, en raison du nombre insuffisant de canots de sauvetage. Mais les coïncidences avec la tragédie du *Titanic* ne s'arrêtent pas là : le faisceau de concordances est en effet particulièrement frappant. En voici quelques-unes avec, entre parenthèses, les faits équivalents ayant trait au drame du

Le naufrage du **Titanic**, *un paquebot de rêve pour l'époque, est une des plus grandes catastrophes maritimes de l'époque. Sur les 2 230 personnes à bord, seules 709 seront recueillies par le cargo* **Carpathia**.

Titanic : traversée en avril (10 avril 1912), déplacement de 70 000 tonnes (66 000), longueur 800 pieds (882,5), trois hélices *(idem)*, vitesse maximale de 24/25 nœuds *(idem)*, capacité maximale d'environ 3 000 passagers *(idem)*, 2 000 passagers à bord (2 230), 24 canots de sauvetage (20), 19 cloisons étanches (15), trois machines *(idem)* et déchirure de la coque à tribord *(idem)*. Or, le roman *Futility* a été rédigé neuf ans avant la construction du *Titanic*, avant même que l'on songe à sa conception, ce qui exclut évidemment toute inspiration d'après des informations réelles.

• *Inspiré par un esprit…*

Morgan Robertson a affirmé toute sa vie avoir été inspiré par un « collaborateur astral », pour reprendre ses propres termes, c'est-à-dire un esprit qui le guidait, l'inspirait dans ses travaux littéraires. C'est là la seule réponse qu'il fournit pour expliquer ces extraordinaires coïncidences entre fiction et réalité. En dépit de la réédition de son roman, il ne récolte pas les fruits de sa formidable prémonition après le naufrage du *Titanic*. Les lecteurs préfèrent les détails sensationnels de l'enquête à une fiction pourtant marquée du sceau de l'étrange.

• *… ou faisant preuve d'une belle imagination ?*

Nombreux sont les événements dramatiques dont on a pu se rendre compte, a posteriori, qu'ils avaient été décrits dans des œuvres de fiction, qu'il s'agisse de science ou de politique-fiction.
Ainsi, après les attentats du 11 septembre 2001, on a cru reconnaître dans certains romans de Tom Clancy des péripéties ressemblant à ce qui venait de se passer tout comme certains épisodes de la série cinématographique *Die Hard* pouvaient faire penser à une « prémonition » du drame.

Les conditions d'une prémonition

Elles sont assez strictes, en raison du flou qui entoure le phénomène et on peut les résumer ainsi : le rêve ou le pressentiment, doit avoir été relaté à un ou plusieurs témoins dignes de foi avant que ne se produise l'événement. L'intervalle entre le rêve et l'événement doit être relativement court, car la possibilité d'un lien accidentel augmente avec le temps. Cette condition, cependant, souffre des exceptions, comme le montre le cas du *Titanic*. Le rêve doit paraître improbable à son auteur ou relever d'un domaine qu'il ne connaît pas, ou mal. Il doit s'appliquer à un fait précis, et non revêtir une tournure générale permettant, par le biais d'interprétations symboliques, de les appliquer à des événements très divers (comme on l'a fait pour les Prophéties de Nostradamus, par exemple). Enfin, les détails doivent concorder, au moins dans les traits essentiels, avec ceux de l'événement.

Le naufrage du Titanic

Le 10 avril 1912, le paquebot *Titanic*, de la compagnie anglaise *White Star*, réputé insubmersible en raison de son système de cloisons étanches, part de Southampton pour sa traversée inaugurale à destination de New York. Parmi ses passagers, on trouve aussi bien des émigrants logés sous la ligne de flottaison, en 3e classe, que la fine fleur de l'aristocratie financière anglo-saxonne. Au cours de la nuit du 14 au 15 avril, alors qu'il se trouve à quelque 300 milles (environ 550 km) au sud-est de Terre-Neuve, le *Titanic* heurte un iceberg qui déchire le flanc droit de sa coque sur 90 mètres. À 2 h 30 du matin, le grand paquebot disparaît. Sur les 2 230 passagers embarqués, seuls 709 seront recueillis par le cargo *Carpathia* qui croisait non loin. Le plus grand nombre des disparus appartient à la 3e classe. En raison de la qualité de certaines des victimes, des énigmes qui entourent son naufrage et de l'ampleur de la catastrophe, le *Titanic* entre directement dans la légende noire de la mer. Il occupe une place comparable à celle du « Hollandais volant » dans le panthéon des vaisseaux maudits. Son épave, longtemps considérée comme perdue à tout jamais, a été retrouvée en 1985, à 3 987 mètres de profondeur. Depuis lors une expédition est parvenue en 1998 à remonter un morceau de la coque et divers objets.

Morgan Robertson aurait été guidé par un esprit pour écrire son roman visionnaire **Futility.**

POUVOIRS

Les lamas tibétains sont-ils dotés de pouvoirs étranges ?

L'idée selon laquelle l'esprit est supérieur à la matière et distinct d'elle se retrouve dans de nombreuses civilisations. Les religieux tibétains, notamment, croient en l'existence d'un principe spirituel capable de créer des formes mentales visibles par tous, les tulpas.

• Une Française chez les lamas

Après un long séjour dans les piémonts himalayens, c'est en juin 1912 que la Française Alexandra David-Neel, âgée de 44 ans se rend dans les « Hautes Terres », le Tibet proprement dit. Elle consigne le souvenir de ce voyage et des suivants dans plusieurs écrits, dont le premier est le *Voyage d'une Parisienne à Lhassa*, publié en 1927. De nombreux passages du livre sont consacrés à un phénomène extraordinaire, que les Tibétains nomment *tulpa*.

Le *tulpa* est, pour les Tibétains, la projection matérielle d'une forme conçue par l'esprit. C'est un « fantôme », si l'on veut, créé par le moine ou l'initié au terme d'une longue méditation. Il peut prendre la forme, indifféremment, d'un animal, d'un paysage, d'un objet ou d'un homme. Ce n'est pas une simple vision, mais un phénomène doué de consistance physique, capable de dégager une odeur, d'émettre des sons, etc. Comme l'écrit Alexandra David-Neel dans *Mystiques et magiciens du Tibet* (1929) : « L'odeur d'un buisson de roses fantômes se répandra au loin ; une maison fantôme abritera des voyageurs en chair et en os… »

• L'univers une simple construction mentale ?

La création des *tulpas* est expliquée ainsi par les lamas tibétains : selon leur conception du monde, l'univers autour de nous est une simple vision mentale ; rien n'existe dans l'ordre du phénomène, si ce n'est conçu par l'esprit de l'homme. Le but de l'initiation religieuse est donc d'élargir la capacité de conception de l'esprit humain : son aptitude à faire passer de l'ordre du potentiel – le vide physique, ou nouménal – à l'ordre du tangible, ou phénoménal, le plus grand nombre de réalités possibles.

Que la forme physique appelée par les Tibétains *tulpa* soit le produit d'une simple hallucination est l'explication qui vient immédiatement à l'esprit des Occidentaux. Mais il faut croire alors que cette hallucination est collective puisque, dans bien des cas, le *tulpa* est vu, non seulement par celui qui le suscite, mais aussi par son entourage.

Dans le monde tibétain lui-même, le *tulpa* est diversement interprété. Pour certains lamas, c'est une forme physique à l'existence incontestable : ce qui signifie que l'esprit est capable de susci-

Pour les lamas tibétains, l'esprit est capable de susciter des formes physiques.

ter des formes physiques. Pour d'autres, la pensée de celui qui a créé le *tulpa* s'impose aux autres et parvient à leur faire voir ce qu'elle-même perçoit ; la création du *tulpa* relèverait donc, dans ce cas, de suggestion très forte.

• *Les kylkhor, des mondes en miniature*

Accroître la puissance de production mentale est au centre de l'enseignement religieux des Tibétains. Les exercices qui constituent la formation du jeune moine tibétain sont fondés sur la maîtrise de la respiration (qui lui permet de parvenir à la sérénité de l'esprit) et sur une pratique intense de la méditation. Celle-ci s'appuie sur un *kylkhor*, diagramme dessiné sur une étoffe, inscrit sur du papier ou gravé dans la pierre.

Certains *kylkhor*, plus élaborés que d'autres, représentent de véritables mondes en miniature. En leur centre se trouve un personnage, une divinité tutélaire le plus souvent, appelée *yidam*. Au fur et à mesure de ses progrès, le jeune moine parvient à « animer » son *kylkhor*, c'est-à-dire à faire en sorte que les scènes qui y sont dessinées et sur lesquelles la méditation s'applique, prennent réalité. L'élève parvient, au terme de son initiation, à comprendre que tout phénomène en ce monde n'est que mirage issu de l'imagination. Il peut dès lors maîtriser ses craintes et ses sensations. Un lama parvenu à ce stade est censé, ainsi, pouvoir résister au froid, au point de survivre à une nuit passée nu dans la neige : le sentiment de chaleur ou de froid apparaît en effet pour ce qu'il est – une illusion de l'esprit qu'il combat par une autre illusion, en stimulant par sa volonté la chaleur interne de son corps. L'esprit, dès lors, n'a plus rien à redouter de la matière, il la contrôle entièrement et peut en jouer.

La création des *tulpas*

Les séances au cours desquelles naissent les *tulpas* n'ont rien de comparable avec celles du spiritisme occidental : elles peuvent avoir lieu en plein soleil, et elle ne nécessitent nullement la présence d'un médium en transes. Alexandra David-Neel raconte avoir été témoin de la création de ces formes mentales. En une de ces occasions, elle a vu apparaître le « double » exact de l'homme qui se livrait à l'expérience, et a même pu le toucher. La forme suscitée avait néanmoins peu de consistance et s'évanouit peu à peu. Dans un autre cas, elle vit se manifester le double d'un lama de sa connaissance, qui se trouvait alors à des kilomètres d'elle. Alexandra elle-même se préoccupa de vérifier la possibilité de procéder à une telle création. Au bout de quelques mois de concentration intense, elle parvint à susciter un personnage qui, selon ses dires, fut aussi vu par des témoins. Mais son esprit peu expérimenté lui fit perdre le contrôle de sa créature ; l'aspect de celle-ci se modifia jusqu'à devenir très inquiétant. À force d'efforts, Alexandra parvint à la chasser de son esprit, et elle disparut à jamais. Mais il arrive parfois, disent les Tibétains, que l'apparition continue d'exister par elle-même et mène une vie indépendante de son créateur.

Détail d'une peinture tangka (représentation religieuse bouddhiste) des temples et monastères de Lhassa, Tibet.

POUVOIRS

Des coups frappés au mur

Discuter avec les morts : un rêve ancien de l'homme, qui s'appuie sur une croyance en la survie d'un principe spirituel après la mort physique. Au XIXe siècle, des médiums, ou spécialistes des phénomènes paranormaux, s'attachent à instaurer un dialogue suivi avec ces esprits.

• Un mort dans la cave

La famille Fox, composée des parents et de deux filles, Margaret (14 ans) et Kate (11 ans), vit à Hydesville, une bourgade de l'État de New York, dans une demeure, que l'on dit hantée. Des coups y retentissent régulièrement, mais les Fox sont incapables d'en découvrir l'origine, malgré des fouilles répétées. En 1848, les bruits s'intensifient, au point que les locataires ne parviennent plus à trouver le sommeil. Dans la nuit du 31 mars, Kate, par défi, demande au trouble-fête de répondre à ses questions. À la surprise générale, « l'esprit », car personne ne croit déjà plus qu'il s'agisse d'un être humain, répond par une série de coups. Alerté par la rumeur, un habitant de Rochester, la ville voisine, a l'idée de lire l'alphabet : selon les lettres qu'il prononce, l'esprit réagit ou non en faisant entendre de nouveaux coups. Une manière de dialogue s'établit ainsi, dont il ressort que l'esprit est celui d'un défunt du nom de Charles B. Rosma, colporteur de son vivant. Il a été égorgé cinq ans plus tôt par un ancien occupant de la maison, qui l'a dévalisé avant d'enterrer son corps dans la cave.

• Nouvelles découvertes

Des recherches aboutissent à la découverte, à environ 1,50 mètre sous terre, de cheveux et de quelques os qu'une expertise identifie comme étant d'origine humaine. Fait bizarre, les allégations de l'esprit sont « confirmées » une seconde fois, 56 ans plus tard, lorsqu'un squelette, presque entier cette fois, est trouvé sous un des murs croulants de la maison. Une boîte de colporteur en fer blanc se trouve près de lui. La boîte est aujourd'hui conservée à Lilydale, quartier général du mouvement spirite. En revanche, malgré toutes les recherches, il n'a été trouvé trace dans aucune archive d'un homme appelé Charles Rosma. Cette bizarrerie ne déconcerte pas les adeptes du spiritisme : pour eux, les esprits, alors même qu'ils donnent des informations exactes, se trompent fréquemment sur les noms de famille.

• Tables tournantes

Quelque temps après les événements de 1848, les Fox, aspirant à retrouver la tranquillité, déménagent. Mais dans leur nouvelle demeure, le phénomène se reproduit : des coups sont frappés aux murs. Ce phénomène se produit toujours lorsque les deux sœurs, Margaret et Kate, sont présentes. Le bruit fait autour de cette étrange affaire entraîne très vite un véritable engouement : nombreux sont

Les sœurs Fox, Kate (à gauche) et Margaret (à droite), vont susciter la manifestation des morts lors d'une réunion consacrée au « spiritisme ».

ceux qui croient avoir trouvé le moyen de communiquer avec les morts. Le 14 novembre 1849 se tient à Rochester, autour des deux jeunes Fox, la première réunion des adeptes du « spiritualisme » – comme l'on dit alors. Un comité d'études est fondé afin d'examiner les manifestations relevant de cette discipline. Par la suite, Kate et Margaret, accompagnées de leur mère, font des tournées dans tous les États-Unis, et jusqu'en Angleterre : chaque fois, leur prestation connaît un immense succès. Elles n'attendent plus, désormais, que le hasard les mette en communication avec les morts, mais elles suscitent la manifestation de ceux-ci, en concentrant leur capacité d'attention sur des tables rondes qui se mettent à bouger lorsque le défunt veut intervenir. La mode des tables tournantes est née.

Un spirite français : Allan Kardec

Médecin de profession, Allan Kardec (1804-1869), de son vrai nom Hippolyte Léon Denizard Rivail, est l'introducteur du spiritisme en France. Il est, en même temps, l'inventeur du terme, qu'il préfère à spiritualisme.

En 1850, Kardec étudie le phénomène par l'intermédiaire des deux filles d'un ami, toutes deux médiums. Il publie en 1856 le *Livre des esprits*, synthèse de nombreuses « communications » avec l'au-delà, qui connaît aussitôt un vif succès. Puis il fonde en 1858 la Société d'études psychologiques et, quelque temps après, la *Revue spirite*. Ses conférences à Paris et en province le rendent célèbre, et l'empereur Napoléon III lui-même prend plaisir à discuter avec lui.

Selon Kardec, l'homme évolue spirituellement grâce à une série de réincarnations. Lui-même aurait d'ailleurs choisi le pseudonyme de Kardec après avoir appris d'un esprit qu'il avait jadis vécu en Gaule sous ce nom. Avant même de s'incarner en un corps, l'âme, selon lui, posséderait sa propre individualité ; elle la conserverait après séparation du corps.

• *Célèbres spirites*

Mais la presse, dans son ensemble, vilipende les deux sœurs, et les Églises se montrent totalement opposées aux pratiques qu'elles préconisent. Des disputes opposent bientôt Kate et Margaret et, en 1888, cette dernière confesse que tous les phénomènes provoqués sont le résultat de subterfuges. L'histoire du spiritisme manque tourner court, mais le 16 novembre 1889, la même Margaret revient sur ses déclarations, affirmant qu'elles lui ont été extorquées contre promesse d'argent… L'incident, en fait, n'a pas de conséquence : des gens célèbres, déjà, se passionnent pour ces manifestations (ainsi Victor Hugo, l'astronome Camille Flammarion et Arthur Conan Doyle, auquel on doit une *Histoire du spiritisme* dans les années 1920), et les organisations spirites, telle la Société pour la recherche psychique, créée en 1882, réunissent de nombreux adeptes.

Les sœurs Fox lors d'une séance de table tournante. Rochester, New York, 1850.

Les lévitations d'un grand médium

Dans la seconde moitié du XIXe siècle, le phénomène spirite met en évidence les pouvoirs psychiques de certaines personnes et pose le problème de leur explication. C'est à cette tâche que se consacre la parapsychologie, au travers de l'examen de certains sujets particulièrement doués, comme Daniel Dunglass Home.

LES PHÉNOMÈNES PARANORMAUX ET LEUR ÉTUDE

Les phénomènes psychiques, ou pouvoirs paranormaux, qu'étudie la parapsychologie, peuvent être rangés en plusieurs catégories. Il y a ceux concernant la communication, c'est-à-dire la connaissance soit des pensées d'autrui (télépathie), soit de l'avenir (clairvoyance et précognition), dont le médium bénéficie directement ou qu'il se procure par l'intermédiaire d'objets tels que boule de cristal ou tarot. Il y a par ailleurs l'action de la pensée sur la matière comme la télékinésie et la psychokinésie (déplacement ou torsion d'objets), l'action sur le corps lui-même (lévitation) ou encore la radiesthésie (faculté permettant, à l'aide d'une baguette ou d'un pendule, de découvrir des objets ou des corps disparus). À tout cela, il faut ajouter les guérisons psychiques et celles provoquées par certains guérisseurs.

• Lévitation

Le 16 décembre 1868, en Angleterre, Home se trouve en compagnie de plusieurs personnes, lord Adare, lord Lindsay, le capitaine Wynne et Smith Barry, lorsque, en état de transe, il commence à s'élever dans les airs. En flottant, il sort par une fenêtre de la maison où tous se trouvent, passe à 20 mètres au-dessus du sol et entre dans le petit salon voisin par une autre fenêtre. Il revient ensuite dans la chambre avec lord Adare. Celui-ci ne comprenant pas comment il a fait pour passer par une fenêtre à demi ouverte, il s'exécute une seconde fois. Il s'élève de nouveau du sol et passe par la fenêtre, tête la première, corps presque horizontal et apparemment rigide. Ce n'est ni la première ni la dernière fois qu'il se livre à ce type de prestation. Déjà, en 1866, Home s'est élevé jusqu'au plafond d'une pièce et y a tracé une croix pour prouver aux témoins qu'ils n'avaient pas été victimes d'une hallucination collective. Il s'élèvera ainsi dans les airs, devant des témoins, une cinquantaine de fois au cours de sa carrière.

• Des talents précoces

Né en 1833 à Currie, village proche d'Édimbourg, le futur médium a étonné son entourage, dès l'âge de quatre ans, en annonçant des événements quelque temps avant qu'ils se produisent. Il semble tenir ses facultés psychiques de sa mère, réputée elle aussi pour son don de « double vue ». À neuf ans, devenu orphelin, il quitte son village natal pour la Nouvelle-Angleterre (États-Unis) en compagnie de sa tante, Mme Cook, qui l'a adopté. À treize ans, il annonce la mort d'un de ses camarades, Edwin, qui décède trois jours plus tard. Quelques années après, des coups résonnent dans la

Les pouvoirs de Daniel Dunglass Home vont l'entraîner dans une carrière internationale.

maison familiale et des tables glissent à son approche : la multiplication des incidents oblige le jeune homme à quitter sa tante, esprit superstitieux, qui l'accuse d'être possédé par le diable.

• Le protégé des grands de ce monde

Nous sommes alors en 1851, peu de temps après les événements étranges survenus chez les Fox à Hydesville, qui ont marqué la naissance du spiritisme. Les capacités surprenantes du jeune homme attirent l'attention. Commence dès lors une carrière internationale qui lui fait parcourir toute l'Europe. Home est un homme doux, aimable, charmeur, qui se plaît dans un certain luxe, même s'il ne fait jamais payer ses démonstrations. Les cours se disputent sa personne ; il compte parmi ses admirateurs et protecteurs l'empereur Napoléon III, le tsar de Russie et le roi de Bavière. En Italie, en revanche, les autorités, notamment religieuses, ne goûtent guère ses dons et le font expulser. En 1862, il publie ses Mémoires : *Révélations sur ma vie surnaturelle*.

• De multiples phénomènes

Une commission dépêchée par l'université de Harvard atteste qu'en présence du médium, une table s'est déplacée et élevée de plusieurs centimètres, tandis que le plancher a vibré. L'influence du médium agit quelle que soit l'« ambiance » du local où il opère, et les observateurs peuvent continuer de discuter sans que cela gêne le moins du monde son action. Lorsqu'il est en transe, les phénomènes (dont il ne peut expliquer la nature) sont de caractères divers : lévitation mais aussi clairvoyance, élongation du corps, matérialisation d'objets et d'ectoplasmes, télékinésie ou déplacement d'objets situés au loin, musique se faisant entendre dans la pièce, phénomènes lumineux divers, voix, etc. Il peut aussi manipuler des braises sans se brûler.

En état de transe, Daniel Douglass Home s'élève dans les airs sous les yeux de ses admirateurs.

• Aucune supercherie

Sir William Crookes, chimiste de renom et découvreur du thallium (1861), intrigué par le renom du médium, a rencontré celui-ci et testé ses capacités plusieurs années durant. Le résultat de son enquête, publié en 1871 dans le *Quarterly Journal of Science*, lui est entièrement favorable. Le scientifique détaille les expériences auxquelles il a demandé à Home de se soumettre et constate que le médium a pu notamment faire bouger à distance, sans qu'aucune supercherie ait été décelée, un accordéon dont les touches se sont mises à jouer seules. Home a également été testé une fois à Saint-Pétersbourg (1870), mais ses dons n'ont alors pas agi. Ce qui n'étonne pas Crookes. Lui-même, au cours de certaines séances, a eu peu de résultats : les pouvoirs de Home ne se manifestent pas sur simple demande – ce qui semble plutôt constituer un argument en sa faveur. Quand le médium meurt, en 1886, de la tuberculose dont il souffre depuis son enfance, aucune fraude n'a jamais pu être relevée.

Disparitions

Des soldats ont-ils disparu dans un nuage ?

L'un des cas les plus mystérieux de disparition, peut-être parce qu'il concerne non pas un individu mais un groupe d'hommes, se produit au cours de la Première Guerre mondiale, lorsque le bataillon du Royal Norfolk Regiment s'évanouit en pleine campagne des Dardanelles, au mois d'août 1915.

• La bataille des Dardanelles

Entre mars et décembre de l'année 1915, l'Angleterre et la France tentent en effet de se rendre maîtresses des Dardanelles, point stratégique contrôlant les communications entre la Méditerranée et les ports russes de la mer Noire. Mais les armées de l'Empire ottoman, commandées par des Allemands, tiennent le corps expéditionnaire occidental en échec. Les pertes sont si importantes (46 000 morts) que les Alliés abandonnent finalement la partie en décembre 1915.

Le témoignage des soldats néo-zélandais (1965)

« (Le 24 août 1915) Ce nuage était extrêmement dense au point de paraître solide et se trouvait à 900/1100 m du combat se déroulant dans le territoire tenu par les Anglais. (...) Notre position surélevée dominait la cote 60 d'environ 90 m. Un peu plus tard, ce singulier nuage recouvrit le lit d'un torrent asséché, à moins que ce soit un chemin encaissé, et nous pûmes distinguer parfaitement ses côtés et ses extrémités alors qu'il était posé sur le sol. Tout comme les autres nuages, il était de couleur gris clair. On remarqua alors qu'un régiment anglais de plusieurs centaines d'hommes, le 4e Norfolk, remontait par ce chemin ou ce lit de torrent vers la cote 60. Quand ils arrivèrent à ce nuage, ils s'y enfoncèrent sans hésitation, mais aucun d'eux n'en ressortit pour combattre sur la cote 60. Environ une heure plus tard, une fois que le dernier soldat eut disparu à l'intérieur, le nuage s'éleva très discrètement du sol et, comme n'importe quel nuage ou brouillard, monta lentement jusqu'à rejoindre les autres nuages (...)»

Les troupes anglaises et françaises combattent ensemble pour prendre possession des Dardanelles.

• La disparition des Norfolk

L'histoire de la disparition des Norfolk est connue par le récit des soldats du Commonwealth qui ont assisté à l'événement. Le 21 août 1915, au cours de l'attaque de la presqu'île de Gallipoli, un des épisodes les plus sanglants de la campagne des Dardanelles, vingt-deux soldats néo-zélandais d'une compagnie du génie voient le 4e régiment de Norfolk, qui compte 267 hommes, se porter au secours du corps d'armée ANZAC (Australia and New Zealand Army Corps) en train d'attaquer la cote 60, au sud de la baie de Suyla. Alors qu'ils se trouvent dans le lit d'un cours d'eau asséché, les soldats du Norfolk entrent dans un étrange nuage. Au moment où tous les hommes ont disparu derrière le rideau de brume, le nuage s'élève doucement puis s'éloigne dans le ciel, contre le vent, et échappe bientôt aux regards des observateurs. Plus un être vivant n'est visible dans la petite vallée, et la Turquie affirme n'avoir jamais capturé qui que ce soit du régiment concerné.

Les troupes australiennes débarquent sur la plage de Gallipoli, lieu stratégique pour accéder à Istanbul.

• Des contradictions

Ce récit repose sur un témoignage fait cinquante ans après la campagne des Dardanelles. Rédigé lors d'une rencontre commémorative des ANZAC par trois des soldats néo-zélandais appartenant à la 3e section de la 1re compagnie du génie, ce témoignage se présente sous forme d'un appel à déposer, destiné aux éventuelles personnes encore vivantes qui auraient assisté au phénomène. L'examen du document révèle cependant un certain nombre d'erreurs factuelles dans le récit, qui rendent sa fiabilité douteuse. Ainsi le 4e Norfolk évoqué par les trois soldats n'est pas un régiment mais un bataillon, et celui-ci a, d'ailleurs, terminé la campagne des Dardanelles. En revanche, c'est le 5e Norfolk, autre bataillon du même régiment, qui a effectivement été porté disparu lors d'une attaque. Celle-ci a eu lieu non le 21 août comme le mentionne le document, mais le 12 d'après les archives militaires anglaises, et à cinq kilomètres de la position supposée des témoins néo-zélandais. Il existe cependant un autre texte évoquant un épisode similaire et écrit peu après la campagne. On ne peut y relever aucune contradiction ni assertion douteuse : le témoignage paraît nettement plus fiable.

• Souvenirs véridiques ou suggestions a posteriori ?

Il s'agit du *Final Report of the Dardanelles Commission* (Rapport final de la commission des Dardanelles), publié en 1917. Selon ce document, une « étrange brume » reflétant les rayons du soleil a recouvert la baie et la plaine de Suyla le 21 août, dissimulant les tranchées occupées par les Ottomans et leur permettant ainsi de tirer facilement sur les Alliés. Mais si « étrange » qu'il paraisse, un tel phénomène météorologique semble courant dans la région. C'est également ce même 21 août, au cours de l'après-midi, que le rapport cite l'attaque de la fameuse cote 60 par 3 000 hommes des ANZAC. À la lecture des deux épisodes décrits dans ce document officiel, les similitudes avec le témoignage tardif des soldats néo-zélandais paraissent frappantes. En fait, ce dernier ressemble plutôt à un mélange des deux événements, présentés dans le *Rapport final* comme distincts, mais relatés sur deux pages en face l'une de l'autre…

Cette disposition aurait-elle pu influencer la mémoire des trois témoins ? Il faut ajouter que, du 5e Norfolk porté effectivement disparu, 122 cadavres des membres de ce bataillon ont été retrouvés dès le 23 septembre 1919. Et, si l'on considère que 27 000 des 34 000 tués, Anglais et ANZAC, n'ont jamais connu de sépulture, on peut supposer que les corps des 145 soldats manquants ont été mêlés à la terre d'un champ de bataille noyé sous une chaleur terrible qui constitue un facteur de putréfaction accélérée. Ces divers éléments ne plaident guère en faveur de l'authenticité du témoignage des trois Néo-Zélandais.

DISPARITIONS

Que s'est-il passé lors de l'expérience Philadelphie ?

La Seconde Guerre mondiale voit proliférer dans les deux camps ennemis des expériences destinées à mettre au point de nouvelles armes « définitives ». La plus étrange de ces armes a peut-être été testée dans l'arsenal de Philadelphie, aux États-Unis, en 1943.

• L'enquête du Dr Jessup

En 1955, le Dr Morris K. Jessup, un astrophysicien, publie un ouvrage sur les ovnis intitulé *The Case for the UFO* (« le cas des ovnis »). La même année, au milieu du mois d'octobre, il est contacté par un certain Carlos Miguel Allende, qui révèle rapidement s'appeler en fait Carl Allen. Allen envoie à Jessup trois lettres, rédigées dans un style déroutant, dans lesquelles il prétend avoir été le témoin d'une étrange expérience de l'US Navy, en octobre 1943, au large de Philadelphie. D'après Allen, elle aurait eu pour but de rendre un escorteur invisible et de lui faire parcourir quasi instantanément la distance entre Philadelphie et la base navale de Norfolk. L'auteur des trois lettres rattache l'affaire aux ovnis – et s'adresse donc à Jessup – parce qu'il pense que c'est par un type de propulsion similaire que les vaisseaux spatiaux extra-terrestres pourraient se déplacer. Allen révèle en-

Pendant la Seconde Guerre mondiale, les expériences militaires ont proliféré. La plus étrange, « l'expérience Philadelphie », consistait à rendre un escorteur invisible.

core les conséquences de l'essai de l'US Navy : l'équipage de l'escorteur aurait été victime d'effets secondaires terribles. Certains hommes seraient morts, d'autres, devenus fous, et d'autres enfin se seraient volatilisés, quelquefois dans des conditions particulièrement épouvantables (combustion lente du corps) et, dans certains cas, longtemps après la fin de l'expérience.

Le Dr Jessup enquête et arrive à la conclusion qu'un essai militaire a effectivement eu lieu en 1943, visant à tester l'effet d'un champ magnétique puissant sur un navire (l'*Eldridge*) et son équipage, et qu'il a été effectué dans un bassin du port militaire de Philadelphie. Dès le début de l'expérimentation, l'escorteur aurait été enveloppé dans un cocon de lumière verte et aurait commencé à disparaître jusqu'au niveau de sa ligne de flottaison. Plus tard, le même phénomène se serait répété, en pleine mer, et de manière plus complète, puisque l'escorteur aurait disparu complètement pendant quelques minutes. C'est à ce spectacle qu'aurait assisté Carl Allen alors qu'il se trouvait sur un cargo, l'*Andrew Furuseth*, faisant partie d'un convoi escorté, entre autres, par l'*Eldridge*. Toujours selon l'enquête de Jessup, des bruits auraient alors couru selon lesquels l'escorteur aurait surgi brièvement, tel un fantôme, en rade de Norfolk, à 400 kilomètres plus au sud.

Entre-temps, l'US Navy convoque Jessup pour lui montrer un exemplaire de son livre envoyé par un expéditeur anonyme et annoté largement à la main. Çà et là se trouvent des références à l'expérience de 1943. L'écriture est celle de… Carl Allen. Ce sont surtout ces détails qui semblent intéresser la Marine. Celle-ci fait tirer par la société Varo Corp, de Dallas, 127 exemplaires de l'édition annotée, pour la distribuer à certains de ses services à fin d'étude approfondie. Ne parvenant pas à découvrir le mystérieux Allen, l'US Navy propose une collaboration à Jessup, qui refuse. D'ailleurs, en avril 1959, celui-ci, en proie à de graves problèmes personnels, se suicide.

• Que s'est-il passé à Philadelphie ?

Après la mort du Dr Jessup, l'enquête s'enlise. L'affaire ne redevient d'actualité qu'à la fin des années 1970, sous l'impulsion de Charles Berlitz, auteur d'un ouvrage sur le triangle des Bermudes, et de William L. Moore, qui s'intéresse depuis longtemps aux ovni. Dans leur livre, *Opération Philadelphie*, ils récapitulent les éléments connus, après avoir retrouvé, presque par hasard, l'énigmatique Carl Allen, que la Marine américaine n'avait pas réussi à localiser vingt ans plus tôt. Leurs découvertes peuvent se résumer ainsi : premièrement, Allen était bien marin sur l'*Andrew Furuseth*, et celui-ci se trouvait effectivement au large de Philadelphie à la date dite, ainsi que l'*Eldridge* l'escorteur concerné. Deuxièmement, même après trente ans, il se trouve encore un certain nombre de personnes, dont beaucoup demandent l'anonymat, pour affirmer que des expériences bizarres et tournant autour des champs magnétiques ont effectivement eu lieu dans le port militaire de Philadelphie. Troisièmement, il apparaît qu'Einstein a bien travaillé épisodiquement pour la Marine en 1943. Cependant, la fantastique version concernant une expérience sur l'invisibilité et le déplacement instantané n'est pas la seule explication fournie par les témoins. Des sources de Berlitz et Moore parlent aussi d'un système révolutionnaire pour lutter contre les terribles mines magnétiques allemandes, et surtout certaines dépositions évoquent une tentative d'invisibilité… *radar*.

Mais, dans tous les cas, demeure la constante d'une catastrophe humaine qui aurait mis un terme à la tentative. De fait, on a déterminé depuis que les champs magnétiques puissants sont néfastes à la santé et à l'équilibre mental. Voilà qui pourrait expliquer au moins la folie, ou même la mort, de quelques-uns des marins, ainsi que le refus de l'US Navy de parler de l'« Expérience Philadelphie ». Mais bien des zones d'ombres demeurent dans cette mystérieuse affaire…

Les travaux du physicien Einstein auraient inspiré les promoteurs de « l'expérience Philadelphie ».

Disparitions

Le Triangle des Bermudes ouvre-t-il sur d'autres mondes ?

Les disparitions en mer ont depuis toujours été nombreuses et elles sont généralement explicables, à défaut d'être toujours expliquées. Mais, s'il est un endroit où les conditions des drames survenus demeurent encore obscures, c'est bien dans ce qu'on nomme le « Triangle des Bermudes ».

• Le vol 19 ne répond plus

C'est en 1964 seulement que le journaliste américain Vincent Gaddis emploie pour la première fois dans un article cette expression. Le « Triangle des Bermudes » désigne désormais la région située entre la Floride, les Bermudes et Porto Rico, où des centaines d'avions, de bateaux et de personnes se sont évanouis apparemment sans laisser de trace.

Le 5 décembre 1945, 5 avions torpilleurs *Avenger*, formant le vol 19 et équipés d'un matériel de navigation sophistiqué, quittent la base aéronavale de Fort Lauderdale, en Floride, pour une mission de routine. Tout se déroule normalement lorsque, soudainement, au bout d'une heure et demie de vol, le lieutenant Charles G. Taylor informe avec inquiétude la tour de contrôle qu'ils sont perdus et ne peuvent plus distinguer la surface de l'océan.

La tour demande alors aux appareils d'aller vers l'ouest, mais la réponse de l'officier est encore plus surprenante que la première : « Nous ne savons pas où est l'ouest. Tout est faux, étrange. Nous ne sommes sûrs d'aucune direction. Même l'océan ne semble pas comme d'habitude. »

Le contact radio ayant été rompu, un gros hydravion bimoteur « Martin Mariner » est envoyé au secours des appareils, mais il disparaît à son tour, tout aussi mystérieusement. Six avions et vingt-sept hommes se sont ainsi évanouis en quelques heures sans qu'aucune explication rationnelle soit apportée par la commission d'enquête de la Marine ni par diverses « révélations » ultérieures.

• Les hypothèses

Les hypothèses les plus diverses sont avancées pour tenter de résoudre le mystère du Triangle des Bermudes. Certains auteurs parlent de visiteurs extraterrestres venus de l'espace pour enlever des hommes et des appareils modernes afin de les étudier, tandis que d'autres indiquent que ces disparitions sont dues à des êtres anthropomorphes, hautement civilisés, supposés vivre dans des coupoles sous-marines au fond des océans !

Ce lieu pourrait être également le centre d'une distorsion spatio-temporelle entraînant navires et avions dans des époques différentes de la nôtre ou dans d'autres dimensions. Une solution plus vraisemblable serait la présence de champs magnétiques très puissants susceptibles d'expliquer certains des phénomènes observés, tels que les dérèglements des instruments de bord, mais pas d'autres aspects de l'énigme.

• Des disparitions inexplicables

Si le vol 19 demeure le cas le plus célèbre, il n'est cependant pas isolé et la liste des victimes du Triangle des Bermudes est longue. C'est d'ailleurs cette fréquence anormalement élevée de disparitions par comparaison avec d'autres zones maritimes qui est, entre autres, à l'origine de la célébrité de ce lieu. Ainsi, de 1945 à 1975, 37 avions, plus d'une cinquantaine de bateaux et même un sous-marin atomique, avec tout leur équipage, se sont évaporés sans raison apparente et sans qu'aucun débris ni corps aient été retrouvés.

En 1918 notamment, le *Cyclop*, un charbonnier de la marine américaine à bord duquel se trouvent trois cent huit hommes d'équipage, dont le consul général Alfred Gouschalk, disparaît mystérieusement. Trente ans plus tard, un avion de transport DC 3 connaît le même sort alors qu'il se trouve à environ cinquante milles de Miami. Le dernier message du capitaine informe pourtant la tour de contrôle que tout va bien et qu'il attend les consignes pour atterrir.

Fait curieux, à l'exception du vol 19, les victimes n'envoient jamais le moindre SOS mais, bien au contraire, affirment souvent peu avant le drame que leur traversée se déroule tout à fait normalement.

• D'étranges phénomènes lumineux

Beaucoup de témoignages font en revanche référence à des événements inhabituels tels que la panne totale des équipements de bord, des phénomènes visuels incompréhensibles ou des observations de curieuses lumières sous-marines. Ainsi, le remorqueur de sauvetage *Good News* fait route de Porto Rico à Fort Lauderdale, en 1966, lorsqu'il est entouré par un brouillard très épais et secoué par des eaux houleuses. Le compas et les instruments électriques commencent aussitôt à se détraquer. Or, dès que le navire sort de cette brume énig-

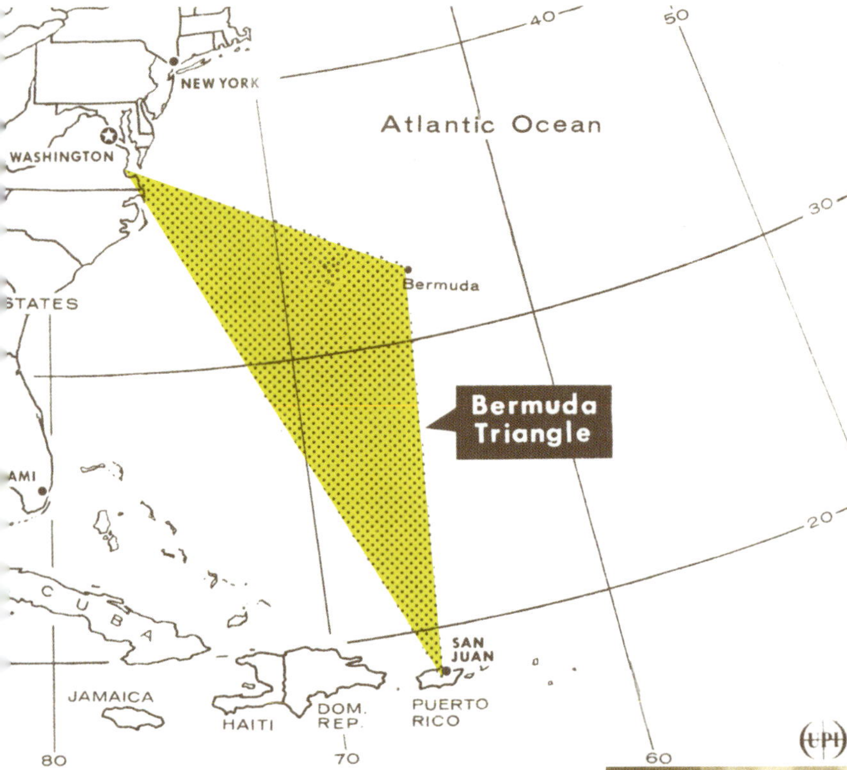

Dans le Triangle des Bermudes, situé entre le détroit de Floride et les Petites Antilles, les disparitions inexpliquées sont nombreuses. Elles ont été attribuées aux extraterrestres, à une distorsion spatio-temporelle, ou, hypothèse plus vraisemblable, à la présence de champs magnétiques.

matique, le temps est clair, la mer est redevenue calme et les instruments fonctionnent à nouveau normalement.

Le même genre de mésaventure survient, en 1972, au pilote Chuck Wakely alors qu'il vole entre Bimini et Miami. Il croit voir que les ailes de son avion deviennent translucides. En quelques minutes, l'habitacle du pilote est inondé par une lueur bizarre et l'appareil change de direction sans qu'il puisse intervenir. La lumière s'évanouit enfin et les instruments redeviennent aussitôt normaux.

Enfin, en 1975, la vedette côtière *Diligence* se porte au secours d'un cargo en flammes lorsque sa radio s'éteint brutalement sans raison. L'équipage voit de mystérieuses lumières vertes tomber du ciel. L'enquête ultérieure ne peut, là non plus, donner aucune explication rationnelle à cette panne et à ces phénomènes étranges.

Cinq avions torpilleurs **Avenger** *formant le vol 19 ont disparu en quelques heures sans qu'aucune explication rationnelle ne soit donnée.*

VIE ANTÉRIEURE

La réincarnation est-elle possible ?

En Inde, la réincarnation est considérée comme un fait incontestable. Pourtant, même les bouddhistes sont surpris que certains puissent conserver le souvenir de leurs « vies antérieures ». Plusieurs cas ont été enregistrés et étudiés par les scientifiques ; l'un des plus troublants est celui de Shankar.

Samsara, la ronde sans fin

Dans la tradition indienne, le sage maître Samyutta Nikâva évoque la *samsara*, la ronde des âmes qui se réincarnent. Elle ne peut s'arrêter que si l'homme parvient à la pureté. Il atteint alors la délivrance et le nirvana (paradis) :

« Quelle est, pensez-vous, ô disciples, la masse des eaux du grand océan ou celle des larmes que vous avez versées au cours de votre long pèlerinage, allant perpétuellement vers de nouvelles naissances et de nouvelles morts, unis à ce que vous haïssez, séparés de ce que vous aimez ? Sans commencement et sans fin est cette ronde. Inconnaissable est le commencement des êtres enveloppés dans l'ignorance qui, poussés par le désir, sont conduits vers des renaissances, poursuivant cette ronde de renaissances. Ainsi, depuis longtemps avez-vous souffert les douleurs physiques et les douleurs morales. Vous avez engraissé le sol des cimetières assez longtemps pour être dégoûtés de cette existence, assez longtemps pour vous en détourner, pour vous en libérer. »

Samyutta Nikâva, *Commentaire sur le Bardo.*

• Une bien mystérieuse marque de naissance

Le 19 janvier 1951, Munna, un petit garçon de 6 ans, joue devant la boutique de son père, coiffeur à Kannauj, une ville du nord de l'Inde. Deux inconnus surgissent. Sans se faire remarquer, ils enlèvent l'enfant.

Lorsque son père, Sri Jageshwar Prasad, constate l'absence de Munna, il s'inquiète et fait rechercher son enfant. Quelques heures plus tard, on retrouve le petit cadavre égorgé au bord d'une rivière. Deux hommes sont rapidement arrêtés. L'un d'eux avoue le meurtre puis se rétracte. Aucune preuve formelle de leur culpabilité ne peut être établie. La police doit les relâcher. La famille de Munna est désemparée, sa mère est atteinte de graves troubles nerveux.

Six mois après la mort de Munna, un petit garçon nommé Shankar, fils de Sri Babu Ram Cupta, naît dans un autre quartier de Kannauj. Dès ses premiers mots, l'enfant manifeste un comportement étrange. À 2 ans, il parle de son « autre maison », dans laquelle il aimerait retourner. Il voudrait voir ses « autres parents » et ne cesse de réclamer des jouets, qu'il décrit très précisément, et qu'il n'a jamais eus. Parfois, Shankar est saisi de grandes frayeurs. Il raconte comment, dans son « autre vie », deux hommes l'ont égorgé. Depuis sa naissance, le garçon a sous le menton, barrant toute la largeur du cou, une marque mystérieuse qui ressemble à une longue cicatrice.

• Des détails troublants

En 1954, l'histoire de Shankar fait le tour de la ville. À plusieurs reprises, il raconte « son » meurtre et donne des détails qui n'ont jamais été connus du public mais qui

Le fils du coiffeur de Kannauj s'est-il réincarné 6 mois après sa mort ?

Le diagramme de Samsara : la ronde des âmes qui se réincarnent fait partie de la tradition indienne.

correspondent à la confession de l'accusé qui s'est ensuite rétracté. Jageshwar en entend parler, il est troublé. Il veut rencontrer Shankar, mais son père, Babu Ram, s'y oppose. L'affaire commence à l'inquiéter, il craint qu'on lui retire son fils. Jageshwar insiste. Le 30 juillet 1955, il parvient à rencontrer Shankar et sa mère. L'enfant, qui vient d'avoir quatre ans, reconnaît Jageshwar et se jette dans ses bras.

Dès 1956, le Pr Atreva, de Bénarès, s'intéresse au cas de Shankar, qui fournit des détails sur la vie de Munna que seule sa famille peut connaître, et ses récits quant au meurtre ne varient jamais. Babu Ram, mécontent de tout ce tapage, bat son fils et lui interdit de parler de son « ancienne vie ». Jageshwar, qui ne doute plus que Shankar et Munna ne font qu'un, tente de faire rouvrir le procès des meurtriers présumés. La justice indienne refuse cet étrange « témoignage de la victime ».

• Une affaire truquée ?

De 1956 à 1965, l'affaire est étudiée non seulement par le Pr Atreva, mais encore par le Dr Jamuna Prasad et le chercheur américain Ian Stevenson. Ils tentent de déterminer si une manipulation est possible.

Première hypothèse, les familles sont complices. Pour quel motif ? Aucune des deux ne tire le moindre profit financier de l'affaire. Jageshwar verrait-il là le moyen de faire condamner les assassins de son fils, en inculquant de faux souvenirs à Shankar ? Peu probable. Il est d'ailleurs presque impossible de faire apprendre si parfaitement une leçon à un enfant de cet âge : au fil des années, Shankar ne se contredit jamais dans ses récits. Enfin, Babu Ram se montre constamment hostile aux déclarations de son fils.

Seconde hypothèse, Shankar est un enfant mythomane. Mais, dans ce cas, il est tout simplement impossible qu'il ait pu connaître autant de détails sur la vie de Munna.

• Aucune hypothèse « logique et rationnelle »

L'hypothèse de la cryptomnésie, la « mémoire cachée », peut être envisagée. Cette théorie fait appel à la psychanalyse. Dès son plus jeune âge, l'enfant pourrait avoir inconsciemment enregistré des conversations de ses parents se rapportant au meurtre de Munna, il se serait identifié au garçon et, naturellement, aurait raconté « son histoire » en grandissant. Mais, une fois de plus, la même objection revient : comment aurait-il pu dans ce cas évoquer des détails que même ses parents ignoraient ? Et comment expliquer une marque de naissance si proche de la cicatrice de Munna ? Force est donc d'admettre qu'aucune hypothèse « logique et rationnelle » ne peut être appliquée à l'affaire Munna-Shankar.

Pour certains, la clef de l'énigme se trouve dans la télépathie : Shankar, pour des raisons que l'on ignore, a inconsciemment été en contact avec la mère de Munna, personne à l'équilibre psychique perturbé. Sans s'en rendre compte, il a été victime de cette projection. Mais, pour une majorité d'Indiens, la véritable solution est à la fois plus troublante et plus banale : Shankar est tout simplement la réincarnation de Munna.

MONSTRES HUMAINS
pages 148 à 155

MONSTRES DES OCÉANS
pages 170 à 177

ENFANTS SAUVAGES
pages 156 à 159

ANIMAUX SAUVAGES
pages 160 à 169

CHAPITRE VI

Créatures et bêtes extraordinaires

DANS LE MONDE ANIMAL, IL EXISTE UNE CATÉGORIE BIEN PARTICULIÈRE, SOURCE DE TERREUR ET DE FASCINATION : LES MONSTRES. ILS SONT COMME DES MIROIRS DANS LESQUELS L'HOMME SE REGARDE ET CHERCHE À Y TROUVER DES RÉPONSES RASSURANTES CONCERNANT SON HUMANITÉ.

Les monstres contiennent toute la bestialité dont nous cherchons à nous débarrasser dans notre comportement. D'ailleurs les plus grands monstres, ceux qui frappent le plus l'imagination ne sont-ils pas, comme les vampires et les loups-garous, ceux qui possèdent pour moitié une figure humaine ? Plus généralement, ces monstres ne nous rappellent-ils pas une époque où nous vivions dans les grottes et tentions de survivre comme les autres espèces ? Et si, cachés dans les recoins les plus obscurs de la planète, certaines de ces créatures avaient cependant réussi à faire fi des lois de l'évolution ?

Le vrai visage de Dracula

Depuis la fin du XIXe siècle et la parution du roman de Bram Stoker,* Dracula, *le mythe du vampire s'est installé dans l'imaginaire populaire. La figure et le nom d'un ancien et cruel chef de guerre des Balkans reviennent hanter les esprits : le prince Vlad Dracul.

• *Une fiction renouvelée...*

La mort et le sang jouent un rôle primordial dans l'imagination des hommes, aussi ne faut-il pas s'étonner du formidable succès rencontré par le thème du vampire, mort-vivant qui vit pour l'éternité en suçant le sang de ses victimes. À travers lui, c'est aussi le rêve d'une existence infinie qui est traité.
Le roman de Bram Stoker relate l'affrontement dramatique entre un groupe de personnes, menées par le professeur Van Helsing, médecin versé dans les sciences occultes, et l'impitoyable vampire transylvanien, le comte Dracula.

La tradition vampirique est déjà solidement établie lorsque le roman est publié en 1897 : Byron, Giovanni, Polidori, à l'époque romantique, ont évoqué ces morts qui quittent leur linceul pour tourmenter les vivants.

Bram Stoker, auteur de **Dracula**, *va raviver le mythe du vampire.*

Mais l'origine des vampires remonte à bien plus loin : aux harpies de l'Antiquité connues pour enlever des hommes qui ne reparaissent plus, aux monstres assoiffés de sang des légendes médiévales russes, allemandes ou roumaines.
La nouveauté du *Dracula* de Stoker réside dans ses appétits sadiques tout autant que morbides, ainsi que dans les procédés imaginés pour écarter les vampires : l'utilisation de l'ail ou de la Croix.

• *...mais inspirée de la réalité*

Dracula, de Bram Stoker, est avant tout un personnage de fiction, mais l'écrivain s'est inspiré, pour le créer, d'un homme qui a existé, Vlad IV, surnommé Tepes, « l'Empaleur ».
Au XVe siècle, un des voïvodes (princes) de la Valachie, province sous domination turque, située entre les Alpes de Transylvanie et le Danube, est connu sous le nom de Vlad Dracul, ce dernier mot signifiant « dragon », l'emblème du roi. Lorsque son fils Vlad IV, né en 1430, lui succède à l'âge de 25 ans, il reçoit donc le titre de Dracula, c'est-à-dire « fils du dragon ».
Dès son enfance, Vlad Tepes est confronté à la violence. Il voit son père assassiné et son frère aîné enterré vivant. Lui-même est retenu plusieurs années dans une forteresse comme otage par les Turcs.
Vlad Tepes, en dépit de sa sombre personnalité, est considéré par de nombreux Roumains comme un héros national pour avoir tenté de libérer les trois provinces roumaines (Valachie, Moldavie et Transylvanie) de la mainmise de l'envahisseur turc. Il est l'un des chefs de guerre que redoutent le plus les contingents du sultan Mehmed le Conquérant installés dans la région. Mais, vaincu en 1462, il doit se réfugier en Hongrie, où il se retrouve à nouveau emprisonné pour des raisons politiques, jusqu'en 1473.

• *Les raffinements cruels de Vlad l'Empaleur*

L'empalement, sur un pieu de bois ou de fer, est sa méthode préférée pour se débarrasser des prisonniers turcs ou de ses opposants – d'où son surnom. Au XVe siècle, sa cruauté est connue ; une gravure allemande de 1499 le montre en train de festoyer au milieu de cadavres empalés. On estime entre 50 000 et 100 000 le nombre de ses victimes empalées, brûlées ou encore écorchées vives lors de son court règne d'une dizaine d'années. Subtil raffinement, le voïvode demande souvent à ce que l'on graisse ou émousse la pointe du pieu, afin que l'agonie du supplicié dure encore plus longtemps.

Son sadisme ne connaît pas de limite : des chroniques locales racontent comment, pour punir des émissaires turcs de ne pas s'être découverts en sa présence, il ordonne que leur fez soit cloué sur leur crâne. Une autre fois, il fait rassembler un grand nombre de pauvres et d'infirmes dans une vaste salle fermée, sous le prétexte de les convier à un banquet, et il y fait mettre le feu.

Revenu en 1476 sur le trône de Valachie, Vlad Dracula est tué deux mois plus tard sans que l'on sache qui est à l'origine de sa chute : rivaux locaux ou Turcs ; il est décapité et sa tête est plantée à l'extrémité d'une pique.

Au début du XXe siècle, sa tombe présumée est ouverte et se révèle vide. La légende rejoint ainsi le personnage mythique créé par Bram Stoker.

Le vampirisme est vieux comme le monde

Antiquité. Le panthéon assyrien possède des démons suceurs de sang, dont la perverse Lilith. Les Grecs parlent des ombres de la maison d'Hadès, dieu des Enfers, avides du fluide vital des victimes, et les Romains ont Lamia, la goule malfaisante qui vampirise ses victimes et dévore les fœtus.

Moyen Âge et Renaissance. C'est au XIe siècle que l'on trouve la première mention officielle de vampires en Occident. Au XIIe siècle, en Angleterre, ces créatures sont réputées si nombreuses qu'il faut les brûler pour calmer la fureur populaire. En Hongrie, la « comtesse sanglante », Élisabeth Bathory (1560-1614), aurait fait assassiner des centaines de jeunes femmes pour boire leur sang et s'y baigner afin de préserver sa beauté des ravages du temps.

Le XVIIIe siècle. À partir de 1730, des tombes sont profanées en série, depuis la Grèce jusqu'en Europe centrale. Les cadavres, soupçonnés d'être des vampires, sont déterrés, leurs cœurs transpercés d'un pieu et brûlés. L'armée doit intervenir.

Le château de Dracula à Bran, en Roumanie. Vlad l'Empaleur aurait vécu ici au XVe siècle.

De nos jours. Alimenté par un cinéma prolixe en films d'horreur, le mythe fascine et marque de temps à autre la personnalité de tueurs sanguinaires comme Peter Kürten (surnommé « le Vampire de Düsseldorf »), Vlado Makaric, Kuno Hoffman, ou celle des membres d'étranges sectes « vampiriques ».

MONSTRES HUMAINS

Gilles de Rais : ogre ou Barbe-Bleue ?

« Noble homme, messire Gilles de Rais, baron de ladite terre en notre diocèse, est accusé par l'évêque de Nantes d'avoir : tué, égorgé, massacré plusieurs enfants innocents d'inhumaine façon, et commis avec eux, contre nature, l'abominable et exécrable péché de sodomie, de diverses manières et avec des perversités inouïes… »

• La culpabilité en apparence indéniable d'un seigneur monstrueux

Moins de six semaines après la réception de cette lettre, qui lui ordonne de comparaître devant le tribunal ecclésiastique, Gilles de Rais, maréchal de France à 25 ans, compagnon de Jeanne d'Arc, est exécuté pour crimes d'homicide, de magie noire et de sodomie, le 26 octobre 1440.

Les actes de son procès, conservés jusqu'à nos jours, ont la force de l'évidence. Tout y est : témoignages des parents des victimes, les aveux des comparses. Les crimes sont affreux et décrits en détail : Gilles a abusé de quelque 150 enfants, puis les a torturés avant de les achever. Pendant environ huit ans, des enfants disparaissent, entre Nantes et le Poitou, là où sont situés les terres et les châteaux du sire de Rais : Champtocé, Machecoul, Tiffauges, Pouzauges… Les petits disparus ont généralement entre 7 et 12 ans ; ce sont le plus souvent des garçons.

Au procès de Gilles de Rais, leurs parents éplorés et leurs voisins insistent sur leur beauté. Ils racontent aussi qu'ils ont vu des serviteurs de Gilles parler aux enfants peu avant leur disparition. Leur demande-t-on pourquoi, huit années durant, ils n'ont pas dénoncé Gilles de Rais ni rien formulé de leurs soupçons ? La réponse est évidente : de Rais est un haut seigneur, et eux, de simples « vilains ». La distance sociale est trop grande pour qu'ils puissent espérer que la justice prenne en considération leurs soupçons.

• Des proies faciles sur les routes du Poitou

Les enfants disparus et réclamés par leurs parents lors du procès ne constituent, semble-t-il, qu'une faible partie des jeunes gens ayant servi aux plaisirs pervers de Gilles de Rais. Beaucoup plus nombreuses sont les victimes anonymes du seigneur.

Gilles de Laval, sire de Rais, compagnon de Jeanne d'Arc, maréchal de France, en 1429. D'après Firmin Éloi Feron, 1835.

Au Moyen Âge, en effet, errent sur les routes bien des enfants abandonnés, réduits à trouver par eux-mêmes leur subsistance, au gré de la charité des nantis. Pour ces petits malheureux, la générosité d'un châtelain est une aubaine. Combien d'enfants ont ainsi frappé aux portes de Tiffauges ou de Champtocé dans l'espoir d'obtenir un peu de pain ou même, avec de la chance, le droit de servir le seigneur durablement, comme domestique ou comme petit page, ou encore en chantant dans la manécanterie – l'école de chant qu'il a créée dans chacun de ses châteaux ?

• *Un procès trop évident, une condamnation trop facile*

Les historiens d'aujourd'hui ont tendance à penser que l'affaire Gilles de Rais est en partie un montage, rendu plausible par les conditions de vie de l'époque. Exécuté pour pédophilie et meurtres à répétition, de Rais eut surtout le tort d'être un rebelle.

Le contexte dans lequel se déroule le procès – Gilles, grand féodal, dérange le duc de Bretagne, qui tente d'organiser son duché en un État souverain – et les méthodes utilisées – le filet serré de questions fondées sur les rumeurs ainsi que l'emploi de la torture – incitent en effet les esprits modernes à une grande prudence quant au fond de l'accusation.

Politiquement, le suzerain de Gilles de Rais avait intérêt à se débarrasser de son féal ; religieusement, Gilles était suspect aux yeux de l'Église, pour les serviteurs de laquelle il était loin de montrer tout le respect nécessaire. Or, quelle meilleure accusation que celle de monstruosité pour obtenir une condamnation approuvée par tout le peuple ?

Dans la pensée du temps, rébellion (contre son sire ou contre Dieu) et crimes contre nature sont d'ailleurs étroitement liés : luttant contre l'ordre social et théologique, le révolté ne peut véritablement être considéré que comme un monstre…

D'OÙ VIENT LE MOT « OGRE » ?

À sa manière, Gilles de Rais est un ogre : s'il n'a pas véritablement mangé les petits enfants, il les a consommés – sexuellement – et les a tués.

Mais qu'est véritablement un « ogre » ?

Étymologie étrusque ? L'étymologie du mot, incertaine, dérive probablement du latin *orcus*, nom d'origine étrusque d'une divinité de la Mort et des Enfers. Les formes que prend le mot dans les autres langues romanes plaident en faveur de cette interprétation : en italien *orco*, pour croque-mitaine, en sarde *orcu*, pour démon.

Ou hongroise ? Autre hypothèse envisagée, mais moins probable : le mot « ogre » dériverait du mot « hongrois », ou « hongre » au Moyen Âge.

Pourtant les règles de la phonétique plaident en sa faveur : le mot « ogre » est utilisé dans un texte pour la première fois à la fin du XIIe siècle, afin de désigner un païen féroce – comme l'étaient les envahisseurs hongrois de l'Europe occidentale des IXe - Xe siècle, qu'on accusait en particulier d'enlever les enfants. Ce n'est qu'en 1300 qu'apparaît le sens « géant mangeur de petits enfants ». Il est donc possible que les invasions hongroises aient redonné vie à un vieux mot un peu oublié, pour lui donner son sens actuel.

BARBE-BLEUE ET LE PETIT POUCET

Pour l'opinion du temps, Gilles de Rais est, sans aucun doute possible, coupable. Son histoire donne progressivement naissance à la légende de Barbe-Bleue – dont l'origine bretonne et, particulièrement, nantaise a été démontrée –, et reprise par Charles Perrault dans l'un de ses contes. Avec une transformation : le meurtrier d'enfants devient l'assassin de ses femmes. En effet, le genre du conte, destiné plus spécifiquement aux enfants, s'accorde mal avec la description de sévices sexuels sur mineurs…

Dans une autre histoire aussi célèbre de Perrault, celle du Petit Poucet, le vilain ogre égorge ses enfants, par erreur.

Gravure de Gustave Doré : l'ogre tue ses enfants, selon l'histoire du Petit Poucet *de Charles Perrault.*

Mi-hommes mi-loups

Bêtes d'une puissance formidable et dangereuse, l'hiver, lorsque la faim les poussait vers les villages, les loups ont longtemps terrorisé les campagnes. Il ne faut pas s'étonner, dès lors, que l'imagination populaire ait inventé que certains humains pouvaient se transformer en loups et dévorer d'autres hommes.

• Il aurait proposé de la chair humaine à sa femme !

Les loups-garous, comme on les nomme, sont aux XVe et XVIe siècles fréquemment évoqués : une véritable psychose règne alors dans le monde paysan, et des individus, accusés de « lycanthropie » – ou capacité à se transformer en loups –, sont jugés par des tribunaux et condamnés, pour avoir commis des meurtres à caractère cannibale sous l'apparence d'un loup. Car nul, à cette époque, ne doute de l'existence des loups-garous, dans lesquels on voit la manifestation du diable. De très savants esprits dissertent sur les cas rapportés. Pierre Mamor, recteur de l'université de Poitiers au XVe siècle, ne montre, par exemple, aucun scepticisme lorsqu'il commente le témoignage suivant : une paysanne aurait vu son mari vomir le bras et la main d'un enfant dévoré par lui alors qu'il aurait pris la forme d'un loup…

Les annales judiciaires font état de plusieurs procès où comparaissent des gens soupçonnés d'être des loups-garous.

Cette gravure de Le Brun (XVIIe siècle) montre le loup-garou tel qu'on se le représentait à l'époque : nul ne doutait alors de l'existence de la « lycanthropie ».

L'un des plus célèbres procès se déroule en Franche-Comté en 1574. On y juge un nommé Gilles Garnier, accusé d'avoir tué plusieurs personnes, dont des enfants, et de les avoir dévorées après s'être transformé en loup.

C'est par un pacte passé avec le diable que Garnier aurait acquis cette capacité de transformation. Plusieurs témoins racontent au procès avoir eu vent de ce pacte ; l'accusé lui-même reconnaît avoir utilisé un onguent magique pour enduire son corps avant d'attaquer ses victimes. Le procès de Garnier se rapproche beaucoup de ceux où l'on juge sorciers ou sorcières. Le coupable est d'ailleurs condamné à la peine habituelle dans les cas de sorcellerie : le bûcher.

• *Une véritable « épidémie » de lycanthropie*

En 1589, une affaire assez semblable se déroule en Allemagne : un paysan nommé Pieter Stumf est accusé d'avoir, sous l'apparence d'un loup, assassiné et mangé treize enfants, parmi lesquels son propre fils, de la cervelle duquel il se serait régalé… Le coupable est exécuté près de Cologne.

La lycanthropie n'est pas l'apanage des hommes. Des femmes, aussi, sont susceptibles de se transformer en loups. À Lausanne, en 1604, cinq sorcières métamorphosées en louves enlèvent un enfant et le dévorent, après l'avoir fait bouillir – étrange raffinement culinaire pour celles qui sont censées agir comme des animaux. Les faits paraissant prouvés, elles sont, elles aussi, brûlées vives.

La hantise du loup-garou est donc immense et des battues destinées à appréhender les créatures immondes sont organisées dans plusieurs provinces. Des cas nombreux sont répertoriés, jusqu'en 1610 environ.

Dans le siècle de la raison – celui de Descartes – obscurantisme et fanatisme continuent de donner libre cours à un zèle assassin.

Mythologie et « réalité » du loup-garou

Des légendes concernant des hommes qui se transforment en loups sont connues dès l'Antiquité. Le terme même de « lycanthropie » vient du nom d'un roi grec, Lycaon, souverain d'Arcadie, transformé par Zeus en loup parce qu'il avait osé lui servir, lors d'un banquet, de la chair humaine.

Un mythe universel. La rigueur des hivers à la fin des XVe et XVIe siècles, la crainte du loup, encore très présent dans les forêts d'Europe à cette époque, tout cela peut expliquer l'épidémie de loups-garous qui se produit alors.

Mais la conviction qu'une créature humaine peut se métamorphoser en un animal prédateur n'est pas propre au monde occidental. La figure de l'homme-tigre, celle de l'homme-crocodile ou de l'homme-léopard jouent un rôle analogue dans les légendes indiennes ou africaines, par exemple, et continuent même à alimenter des faits divers criminels.

L'explication de la psychanalyse. S'il est évidemment impossible qu'un homme se transforme effectivement en loup, cela ne signifie pas que quelques esprits malades n'aient pu eux-mêmes se croire capables d'une telle métamorphose.

D'ailleurs, le terme de lycanthropie désigne en psychanalyse une affection dans laquelle le patient s'imagine être un loup : hallucination qui explique sans doute l'étrange déroulement de certains procès et les aveux d'accusés.

Gravure de B. Picart (XVIIIe siècle) représentant le mythe de Lycaon.

Le rêve du Dr Frankenstein va-t-il se réaliser ?

Publié en 1818, Frankenstein, de l'Anglaise Mary Shelley, connaît aussitôt un immense succès, parce qu'il repose sur un vieux mythe : l'homme à l'égal de Dieu peut-il créer sans procréer ? Les découvertes récentes en matière de clonage pourraient donner réalité à ce rêve... ou ce cauchemar.

La romancière Mary Wollstonecraft Shelley créa Victor Frankenstein, savant obsédé par l'idée de repousser les limites de la mort.

• Les remords d'un savant

Véritable « Proméhée moderne » comme l'indique le sous-titre, le docteur Victor Frankenstein sera puni pour avoir dérobé à Dieu le pouvoir de créer la vie. C'est un châtiment légitime pour l'orgueil démesuré d'un savant qui s'arroge le droit d'insuffler la force vitale à un être créé de toutes pièces à partir de cadavres. Porté par un formidable enthousiasme, Frankenstein doit vite déchanter, car s'il est parvenu à « faire vivre la matière inerte », sa création est loin de ses espérances : sa laideur effraie tant qu'il préfère l'abandonner aussitôt. La créature monstrueuse, animée pourtant des sentiments les plus doux, tente de survivre en se cachant d'une humanité qui la rejette. Poursuivant sans relâche son créateur, elle exige de lui qu'il lui « fabrique » une compagne afin d'apaiser ses souffrances dans les joies de l'affection. Frankenstein refuse, conscient qu'il est des risques encourus : « Ainsi, une race de démons se propagerait à la surface de la terre, mettant peut-être en péril l'existence même de la race humaine. » Rongé par le remords, dévoré par la culpabilité après que le monstre a assassiné par vengeance les êtres qui lui étaient les plus chers, Victor Frankenstein meurt. Sa créature disparaît dans les glaces du grand Nord.

LA GRANDE PEUR DU CLONAGE

Même si les travaux sur le clonage de cellules animales ont commencé dans les années 1950, il faut attendre 1996 et la naissance de la brebis Dolly, en Écosse, pour voir surgir dans l'opinion les craintes liées à la manipulation génétique. L'application avouée de la technique du clonage est la thérapie génique, ou la possibilité de produire en grand nombre des cellules saines voire des organes entiers exempts de pathologie. Mais nombreux sont ceux qui s'inquiètent d'une « dérive eugénique », à savoir la volonté d'utiliser le génie génétique à des fins de sélection humaine. Ainsi s'alarme-t-on de voir advenir une société où les êtres seraient tous génétiquement « fabriqués » selon des critères d'excellence, et les plus imparfaits d'entre eux éliminés. Cette perspective n'est pas sans rappeler certaines thèses véhiculées par les nazis prônant la préservation de la race aryenne.

• Le savant qui se prend pour Dieu

En ce début du XIXe siècle, les Lumières ont donné à la science une place prépondérante quoiqu'encore timide. Les premiers travaux sur l'électricité et le magnétisme, les progrès de la médecine, de la physique et de la chimie ont transformé l'image du savant qui n'est plus cet alchimiste des temps anciens. Mais l'enthousiasme d'une époque n'exclut pas les peurs les plus irrationnelles alors que le sentiment religieux demeure très vif. Bien sûr Mary Shelley fait œuvre de pure fiction, et la part scientifique est absente de son roman, toutefois les interrogations qu'elle soulève sont celles qui dès lors accompagnent la marche du progrès scientifique. Jusqu'où le savant peut-il se permettre de conduire ses travaux ? Ses recherches ont-elles pour objectif un mieux-être de l'humanité ou bien menacent-elles celle-ci dans leurs conséquences ignorées ? L'image du scientifique bienfaiteur de ses contemporains va de pair avec celle du savant fou.

Un Écossais pour modèle

C'est en Suisse, lors d'une soirée en compagnie de celui qui allait devenir son mari, le poète Percy Bysshe Shelley, de lord Byron et de John-William Polidori que germa chez Mary Godwin-Shelley l'idée de *Frankenstein*. Lord Byron proposa ce soir-là à ses amis d'imaginer chacun une histoire de fantôme, qu'il faudrait par la suite mettre sur le papier. Ainsi naquit *Frankenstein*, sans que l'on sache bien où la romancière avait puisé son inspiration ; le seul savant qu'elle cite dans une préface est le docteur Darwin, aïeul du père de la théorie de l'évolution. Selon le *Journal of the Royal Society of Medecine*, c'est un Écossais qui aurait servi de modèle au docteur Frankenstein. James Lind, professeur au collège d'Eton, avait profondément marqué son ancien élève, Percy Shelley, par ses expériences sur l'électricité. Mary aurait alors partagé la passion de son futur mari pour cet homme qui se livrait à des expériences sur les animaux et dont le laboratoire débordait des machines les plus invraisemblables.

• *Le rêve de Frankenstein bientôt réalisé ?*

En écho aux tourments du docteur Victor Frankenstein, les interrogations de la science moderne demeurent les mêmes. Quand en 1967 le professeur Christian Barnard réalise la première transplantation cardiaque, l'espoir médical ne dissipe pas les inquiétudes face à un acte jugé par certains « contre-nature ». Il en va de même, en 1978, avec la naissance de Louise Brown, le premier bébé-éprouvette dont l'avènement fait scandale. Les craintes renaissent, plus vives encore, en 1996, avec la naissance de la brebis Dolly, premier être vivant cloné. Ce succès de la génétique est bientôt suivi d'expériences qui reculent les frontières de la connaissance. En 1997 naît la brebis Polly, premier clone transgénique. L'année suivante des veaux transgéniques voient le jour à leur tour. Puis en 1999 ce sont des chèvres capables de produire des protéines humaines dans leur lait. Le pas est vite franchi de l'expérimentation animale à l'application humaine, si bien qu'en 2001, un chercheur italien, le professeur Severino Antinori envisage de créer des êtres humains clonés. C'est chose faite, affirme-t-il l'année suivante, en apprenant au monde entier que trois femmes sont enceintes de bébés clonés. Un savant vient-il de réaliser le rêve fou et inquiétant de Frankenstein ?

*Dans son antre, le docteur Frankenstein a donné naissance à sa « créature » (*Frankenstein*, de Kenneth Branagh, 1995).*

L'homme peut-il survivre en dehors de la société ?

Cette perspective, à la fois fascinante et révulsive, est entretenue par toute une série de récits et d'observations qui remontent jusqu'aux temps les plus reculés. Un des plus célèbres est, au XVIIIe siècle, celui de l'« Esquimaude » retrouvée dans la campagne française.

• L'« Esquimaude » qui errait dans la Champagne

En septembre 1731, en France, une fillette d'une dizaine d'années pénètre dans le village de Sogny, non loin de Châlons-sur-Marne. Elle est nu-pieds, vêtue de peaux de bêtes et un morceau de calebasse lui tient lieu de chapeau. Armée d'un gourdin, elle parvient à tuer un chien lancé contre elle par un paysan. Après sa capture, on découvre qu'elle possède des pouces très développés et que sa peau, sous la crasse, est de couleur blanche. Les témoins lui trouvent un type physique proche de celui des Esquimaux.

Pendant un temps, l'enfant reste muette. Son régime alimentaire se compose alors essentiellement de petits animaux qu'elle attrape et mange crus. Au fil du temps, la fillette finit par apprendre à parler et des détails de sa vie passée sont enfin connus. Ainsi, il apparaît qu'elle a eu pour compagne, au cours de sa vie sauvage, une autre enfant : une négresse, apparemment – à qui elle a brisé le crâne lors d'une dispute.

Or, certains paysans disent avoir en effet entr'aperçu auparavant – et tenté, en vain, de capturer – une fillette noire. L'« Esquimaude » raconte également avoir été recueillie un moment par une femme qui lui a donné des vêtements. Auparavant, il semble qu'elle ait vécu nue.

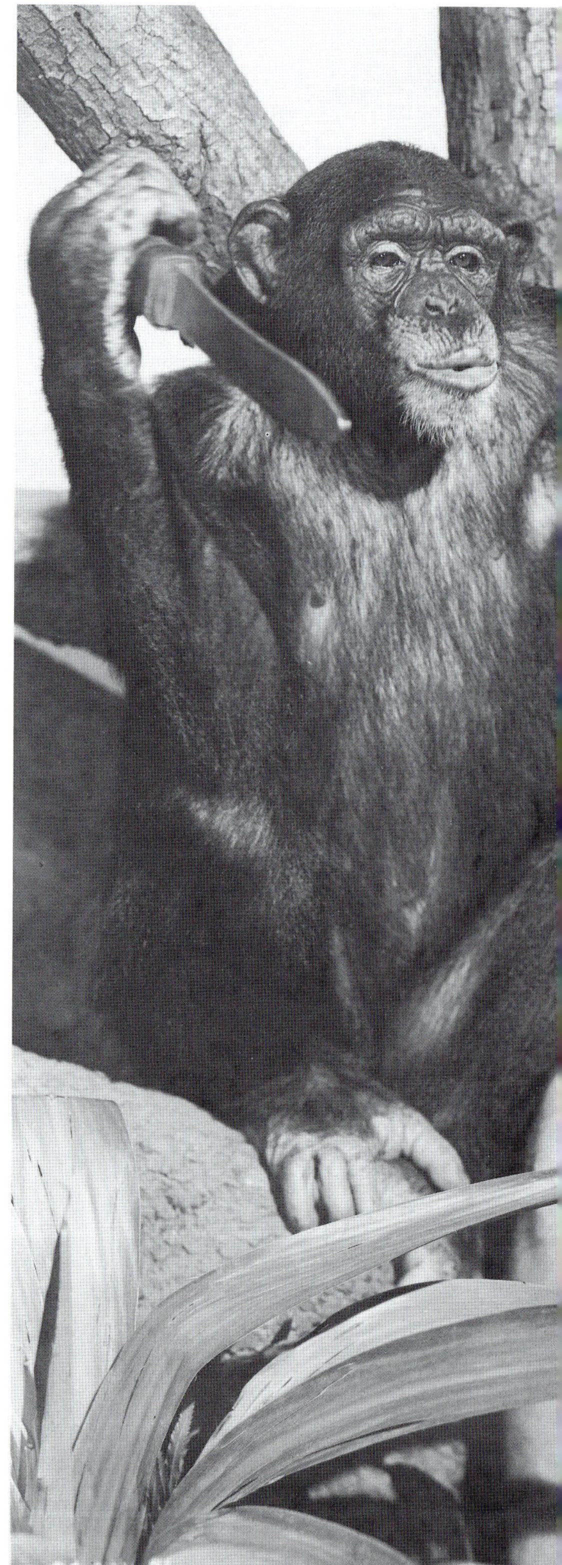

Tarzan, véritable mythe moderne, est ici incarné par Lex Barker. Les aventures de cet « homme sauvage » se déroulent dans une jungle idyllique… imaginaire.

« MOI, TARZAN ! »

L'Américain Edgar Rice Burroughs (1875-1950) a créé, en 1912, avec *Tarzan chez les singes*, un personnage qui a quitté la littérature pour atteindre le statut de mythe moderne… et celui de marque déposée ! Largement inspiré par les aventures africaines de l'écrivain britannique Henry Rider Haggard (dont la plus célèbre est *les Mines du roi Salomon*), la saga de l'« homme-singe » se déroule pourtant dans une Afrique purement imaginaire, d'où l'exactitude est totalement absente. Cette Afrique est le lieu d'aventures fantastiques au cours desquelles Tarzan rencontre des civilisations perdues, des dinosaures, se voit réduit à la taille de 50 centimètres, etc.

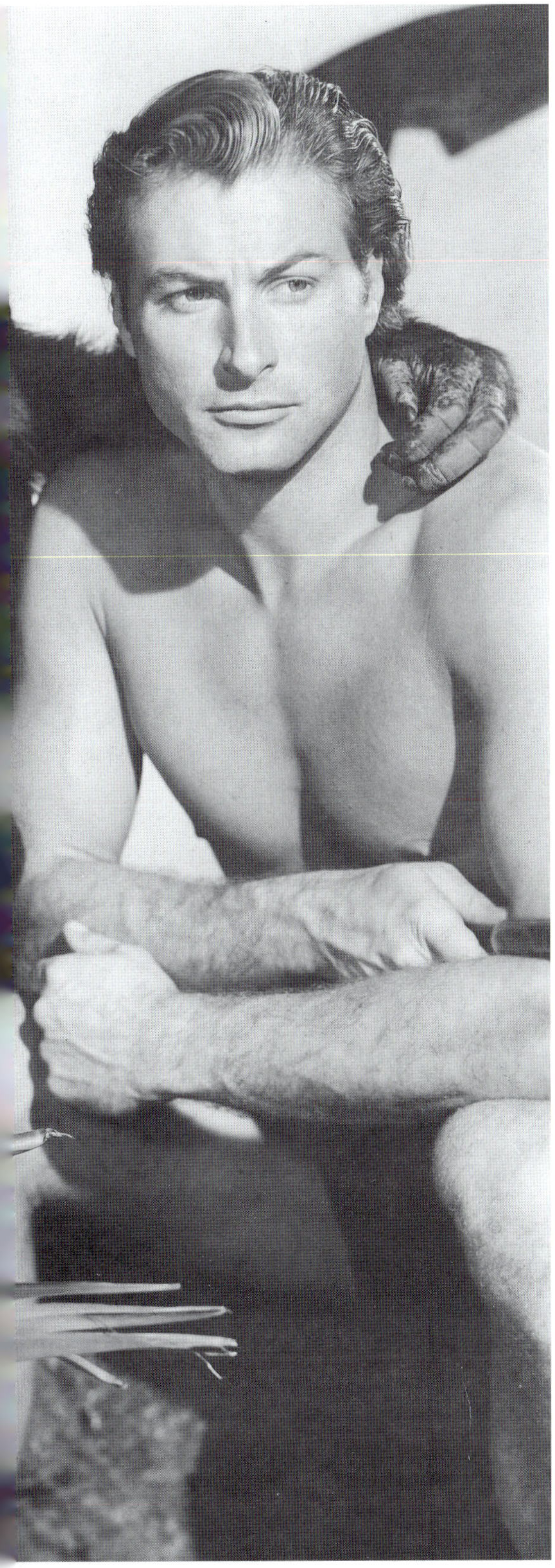

D'autres cas

Mlle Leblanc (France). Une adolescente d'environ 14 ans est trouvée au mois de septembre 1731, à quatre lieues de Châlons, en Champagne. Elle ne parle pas, a les pieds nus et le corps couvert de haillons. Recueillie par le seigneur de Sogny, elle apprend le français, acquiert « les bonnes manières » mais reste incapable de raconter son histoire. Après la mort de son protecteur, la petite « Leblanc », comme on l'appelle, entre au couvent des Nouvelles Catholiques, à Paris, pour se faire religieuse.

La fille d'Over-Yssel (Pays-Bas). Au mois d'août 1717, une fille sauvage de 19 ans est découverte dans la forêt de Kranenbourg. Enlevée à ses parents à l'âge de 16 mois, elle vit, peut-être depuis ce temps-là, seule dans la forêt. Sa peau est brune, dure et couverte de poils. Elle ne parvient jamais à parler mais apprend à filer la laine et exerce cette activité jusqu'à la fin de ses jours.

Les enfants-loups de Midnapore (Inde). Le 9 octobre 1920, deux fillettes, l'une d'environ 8 ans et demi, l'autre d'un an et demi sont découvertes dans la jungle, auprès d'une louve. Elles se déplacent à quatre pattes et émettent des sons de type animal. On les nomme Kamala et Amala et elles sont admises par le révérend Singh dans l'orphelinat de Midnapore.

Amala, la plus jeune, meurt en 1921. Kamala ne parviendra à prononcer que quelques mots. À sa mort, en 1929, son développement mental est celui d'un enfant de 2 à 3 ans.

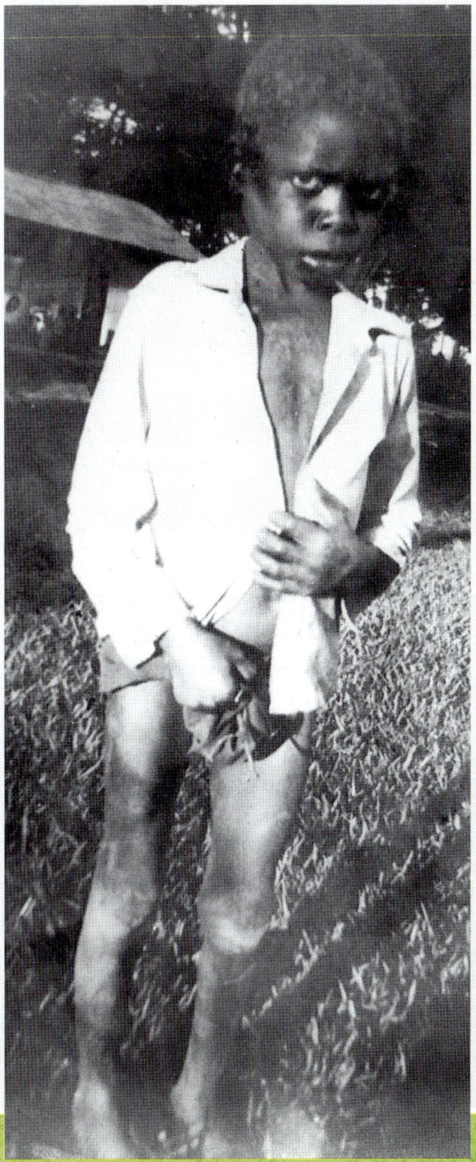

John Ssebunya, ce jeune Ougandais, a vécu 3 ans chez les singes.

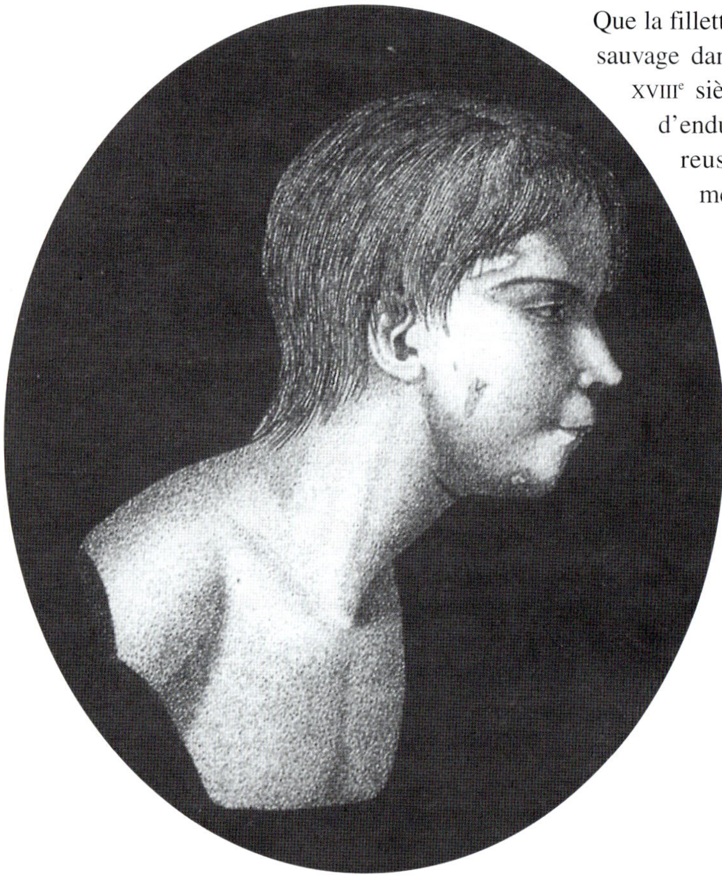

Portrait présumé de Victor, enfant sauvage de l'Aveyron.

Que la fillette ait réussi à survivre à l'état sauvage dans la campagne française du XVIIIe siècle constitue plus un record d'endurance (accompagné malheureusement d'une détérioration mentale) qu'un vrai mystère.

• La véritable énigme : l'origine des deux enfants

La sauvageonne se trouve incapable de dire quoi que ce soit sur sa vie avant son arrivée en France, si tant est qu'elle ait été effectivement d'origine étrangère. Elle ne conserve que le souvenir d'un gros animal vivant dans l'eau, et celui d'avoir traversé la mer par deux fois. L'animal aquatique pourrait constituer une mince preuve supplémentaire de son appartenance à une peuplade d'Esquimaux, ceux-ci étant réputés pour leurs chasses aux cétacés et aux phoques. Sa compagne noire et l'indication d'une double traversée maritime appuient l'idée d'une origine nord-américaine et non nord-européenne.

Peut-être ces deux enfants n'étaient-elles que des « souvenirs » rapportés, puis perdus, par un voyageur français revenu du Nouveau Monde ?...

Quoi qu'il en soit, l'« Esquimaude » de la Champagne défraie suffisamment la chronique de l'époque pour que le grand naturaliste suédois Carl von Linné l'inclut parmi les neuf spécimens d'*Homo sapiens ferus*, une sous-espèce de l'humanité créée par lui, dans son ouvrage *Systema naturae*, publié en 1758.

Les enfants sauvages ont engrendré de véritables polémiques. Le naturaliste Carl von Linné crée même une sous-espèce humaine.

• Peut-on revenir à la « civilisation » sans dommages ?

Par la suite, les « bienfaits » de la civilisation paraissent avoir un effet des plus néfastes sur la jeune fille. Elle ne s'accoutume pas au régime alimentaire de ceux qui l'ont adoptée. Elle perd ses dents et tombe souvent malade. Des médecins peu inspirés y voient une rébellion de sa nature sauvage et pratiquent des saignées pour affaiblir celle-ci...

La sauvageonne manque alors périr pour de bon, puis tout finit par rentrer dans l'ordre. Elle est placée dans un couvent parisien, sort fréquent des enfants perdus, avant et après elle. Entrée dans la « normalité », on perd dès lors sa trace...

Quelle est la frontière entre l'inné et l'acquis ?

Un enfant, d'environ 12 ans, a été vu pour la première fois vers la fin de mars 1797 aux confins orientaux de l'Aveyron. Il habite une « espèce de hutte formée avec des branches et des feuillages » et se nourrit de glands, de racines et de châtaignes. Entièrement nu, muet, fuyant à l'approche des hommes, il n'est définitivement « capturé » que le 8 janvier 1800.

Transféré à l'hospice civil de Saint-Affrique, il est « hagard et épuisé », mord qui tente de l'approcher, refuse tout vêtement et ignore le lit qu'on place dans sa cellule. Sans aucune pudeur, il satisfait ses besoins naturels là où il se trouve.

Le garçon est confié peu après à l'Institut des sourds-muets de Paris.

L'aliéniste Philippe Pinel considère qu'il n'y a aucun espoir d'éduquer l'enfant sauvage, idiot – c'est-à-dire handicapé mental – congénital. Mais le docteur Jean Itard décide de tenter quand même son éducation.

Itard applique une méthode qui consiste à faire acquérir à Victor des connaissances à mesure qu'il éveillera ses sens.

Il commence par évaluer les principaux composants des troubles dont est atteint le garçon – troubles sensoriels, troubles du langage ou incapacités dues à une absence de motivation. Observant avec acharnement et minutie son patient, il établit une évaluation précise des échecs et des progrès du garçon qui habite chez le docteur. Une gouvernante, madame Guérin, se charge de son entretien. Après une période d'observation, Itard commence par réveiller la sensibilité nerveuse du garçon en lui faisant subir des effets contrastés, notamment en lui donnant des bains chauds.

Itard constate de sensibles progrès de l'ouïe chez l'enfant. Celui-ci réagit très manifestement au son O et cette préférence engage son éducateur à lui donner un nom qui se termine par cette voyelle : « Je fis le choix de celui de Victor, ce nom lui est resté, et quand on le prononce à haute voix, il manque rarement de tourner la tête et d'accourir. »

Mais Victor reste pratiquement muet. Privé d'expression verbale, il a recours au langage gestuel. Il exprime ainsi son désir de promenade, son envie de nourriture, l'ennui d'une trop longue visite de curieux qu'il congédie en leur présentant leur chapeau et en les poussant vers la porte.

À l'issue de la première année consacrée à son éducation, Victor parvient à relier des objets aux dessins qui les représentent et même au mot écrit qui les désigne. Mais il ne prononce toujours que quelques syllabes.

Itard poursuit son œuvre durant 4 années. Mais le développement intellectuel de Victor s'arrête à un certain niveau, il n'accède pas au langage parlé. Son éducation est interrompue au bout de 5 ans.

Le jeune homme, par la suite, habite avec la seule madame Guérin dans une maison qui appartient à l'Institut des sourds-muets. Il meurt en 1828, à l'âge de 40 ans.

Le secrétaire de la Société des observateurs de l'homme, à Paris, fait savoir « qu'il serait bien important pour les progrès des connaissances humaines (...) de constater si la condition de l'homme abandonné à lui-même est tout à fait contraire au développement de l'intelligence » et conseille que l'enfant soit dirigé vers Paris.

La statue de Victor de l'Aveyron se situe dans le village de Saint-Sernin-sur-Rance.
Le réalisateur François Truffaut a repris cette histoire, en 1970, dans le film **L'Enfant sauvage** *(prod. Les films du Carosse).*

Animaux sauvages

Faut-il avoir peur du grand méchant loup ?

Au sein d'un espace naturel mal apprivoisé, les terres sauvages et les bêtes qu'elles abritent inspirent crainte et méfiance aux hommes du Moyen-Âge. Plus que tout autre animal, le loup cristallise cette peur venue du fond des âges.

• La forêt, un espace en marge de la loi

Les relations entre les hommes et les loups sont probablement vieilles de plusieurs milliers d'années. Mais c'est sans doute au début du Moyen-Âge, entre le VIIe et le XIIe siècle, que ces relations, en se multipliant, se chargent du poids symbolique le plus considérable. L'hiver, le froid, la neige, la forêt, mais aussi les guerres, la famine et la misère, dans une société qui vit davantage à la campagne qu'à la ville, sont alors associés à la présence des loups, considérée comme un révélateur des difficultés et de la faiblesse passagère des hommes.

À l'époque chrétienne, les forêts sont des lieux en marge de la loi humaine. Impénétrables, obscures, refuge de forces nuisibles, elles représentent une menace constante.

En 846, en Aquitaine

« Le vent du nord s'abat, terrible, sur les vignes et les moissons, pendant tout l'hiver, jusqu'au début du mois de mai. Des loups attaquent et dévorent des hommes des régions inférieures de la Gaule, mais dans les pays de l'Aquitaine également, rassemblés à la façon d'une armée jusqu'à près de trois cents, ils avancent sur la route en troupe et se portent contre ceux qui veulent courageusement leur résister et s'opposer à eux. »

Annales de Saint-Bertin, 1964.

Le mot même de *foresta* désigne, à l'origine, une zone plus ou moins boisée, exclue des usages communs, à la seule disposition du roi ou du prince. Cette « forêt » constitue le plus souvent une réserve de bêtes sauvages destinée à assurer le maintien d'un rituel aristocratique fondamental, la chasse. On y aménage d'ailleurs de véritables parcs à gibier, protégés par des fossés et des enclos. Sangliers, cerfs, daims, renards et lapins en sont les hôtes de choix, tandis que les loups, considérés comme nuisibles, y sont éliminés. Sur le continent, les loups, qui ont quitté leur habitat normal des steppes et des grandes plaines eurasiatiques, trouvent asile dans les forêts, à l'écart des hommes.

• Le « tigre de l'Occident »

Au IXe siècle, les hordes de loups sont ainsi en pleine recrudescence. Les dégâts que ces animaux causent, en attaquant le bétail ou les hommes, obligent le gouvernement central à intervenir. Ainsi Charlemagne édicte-t-il des mesures pour tâcher de lutter contre la prolifération de ces bêtes.

Mais l'organisation de battues systématiques à l'époque de la reproduction

Le loup est présent dans de nombreuses légendes. Cette gravure de Gustave Doré s'inspire de l'histoire du **Petit Chaperon rouge** *de Charles Perrault.*

Une bête diabolique

Envoyé par Dieu pour punir les hommes de leurs péchés, égorgeant les brebis égarées privées de leur bon pasteur, le loup est revêtu d'un caractère démoniaque que renforcent les mythes et les cultes païens encore vivaces.

Le loup de Gubbio. Le plus célèbre exemple d'intervention miraculeuse reste celui de saint François d'Assise, au début du XIIIe siècle, qui soumet par la croix un loup menaçant la ville italienne de Gubbio et le convainc de laisser les habitants en paix, à la condition que ceux-ci lui procurent une nourriture régulière.

L'intercession des saints. Les rares protecteurs du loup sont les saints personnages du christianisme, seuls capables de transformer le mal en bien, de chasser le démon de l'animal pour en faire l'instrument de Dieu. C'est pourquoi de nombreuses localités se sont-elles mises sous la protection d'un saint réputé en la matière. Ainsi saint Loup, évêque de Bayeux (au Ve siècle) ; saint Nicolas, en Pologne, et saint Georges, en Russie, sont des « bergers de loups » ; l'abbesse de Pavilly, sainte Austreberte (morte en 704), soumet à son pouvoir un loup vert, fêté en l'abbaye normande de Jumièges.

La légende du loup de Gubbio, ***par Sasseta.***

ne procure que des résultats insuffisants : en 846, durant un hiver de grand froid, l'arrivée de centaines de loups en Europe occidentale, et particulièrement en Aquitaine, provoque une véritable panique. Le « tigre de l'Occident », qui n'épargne guère que les parties tout à fait méridionales de l'Europe, alimente ainsi les contes et meuble progressivement les terreurs enfantines.

Progressant par vagues successives depuis l'est, les hordes de loups prennent la succession des hordes de Barbares. Réputés mangeurs d'hommes, et même de cadavres, dont on dit qu'ils les déterrent, les loups s'en prennent en réalité rarement aux humains. Mais, si l'hiver est vraiment froid, si la faim tenaille trop fort les bêtes, alors celles-ci n'hésitent pas à attaquer les isolés, les faibles – qu'il s'agisse du petit bétail ou des vieillards et des enfants.

Les légendes ont renforcé la réputation de mangeurs d'hommes des loups. Cependant, ils attaquent rarement les humains.

• Les loups ont envahi Paris...

Ainsi, les témoins horrifiés les décrivent avançant en colonnes, même sur les routes construites par les hommes. Alors les habitants, comme ils le feraient devant des envahisseurs humains, n'ont plus d'autre solution que de se terrer chez eux. Mais, dans quelques circonstances extrêmes, les lieux peuplés par les humains ne suffisent même plus à dissuader les loups. En 1438-1439, un des plus terribles hivers que l'Europe ait connu, des groupes de loups entrent jusque dans les cités : c'est le cas à Paris, où ils sèment la terreur et l'effroi. De leur peur de ces bêtes les hommes ont tenté de se défaire en ridiculisant le loup dans la tradition littéraire. Malgré cela, le mythe de la bête anthropophage et démoniaque reste le plus fort : les tueries de la « bête du Gévaudan » n'auront rien à envier aux attaques de loups qui nourrissent l'imaginaire médiéval.

Animaux sauvages

La bête du Gévaudan, un tueur en série du XVIIIe siècle ?

Sous le règne de Louis XV, des dizaines de personnes sont victimes d'une bête sauvage dans le Gévaudan, ancien nom de la région qui correspond à peu près à l'actuelle Lozère. Mais, bientôt, ce sont également l'Ardèche, la Haute-Loire et le Cantal qui sont touchés par les ravages de l'animal mystérieux.

• L'apparition de la « bête »

Au printemps 1764, une femme est attaquée près de Langogne par une bête que ses bœufs mettent en fuite. Peu de temps après, le cadavre d'une jeune fille de 14 ans est retrouvé. Cette victime est la première d'une longue liste.

Selon les témoins, l'animal responsable de l'agression de la bergère et de la mort de la jeune fille n'est pas un loup, mais une énorme bête à grosse tête, aux flancs rougeâtres, avec une raie noire sur le dos et une queue touffue.

• Trois ans de terreur et d'agressions sauvages

Les attaques sanglantes se succèdent et plusieurs enfants, notamment, sont tués. Un garçonnet qui rentre des champs en poussant son troupeau voit soudain la bête se jeter sur lui. Il a le bas-ventre déchiré et meurt dans les minutes qui suivent. Une fillette, qui descend seule vers les pâturages sous le regard de sa mère, est attaquée par l'animal. Sa mère et ses deux frères se précipitent à son secours, mais, lorsqu'ils parviennent sur les lieux, le cadavre est déjà presque méconnaissable : le ventre a été fouillé, la peau du crâne arrachée et en partie rabattue sur le visage.

Une véritable psychose s'empare des habitants de la région qui ne sortent plus qu'armés de couteaux ou de fourches. Quelques battues sont menées, mais sans grand succès. Les rares journaux de l'époque font état de ces attaques et l'émoi est si grand qu'un régiment de soldats du roi, des dragons, est dépêché sur les lieux. Comme si elle l'avait senti,

La bête du Gévaudan aurait tué plus d'une centaine de femmes et d'enfants. Ces sinistres exploits vont être stoppés par Jean Chastel, tueur officiel de la bête. Aujourd'hui, une stèle à sa mémoire est dressée à La Besseyre-Saint-Mary (Haute-Loire).

la bête, après avoir semé la terreur dans le Vivarais et le Gévaudan, gagne l'Aubrac et la Margeride, où elle continue à tuer, laissant sur place de nombreux cadavres déchiquetés et… décapités ! Les battues organisées par les dragons secondés par les villageois ne donnent aucun résultat. Qui plus est, la bête se joue des soldats, après une opération menée contre elle, par exemple en tuant et en décapitant une victime sous leurs fenêtres.

• Encore des carnages

Deux chasseurs de loups venus de Normandie, Denneval et son fils, se lancent à leur tour à la poursuite de la bête, mais en vain. Le 1er mai 1765 cependant, deux habitants de la région, les frères Martel de la Chaumette, blessent mortellement un gros loup. La bête du Gévaudan est-elle morte ? En fait, le carnage reprend peu après. Devant l'ampleur prise par les événements et, surtout, parce qu'on commence à le ridiculiser pour son impuissance, le roi Louis XV envoie le lieutenant de ses chasses, François Antoine, dit Antoine de Beauterne, réputé être le meilleur fusil du royaume, pour traquer l'animal. Après trois mois de chasse, Beauterne tue, en septembre 1765, près de Sainte-Marie-des-Chazes, un loup énorme, dont le corps est empaillé puis emporté à la Cour, où il fait sensation.

La dépouille semble avoir été conservée quelque temps au Muséum de Paris, puis on perd sa trace. Il s'agit en faite d'un « montage politique » à tous les sens de l'expression : le loup empaillé a été volontairement « trafiqué » de façon à produire la sensation la plus terrifiante possible, ce qui a permis, au moins à Paris, de faire cesser les attaques contre le pouvoir royal.

• La fin de la bête

Mais le succès est trop vite célébré : peu après, le massacre recommence. Un jeune noble, le marquis d'Apcher, organise alors de nouvelles battues dans les forêts de son domaine. Là vit avec ses deux fils un vieux garde-chasse, Jean Chastel, dit le « fils de la sorcière ».

Statue de bronze représentant le combat de Marie-Jeanne Valet contre la bête du Gévaudan située à Auvers (Haute-Loire). Association Au pays de la bête du Gévaudan. Sculpteur : Philippe Kaeppelin.

Une épidémie de « bêtes »

Toute attaque animale qui échappe aux explications rationnelles, c'est-à-dire qui ne relève pas du comportement habituel de l'animal concerné, suscite rapidement des rumeurs puis, souvent, de véritables psychoses. La bête du Gévaudan n'est pas le seul animal à avoir semé la terreur en France et on peut notamment citer à ce propos, la bête d'Évreux (1633-1634), la bête de Brive (1783), la bête du Cézailler (1946-1951). Les plus féroces semblent cependant avoir été la bête de l'Auxerrois et celle du Vivarais. La première surgit en 1731 et le nombre de ses victimes s'élève à 28. Elle est décrite comme un tigre ou, encore, un loup. La bête du Vivarais sévit, quant à elle, de 1809 à 1816, dans le Gard. Elle est décrite elle aussi comme un loup, mais aurait la taille d'un âne, avec un pelage brun, une crinière noire, de longues oreilles et de grosses mamelles. Son audace est si grande qu'elle pénètre même dans des maisons. Aucune de ces deux bêtes n'a été tuée ou capturée.

Chastel a déjà été suspecté, sans qu'il soit possible de trouver des preuves contre lui. Le 16 mai 1767, une fillette, amie de Chastel, meurt, attaquée par la bête. Sous l'effet de la douleur, le vieil homme change alors totalement de comportement : il tombe dans une piété absolue et décide de tuer l'animal. Au cours d'une nouvelle battue, le 19 juin 1767, Chastel tue un nouveau loup qui, selon les témoins, manifesta au curieux comportement : au moment où le chasseur l'a mis en joue, l'animal s'est arrêté et n'a, semble-t-il, pas cherché à fuir. Cette fois, l'hécatombe s'arrête définitivement. Selon les chiffres officiels, la bête a tué plus d'une centaine de femmes et d'enfants et en a blessé 30 autres au cours des trois ans durant lesquels elle a sévi.

• *Une bête humaine ?*

Les contemporains estiment que les crimes de la fameuse bête sont l'œuvre d'un ou de plusieurs loups géants : celui tué par Antoine de Beauterne, celui abattu par Jean Chastel et celui blessé par les frères Martel. Mais certains font remarquer que les loups solitaires n'ont pas l'habitude d'attaquer l'homme en général, et encore moins de décapiter les cadavres. Une thèse récente et plus que probable évoque les agissements conjoints d'un homme déguisé en loup pour commettre ces actes, et ayant ainsi profité de la psychose générale, et d'un dresseur qui aurait lancé des animaux sur les habitants voisins. Certains témoins affirment, en effet, avoir vu la bête traverser un cours d'eau debout sur ses pattes postérieures. C'est, au moment de l'affaire, une opinion très répandue parmi les paysans, raison pour laquelle la famille Chastel, qui vit entourée de molosses, est fréquemment accusée. Ces molosses sont vraisemblablement des chiens revenus à l'état sauvage, dont l'un était un hybride de chien et de loup, probablement dressé à tuer. C'est ce que montre l'expertise faite récemment par des scientifiques du Muséum à partir du rapport d'autopsie de l'époque. Cela pourrait expliquer pourquoi l'animal, connaissant son dresseur, a marqué un temps d'arrêt en voyant Chastel s'approcher de lui.

• *La bête était-elle unique ?*

Nul ne le sait. En tout cas, elle n'était pas seule : une ou plusieurs têtes pensantes, grimées et déguisées ou non étaient à l'origine des crimes. Sans doute étaient-elles accompagnées parfois, mais pas toujours, dans leur chasse meurtrière par un de ces molosses, harnaché de cuir lui aussi, ce qui le rendait moins sensible aux balles des chasseurs.

Un jeune témoin de l'époque écrira plus tard au roi : « Cette bête n'était pas un loup. (…) Des poils noirs et sales lui cachaient le visage. (…) Une bête qui était un homme, un homme qui n'en était plus un. (…) Un homme connu de tous ici, mais dont je tairai le nom : il a aujourd'hui payé ses odieuses fautes. »

La question qui se pose donc aujourd'hui est de savoir pourquoi, dans cette campagne, comme dans celles où d'autres bêtes ont sévi, on a laissé se perpétuer de tels agissements. Mais les crimes de tueurs en série ne posent-ils pas régulièrement cette même question ?

Animaux sauvages

Où se trouve le cimetière des éléphants ?

La découverte de l'Afrique noire par les Européens et, surtout, des grands troupeaux d'éléphants qui la parcourent suscita bien des rumeurs. On raconta que, lorsqu'il se sent près de mourir, l'animal se retire dans un lieu secret pour y finir ses jours parmi les restes de ses congénères déjà morts. Ces cimetières regorgeraient d'ivoire.

• Des montagnes d'ivoire au fond d'obscures forêts

L'un des premiers voyageurs à mentionner de tels lieux est, au XIXe siècle, le célèbre explorateur David Livingstone qui sillonne infatigablement le continent. On lui doit nombre d'études sur les curiosités géographiques africaines et ses récits contribuent à créer une légende.

Certaines traditions africaines rapportent que les éléphants, à l'approche de la mort, abandonnent leur troupeau et, guidés par leur instinct, ou la mémoire collective de l'espèce, gagnent un endroit connu d'eux seuls. Parvenus à cet antique lieu de sépulture où s'entasseraient sur des hectares les ossements blanchis de leurs ancêtres, les pachydermes s'y coucheraient pour y mourir d'un dernier sommeil. Ce comportement serait surtout celui des plus sages des éléphants : les mâles les plus vieux, c'est-à-dire des bêtes dont les défenses peuvent dépasser les 3 mètres de longueur et peser plus de 100 kg.

On comprend pourquoi, à partir de la seconde moitié du XIXe siècle, bien des chasseurs, poussés par l'espoir de faire fortune ou par la simple curiosité, risquent leur vie et leur argent dans des expéditions destinées à retrouver ces fameux cimetières d'éléphants.

• Des « cimetières » bien décevants

La découverte occasionnelle d'amas de squelettes d'éléphants conforte les explorateurs dans leur conviction que les cimetières débordant du précieux ivoire sont bel et bien réels. Pourtant, l'existence de ces tas d'os n'implique aucun comportement prémédité de la part des bêtes.

Lorsque toutes les défenses ont disparu, on peut conclure qu'il s'agit des vestiges d'un massacre organisé longtemps auparavant par des braconniers et rendu possible par l'introduction massive des armes à feu à la fin du XIXe siècle en Afrique noire.

Une horde de vautours s'empare du cadavre d'un éléphant.

Si, au contraire, les défenses sont toujours fixées aux crânes des animaux, ces morts collectives peuvent s'expliquer par un drame naturel. En effet, il arrive que, lors d'une très grande sécheresse, un troupeau soit incapable de poursuivre sa route vers des lieux plus cléments et meure de faiblesse et de faim.

Dans d'autres cas, enfin, les sables mouvants constituent des pièges implacables pour ces animaux dont la masse peut atteindre plus de cinq tonnes.

• *Les éléphants se couchent pour mourir*

Au XXe siècle, grâce aux connaissances acquises sur le comportement des éléphants, la légende trouve une explication rationnelle. Christian Zuber, spécialiste de safaris photographiques et d'animaux sauvages, constate que les dents des vieux éléphants présentent une usure dramatique lorsque l'animal atteint l'âge de 55 à 60 ans, usure qui le condamne en général à mourir de faim. Il arrive aussi assez souvent que les dents usées des vieux solitaires soient attaquées par d'énormes caries qui rendent l'animal fou de douleur. Or, comme beaucoup d'autres gros animaux africains (ainsi le rhinocéros), l'éléphant cherche instinctivement dans les points d'eau boueuse un remède à ses blessures et à la douleur.

Épuisé, il ne peut pas toujours ressortir du marécage après y avoir trempé longuement sa bouche douloureuse et il s'y couche pour mourir. Les points d'eau étant rares dans la savane, on trouve ainsi regroupées les carcasses de nombreux éléphants au même endroit.

Des éléphants souvent vieux et, donc, avec d'imposantes défenses…

L'ivoire, matériau d'exception

Tissu extrêmement minéralisé constituant les dents des vertébrés, l'ivoire se fossilise assez aisément. Celui utilisé par l'homme provient en général de défenses d'éléphants (dont le commerce est, aujourd'hui, totalement interdit) et de mammouths.

Symbole de pureté. Les chrétiens l'associent à la Vierge Marie. Longtemps, on attribue aux défenses diverses vertus magiques, surtout lorsqu'il s'agit de la dent du narval, un cétacé des mers polaires qui peut atteindre jusqu'à 3 mètres de long. Sa corne unique est longtemps confondue avec celle de la légendaire licorne. L'ivoire de narval est aussi réputé, au Moyen Âge, pour son pouvoir de détection du poison dans les aliments.

Support artistique. Au cours de la préhistoire, l'ivoire, tout comme l'os, est utilisé à des fins artistiques. Ensuite, on retrouve l'art sur ivoire, du Groenland à la Chine, en passant par le pourtour de la Méditerranée.

Le véritable cimetière des éléphants

D'immenses réservoirs d'ivoire fossile en Sibérie alimentent les marchés européens, notamment celui de Londres, depuis le XVIIIe siècle.

Car la Sibérie – ainsi que l'Ukraine –, constitue un fabuleux réservoir de défenses de mammouths. Non qu'existent là-bas des « cimetières » au sens strict du terme, mais le sous-sol est parsemé de défenses et de squelettes enfouis. Exploité depuis la préhistoire – on a mis au jour en 1966, à 150 km de Kiev, en Ukraine, un village vieux de 15 000 ans aux habitations faites d'ossements et de défenses de mammouths – cet ivoire est commercialisé depuis au moins mille ans. Il fut recherché systématiquement à partir de 1722, à la suite d'une décision du tsar Pierre le Grand.

ANIMAUX SAUVAGES

Yeti, y es-tu ?

Les Tibétains croient depuis toujours que des êtres simiesques et marchant debout, qu'ils appellent « yetis », vivent dans les étendues enneigées et sauvages de l'Himalaya. Cette croyance semble reposer sur des faits tangibles.

• Sur la piste fraîche du yeti

En 1951, l'alpiniste britannique Eric Shipton se trouve à environ 60 km à l'ouest de l'Everest, son attention est attirée par de curieuses traces de pas. Celles-ci sont très larges, plus d'une trentaine de centimètres, profondément enfoncées dans la neige (ce qui suppose une très forte pression), et elles présentent un orteil bien dessiné, en opposition avec les autres doigts du pied. Le zoologiste W. Tschernezsky, qui analyse les moulages réalisés à partir de ces empreintes, conclut qu'elles appartiennent à « un très gros primate bipède, probablement au *Gigantopithecus* fossile ».
En 1955, l'abbé Bordet, de l'Institut géologique de Paris, suit trois séries de traces distinctes pendant plus d'un kilomètre. Deux spécialistes de l'étude des mammifères estiment que ces empreintes ont été laissées par une créature d'une espèce non encore répertoriée.

• Ceux qui l'ont vu, et même senti...

Les empreintes ne sont pas les seules preuves concernant l'existence du yeti, connu en Occident sous le nom d'« abominable homme des neiges ». De nombreuses personnes disent l'avoir aperçu. Leurs récits permettent d'en dresser le portrait.
Le yeti est de haute stature et couvert d'un pelage brun foncé. Il a le front fuyant, des yeux très enfoncés, une mâchoire saillante et des dents puissantes. Il marche en écartant largement les jambes et les bras. Ces derniers sont très longs et descendent jusqu'aux genoux. Souvent, les témoins font état de la forte odeur qu'il dégage…
En 1954, une expédition menée par le scientifique britannique Charles Stonor part à sa recherche dans l'Himalaya. Seuls des excréments d'une taille et d'un aspect anormaux sont découverts et analysés. Au vu des restes de rongeurs et de verdure qu'ils contiennent, le yeti semble omnivore.

L'empreinte de l'abominable homme des neiges découverte sur le mont Everest en 1951.

• Le yeti n'existe pas !

La tentative la plus célèbre pour retrouver le yeti est réalisée en 1960 par Desmond Doig et sir Edmund Hillary, le premier homme à avoir vaincu l'Everest. L'expédition, qui dure dix mois, est équipée de caméras automatiques. Elle recueille des scalps soi-disant de yetis donnés par les autochtones : ils se révèlent appartenir en fait à l'ours bleu, animal dont les apparitions sont rarissimes. Au terme de leur mission, les deux hommes concluent que l'abominable homme des neiges n'existe pas.

Un rejeton d'une race de singe préhumaine ?

Plusieurs hypothèses ont été avancées pour expliquer l'existence du yeti.
Il pourrait s'agir d'un singe géant encore inconnu, descendant du gigantopithèque vivant au sud de la Chine il y a environ 500 000 ans et dont on a retrouvé des ossements en 1937. Ou bien le yeti serait-il une sorte d'orang-outan terrestre (et non arboricole), à la bipédie accentuée par la traversée des pentes enneigées ?
Plusieurs théories font aussi référence à des spécimens d'hommes préhistoriques. Certains pensent au *Paranthropus*, apparu en Afrique voici 3 à 5 millions d'années et dont quelques membres auraient pu continuer à subsister.

• **Si ! Il existe et ils sont trois !**

Plusieurs années plus tard, Doig revient sur ses déclarations : il pense que le fait de ne pas l'avoir vue ne prouve pas que cette créature n'existe pas.

Doig rappelle que les *sherpas* (guides tibétains) font la différence entre trois types de yétis : le *dzuteh*, imposant et velu, qui attaque le bétail (d'après Doig, il pourrait s'agir de l'ours bleu) ; le *thelma*, qui ressemble à un petit homme et court en ululant et en ramassant des bâtons (pour certains, ce serait un gibbon), et le *mih teh*, créature simiesque immense au pelage noir et fauve.

Quoi qu'il en soit, les traces de pas semblent dues à une créature bipède beaucoup plus lourde qu'un homme, et qui ne peut, pour l'instant, être rattachée à aucune espèce animale connue.

Les cousins d'Amérique et de Russie du yeti

Le yeti n'est pas la seule créature mystérieuse dont on ait signalé l'existence dans les régions parmi les plus désertiques et sauvages de la planète.

Le *sasquatch*. Il s'agit du nom donné par les Indiens à l'« abominable homme du Canada ». Sa zone de prédilection est la Colombie-Britannique, c'est-à-dire la région située juste au nord de celle où apparaît habituellement le *big-foot*.

L'*alma*. Les témoignages sont très nombreux et plusieurs chercheurs ont tenté d'élucider le mystère de cette version russe du yeti. Parmi les témoignages recueillis, celui du lieutenant-colonel V.S. Karapetyan qui a pu, en 1941, dans la région de Buinaksk (Caucase), examiner un de ces *alma*, pris pour un espion déguisé et capturé par ses soldats. Pour lui, il ne s'agit pas d'un animal, mais d'une « sorte d'homme sauvage ».

Le *big-foot*. D'une apparence presque semblable à celle du yeti, il est originaire du nord-ouest des États-Unis. On signale la présence des *big-foot* dès 1830 et des milliers de témoignages ont été depuis recensés.

Le document le plus déroutant est un film d'amateur de quelques minutes, aux images sautillantes, montrant une de ces créatures se promenant dans la forêt. Il a été tourné en 1967 par Roger Patterson à Bluff Creek, en Californie du Nord. Plusieurs scientifiques qui ont examiné le film en ont conclu qu'aucun trucage n'avait été employé pour le réaliser.

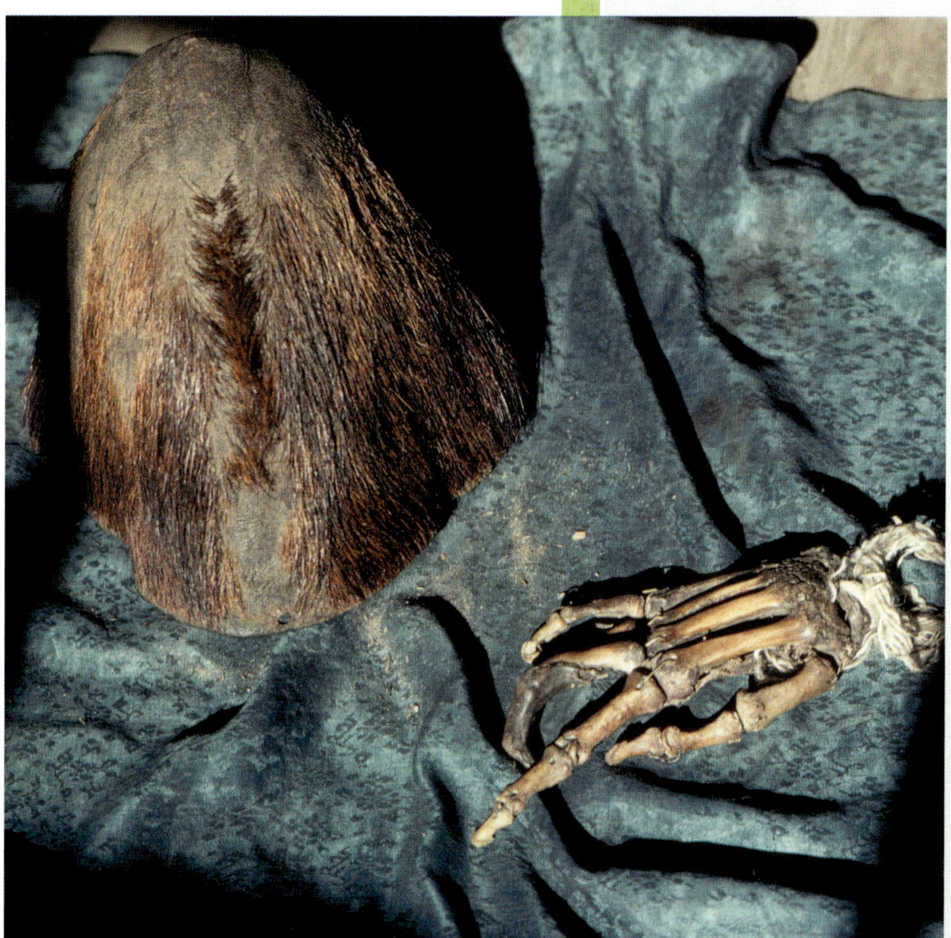

Desmond Doig et sir Edmund Hillary vont recueillir lors de leur expédition des scalps de yetis… qui s'avèrent appartenir à des ours !

Qui sont ces sirènes qui sifflent sur les mers ?

Les sirènes sont des personnages mythologiques dont les chants aux sonorités envoûtantes entraînent les marins à leur perte. Leurs méthodes de séduction varient d'un récit à un autre. Toutes exercent un attrait incomparable sur les navigateurs.

• *Un chant mélodieux, irrésistible et mortel*

Le premier témoignage sur l'apparition des sirènes remonte à *l'Odyssée* d'Homère, qui raconte les aventures tumultueuses du héros grec Ulysse lors de son long voyage de retour, à Ithaque, après la guerre de Troie.
Dans la mythologie grecque, les sirènes vivent dans une île de la Méditerranée. Leurs chants sont si beaux que les marins qui les entendent ne peuvent y résister et viennent jeter leurs navires sur les écueils. Les survivants sont impitoyablement tués. Leur nom vient du terme latin *siren*, lui-même issu du grec *seirên*, du mot *seira*, le lien, la corde, rappelant sans doute leur pouvoir « captivant ».

Les sirènes sont apparues dans la mythologie grecque, notamment dans les aventure d'Ulysse,* L'Odyssée. *(Mosaïque romaine du* IIe *siècle.)

Lorsque Ulysse quitte la demeure de la magicienne Circé, il sait qu'il lui faut passer non loin de l'île des sirènes. Sur les conseils de l'enchanteresse, le rusé héros a alors recours à un stratagème pour lui permettre d'entendre les chants, tout en sauvant son navire et ses compagnons. Il bouche les oreilles de ses hommes avec de la cire après avoir demandé à être solidement attaché au mât. Il peut ainsi assouvir sa curiosité en écoutant le chant, sans toutefois y céder.
Ce chant se révèle poignant et riche de belles promesses : les sirènes ne prétendent-elles pas que « toutes choses qui existeront un jour sur la terre, déjà nous les connaissons » ? Ulysse hurle à ses compagnons de le détacher, mais ceux-ci, bien sûr, restent sourds à ses cris.
Le bateau passe, et les héros échappent au destin funeste de tant d'autres marins.

• *Femmes-oiseaux, femmes-poissons…*

L'apparence physique des sirènes a évolué. À l'époque grecque, elles sont représentées comme des êtres ailés, au visage humain et au corps d'oiseau ainsi que le prouvent différents vases grecs antiques.

SIRÈNES NORDIQUES

Les légendes irlandaises et anglaises font toutes état de la présence de sirènes au large de leurs côtes tandis que la mythologie germanique les voit surgir de l'écume des vagues.
La tradition bretonne relate qu'Ahez, fille du roi Grallon, pour avoir livré la ville d'Ys au diable et aux flots, aurait été plongée dans les eaux et serait devenue une sirène.

Sous l'Empire romain, on les confond avec les Néréides, les cinquante filles de Nérée, dieu marin, et de Doris, elle-même descendante du Titan Océan. Les belles Néréides sont les nymphes de la mer et il n'est donc pas étonnant qu'elles aient été rapprochées des sirènes, autres figures marines…
Leur transformation en créatures mi-femmes, mi-poissons, à la partie postérieure recouverte d'écailles, remonte apparemment au Moyen Âge et aux légendes celtiques et germaniques.

Les sirènes ont nourri l'imagination de nombreux navigateurs lors de longs périples marins.

• … femmes-serpents, femmes-démons !

Au Moyen Âge, les sirènes, auxquelles on attribue également des mœurs anthropophages, sont confondues avec les harpies. Comme tous les monstres mi-femme mi-animal, la harpie appartient aussi bien à l'élément air qu'à l'élément eau – une double nature qui, dans la culture médiévale, engendre le type actuel de la sirène, avec un buste de jeune femme et une queue et des nageoires de poisson. Souvent, cette femme-poisson est confondue avec la femme-serpent – localement appelée aussi vouivre.
La symbolique des femmes hybrides à la double nature reflète, dans la partie haute du corps, le plaisir et les différentes expressions de la féminité, mais, au-dessous de la taille, il y a l'image de la luxure et de la bestialité. Le christianisme misogyne a fait de ces êtres les emblèmes du démon même si, dans le folklore européen plus récent (par exemple dans le conte d'Andersen), les sirènes ont acquis un caractère moins négatif.

• Lamantins et dugongs : des sirènes bien inoffensives

Alors qu'il se trouve au large des Antilles, Christophe Colomb croit apercevoir trois sirènes qui dansent dans l'eau. Elles sont laides et muettes, mais il découvre dans leur regard comme un « regret de la Grèce ».
Aujourd'hui, les zoologistes pensent que les lamantins sont peut-être à l'origine du mythe des sirènes et que les navigateurs les ont longtemps confondus avec celles-ci. C'est d'ailleurs en référence au mythe que l'on a donné le nom de Siréniens à l'ordre zoologique auquel appartiennent ces mammifères aquatiques. Les dugongs et les lamantins sont les deux uniques représentants vivants de cet ordre.

Le dernier bal des sirènes

Les lamantins. Animaux de grande taille, pouvant atteindre jusqu'à 2 ou 3 mètres de long, ils sont aussi appelés du nom moins plaisant de « veau marin ». Ils ont un corps fusiforme et glabre surmonté par une tête massive et leurs cris harmonieux ont certainement contribué à la légende du chant des sirènes. D'autant que les femelles possèdent deux mamelles pectorales qui peuvent très bien passer pour les seins d'une femme. Ils habitent les fleuves côtiers des États-Unis, entre Caroline du Nord et golfe du Mexique, mais on les trouve aussi au large de la côte ouest de l'Afrique, où les Anciens ont pu les apercevoir.

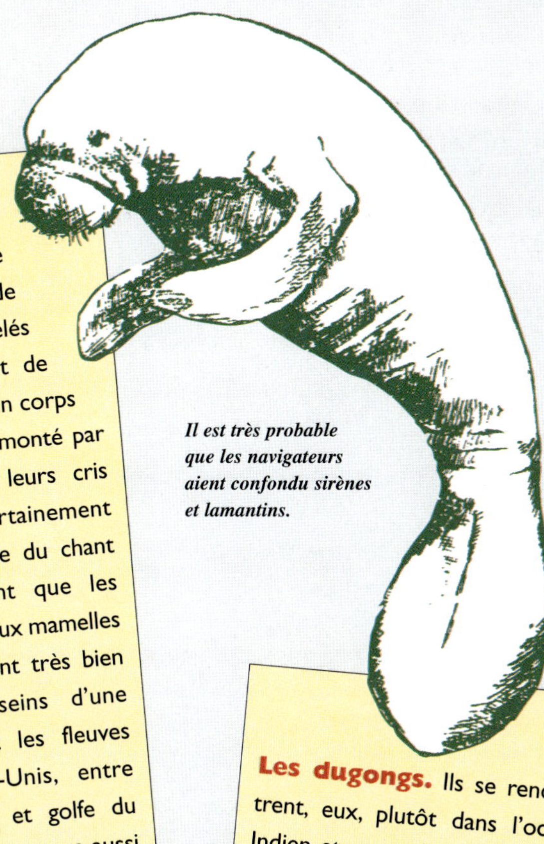

Il est très probable que les navigateurs aient confondu sirènes et lamantins.

Les dugongs. Ils se rencontrent, eux, plutôt dans l'océan Indien et au nord de l'Australie. Animaux doux et peu farouches, ils sont aujourd'hui menacés de disparition.

Où est passé le Grand Serpent de mer ?

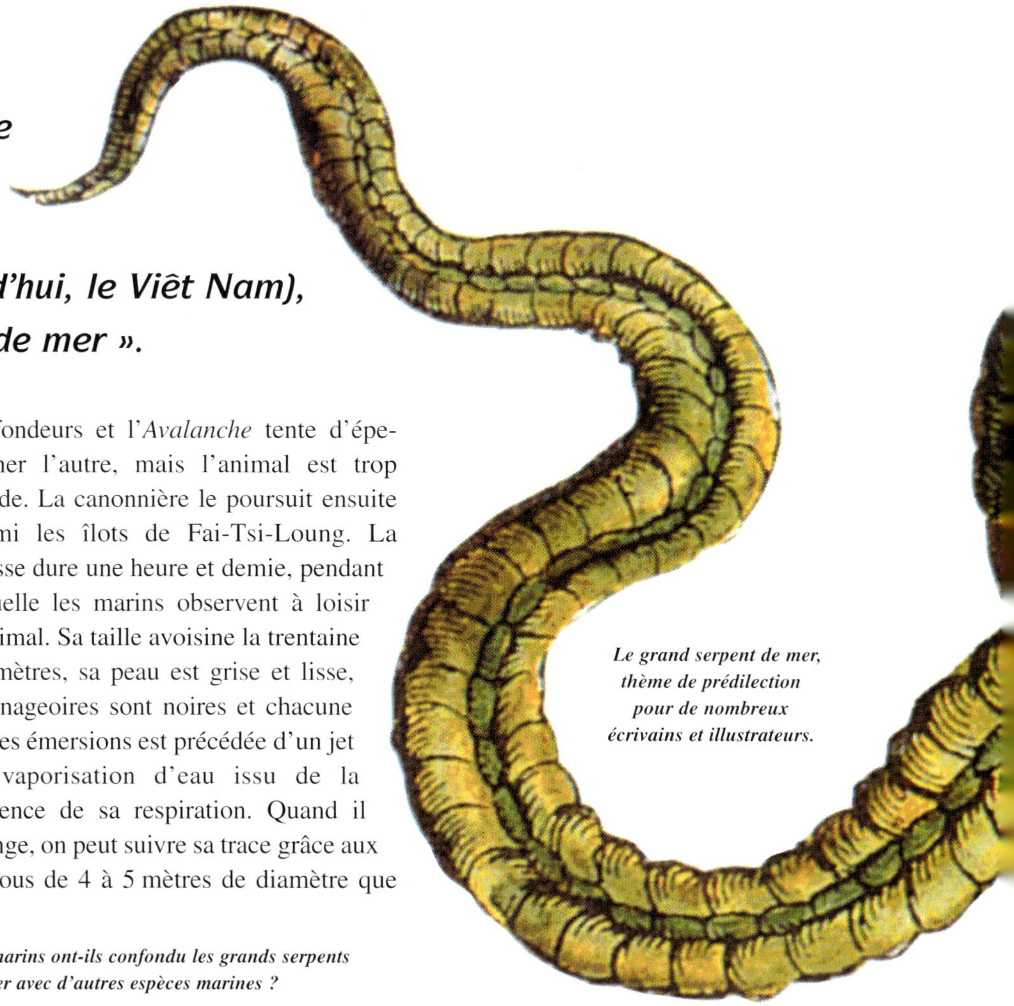

En juillet 1897, la canonnière française Avalanche patrouillant dans le nord de la baie d'Along, au Tonkin (aujourd'hui, le Viêt Nam), essaie de tuer deux « serpents de mer ».

• Les monstres font surface !

Révélés dans le numéro du 5 mars 1898 du *Courrier d'Haiphong*, les démêlés du lieutenant de vaisseau Lagrésille et de son équipage avec les monstres marins commencent en juillet 1897 au cours d'une patrouille au large de la baie d'Along. Si l'on en croit la déposition de l'officier, deux animaux longs d'une vingtaine de mètres et d'un diamètre de 2 à 3 mètres apparaissent subitement à la surface des eaux et se déplacent en ondulant verticalement. Immédiatement, Lagrésille fait armer un des canons-revolvers du bord. Mais le tir est légèrement trop court et les deux animaux effrayés plongent « en soufflant bruyamment et en laissant à la surface un remous analogue à celui des brisants ». Les témoins ont le temps de noter la petite dimension de leur tête.

• À leur poursuite…

Mais l'histoire ne s'arrête pas là. Le 15 février 1898, alors que l'*Avalanche* traverse la baie de Fai-Tsi-Loung, au nord de la baie d'Along, deux bêtes semblables à celles de la première rencontre se profilent sur la mer. Cette fois, Lagrésille fait mettre le cap sur elles. À 300 ou 400 mètres de la cible, les canons-revolvers tonnent et au moins deux coups au but sont enregistrés sur l'un des animaux ; apparemment, aucun ne le blesse. L'une des bêtes disparaît cependant dans les profondeurs et l'*Avalanche* tente d'éperonner l'autre, mais l'animal est trop rapide. La canonnière le poursuit ensuite parmi les îlots de Fai-Tsi-Loung. La chasse dure une heure et demie, pendant laquelle les marins observent à loisir l'animal. Sa taille avoisine la trentaine de mètres, sa peau est grise et lisse, ses nageoires sont noires et chacune de ses émersions est précédée d'un jet de vaporisation d'eau issu de la violence de sa respiration. Quand il plonge, on peut suivre sa trace grâce aux remous de 4 à 5 mètres de diamètre que provoquent ses ondulations verticales. Sa tête ressemble à celle d'un phoque, mais elle est deux fois plus grosse, et des formes en dents de scie suivent la ligne de son dos.

Le grand serpent de mer, thème de prédilection pour de nombreux écrivains et illustrateurs.

Les marins ont-ils confondu les grands serpents de mer avec d'autres espèces marines ?

• Une deuxième chance

Le 26 février 1898, Lagrésille invite à son bord le commandant Joannet ainsi que neuf officiers du cuirassé *Bayard*, lesquels se sont moqués de lui à propos de cette histoire, la veille, lors d'une réception. Au cours du repas de midi, alors que la canonnière se trouve à nouveau dans la baie de Fai-Tsi-Loung, un marin vient leur annoncer que deux « serpents de mer » sont en vue. L'*Avalanche* donne la chasse à l'une des bêtes durant 35 minutes

et Lagrésille et ses invités l'aperçoivent distinctement à environ 200 mètres. Deux officiers possèdent un appareil photographique : le temps de l'armer, l'animal est déjà trop éloigné pour qu'ils puissent espérer en prendre un cliché net.
De retour à bord du *Bayard*, le commandant Joannet met au courant l'amiral de La Bédollière, qui fait télégraphier au gouverneur général Paul Doumer, futur président de la République, pour l'informer de l'observation et de son intention d'organiser une « battue » avec canonnières et canots à vapeur pour essayer de capturer l'un des animaux. Mais des incidents frontaliers avec la Chine l'empêchent de mettre son projet à exécution : les serpents de mer, une fois de plus, emportent leur secret au fond de l'eau…

Des monstres à profusion, à travers les mers…

Depuis l'Antiquité, les marins n'ont cessé de se retrouver face au « serpent de mer ». Mais la plupart des relations survenues jusqu'au XVIe siècle manquent de précision.

En 1876, le vapeur britannique *Nestor* aperçoit dans le détroit de Malacca un monstre à la longueur stupéfiante d'environ 65 mètres dont la queue cylindrique ferait 45 mètres à elle seule… De tels chiffres laissent à penser que l'équipage a, en fait, vu un adulte et ses petits nageant l'un derrière l'autre.

Le 30 juillet 1915, le sous-marin allemand *U-28* coule le vapeur britannique *Iberia*. Le bateau explose entre 10 et 200 mètres de profondeur et, avec les débris projetés en l'air, une sorte de gigantesque crocodile marin d'une vingtaine de mètres de long est éjecté et retombe en se débattant dans l'eau.

Le 30 décembre 1947, le paquebot américain *Santa Clara* heurte, au large de la Caroline du Nord, un animal en forme d'anguille d'une quinzaine de mètres de long, qui coule après s'être débattu un moment dans une large flaque de sang.

En octobre 1969, le sous-marin de poche *Alvin* se retrouve face à face, au large des Bermudes et par 270 mètres de profondeur, avec un grand animal à tête de reptile, à long cou et avec des nageoires. La bête disparaît avant même d'avoir pu être filmée.

Le 10 avril 1977, le chalutier japonais *Zuiyo Maru* remonte une dépouille monstrueuse de plus de 10 mètres, non loin de la Nouvelle-Zélande. Elle dégage une telle odeur que le commandant la fait rejeter à la mer. Les photographies montrent un animal à long cou et à longue queue ressemblant à un plésiosaure. Des recherches récentes, toutefois, ont suggéré qu'en dépit des apparences le cadavre pouvait être celui d'un requin blanc ordinaire…

MONSTRES DES OCÉANS

Qu'abrite le Loch Ness ?

Situé dans le nord de l'Écosse, près d'Inverness, le loch Ness est un lac paisible, d'une profondeur de plus de 200 mètres et long de 39 kilomètres. Rien ne l'aurait signalé à l'attention du public si ses eaux ne semblaient habitées par un animal aquatique fabuleux.

• Long cou et tête reptilienne

Les apparitions de Nessie, selon le surnom donné au monstre au XXe siècle, sont signalées depuis les temps les plus reculés. Mais c'est un article paru dans un journal local réputé, l'*Inverness Courier*, le 2 mai 1933, qui attire sur la bête l'intérêt du public.

Cet article, dû à Alex Campbell, relate l'apparition du monstre, le 14 avril précédent, devant un couple, Mr et Mrs Mac Kay. Alors que ceux-ci roulent sur la nouvelle route du loch, d'où la vue est excellente, ils remarquent, à leur grande surprise, un remous important à la surface des eaux. Une bête surgit peu après et ils peuvent l'observer pendant une bonne minute avant qu'elle ne disparaisse. Alex Campbell relève que « son corps rappelait celui d'une baleine : l'eau ruisselait et tourbillonnait autour d'elle comme un chaudron en ébullition ».

Le 8 mai suivant, dans un journal concurrent, le *Northern Chronicle*, est employée pour la première fois l'expression « monstre du loch Ness », sous laquelle l'animal devient célèbre : les touristes affluent par centaines sur les rives du loch. À tel point que le commissaire d'Inverness se voit contraint de publier un arrêté afin de « protéger » le monstre et de prévenir le risque qu'il lui soit fait du mal…

Nessy fut de nombreuses fois photographiée. En 1977, Antony Shield fixa à jamais son image.

• *Qui n'a pas vu le monstre ?*

Les témoignages des personnes ayant vu Nessie se multiplient (plusieurs milliers ont été répertoriés depuis) et permettent de dresser une sorte de portrait-robot de l'animal. Il a une tête reptilienne, un cou bien tendu hors de l'eau et de grands yeux brillants. Il possède aussi deux bosses, voire trois, sur le dos et une queue mobile qui crée de gros remous autour de lui. Beaucoup de témoins signalent également la vitesse à laquelle il se déplace, et quelques autres les cris perçants qu'il pousse parfois. Il est d'une nature plutôt farouche et paraît inoffensif.

Il semble même quitter de temps en temps le lac puisqu'un étudiant en médecine, Arthur Grant, le croise sur la route bordant le loch. Il le décrit comme un croisement hybride entre un plésiosaure, reptile préhistorique, et un phoque.

• *Un monstre photogénique*

En 1933, un certain Hugh Gray prend la première photographie du monstre, à une distance de 800 mètres environ. Les techniciens de la firme Kodak, après analyse du cliché, affirment qu'il est authentique. D'autres photographies de l'animal sont prises : l'une des plus remarquables date de 1934. Due à un médecin londonien, le colonel Robert Wilson, elle montre ce qui semble être la tête de la bête et un cou émergeant de l'eau. Puis en 1951, un bûcheron employé par la Commission forestière, Lachlan Stuart, photographie pour la première fois les bosses de Nessie seules visibles à la surface.

Le monstre est aussi filmé en 1933, puis en 1936, par un certain Malcom Irvine. Mais le document le plus célèbre est celui réalisé en 1960 par l'ingénieur en aéronautique Tim Dinsdale, qui a abandonné son métier pour se consacrer à la recherche de l'animal. On peut distinguer sur son film une bosse, d'un brun rougeâtre, qui traverse le loch puis tourne et longe la rive opposée. Les experts qui

Monstres légendaires

Les folklores européens font souvent référence à des monstres aquatiques qui sèment la terreur dans les rivières et les lacs.

En Écosse. Le folklore écossais abonde en descriptions de « dragons » divers. La légende la plus célèbre concerne un certain sir John Lambton qui, de retour des croisades, aurait combattu victorieusement, grâce aux conseils d'une sorcière, une immense bête, semblable à un ver, qu'il aurait lui-même pêchée et rejetée à l'eau des années auparavant.

Dans le nord du Pembrokeshire, aux environs de Bryberian, est située par ailleurs une tombe fameuse : « Bedd yr Alfanc » (la tombe de l'Alfanc, un monstre aquatique). Selon la tradition, cet animal, très dangereux, a été capturé par des villageois avec beaucoup de difficultés dans une rivière, avant d'être tué.

On raconte enfin qu'au XIIIe siècle un homme qui traversait à la nage le lac de Liyn-Goder, situé au sud-ouest de Snowdon, fut pris en chasse par une longue « chose » ondulante. Au moment où il s'apprêtait à toucher terre, la bête s'empara du malheureux qu'elle entraîna au fond du lac.

En Islande. L'île des volcans et des geysers possède elle aussi ses récits de « chevaux des eaux » qui ont pour habitude d'attirer les voyageurs isolés dans les lacs.

En Irlande. Presque tous les lacs irlandais (les « loughs ») connaissent de semblables légendes. Ainsi, dans le comté de Connaught, saint Mochua de Balla aurait tué un monstre hideux qui infestait un des lacs de la région. On relate aussi la présence d'une anguille gigantesque sillonnant les eaux du lough Ramor et qui fut finalement capturée, ou encore l'histoire d'un crocodile au long cou dont on dit qu'il hantait le lough Mask.

En France. À Rouen, saint Romain, au VIIe siècle, aurait délivré la Normandie de la Gargouille, serpent énorme qui vivait dans les marais. Et on évoque dans d'autres lieux les fameux « chevaux des eaux », notamment à Travaux, ville située sur les rives du Doubs, où le « Drac » emporte les voyageurs pour les noyer dans le fleuve.

Nessy a alimenté l'imaginaire collectif et fut représentée sous les formes les plus diverses.

examinent la pellicule sont incapables de déceler un trucage, mais ils ne peuvent non plus expliquer la forme aperçue.

Un Bureau d'investigation des phénomènes du loch Ness a été créé au début des années 1960.

• Le secours du sonar

Ce Bureau ainsi que diverses personnalités intéressées par la recherche de Nessie n'ont pas hésité à faire appel aux techniques les plus modernes. Mais la topographie particulière du lac rend les investigations difficiles. Ainsi, en raison de la vase abondante qui recouvre le fond du loch, il n'a pas été possible d'utiliser avec efficacité des caméras sous-marines, et les plongeurs dépêchés n'ont rien pu distinguer. En outre, le manque de crédit a interdit la mise en service de sous-marins perfectionnés.

Pourtant, en 1972 puis 1975, des images rapportées par la caméra sous-marine mise au point par le professeur Edgerton, du Massachusetts Institute of Technology, ont été analysées par un institut spécialisé de la NASA ; l'une d'elles a alors montré le cou et la partie supérieure du corps d'un grand animal de 6 mètres environ. Par ailleurs, en 1962 déjà, un microphone sous-marin a enregistré les bruits d'un animal heurtant le fond du lac et plusieurs tentatives réalisées à l'aide d'un sonar (système de détection acoustique sous-marine) ont permis d'enregistrer des échos de gros objets se déplaçant sous l'eau.

Pour les spécialistes du sonar, il ne fait aucun doute que ces enregistrements prouvent la présence d'animaux aquatiques de grande taille dans le loch Ness. La théorie selon laquelle il y aurait en fait plusieurs animaux s'appuie sur le fait que les apparitions de Nessie sont très anciennes : saint Colomban, moine irlandais, l'aurait déjà aperçu en 565 ! Mais la nature exacte de ces bêtes reste un mystère complet.

• Qui est Nessie ?

Parmi les nombreuses hypothèses avancées, beaucoup sont de pure fantaisie : oiseau aquatique, anguille géante, requin ou énorme limace de mer, autant d'animaux qui ne correspondent pas aux multiples observations.

Une thèse plus séduisante est celle du plésiosaure, reptile géant qui vivait il y a environ 70 millions d'années. Il est certain que les reproductions de Nessie ressemblent beaucoup aux vestiges de cet animal que l'on a retrouvés en Europe : il en serait ainsi un exceptionnel survivant.

Des scientifiques contestent cette possibilité en se fondant sur le fait que ces animaux à sang froid n'auraient pu survivre dans les eaux du loch Ness, à basses températures. Mais des découvertes récentes semblent indiquer que les reptiles préhistoriques ont pu avoir le sang chaud.

Enfin, des spécialistes de la cryptozoologie penchent pour un animal proche de ceux classés sous le nom de « grand serpent de mer ». Tel pense qu'il pourrait s'agir d'une espèce inconnue de pinnipède (mammifère tel le phoque ou le morse) à long cou, à moins, comme l'affirme tel autre, que l'on ait affaire à une nouvelle espèce en voie de spécialisation, c'est-à-dire en cours de transformation.

• Des cousins d'Amérique !

Quel qu'il soit, Nessie n'est en tout cas pas le seul monstre lacustre dont l'existence soit présumée dans le monde.

D'horribles bêtes aquatiques hantent aussi les lacs d'Australie (le « Bunyip »), du Japon (« Issie »), et de Scandinavie (« Soe-orm » et « Skrimsl »).

En Afrique et en Extrême-Orient, des témoignages accréditent encore l'existence de semblables animaux qui, à quelques variantes près, ressemblent décidément tous au monstre du loch Ness.

Mais le plus connu des monstres après Nessie est le fameux Ogopogo, surnommé par les Indiens « Naïtaka », qui habite le lac Okanagan, long de 128 kilomètres, en Colombie-Britannique (Canada). Depuis 1850, il aurait été vu des centaines de fois, photographié et même filmé en 1968 par un certain Art Folden. Les clichés de ce film montrent un animal mesurant environ 18 mètres de long avec un cou d'une circonférence de 0,90 mètre à la base de la tête. Nombre de témoignages font aussi état de sa toute petite queue, de ses nageoires et de trois bosses.

Mais Ogopogo est aussi insaisissable que le monstre du loch Ness. En effet, en 1977, soixante plongeurs, munis de bouteilles d'oxygène, de caméras et de puissants projecteurs, sont descendus dans le lac à tour de rôle dans une cage de 9 mètres sans parvenir à l'apercevoir. Là encore, un Bureau d'investigation du lac Okanagan a été créé.

Le Canada possède d'ailleurs un bestiaire assez important puisque, sans parler de « Caddy », le serpent de mer vu au large de la Colombie-Britannique, et de la bête noire du lac Ponenegamook, situé à l'est de Québec, deux autres animaux, nommés Manipogo, à peu près semblables à Ogopogo, hantent les lacs de Winnipeg et de Manitoba. Selon A.R. Adams, qui aurait aperçu l'un d'eux en 1960, ce seraient des « bêtes ressemblant à de gros serpents », avec une tête en forme de losange large d'environ 20 centimètres.

Les États-Unis possèdent également leurs animaux lacustres mystérieux. Dans les lacs du Wisconsin, les plaines du Nebraska et les États montagneux du nord-ouest. Les monstres sont tous décrits comme d'énormes serpents ou des sauriens dont le corps ondulant se déplace avec rapidité. Les témoignages rappellent ceux du monstre du loch Ness et l'un d'eux, observé de nombreuses fois entre 1930 et 1940 dans le lac Payette (Idaho) a reçu lui aussi un surnom : « Slimy Slim » (le « Mince Gluant »). Cependant ces monstres n'ont jamais été ni photographiés ni filmés, ce qui rend leur existence nettement moins probable.

Le château d'Urcart surplombe le lac et accentue le mystère.

Civilisations disparues

pages 180 à 193

Sociétés guerrières

pages 202 à 20

Origines mystérieuses

pages 194 à 201

CHAPITRE VII

Dans le secret des peuples, des langues et des cultures

QU'IL S'AGISSE DE CONTINENTS ENGLOUTIS OU D'ORIGINES INCONNUES, DE PRATIQUES OBSCURES OU DE MŒURS ÉTRANGES, L'HISTOIRE DES PEUPLES OFFRENT AUX AVENTURIERS ET AUX CURIEUX NOMBRE D'ÉNIGMES AUJOURD'HUI ENCORE NON RÉSOLUES.

Les sociétés elles-mêmes ont parfois reconstruit ou aménagé leur passé et les sources sont peu fiables ou plus sûrement difficiles à interpréter. De nombreux témoignages de l'Antiquité jusqu'à l'époque moderne, ne voient que ce qu'ils veulent voir, ne croient que ce qu'ils veulent croire et condamnent tout ce qui est contraire à leur culture. Une chose est sûre cependant : les progrès de la science et de l'ethnologie ne ferment pas la porte au rêve et laissent aux Indiana Jones en herbe bien des possibilités…

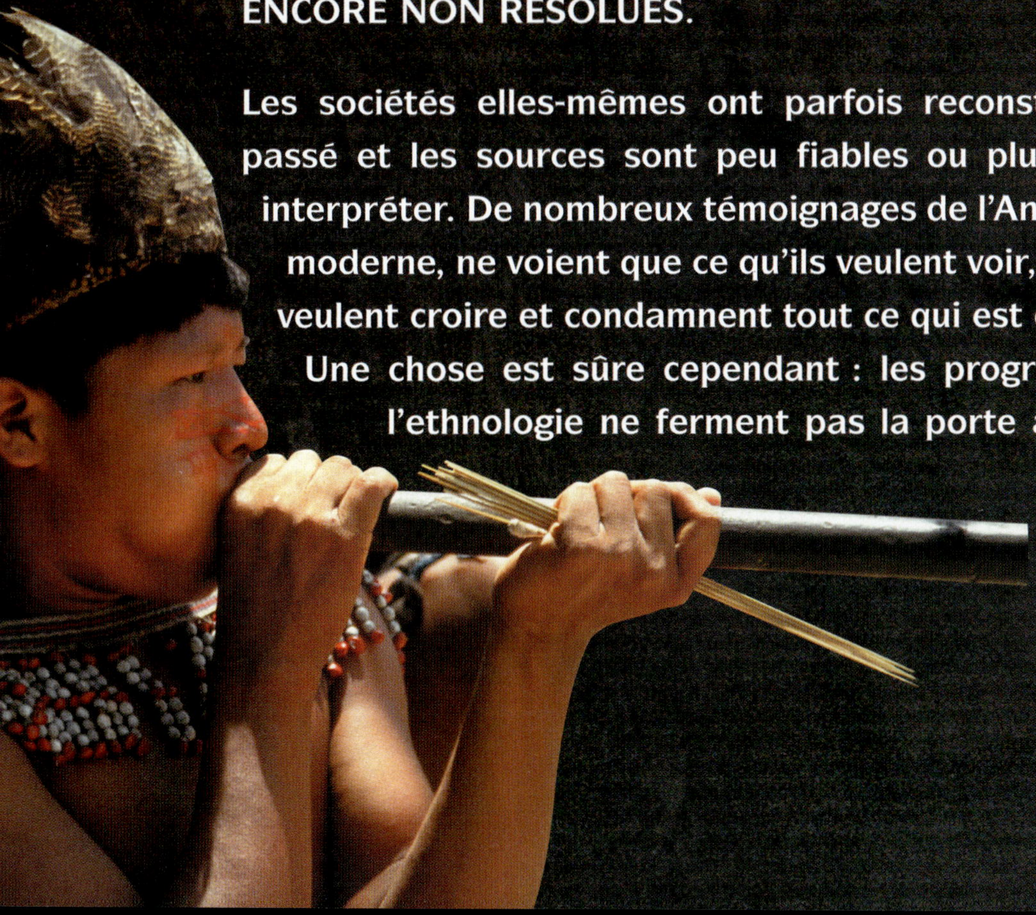

Un mystérieux royaume englouti sous les eaux...

Qu'une civilisation grandiose ait pu naître, se développer puis disparaître brutalement sans laisser de traces, voilà qui a de quoi fasciner ! Un nom, l'Atlantide, fait rêver depuis des siècles. Le mot évoque une île mystérieuse, baignée par les rayons d'un chaud soleil, et un peuple, fondateur d'une culture brillante et éphémère.

• Le récit de Platon

Vers 355 av. J.-C., deux dialogues de Platon, le *Timée* et le *Critias*, sont les premiers textes à soutenir l'existence de l'Atlantide.

Dans le *Timée*, Critias, parent de Platon, raconte une histoire qu'il tient de son grand-père, qui l'a lui-même reçue de son père, ce dernier l'ayant entendu raconter par le sage grec Solon. Alors que Solon se trouve en Égypte, aux environs de -590, un prêtre du temple de Saïs lui fait la confidence suivante : 9 000 ans plus tôt existait une île dénommée l'Atlantide, « sortie de la mer Atlantique », située au-delà des Colonnes d'Hercule (aujourd'hui Gibraltar), et « plus large que la Libye et l'Asie réunies » (pour les Grecs de l'époque, il faut entendre le nord de l'Afrique et l'Asie Mineure). Il était alors possible de passer de cette île à d'autres îles et de gagner un continent qui s'étendait en face de celles-ci (l'Amérique ?).

L'histoire du peuple qui habitait cette île est la suivante. Les rois atlantes, puissants et prospères, animés de visées expansionnistes, conquirent les rives de la Méditerranée, s'emparant notamment de la Libye et de l'Égypte et s'enfonçant en Europe jusqu'à la Tyrrhénie (Italie occidentale). Mais ils furent finalement repoussés et vaincus par les Athéniens – ce qui n'est pas sans rappeler quelques aspects des guerres médiques (de 492 à 448 av. J.-C.) opposant les Grecs aux Perses. Peu après, des tremblements de terre gigantesques et des cataclysmes se produisirent, et la fière Atlantide fut engloutie.

• La fin de l'Atlantide

Selon Platon, l'Atlantide a disparu en un jour et une nuit, victime d'un cataclysme. Plusieurs auteurs, partant de l'hypothèse que l'île a vraiment existé, ont tenté d'apporter une explication à cette disparition. La solution la plus évidente serait celle de l'éruption d'un volcan, mais il est impensable qu'une explosion, même titanesque, ait pu engloutir totalement, en une seule journée, une île de la taille de celle décrite par Platon dans le *Critias*. Aussi certains commentateurs évoquent-ils l'hypothèse d'une gigantesque météorite qui serait tombée sur la Terre, entraînant le plus formidable raz de marée de l'histoire de l'humanité – une catastrophe dont le mythe du Déluge garderait le souvenir.

Pour les Grecs Calanoupoulos et Marinatos, comme pour Cousteau, l'Atlandide correspondrait à l'île de Santorin.

L'Atlantide, selon Platon

« Oui, Solon, il fut un temps, avant la plus grande destruction par les eaux, où la cité qui est aujourd'hui celle des Athéniens était, de toutes, la meilleure dans la guerre (...) En ce temps-là, on pouvait passer par cette mer [l'océan Atlantique ?] Elle avait une île, devant ce passage que vous appelez les Colonnes d'Hercule (...) Or, dans cette île Atlantide, des rois avaient formé un empire grand et merveilleux (...) Mais, dans le temps qui suivit, il y eut des tremblements de terre effroyables et des cataclysmes. Dans l'espace d'un seul jour et d'une nuit terrible, toute votre armée fut engloutie d'un seul coup sous la terre, et, de même, l'île Atlantide s'abîma dans la mer et disparut. Voilà pourquoi, aujourd'hui encore, cet océan est difficile et inexplorable, par l'obstacle des fonds vaseux et très bas que l'île, en s'engloutissant, a déposés. »

Timée, traduction 1925.

Buste de Platon. Le philosophe grec fut l'auteur du premier écrit connu sur l'Atlandide.

Autres civilisations englouties

D'autres continents partagent avec l'Atlantide la triste réputation d'avoir été engloutis par les flots.

La Lémurie. L'invention de ce continent, qui se serait abîmé dans les eaux de l'océan Indien, date du XIXe siècle. Elle est due au zoologue anglais Slater, qui forgea son nom d'après des restes de primates – des lémuriens – découverts à Madagascar et en Malaisie. Au XXe siècle, la médium russe Helena Petrovna Blatvasky se passionne pour cette histoire ; elle fait des Lémuriens des géants pourvus de pouvoirs télépathiques. La Lémurie aurait été engloutie, à l'en croire, il y a des millions d'années, mais quelques survivants auraient pu s'enfuir vers l'Asie centrale : leurs descendants seraient les actuels habitants de l'Inde.

L'Hyperborée. Aujourd'hui perdu sous les glaces, l'Hyperborée aurait existé dans les régions arctiques actuelles à une période très reculée où celles-ci (avant que les pôles ne changent de place, prétend-on), auraient joui d'un climat et d'une végétation tropicaux. Les hommes et les femmes de cette île, entourée de hautes montagnes, étaient d'une extraordinaire beauté...

Le continent de Mu. Au début du XXe siècle toujours, en tentant de traduire un texte maya, le *codex Troano*, le Français Étienne Brasseur de Bourbourg croit découvrir les symboles M et U et en déduit l'existence d'un ancien continent dénommé Mu. À sa suite, le colonel John Churchward déclare que, lorsqu'il servait dans l'armée britannique aux Indes, il a été initié par des prêtres hindous aux secrets de Mu. Les prêtres lui auraient appris à lire la langue du continent perdu en se servant de copies de textes inscrits sur des tablettes cachées dans des temples indiens et mexicains... Pour lui, ce mystérieux continent, situé dans le Pacifique, s'étendait du détroit de Béring à l'Australie et de l'Inde à la Californie. Il aurait été englouti il y a 12 000 ans.

De nombreuses représentations cartographiques de l'Atlandide existent. Ici, la cité mythique est localisée vers l'île des Açores, les Canaries et Madère. Carte de Bory de Saint-Vincent, 1803.

L'Atlantide décrite par Platon dans le *Critias* se divise en districts. Les nombreux canaux qui la sillonnent convergent vers sa capitale, de forme circulaire. Au cœur de celle-ci se dresse la résidence royale, ancienne demeure du dieu de la Mer. C'est une citadelle de forme également arrondie et d'un diamètre d'environ cinq kilomètres. Des anneaux concentriques de terre et de mer, reliés entre eux par des tunnels et des ponts, composent cette acropole. Elle abrite les temples, les palais et les édifices publics ainsi que les champs de course.

• Un temple pour Poséidon, roi des Océans

Le plus formidable des temples est celui dédié à Poséidon. Ses façades extérieures sont entièrement couvertes d'argent et ses toits sont plaqués d'or. À l'intérieur, les voûtes sont en ivoire ciselé incrusté d'or, d'argent et d'orichalque (métal assez mystérieux dont on peut supposer qu'il s'agit soit de cuivre, soit d'un alliage de cuivre et d'or). Le temple est orné de nombreuses statues en or. L'une d'elles surpasse toutes les autres, celle représentant Poséidon « se tenant debout sur un char attelé de six chevaux ailés, et d'une grandeur telle que la figure touche à la voûte de l'édifice ». La description de Platon montre la richesse et la puissance de l'Atlantide, dirigée par des sages qui y font régner le bonheur le plus parfait.

Le *Critias* demeurant inachevé, on n'en sait pas plus sur cette île.

• Une cité idéale

Le texte de Platon est interprété aujourd'hui comme la première des utopies : une allégorie destinée à dramatiser la chute éclair d'une civilisation brillante – la civilisation crétoise en l'occurrence –, assimilée au déclin plus progressif d'Athènes. Mais la cité idéale décrite par le philosophe est-elle purement imaginaire, ou la construction platonicienne repose-t-elle sur une tradition qui pourrait avoir des origines historiques ? Ce débat n'est pas encore clos.

Aristote, au IVe siècle av. J.-C., affirme que l'Atlantide n'est qu'un mythe. Par ailleurs, un disciple de Platon affirme avoir vu, à Saïs, les hiéroglyphes relatant l'histoire racontée à Solon.

Au siècle des grandes découvertes, certains auteurs se risquent à identifier l'Amérique à l'île platonicienne. Fréquemment, des philosophes reprennent le procédé de Platon pour disserter sur la notion de cité idéale. Ainsi, le philosophe anglais Francis Bacon rédige en 1627 une *Nouvelle Atlantide* (*Nova Atlantis*), manière de roman scientifique : des navigateurs, poussés par les vents dans des régions inexplorées de l'Océan, abordent sur le rivage d'une île inconnue où un gouvernement éclairé fait régner le bonheur absolu ; le Suédois Olav Rudbeck y voit une allégorie de son propre pays comme berceau de la civilisation (*Atland ou Manheim*, 1679-1702) ; le Catalan Jacint Verdaguer fait du continent perdu le but secret de Christophe Colomb (*l'Atlàntida*, 1877).

À l'époque contemporaine, le mythe de l'Atlantide continue à alimenter utopies philosophiques et fictions romanesques. Au début du XXe siècle, l'écrivain français Pierre Benoit publie ainsi une *Atlantide* bientôt célèbre, où l'île mystérieuse est située en plein désert du Sahara. Deux officiers perdus s'y trouvent retenus par la troublante Antinéa.

Où se trouvait l'Atlantide ?

Si l'on admet que l'Atlantide a réellement existé et qu'il ne s'agit pas d'une simple fable à valeur morale ou politique, un problème surgit, celui de sa localisation exacte.

De l'Amérique à la Scandinavie. Certains placent l'Atlantide en Amérique du Sud, chez les Mayas, d'autres, à Héligoland, île de la mer du Nord, près des côtes danoises et allemandes (J. Spanuth). Enfin, d'aucuns voient en l'ancienne ville de Tartessos (située à l'embouchure du Guadalquivir, en Espagne) la cité atlante.

Les Açores. Compte tenu du texte de Platon, cette localisation paraît la plus logique. En 1882, déjà, I. Donnelly avance cette hypothèse. Ultérieurement, O.H. Muck, développant des arguments avancés par les archéologues Kircher et Schliemann, soutient que les Açores sont l'ancienne Atlantide. Il insiste sur la situation géographique des Açores, note qu'elles forment une zone de fracture de l'écorce terrestre et qu'elles sont riches de volcans en activité.

Bimini. D'autres pensent que l'Atlantide se trouvait dans la partie ouest de l'océan Atlantique, à proximité de l'île de Bimini (archipel des Bahamas). En 1968, une structure engloutie est découverte dans cette zone. Des recherches s'ensuivent, menées par M. Valentine, conservateur honoraire du musée des sciences de Miami, et D. Rebikoff, expert en photographies sous-marines. Deux murs sont reconnus, orientés perpendiculairement l'un à l'autre. Bimini s'enfonçant régulièrement dans l'océan, les deux chercheurs datent ces constructions d'il y a 8 à 10 000 années, c'est-à-dire d'une époque où aucun peuple de la région connu des archéologues ne possédait un niveau technique lui permettant de réaliser de tels murs. Depuis, on a mis en doute l'origine humaine de telles structures, considérées aujourd'hui plutôt comme un phénomène naturel.

Santorin. Pour les Grecs Calanoupoulos et Marinatos comme pour le Français Cousteau, l'Atlantide ne serait autre que l'île de Santorin, située à 110 kilomètres au nord de la Crète.

Un volcan ébranle la Méditerranée

Vers 1500 avant notre ère, la Méditerranée connaît la plus grande catastrophe naturelle de son histoire. Le volcan de Théra – l'actuelle Santorin –, dans l'archipel des Cyclades, entre en éruption, provoquant des dégâts considérables dans l'île et bien au-delà.

• *D'abord, la terre tremble…*

Au temps de sa prospérité, Théra, petite île de forme circulaire, abrite une population fort évoluée. L'un de ses centres urbains, la ville d'Akrotiri, a été fouillé par des archéologues grecs. Leurs travaux ont permis de suivre les principales étapes de l'anéantissement de l'île. Quelque temps avant l'éruption du volcan, la ville subit un violent tremblement de terre qui endommage ses édifices. Des murs s'effondrent et encombrent les rues de gravats. À l'intérieur des maisons, les lourds blocs de pierre des marches se fracassent, ce qui témoigne de la violence du séisme. Il est possible qu'une partie de la population ait alors abandonné les lieux.

• *… puis le volcan se fâche*

Des travaux de restauration et de reconstruction des bâtiments sont entrepris. Ils ne seront jamais achevés, car le volcan commence à se manifester. Sans doute ne s'agit-il d'abord que d'émanations de fumée de gaz, ce qui laisse aux habitants le temps de s'enfuir. Les archéologues n'ont, en effet, retrouvé dans la cité ni cadavres ni objets de valeur.

La première éruption couvre Akrotiri et le reste de l'île d'une fine couche de pierres ponces. L'éruption principale intervient quelque temps après. Elle projette alors des pierres ponces, dont la couche atteint 6 mètres d'épaisseur, puis une formidable quantité de cendres. La couche de cendres s'élève à 30 mètres dans certains endroits de l'île.

Finalement, les parois du volcan, qui ne sont plus soutenues, s'affaissent, provoquant une vaste dépression circulaire que la mer envahit. L'île prend alors cette forme de croissant qu'elle présente toujours aujourd'hui.

Santorin offre aujourd'hui un spectacle surnaturel : ses plages sont couvertes de sable noir et la forme de l'île rappelle celle d'un cratère de volcan…

En 1967, les archéologues ont découvert le site d'Akrotiri, surnommé « Pompéi préhistorique ».

• La fin d'un monde

Villes et villages disparaissent totalement sous les dépôts volcaniques. La civilisation de commerçants et de marins de Théra est balayée. Seules les ruines d'Akrotiri, cachées sous les cendres, témoignent aujourd'hui de son raffinement et de sa richesse. Les demeures à deux ou trois étages, soigneusement construites, sont ornées de superbes peintures murales évoquant la vie quotidienne, les expéditions navales, les batailles… Deux siècles s'écouleront avant que la vie reprenne à Théra, au-dessus des ruines.

• Des conséquences difficiles à mesurer

Au-delà de Théra, dans la mer Égée, l'éruption cause de graves dommages, dont il est difficile aujourd'hui d'évaluer l'ampleur. Les nuages et les pluies de cendres touchent des îles aussi éloignées que Rhodes et Cos, au large de la Turquie, et y laissent des dépôts importants. L'est de la Crète est également touché mais dans une moindre mesure. En plongeant ces régions dans l'obscurité pendant des heures voire des jours, les nuages ont probablement provoqué une vive frayeur parmi les populations. Il est possible aussi que des gaz nocifs se soient échappés du volcan et aient intoxiqué les êtres vivants. Les nuages volcaniques ont par ailleurs entraîné des changements climatiques qui ont dû considérablement affecter les conditions de vie des peuples de la mer Égée ; enfin, l'effondrement du dôme du volcan a certainement été suivi d'un raz de marée. On ignore, dans le cas de Santorin, dans quelle direction se propagèrent alors les énormes vagues.

• Deux catastrophes bien distinctes

En 1939, l'archéologue grec Spiridon Marinatos émet la théorie selon laquelle l'éruption de Santorin serait responsable de la fin soudaine de la civilisation minoenne de Crète. Il pense que la destruction des palais et des villes de la Crète orientale, comme le palais de Cnossos, a été provoquée par les tremblements de terre, les pluies de cendres et le raz de marée qui ont suivi l'explosion. Selon les volcanologues et les géologues, la couche de cendres peu épaisse et les tremblements de terre de faible portée et peu intenses n'ont pas pu produire les irréparables dommages subis par les palais crétois.

En comparant les poteries trouvées en Crète et à Théra, les archéologues remarquent à leur tour que les deux catastrophes ne sont pas arrivées en même temps, mais qu'elles sont séparées par quelques dizaine d'années.

• La civilisation crétoise, affaiblie, disparaît

Aujourd'hui, de nombreux savants pensent que l'éruption de Santorin a gravement perturbé les populations de la mer Égée et porté un coup sérieux à leurs relations commerciales et à leur prospérité. À la suite de la catastrophe, la Crète a peut-être accueilli de nombreux réfugiés ayant fui des îles devenues inhospitalières. Affaiblie par tous ces événements, l'île n'aurait pas pu riposter aux attaques extérieures, ni éviter la destruction de ses palais par des incendies, constatés par les archéologues. Pour les uns, elle aurait subi des raids de pirates ; pour les autres, elle aurait été ravagée par les Mycéniens, envahisseurs venus de la Grèce continentale, qui ont pris possession de l'île. Dans les années à venir, les études qui se poursuivent dans différentes disciplines éclairciront sans doute les liens de cause à effet existant entre le cataclysme et la fin brutale d'une brillante civilisation.

Que sont devenus les enfants d'Israël ?

Les livres historiques de la Bible nous rapportent que, lorsque les Assyriens envahissent le royaume d'Israël, entre 724 et 721, ils déportent dix des douze tribus qui forment les Hébreux. Nul ne sait ce que deviennent ces dix tribus et, de l'Antiquité jusqu'au XIXe siècle, de nombreux voyageurs déclarent les avoir retrouvées.

• En exil

En 930, le royaume de David et de Salomon éclate en deux États : le royaume d'Israël, au nord, constitué de dix tribus, et le royaume de Juda, au sud, où se sont réunies les deux autres tribus. Israël tombe en 721 sous la pression assyrienne, et ses habitants sont exilés à « Halah et sur le Habor, fleuve de Gozân, et dans les villes des Mèdes » (II Rois, 17). Ils disparaissent alors de l'histoire.

• Un retour annoncé

Pendant l'Antiquité et la période du second Temple de Jérusalem, personne ne doute de l'existence des dix tribus. La tradition attribue leur incapacité à rejoindre leurs frères au fait que les deux tribus du royaume de Juda sont dispersées à travers le monde. Les dix tribus sont exilées au-delà de la mystérieuse rivière Sambatyon, dont la traversée n'est possible que le jour du sabbat. De plus, selon le *Talmud de Jérusalem*, les exilés ont été divisés en trois groupes égaux et chacun a emprunté une direction différente.

Du Moyen Âge à nos jours, de nombreux voyageurs et explorateurs déclarent avoir retrouvé les dix tribus perdues. Au IXe siècle surgit un homme, Eldad ha-Dani, qui déclare être membre de la tribu de Dan, et connaître quatre des dix tribus. Un autre aventurier, David Reuveni, prétend être le frère de Joseph, roi des tribus de Ruben, de Gad, et de la demi-tribu de Manassé, qui seraient à cette époque installées à Khaybar, en Arabie. Le nom de Khaybar est sans doute inspiré de Habor, ville évoquée dans la Bible. En 1173, enfin, le voyageur Benjamin de Tudèle, premier Européen à revenir de Chine, décrit longuement les tribus perdues. Quatre d'entre elles, celles de

Les prophéties d'Ezechiel, un siècle après les événements, ont montré que les tribus vivent au loin, attendant le jour où les enfants d'Israël seront de nouveau réunis.

Dan, Asher, Zabulon et Nephtali, seraient, selon lui, installées dans la ville de Nishapur, en Asie, où elles seraient gouvernées par « leur propre prince Joseph Amarkala le Lévite ».

• *De l'Éthiopie à l'Amérique*

Le kabbaliste Abraham Levi Aîné, en 1528, voit les descendants des tribus perdues dans les Falashas, population noire de religion judaïque vivant en Éthiopie. Mais c'est peu probable. Éthiopie et Égypte ont toujours eu des relations étroites, et les Hébreux sont depuis longtemps nombreux en Égypte : certains d'entre eux ont tout naturellement converti à leur religion un groupe d'Éthiopiens.

L'hypothèse la plus fantastique est émise au XVIIe siècle par un voyageur originaire d'Amsterdam, Aaron Levi de Montezinos. De retour d'un voyage en Amérique du Sud, il raconte que des Indiens, dans la Cordillère des Andes, l'ont accueilli en récitant le *Shema*, prière composée de trois versets de la Torah. Manassé ben Israël, rabbin d'Amsterdam, est conquis par le récit de Montezinos. Il publie en 1652 un ouvrage, *Espoir d'Israël*, dans lequel il écrit : « Les Indes de l'Ouest sont habitées depuis longtemps par une partie des dix tribus, passée de l'autre côté de la Tartarie par le détroit d'Anian » (actuel détroit de Béring). Naturellement, aucune exploration postérieure ne confirme ce rêve. Dans son *Voyage à Jérusalem*, publié à Glasgow en 1786, c'est dans les Indiens d'Amérique du Nord que l'Anglais Richard Burton (Nathaniel Crouch) reconnaît les dix tribus perdues. Qui veut le suivre doit admettre que les pratiques religieuses des Hébreux devenus Sioux ont notablement évolué !

• *Les tribus retrouvées*

Les archéologues du XXe siècle et l'étude des textes assyriens permettent aujourd'hui de rétablir la vérité. En 721, Samarie est prise par le roi assyrien Sargon. Il déporte en effet une partie de la population en Assyrie et la remplace par des Mésopotamiens. Mais, contrairement aux récits de la tradition hébraïque, les dix tribus ne disparaissent pas en exil. La Bible évoque d'ailleurs fréquemment les importantes populations restées en Israël. Une très faible partie seulement des Hébreux est contrainte à prendre la route de l'Assyrie : 27 280 personnes en quatre ans, selon les archives de Sargon.
Mais il s'agit des classes dominantes : prêtres, fonctionnaires, intellectuels. S'ils sont minoritaires, ce sont eux qui inspirent la culture et la politique, c'est pourquoi ils sont remplacés par l'administration assyrienne. Il n'y a donc pas de déportation physique de masse et de disparition des tribus, comme on l'a longtemps cru, mais une extinction intellectuelle de l'identité de ces tribus.

Les premiers temps des Hébreux

L'histoire des Hébreux commence avec Abraham, un Sumérien qui, vers 1700 av. J.-C., quitte la ville d'Ur avec son clan. Il s'installe en Canaan. Au fil des siècles, le clan devient une puissante tribu semi-nomade qui entretient de bonnes relations avec l'Égypte.
Mais, vers 1675, les pharaons sont renversés par l'invasion des Hyksos. Les Hébreux se rangent aux côtés des envahisseurs et s'installent en Égypte. Lorsque les Hyksos sont repoussés, en 1580, les Hébreux, coupables de trahison aux yeux des Égyptiens, sont retenus en captivité. Deux siècles plus tard environ, probablement sous le règne d'Akhenaton, ils quittent l'Égypte sous la conduite d'un noble égyptien d'origine juive, Moïse, qui est le premier à réellement codifier la religion.
Ils conquièrent et colonisent Canaan, d'où ils expulsent les tribus sémites autochtones. Ils installent une démocratie tribale, remplacée en 1020 par une monarchie. Après le règne de Salomon (970-930), le royaume se scinde en deux : Israël et ses dix tribus au Nord, Juda et ses deux tribus au Sud. Les deux États sont secoués par de graves crises politiques ; dans le Nord, ces crises facilitent l'invasion assyrienne, qui survient après 724.

Sargon, roi des Assyriens, s'empare de Samarie et contraint les Hébreux à prendre la route de l'Assyrie.

Civilisations disparues

D'étranges monticules laissés par des Indiens disparus

Dès la conquête de l'Amérique du Sud, les premiers explorateurs espagnols rencontrent de riches et complexes civilisations indiennes. Par opposition, les immenses territoires de l'Amérique du Nord semblent vierges et dépourvus de toute société véritablement organisée.

• Des populations oubliées ?

Au XVIIIe siècle, les pionniers, qui traversent les vallées du Mississippi et de l'Ohio, ont la surprise de trouver de curieux monticules de terre recouverts de broussailles et d'arbres.

Bientôt on découvre de semblables monticules dans tout le centre et le sud des États-Unis actuels. Certains de ces tumulus représentent de gigantesques animaux tandis que d'autres sont des pyramides à l'extrémité plate *(Temple Mounds)* et dont la base s'étend sur plusieurs kilomètres. Quelques-uns encore forment des cônes d'une trentaine de mètres de hauteur environ.

Il apparaît rapidement que ces tertres ne sont pas d'origine naturelle mais qu'ils ont été construits par l'homme. Cette découverte contredit les connaissances de l'époque sur les premiers Indiens d'Amérique du Nord, présentés comme des semi-nomades chasseurs ou pêcheurs, parfois agriculteurs, dont la civilisation ne semble guère avancée.

Les colons découvrent par ailleurs, surtout dans la région du fleuve Ohio et de ses confluents et près de la future ville de Newark, dans l'État de l'Ohio, des murs de terre, hauts de 5 mètres environ, définissant des zones circulaires, octogonales et rectangulaires pouvant s'étendre sur 40 hectares. On se demande alors si ces lieux n'ont pas abrité un peuple indien aujourd'hui disparu. Cette supposition se trouve renforcée par une nouvelle découverte.

Photographie aérienne du **Serpent Mound** *(comté d'Adams, Ohio). Ce tumulus ondulant s'étend sur 407 m.*

• *Une société avancée qui pratiquait des rites funéraires*

À l'intérieur de ces monticules on trouve un grand nombre d'objets prouvant l'habileté de ceux qui les ont fabriqués : gravures sur pierre, coquillages finement travaillés, calumets en forme d'oiseau, mains et serpents faits dans du mica, pipes sculptées et poteries. Des ossements sont placés à côté de ces objets : ces tumulus seraient donc des tertres funéraires ?
Comme dans d'autres civilisations aux croyances similaires (en Égypte, par exemple), ces objets sont enterrés avec le défunt pour le suivre dans sa vie future. Les hautes pyramides à l'extrémité plate semblent constituer des édifices religieux et les monticules en forme d'animaux auraient donc une fonction rituelle. Quant aux murs de terre, ils devaient vraisemblablement circonscrire des espaces sacrés.
On découvre plus tard un site où est dessiné un grand serpent ondulant, long de 407 m, connu sous le nom de *Serpent Mound*. Mais ce n'est qu'avec l'apparition de la photographie aérienne, seule capable d'en donner une vue générale, que le dessin peut être apprécié à sa juste valeur.

• *La reconnaissance des « bâtisseurs de tumulus »*

Toutes ces constructions relèvent à l'évidence de civilisations antérieures à la conquête espagnole, mais il reste encore à connaître le nom et l'origine de ces bâtisseurs, surnommés *Mounds Builders* (les « bâtisseurs de tumulus »).
Plusieurs théories ont été avancées, certaines assez fantaisistes, comme celle qui voit là l'œuvre de Vikings, arrivés en Amérique bien avant Christophe Colomb. Personne, en revanche, ne pensait que ces cultures pouvaient être celle des Indiens d'Amérique : leurs descendants paraissaient en effet incapables de produire de semblables œuvres d'art.

Pourtant, en 1839, l'ethnologue Samuel Morton, qui a examiné de nombreux crânes trouvés dans les tumulus, prouve qu'ils sont identiques à ceux des Indiens du XIXe siècle : les tumulus sont donc sans nul doute l'œuvre de leurs ancêtres. Les récits d'un certain Hernando de Soto (1499-1542), qui affirme avoir vu des Indiens, dans le sud-est des États-Unis, édifier de semblables tertres, vient à l'appui de sa théorie. Mais ce témoignage n'est découvert que tardivement, et les conclusions de Morton restent longtemps contestées.
Il faut attendre 1881, et la mise en place par le Congrès américain d'une commission d'enquête dirigée par l'archéologue S. Thomas, pourtant adepte de la théorie d'une population disparue, pour qu'enfin l'on reconnaisse à des sociétés indiennes d'Amérique du Nord la paternité de cette culture des tumulus.

Qui étaient ces constructeurs de tumulus ?

Indiens Adenas. Les premiers bâtisseurs de tumulus connus sont les Adenas. Cette culture, qui s'illustre par de nombreux tertres funéraires, se développe et s'épanouit entre 1000 et 300 av. J.-C. dans l'Ohio, le Kentucky, la Virginie-Occidentale, la Pennsylvanie et l'Indiana. Les personnages importants sont enterrés dans des tombes de rondins de bois, entièrement brûlées lors de rites funéraires, avant d'être recouvertes d'un tertre conique. C'est aux Adenas que l'on doit l'étonnant *Serpent Mound*.
Culture Hopewell. À partir de 300 av. J.-C., la culture Hopewell développe et perfectionne la technique des tertres. Les constructions deviennent plus vastes, avec des murs de 5 mètres de haut. Les objets retrouvés dans les tumulus témoignent de l'existence d'un réseau économique, social et religieux complexe. Les Hopewell exportent leur artisanat en échange de matériaux exotiques (coquillages, obsidienne, dents de requin).
Peuple du Mississippi. Le dernier groupe de bâtisseurs de tumulus, le peuple du Mississippi, est postérieur à la période Hopewell. Cette culture se caractérise par les pyramides tronquées au sommet desquelles sont érigés des temples. Habiles artisans, ces Indiens édifient des tertres jusqu'au XVIe siècle, mais leur culture ne survit pas à l'arrivée des Européens.

Il a fallu du temps pour reconnaître dans les « bâtisseurs de tumulus » les ancêtres des Indiens.

Une langue indéchiffrable : l'étrusque

Surgie du néant en quelques décennies, la brillante culture étrusque intrigue les chercheurs. L'origine de ce peuple n'a pas été définie. Sa langue est encore incomprise. Les Étrusques restent pour nous ce peuple mystérieux, ennemi des Romains qui lui prêtaient des pouvoirs magiques.

• Des émigrés lydiens ?

Lorsque les Étrusques apparaissent en Italie au VIIIe siècle av. J.-C., leur brillante civilisation est nettement en avance sur celle des peuples italiques. Ce sont des artistes mais aussi d'excellents navigateurs : ils commercent avec les Phéniciens, les Égyptiens et les Grecs, maîtrisent la technique du fer alors que leurs voisins sortent difficilement de l'âge du bronze.

D'où viennent-ils ? Pendant longtemps, la tradition a accepté la version donnée par Hérodote dans ses *Histoires*, rédigées au Ve siècle av. J.-C. : elle explique leur immigration par une famine qui aurait ravagé leur région d'origine, la Lydie, en Asie Mineure.

Juste avant l'ère chrétienne pourtant, un historien vivant à Rome, Denys d'Halicarnasse, rédige une *Archéologie romaine* où il met pour la première fois en doute l'origine orientale des Étrusques. Il énumère les différences fondamentales existant entre Étrusques et Lydiens, notamment en ce qui concerne la langue. Pour lui, les Étrusques sont des Italiques (pour nous, des Villanoviens), qui ont évolué plus vite que leurs voisins grâce au contact des navigateurs étrangers. Le débat est dès lors ouvert entre « orientalistes », partisans d'une origine lydienne, et « autochtonistes », partisans d'une évolution locale de la population. Il n'est toujours pas clos aujourd'hui.

Détail d'un sarcophage étrusque, représentant un couple marié.

• Orientalistes et autochtonistes

Les « orientalistes » constatent le brusque changement de rite funéraire entre Villanoviens, qui pratiquent la crémation, et Étrusques, qui creusent des tombes à fosses allongées où le cadavre est inhumé. Ils mettent en avant l'aspect oriental du mode de vie, de la religion et de l'art étrusque, dans les formes comme dans les techniques. Enfin, une stèle retrouvée dans l'île de Lemnos, en face des côtes de Lydie, porte des inscriptions dans une langue qui s'apparente fortement à celle des Étrusques, ce qui apporterait la preuve du passage des Lydiens au cours de leur périple vers l'Italie.

Les « autochtonistes » réfutent ces arguments. Ils expliquent les influences orientales par les nombreux contacts des Étrusques avec les marchands syriens, égyptiens et phéniciens. Ils font remarquer que l'on ne peut exclure que le rite funéraire ait évolué en peu de temps, à la suite d'une décision du clergé par exemple. En ce qui concerne la stèle de Lemnos, leur explication est la suivante : la langue qui y est employée, tout comme la langue étrusque, sont les dernières descendantes, isolées, d'une langue pré-indo-européenne parlée autrefois dans la plus grande partie du bassin méditerranéen.

• *Une langue qui reste à déchiffrer*

L'étrusque n'est pas une langue indo-européenne. Si on sait le lire – son alphabet est très proche de l'alphabet grec –, on ne comprend ni la structure des phrases, ni la grammaire, ni le sens des mots. Il semble bien qu'aucun lien de parenté n'existe entre l'étrusque et les langues parlées à la même époque tels l'hébreu, le grec, le caucasien, l'égyptien, l'araméen, le hittite, etc. Les différentes méthodes de déchiffrage qui ont largement fait leurs preuves, telle la linguistique comparative ou la méthode combinatoire (qui analyse la langue elle-même en s'appuyant sur la fréquence des mots ou sur la répétition de formules toutes faites) échouent face à l'étrusque. Les chercheurs disposent pourtant de nombreux documents écrits : plus de 9 000 inscriptions funéraires, une dizaine de textes de 100 à 300 mots, et un long texte retrouvé par hasard sur les bandelettes qui servirent à emmailloter une momie égyptienne !

Les premiers âges de l'Italie

Au IIe millénaire av. J.-C., alors qu'en Méditerranée orientale s'épanouissent de brillantes civilisations (Égypte, Crète, Grèce), l'Occident sort avec peine de la préhistoire. Le Latium est peuplé de Ligures qui ne découvrent la technique du bronze que peu avant l'an 1000. Leur pays porte le nom d'Italie : la « terre des troupeaux ».

Au début du Ier millénaire, le pays ligure est envahi par des Indo-Européens proches des Celtes, venus des Balkans. Les envahisseurs deviennent les Italiques : Ombriens, Osques, Samnites, Romains, Albins, Sabins… Au VIIIe siècle av. J.-C., les Étrusques apparaissent en Ombrie. Ils connaissent le fer. En 775, les Grecs s'installent en Italie du Sud. Au moment où, selon la légende, Romulus et Rémus fondent Rome, les Étrusques mènent une politique d'expansion et, au VIe siècle, ils occupent Rome. Ils sont ensuite défaits et envahis à leur tour, mais ils conservent leurs mœurs et leur langue jusqu'au premier siècle de l'ère chrétienne.

• *À la recherche d'un texte étrusque-latin*

Malgré cette abondance de sources, nos connaissances restent pauvres. Les noms propres empruntés au grec (Agamemnon, Patrocle, Achille) ont permis de reconstituer la phonétique. On connaît les six premiers chiffres grâce à des dés à jouer sur lesquels ils apparaissent en toutes lettres, mais on ne sait dans quel ordre les classer. On a pu repérer une trentaine de mots concernant la famille, la nature, le mobilier et le calendrier, mais cela n'est pas suffisant pour comprendre un texte entier. Linguistes et archéologues restent donc accrochés au même espoir : retrouver un jour un texte bilingue étrusque-latin, les deux langues ayant coexisté en un même lieu pendant près de quatre siècles.

Inscription étrusque sur une plaque en or retrouvée à Rome, datant du VIe siècle.

Civilisations disparues

Le mystère des nœuds des Incas

L'écriture est la représentation du langage au moyen de signes. D'un système consistant en encoches taillées dans des objets, l'on est passé peu à peu à des modes de communication beaucoup plus élaborés. Mais chaque peuple, dans son environnement, a suivi sa propre évolution…

• Un système où tout est nombre et couleur

L'Empire inca ne connaissait pas l'écriture au sens où nous la pratiquons. Il a inventé cependant un procédé mnémotechnique perfectionné, le quipu (terme signifiant « nœud » en quechua) – sorte de cordelette nouée dont l'agencement des nœuds permettait une lecture par décryptage de leurs combinaisons. Avec des « bouts de ficelles », les Incas ont pu établir une comptabilité précise, mais aussi conserver une certaine mémoire de leur passé par des chroniques.

Le quipu est une cordelette d'une trentaine de centimètres environ (mais il en existe de plus longues) à laquelle sont attachées des ficelles multicolores. De ces dernières partent d'autres brins. Des nœuds les relient, faits à des distances variables et sur des ficelles de différentes couleurs. Le nombre des nœuds et la combinaison des couleurs permettent à ceux qui connaissent parfaitement le système de pouvoir le « lire » sans difficulté.

Ce que l'on sait des *quipus* repose pour une large part sur des spéculations quant à l'interprétation de ces signes. En effet, beaucoup de *quipus* retrouvés ne sont pas complets. On sait tout au moins qu'ils se lisent de droite à gauche sur la cordelette principale, en suivant chacune des ficelles qui en part. La position et le nombre de nœuds donnent des renseignements quantitatifs, tandis que les couleurs indiquent la nature de l'objet représenté.

Ainsi, une cordelette jaune (maïs) attachée à une ficelle bleue indique, suivant le nombre de nœuds et leur position, l'importance des stocks de maïs dans une province donnée.

Cité de Machu Picchu, Pérou.

• *Des chroniques des temps anciens*

Ce système permettait aux Incas de tenir des comptes très minutieux des denrées, des armes, des impôts et même de recenser le montant exact du tribut versé par les peuples battus. Mais les chroniques artistiques ou historiques pouvaient aussi être « enregistrées » grâce à ce système.
Sur une cordelette principale, un fil noir indique les années écoulées et donne des renseignements historiques. Si un fil rouge est noué à la cordelette principale, cela représente le règne d'un empereur au cours de la période concernée. Trois nœuds sur la ficelle indiquent que les événements se sont produits au cours de la troisième année de sa souveraineté. C'est ainsi qu'Atahualpa est averti de l'arrivée d'une armée (celle des Espagnols) en mai 1532. Le nombre d'hommes et d'armes est aussi inscrit sur le *quipu*.
Enfin, certains procédés théâtraux des Incas sont également connus grâce à ces cordelettes qui ont conservé le souvenir des textes joués.

• *Les « fonctionnaires » des quipus*

Le déchiffrement des *quipus* était confié aux *quipucamayocs*, utilisateurs spécialisés qui jouissaient d'un statut particulier et possédaient de nombreux avantages, dont celui de ne pas payer d'impôts. Chaque village comptait plusieurs *quipucamayocs*, qui avaient tous une fonction différente. Par ailleurs, l'apprentissage du *quipu* était une obligation pour les jeunes gens de la noblesse. La conquête espagnole a anéanti la culture inca et un nombre considérable de *quipus* furent détruits. Pourtant, de nos jours, ce système est encore utilisé dans les régions montagneuses de la Bolivie, de l'Équateur et du Pérou.

Nœuds à tout faire

De nombreuses cultures ont accordé une importance particulière aux nœuds et aux figures réalisés à partir de cordes ou de ficelles, jusqu'à les rendre parfois célèbres…

Le nœud gordien. Il s'agit du lien qui fixait le joug au timon du char de Gordias, roi légendaire de Phrygie. Un oracle ayant assuré que celui qui le trancherait obtiendrait l'empire d'Asie, beaucoup s'y risquent, mais le nœud se révèle tellement complexe que personne ne parvint à le démêler. Seul Alexandre le Grand résout le problème en tranchant le nœud avec son épée. Depuis, cette expression est devenue synonyme de difficulté pratiquement insurmontable.

La magie des ficelles. Elle est le plus souvent liée à des traditions animistes ou sacrées et utilise une cordelette dont les extrémités sont nouées ensemble. Elle se pratique encore dans des îles de la Polynésie et de la Mélanésie. Quant aux Indiens d'Amérique, ils croient que des figures de corde ont été inventées voilà bien longtemps par un peuple légendaire d'hommes-araignées, tandis que les Esquimaux de l'Alaska croient à un esprit des cordes maléfique.

Des rites anciens. De nombreuses peuplades primitives ont encore des rites à base de cordes entremêlées et de nœuds. À l'instar des sorciers du Moyen Âge et de la Renaissance, certaines de ces peuplades pratiquent, entre autres, le « nouement de l'aiguillette ». Des rites approchants existent encore chez les indigènes d'Australie, notamment les Wadamans et les Yirkalla.

Les trésoriers se servaient du **quipu** *comme instrument de comptabilité. Ce système de signes est encore utilisé de nos jours en Bolivie, Équateur et Pérou.*

Pourquoi des intouchables en Inde ?

La civilisation indienne a engendré un système social d'une grande complexité. L'Occident y voit une forme extrême d'inégalité, parce que la hiérarchie des castes semble conduire à l'exclusion de certaines catégories de personnes. Mais que sait-on de l'origine des intouchables ?

• Des vêtements pris sur des cadavres

Un intouchable est si indigne et si impur qu'il risque de souiller autrui par la vue ou par le contact physique. Les intouchables sont en Inde l'objet de discriminations particulièrement dégradantes. Ils doivent vivre à l'écart des villages et des agglomérations, ne pas posséder d'autre bien que des animaux domestiques comme l'âne ou le chien, pas d'autres vêtements que ceux pris sur des cadavres. Circuler la nuit dans les villes leur est strictement interdit. Ils sont exclus des puits de village, dont ils pourraient corrompre l'eau.

On constate que la séparation entre castes correspond peu ou prou à une division entre professions. Aux intouchables sont réservées les tâches les plus ingrates, frappant d'impureté celui qui les remplit parce qu'il entre en contact avec de la matière organique, de l'excrément, de la matière morte… Ainsi les cordonniers, les coiffeurs, les tanneurs, les vidangeurs et bien entendu les fossoyeurs sont-ils des êtres corrompus en permanence, donc mis au ban de la communauté. Les quatre principales castes ont aussi leurs fonctions, plus ou moins spécifiques et exclusives.

• Un immense corps démembré

Quand ce système est-il né ? Les sources sanskrites antiques décrivent des principes un peu semblables ; notamment les *Lois*

Les « intouchables », qu'on appelle en Inde Dalit, font l'objet de discriminations dégradantes.

de Manou, au début de l'ère chrétienne se font l'écho de textes recueillis du XVe au VIe siècle av. J.-C., qui présentent ainsi l'origine mythique du monde : les dieux immolent un immense corps cosmique, bâti à l'image du corps humain, et le démembrent. De la bouche naissent les *brahmanes*, l'ordre spirituellement le plus élevé, qui a seul accès à la connaissance métaphysique, à la compréhension des rituels et des textes sacrés. Des bras sont issus les *kshatriya*, les guerriers et les princes ; des cuisses surgissent les *vaishya* (paysans, artisans, commerçants), et les pieds engendrent le dernier et le plus bas des rangs sociaux, celui des domestiques et des serviteurs.

Qu'est-ce qu'une caste ?

Pour être le plus simple possible, on dira que la caste est un groupe dont les membres possèdent, du fait de leur naissance, des caractéristiques et des obligations communes. Le fait fondamental est donc l'hérédité de l'appartenance à la caste, et par suite la fermeture de celle-ci : un individu ne saurait passer d'une caste à l'autre, du moins au cours de sa vie terrestre.

Pour se distinguer des autres, le groupe impose à ses membres des obligations et des interdictions : mariage à l'intérieur de la caste (endogamie), règles alimentaires (végétarisme pour les brahmanes, par exemple), repas pris en commun, signes vestimentaires ou maquillage particulier, vie religieuse plus ou moins intense, etc. Au principe de distinction s'ajoute un principe de hiérarchisation : dans l'ordre croissant de la dignité viennent quatre grandes catégories (*shudra, vaishya, kshatriya*, et enfin, au sommet, les *brahmanes*), chacune éclatée en des dizaines, voire des centaines de sous-castes ou de variétés régionales, elles-mêmes hiérarchisées.

• L'invasion des Indo-Européens…

Il est bien question ici d'une hiérarchie sociale fondée sur les fonctions remplies par chaque catégorie : cela n'est pas sans rappeler l'idéologie trifonctionnelle des peuples indo-européens, que l'on retrouve aussi bien dans la Rome primitive que dans le Moyen Âge occidental, où sont nettement et institutionnellement séparés les prêtres, les guerriers et producteurs.

Or, la civilisation indienne s'est formée à partir de l'invasion, vers 1500-1000 av. J.-C., des plaines de l'Indus et du Gange par des peuples de souche indo-européenne venus des plateaux iraniens. Le peuplement originel du sous-continent indien, appelé dravidien par les savants, connaît alors une civilisation avancée. Mais vaincus et soumis par les Indo-Européens, les Dravidiens en sont réduits à servir leurs nouveaux maîtres : ils formeraient alors le quatrième rang social, à fonction domestique, tandis que les envahisseurs s'organiseraient de manière tripartite. Cependant, une fraction de la population dravidienne refuserait de se soumettre : considérée comme répugnante et dangereuse, elle formerait alors de fait, et bien malgré elle, le cinquième groupe, dont descendraient les intouchables.

• … ou un fait de culture religieuse ?

Même si cette hypothèse est séduisante, il est peu probable que les vainqueurs indo-européens aient aussi brutalement imposé leur propre système social. Le facteur clé de la formation des castes paraît avoir été surtout de nature religieuse. Pour les hindous, la naissance d'un individu dans telle ou telle caste n'est pas le fait du hasard, mais résulte de l'harmonie de l'ordre cosmique et de la dignité de ses vies antérieures. Naître intouchable n'est pas un sort inacceptable ni scandaleux, puisqu'il est conforme à l'ordre naturel : le mieux que l'on puisse faire est de vivre en respectant cet ordre, c'est-à-dire en accomplissant les rites et les préceptes adaptés à son rang social. Ainsi seulement peut-on espérer se réincarner à un niveau plus proche de l'idéal de pureté suprême ou, au moins, dans une caste supérieure. Quant à savoir à quelle date ces valeurs brahmaniques se généralisèrent en Inde… la question reste entière.

Scène quotidienne dans une famille d'« intouchables » : l'appartenance à une caste implique des caractéristiques et obligations communes.

ORIGINES MYSTÉRIEUSES

D'où viennent les Polynésiens ?

Comment, dans un triangle de près de 10 000 km² formé par ce qui est aujourd'hui Hawaii, l'île de Pâques et la Nouvelle-Zélande, des hommes ont-ils réussi à atteindre des myriades de petites îles éloignées de tout continent ? Comment des peuples ont-ils pu y vivre et y prospérer ?

• Un continent englouti ?

Une hypothèse, pour répondre à cette interrogation, voit aussitôt le jour. Ces hommes à la peau brune et aux cheveux ondulés peupleraient ces îles depuis toujours. Ils appartiendraient à une race originale et seraient les survivants d'un continent immense, qu'une catastrophe aurait englouti. Les îles subsistantes correspondraient aux sommets des plus hautes montagnes de ce continent disparu. Les techniques modernes d'exploration des eaux profondes ont permis de montrer que ce continent mystérieux n'a jamais existé. Par ailleurs, les études en anthropologie ont prouvé que l'émergence autonome d'une race d'hommes était impossible et que les Polynésiens ne pouvaient donc en aucun cas constituer une population humaine originale.

Île de Bora-Bora, archipel polynésien.

La pirogue polynésienne

Nul ne connaît exactement la forme originelle des embarcations et la technique de construction qui permirent aux Polynésiens de traverser, les premiers, le Pacifique. Seules les pirogues utilisées lorsque Cook ou Bougainville découvrirent ces populations peuvent nous renseigner.

La grande pirogue double, de voyage, est alors constituée de plusieurs coques. Ce sont des troncs d'arbres évidés au moyen d'une herminette, mis bout à bout et pouvant atteindre de 20 à 30 mètres de longueur. Toutes les pièces de bois constituant la pirogue sont tenues ensemble par des liens en bourre de coco tressée qui passent par des trous percés le long des planches. Ces pirogues cousues peuvent contenir de 10 à 20 personnes, plus des vivres et des animaux.

Ci-contre, une véritable pirogue polynésienne à double coque.

• Une origine controversée

Si le peuplement de la Polynésie ne peut être indigène, il a forcément pour origine des migrations. Aujourd'hui encore, deux théories s'affrontent. La première affirme l'origine américaine des Polynésiens. Selon le préhistorien norvégien Thor Heyerdahl, les premiers habitants des atolls se seraient embarqués, environ mille ans avant notre ère depuis les côtes du Pérou, pour coloniser de nouvelles terres.

Afin de vérifier son hypothèse, lui-même prend la mer sur un radeau pour rallier, depuis la côte péruvienne, les îles Tuamotu. C'est la célèbre expédition du *Kon Tiki*, du nom de l'embarcation. Le savant, parti en 1947 de Callao (Pérou), atteint l'Océanie après trois mois et demi de navigation : il fait la preuve que la traversée était matériellement possible. À l'appui de cette démonstration, Heyerdahl avance aussi un raisonnement d'ordre théorique : il constate que, jusqu'à une date très récente, l'alimentation des populations polynésiennes a été fondée essentiellement sur la patate douce. Or cette racine a effectivement une origine américaine.

• Le berceau asiatique

Pourtant, ni la navigation du savant norvégien ni l'argument alimentaire ne convainquent les scientifiques. Les découvertes archéologiques effectuées depuis les années 1960 plaident en effet en faveur de l'itinéraire suivant : vers la fin du IIIe millénaire av. J.-C., les premiers colons quittent, pour des raisons encore inconnues, l'Asie du Sud-Est.

Ils s'infiltrent dans les archipels du Pacifique sud-occidental, déjà occupés par les populations mélanésiennes. Là, ils s'installent pendant près d'un millénaire, apprenant l'horticulture au contact des Mélanésiens, également d'origine asiatique. Ensuite, grâce à leurs grandes pirogues doubles, ils découvrent bientôt de nouvelles terres inhabitées : les Fidji, puis les Tonga et les Samoa. Au début de notre ère, la trop forte pression démographique, ou bien des guerres, comme le raconte encore la tradition orale, obligent les vaincus à s'exiler. De nombreux habitants partent vers l'est afin de découvrir, dans l'océan infini, des terres nouvelles à conquérir.

• De grands navigateurs

Volontaires ou forcés, ces voyages sont soigneusement préparés. Les nouveaux colons, partis des Samoa ou des Tonga, semblent toucher d'abord, du fait des alizés, et au prix de nombreuses pertes et de grandes souffrances, l'archipel des Marquises. En effet, c'est aux Marquises que les fouilles archéologiques ont révélé les plus anciens niveaux d'occupation des sols connus (vers 300 apr. J.-C.). Mais les explorateurs ne s'arrêtent pas tous là. Depuis les Marquises, ils continuent de sillonner l'océan sur leurs frêles embarcations et s'implantent finalement sur toutes les terres émergées. Ainsi, jusque 700 apr. J.-C., ils occupent les îles de la Société (Tahiti), Hawaii et l'île de Pâques. Puis, entre 700 et 1100, une nouvelle vague de colonisation se dirige vers les îles Cook, les Australes et la Nouvelle-Zélande.

Une fois installés dans leurs îles, les Polynésiens, séparés des autres peuples du Pacifique et des autres continents par d'immenses étendues d'eau, se trouvent protégés des invasions et des grandes épidémies – jusqu'à l'arrivée des Européens.

ORIGINES MYSTÉRIEUSES

Une louve aux origines de Rome ?

Un auteur latin classique ne peut imaginer que la naissance de Rome, n'ait été marquée du sceau de l'extraordinaire. La tradition littéraire a diffusé une légende des origines de Rome, utilisée par la propagande des empereurs. Aujourd'hui, les recherches archéologiques tâchent de faire la part du mythe et de l'histoire.

• De Troie à Rome

Car les Romains ne doutent pas de leur origine troyenne. De Troie, incendiée par les Grecs vainqueurs en 1184 avant notre ère, si l'on en croit la datation traditionnelle, s'échappe Énée, fils d'Anchise et de la déesse Vénus, emmenant avec lui son fils Iule ou Ascagne, son père et les dieux protecteurs (Pénates) de sa cité. Après une longue errance, Énée s'installe en Italie, dans le Latium, la région de la future Rome, et épouse Lavinia, fille du roi local Latinus. Son fils Ascagne fonde une nouvelle cité au pied des monts Albains : Albe la Longue. Pendant trois siècles, Albe connaît douze rois. Le dernier est chassé par son frère qui, pour tarir la branche légitime, fait de sa nièce Rhea Silvia une vestale, prêtresse astreinte à la chasteté. Mais le dieu de la Guerre, Mars, s'unit à la vestale. De leur commerce naissent des jumeaux que l'oncle félon fait placer dans un berceau jeté dans le Tibre. Miraculeusement, les eaux du fleuve s'abaissent ; au pied du Palatin, une louve, attirée par les cris des nourrissons, vient les allaiter ; un berger les recueille finalement.

• Les frères ennemis

Devenus adultes, Romulus et Remus – ainsi se nomment les jumeaux – sont mis au courant du secret de leur naissance. Ils retournent à Albe, chassent du trône l'usurpateur et rétablissent leur grand-père. Puis ils s'en vont fonder, en 753 avant J.-C. selon la tradition, une nouvelle cité sur le lieu de leur enfance merveilleuse. Comme ils se disputent l'honneur de cette fondation, ils confient aux dieux le soin de les départager : montés chacun sur une colline, Romulus sur le Palatin et Remus sur l'Aventin, ils y prennent les auspices, c'est-à-dire observent la disposition divine exprimée par le

La louve aurait allaiter Romulus et Remus.
Ce dernier est à l'origine de la création de Rome.

Le Tibre dans Rome, *par Gaspard Van Wittel. Ce fleuve est un passage stratégique pour le commerce.*

vol des oiseaux. Douze vautours donnent la victoire à Romulus. La légende rapporte que Remus, pour provoquer son frère, saute par-dessus le sillon marquant la future enceinte. Romulus le tue alors.

• Un site idéal

La légende relie donc l'installation sur les sept collines à une suite d'événements surnaturels, et la création de la ville à un choix divin. Un examen plus rationnel montre que le choix du lieu correspond surtout à une analyse humaine judicieuse. Le Latium est une petite plaine volcanique, marécageuse et infestée de moustiques porteurs du paludisme près du littoral. Mais c'est aussi un carrefour naturel situé au centre de la péninsule. Le Tibre, descendant de l'Apennin au nord-est vers la mer Tyrrhénienne au sud-ouest, bien que capricieux, représente un axe de pénétration précieux. Utilisé de bonne heure pour les échanges avec les populations montagnardes, il est, en particulier, le véhicule du commerce du sel, produit des marais côtiers que la nécessité de saler les viandes pour les conserver rend essentiel.

Mais le Tibre est aussi un obstacle qu'il faut traverser : le site de la future Rome est le premier point de passage possible depuis le littoral. D'après Cicéron, il assure tous les avantages de la mer et en évite les inconvénients car, situé à une vingtaine de kilomètres du littoral, il se trouve dans une zone salubre ; de plus, ses sept collines en tuf volcanique (l'Aventin, le Palatin, le Capitole – où sera construite la citadelle *[Arx]* –, le Quirinal, le Viminal, l'Esquilin et le Cælius) constituent un site de défense remarquable.

• Des petits villages de bergers

Au début du XXe siècle, les fouilles archéologiques ont commencé à mettre au jour les plus anciens vestiges. Sous le Forum, entre les collines, exista d'abord une nécropole. Au VIIIe siècle avant J.-C., dans sa première période, on y plaçait les cendres des morts dans des urnes en forme de cabane. Plus tard, on y inhuma les corps dans des sarcophages de tuf : longtemps, la population dut ainsi habiter les hauteurs, réservant les zones basses, moins saines, à ses morts.

La tradition littéraire et les données archéologiques s'accordent donc pour situer dans les années 750 avant J.-C. les premiers établissements romains Mais, jusqu'au VIe siècle, « Rome » n'est probablement rien d'autre qu'un ensemble de villages de pasteurs répartis sur les différentes collines. C'est sous la domination étrusque que la cité naît véritablement : alors, le Forum, assaini, d'extérieur *(foris)*, devient central : la Rome que nous connaissons commence à apparaître.

Les Basques, rescapés du Déluge ?

La légende veut qu'au Déluge « échappèrent quelques hommes, rares comme les olives qui restent sur l'arbre après la récolte, comme les grappes qui pendent aux pampres après la vendange, et de ce nombre fut Aïtor, ancêtre des Basques ».

• Un peuple à part

Les Basques sont un peuple à part. Par leur sang : depuis qu'autour de 1918 on a établi que la répartition des groupes sanguins n'était pas uniforme, on sait que la fréquence du groupe O, comme la rareté du A et surtout du B, distinguent les Basques de toute autre population blanche, et qu'aucun groupe au monde n'a un si fort taux de rhésus négatif, alors que ce taux est très faible dans le reste de l'Europe. Par leur langue aussi, qui ne se rattache à aucune autre en Europe.

Une langue divine, incompréhensible pour Satan !

La tradition ne nous aide guère à situer l'origine de la langue basque. Pour certains, elle viendrait de Dieu lui-même, et serait « aussi naturelle que le roucoulement au pigeon, l'aboiement au chien ». Mais la tradition veut aussi que, après sept ans passés dans la région, Satan lui-même n'ait pu apprendre à dire que « oui » et « non » ; le même Satan, ayant acquis un manuel de basque, furieux de n'y rien comprendre, aurait fini par le jeter à la mer… Plus sérieusement, quand Manuel de Larramendi écrit au XVIIe siècle la première grammaire basque, il l'intitule *El Imposible Vencido*, autant dire « une victoire sur l'impossible ».

Les stèles discoïdales des cimetières du Pays basque ne trouvent aucun équivalent dans d'autres régions et renforcent la spécificité culturelle.

• D'innombrables dialectes

Les premiers textes dont on dispose ne sont pas antérieurs au XVIe siècle, et l'on trouve huit dialectes différents, avec des variations de village à village, voire de maison à maison. Cela peut expliquer que la langue basque détienne le record des comparaisons avec d'autres langues, du carthaginois au turc et au finnois, en passant par le tchouktche, au nord-est de la Sibérie. Au début du XXe siècle, certains linguistes la rapprochent encore du chamitique, famille comportant certaines langues éthiopiennes, l'égyptien, ainsi que le berbère.

L'Italien Trombetti, à la recherche de la langue originelle des hommes, celle d'avant Babel, signale aussi des ressemblances avec le géorgien et les autres dialectes du Caucase plus ou moins apparentés. C'est cette direction qui donne les meilleurs résultats. Certains ajoutent l'étrusque, le bourouchaski, isolé au nord-ouest de l'Himalaya, ou quelques aspects de l'arménien… En 1936, de façon plus limitée, mais plus précise, Georges Dumézil présente les éléments, coïncidences de vocabulaire, affinités de syntaxe, qui établissent une parenté entre les langues du Caucase et le basque.

• L'archéologie brouille les cartes

Il y a donc une parenté entre une langue parlée à l'ouest de l'Europe et celles d'entre mer Noire et mer Caspienne. Mais quand se sont-elles différenciées ? Des racines communes, signifiant « labourer », « semer », « tresser », « filer », « moudre », font placer la rupture après le

Les Basques sont fiers de leur culture et arborent les emblèmes de leur pays, comme le béret.

Le Pays basque

L'Euzkadi (le mot ne date que de 1893), ou plutôt l'Eskualherri, signifie le « pays de la langue basque ». La frontière franco-espagnole ne coupe guère ce peuple en deux, du fait du sentiment de communauté culturelle et de la tradition de contrebande, solidement implantés. En Espagne, le Pays basque va de Bilbao au pic d'Anie (2 504 mètres) et est un des foyers industriels du pays. D'ouest en est, il comprend les provinces de Biscaye, avec les villes de Bilbao, Durango et Guernica, d'Alaya, de Guipuzcoa (Saint-Sébastien) et de Navarre. En France, il est moins étendu, occupant le sud-ouest des Pyrénées-Atlantiques, des abords du gave d'Oloron à l'Océan, Bayonne ou Biarritz étant en partie basques ; on distingue trois provinces, le Labourd, avec les villes d'Hendaye et de Saint-Jean-de Luz, la Navarre française, avec Saint-Jean Pied-de-Port, et enfin la Soule, autour de Mauléon-Licharre.

néolithique, de 5 000 à 2 500 ans av. J.-C, puisque c'est alors que ces activités apparaissent. On pourrait imaginer que les Basques descendent de Caucasiens venus en Occident après cette date. Mais, en 1936, l'année même où est établie la parenté entre les deux groupes linguistiques, deux archéologues, T. de Aranzadi et J.-P. de Barandiaran, découvrent des crânes dans la grotte d'Urtiaga, au Pays basque. Contrairement à ceux exhumés depuis les fouilles de Paul Broca dans les années 1880, certains sont identiques à ceux des Basques actuels. Or, ils datent du paléolithique, la période qui précède le néolithique. C'est la preuve que les Basques sont des autochtones, des « aborigènes de l'Europe occidentale » présents depuis la nuit des temps, qui ont probablement évolué de façon spécifique à partir de l'homme de Cro-Magnon, donc indépendamment des Géorgiens ou des Tchétchènes…

• Une langue importée ?

Les Basques seraient donc là depuis toujours, ou presque, mais leur langue ne s'est différenciée de celles du Caucase qu'il y a cinq ou six mille ans. On peut imaginer une même langue parlée par les autochtones de toute l'Europe, voire du nord de l'Asie. Il est pourtant bien étonnant qu'une langue parlée sur tout un continent ait disparu, sauf aux deux extrémités. D'autant qu'il ne manque pas de coins perdus où elle aurait pu se préserver beaucoup mieux que dans la région frontalière de Saint-Jean-de-Luz, fort accessible aux influences extérieures.

Il est donc logique, en conséquence, de poser comme hypothèse que les Basques, peuple autochtone, aient pu adopter une langue venue d'ailleurs. Elle serait arrivée avec la métallurgie, qui a été apportée d'Asie Mineure au IIIe millénaire av. J.-C.

Quelle que soit la solution proposée, elle soulève des problèmes. Les découvertes de 1936 éclairent l'origine des Basques et de leur langue, elles n'en résolvent pas le mystère.

Dans les années 1880, Paul Broca fit de nombreuses fouilles archéologiques afin de déterminer l'origine précise des Basques.

Un royaume sans hommes ?

Peuple de femmes se consacrant entièrement à l'art de la guerre, les Amazones, surnommées par le poète Eschyle « Femmes guerrières, ennemies des hommes », se gouvernent seules et n'admettent aucun homme auprès d'elles.

• Des origines divines

Selon la mythologie grecque, les Amazones descendent d'Arès (Mars), dieu de la Guerre, et de sa propre fille, la nymphe Harmonie. Elles ne vivent qu'entre femmes, excellent dans les arts guerriers et font de leurs filles des chasseresses et des combattantes. À cette fin, elles brûlent leur sein droit pour leur faciliter l'exercice de l'arc. C'est de cette tradition que les Amazones tirent leur nom puisque celui-ci signifie en grec « celles qui n'ont pas de sein ». Elles ne s'unissent que durant de très courtes périodes avec des hommes et dans un but strictement reproducteur. Elles ne conservent auprès d'elles que les enfants de sexe féminin. Selon Hérodote, « une fille ne se marie pas avant d'avoir tué un ennemi. Certaines vieillissent et meurent sans avoir été mariées, faute de pouvoir remplir cette mission ». (*Histoires*, livre IV.)

• Les Amazones, ennemies des héros grecs !

Les premiers faits d'armes connus des Amazones remontent à la Grèce préhomérique. On les voit aux prises avec le plus grand héros de la mythologie grecque, Hercule, dont l'un des douze travaux consiste à s'emparer de la ceinture d'Hippolyté, leur reine. Peu après, Thésée, autre héros valeureux, vainqueur

Hérodote interroge la tradition des mages. Aquarelle de René Piot (1869-1934).

Hérodote, un historien contesté

Né en 484 av. J.-C., à Halicarnasse, en Asie Mineure, Hérodote est d'abord un grand voyageur, que ses périples entraînent en Europe, en Afrique et en Asie. Ses *Histoires*, composées de neuf volumes, relatent l'avènement de l'empire perse et les guerres médiques opposant les Grecs aux Perses. Hérodote croit aux dieux et à la fatalité, et ses écrits comportent de multiples références à des mythes et à des légendes. Aussi ses récits ne peuvent-ils aujourd'hui être lus qu'avec un regard critique, même si nombre de ses références historiques se révèlent exactes. Par la qualité de ses textes et la richesse de ses informations. Hérodote est, de fait, le premier véritable historien grec et il est surnommé, depuis l'Antiquité, « le père de l'Histoire ».

du Minotaure, se rend chez les Amazones et enlève leur souveraine, Antiope, qu'il trouve fort belle. Les Amazones quittent alors leur royaume et, en guise de représailles, envahissent l'Attique. Mais elles sont repoussées par l'armée de Thésée. De l'union mouvementée de Thésée et d'Antiope naît un enfant, Hippolyte, que son père adore. Racine le rendra célèbre en en faisant le héros malheureux de sa pièce de théâtre *Phèdre*.
Dans *l'Iliade*, qui conte les dernières années de la guerre entre les Troyens et les Grecs, les Amazones sont citées à trois reprises, mais Homère ne donne que quelques vagues détails sur elles, qui ne permettent pas de les appréhender avec précision. Le mythe semble donc déjà sur son déclin à cette époque.

• Mythe ou réalité ?

Beaucoup d'auteurs, à différentes époques, ont ainsi écrit sur les Amazones, mais il est difficile de situer leur pays avec précision ou d'affirmer qu'elles ont réellement existé telles que les légendes le racontent. D'après la tradition hellène, leur royaume, dont la capitale est Thémoscyre, se trouve en Asie Mineure, près du fleuve Thermodon, mais les Grecs, qui colonisent assez tôt cette région, n'en trouvent pas de trace. Selon Hérodote, les Amazones ont quitté ce territoire pour émigrer en Scytie, près de l'actuelle mer d'Azov. Il se peut cependant qu'il y ait eu durant la haute Antiquité, à l'image des sociétés de type matriarcal attestées à l'époque, des tribus de femmes se gouvernant seules ou vivant à l'écart des hommes, et que celles-ci aient contribué à la naissance du mythe des Amazones qui, par la suite, a été embelli par des poètes imaginatifs.

Le monde des Amazones

Bien après la fin de l'Antiquité et avec l'avènement des explorations, le mythe des Amazones connaît, pendant quelques siècles, une nouvelle vitalité.
Au pays des Walkyries. Au IXe siècle, le roi d'Angleterre Alfred le Grand parle d'un royaume, le Magdaland, peuplé uniquement de femmes et situé dans le nord de l'Europe.

En Orient. En Malaisie, les autochtones affirment que l'île d'Engano, près de Sumatra, abrite des femmes guerrières. Marco Polo, quant à lui, décrit deux îles, situées à proximité du royaume de Khesmakoran, aux Indes, dont l'une est peuplée exclusivement de femmes et l'autre d'hommes. Une fois dans l'année, les hommes rendent visite aux femmes puis retournent chez eux. Les femmes, lorsqu'elles ont accouché, gardent avec elles les enfants de sexe féminin et renvoient les garçons à leurs pères lorsqu'ils atteignent l'âge de douze ans.

Les Amazones vivent entre femmes et enseignent, de génération en génération, leur maîtrise des arts guerriers.

En Amérique du Sud. Christophe Colomb dit avoir rencontré aux Antilles, lors de ses voyages, des femmes guerrières. Un compagnon du conquistador Francisco de Orellana décrit le combat que lui et ses compagnons livrèrent en 1541, en Amazonie, contre de grandes femmes blanches aux longs cheveux nattés, armées d'arcs et de flèches. C'est Orellana, d'ailleurs, qui baptise le fleuve Amazone à partir du mot indien « amassonas » qui signifie « destructeur de bateaux ».

Des tatouages pour les morts

Venues de Sibérie, des hordes de Scythes s'installent sur le bord de la mer Noire au VIIe siècle, ravagent l'Assyrie et vont jusqu'en Égypte. Ce peuple étrange de guerriers orfèvres pratique des rites funéraires mystérieux et cruels.

• Des enterrements terribles et fastueux

Les funérailles d'un souverain scythe donnent lieu à des cérémonies qui durent plusieurs jours. Le corps est embaumé et transporté de tribu en tribu. Tous ceux qui viennent le voir se tranchent un morceau d'oreille et pratiquent des automutilations en signe de deuil. On creuse ensuite une fosse, et l'inhumation a lieu. L'historien grec Hérodote, au Ve siècle avant notre ère, a assisté à l'une d'elles : « Ils déposent le cadavre dans la chambre funéraire, sur un lit de verdure, plantent en terre des poteaux de chaque côté du corps, placent dessus, en travers, des pièces de bois qu'ils recouvrent de nattes de roseaux ; dans l'espace laissé libre de la chambre, ils ensevelissent, après les avoir étranglés, une des concubines du roi, son échanson, un cuisinier, un palefrenier, un valet, un porteur de messages, des chevaux, une part choisie de toutes ses autres propriétés et des coupes d'or. Cela fait, tous s'attachent à élever un grand tertre, rivalisant avec zèle pour qu'il soit le plus grand possible. » Un an plus tard, les sujets du roi défunt mettent à mort cinquante jeunes gens et cinquante chevaux. Les cadavres des hommes sont mis sur ceux des chevaux et attachés à des pieux, puis disposés en cercle autour du tumulus.

• Les maîtres de la steppe

D'origine indo-européenne, les Scythes forment un ensemble de diverses populations, assimilées au cours des déplace-

Des hommes cruels mais impuissants ?

Hippocrate attribue aux Scythes une maladie spécifique, l'impuissance :

« Voici selon moi comment vient cette impuissance : elle est le fait de l'équitation perpétuelle des Scythes qui leur donne des engorgements au niveau des articulations, attendu qu'ils ont toujours les pieds pendant le long du cheval, et qui va même jusqu'à occasionner la claudication et la distension de la hanche chez ceux qui sont gravement atteints. Ils se traitent de leur impuissance ainsi qu'il suit : au début du mal, ils ouvrent la veine placée derrière l'une et l'autre oreille. Quand le sang coule, la faiblesse excite le sommeil, et ils s'endorment : puis ils s'éveillent, les uns guéris, les autres non (...). Mais si deux, trois tentatives ou un plus grand nombre ne leur réussissent pas mieux, ils s'imaginent avoir commis quelque offense à l'égard du dieu à qui ils attribuent leur affliction, et prennent les habits de femmes. »

Des airs, des eaux et des lieux, 4-35.

Tapisserie scythe du Ve siècle représentant un cavalier.

ments à travers l'Asie. Farouches et violents, ils ne se séparent jamais de leurs armes et sont sans pitié envers leurs ennemis. Ils scellent leurs serments de fidélité en versant leur sang dans une coupe de vin. Ils interrogent souvent leurs devins et sont jaloux de leurs traditions. Paradoxalement, ce sont aussi de grands amateurs d'art et des orfèvres de génie. Ils forgent des statuettes, des armes décorées, des ornements pour leurs costumes de métal et des bijoux sur lesquels les thèmes animaliers sont les plus répandus.
Les hordes sont toujours en mouvement. Les femmes et les enfants s'entassent dans les chariots, les hommes vont à cheval. Les bonnes relations entre tribus permettent de compenser la pauvreté en matière première, particulièrement en minerai, de cette zone. On échange l'or, l'argent, le cuivre, l'étain, le fer, mais aussi le bois, le cuir et les objets travaillés. Avec leur arrivée sur les bords de la mer Noire, une organisation politique et administrative plus élaborée que le clan se dessine. Plusieurs royaumes scythes coexistent, chacun formé d'une union de tribus.

Les Scythes possédaient une grande maîtrise de l'orfèvrerie. Ci-contre, le dos d'un miroir richement décoré.

• Des tombes fastueuses

Plusieurs dizaines de tumulus scythes, appelés kourganes, sont depuis le début du siècle explorés par les archéologues. L'un des plus beaux est celui de Pazyryk, dans le haut Altaï, en Sibérie. Fouillé à partir de 1929, il contient des tapis, vêtements, statues, armes, bijoux et instruments de musique, un char, des chevaux richement harnachés et surtout des corps momifiés parfaitement conservés dans le sol gelé. Celui du roi est recouvert de tatouages, symbole de sa noble origine et de son grand courage.
Le kourgane d'Arjan, dans les montagnes de Saïan, a, quant à lui, une structure circulaire de 120 mètres de diamètre. L'étude de cette structure a permis aux archéologues de reconstituer les funérailles. D'après les traces des campements, plus de 10 000 personnes y ont participé, abattant en une semaine 6 000 arbres pour construire la nécropole souterraine à multiples cellules. Au centre repose le roi. Plusieurs dizaines de hauts dignitaires, serviteurs et concubines l'ont accompagné dans la mort, ainsi que plusieurs centaines de chevaux.

• Les descendants des Scythes ?

Battus par Philippe II de Macédoine au IVe siècle av. J.-C., repoussés par les nomades sarmates venus de l'est, les Scythes se replient peu à peu sur la Crimée. Ils s'y sédentarisent et leur royaume, jusqu'à sa destruction par les Goths vers 200 de notre ère, est assimilé à la civilisation gréco-romaine. Pourtant, un petit groupe d'entre eux, que l'historien juif Flavius Josèphe signale au Ier siècle comme les Alains, vit encore suivant les traditions nomades, de l'autre côté de la mer d'Azov. Aux IVe et Ve siècles, une partie des Alains traverse l'Europe pour atteindre le territoire de la France actuelle, alors qu'une autre gagne le Caucase. Ces derniers se réfugient au plus profond du massif durant les invasions mongoles et y demeurent aujourd'hui encore sous le nom d'Ossètes.

SOCIÉTÉS GUERRIÈRES

Pourquoi les Jivaros réduisent les têtes ?

Popularisés par la littérature d'exploration et d'aventure, en raison de leur pratique de la réduction des têtes, les Indiens Jivaros ont, avant même la conquête espagnole, été considérés comme un des peuples les plus sauvages d'Amérique du Sud.

• Avant la conquête espagnole : Incas contre Jivaros

La sinistre réputation des Jivaros ne date pas de leur rencontre avec les Européens, puisque les Incas eux-mêmes les craignaient déjà. Vers 1450, l'armée de Tupac Yupanqui s'attaque à une province située à cheval sur l'actuelle frontière séparant, au nord du rio Maranon, le Pérou et l'Équateur. Ses soldats éprouvent une formidable répulsion vis-à-vis de ces Indiens de la forêt : non contents d'être de féroces combattants, ceux-ci décapitent leurs ennemis vaincus et réduisent leurs têtes jusqu'à ce qu'elles ne soient pas plus grosses que le poing. Les Incas finissent par gagner la guerre, mais ne parviennent pas à soumettre totalement les Jivaros, réfugiés dans les forêts denses et inextricables de l'Amazonie.

• Un peuple de guerriers aux pratiques cruelles

Les Jivaros font partie d'un petit groupe de cultures linguistiquement isolé. Ils vivent surtout de la chasse, de la pêche et de la cueillette. L'unité sociale de base est la famille et la cohésion des groupes repose surtout sur des liens familiaux. Les Jivaros sont aussi des guerriers. Leur société égalitaire ne se dote d'un chef qu'à l'occasion des campagnes à mener. Or celles-ci sont nombreuses : l'ethnie a pour ennemi héréditaire les Achuaras, une tribu voisine. Cependant,

Recette pour fabriquer un tsantsa

Temps de préparation : 6 jours.

Dépouiller d'abord la tête de sa peau. Pour cela, pratiquer une incision verticale au-dessus de la nuque puis séparer le cuir chevelu du crâne.

Faire ensuite bouillir la peau de telle sorte que les cheveux ne tombent pas. Attendre qu'elle ait réduit de moitié puis la retirer de l'eau et la mettre à sécher. Après avoir gratté soigneusement la surface intérieure du derme, coudre les paupières et l'incision pratiquée au départ, de manière à ce qu'il ne subsiste plus que l'ouverture du cou tranché et celle de la bouche.

La tête est alors encore beaucoup trop grosse. Y introduire par le cou des galets brûlants et les faire rouler à l'intérieur de façon à ce que la tête ne se déforme pas au fur et à mesure que la peau se rétracte.

Brûler ensuite les poils du visage et ligaturer la peau du cou avant de verser du sable chaud par la bouche pour achever le rétrécissement de la tête. Vider le sable refroidi, teindre la peau en noir et coudre les lèvres.

Le tsantsa*, désormais, n'est pas plus gros que le poing.*

Les sarbacanes sont utilisées par les Jivaros pour la chasse et la guerre.

ceux-ci ne suffisent pas à assouvir les pratiques sanguinaires des Jivaros et, lorsque l'ennemi n'est plus disponible à l'extérieur, les communautés Jivaros s'entretuent parfois sous les prétextes les plus divers, vengeance ou accusation de sorcellerie.

La raison de ce comportement : le prestige guerrier. Le grand guerrier est celui qui tue le plus d'ennemis. De chaque victoire il conserve un témoignage : une tête décapitée, puis réduite. Cette coutume n'a pas pour unique but de faire étalage de trophées lors de certaines fêtes traditionnelles. Elle vise à faire en sorte que l'esprit du mort, le *muisak*, ne revienne pas se venger de son meurtrier. Pour y parvenir, le guerrier qui a tué un ennemi doit accomplir un rituel complexe destiné à emprisonner l'âme du mort dans sa propre tête, soigneusement réduite.

• Comment neutraliser le muisak de l'ennemi ?

La préparation de la tête réduite, nommée *tsantsa,* dure plusieurs jours, et les opérations matérielles alternent avec les cérémonies magiques.

Pour éviter tout risque de décomposition, la réduction est souvent entreprise sur le chemin du retour vers le village. Les paupières sont cousues pour que le mort ne puisse voir ce qui l'entoure, la peau racornie est teinte en noir afin que l'esprit du défunt soit à jamais plongé dans l'obscurité. Les os du crâne, préalablement enlevés, les yeux et les dents sont jetés en offrande aux anacondas des rivières. Une fois le rituel terminé, un trou est percé au sommet de la tête réduite et un lien y est passé. Le *tsantsa* est alors enveloppé dans une toile puis déposé dans une jarre de terre conservée par le guerrier. Celui-ci ne ressort la tête de son ennemi que pour la porter autour du cou au cours des fêtes.

Qu'il était bon mon petit Français !

Ce titre « alléchant » est celui du film du réalisateur brésilien Nelson Pereira Dos Santos qui retrace, sur un mode ironique, le triste sort « gastronomique » qui attendait les prisonniers capturés par certaines tribus indiennes et que racontent des chroniques de l'époque.

Ainsi, au début du XVIe siècle, le Portugais Damião de Coes affirme que des tribus brésiliennes épilent leurs prisonniers chrétiens, puis leur offrent des femmes, le tout en attendant le moment de la fête la plus proche. Lors de celle-ci, le captif est attaché à un pieu où on l'oblige à boire et à danser. Un peu plus tard, le guerrier qui l'a capturé lui fait éclater le crâne au cours d'un simulacre de combat, puis lui coupe la tête et les mains. Les femmes le préparent ensuite pour le festin des guerriers.

*Guerrier Jivaro montrant un « **tsantsa** » : scène du film documentaire* **Jungle Headhunter** *réalisé au cours de l'expédition de Lewis Cotlow en Amazonie.*

Lieux légendaires

pages 210 à 213

Pyramides

pages 224 à 229

Mégalithes et statues

pages 214 à 223

Cités

pages 230 à 235

Églises

pages 236 à 23

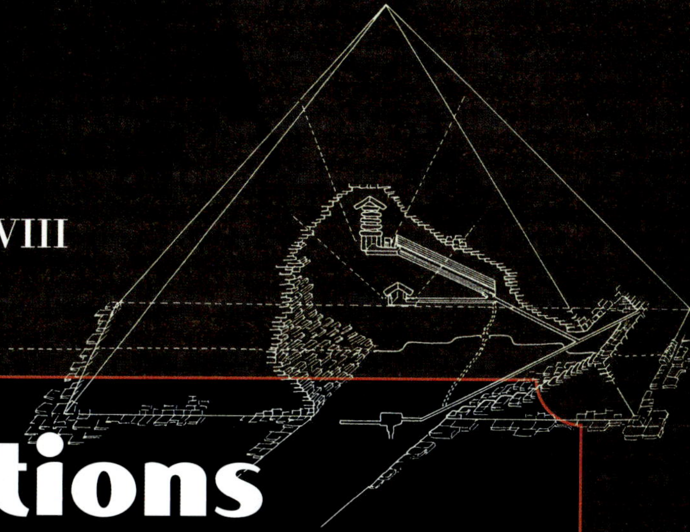

CHAPITRE VIII

Constructions mystérieuses

LA PLUPART DU TEMPS, LES CIVILISATIONS DISPARUES N'ONT LAISSÉ POUR SEULE TRACE MATÉRIELLE QUE DES MONUMENTS OU DES OUVRAGES, DONT L'INTERPRÉTATION S'AVÈRE DIFFICILE. DOLMENS ET MENHIRS, GIGANTESQUES CITÉS EN RUINE, TOMBEAUX ROYAUX OU BIEN ENCORE TEMPLES ABANDONNÉS NOUS RÉVÈLENT UNE FIÈVRE BÂTISSEUSE QUI SEMBLE LE PROPRE DES SOCIÉTÉS HUMAINES.

Malgré leurs différences, la plupart de ces constructions hors du commun ont un lien avec des cultes rendus à des dieux. Mais les techniques employées semblent bien souvent relever autant de l'énigme que de l'exploit, tandis que les mobiles et la signification de ces édifices nous demeurent incompréhensibles. Même des monuments plus proches de nous dans le temps, comme la cathédrale de Chartres, recèlent encore bien des secrets…

Lieux légendaires

La tour de Babel a-t-elle existé ?

La Genèse rapporte que les hommes, rassemblés dans la plaine de Shinéar après le Déluge, résolurent d'élever une tour gigantesque. Dieu (Yahvé), alerté de ce dessein, y aurait mis obstacle en « confondant leur langage » de manière que les ouvriers ne puissent s'entendre entre eux.

• Babel, Babylone, barbares…

Rendus incapables de travailler de concert, les constructeurs abandonnent l'entreprise et se dispersent dans différentes directions. La tour et la ville édifiée autour, appelées Babel ou Babylone, restent inachevées.

La légende de la confusion des langues a une origine étymologique. « Babel » est interprété par l'écrivain biblique, qui écrit peut-être au temps de la captivité des Israélites en Babylonie, dans le sens de « confusion » - confusion des langues, en l'occurrence. De la même manière, parce qu'ils ne comprennent rien au langage des étrangers, et en premier lieu des Perses, les Grecs prennent, bien plus tard, l'habitude de désigner ceux-ci du nom péjoratif de « barbares » - la répétition de la syllabe « ba » symbolisant la désorganisation apparente des dialectes non grecs, quels qu'ils soient, par rapport à l'organisation rigoureuse de la langue d'Homère.

• Une tour bien réelle aux finalités opposées à sa légende

La légende de la tour repose aussi sur une réalité. Il existait en effet à Babylone une construction à étages, dite « ziggourat », d'origine inconnue mais restaurée sous Nabopolassar (626-605 av. J.-C.), fondateur de la dynastie chaldéenne, et sous son successeur, son fils, le célèbre Nabuchodonosor (605-562).

Cette construction s'appelait *Etemenanki*, « la maison du haut lieu entre le Ciel et la Terre ». Une inscription datant de Nabopolassar explicite ce nom : « Mardouk (le grand dieu de Babylone) m'a ordonné de planter solidement les fondations de l'*Etemenanki*, jusqu'à atteindre le monde souterrain, et de faire en sorte que son sommet monte jusqu'au ciel ». Une autre, datant de Nabuchodonosor,

Ruines d'un fort ottoman du XIXe siècle. La tour de Babel ressemblait-elle à cela ?

À quoi ressemblait la tour de Babel ?

Entre le XVIe et le début du XXe siècle, voyageurs et explorateurs occidentaux se rendant en Mésopotamie se sont efforcés de localiser le fameux édifice. Les uns proposèrent de le situer à Afar Ouf, à l'ouest de Bagdad, d'autres à Borsippa, à proximité de Babylone… Seules les fouilles archéologiques devaient permettre de trancher.

En 1913, l'archéologue allemand Robert Koldewey découvre l'emplacement de la tour. Sa base forme un quadrilatère de 91,55 m de côté. Son centre, partie la plus ancienne, est constitué d'un noyau de briques crues, rehaussé au temps de Nabopolassar et de Nabuchodonosor et entouré d'un nouveau parement en briques cuites. Les fouilles ont mis en évidence trois escaliers, deux latéraux et un central, ce dernier, perpendiculaire à la structure du bâtiment.

Ces renseignements sont complétés par la tablette dite « de l'Esagil » conservée à Paris, au musée du Louvre, copiée en 229 av. J.-C. d'après un document ancien décrivant le dernier état de la tour. D'une hauteur de 90 m environ, l'édifice comportait 7 étages, faits de murs à redans sans doute verticaux. Le dernier étage abritait les installations cultuelles, parées de briques émaillées bleues.

précise que le décor du sommet était fait « de briques d'émail bleu brillant », soit un ornement de la couleur du ciel, parfaitement adapté pour donner l'impression que l'édifice se perdait dans l'azur infini.

Rien ne permet cependant de penser que c'est par présomption que les Babyloniens ont entrepris une telle construction. Ils ont agi sur « ordre » du dieu Mardouk, précise l'inscription la plus ancienne, et semblent l'avoir fait par souci d'assurer l'harmonie entre Ciel et la Terre. L'historien Hérodote, qui visite Babylone vers 460 av. J.-C., rapporte en effet qu'un dieu rendait visite à une femme qui dormait dans une pièce aménagée dans le haut de l'édifice. *Etemenanki* assurait donc le lien entre deux ordres de réalité opposés : le haut et le bas, le monde des dieux et celui des hommes.

À toutes les époques, le mythe de la tour de Babel a inspiré les artistes : **La tour de Babel** *(peinture de Lucas Van Valckenborch, 1594).*

• Une grandeur éphémère, et une suite de destructions

Le rédacteur de la Genèse fait ainsi un contresens lorsqu'il attribue aux constructeurs de la tour de mauvaises intentions. Qui plus est, le récit biblique mêle le vrai et le faux. Des peuples d'origine diverse - donc de langues différentes - ont travaillé à la construction de l'édifice. Une autre partie de l'inscription de Nabuchodonosor en atteste : « Tous les peuples de nations nombreuses [...] je [les] contraignis au travail. » Mais cette diversité ethnique n'a pas empêché l'achèvement des travaux - puisque les plaques d'émail du sommet ont été posées.

• Grandeur et destructions

Cependant, il semble qu'un sort funeste se soit acharné sur la tour. Construite avec peine – au long de plusieurs règnes –, elle survit peu de temps. Babylone, passée en 539 av. J.-C. sous la domination perse, se rebelle en 482. Xerxès, qui la ramène sous son autorité, exerce des représailles qui causent de sérieux dommages au monument.

Un siècle et demi plus tard, en 331, lorsque Alexandre le Grand établit sa capitale à Babylone, il voit la tour ruinée et souhaite la restaurer. Mais cela demande un tel travail qu'il renonce à ce projet. Par la suite, la tour sert de carrière aux constructeurs des environs qui la réduisent à un amas informe. Un édifice est alors construit par-dessus. Et, lorsqu'il s'effondre, il couvre les ruines de la tour initiale, la cachant pour des siècles.

LIEUX LÉGENDAIRES

Le labyrinthe du Minotaure : palais ou prison ?

Construit par les maîtres de la Crète à partir de 1700 av. J.-C. environ, le palais de Cnossos, avec ses innombrables pièces et couloirs imbriqués, a peut-être inspiré la légende du Labyrinthe.

Le taureau est très présent dans la civilisation crétoise à travers les jeux et les peintures.

• Des jeunes gens sacrifiés au monstre

Minos, roi de Crète et fils de Zeus et d'Europe, demande à l'architecte Dédale de construire un édifice pour y enfermer le Minotaure, créature mi-homme, mi-taureau, fruit des amours de sa femme, la reine Pasiphaé, et du dieu Poséidon déguisé en taureau. Dédale imagine le complexe Labyrinthe, dont personne ne peut trouver la sortie.
Minos ayant vaincu Athènes, la cité asservie doit payer un tribut annuel de 7 jeunes hommes et 7 jeunes filles, sacrifiés au Minotaure, jusqu'au jour où le héros athénien Thésée tue le monstre. Grâce au fil déroulé par Ariane, fille de Minos, le vainqueur du Minotaure arrive à trouver la sortie du Labyrinthe.
Dédale, puni par Minos pour avoir aidé Ariane, est à son tour enfermé dans le labyrinthe avec son fils Icare mais ils parviennent à s'évader en se fabriquant des ailes avec des plumes et de la cire.

LA CRÈTE MINOENNE

Les vestiges retrouvés, qui datent du IIe millénaire av. J.-C., ont révélé une civilisation brillante, qui utilise une écriture pictographique, et une économie riche, fondée sur le commerce avec les pays du pourtour méditerranéen.
L'histoire de cette civilisation est marquée par des ruptures brutales. Aux alentours de 1750 av. J.-C. survient une catastrophe, sans doute un tremblement de terre, qui ravage l'île. La Crète se relève rapidement, les palais sont reconstruits, plus vastes, plus beaux. Leurs murs sont couverts de peintures et de fresques dont certaines représentent la vie quotidienne.
Deux cents ans plus tard, un nouveau tremblement de terre, consécutif à une éruption du volcan de Théra (aujourd'hui Santorin), détruit une fois encore les palais, qui sont reconstruits avec magnificence : la civilisation minoenne atteint son apogée.
Mais vers 1450 av. J.-C., elle disparaît brusquement. Cette fois, la catastrophe n'est pas due à des causes naturelles, mais à des invasions venues de Grèce.

• Une découverte capitale qui rejoint la mythologie

En 1894, l'archéologue britannique sir Arthur Evans trouve, sous les vestiges grecs et romains, de nombreux témoignages de la civilisation minoenne. À partir de 1900, il entreprend le dégagement du palais de Cnossos qui comptait vraisemblablement, à l'origine, 1 300 chambres. On en dénombre aujourd'hui 800, réparties de part et d'autre d'une belle cour dallée : à l'ouest, les appartements d'apparat du roi, la salle du trône, celle du culte. À l'est, les appartements de la reine et le quartier des domestiques. Au nord, le quartier d'habitation. En fait, le palais de Cnossos constitue à lui seul une ville miniature

L'hypothèse selon laquelle cette architecture complexe aurait inspiré des récits mythologiques sur le Labyrinthe est vraisemblable, d'autant que de nombreuses fresques (telle la fresque dite de la tauromachie, aujourd'hui au musée d'Héraklion) et des sculptures représentant des taureaux y ont été retrouvées.

• Le confort raffiné de la vie à Cnossos

Lieux de culte, boudoir ou salle de bain de la reine, le palais tout entier est marqué par le souci d'un confort raffiné. Prises dans des murs épais, les pièces sont, grâce à leurs ouvertures disposées en chicane, préservées des courants d'air froid en hiver, de la chaleur en été et éclairées par des puits de lumière.

Le palais ressemble aux demeures des riches habitants de cette époque, il s'en distingue cependant par ses dimensions, puisqu'il atteint, par endroits, jusqu'à 5 étages.

• Un charme et une élégance qui contredisent la légende

Le palais frappe par son extraordinaire élégance. Un jeu de colonnes s'étend à tous les éléments de la construction. Réalisées à l'origine à partir d'un tronc d'arbre renversé et peint, ces colonnes ont été reconstituées en pierre.

Le charme des lieux tient aussi au décor, aux tons vifs et gais, qui habille entièrement les murs. Les objets, les animaux familiers ou sauvages et les hommes s'y animent à l'image de cette femme à l'œil vif, au nez retroussé, à la chevelure libre, qui a été baptisée « la Parisienne », tant son allure est coquette…

Le labyrinthe, symbole magique

Le labyrinthe est initiatique par excellence, il conduit en un lieu central qui est le rendez-vous ultime où l'homme se trouve confronté à lui-même. Grottes aux multiples salles, dessins de coquillages… le labyrinthe existe à l'état naturel. Très tôt, l'homme en reproduit la forme et lui donne une signification magique.

Il y a 3 000 ans. La première représentation vraiment évoluée se trouve dans une sépulture creusée 3000 ans av. J.-C. près de Luzzanas, en Sardaigne. On retrouve le labyrinthe à Tintagel, en Cornouailles, gravé sur des mégalithes entre 1800 et 1400 av. J.-C., à Tell Rifaat, en Syrie, à la même époque, à Pontevedra, en Galice, quelques siècles plus tard.

Labyrinthes chrétiens ou paysagers. Le labyrinthe apparaît ensuite dans l'iconographie chrétienne, comme dans le cloître de Toussaints, à Châlons-sur-Marne ou sur le pavement de la cathédrale de Chartres. Aux XVIIe et XVIIIe siècles, on le retrouve dans les jardins, où il devient ludique.

De l'Antiquité au Moyen Âge. Les civilisations grecques puis romaines le reproduisent partout. Il existe simultanément en Inde et en Amérique du Sud. Il conquiert les pays nordiques : plus de 300 *trojaburg* sont attestés en Scandinavie ; ce sont des labyrinthes de 10 à 20 mètres de diamètre dessinés sur le sol à l'aide de grosses pierres.

L'apogée de la civilisation crétoise a permis la construction de nombreux palais. Ci-dessous, peintures murales sur le palais de Minos, Cnossos.

À quoi servaient les alignements de Carnac ?

Autour du golfe du Morbihan se dressent les plus fantastiques alignements mégalithiques du monde. Pourquoi des hommes, se relayant pendant plusieurs siècles, ont-ils consacré toute leur énergie à édifier un tel ensemble ?

La Bretagne possède de multiples mégalithes, comme ici dans la forêt de Brocéliande.

• La capitale mondiale du mégalithisme

Le petit village de Carnac est un lieu unique au monde. Son nom signifie « le lieu des carn » ; *carn* est un mot celtique désignant les amoncellements de pierres. À Carnac, on trouve tous les types de construction : des alignements formés de menhirs isolés, mais aussi des cairns – que forment les tumulus de pierres plates que constituent les dolmens –, ainsi que des cromlechs – c'est-à-dire des établissements formés d'un cercle de menhirs. C'est au total plus de 3 000 pierres qui se dressent dans un rayon proche. Elles ne sont qu'une petite partie de la construction d'origine, qui comprenait sans doute près de 10 000 menhirs, le temps et les hommes en ayant détruit beaucoup. L'ensemble s'étendait probablement sur 8 kilomètres, des alignements de Sainte-Barbe jusqu'à la rivière de Crach : il ne subsiste plus que sur 3 kilomètres.

• À quoi ressemble aujourd'hui le site de Carnac ?

On distingue trois séries d'alignements. Un cromlech en demi-cercle ouvre celui du Ménec, au nord du village de Carnac. Là, répartis sur 11 rangées, s'élèvent exactement 1 169 menhirs, hauts de 60 centimètres à 4 mètres. L'alignement du Ménec atteint une longueur de 1 170 mètres. Après un court espace vide, 250 mètres plus loin, l'alignement de Kermario, long de 1 120 mètres, se limite à 10 rangées et à 1 029 menhirs, hauts de 50 centimètres à 7 mètres. Troisième étape, l'alignement de Kerlescan, 400 mètres en retrait. Treize files de 880 mètres de long regroupent 594 pierres hautes de 80 centimètres à 4 mètres. Comme l'alignement du Ménec, il est précédé d'un cromlech en demi-cercle.

En dehors des alignements, le site de Carnac comprend le grand tumulus Saint-Michel, long de 120 mètres et haut de 12 mètres, à l'intérieur duquel on trouve plusieurs chambres funéraires. Il semble postérieur aux alignements eux-mêmes, tout comme le tumulus de Kercado, de 30 mètres de diamètre et 3,50 mètres de hauteur.

Enfin, de très nombreux dolmens et menhirs isolés se rencontrent à proximité, disséminés hors de la zone d'alignement.

• Des menhirs devenus pierres de construction

Une partie seulement des monuments édifiés entre le IVe et le IIIe millénaire av. J.-C. sont encore intacts. Au cours des siècles, la plupart ont été saccagés, démontés ou tronçonnés.

Les Romains utilisent les pierres des cairns pour paver les routes. Ils sont les premiers à débiter les menhirs en pierre de taille pour construire des maisons. Les chrétiens, soucieux d'éliminer toute trace des anciennes croyances, font abattre les dolmens ou sculpter des croix dans les menhirs.

Au XVIIe siècle, en Loire-Atlantique, un prêtre zélé fait démolir tous les ensembles mégalithiques de sa région pour construire une énorme rocaille avec « les débris d'un culte sanguinaire ». Deux

Des menhirs gaulois ?

Il convient de faire un sort à la légende, popularisée par la bande dessinée : les menhirs ne sont pas l'œuvre des Gaulois ni des Celtes. En effet, si ces derniers, dès leur arrivée, n'hésitent pas à utiliser les dolmens comme lieu de culte, ceux-ci dominent déjà les landes bretonnes depuis plus d'un millénaire. Les civilisations mégalithiques qui les avaient élevés ont disparu, après s'être répandues de l'Espagne jusqu'en Angleterre où, parvenues au sommet de leur art, elles ont bâti le monument de Stonehenge.

siècles plus tard, les pires ennemis des mégalithes sont les chercheurs de trésors, qui renversent les pierres et défoncent les tertres dans l'espoir de trouver des bijoux. En 1974, encore, dans une lettre à son préfet, le maire d'une petite commune annonce qu'il a fait raser un dolmen, « obstacle à l'utilisation rationnelle des sols »...

• Un observatoire du soleil ?

Menhirs et dolmens ont des fonctions très différentes. Le dolmen est une sépulture, alors que le menhir est un édifice commémoratif ou votif, mais ne peut en aucun cas être considéré comme un monument funéraire - si l'on trouve des tombes au pied de certains menhirs, elles sont le plus souvent postérieures à leur érection.

À la fin du XIXe siècle sont remarquées pour la première fois les correspondances entre les structures des ensembles mégalithiques et les positions du soleil à certaines périodes de l'année. Dans chaque alignement, les menhirs sont placés par ordre décroissant et chaque série forme un angle précis avec la précédente : Kerlescan est orienté selon le lever du soleil à l'équinoxe, Kermario selon le lever au solstice d'été, le Ménec selon les levers intermédiaires.

Certains observateurs voient dans cette disposition des dates correspondant aux principales phases du cycle agricole, une activité alors toute nouvelle pour les peuples occidentaux.

• Un immense observatoire à ciel ouvert

Depuis, les théories relatives aux utilisations calendaires et astronomiques se succèdent, appuyées par le fait que de nombreux menhirs isolés sont percés d'un trou qui a pu servir comme repère pour la visée. Mais les premiers observateurs ont eu tort de ne songer qu'à un observatoire solaire : certes, les directions des alignements correspondent à la position des levers et des couchers du soleil à des dates remarquables, mais les autres astres ne sont pas oubliés.

Partant du constat que la plupart des calendriers primitifs sont semi-lunaires, Alexander Thom, professeur à Oxford, démontre, dans les années 1970, que Carnac est aussi un observatoire lunaire. Il détermine que le grand menhir de Locmariaquer, haut

Les alignements de Carnac sur la « côte des mégalithes » sont les vestiges de l'histoire gauloise.

de 23 mètres, est sans doute l'élément central d'un grand dispositif destiné à prédire les éclipses.
Plusieurs autres menhirs isolés, éloignés parfois de 15 kilomètres, comme celui de Quiberon, auraient servi de crans de mire, correspondant à des moments extrêmes de la déclinaison lunaire. L'ensemble du système, champs d'alignements et cromlechs, constituerait ainsi un véritable instrument d'observation et de prévision des éclipses et autres phénomènes astronomiques.
Thom, spécialiste de la géométrie des grandes constructions mégalithiques, remarque également l'utilisation d'une unité de longueur mégalithique universelle en Europe occidentale, à laquelle il accorde la valeur précise de 0,8293 mètre.

Les mégalithes

Les plus anciens menhirs connus se dressent dans la péninsule Ibérique et notamment au Portugal. L'art des mégalithes suit ensuite le littoral atlantique. Il pénètre parfois profondément dans les terres. Il trouve en Bretagne une patrie d'élection, conquiert l'Irlande, l'Angleterre et atteint le Jutland et la Scandinavie vers 1500 av. J.-C. Il laisse, en outre, dans le golfe du Lion comme en Corse, en Sardaigne et surtout à Malte, d'impressionnants ensembles que l'on date du début du IIe millénaire av. J.-C.
Les préhistoriens estiment à 100 000 le nombre des mégalithes que l'on rencontre hors d'Europe. L'Afrique du Nord, la Palestine en sont riches, comme le Caucase ou la Crimée. La Corée compte plus de 300 dolmens. Ceux de l'Inde peuvent se comparer à ceux d'Europe.
Tous ces mégalithes n'ont pas le même âge. Ils remontent, au Proche-Orient, au IIIe millénaire av. J.-C., mais datent seulement du IIe siècle apr. J.-C. en Inde. On dresse, aujourd'hui encore, des pierres géantes au Tibet.

Les menhirs ou mégalithes ont-ils servi d'observatoire pendant des siècles ?

Stonehenge, lieu de culte ou observatoire astronomique ?

Dans le sud de la Grande-Bretagne, sur la plaine de Salisbury, se dresse depuis près de 5 000 ans le plus beau monument mégalithique d'Europe, Stonehenge.

• Des pierres de provenances diverses

Stonehenge a été construit en quatre phases, à partir de 2800 av. J.-C., avec des pierres d'origines différentes. Certaines proviennent d'Avenbury, à une vingtaine de kilomètres au nord-ouest, d'autres des monts Prescelly dans le pays de Galles, à plus de 200 kilomètres du site, et de Milford Haven, à 250 kilomètres !
Les « pierres bleues » (de la rhyolithe), incorporées à la construction au début de l'âge du bronze (IIe millénaire av. J.-C.), viendraient d'Irlande. Chaque monolithe pèse plus de 50 tonnes.
Comment les pierres furent-elles transportées à pied d'œuvre ? Par voie d'eau, en traîneau, sur des rouleaux ou des rondins de bois disposés sur une chaussée aplanie tout exprès ? Les trois systèmes se conjuguèrent vraisemblablement.

• De fantastiques bâtisseurs

La mise en place des menhirs soulève elle aussi un certain nombre de questions. Comment, à une époque où il n'existe aucun appareil de levage, les hommes réussissent-ils à dresser à la verticale des blocs enterrés pour un quart et dont la hauteur visible varie généralement, comme à Stonehenge, de 4 à 6 mètres, quand ils ne montent pas beaucoup plus haut ?
On admet généralement que les pierres de Stonehenge, comme toutes celles des sites mégalithiques de l'époque, furent amenées sur des rondins au bord d'une fosse creusée tout exprès pour les recevoir. Elles y furent ensuite basculées grâce à un remblai, puis calées par de la terre et des cailloux pour assurer leur stabilité.
Quoi qu'il en soit, il s'agit là d'un travail qui ne peut s'imaginer que grâce à la mobilisation, sous l'autorité de chefs implacables, de bras innombrables et de spécialistes expérimentés.

• Une disposition bien précise

Dès la fin du IIIe millénaire, semble-t-il, un cercle de 56 trous rituels, appelés « trous d'Aubrey », du nom d'un des premiers explorateurs du site (1650), entouré d'un fossé et d'un talus circulaire sacralise le lieu à l'intérieur duquel sont, par la suite et en plusieurs temps, dressés les menhirs de Stonehenge.
Une quarantaine d'entre eux sont encore aujourd'hui debout. Hauts, pour la plupart, de 4,15 mètres, ils sont reliés deux à deux par de lourdes traverses horizontales d'un seul bloc. Ils dessinaient à l'origine un cercle de 31 mètres de diamètre, que l'on devine facilement.
À l'intérieur de ce premier cercle, des menhirs plus petits décrivent un second

Les mégalithes de Stonehenge restituent une atmosphère de mystère.

... Stonehenge, lieu de culte ou observatoire astronomique ?

cercle, encore visible aujourd'hui. Composés chacun de trois blocs, les 5 menhirs du centre atteignent 6,70 mètres de haut et sont disposés en fer à cheval. Des blocs brisés gisent à terre.

Encore de nos jours, Stonehenge est théâtre de nombreux rassemblements druidiques.

• Un culte solaire ?

Les raisons qui ont dicté le plan géométrique de Stonehenge et les hauteurs différentes de ses pierres restent mystérieuses. On sait cependant que la voie qui menait au sanctuaire, bordée de menhirs aujourd'hui disparus, était orientée dans l'axe du soleil levant au solstice d'été. Or, les alignements des menhirs de Carnac, en Bretagne, les plus célèbres du monde, sont quant à eux dictés par la course du soleil aux différentes périodes de l'année.

Aussi est-il tentant de conclure que Stonehenge, comme tous les grands sites mégalithiques de l'Europe à cette époque, répondait à un culte solaire. Mais lequel ? Et ce culte était-il lié à celui de la lune comme on le suppose parfois ? On ne sait. Ses rites apparaissent en tout cas assez contraignants pour que, il y a 4 000 ans, des hommes se surpassent en des œuvres de géants.

• La théorie de l'observatoire

Les nombreux restes humains retrouvés indiquent que le site a souvent, au cours des siècles, été utilisé comme lieu de sépulture. Tout montre cependant que telle

n'était pas sa première vocation. Après 1961, en effet, le plan du monument a été étudié par des scientifiques tels que Gerald Hawkins, professeur d'astronomie à Cambridge, et Fred Hoyle, astrophysicien au Californian Institute of Technology. Leur thèse est que, pour un observateur placé au centre de la construction, les mégalithes s'ordonnent en des lignes de visée mettant en valeur des phénomènes astronomiques.
Les cercles de trous correspondraient au système simple d'une gigantesque machine à calculer, primitive, mais d'une précision étonnante.
L'anneau des trous d'Aubrey se rapporterait au cycle des éclipses lunaires : Hawkins montre même qu'en déplaçant 6 pierres d'un trou chaque année on peut prévoir tous les événements lunaires sur de très longues périodes.
Enfin, différents angles entre les pierres solitaires matérialiseraient les solstices et les équinoxes, les levers et les couchers de soleil et de lune.

• *Un système perfectionné au fil des siècles*

Les raisonnements de Hawkins et Hoyle, incontestables sur le plan astronomique, sont cependant critiqués par les archéologues. La multiplicité des époques de construction leur semble contredire la théorie d'un observatoire bâti en connaissance de cause.
Mais pourquoi le même objectif n'aurait-il pas été poursuivi durant plusieurs siècles, par perfectionnement progressif du système ? D'autant que la symbolique du cercle (le soleil) et celle du fer à cheval (le croissant de lune) plaident en faveur des astronomes.
Il semble aujourd'hui qu'il n'y ait pas de contradiction entre les constatations des archéologues et celles des astronomes ; beaucoup s'accordent en tout cas à reconnaître que la précision des emplacements de mégalithes est trop grande pour être le fruit du seul hasard.

Deux légendes

L'ampleur du site de Stonehenge est telle qu'il a, au fil des époques, inspiré bien des légendes et des mythologies. Nombreux sont les auteurs qui en font le centre de récits fantastiques ou ésotériques.

L'œuvre des Hyperboréens. Les pierres de Stonehenge sont si grosses qu'on les dirait élevées par une race de géants disparus après les premiers temps. Une tradition relie ces géants mythiques à un autre peuple également légendaire : les Hyperboréens. Dans la mythologie grecque, les Hyperboréens, qui adorent le dieu Apollon, habitent l'extrême nord de l'Europe.

L'historien Diodore de Sicile (Ier siècle av. J.-C.) évoque même un site qui pourrait être Stonehenge : « Il y a dans l'île une magnifique enceinte d'Apollon et un temple illustre, [...] ceux qui s'en occupent sont nommés Boréades [...]. Le dieu visite l'île tous les 19 ans, période pendant laquelle les étoiles reviennent à la même place dans le ciel. »

En fait, les Hyperboréens sont très probablement des Ibères, car c'est au Portugal que l'on retrouve les premiers alignements mégalithiques. Une migration a répandu ce peuple le long des côtes jusqu'en Irlande et en Angleterre.

L'œuvre de Merlin. Les Celtes ont de tout temps voué un grand respect à Stonehenge. Le premier texte mentionnant le site avec exactitude se trouve dans l'*Historia regum Britanniae* de Geoffroy de Monmouth (1136), un des auteurs du cycle arthurien.

Stonehenge est, selon lui, une création du druide Merlin, qui, par magie, en a fait venir les pierres depuis l'Irlande. Il aurait ensuite utilisé les « forces vitales » de l'endroit pour faire apparaître le dragon, et c'est aussi là que tous les nobles d'Angleterre auraient prêté serment au roi Arthur.

Les auteurs britanniques John Aubrey et William Stukeley, à la fin du XVIIe et au début du XVIIIe siècle, ont fortement contribué à entretenir l'image de Stonehenge comme temple druidique et haut lieu de la culture celte. Si, à n'en pas douter, le site a été utilisé par les druides pour leurs cérémonies, il est clair aujourd'hui que les lourds mégalithes étaient là bien avant l'arrivée des Celtes sur le sol britannique.

Mégalithes et statues

Pour qui a-t-on édifié les statues de l'île de Pâques ?

D'étranges statues au visage énorme, aux larges oreilles, aux orbites béantes et tournées vers le ciel se dressent dans la solitude désolée de Rapa Nui, nom donné par les Tahitiens à l'île de Pâques. Par qui et pour qui ont-elles été édifiées ?

L'île de Pâques recèle des paysages somptueux. (Cliché prêté par l'ambassade du Chili.)

• Un îlot minuscule perdu dans le Pacifique

L'île de Pâques, d'une surface de 165 km², est située en plein océan Pacifique à 3 800 km du Chili, 4 000 km de Tahiti et à 1 800 km de l'île habitable la plus proche. Elle a été repérée en 1722 par le navigateur hollandais Jacob Roggeveen. Ce dernier l'a appelée ainsi par référence à la fête pascale célébrée le jour de sa découverte.

Ces géants de pierre de plus de 5 mètres de haut ont été sculptés dans des blocs de tuf issus du volcan Rano Raraku. (Cliché prêté par l'ambassade du Chili.)

• Un millier de statues géantes : les moai

Les archéologues estiment que l'île abrite un millier de statues colossales, ou *moai,* selon le terme utilisé par les Pascuans - les habitants de l'île. Les premières ont sans doute été taillées vers 900 apr. J.-C. et les dernières, avant 1640.

Avec le temps, les statues sont devenues de plus en plus grandes et stylisées, tout en restant cependant fidèles au modèle d'origine. Elles figurent un personnage masculin, dépourvu de membres inférieurs. Les bras sont plaqués le long du corps, les mains sont tournées l'une vers l'autre. La poitrine, bien dessinée, surmonte un ventre légèrement rebondi. La tête, puissante, de forme rectangulaire, possède un nez avec une arête en creux et des narines larges ainsi que des lèvres minces et saillantes. Les lobes d'oreille encadrent le visage. Le dos est parfois orné de dessins rappelant des tatouages. Une lourde coiffure, exécutée avec la roche rouge d'une carrière secondaire, couronne certaines statues. Les yeux ne sont exécutés qu'une fois les statues parvenues à destination. Certains *moai* portent des traces de couleurs rouge et blanche ajoutées.

• Une technique de fabrication simple, mais efficace

Les statues ont été façonnées dans le tuf, une pierre volcanique, tendre et relativement légère, qui provient des flancs du petit volcan Rano Raraku. Quelque 300 statues à divers stades d'achèvement se trouvent encore dans la carrière, qui servait en même

temps d'atelier de sculpture. Elles ont une taille moyenne de 5 à 7 mètres. La plus grande, qui mesure 20 mètres, n'a pas été détachée de la roche. Sans doute n'était-elle pas destinée à quitter la carrière.
La technique des sculpteurs est aisée à reconstituer. Pour exécuter les statues, ils utilisent des pics, des hachettes et des ciseaux de pierre. Ils progressent de la tête vers les flancs. Pour travailler les côtés, ils creusent des tranchées. Puis ils détachent le dos, calé au fur et à mesure par des pierres. Celui-ci est ensuite terminé sur la statue redressée au pied du volcan. Certains archéologues pensent qu'il fallait environ un an pour réaliser une œuvre de 5 mètres de hauteur.

LES PASCUANS,
UN PEUPLE LONGTEMPS MYSTÉRIEUX

L'origine du peuple de l'île de Pâques, demeurée longtemps mystérieuse, ne fait plus de doute aujourd'hui. Les Pascuans sont des Polynésiens qui se sont installés dans l'île vers 500 apr. J.-C. Ces remarquables marins ont traversé le vaste océan à la recherche d'une nouvelle terre. Comme tous les Polynésiens dans leurs expéditions, ils ont emporté avec eux des plantes et des animaux, rats et poules, qu'ils ont acclimatés dans leur île d'accueil. Ils la nommèrent *Te pito te Henua*, le « ventre du monde ».
La société de l'île de Pâques, divisée en clans, est fortement hiérarchisée. À son sommet est placé un roi, descendant du premier Polynésien à avoir débarqué dans l'île. À l'intérieur des groupes familiaux, les Pascuans se répartissent entre nobles, prêtres, artisans et pêcheurs, puis paysans. Au bas de l'échelle se trouvent les esclaves, capturés au cours de combats.
Ce sont les familles les plus puissantes qui bâtissent des sanctuaires familiaux - les *ahu* -, très soignés et les ornent de statues.

... Pour qui a-t-on édifié les statues de l'île de Pâques ?

• *Comment déplacer et soulever des* moai *?*

Soixante-dix *moai* achevés n'ont jamais quitté le volcan. Ils ont été élevés au pied du Rano Raraku où ils sont aujourd'hui en partie enfouis. Investis de puissance divine, ils protègent la carrière et les sculpteurs. Les autres statues ont été emmenées vers les sanctuaires familiaux.

Le transport des statues, des carrières à leur lieu d'érection, a suscité maintes interrogations. En 1955, une expérience est tentée par l'explorateur norvégien Thor Heyerdahl : les colosses de pierre sont couchés, sur le ventre, sur des traîneaux tirés par des cordes. Mais si le problème du transport se trouve ainsi résolu, celui des matériaux nécessaires à ces différentes opérations demeure...

L'île, découverte en 1722, n'a qu'une maigre végétation. Le manque de bois laissait donc penser que les Pascuans n'avaient pu fabriquer le matériel, traîneaux, cordages, rondins de bois et leviers nécessaires au déplacement des colosses et à leur érection. Mais, en 1983, des noix de jubea, fruits d'un palmier dit « du Chili », abandonnées depuis des siècles, sont découvertes. La théorie du botaniste britannique John Flenley affirmant qu'autrefois l'île était couverte d'une forêt dense est ainsi confirmée. Les Pascuans disposaient donc du matériel nécessaire à la construction des leviers et des madriers.

Pendant longtemps, on s'est également demandé comment les Pascuans avaient pu ériger des statues aussi imposantes. Toujours en 1955, une réponse est apportée par Heyerdahl qui, en 18 jours, parvient, avec l'aide d'une douzaine de Pascuans, à dresser une statue de 23 tonnes.

Armés de madriers, les ouvriers inclinent un côté de la statue et glissent des pierres dessous. Ensuite, ils soulèvent un peu plus la statue et recommencent l'opération jusqu'à ce qu'elle soit presque amenée à la verticale contre les pierres amassées. Puis ils finissent de la redresser avec des cordes.

Les* moai *représentent sans doute des divinités et tournent toujours le dos à la mer. (Cliché prêté par l'ambassade du Chili.)

• *La destination des* moai *: les* ahu

Les Pascuans ont élevé les statues sur les *ahu,* sanctuaires des divers clans de l'île et sépultures des ancêtres. Construits pour la plupart sur la côte, les *ahu* sont de vastes plates-formes, au soubassement constitué d'énormes blocs de pierre bien ajustés. Ils comportent souvent des ailes latérales et sont accessibles par une rampe pavée. Devant le sanctuaire, une vaste cour sert de lieu de réunion à la famille pour les cérémonies sociales et religieuses. Les 300 *ahu* de l'île ne sont pas tous surmontés de statues. Cent seulement en possèdent.

Ces statues colossales représentent sans doute les dieux du groupe familial et ses ancêtres, ses chefs divinisés. Leur nombre varie entre 1 et 15 selon les *ahu*. Les sanctuaires moyens en possèdent cinq. Leur taille est comprise le plus souvent entre 3,50 mètres et 5,50 mètres. La plus haute mesure 9,80 mètres et 11,50 mètres avec sa coiffure et pèse environ 80 tonnes.

Ces ensembles constituent aussi des mausolées devant lesquels les cadavres étaient exposés avant d'être glissés dans le caveau de l'*ahu*.

• *Le « regard protecteur » des* moai

Les statues tournent toujours le dos à la mer et dirigent leur regard protecteur vers les maisons du clan, au premier rang desquelles se trouvent les demeures des dignitaires. Les ensembles de *moai* forment une frontière entre la terre et la mer. Grâce aux travaux de restauration entrepris de nos jours, certaines statues ont retrouvé leur position d'origine.
Jusqu'en 1978, on croyait que les orbites de ces géants avaient toujours été vides. Cette année-là, cependant, un archéologue pascuan, Sergio Rapu, retrouve dans le sol le corail blanc et le tuf rouge représentant la cornée et l'iris, et certains « yeux » polychromes sont ainsi remis en place.

LES RONGORONGO, DERNIER MYSTÈRE PASCUAN AUJOURD'HUI DÉCRYPTÉ

Ainsi que le prouve la découverte de tablettes en bois, dites *rongorongo*, qui ont échappé à la destruction, les Pascuans connaissaient une certaine forme d'écriture. Cette « écriture », ou cette symbolique, n'a été que très récemment comprise et déchiffrée. Une interprétation en a été proposée par le Dr Steven R. Fischer, en 1997.
Les textes, gravés en creux, se présentent sous la forme d'alignements de pictogrammes ou de glyphes écrits de gauche à droite. La ligne suivante est écrite en sens inverse, et ainsi de suite. On y trouve des silhouettes anthropomorphes et zoomorphes. Nombre de ces silhouettes présentent un caractère sexué évident (phallus en érection). Le Dr. Fischer a montré que ces glyphes se « lisent » le plus souvent par groupe de 3, le symbole sexuel indiquant comment la « copulation » des deux premiers glyphes « engendre » le troisième.
On pense donc que ces tablettes étaient utilisées par les prêtres pascuans comme supports mnémotechniques pendant des cérémonies liées à des cultes de fertilité. Elles servaient, en quelque sorte, de « partition » lors de l'interprétation de chants sacrés.

• *Une civilisation d'origine polynésienne, deux fois disparue*

La population pascuane, au moment de la découverte de l'île, se divise en une dizaine de clans différents sur lesquels règne un roi. Le premier d'entre eux aurait été un certain Hotu Matua, venu avec sa femme et ses compagnons d'un autre atoll polynésien en proie à la guerre. Cette société pascuane est issue du grand cataclysme écologique et politique qui a bouleversé l'île aux alentours de 1640, avant l'arrivée des Européens.
Une trentaine de souverains ont succédé à Hotu Matua jusqu'en 1862. Un second roi, ou chef militaire, est aussi choisi chaque année, après une cérémonie religieuse consacrée au culte de l'Homme-Oiseau. Cette fête est organisée au printemps. Elle consiste en une compétition où chaque homme doit s'emparer, avant les autres, du premier œuf pondu par les sternes, hirondelles de mer, sur l'îlot voisin de Moto Nui. Le vainqueur (en fait, chaque concurrent est représenté par son serviteur) prend alors le nom de Tangata Manu et incarne sur terre le dieu Maké Maké, créateur de l'Univers.

Les ressources et la configuration de l'île expliquent que la société pascuane soit formée pour l'essentiel de pêcheurs et de cultivateurs. Très hiérarchisée, elle est continuellement en proie à des luttes violentes et le cannibalisme y est une pratique courante.
Mais c'est une grande rafle menée en 1862 par des Péruviens qui lui porte un coup fatal, en décimant la quasi-totalité de ses habitants : plus de 1 000 insulaires sont déportés pour aller récolter le guano. Ils sont ensuite renvoyés chez eux mais, porteurs de maladies, ils contaminent l'île. Un peu plus de 100 personnes seulement survivent.

• *Un monde bouleversé, tiraillé entre passé et présent*

Les témoignages des visiteurs de l'île nous apprennent que, dès la fin du XIXe siècle, plus une seule statue ne demeurait debout sur les *ahu*. D'après les Pascuans, le renversement des colosses et l'abandon des sanctuaires sont liés aux guerres tribales qui ont sévi vers le milieu du XVIIe siècle, autour de 1640.
Les archéologues pensent avoir découvert qu'à cette époque l'île a subi un bref et violent bouleversement climatique. Plusieurs années de sécheresse ont quasiment anéanti les ressources agricoles d'un écosystème somme toute fragile car totalement isolé. Pour faire face à cette situation, les prêtres auraient imposé à la population de construire de plus en plus de *moai* afin de faire revenir la pluie, ce qui de surcroît a dû contribuer à ravager la forêt de l'île, transformée en rondins de roulage. Les différentes tribus se seraient alors révoltées contre cette politique suicidaire et auraient mis à terre les statues. À l'issue de cette crise, un nouveau pouvoir se serait mis en place, sous le signe du culte de l'Homme-Oiseau.
Aujourd'hui, les Pascuans d'origine ont pratiquement disparu et ceux qui vivent sur l'île sont issus d'intermariages avec les migrants européens et américains. Ils sont tiraillés entre la quête d'un passé perdu et un présent difficile : l'île de Pâques, avec environ 2 000 habitants, n'est plus qu'un département du Chili, qui l'a annexée en 1888.

PYRAMIDES

Le tombeau de Kheops construit grâce au chiffre π ?

Forme symbolique qui relie la Terre et le ciel, la pyramide, en Égypte, consacre l'ascendance divine du pharaon. Classée par les Grecs parmi les 7 merveilles du monde, la pyramide de Kheops est-elle la simple sépulture d'un pharaon épris de grandeur ou doit-on y voir l'œuvre hermétique des astronomes et des mathématiciens égyptiens ?

• *Se préparer à rejoindre le monde des dieux*

Dès son accession au trône, le pharaon Kheops lance une colossale entreprise de construction : son tombeau prendra la forme d'une gigantesque pyramide. Elle doit permettre au pharaon, la mort venue, de rejoindre le roi des dieux, le Soleil, dont il est le fils.

Kheops choisit le plateau de Gizeh, à l'abri des crues du Nil mais situé suffisamment près du fleuve pour que les blocs de pierre puissent être acheminés par des radeaux, et confie l'œuvre à deux architectes royaux : les princes Hemiunu et Wepemnofret.

• *Des techniques simples mais bien rodées*

La construction de la pyramide confond d'admiration les architectes d'aujourd'hui. Les Égyptiens ne connaissent à l'époque, ni le bronze, ni le fer, ni la roue, et encore moins les appareils de levage.

La plupart des pierres nécessaires à la construction de la pyramide sont extraites d'affleurements sur le plateau même. La technique est simple : pour découper les blocs dont ils ont besoin, les ouvriers glissent des coins de bois dans les failles des veines calcaires et les gorgent d'eau. Le bois, en gonflant, fait éclater la pierre. Les blocs sont ensuite halés sur des traîneaux jusqu'au pied du monument. Les ouvriers disposent d'outils de cuivre et de pierre dure. Ils utilisent quantité de leviers, des cordes en roseau tressé et des rampes de brique crue que l'on détruit ensuite et qui permettent, assise par assise, de haler les pierres à la hauteur voulue.

D'après les peintures du tombeau de Dehutihotep, on sait que 172 hommes peuvent de cette manière déplacer une statue de 60 tonnes et que 8 hommes seulement sont nécessaires pour un bloc de 2,5 tonnes.

Ces trois pyramides ont été érigées par Khephren, Mykerinos et Kheops sur le plateau de Gizeh, à l'abri des crues.

Le grand sphinx de Gira, taillé à même un rocher naturel, fait aussi partie des mystères archéologiques.

• Un formidable chantier

« Plus de cent mille hommes ont travaillé pendant vingt ans », écrit l'historien grec Hérodote. Il exagère certainement. En réalité, 5 000 hommes environ sont affectés en permanence au chantier : ce sont des travailleurs spécialisés, architectes, contremaîtres et tailleurs de pierre, des professionnels du bâtiment et de la décoration. Durant la période de crues du Nil, c'est-à-dire pendant 3 à 4 mois, le roi recrute des milliers de paysans, contraints par le fleuve d'arrêter leur activité agricole. Ils viennent effectuer le gros œuvre, en particulier le transport des pierres. Contrairement à une idée reçue, ce ne sont pas des esclaves puisqu'ils sont rémunérés pour leur travail. Cependant, selon d'autres sources, le pharaon aurait plusieurs fois effectué des raids en Libye et en Nubie pour en ramener, par milliers, les esclaves nécessaires à la réalisation de sa dernière demeure.

Des extraterrestres, bâtisseurs de pyramide !

Depuis la plus haute antiquité, la grande pyramide étonne et les auteurs se succèdent pour tenter d'expliquer la raison d'être de l'impressionnant monument.

De nos jours. Des médiums prétendent que la grande pyramide émet une intense force magnétique : ils concluent avec une apparente logique que les blocs de pierre furent soulevés par des extraterrestres grâce à une puissance antigravitationnelle. L'objectif de ces êtres aurait été de cacher un réacteur nucléaire. Le sceptique n'a qu'à fouiller sous les sables du plateau de Gizeh : il retrouvera les restes d'un vaisseau spatial… Enfin, le sphinx, symbole d'une race supérieure venue de l'espace, aurait été construit en même temps que la grande pyramide par des Atlantes descendant d'extraterrestres ayant échappé à l'engloutissement de leur continent !

Dès le XIXe siècle. Ésotéristes et farfelus s'opposent aux explications, trop prosaïques à leur goût, des archéologues : la grande pyramide ne peut être qu'une balise émergée pour que l'arche de Noé retrouve son chemin, ou un observatoire contenant les « grandes équations de l'Univers ». Le sarcophage de granite rouge trouvé dans la chambre du roi ne serait autre que l'Arche d'alliance de Moïse. Les partisans de la théorie de la Terre creuse, quant à eux, voient parfois dans la grande pyramide une porte d'accès à un univers intérieur…

Interprétations antiques et médiévales. Pour Aristote, elle a été érigée pour manifester la puissance royale. Pour l'historien latin Ammien Marcellin, elle fut une gigantesque bibliothèque : ses chambres intérieures étaient destinées à contenir les archives des sages. Pour le chroniqueur et voyageur du XIIe siècle Benjamin de Tudèle, c'est un fantastique grenier à blé que Joseph a fait construire pour entasser des réserves en prévisions des sept années de vaches maigres.

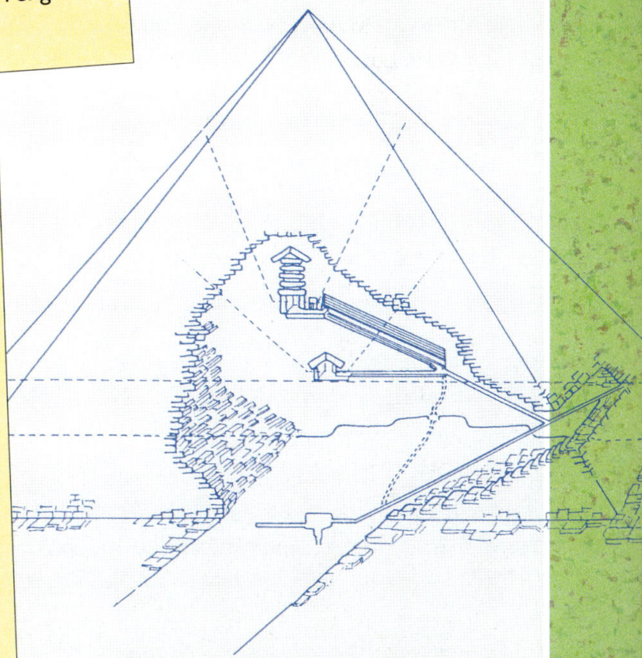

La pyramide de Kheops, première merveille du monde, est célèbre, entre autres, pour la pureté de ses proportions géométriques.

... Le tombeau de Kheops construit grâce au chiffre π ?

• Calcaire, granite et feuilles d'or

Pour le revêtement final de la pyramide, Kheops fait venir par bateau des calcaires blancs, brillants et fins de Troyu et des granites d'Assouan. Les pierres sont parfaitement ajustées, on ne peut glisser une lame de couteau entre deux blocs. La pyramide, blanche et lisse, est enfin couverte, à son sommet, d'un pyramidion d'or qui renvoie les rayons du soleil.
Hélas, ce revêtement n'est pas parvenu jusqu'à nous : en 1400, un sultan « guidé par le prophète » détruit ce chef-d'œuvre, relique des « temps de l'ignorance ». Pour l'islam, ce monument dédié à de « faux dieux » ne mérite que le mépris. La pyramide est percée, la momie de Kheops déchiquetée pour être dépouillée de son or et les derniers trésors enlevés.

• La chambre du pharaon

La chambre sépulcrale, habillée de granite, est couverte de 5 dalles de granite de 5 mètres de portée, surplombée de 4 compartiments vides coiffés de dalles identiques, puis d'un cinquième surmonté d'un toit de granite à double pente qui assure l'équilibre de l'ensemble. Elle constitue, cachée au cœur de cette extraordinaire masse de pierre, l'une des œuvres les plus audacieuses de l'architecture humaine.
L'étroit boyau qu'utilisèrent les ouvriers pour quitter la pyramide, au lendemain des funérailles du roi, est aujourd'hui dégagé des blocs énormes qui l'obstruaient. On y accède par une étroite ouverture, à 16,50 mètres du sol. Ce passage permet, par un cheminement difficile à travers une grande galerie où se voit encore la trace des herses de granite qui la fermaient, d'atteindre la salle où repose le lourd sarcophage de pierre de Kheops. La momie a disparu, mais on distingue encore l'ouverture des deux étroits conduits qui mènent à l'air libre et qui permirent, dit-on, à l'âme du pharaon de s'envoler, tel un oiseau, vers les espaces célestes et de revenir, à son gré, au cœur même du tombeau.

• Le mystère des nombres

Le premier Occidental à pénétrer dans la grande pyramide est le colonel britannique Howard Vyse qui, en 1830, dégage à coup de dynamite les couloirs obstrués. Ses relevés intéressent un éditeur londonien, John Taylor. Celui-ci, à partir des chiffres fournis par l'officier (et sans se rendre sur place !), élabore d'étranges théories sur les symboliques mathématiques contenues dans le monument.
Avec un ami, l'astronome Charles Piazzi Smyth, il établit que, en divisant la somme des 4 côtés par le double de la hauteur de la pyramide, on obtient 3,14, soit le nombre π. D'autre part, en divisant la surface de la base par la surface latérale et la surface latérale par la surface totale, on obtient 1,618 – c'est-à-dire le nombre d'or évoqué par Pythagore.
Ces données, incontestables, n'ont rien de surprenant. Les Égyptiens, dès l'Ancien Empire, possèdent des connaissances mathématiques élémentaires, qu'ils appliquent manifestement à la grande pyramide. Les déductions précédentes sont la simple résultante de ses admirables qualités esthétiques et de l'équilibre recherché par ses architectes.

• Des théories abracadabrantes

Les travaux de Taylor et Smyth deviennent plus confus le jour où, lassés de ne plus effectuer de découvertes extraordinaires, ils inventent une nouvelle mesure, la « coudée pyramidale ». Ils parviennent alors à une série de conclusions ahurissantes : le périmètre de base est égal à 100 fois le nombre de jours de l'année, la hauteur de la pyramide est le milliardième de la distance Terre-Soleil, etc.

Des milliers d'esclaves ont été exploités pour la réalisation de la pyramide de Kheops.

L'Égypte de Kheops

Lorsque Kheops monte sur le trône en 2696 av. J.-C., les deux grands royaumes qui, depuis 1 000 ans déjà, forment l'Égypte, sont unifiés depuis peu. Représentant de la IVe dynastie, Kheops transporte la capitale de Meïdoum à Gizeh, non loin de Memphis. Pharaon ambitieux et volontaire, secondé par un vizir efficace, Kheops lance de nombreux et fructueux raids en Libye et en Nubie, dont il fait exploiter les mines, ainsi qu'au Soudan. À l'est, le Sinaï est mis en valeur et des expéditions régulières ramènent les bois précieux du Liban.

Mais l'Égypte reste surtout un pays agricole, installé en un long couloir sur les bords du Nil dont les crues fertilisent les terres. Le fleuve facilite également les déplacements : l'Égypte est un royaume centralisé, organisé autour d'une administration très hiérarchisée. L'appareil bureaucratique permet au pharaon de disposer pleinement des ressources du pays.

Le règne de Kheops et de ses successeurs peut être interprété comme un premier âge d'or de l'Égypte ancienne.

Vers la perfection

La première pyramide connue date de 2850 av. J.-C. Les tombeaux des rois, comme ceux des nobles, étaient jusqu'alors recouverts d'une banquette faite de briques crues mêlées de paille, le mastaba. Pour permettre à son maître, le pharaon Djoser, d'escalader le ciel, Imhotep, son architecte, fait alors découper dans des carrières proches du Nil de beaux blocs de calcaire et pose au-dessus de l'immense tombeau royal 6 marches géantes qui montent à 61 mètres de haut. En choisissant pour cet escalier céleste un matériau d'éternité, Imhotep donne naissance à un nouvel art de bâtir – l'art de la pierre taillée –, le premier que l'on connaisse, et il marque aussi toute la distance qui sépare le pharaon du commun des mortels. Imhotep sera divinisé par la suite.

Sur la crête désertique qui longe le Nil à l'occident, du côté où, pense-t-on, le soleil entre le soir dans le royaume des morts, les pyramides vont, dès lors, se succéder. Elles réservent, au cœur de leur masse de pierre, une chambre sépulcrale qui sera fermée à jamais le lendemain des funérailles, lorsque la momie royale aura rejoint le sarcophage qui l'y attend. D'un ouvrage à l'autre, les maçons se perfectionnent, les tailleurs de pierre aussi : la forme de la pyramide s'épure. Il faudra plus de deux siècles et demi cependant pour passer de l'escalier de Djoser à la géométrie parfaite du tombeau de Kheops.

... Le tombeau de Kheops construit grâce au chiffre π ?

Taylor et Smyth, malgré le caractère invraisemblable de leurs calculs, font des adeptes : à la fin du XIXe siècle, le plateau de Gizeh est envahi d'illuminés qui, décamètre en main, prennent toute sorte de mesures. L'archéologue sir Flinders Petrie en surprend même un qui, dans le vestibule de la chambre mortuaire, rogne un bloc de granite pour lui donner une dimension conforme à sa théorie !

Pour certains, la pyramide est un support pour les prophéties. On annonce, « grâce au savoir retrouvé des sages antiques », une grande guerre pour 1928, le retour du Christ en 1936 et la fin du monde en 1953…

• L'admirable orientation de la pyramide

L'orientation de la pyramide est également admirable, mais sans qu'il soit nécessaire de l'expliquer par des hypothèses fantaisistes. Ainsi, les 4 faces sont orientées vers les 4 points cardinaux, avec une précision étonnante et une erreur extrêmement faible.

La civilisation de l'Égypte antique a développé nombre de connaissances précises, notamment en mathématiques et en astronomie. Les Égyptiens, habitués à observer les étoiles pour déterminer le rythme des crues du Nil, utilisent une méthode simple mais précise : ils relèvent sur un mur les emplacements de lever et de coucher d'une étoile située au nord, et la bissectrice de la projection de ces marques sur le sol leur indique le nord exact. Par ailleurs, le couloir descendant de la pyramide s'inscrit dans l'angle exact que fait la Terre avec l'étoile polaire.

Faut-il en déduire que la pyramide n'est autre qu'un observatoire ? Certainement pas. Constatons seulement qu'à l'occasion de l'édification du tombeau royal les architectes, comme on place une frise ou une décoration, parent le monument de toutes leurs connaissances. Ainsi, le pharaon qui passe dans l'autre monde avec tous ses biens emmène aussi le savoir de son époque.

La pyramide de Kheops n'a pas encore révélé tous ses secrets architecturaux et laisse libre cours à de nombreuses théories, souvent invraisemblables.

Vue de la cité idéale, *d'après Piero della Francesca.*

La beauté est-elle mathématique ?

Une harmonie parfaite. Le nombre d'or est déjà présent dans les constructions de l'Égypte ancienne. Sa théorie est exposée pour la première fois dans les *Éléments* d'Euclide, au IIIe siècle av. J.-C. Il s'inspire de la pensée du mathématicien et philosophe grec Pythagore.

Pour ce dernier, l'Univers est constitué d'une même matière (la « matière primaire ») dont tous les éléments sont joints selon un ordre immuable, établi par la divinité suprême qui a ainsi créé une harmonie parfaite. Dérivant du concept d'ordre, celui de proportion repose sur l'idée que : « Tout est arrangé selon le nombre. » Comparant la longueur des cordes des instruments de musique à la hauteur des sons des 7 notes de la gamme grecque, Pythagore dégage en effet des rapports qui fondent les accords musicaux. Ces rapports sont mathématiques : les intervalles musicaux peuvent être exprimés en combinant les 4 premiers chiffres – ceux dont l'addition aboutit au nombre 10.

Une loi universelle. Pythagore estime que la nature répond à la logique mathématique et que c'est de cette logique qu'elle tire sa beauté. Le nombre d'or explique ainsi toutes choses – notamment l'acoustique, la physique et la géométrie –, il est inscrit dans la nature tout entière et en révèle l'harmonie.

Il se généralise dans les arts grecs et dans l'architecture. L'astronomie est également « harmonisée » avec le régime de la « musique des sphères ». L'idée que tout corps physique obéit à des proportions en rapport avec celles qui régissent l'Univers est une constante pour les tenants d'une relation entre le macrocosme cosmique et le microcosme humain. Ce thème est développé dans le *De divina proportione* (1509) du moine italien Luca Pacioli. Cette œuvre, le premier ouvrage entièrement consacré au nombre d'or, est illustrée par des dessins de Léonard de Vinci, et notamment par l'image du dodécaèdre, volume à 12 faces qui représente la synthèse géométrique de cette relation entre l'homme et l'Univers.

Un modèle pour les artistes et les architectes. Dans son ouvrage *De architectura*, premier traité important d'architecture (rédigé vers 25 av. J.-C.), le Romain Vitruve exprime, le premier, l'idée que la géométrie des édifices doit se calquer sur l'harmonie du corps humain.

Bien des siècles après, artistes et architectes de la Renaissance, Piero della Francesca, Léonard de Vinci ou encore Albrecht Dürer, réfléchissent sur les proportions idéales du corps humain.

Plus près de nous, en 1946, l'architecte Le Corbusier y découvre le secret d'une construction en série en inventant le Modulor (« module d'or »), système de proportions architecturales censé permettre d'édifier des bâtiments à la fois harmonieux et rapides à construire.

Cités

À quoi ressemblait le Phare d'Alexandrie ?

Septième merveille du monde antique, le Phare d'Alexandrie s'élevait à l'entrée du port de la cité fondée par Alexandre le Grand en 331 av. J.-C. et construite par son successeur, Ptolémée Ier.

• Le Phare : l'assise reine du port d'Alexandrie

Alexandrie est conçue tout entière comme une cité idéale, dont le gigantisme reflète la puissance de la domination hellénistique en Méditerranée. La magnificence et la hauteur du Phare est le symbole le plus marquant.

Il n'en reste aujourd'hui, après sa destruction en 1303 apr. J.-C., qu'un chaos de blocs de calcaire immergés au large d'Alexandrie, et des descriptions plus ou moins précises ; rien qui permette de reconstituer son apparence avec certitude.

• L'île de Pharos accueille la septième merveille du monde

La construction d'un phare à Alexandrie répond tout d'abord à une préoccupation utilitaire. La survie de la cité tient au bon développement de son commerce maritime. Il est donc de première nécessité d'assurer la sécurité des bateaux et de les guider dans une zone que Strabon (né en 58 av. J.-C.) décrit comme « remplie d'écueils, les uns affleurant au-dessus de l'eau, les autres invisibles ».

Le Phare est édifié sur la pointe orientale d'une île oblongue qui fait face à la ville : l'île de Pharos. C'est du nom de cette île qu'est dérivé le nom commun « phare » (*pharus* en latin), dont nous avons hérité. L'île est reliée au continent par une digue de plus d'un kilomètre, formant ainsi un port bien abrité.

• Des travaux… pharaoniques, comme il se doit

Ptolémée Ier, ancien général d'Alexandre le Grand, fondateur d'une dynastie qui s'éteint avec la mort de Cléopâtre en 30 av. J.-C., se veut le digne héritier des pharaons. Pour la construction de l'édifice, il met au travail tous les détenteurs du savoir-faire égyptien. Prêtres et artisans ont accès aux méthodes de construction des pyramides, notamment grâce aux ouvrages conservés dans la Grande Bibliothèque.

Le résultat devait être grandiose. Il le fut sans aucun doute.

Les sources littéraires et archéologiques permettent d'en dresser les grands contours. Construit en blocs de calcaire blanc, il s'élève probablement à 135 mètres. Le premier étage est de forme carrée, le deuxième forme un octogone et, enfin, le troisième et dernier étage est cylindrique. Le tout repose sur une base rectangulaire surélevée. Une rampe reposant sur 16 arches permet d'accéder à la monumentale porte d'entrée du Phare. La montée à l'intérieur se fait par une rampe jusqu'au deuxième étage, puis par un escalier jusqu'au sommet.

L'ensemble était, nous dit Yacoubi, fonctionnaire arabe du IXe siècle, « percé dans toutes ses parties de fenêtres destinées à procurer du jour aux personnes qui montent […] afin qu'elles puissent placer convenablement leurs pieds ». Une cinquantaine de pièces permettent d'accueillir le personnel d'entretien et de stocker le combustible régulièrement acheminé en haut de la tour.

• Les différentes destinées du Phare

L'élément clé du Phare est son dernier étage. Il comprend la « chambre de feu » dont le brasier est actif de jour comme de nuit, éclairant à plus de 100 milles marins.

Les statues du panthéon grec qui coiffent la tour sont très probablement remplacées par des statues chrétiennes (peut-être celle de saint Marc, le patron de la ville) à l'époque byzantine (IVe-VIIe siècles). Lorsque les musulmans prennent possession de la ville, ils transforment le dernier étage en mosquée. Aujourd'hui, sa reconstitution est loin d'être achevée ; elle tient au travail long et méticuleux des archéologues qui doivent recoller les morceaux d'un puzzle de près de 3 000 blocs gisant par plusieurs mètres de fond.

La septième merveille du monde a inspiré de nombreux artistes. Ici, le phare d'Alexandrie, d'après Maerten van Heemskerck.

Que contenait la Grande Bibliothèque d'Alexandrie ?

Poursuivant les rêves de gigantisme d'Alexandre le Grand, Ptolémée Ier préside à la construction d'Alexandrie. Convaincu par le philosophe Démétrios de Phalère que sa cité doit se doter d'une bibliothèque, il en fait la plus grande réserve d'ouvrages du monde méditerranéen antique.

Une construction unique de l'Antiquité. Les Ptolémée veulent rassembler tous les écrits possibles du monde connu. Cela est fait par la biais d'achats, de copies, mais aussi de vols… Ces milliers de rouleaux (en latin *volumen*) garnissent des étagères réparties dans le quartier du palais, sous les portiques ou dans les couloirs.

On y trouve les œuvres d'Homère, d'Hérodote ou de Thucydide aussi bien que la traduction de la Bible juive, la *Septante*. Une telle concentration attire les plus grands intellectuels du temps. La bibliothèque d'Alexandrie a compté jusqu'à 700 000 « volumes », pense-t-on.

L'incendie : la faute à César… C'est pourquoi sa destruction est une véritable tragédie, tant pour les hommes de l'époque que pour les historiens d'aujourd'hui. Sa disparition est d'abord attribuée à César qui, lors de la conquête de la ville en 47 av. J.-C., aurait incendié sa propre flotte pour qu'elle échappe aux Alexandrins. De là, le feu se serait propagé dans des entrepôts de papyrus qui n'étaient en fait très certainement que des copies.

En réalité, la quasi-totalité de la bibliothèque est détruite lors d'expéditions militaires romaines en 270 puis en 391 apr. J.-C.

Renaissance d'un monument légendaire. Le rêve de rassembler tous les savoirs en un seul lieu a toujours subsisté ainsi est née la nouvelle Bibliotheca Alexandrina, en avril 2002.

… ou au calife Omar ? La destruction s'achève lorsque la ville tombe aux mains des Arabes, vers 640, qui décident que seul le Coran doit subsister.

Pour retrouver le phare d'Alexandrie, une gigantesque campagne de fouilles sous-marines a été entreprise. Ci-contre, statue découverte lors de fouilles en 1996.

Pourquoi les Mayas ont-ils abandonné leurs titanesques cités ?

Les Mayas sont les fondateurs d'une civilisation évoluée qui s'étendait sur les actuels États mexicains du Yucatan et du Chiapas ainsi que sur le Honduras et le Guatemala. L'abandon de leurs cités, bien avant l'arrivée des Espagnols, demeure un mystère.

• Tikal, une ville exceptionnelle en pleine jungle tropicale

Enfouies dans les forêts tropicales, de véritables mégapoles forment un complexe réseau architectural. Quatre d'entre elles se distinguent par des constructions immenses, dont la configuration donne une idée précise de la technique des architectes : Tikal au Guatemala, Copán au Honduras, Palenque et Uxmal au Mexique.

Tikal, la plus gigantesque de ces cités, s'étend sur environ 10 km². Au cœur de la ville se trouve une vaste cour rectangulaire destinée aux rites religieux. De part et d'autre de cette cour s'élèvent en terrasse de gigantesques temples-pyramides à gradins dont le plus haut atteint 70 m. Ils recouvrent les tombeaux des souverains de la cité. Plus de 3 000 constructions ont été dénombrées, dont de nombreux temples, palais et cours de jeux de balle, répartis sur trois acropoles et reliés entre eux par de larges chaussées. L'acropole nord, notamment, couvre plus d'un hectare et comprend 16 temples.

De nombreuses stèles sont en pierre nue ; il est possible qu'elles aient été à l'origine crépies avec du plâtre, disparu comme les inscriptions qui y étaient gravées. Pour le reste des constructions, les Mayas ont fait venir d'autres régions des pierres plus dures. Lorsque l'on sait qu'ils n'utilisaient pas la roue mais un simple système de courroies pour transporter eux-mêmes des objets, on imagine la difficulté qu'ils ont eue pour acheminer certains de ces matériaux. La construction de Tikal s'est d'ailleurs échelonnée sur 500 ans.

• Comment une telle civilisation a-t-elle pu disparaître si rapidement ?

L'arrêt brutal de la construction des monuments religieux ou politiques est le premier signe de la décadence des Mayas.

LES MAYAS : UNE CIVILISATION COMPLEXE

Si les Mayas sont surtout des agriculteurs, les poteries retrouvées témoignent de l'habileté de leurs artisans. Ils possèdent également le premier système d'écriture complet de l'Amérique précolombienne, et leurs connaissances astronomiques sont étonnantes. La société, théocratique, c'est-à-dire entièrement pensée en fonction d'un ordre religieux, repose sur un système de castes, et des sacrifices humains sont pratiqués comme dans beaucoup de sociétés précolombiennes.

À l'apogée de leur histoire (entre 625 et 800 apr. J.-C.), les Mayas construisent de grandes villes. Ce sont des centres politico-religieux et administratifs, les habitations se répartissant aux alentours de l'agglomération proprement dite. L'édifice typique du centre-ville est le temple couvert d'une voûte particulière, formée par deux murs parallèles, qui vont en s'épaississant vers l'intérieur, et sont surmontés d'une crête faîtière.

Pyramide du Magicien à Uxmal.

Le temple **I and Plaza Major** ***est une des splendeurs du site de Tikal au Guatemala.***

Pourtant, ce n'est pas seulement la vie culturelle qui se trouve ainsi freinée, puisque la population se met également à décroître. La plupart des centres sont abandonnés en quelques années. Ainsi la population de Tikal passe de 50 000 âmes à bientôt 5 000. À la fin du IXe siècle, il n'y a plus trace d'habitants dans la cité désertée.

Beaucoup d'explications ont été avancées pour expliquer cet abandon. Certaines font état de phénomènes naturels tels que séismes, changement de climat ou encore épidémies. Mais la géologie et la géographie de la région contredisent les deux premières thèses et on ne trouve pas trace d'une hécatombe par maladie. De même, aucun indice ne permet d'affirmer qu'une invasion étrangère massive est à l'origine de l'extinction de la culture maya : les quelques poteries découvertes provenant du golfe du Mexique ne sauraient constituer la preuve d'une guerre de conquête.

• Beaucoup d'hypothèses mais pas d'explication définitive

En se fondant sur la découverte de figurines de souverains mutilées, l'archéologue américain Eric Thompson penche plutôt pour des révoltes paysannes. Les jacqueries seraient venues à bout du pouvoir des dirigeants politiques et religieux et, bien que les paysans aient continué par la suite à vivre autour des cités, les édifices, faute d'être entretenus, seraient lentement tombés en ruine. Hypothèse séduisante, mais rendue fragile par le fait qu'on ne trouve, dans les vestiges des cités, aucune trace de luttes sanglantes.

Pour d'autres chercheurs, l'effondrement de la civilisation maya proviendrait au contraire de causes plus naturelles : un épuisement du sol dû à une culture intensive du maïs. Cependant l'établissement des champs sur des terrasses aurait dû normalement éviter une telle catastrophe écologique.

Aucune des explications avancées ne résout seule le mystère de la désertion progressive des cités ensevelies sous la jungle et, surtout, leur abandon prolongé. Les explications les plus récentes se réfèrent à une pluralité de causes : pression militaire et commerciale de populations extérieures ; déséquilibre entre populations mayas et ressources alimentaires ; concurrence exacerbée entre cités, qui a dû en fin de compte fragiliser la société maya.

Palace maya érigé au VIIe siècle à Uxmal.

CITÉS

Tiahuanaco, une ville de pierres construite dans d'étranges conditions

Lorsque l'Espagnol Cieza de León atteint, en 1549, la haute vallée andine de Tiahuanaco, non loin du lac Titicaca, il découvre des ruines extraordinaires. Certains ne tardent pas à voir dans ces vestiges la plus vieille ville du monde, ou même les restes d'une ancienne implantation de « divinités » extraterrestres !

• Une ville morte sur les hauts plateaux andins

De toutes les cités précolombiennes, Tiahuanaco est sans conteste l'une des plus énigmatiques. Située à 20 kilomètres de l'extrémité sud de la partie bolivienne du lac Titicaca et à quelque 3 840 mètres d'altitude, Tiahuanaco s'étend sur plus de 4 km^2, avec des vestiges mégalithiques couvrant environ 16 hectares. Le paysage, désolé, est flanqué à l'est et à l'ouest de deux chaînes montagneuses qui dépassent respectivement 4 700 et 6 000 mètres. On ne peut guère imaginer un lieu plus impropre à l'éclosion d'une civilisation avancée…

Le monument le plus connu de Tiahuanaco est la « porte du Soleil », énorme bloc de pierre dressé et décoré d'une fresque. Mais on y trouve aussi des restes de temples (l'un d'eux pyramidal et un autre en partie souterrain), les vestiges d'un palais, de nombreuses constructions et des idoles taillées dans d'imposants monolithes.

Lors de la découverte par les Espagnols, les ruines étaient beaucoup plus importantes mais les secousses telluriques, fréquentes dans la région, et le démantèlement des murs de la cité au bénéfice d'autres constructions ont eu en partie raison du site jusqu'à ce qu'il soit classé. Seuls les blocs de pierre les plus gros demeurent aujourd'hui sur place.

Quant aux quartiers périphériques de l'aire mégalithique, leurs habitations en briques séchées au soleil sont rapidement retournées à la poussière après l'abandon de la ville, et il a fallu des observations aériennes pour en découvrir le tracé. La révélation de leur existence a fait estimer que la population de la ville a pu atteindre 30 000 à 40 000 habitants.

Escalier monolithique qui permet l'accès au Kalasasaya, centre sacré de Tilmanaco.

• Grandeur et décadence de la ville de Tiahuanaco

Dès l'arrivée des Espagnols, la question de l'ancienneté de Tiahuanaco se pose. Les Indiens d'alors sont incapables de donner le moindre renseignement fiable : ils racontent seulement que la ville a été édifiée en une seule nuit, avant le Déluge, par des géants, et qu'elle a été détruite par un énorme tremblement de terre ou par les « rayons » du soleil. S'appuyant sur ces légendes, certains « auteurs » en déduisent que Tiahuanaco date de… 300 000 ans et qu'elle est l'œuvre d'une race humaine géante oubliée !

Mais les fouilles du XXe siècle et les datations au carbone 14 réalisées dans les années 1960 permettent de distinguer quatre stades de développement du site : une phase de formation (d'environ 1000 av. J.-C. jusqu'à 133 apr. J.-C.), une phase urbaine (133-374), une phase impériale (374-724) et une phase dite « d'expansion » qui trouve une fin brutale au début du XIIIe siècle.

Lorsque les armées incas envahissent Tiahuanaco au milieu du XVe siècle, la ville est donc abandonnée depuis près de 250 ans.

Statue monolithique à Tiahuanaco.
La construction de la ville de Tiahuanaco repose sur une technique architecturale et artistique avancée.

La brillante culture de Tiahuanaco

L'apogée de l'empire de Tiahuanaco se situe entre 800 et 1000 apr. J.-C. À cette époque, cet État partage avec l'empire militaire de Huari, situé plus au nord, la domination des Andes péruviennes. L'empire de Tiahuanaco s'étend dans une région comprise entre le nord du lac Titicaca, l'ouest de la Bolivie actuelle, le nord du Chili et la côte péruvienne. La religion, fondée sur le culte du Soleil, joue un rôle très important à Tiahuanaco et paraît être intimement mêlée aux affaires politiques. Un certain nombre de centres administratifs locaux et régionaux ont été retrouvés, ainsi qu'un réseau routier développé rayonnant à partir de Tiahuanaco.

Les restes de la ville montrent une grande maîtrise architecturale et artistique : les artisans de Tiahuanaco savaient travailler à la fois l'or et le bronze.

• Comment ces pierres ont-elles été déplacées ?

Un autre mystère concerne l'acheminement des monolithes d'andésite, une roche volcanique, et ceux de grès rouge qui ont servi à l'édification des monuments ou à la réalisation des idoles. Le plus lourd d'entre eux, une masse de grès rouge, pèse 131 tonnes. Le grès semble avoir une origine régionale et la pierre volcanique, dont le plus gros bloc pèse 41 tonnes, vient vraisemblablement de la péninsule de Copacabana, à plus de 80 kilomètres de là, sur le lac Titicaca. Comment de tels blocs ont-ils pu être déplacés sur de si considérables distances, et alors que n'existe aucun animal de trait ?

Les mythes indiens évoquent un magicien ayant fait déplacer en l'air « au son d'une trompette » les pierres géantes, tandis que certains pensent à une intervention extraterrestre !

D'une façon rationnelle, l'archéologue bolivien Carlos Ponce Sanjinés, qui a longuement fouillé sur le site, a mené diverses expériences. Il a ainsi montré que vingt hommes suffisaient pour tirer une tonne avec des cordes. En tenant compte de l'excellente technique indienne pour le tressage de cordages très solides, il affirme que les monolithes ont pu être traînés sur le sol en utilisant divers procédés pour réduire la friction. Les blocs d'andésite, quant à eux, ont dû être apportés par voie lacustre, sur des radeaux en balsa, un bois qu'il faut tout de même faire venir de plus de 100 kilomètres.

• Encore et toujours des mystères…

Mais les problèmes mécaniques posés par le transport des plus gros blocs, notamment ceux dépassant 20 tonnes, restent, pour l'instant, sans solution.

D'autres mystères pèsent sur la cité. Apparemment, celle-ci a été abandonnée brusquement, au début du XIIIe siècle. Pourquoi ? On ne le sait pas. On ignore tout autant quelle était sa fonction : était-elle un centre religieux, une capitale politique ? Nul indice jusqu'à présent ne permet de trancher.

De bien étranges principes pour bâtir une cathédrale...

Magnifique forêt de colonnes de pierres, éclairée par les reflets de lumière multicolore passant à travers ses riches vitraux, Notre-Dame de Chartres est un des plus importants sanctuaires de France. Sa construction représente encore bien des aspects mystérieux.

• Un puits sacré, une eau miraculeuse...

Bien avant l'installation des chrétiens sur le site de Chartres, celui-ci est déjà vénéré par les Gaulois. Le nom même a, semble-t-il, une origine cultuelle puisqu'il pourrait provenir soit de *carns*, selon le nom donné aux autels de pierre utilisés par les druides, soit de *Carnut-Is*, signifiant « lieu sacré des Carnutes », du nom des Gaulois habitant la région lors de la conquête romaine.

Le frontispice de la cathédrale est magnifiquement sculpté. Ci-dessous, le tympan central.

Le site est occupé par un temple païen, dans lequel s'ouvre un puits sacré d'environ 33 mètres de profondeur. La légende affirme que c'est dans ce puits, dit « des Saints-Forts », qu'ont été précipités les premiers martyrs chrétiens du lieu. Il se trouve dans la crypte, rebâtie et achevée en décembre 1024 par l'évêque Fulbert, après la destruction de la cathédrale, en 1020, par un premier incendie.

• Le feu, encore et encore...

En 1134, un deuxième incendie ravage la cathédrale. Les travaux reprennent. En 1144-1145 est édifié le portail royal. Mais en 1194, une nouvelle fois, le feu détruit tout, sauf la façade et le portail royal, dont

les statues constituent un chef-d'œuvre de sculpture ; pourtant, on retrouve, intacte au milieu des décombres, une relique précieuse entre toutes - un fragment de la chemise de la Vierge…

Les travaux reprennent. En moins de 30 ans sous la conduite d'un homme dont on ignore le nom, le gros œuvre est mené à bien : dès 1220, la nef et le chœur peuvent être utilisés lors des messes. C'est presque un miracle, compte tenu de l'ampleur des travaux et du résultat obtenu.

Quarante ans plus tard, l'édifice, complètement achevé, est dédié à Marie, patronne de Chartres, en présence de Saint Louis.

Par la suite, la crypte devient un lieu de prières à une Vierge noire, nommée Notre-Dame-de-Sous-Terre. Les malades affluent de toute l'Europe dans l'espoir de recouvrer la santé, car on attribue des pouvoirs miraculeux à l'eau du puits. Mais les autorités ecclésiastiques décident de faire cesser ces pratiques, qu'elles jugent superstitieuses : le puits est muré en 1654. Il ne sera redécouvert que deux siècles et demi plus tard.

La magie du vitrail

Les vitraux même de Chartres n'échappent pas totalement au mystère : par quel secret chimique ont été obtenues les admirables couleurs des plus belles verrières ? Et quel est le sens véritable des figures tracées sur elles ?

Les épisodes de l'histoire sainte se prêtent souvent à une double interprétation : littérale pour le peuple, ésotérique pour les initiés. Il en va de même pour les formes en rosaces, simples motifs décoratifs pour certains, représentation cryptée des mouvements de la matière sous l'action du feu élémentaire alchimique pour d'autres.

Enfin, des thèmes astrologiques sont traités dans le décor de la cathédrale : les signes du zodiaque encadrent la grande scène de l'Ascension au tympan de la porte nord, et les personnifications des 7 arts libéraux (les disciplines intellectuelles « nobles » correspondant aux 7 planètes connues au Moyen Âge) sont sculptées dans les bordures de la porte sud.

Ce vitrail somptueux met en lumière l'arbre de Jéssé (XIIe siècle).

• Une orientation tout à fait remarquable

Chartres possède un certain nombre de particularités tout à fait remarquables, à commencer par son orientation, en direction du nord-est – la plupart des églises sont en effet tournées vers l'est, vers la Palestine, berceau du christianisme. Cette anomalie s'explique par la nécessité de prendre appui sur les bases enterrées de l'ancien temple païen. Mais, de la sorte, le bâtiment suivrait des courants telluriques considérés, depuis l'époque gauloise, comme bénéfiques à l'homme et qui épousent les accidents souterrains (nappes phréatiques, failles, etc.).

Détail de la baie de droite de la cathédrale.

• Un décor étonnant

Un peu partout dans le bâtiment, le visiteur aperçoit des symboles – initiales, poissons ou visages, gravés au burin dans les pierres, marques émouvantes de maçons anonymes. Curieusement, quelques thèmes chrétiens fondamentaux sont en revanche absents. Nulle part on ne trouve de représentation de la Crucifixion.

Enfin, l'un des éléments les plus énigmatiques de l'église est le « labyrinthe », un dessin incrusté dans le sol de la nef, constitué par 11 anneaux de dalles noires s'enroulant pour former un parcours de plus de 260 mètres de long : le « chemin » conduit jusqu'au cœur du labyrinthe, jadis marqué par une plaque de cuivre gravée du combat mythique de Thésée et du Minotaure…

Un bien étrange motif pour une cathédrale !

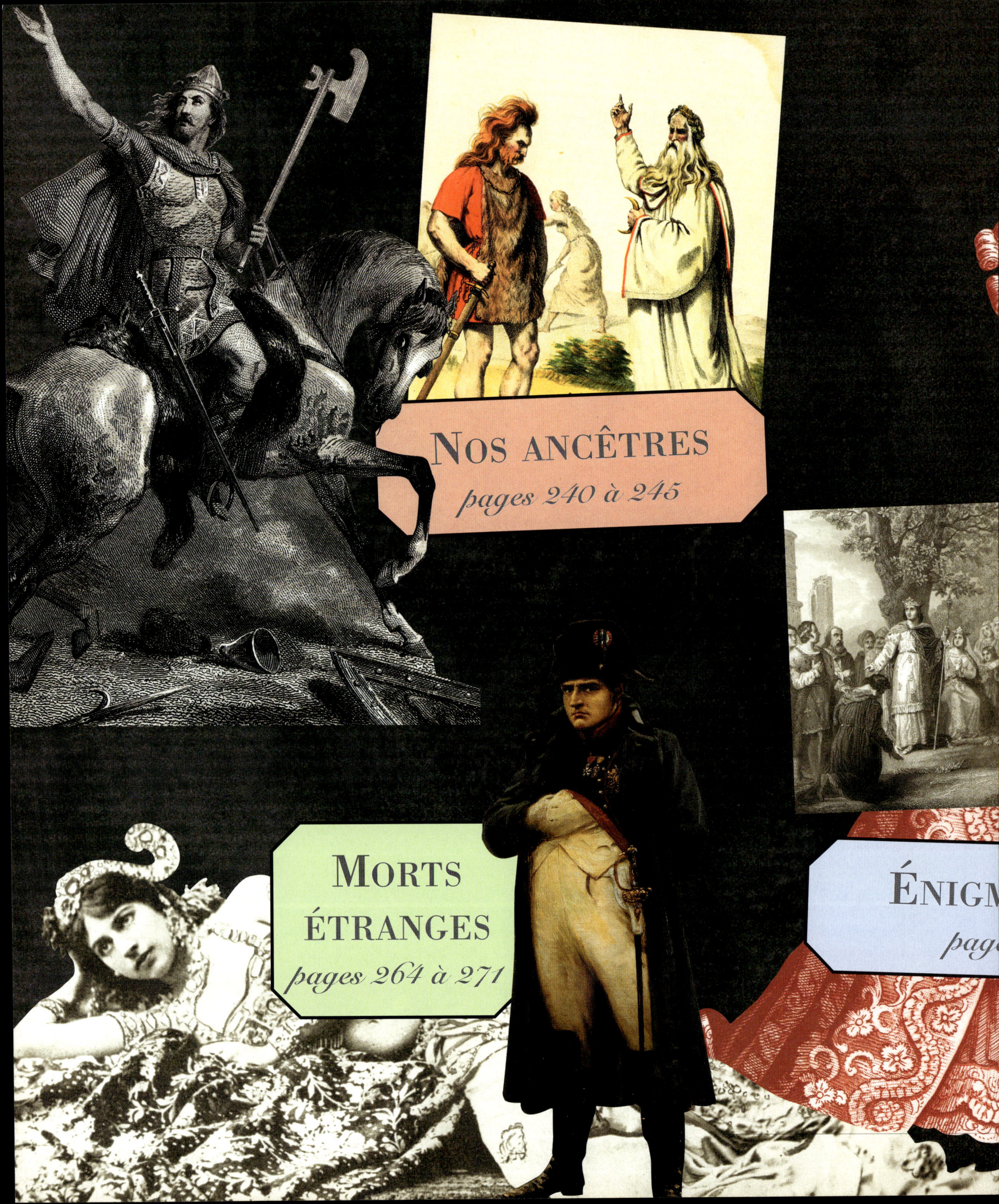

NOS ANCÊTRES
pages 240 à 245

MORTS ÉTRANGES
pages 264 à 271

ÉNIGM
pag

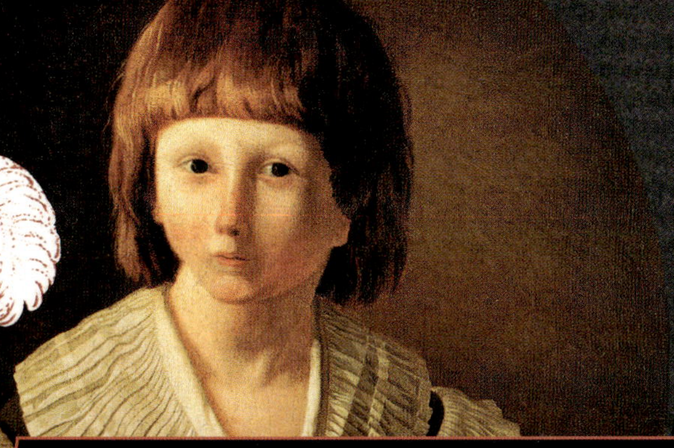

CHAPITRE IX

Mystères de l'Histoire de France

MÊME SI LES MANUELS D'HISTOIRE TENTENT D'ÉCLAIRER TOUTES LES FACETTES D'UN PASSÉ PARFOIS FORT CONFUS, IL N'EN RESTE PAS MOINS DES ZONES D'OMBRE, DES QUESTIONS SANS RÉPONSES, DES POLÉMIQUES VOIRE DES HYPOTHÈSES CONTRADICTOIRES.

L'Histoire de France n'échappe pas à la règle : elle s'est bâtie sur des mythes fondateurs ; elle a connu des drames violents et sanglants ; elle est à l'origine d'une multitude de secrets, vrais ou imaginaires ; la vie et, surtout, la mort de certains de ses protagonistes ont été marquées par le mystère et ont suscité pendant des siècles des interrogations auxquelles des découvertes scientifiques récentes viennent parfois tout juste de répondre.

Nos ancêtres

Les Gaulois pratiquaient-ils des sacrifices humains ?

Les Romains, conquérants de la Gaule au Ier siècle av. J.-C., se sont attachés à y anéantir l'influence des druides, chefs charismatiques des populations. Était-ce un parti pris politique ou bien plutôt une mesure de sauvegarde contre un culte gaulois et des chefs religieux beaucoup moins inoffensifs qu'on ne le dit ?

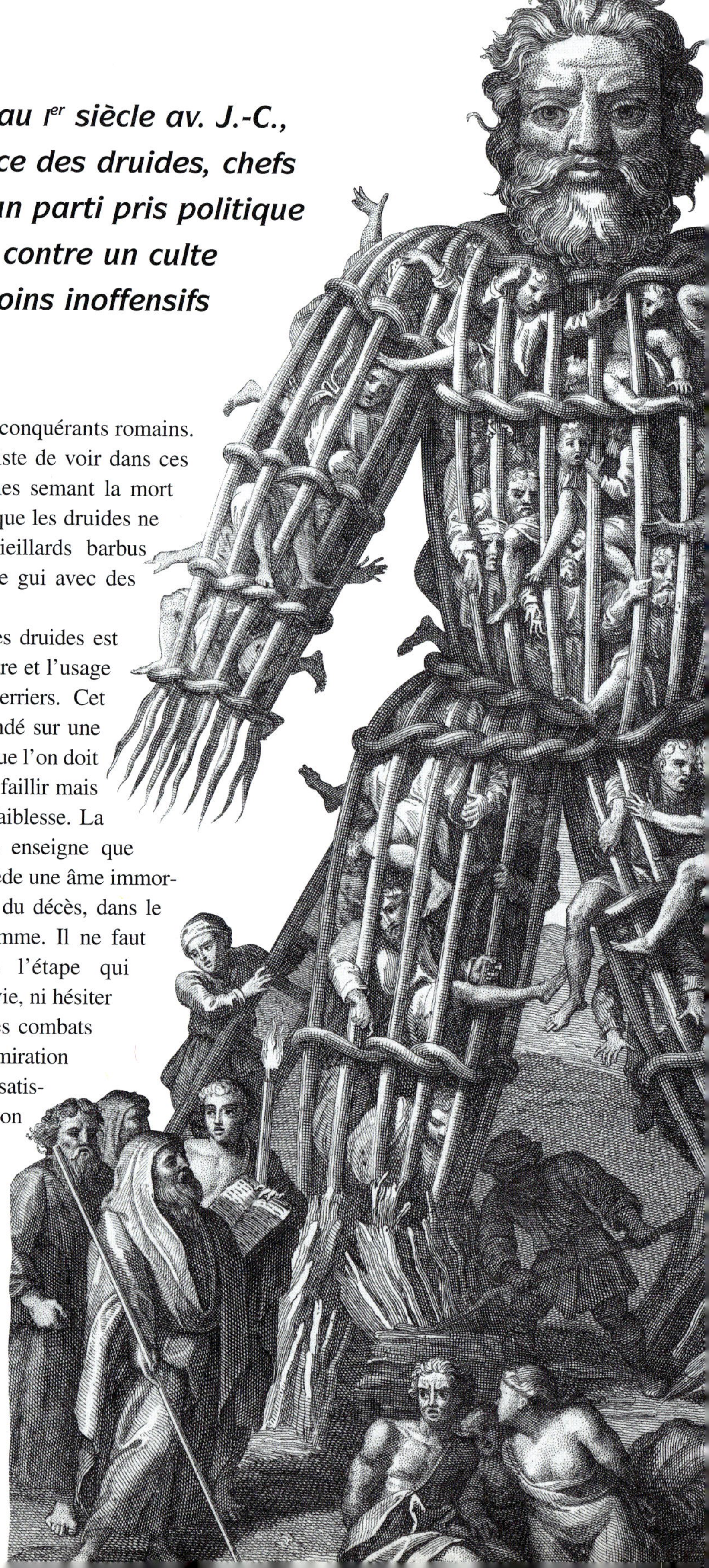

• Le culte de la violence et l'apprentissage du meurtre

La société gauloise est dominée par les druides et les guerriers, deux groupes que leur fonction place au centre des pratiques condamnées par les conquérants romains. Mais il serait simpliste de voir dans ces guerriers des hommes semant la mort autour d'eux, alors que les druides ne seraient que des vieillards barbus chargés de couper le gui avec des faucilles d'or.

Une des missions des druides est d'apprendre le meurtre et l'usage de la force aux guerriers. Cet enseignement est fondé sur une initiation à la mort, que l'on doit pouvoir donner sans faillir mais aussi recevoir sans faiblesse. La religion des druides enseigne que chaque homme possède une âme immortelle, qui passe, lors du décès, dans le corps d'un autre homme. Il ne faut donc pas craindre l'étape qui marque la fin d'une vie, ni hésiter à la devancer lors des combats afin de susciter l'admiration de l'adversaire et de satisfaire les dieux par son propre sacrifice.

Pour arriver à cette perfection dans la culture de la violence, les jeunes guerriers sont regroupés par classe d'âge et coupés du monde des adultes. Ils apprennent les

Le point de vue de César

« Tout le peuple gaulois est très religieux, aussi voit-on ceux qui sont atteints de maladies graves, ceux qui risquent leur vie dans les combats ou autrement, immoler ou faire vœu d'immoler des victimes humaines et se servir pour ces sacrifices du ministère des druides ; ils pensent en effet qu'on ne saurait apaiser les dieux immortels qu'en rachetant la vie d'un homme par la vie d'un autre homme et il y a des sacrifices de ce genre qui sont d'institution publique. Certaines peuplades ont des mannequins de proportions colossales, faits d'osier tressé, qu'on remplit d'hommes vivants : on y met le feu et les hommes sont la proie des flammes. Le supplice de ceux qui ont été arrêtés en flagrant délit de vol ou de brigandage ou à la suite de quelque crime passe pour plaire davantage aux dieux. Mais, lorsqu'on n'a pas assez de victimes de ce genre, on ne craint pas de sacrifier les innocents. »

César, *la Guerre des Gaules.*

Le « colosse fait de brindilles », édifié par les druides pour exécuter les criminels et autres malveillantes personnes. Peinture du XIXe siècle.

techniques de la chasse (au cerf ou au sanglier), ainsi que du combat à mains nues, et ils se maintiennent par des exercices corporels dans la meilleure forme physique possible.

• Des sacrifices aux dieux pour chaque occasion

Peut-être, pourtant, y a-t-il plus. César, dans *la Guerre des Gaules*, souligne la barbarie de la société, et en donne pour exemple l'existence de nombreux sacrifices humains.

Plusieurs événements donnent lieu à ces sacrifices, qui revêtent des formes diverses selon qu'ils sont accomplis en l'honneur de tel ou tel dieu. Les sacrifices destinés à honorer les dieux suivent chacun un rituel spécifique. Ainsi, lorsqu'on immole une victime à Teutatès, le dieu de la Guerre et des Peuples, on la noie dans un tonneau rempli d'eau. Le dieu Esus, autre dieu de la Guerre très sanguinaire, est honoré par des pendaisons. Les victimes que l'on voue à Taranis, dieu du Ciel et du Tonnerre, sont enfermées dans un immense colosse en osier ou en foin qui, placé sur un bûcher, est enflammé par un druide. Sont immolés des volontaires, des criminels ou des prisonniers de guerre, mais aussi parfois, s'il n'y a pas d'autre choix, n'importe qui.

• Une divination sanglante

Le départ pour la guerre est une autre occasion de célébrer de tels rites. C'est le moment où intervient un personnage clé de la société gauloise, la devineresse ou prêtresse, chargée de sacrifier une victime (il s'agit d'abord d'un prisonnier) avant le combat afin d'en connaître l'issue. L'officiante fait monter la victime par une échelle au sommet d'un immense chaudron, et la poignarde en faisant jaillir son sang sur les parois. Le sang, en coagulant, laisse, sur les bords du récipient, des marques que la devineresse est chargée d'interpréter. La couleur, la consistance, la direction des traces sanglantes sont autant de signes prophétiques. Lorsque ces signes sont difficiles à lire, la prêtresse renouvelle l'opération avec une autre victime, et elle continue si le besoin s'en fait sentir. Au fond du chaudron, le sang des différentes victimes reste liquide et s'accumule. Lorsqu'il y en a assez, la femme s'empare d'une louche et asperge la foule des guerriers présents, fanatisés par la cérémonie et prêts à mourir au combat.

Les confirmations de l'archéologie

Grâce aux découvertes réalisées dans les années 1960 à Gournay-sur-Aronde (Oise), on peut désormais décrire le calendrier de sacrifices dans une peuplade belge, les Bellovaques, chez qui ces manifestations sont liées aux saisons et aux grandes fêtes.

À Saintes, encore en 150 apr. J.-C., un sacrifice est accompli : 17 personnes y trouvent la mort. Parmi elles, il y a trois enfants. Les adultes ont été tués par décapitation.

César n'a donc pas menti. On sacrifie des personnes pour les punir mais également pour satisfaire les exigences du panthéon gaulois auquel il faut prouver sa force et dont on doit exalter le désir homicide. Les empereurs, dès le début de la présence romaine en Gaule, proclament la suppression des druides et interdisent les sacrifices humains. Cependant, cette pratique ne disparaît totalement qu'au IVe siècle.

Peinture du XIXe siècle représentant une vision traditionnelle idéalisée du druide.

« Alésia ? Connais pas Alésia ! »

« Je ne sais pas où se trouve Alésia ! Personne ne sait où se trouve Alésia ! » vocifère Abraracourcix dans le Bouclier arverne. Et, quelques pages plus loin, les auteurs notent : « Cette attitude, qui s'est perpétuée à travers les siècles, fait que l'emplacement de la défaite gauloise reste, encore de nos jours, assez mystérieux… Regrettable chauvinisme ! »

En fait de chauvinisme, il arrive que les historiens se livrent des querelles de chapelles ou de clochers aussi acharnées que les combats des armées qu'ils étudient. Tel fut le cas dans la violente polémique qui s'éleva en France, au XIXe siècle, pour déterminer le site d'une très célèbre bataille, vieille de presque 2 000 ans.

Vercingétorix se rend à César. D'après le dessin de De Neuville.

• Le choc de Jules César et de Vercingétorix

La bataille d'Alésia est restée dans toutes les mémoires ; objet d'enjeux capitaux, elle oppose, en 52 av. J.-C., deux illustres chefs de guerre : Jules César, le Romain, et Vercingétorix, le Gaulois.

Cette bataille met fin à la dernière révolte de la Gaule contre les Romains. Le chef gaulois, Vercingétorix, est réfugié avec ses troupes sur une position fortifiée de la tribu des Mandubiens, l'oppidum d'Alésia, témoin du degré de civilisation atteint par les Celtes de l'intérieur de la Gaule au Ier siècle av. J.-C. Un oppidum est un embryon de ville qui remplit essentiellement une fonction défensive. La tribu gauloise doit pouvoir s'y réfugier et s'y protéger d'un ennemi, d'où le choix de positions en hauteur, plus facilement défendables contre l'adversaire.

C'est le cas d'Alésia, du moins tel que l'a décrite César dans *la Guerre des Gaules* : un plateau d'environ 90 hectares, coupé de la plaine par une falaise assez abrupte, où les seuls accès sont barrés d'un mur de pierres sèches bâti autour d'une armature de poutres entrecroisées et de clous, pouvant résister aussi bien au feu qu'au bélier, l'arme redoutable qui sert à enfoncer les murs ou les portes des lieux assiégés. Un endroit imprenable en somme…

Et pourtant, César et ses légionnaires, au prix de travaux gigantesques de fortifications, réaliseront un encerclement méthodique que rien ni personne ne pourra briser. Après l'écrasement par les légions d'une armée de secours autochtone, les assiégés capitulent. La guerre des Gaules est finie. La guerre des archéologues n'a pas encore commencé.

• Un débat qui enflamme les savants du second Empire

En Bourgogne, une tradition immémoriale situe Alésia sur un petit relief en bordure du plateau de Langres (Côte d'Or), le mont Auxois, appartenant à la commune d'Alise-Sainte-Reine. Et nul ne songe à contester cette tradition : le nom même d'Alise ne paraît-il pas directement dérivé d'Alésia ?

Tout change en 1855. Le scandale arrive par une société savante, la Société d'émulation du Doubs, qui semble vouloir s'ériger en porte-drapeau des intérêts de la Franche-Comté et de sa primauté historique sur la Bourgogne. À l'instigation d'un architecte de Besançon, un dénommé Delacroix, elle propose de localiser Alésia à Alaise, dans le Doubs, et recueille immédiatement le soutien de plusieurs savants de grand renom. Leurs homologues bourguignons protestent alors vivement en faveur d'Alise.

Maquette des travaux de César devant Alésia, établie par le général Verchère de Reffiye pour Napoléon III.

La querelle devient vite nationale ; mémoires, brochures, voire prises à partie de savants par voie de presse se multiplient. Les institutions culturelles les plus importantes, comme l'Académie des inscriptions et belles-lettres, refusent de jouer un rôle d'arbitre. L'affaire prend une telle importance que l'empereur Napoléon III, auteur d'une *Histoire de Jules César*, s'y intéresse : pour ramener le calme, il crée une Commission de la topographie de la Gaule, chargée de coordonner un programme de fouilles et de dresser une carte exacte du territoire français au début de notre ère.

• De fausses découvertes en vraies trouvailles archéologiques

Dès les premiers travaux autour d'Alise en 1860, on exhume des haches et des armes de bronze : les Bourguignons crient aussitôt victoire ! À tort, car, en 52 av. J.-C., il y a déjà plus d'un millénaire que l'âge du bronze est achevé, et la civilisation gauloise est assez avancée pour disposer d'armes en fer…

On trouve également des fossés qui pourraient correspondre aux travaux de fortification de César, qui en donne des mesures précises dans ses *Commentaires* ; on en retire des monnaies romaines facilement datables : toutes sont antérieures à 52.

Est-ce une preuve suffisante ? Les avis sont partagés. On ira même jusqu'à mesurer, dans toutes les directions possibles, la vallée que domine le mont Auxois, pour vérifier si elle s'accorde avec les dimensions estimées par César : 3 000 pas… Mais tout dépend, en fait, dans quel sens on la mesure !

Les fouilleurs du second Empire trouveront encore un charnier avec ossements, carcasses de chevaux et armes au pied de la colline où, suppose-t-on, l'armée de secours s'était brisée sur les défenses romaines…

• Quand la vérité scientifique rejoint la tradition locale

En 1906, l'exploration est reprise sur le mont Auxois par les érudits de la Société des sciences historiques de Semur-en-Auxois. Les découvertes sont, cette fois, nombreuses et décisives, au point que les fouilles, aujourd'hui encore, ont été partagées en aires chronologiques.

L'Alésia gauloise et son dispositif de défense continuent d'intéresser les chercheurs, mais la ville gallo-romaine et même celle des premiers siècles de notre ère révèlent également de grandes richesses : forum, monuments publics, maisons, premières basiliques chrétiennes, etc.

À l'heure actuelle, même si les voix revendiquant la primauté du site d'Alaise ne se sont jamais tout à fait tues, il ne subsiste pour ainsi dire plus de doute. Les débats d'« érudits » locaux ne dépassent plus les querelles de clochers, et l'archéologie scientifique a fini par prouver qu'Alésia, ainsi que le proclamait la tradition, était bien située sur le mont Auxois.

Scène de bataille de guerriers gaulois à cheval. D'après une aquarelle de Théodore Chassériau.

Les aïeux de Clovis venaient-ils de Troie ?

Dans une *Chronique de la fin du VIIe siècle apr. J.-C., on trouve, pour la première fois, la mention d'une filiation entre les Francs, envahisseurs barbares de la Gaule au Ve siècle, et la cité de Troie évoquée dans* l'Illiade, *le poème épique d'Homère.*

Clovis, roi des Francs et fondateur de la dynastie mérovingienne.

• Un premier mythe...

Les auteurs anonymes de la *Chronique* s'inspirent évidemment de *l'Énéide* de Virgile, ce récit épique de la fondation de Rome par Énée, héros qui a pu fuir Troie pendant sa mise à sac par les Grecs. Il semble aussi qu'il développe quelques phrases de saint Jérôme, un des Pères de l'Église, sur un thème légendaire né au Ier siècle apr. J.-C., celui d'une origine commune des Gaulois et des Romains, et qu'il transpose ce mythe sur le peuple franc.
On découvre un personnage nommé Francion, fils de Friga, frère d'Énée, qui, après avoir quitté Troie, fonde un royaume en Germanie entre le Rhin et le Danube. Le peuple issu de sa descendance demeure insoumis aussi bien à l'Empire romain qu'aux autres tribus barbares, jusqu'à son installation finale en Gaule.

• ... puis un deuxième

Cette première hypothèse se trouve concurrencée vers 727 par une autre version apparue dans l'œuvre d'un moine de Neustrie (une des divisions de la Gaule), les *Gesta Regnum Francorum*.

La migration est cette fois guidée par Anténor, chef troyen dont le nom est évoqué dans *l'Énéide*. Il trahit le roi Priam, introduit le fameux cheval dans les murs de Troie, puis s'exile et s'en va fonder Venise et Padoue. On retrouve Anténor finalement à la tête du royaume – considéré à l'époque comme légendaire – des Sicambres. En 376 apr. J.-C., à la demande de l'empereur Valentinien II, ses descendants livrent bataille au peuple barbare des Alains et obtient, en récompense de sa victoire, une exemption de dix ans du tribut dû à l'Empire. Ainsi, le nom du peuple franc ne dériverait pas de Francion, mais signifierait « libre de tribut », car, après la fin des dix ans d'exemption, les Sicambres auraient refusé de reprendre les paiements et quitté leurs terres pour s'en aller fonder une ville qui deviendrait un jour Paris.

• *Quand le Moyen Âge réécrit les mythes*

À ces deux trames narratives, l'historiographie médiévale tardive apporte corrections et modifications.

Au XIIIe siècle, Francion est notamment adopté par les *Grandes Chroniques de France*. Le personnage devient membre de la famille royale troyenne, fils d'Hector ou bien fils d'un second mariage d'Andromaque. Il offre évidemment un immense avantage : la parenté étymologique de son nom avec celui du pays. Mais il possède aussi le gros inconvénient d'être lié aux Anglais et aux Turcs, dont la généalogie mythique remonte aux cousins germains de Francion, Brutus et Turcus. Or, au Moyen Âge, l'Angleterre n'est pas précisément un pays ami de la France…

Quant à Anténor, il connaît chez d'autres auteurs un grand succès, spécialement aux XIVe et XVe siècles : son authenticité historique est mieux attestée et ses liens avec Venise une source de prestige supplémentaire. Malheureusement, il n'est pas parent du fameux roi Priam et doit sa gloire à une trahison, ce qu'il est difficile d'oublier, même pour un héros fondateur.

La signification politique du mythe

Le mythe a pour fonction évidente d'ancrer l'unité nationale dans les liens du sang. Toutes les provinces françaises, toutes les catégories sociales de la population deviennent ainsi solidaires : issues d'un ancêtre commun, elles se découvrent une parenté. La filiation consacre la continuité et la cohérence de l'histoire nationale, mais valorise aussi la grandeur de la France face aux autres royaumes, voire sa supériorité.

L'épopée de Francion et d'Anténor est parallèle à celle d'Énée, donc du peuple romain, dont la destinée glorieuse est de dominer le monde. La « barbarie » des Francs est niée et le peuple français reçoit ses lettres de noblesse : le sang troyen qui coule dans ses veines est plus noble et plus riche en vertus qu'aucun autre. Il le fait entrer dans la légende.

Mais l'utilisation politique du mythe peut être plus ponctuelle. Elle devient antianglaise pendant la guerre de Cent Ans. On fait alors remarquer que, si Brutus le Troyen est bien l'ancêtre des Bretons, ceux-ci ont été chassés de la Grande Île par les envahisseurs saxons et se sont réfugiés en Bretagne française : donc, les Anglais du XIVe siècle ne sont pas une race pure et ne peuvent compter sur la vigueur du sang troyen pour assurer leur victoire.

Le mythe est encore mis à contribution pour prouver l'indépendance de la France par rapport à la papauté et au Saint Empire, héritiers théoriques de l'Empire romain : à partir de Philippe le Bel (1268-1314), l'épisode des Alains et du tribut est exploité de sorte à prouver que les Francs n'ont jamais été soumis à Rome. Le royaume de France n'a donc pas de raison de faire allégeance à l'une ou l'autre des deux puissances.

• *De « nos ancêtres les Troyens » à « nos ancêtres les Gaulois »*

Dès le XVe siècle, des historiens italiens affichent pourtant un certain scepticisme devant la thèse des origines troyennes des nations. Mais la réalité n'est guère facile à accepter pour des Français : comment admettre que les Francs étaient des Barbares germaniques alors qu'avec les guerres d'Italie se dessine une lutte sans merci entre la France de François Ier et l'Allemagne de Charles Quint ?

Le véritable renouvellement de la tradition n'intervient qu'au XVIe siècle. Il consiste à incorporer les Gaulois au mythe originel et à ancrer la nation française dans une tradition entièrement chrétienne.

En 1513, Jean Lemaire de Belges affirme que l'histoire des Gaulois est primordiale, parce qu'ils constituent le peuplement originel du territoire français depuis les temps bibliques et se rattachent à la race de David : ils ont simplement accueilli une population troyenne exilée, dont l'installation est une péripétie.

Les Francs sont quasiment évacués ; ceux qui les conservent, comme Nicolas Viguier en 1579, reconnaissent leurs origines germaniques. Le vieux mythe troyen connaît cependant une ultime et éphémère fortune au XVIIe siècle, grâce à un grand élan antiallemand de la France de Louis XIV.

Enfin, la France de la IIIe République placera ses sources dans une nation gauloise homogène, fonds humain à peine entamé par la conquête romaine et les invasions franques. C'était une manière de repousser aux limites du temps historique l'antagonisme franco-allemand, si vivace à l'époque.

ÉNIGMES ROYALES

Les rois mérovingiens étaient-ils fainéants ?

Le règne des Mérovingiens n'a cessé d'alimenter légendes et idées reçues. Mais l'image de la paresse qui s'est identifiée à celle de la première dynastie franque est-elle fondée dans la réalité ?

• Le pouvoir royal s'affaiblit

La légende des rois fainéants prend naissance dans la période de troubles politiques qui suit la mort du roi Dagobert en 639, et favorise la montée de la famille des Pippinides (les ancêtres de Charlemagne) à partir de la seconde moitié du VIIe siècle. La Gaule est alors divisée en plusieurs territoires (la Neustrie, l'Austrasie, la Burgondie ou Bourgogne, et l'Aquitaine) que se partagent les derniers Mérovingiens.

À chaque succession, la répartition des héritages fonciers provoque guerres civiles et assassinats, et conduit progressivement à l'affaiblissement du pouvoir. Parallèlement à ces désordres se constituent au VIIe siècle des clans nobiliaires régionaux qui soutiennent des personnages appelés les « maires du palais ». Ce sont des fonctionnaires de la cour royale qui ont pour tâche de gérer les domaines du souverain et qui peuvent attribuer des parcelles à des nobles en récompense de services rendus à la couronne. Ils deviennent de plus en plus puissants, jouissent d'une autonomie croissante et, au cours du VIIe siècle, soutenus par la noblesse, ils partent à la conquête du pouvoir royal.

• Et voilà les rois fainéants !

En Neustrie, le maire du palais, Ébroïn, cherche, en 673, à imposer son autorité en poussant sur le trône un roi ludion, Thierry, troisième fils de Clovis II et de la reine Bathilde. Thierry III est considéré comme le premier roi fainéant. Manipulé par Ébroïn à plusieurs reprises, puis écarté, il accepte docilement de monter sur le trône ou d'en redescendre pour se faire envoyer dans un couvent. Le royaume se subdivise alors en principautés autonomes ou indépendantes, et la famille pippinide finit par prendre le pouvoir dans cette région.

En 687, Pépin le Jeune, dit de Herstal, bat les Neustriens à la bataille de Tertry et devient maire du palais du roi Thierry, désormais son otage : Charles Martel, fils naturel de Pépin, également maître de l'Austrasie et de la Neustrie, poursuit l'œuvre d'unification des Francs qui s'achève sous le règne de son fils, Pépin le Bref, sacré roi en 751, après la destitution de Childéric III, dernier représentant de la dynastie mérovingienne.

• Quand la propagande carolingienne s'en mêle

L'intérêt des Carolingiens, successeurs des Pippinides, à élaborer la légende des rois fainéants est ainsi évident : elle légitime, en quelque sorte, leur prise de pouvoir. La plus ancienne version que l'on ait de cette légende est celle d'Eginhard, secrétaire et biographe de Charlemagne. Elle est reprise au Xe siècle, puis au XIIIe siècle, dans les *Grandes Chroniques de Saint-Denis*. Dans tous ces textes, les rois mérovingiens sont discrédités et comparés à

Clotaire Ier, roi des Francs (498-561).

leur désavantage aux souverains carolingiens. S'ils ne règnent pas, c'est parce qu'ils sont paresseux. Ils sont incapables de se battre, alors que les Carolingiens, tel Roland, le neveu de Charlemagne, sont d'héroïques guerriers. Ils sont avilis, parce qu'ils ont abandonné le mode de vie noble. La meilleure preuve : ils ne se déplacent pas à cheval, mais sont traînés dans des chars à bœufs.

Les Mérovingiens sont également jugés ridicules parce qu'ils portent les cheveux longs, source pour eux de la légitimité royale et de la puissance, alors que les Carolingiens y voient un signe de leur bestialité. On les décrit aussi comme des ivrognes ou, encore, des êtres monstrueux, les comparant à des animaux « avec des poils qui leur poussaient le long de l'échine dorsale comme les porcs »…

• *La République n'a pas besoin de fainéants !*

Cette tradition très tenace est reprise dans les manuels d'histoire de la IIIe République. Le manuel le plus couramment utilisé alors, celui de Lavisse, insiste sur le fait que, seul, Charles Martel peut défendre la Gaule contre les invasions arabes : « À l'époque des rois fainéants, la Gaule est de nouveau envahie. Notre pays va-t-il devenir musulman ? Les rois mérovingiens sont incapables de la défendre… »

Pourtant, le fondateur de la dynastie, Clovis, est toujours magnifié. C'est que cette « histoire officielle » appuie son récit de la constitution de la France sur les actes glorieux de quelques grands héros comme Vercingétorix, Charles Martel, Charlemagne et Roland, Du Guesclin ou Jeanne d'Arc, et peut donc inclure le premier roi de la dynastie mal aimée. Seuls les grands noms sont valorisés et les Mérovingiens, excepté Dagobert, parce qu'ils n'ont pas réalisé personnellement un exploit ou une œuvre exceptionnelle, passent aux oubliettes de l'histoire.

Fainéants, peut-être, mais violents, sûrement !

Les fils de Clodomir. En 534, deux des enfants du deuxième fils de Clovis, Gontran et Théodebald, sont assassinés par leurs oncles Clotaire Ier et Childebert. Le premier est poignardé par Clotaire, et le second, alors qu'il supplie son oncle de l'épargner, est étranglé. Le troisième des fils, Cloud, ou Clodoald, est sauvé et devient moine dans un couvent.

Théodebert. Fils de Childebert, mort en 595, il est assassiné ainsi que son fils Mérovée par son frère Thierry, en 612.

Brunehaut. La femme de Sigebert, troisième fils de Clotaire Ier, règne jusqu'en 613, date de son arrestation par les nobles qui veulent se débarrasser d'elle. Elle a alors quatre-vingts ans, mais son grand âge n'empêche pas ses ennemis de lui faire subir des tortures épouvantables. Elle meurt attachée par les cheveux à un cheval lancé au galop. Deux de ses arrière-petits-enfants, Corbon et Sigebert, sont tués en même temps qu'elle.

Saint Léger. En 677, l'évêque d'Autun tombe aux mains de son ennemi le maire du palais de Neustrie, Ébroïn. On lui coupe la langue, on lui taillade la joue et les lèvres, on l'oblige à marcher pieds nus à travers une piscine parsemée de pierres aiguës et, enfin, on lui crève les yeux.

Chilpéric. Le deuxième fils de Clotaire Ier prend pour troisième épouse Frédégonde. Celle-ci fait assassiner deux des trois fils que Chilpéric avait eus de son premier mariage avec Audovère, et également Galswinthe, sa deuxième femme, trouvée étouffée dans son lit. Chilpéric est lui-même tué en 584, soit par Frédégonde, soit par Brunehaut, sa belle-sœur.

Chilpéric Ier, roi des Francs (539-584).

ÉNIGMES ROYALES

Les rois de France guérissaient-ils les écrouelles ?

C'est sous le règne de Louis VI le Gros, au XIIe siècle, qu'un document écrit relate pour la première fois la cérémonie du toucher des écrouelles. Cette pratique, fondée sur l'attribution au roi chrétien d'un pouvoir guérisseur, se perpétua jusqu'au sacre de Charles X, en 1824.

• Des ganglions qui s'inflamment

Parfois appelées aussi « scrofules », les écrouelles désignent dans le langage médiéval une affection connue aujourd'hui sous le nom d'adénite tuberculeuse : il s'agit d'une inflammation des ganglions du cou, qui gonflent et suppurent horriblement ; on l'interprète en général comme le signe extérieur d'une tuberculose génitale.

C'est sous ce chêne que saint Louis rendait la justice et effectuait le toucher des écrouelles.

Cette maladie semblait d'autant plus courante à l'époque que beaucoup d'autres phénomènes lui étaient rattachés. Si elle était contagieuse, elle n'était cependant pas mortelle, le plus grand risque encouru par le malade étant la stérilité.

• Un pouvoir conféré au roi par le sacre

Peuple ou élite, nul ne doute en France, au XIIe siècle, que le souverain soit capable de guérir ce mal, au point qu'on l'appelle parfois « mal royal ». Pourtant cette croyance est récente. Elle date d'une initiative royale : la transformation de la cérémonie du sacre, voulue par Louis VI pour renforcer le charisme de la fonction royale. Initiative confirmée sous ses successeurs, jusqu'à la fixation définitive du rituel à l'époque de Charles V le Sage, sacré en 1364.
À partir de 1108, en effet, le préalable à tout couronnement d'un roi de France est l'onction, c'est-à-dire l'imposition sur le corps du souverain d'une huile dont l'origine, d'après la légende, est divine. Appelée aussi le saint chrême, elle provient de la sainte ampoule, apportée par une colombe messagère du Saint-Esprit à l'évêque Remi de Reims, qui l'utilise d'abord pour baptiser Clovis, premier roi des Francs. Venue du ciel, elle donne au souverain, toujours d'après la légende, le caractère religieux qui lui permet, tel le Christ, d'accomplir des miracles.
Ce rite, né en France avec les Carolingiens, confère à la royauté une légitimité divine. Il fait du roi de France un roi-prêtre, gouvernant le peuple de Dieu, protégeant ses églises et, indissolublement, un homme élevé par Dieu au-dessus des autres mortels, doué d'un rayonnement et d'un pouvoir mystérieux, dont celui de guérison.

• « Le roi te touche, Dieu te guérit »

Au départ, le cérémonial est simple et sans apparat. Saint Louis touche ainsi des scrofuleux tous les jours, dès qu'ils viennent l'en solliciter, pourvu qu'ils l'attendent à la sortie de la messe. À partir de Louis XI cependant, à la fin du XVe siècle, les malades sont regroupés pour une unique cérémonie hebdomadaire. C'est aussi au XVe siècle qu'on leur impose un bref examen médical préalable, afin d'écarter ceux qui sont atteints d'une autre maladie. Les Capétiens se contentent de toucher de la main les parties malades, et ils exécutent ensuite un signe de croix sur celles-ci, ou encore sur le front du patient : symboliquement, le contact de la main du roi transmet la force invisible qui l'habite, et la bénédiction du roi-prêtre complète le tout.
À partir du XVIe siècle, le roi accompagne son geste d'une formule stéréotypée, « Le roi te touche, Dieu te guérit. » Les guérisons, lorsqu'il y en a, nous apparaissent évidemment comme naturelles et d'origine psychologique : le miracle se produit parce que les sujets sont persuadés qu'il doit avoir lieu.

• Des guérisons orchestrées comme des spectacles

Au XVIIe siècle, le toucher des écrouelles devient un des rituels les plus solennels de la monarchie. Accompli uniquement lors des grandes fêtes chrétiennes (Pâques, Pentecôte et surtout Noël), annoncé par des crieurs et par voie d'affiches, il a lieu le plus souvent dans la Grande Galerie du Louvre. Les malades s'y présentent en foule, et les étrangers y côtoient les Français, au point que la maison de France peut exploiter le miracle royal pour démontrer sa supériorité sur les dynasties européennes rivales.

À la Pentecôte 1715, très peu de temps avant sa mort, Louis XIV touche encore 1 700 scrofuleux, preuve que, quel que soit son état de santé, le roi se doit à celle de ses sujets, et ne saurait se dérober à sa charge.

• Un miracle de moins en moins efficace

Pourtant, le rituel du toucher n'en a plus alors pour très longtemps à vivre. Louis XV et Louis XVI voient encore défiler des milliers de malades, mais la croyance au miracle résiste mal aux transformations des mentalités de l'époque prérévolutionnaire. Le rationalisme triomphant des Lumières éloigne les élites de la vision religieuse du monde à laquelle cette tradition appartient. Alors que les classes populaires vénèrent toujours le roi thaumaturge, les esprits éclairés sont incrédules, voire franchement ironiques. Voltaire note ainsi avec insolence que Louis XIV n'a pas été capable de guérir une de ses maîtresses atteinte d'écrouelles, bien qu'il l'ait « très bien touchée » !

Les rois eux-mêmes semblent ne plus croire à leurs pouvoirs. Dès Louis XV, la formule royale est inversée d'une façon lourde de sens : elle devient. « (Que) Dieu te guérisse, (car) le roi te touche ».

Et Charles X, en 1824, se contente de dire aux scrofuleux : « Je vous ai apporté des paroles de consolation. Je souhaite bien vivement que vous guérissiez... » Enfin, des études ultérieures montrèrent que, le plus souvent, lorsqu'il y eut des guérisons, les malades avaient reçu des soins parallèles. Voilà donc des personnes qui, très probablement, furent des miraculées... de la médecine !

Une tradition française voulait que, le jour de leur sacre, les rois de France aient le pouvoir de guérir. Ici, Henri IV touchant les malades atteints d'écrouelles.

Un challenge France-Angleterre des guérisons miraculeuses

Dans l'Europe médiévale et moderne, seuls les rois d'Angleterre ont partagé le privilège des rois de France, qui provoquait la jalousie et l'inquiétude des autres dynasties. Ils ont en effet touché les écrouelles de 1276 à 1714. Ce rituel fut en quelque sorte le terrain symbolique de la longue lutte de prestige que se livrèrent les monarchies française et anglaise du Moyen Âge. Le rituel anglais ressemble au rituel français au XIIIe siècle, puis il devient une véritable liturgie religieuse, beaucoup plus solennelle et somptueuse, où le roi officie à côté de son chapelain.

Y avait-il un trésor à Montségur ?

Hérétiques traqués et massacrés par la Très Sainte Inquisition, les derniers des cathares meurent sur le bûcher, au pied du château de Montségur, en 1244. Deux cent quinze personnes, alors, sont brûlées vives. Elles meurent en emportant, peut-être, le secret de la cache d'un trésor très important.

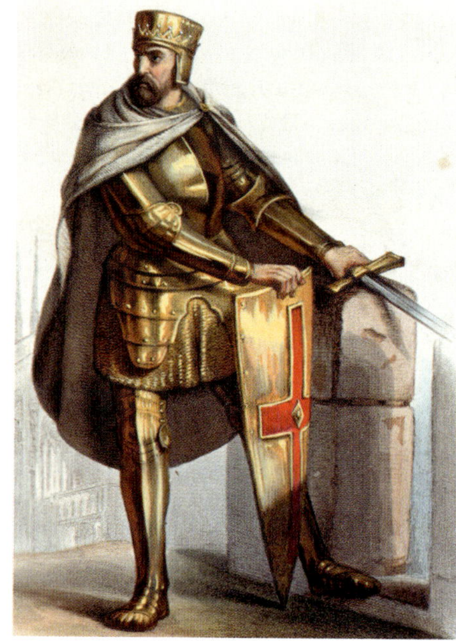

À l'appel du pape Innocent III, Simon de Montfort participe à la croisade contre l'hérésie cathare.

• La répression brutale d'une Église hérétique

C'est en Orient que commence l'histoire des cathares. De Perse, en passant par les Balkans, chemine vers l'Occident une doctrine religieuse selon laquelle le monde matériel est la création du démon. Le catharisme pénètre les milieux des croisés occitans à partir de la deuxième croisade. Au XIIe siècle, une Église cathare est fondée dans le sud de la France. Ses rites sont administrés par des « prêtres », à la vie d'une rigoureuse austérité. Elle possède ses « évêques », sur le modèle de la hiérarchie catholique : quatre prélats cathares siègent ainsi à Carcassonne, Albi, Toulouse et Agen. De plus, elle entretient des liens avec ses homonymes orientaux ; en 1176, l'évêque hérétique de Constantinople préside à Saint-Félix, en Lauragais, un concile qui édicte une charte cathare. C'est une situation inacceptable pour l'Église romaine : le pape Innocent III, en 1208, proclame la croisade contre l'hérésie et place à sa tête un soldat redoutable, Simon de Montfort. Celui-ci massacre plusieurs milliers de personnes dans l'église de Béziers, en 1209, et conquiert petit à petit tout le Sud-Ouest français, exterminant les hérétiques. La lutte contre les cathares atteint son point culminant après 1233, quand les religieux de l'ordre dominicain se voient confier la direction des tribunaux de l'Inquisition.

• Une bien étrange et symbolique forteresse

Depuis 1213, depuis la bataille de Muret, les cathares ont perdu toute initiative. Ils vivent sur la défensive, clandestins dans les villes ou réfugiés dans des places fortes de la campagne.
Située en plein cœur du sauvage pays de Foix, perchée sur un piton calcaire escarpé, à plus de 1 060 mètres d'altitude, la principale de ces places est la forteresse de Montségur.
Le château a été construit entre 1205 et 1211 à la demande du clergé cathare qui décida d'en faire un centre spirituel et une place forte. Tout y fut conçu pour la défense, mais aussi conformément à un projet symbolique ; un large portail y invitait les âmes à entrer, l'orientation du bâtiment suivait exactement les points cardinaux, et son plan adoptait la forme d'un pentagone, figure revêtue d'une valeur mystique dans la pensée cathare. Les arêtes de la montagne étaient incluses dans le rempart, le sol de la cour n'était pas aplani : partout le rocher était laissé brut peut-être pour respecter un ancien lieu de culte celtique, à en croire certains commentateurs.

• Un siège de dix mois

Montségur abrite à partir de 1240 une communauté qui s'élève, un moment, jusqu'à 500 personnes, cathares convaincus protégés par une garnison de chevaliers et de sergents d'armes et encadrés par l'évêque cathare de Toulouse, Bertrand Marti. Tout ce monde vit grâce aux paysans des alentours qui lui procurent subsistance.
Pour l'Église catholique et son allié, le roi de France Louis IX – Saint Louis –, l'existence de ce lieu est un insupportable outrage : en mai 1243, une armée de 10 000 hommes, qu'accompagnent des inquisiteurs, vient donc mettre le siège au château. Dix mois durant, les défenseurs – 150 hommes seulement – repoussent tous les assauts. Mais, en mars 1244, l'eau vient à leur manquer. Les assiégeants proposent aux hérétiques la vie sauve pourvu qu'ils abjurent : ils refusent, préférant subir le martyr que de renoncer à leur foi. Le 16 mars 1244, le château ouvre donc ses portes ; une cohorte de 215 personnes descend vers le bas de la montagne, en se tenant par la main et en chantant des hymnes. Une partie de ces convaincus a reçu le *consolamentum* – une sorte d'ex-

trême-onction cathare qui fait d'eux des « parfaits ». Un immense bûcher les attend, tout dressé : ils y montent de leur plein gré, et leurs corps réduits en cendres donnent au lieu son nom sinistre : le Prat dels Cremats – le Champ des Brûlés.

• *Un trésor... Mais quel trésor ?*

Montségur, toutefois, n'était pas seulement le refuge des hommes. La forteresse a dû constituer également un gigantesque coffre-fort, abri de la fortune que les cathares, mis à l'index depuis des décennies, ne pouvaient investir. Quelque part dans le château devait se trouvait un trésor en numéraire, 100 000 livres, peut-être, en or et en argent, soit une somme considérable. Ce trésor est-il demeuré sous les ruines de Montségur, aujourd'hui réduit à ses murs extérieurs ? A-t-il été transporté quelque part ? Dans la nuit qui précède la date du 16 mars, deux (ou quatre) parfaits se seraient évadés de la forteresse assiégée en se laissant glisser, à l'aide de cordes, le long des parois vertigineuses.

Les cathares vérités et légendes

Les calomnies catholiques. Les ennemis des cathares accusent ceux-ci de pratiquer des rituels sataniques et de se livrer à l'inceste. En 1180, alors que l'Église mène une première campagne à leur encontre, un libelle dénonce : « Cette hérésie condamne le mariage, pour prêcher que tout usage de la femme est indifférent, et que le frère ne doit pas s'abstenir de la sœur, le fils de la mère, quiconque d'une quelconque. Et comme ils disent que toute chair est l'œuvre du diable, ils enseignent de détruire les rejetons conçus ou juste nés des meurtres de la mère. » Il s'agit de calomnies et de déformations de la pensée cathare.

La vraie doctrine cathare. Le système théologique cathare prône le dualisme : il existe un Dieu du bien et un Dieu du mal. Notre monde, créé par Satan, est issu du mal. Le royaume du Dieu de bonté ne saurait se trouver sur la Terre. Cette reconnaissance de deux Dieux ne signifie pas que les cathares adorent Satan, comme le disent les catholiques, mais au contraire qu'ils le dénoncent, tout en soulignant sa puissance. Les cathares associent l'existence sur Terre à l'œuvre du Malin : c'est Satan qui oblige des anges à s'incarner en hommes pour peupler la Terre. Au terme de plusieurs incarnations et à force de volonté, un homme peut espérer devenir un « parfait ». Son âme échappe alors au diable et rejoint le royaume divin.

Cette croyance en un cycle de réincarnations auquel on échappe finalement apparaît comme un legs évident des grandes traditions religieuses orientales, tels l'hindouisme et le soufisme.

Le château de Montségur était un centre spirituel cathare mais aussi un site conçu pour la défense.

« Ceci fut accompli, afin que l'Église des hérétiques ne perde pas son trésor », dit un témoin déposant devant l'Inquisition. Les évadés auraient traversé les montagnes de Saint-Barthélemy et atteint le Sabarthès, près de Tarascon-sur-Ariège : un réseau de plus de cinquante grottes. On perd ensuite leur trace. Ont-ils déposé leur fardeau dans une de ces cavernes, connues des seuls initiés ? Des générations de chasseurs de trésors ont fouillé en vain Montségur et les alentours, espérant mettre la main sur une considérable fortune.

Pour d'autres passionnés de la légende cathare, le véritable trésor de Montségur n'aurait pas consisté en une fortune matérielle. Un objet plus précieux que tout aurait été caché dans la forteresse : la coupe du sang du Christ, le très précieux Graal. Ce thème ne s'appuie en fait que sur une ressemblance de nom, Montségur rappelant le Monsalvat de la légende du Graal. L'invention, du moins, prouve la force de fascination que conserve aujourd'hui le lieu.

Qu'est devenue la fortune des Templiers ?

Lorsque Philippe IV le Bel prononce sa condamnation, l'ordre des Templiers est plus riche que le royaume lui-même. À l'origine d'un formidable essor économique, le Temple possède d'immenses domaines et des fortunes en numéraire.

La bulle du pape

« Cette extinction du statut de l'ordre, de son habit, de son nom lui-même, nous l'avons, avec l'approbation du saint concile, décrétée. (...) Nous interdisons désormais à quiconque d'entrer dans cet ordre, d'en revêtir l'habit et de se comporter en templier (...). Nous avons finalement décidé que ses biens (à l'ordre) seraient, à perpétuité, unis à l'Hôpital de Saint-Jean de Jérusalem... »

Vox in excelso, 3 avril 1312

• Moines chevaliers...

En 1119, à Jérusalem, un chevalier champenois, Hugues de Payns, et quelques autres chevaliers français compagnons de Godefroi de Bouillon fondent l'ordre du Temple. Ils prennent d'abord le nom de Pauvres Chevaliers du Christ, adoptent la règle de saint Augustin et se destinent à la police de la Palestine qui consiste à aider et à protéger les pèlerins se rendant à Jérusalem. Baudouin II, le roi de Jérusalem, les installe dans un palais voisin de l'ancien Temple de Salomon.

En 1128, l'ordre est confirmé et reçoit une règle sévère. Il comporte des chevaliers (nobles), des frères lais, des chapelains et des prêtres. Un grand maître, élu par les chevaliers, exerce l'autorité suprême, mais il doit pour toute décision importante obtenir la majorité des voix du chapitre – le Conseil des grands commandeurs. Dans chaque province, un commandeur régional supervise des baillis gérant chacun plusieurs maisons. Les chevaliers, avec leur manteau

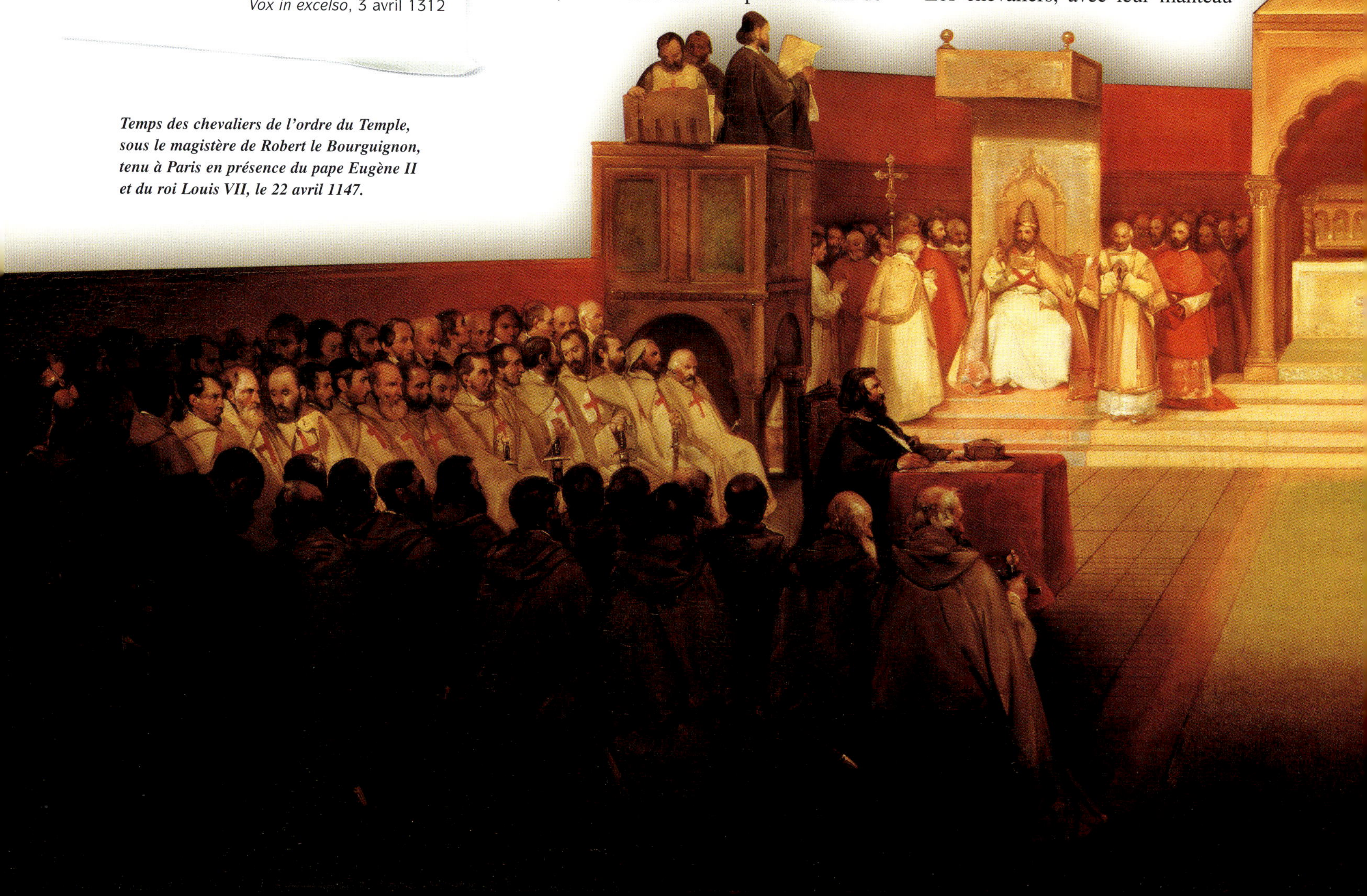

Temps des chevaliers de l'ordre du Temple, sous le magistère de Robert le Bourguignon, tenu à Paris en présence du pape Eugène II et du roi Louis VII, le 22 avril 1147.

blanc et leur croix vermeille, sont présents dans toutes les grandes batailles contre les infidèles, en Espagne et en Palestine. À la fin du XIIIe siècle, la désagrégation de l'Empire byzantin provoqua l'arrivée massive des musulmans en Terre sainte : vaincus, les templiers rentrent en Europe. Les templiers sont soumis à une règle stricte inspirée de saint Augustin et modifiée par saint Bernard. Ils trouvent en ce dernier un partisan convaincu, qui fait l'éloge de l'humilité, de l'activité et de la pauvreté des templiers. La règle associe donc l'ordre à toutes les activités humaines, comme si le Temple devait en être l'organisateur. L'enrichissement est strictement codifié : l'ordre peut posséder, mais non les individus. Aucune dépense ne peut être faite au profit de l'un des membres. Si l'ordre est riche, les chevaliers restent pauvres. Rapidement, les dons affluent. Des seigneurs lèguent leurs biens au Temple.

Les chevaliers de retour d'Orient rapportent les trésors pillés chez les musulmans… Le roi d'Aragon, Alphonse le Batailleur, veut même céder une partie de son royaume aux templiers, mais ces derniers préfèrent refuser. En 1270, l'ordre du Temple possède plus d'un millier de commanderies disséminées un peu partout. En 1307, le chiffre a doublé.

• … mais aussi grands banquiers

Par leur fortune, les templiers deviennent les premiers grands banquiers, à commencer des pèlerins ; leur banque est privilégiée, plus indépendante des pouvoirs temporels, parce que relevant seulement du pape.

Ils développent le commerce et donnent aux échanges la plus grande sécurité possible. Les routes templières du Moyen-Orient puis d'Europe sont gardées par des chevaliers, les brigands sont mis en échec. Face à l'incommodité de l'argent métal, ils développent le système de la lettre de change, déjà utilisé en Italie par les banquiers lombards : les nombreuses commanderies en France et en Europe forment un réseau serré de succursales bancaires.

• … et propriétaires fonciers

Avec le temps, l'activité des templiers en Terre sainte se transforme : ils deviennent les maîtres de vastes domaines. Ils se mêlent aux querelles féodales, ce qui amène leurs ennemis à les accuser de trop de bienveillance pour les seigneurs de l'islam, ou d'avoir des intérêts à défendre. Il est certain que, comme tant d'autres ordres religieux, celui des templiers perd progressivement beaucoup de ses vertus primitives.

Les riches prennent l'habitude de déposer leurs biens à la garde des templiers : le roi lui-même leur confie son trésor et son comptable est celui du Temple. Dans certaines régions, comme en Champagne, les commandeurs deviennent receveurs des impôts royaux. Des sommes considérables leur passent entre les mains. On estime qu'au sommet de leur puissance, les templiers possèdent plus de deux millions d'hectares de terres cultivées. L'ordre est propriétaire de la moitié des maisons de Paris et perçoit les loyers.

Les secrets des Templiers

Plus riches et plus puissants que des rois, mystiques et guerriers, les templiers ont depuis longtemps excité les imaginations. D'autant plus que leur longue présence à Jérusalem, la ville du temple de Salomon, les associe à bien des mystères liés à l'Orient et aux origines du christianisme.

Pratiques alchimiques. On dit les templiers possesseurs de l'Arche de l'alliance, parfois même du Graal, la coupe sacrée de la dernière Cène qui aurait recueilli le sang du Christ. On en fait les dépositaires de secrets transmis entre initiés depuis la plus haute Antiquité. Seule certitude : nombre de templiers se sont livrés à des recherches alchimiques.

Le Temple a-t-il eu des règles secrètes ? Quelques indices plaident en faveur de cette hypothèse. Contrairement à toutes les autres organisations religieuses, le noviciat n'a pas chez les templiers de durée fixe : il y a donc certainement parcours initiatique, puis examen.

Une symbolique complexe. Les croix templières semblent donner des indications dans le même sens : il n'y a pas une croix mais plusieurs, et elles ne sont pas liées aux grades officiels ni à des affectations géographiques. On trouve sur l'épaule des manteaux des croix dérivées de la croix celtique, des croix dont les branches s'effilochent en flammes, symboles alchimiques, et des croix géométriques aux huit pointes, croix de méditation. Désignent-elles des grades dans l'ordre secret ?

Hugues de Payns, premier grand-maître de l'ordre du Temple.

• *Disgrâce royale et arrestations*

Quand la Terre sainte échappe complètement aux chrétiens, les templiers se replient sur Chypre. Ils ont aussi des établissements, ou « temples », en Occident : à la fin du XIIIe siècle, le Temple de Paris est une banque à laquelle le roi de France fait constamment appel. Jusqu'en 1307, le secours qu'il apporte à Philippe le Bel lui vaut d'être ménagé, puis le roi décide d'abattre l'ordre afin de mettre la main sur ses richesses. Le conseiller de Philippe le Bel, Guillaume de Nogaret, sera le véritable artisan du procès et de la chute des templiers.

Clément V, à la requête du roi, entreprend une enquête sur les templiers. Le roi brusque les choses, faisant arrêter par surprise, le vendredi 13 octobre 1307, 138 templiers par les officiers royaux. Avec le concours de l'Inquisition, les templiers sont interrogés et torturés. On leur fait avouer divers forfaits : de pratiquer le culte d'une idole dénommée Baphomet, de cracher sur la Croix lors des rites d'admission dans l'ordre, de se livrer obligatoirement à la sodomie, etc.

• *Sept ans de procès, de tortures, d'exécutions*

Le procès, commencé en 1307, ne prendra fin qu'en 1314. Le pape Clément V proteste, mais sans vigueur, contre l'atti-

tude du roi et l'irrégularité du procès. Ayant toutefois évoqué l'affaire, le 17 novembre 1307, il obtient qu'on lui remette les inculpés.
C'est alors que bien des templiers, reprenant courage, se rétractent. Mais bientôt Clément V cède devant l'intervention de Philippe le Bel : il confie le procès des personnes à des cours diocésaines et charge de l'enquête sur l'ordre lui-même des commissions pontificales, contrôlées, en fait, par le pouvoir royal. En 1309, les interrogatoires reprennent. Les templiers se montrent beaucoup plus réticents. Trente-six prisonniers meurent sous la torture et, en mai 1310, l'archevêque de Sens en condamne 54 autres au bûcher, non comme hérétiques, mais comme relaps (c'est-à-dire retombés dans l'hérésie).
Au concile de Vienne, en octobre 1311, la culpabilité des templiers n'est pas reconnue, mais le pape décide par une bulle la suppression de l'ordre. En novembre 1312, le pape confie le procès des dignitaires à une commission de trois cardinaux, qui les condamne à la prison perpétuelle.
Mais, comme Jacques de Molay, grand maître de l'ordre, et ses amis protestent et rétractent leurs aveux antérieurs, le conseil royal les déclare relaps et les envoie au bûcher en mars 1314. Les biens des templiers sont dévolus aux hospitaliers.
Cependant, dans les commanderies, les hommes du roi ne trouvent ni or, ni argent, ni archives. Ils ne peuvent se saisir que des terres et des bâtiments. Où sont les trésors du Temple ?

• *Des multitudes de caches secrètes*

La plus grosse part de la fortune du Temple n'est pas en métal précieux : il remet en circulation l'argent qu'il possède, en achetant terres et biens. Cependant, il y a dans chaque commanderie assez de numéraire pour assurer les dépenses et rembourser les lettres de change. De petits trésors.
Les caches devaient être préparées de longue date : chaque commanderie est bâtie sur un réseau de souterrains où pouvaient aisément s'aménager des endroits secrets. Les réseaux d'étangs artificiels souvent installés près des bâtiments ont suggéré une idée : les trésors seraient-ils enfouis sous le fond d'un étang susceptible d'être vidé à volonté ? Pourquoi pas. Les chasseurs de trésors n'en sont cependant guère plus avancés : la forêt d'Orient par exemple, haut lieu templier en Champagne, ne compte pas moins de 55 étangs artificiels, en partie comblés depuis et envahis par les broussailles…

• *La clé du mystère est-elle à Chinon ?*

Sans doute quelques trésors ont-ils été trouvés. Mais, pour certains, le secret des caches importantes se trouve au château de Chinon. Des dignitaires templiers ont gravé des symboles mystérieux dans la pierre de la salle où ils ont été détenus jusqu'à leur exécution : cœurs flamboyants, croix, triple enceinte, marelle, escarboucles. Peut-on lire dans ces signes des indications codées ? Les ésotéristes affirment que ce rébus permettra un jour à des initiés de retrouver la cache du plus grand des trésors que l'on prête aux templiers : le saint Graal.

La malédiction des Templiers

« Pape Clément, juge inique et cruel bourreau, chevalier Guillaume de Nogaret, roi Philippe, avant un an, je vous ajourne à comparaître au tribunal de Dieu. Soyez maudits, vous et votre descendance ! ».
Dans les mois qui suivent le 18 mars 1314, on répète dans Paris la malédiction lancée depuis son bûcher par le grand maître de l'ordre des Templiers, Jacques de Molay.
Quarante-deux jours plus tard, le pape Clément V meurt à cinquante-quatre ans, terrassé par des fièvres et des étouffements. Peu de temps après, le subtil conseiller du roi de France, Guillaume de Nogaret, est empoisonné. Début novembre, Philippe le Bel est mortellement blessé dans un étrange accident alors qu'il chasse seul dans la forêt de Saint-Maxence : il agonise et meurt à Fontainebleau le 29. La même année, l'« affaire de la Tour de Nesles » (le scandale de l'adultère des brus du roi) prive la France de celle qui devient la nouvelle reine. Pour donner un héritier au trône, Louis X fait assassiner sa première femme, Marguerite de Bourgogne, dans le cachot où elle était emprisonnée depuis la découverte de son infidélité, et il épouse la princesse Clémence de Hongrie. Moins d'un an plus tard, alors que Clémence attend un enfant, Louis meurt après un exercice sportif excessif. L'enfant, Jean Ier, est assassiné cinq jours après sa naissance. Le Hutin a régné moins de deux ans, Jean Ier, moins d'une semaine. Second fils de Philippe le Bel, Philippe V (le Long), règne cinq ans mais ne laisse pas d'héritier. Son frère Charles IV règne cinq ans à son tour et meurt, lui aussi sans enfant. Les trois fils de Philippe le Bel ont connu une mort précoce, la lignée directe des Capétiens prend ainsi fin. Pendant toutes ces années enfin, le pays est dans une situation économique et sanitaire critique : famines et épidémies (la peste noire, ou bubonique) tuent des dizaines de milliers de sujets – et la guerre de Cent Ans commence : pour le peuple, la malédiction des Templiers a fait son œuvre.

Qui se cachait sous le « masque de fer » ?

À l'origine d'une légende qui a enflammé l'imagination des romanciers, des dramaturges, des cinéastes, un étrange prisonnier à qui Louis XIV interdit tout contact avec le monde. Révélé par Voltaire, « l'homme au masque de fer » reste encore aujourd'hui une mystère : qui était-il, et qu'avait-il fait pour être ainsi séquestré ?

• Dans l'ombre du géolier...

Ancien mousquetaire ayant toute la confiance du roi et de son ministre Louvois, Bénigne de Saint-Mars est, en 1665, commandant de la forteresse de Pignerol, dans les Alpes. Il la quitte en 1681 et prend le commandement du fort d'Exilles : deux prisonniers le suivent. Lorsqu'en 1687 il devient gouverneur de l'île Sainte-Marguerite, face à Cannes, il emmène avec lui, encore, l'un des deux hommes. L'individu est caché dans une voiture close couverte de moleskine.

En 1698, Saint-Mars prend le commandement de la Bastille. Un prisonnier l'accompagne toujours. Pour préserver son anonymat, Saint-Mars a recouvert son visage d'un masque en velours comportant des articulations de métal : le « masque de fer ». Lorsque le captif meurt, en 1703, il est enterré sous un nom d'emprunt (Marchiali) au cimetière Saint-Paul de Paris.

• Qui étaient les prisonniers de Saint-Mars ?

L'homme au masque est certainement l'un des prisonniers dont Saint-Mars a la garde lorsque, au début de sa carrière, il dirige Pignerol. Grâce aux registres du commandant et à sa correspondance avec Louvois, les identités des captifs nous sont connues.

Alexandre Dumas.

Deux d'entre eux sont des hommes célèbres : le riche et rusé ministre Fouquet, emprisonné par Louis XIV, jaloux du faste du personnage ou sincèrement convaincu de sa corruption, et le fantasque duc de Lauzun, maréchal de camp du roi compromis dans des intrigues amoureuses. Aucun d'eux ne peut être le Masque de fer : Fouquet meurt en 1680, Lauzun est libéré peu avant le départ du directeur.

Dans les derniers mois du séjour de Saint-Mars à Pignerol, cinq autres prisonniers occupent les geôles de la massive forteresse. L'un d'eux est un moine condamné pour avoir escroqué plusieurs demoiselles de la cour en prétendant avoir trouvé la pierre philosophale. Un autre, Dubreuil, est un officier accusé d'espionnage et de trahison. Un troisième, Matthioli, est un comte italien sujet du duc de Mantoue, qui a tenté de tromper Louis XIV dans une négociation.

Le quatrième, La Rivière, est le valet de Fouquet, gardé captif après la mort de son maître : l'intrigant ministre a pu lui révéler de dangereux secrets.

Le cinquième, Eustache Dauger, ou d'Auger, est un jeune chevalier de la cour accusé d'avoir été mêlé à l'affaire des poisons.

• De prison en prison

Saint-Mars arrive donc en 1661 à Exilles avec deux de ses prisonniers. Il ne les appelle pas autrement que « les deux de la tour d'en bas ». Mais la correspondance du commandant nous permet de savoir que Matthioli et Dubreuil sont restés quelque temps à Pignerol après le départ de Saint-Mars, et que le moine y meurt.

Les « deux de la tour d'en bas » sont donc La Rivière et Dauger. L'un d'eux, malade, meurt en 1686 : c'est très probablement La Rivière, atteint d'un mal qui l'immobilisait déjà souvent lorsqu'il servait Fouquet. Le survivant est donc évidemment Dauger. Cette certitude est renforcée par une lettre du fils du marquis de Louvois qui, en 1691, parle à Saint-Mars du prisonnier qu'il a sous sa garde « depuis plus de vingt ans » : seule la date d'incarcération de Dauger correspond.

En 1694, Matthioli et Dubreuil rejoignent Saint-Mars et Dauger à Sainte-Marguerite.

La légende du Masque de fer a inspiré de nombreux écrivains, mais aussi des cinéastes.
Tous ont émis des hypothèses différentes quant à la véritable identité du masque de fer.
Image tirée du film **L'homme au masque de fer** *avec L. Jourdain et R. Chamberlain.*

L'Italien meurt quelques mois plus tard. Lorsqu'il rejoint son poste de gouverneur de la Bastille en 1698, Saint-Mars part de Sainte-Marguerite avec les deux survivants : l'un est masqué, l'autre est Dubreuil, qui reste au fort de Lyon. Donc…

• L'homme au masque ne peut être qu'Eustache Dauger !

Depuis son incarcération en 1669, Dauger est l'objet d'une attention constante. Son nom n'est cité qu'à son arrivée et, lorsqu'un ministre important de Louis XIV, comme Louvois, s'en inquiète par la suite, c'est en parlant à Saint-Mars du « prisonnier de la tour d'en bas » ou « de votre ancien prisonnier ». Les instructions de Louvois sont d'ailleurs claires : l'homme doit être gardé au secret et ne pouvoir communiquer avec l'extérieur en aucune manière. Saint-Mars lui porte ses repas : même les sentinelles ne doivent pas l'approcher. Cette claustration absolue semble signifier que Dauger détient un terrible secret. Louvois accepte en 1675 que celui-ci serve de valet à Fouquet en remplacement de La Rivière, souvent malade. Contact sans risque : Fouquet est lui-même condamné à vie et coupé de toute relation avec le monde. Aux secrets qui lui ont valu d'être incarcéré, Dauger ajoute en revanche la connaissance des affaires de Fouquet : il devient doublement dangereux.

• Tout n'est pas résolu…

Restent deux énigmes : quels sont ces terribles secrets que connaît Dauger, et pourquoi est-il incarcéré avec tant de précautions au lieu d'être simplement assassiné ?

L'hypothèse chère aux romanciers – le Masque de fer serait le frère de Louis XIV – ne peut être défendue sérieusement. Depuis des travaux récents, la carrière d'E. Dauger avant son arrestation est bien connue – et rien ne permet de rattacher son personnage à la famille royale.

Il reste qu'on a cru bon non seulement de l'isoler pour l'empêcher de révéler quoi que ce soit, mais qu'on a pris soin aussi de cacher son visage, qui devait contenir en lui-même un secret…

Quelques hypothèses

Le masque couvrant le visage du prisonnier de Saint-Mars a alimenté bien des hypothèses. Ce serait pour dissimuler une ressemblance avec un grand personnage qu'on aurait imposé au captif son port, en même temps qu'on le traitait avec les plus grands égards.

À partir du XVIIIe siècle, plusieurs identités ont été proposées. La plus célèbre est celle avancée par Voltaire et reprise par Alexandre Dumas père dans son roman le Vicomte de Bragelonne : l'homme au masque serait un demi-frère aîné de Louis XIV, né de relations adultères entre Anne d'Autriche et le comte de Buckingham. Mais il pourrait être aussi un jumeau du Roi-Soleil, son frère puîné issu d'un mariage secret d'Anne avec Mazarin, un fils naturel du roi Charles II d'Angleterre… ou même l'écrivain Molière, qui, à la suite du *Tartuffe*, aurait été victime de la vengeance des dévots !

Charles Geneviève d'Éon, chevalier ou chevalière ?

Au service de Louis XV puis de Louis XVI, le chevalier d'Éon intrigue la cour : est-il homme ou femme ? Aujourd'hui encore, Mademoiselle d'Éon, capitaine des dragons, reste une énigme pour l'histoire.

• Un jeune homme sportif

Le 5 octobre 1728, à Tonnerre, en Bourgogne, le juriste Louis Déon de Beaumont déclare la naissance de son fils Charles Geneviève Louise Auguste Andrée Thimothée. Étranges prénoms pour un garçon : trois sont masculins, et trois féminins. Élève brillant, Charles Geneviève suit à Paris les cours du collège Mazarin, dont il sort diplômé à l'âge de 20 ans. Fidèle à la tradition familiale, il se lance dans des études de droit qui font de lui un jeune avocat au parlement. Parallèlement, c'est un homme actif et sportif : il apprend avec bonheur l'art de l'escrime et devient un cavalier accompli.

Sa tempérance surprend un peu : on ne lui connaît ni fiancée ni maîtresse et il n'est pas coutumier des frasques habituelles aux jeunes hommes. Pourtant, personne alors ne songe à se poser de questions : pour tous, Charles Geneviève d'Éon est un homme.

• Une bien troublante et bien belle jeune fille

En 1755, le prince de Conti, qui coordonne pour le roi les affaires secrètes, charge le chevalier d'Éon d'une mission délicate en Russie. Il doit prendre contact avec la tsarine Élisabeth, à l'insu de son entourage, et gagner sa confiance. En effet, la France est en mauvais termes avec la Russie et les relations diplomatiques sont rompues : Louis XV a décidé de rétablir la situation.

Charles Geneviève est un fort beau jeune homme, aux traits fins et délicats : Conti décide, pour sa mission, de le travestir. Il lui fait établir de faux papiers au nom de Mademoiselle Lia de Beaumont, et c'est une jeune fille qui prend la route de Saint-Pétersbourg. La mission est menée à bien d'une façon surprenante, puisque la belle Lia de Beaumont devient une familière de la tsarine au point que celle-ci en fait sa lectrice favorite !

C'est à son retour à Paris que l'on commence à se poser des questions. Charles Geneviève fait une fille trop parfaite pour n'être qu'un travesti, murmure-t-on. Comment un homme déguisé aurait-il pu abuser une femme, alors que son rôle l'amenait à passer beaucoup de temps dans l'intimité de la tsarine ? On remarque à ce moment que le chevalier est imberbe et qu'il semble avoir des formes avantageuses. Sa vraie nature n'est-elle pas féminine ? N'est-ce pas quand il est habillé en homme qu'il est travesti ?

• Devant l'Europe confondue, d'Éon reste un mystère

La carrière du chevalier d'Éon se poursuit avec succès : il retourne en Russie, mène à bien plusieurs missions en Europe pour Louis XV, tantôt habillé en homme, tantôt en femme. Il devient capitaine des dragons et reçoit la croix de Saint-Louis pour sa bravoure au combat. Les rumeurs cessent. Seul un homme peut ainsi mener des troupes au combat, pense-t-on ; Jeanne d'Arc est bien oubliée !

En 1762, Charles Geneviève est envoyé comme secrétaire d'ambassade à Londres. Là, le chevalier

L'avis de Casanova

Casanova, spécialiste des femmes s'il en fût, décrit ainsi dans ses *Mémoires* le chevalier d'Éon, avec lequel il a eu l'occasion de dîner une fois à Londres chez Guerchi, ambassadeur de France.

« Ce fut à la table de cet ambassadeur que je connus le chevalier d'Éon, secrétaire d'ambassade qui, dans la suite, fit tant parler l'Europe. Ce chevalier d'Éon était une belle femme qui, avant d'entrer dans la diplomatie, avait été avocat et capitaine des dragons : elle servit Louis XV en soldat valeureux et en négociateur consommé. Malgré son esprit ministériel et ses manières d'homme, je ne fus pas un quart d'heure à le reconnaître pour femme : car sa voix était trop franche pour une voix de castrat, et ses formes trop arrondies pour être d'un homme, sans compter le manque de barbe, qui peut accidentellement être le défaut d'un homme fort bien constitué du reste. »

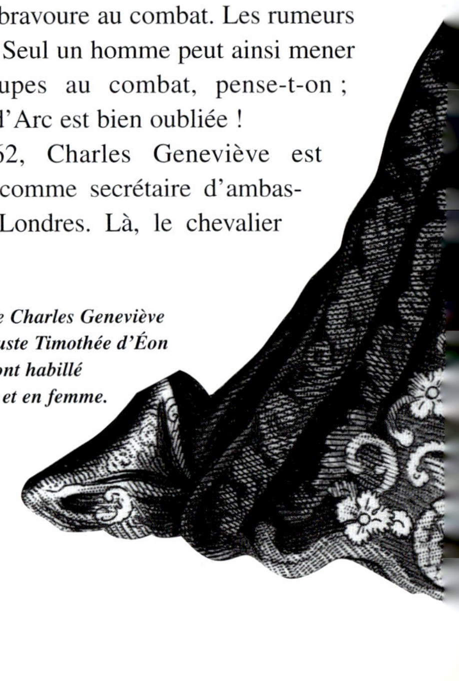

Peinture de Charles Geneviève Louis Auguste Timothée d'Éon de Beaumont habillé en homme et en femme.

Combat qui a pris place au Carlton House, le 9 avril 1787, entre Mademoiselle la Chevalière d'Éon de Beaumont et monsieur de Saint-George.

déconcerte : sans que les intrigues politiques l'exigent, il apparaît tantôt en homme tantôt en femme. Sans donner à son entourage aucune explication, il parle parfois au féminin.

Les Londoniens sont surpris par cet(te) étrange Français(e). Des paris s'engagent : pendant plus de vingt ans, de nombreux Anglais misent des sommes énormes sur le sexe de Charles Geneviève. En 1771, leur montant total atteint presque l'incroyable somme de 300 000 livres sterling ! Le chevalier-chevalière se dit exaspéré, mais se garde bien de fournir aucune précision et de détromper qui que ce soit.

Pressé de clarifier sa situation par un envoyé du roi qui n'est autre que le dramaturge Beaumarchais, Charles Geneviève signe une proclamation où il révèle enfin son sexe. Nous sommes en 1774 ; appuyé par les constatations de plusieurs médecins, il déclare être une femme.

• Mademoiselle d'Éon ne supporte plus l'inaction

Le roi contraint alors l'ancien chevalier à ne plus jamais se travestir en homme et à conserver son statut féminin jusqu'à sa mort. Les paris sont soldés. Le destin de Charles Geneviève est scellé : il est désormais Mademoiselle d'Éon.

Or, celle-ci ne parvient pas à s'habituer à sa condition. Son sexe l'écarte de l'armée, des affaires, de la diplomatie. L'inaction lui pèse, Louis XV est mort, Louis XVI est sur le trône. Charles Geneviève voit là une occasion de modifier sa situation.

En 1777, elle se rend à Versailles et apparaît à la cour dans son uniforme de capitaine des dragons. Elle supplie Louis XVI, elle veut être libre d'user de nouveau de sa personnalité masculine. Rien n'y fait, le roi et ses ministres Vergennes et Maurepas sont inflexibles : le chevalier a quitté définitivement la scène, il restera Mademoiselle d'Éon.

• La vieille dame de Londres est un homme !

Charles Geneviève regagne Londres et se fait petit à petit à l'idée de sa condition féminine. Elle ne cherche plus à endosser de vêtements d'homme. Pendant plus de trente ans, elle mène la vie d'une lady respectable et vieillissante. La Révolution française et l'exécution du roi ne changent rien à ses habitudes : elle est résignée. La vieille dame s'éteint à Londres, dans la misère, le 21 mai 1810, à l'âge de 83 ans. Des médecins puis quinze témoins viennent examiner son corps. C'est celui d'un homme.

Pourquoi un homme ambitieux, actif, dynamique comme Charles Geneviève d'Éon a-t-il accepté alors de passer près de quarante ans de sa vie dans le rôle d'une femme ? Comment se fait-il que des médecins, en 1774, aient déclaré le personnage féminin ? Quelle impérieuse raison d'État a contraint Louis XV, puis Louis XVI, à refuser au chevalier un retour à la vie normale ? Pourquoi, enfin, après la disparition des deux monarques, Éon n'a-t-il pas réintégré sa véritable personnalité ?

Questions sans réponses…

Louis XVII est-il bien mort en 1795 ?

Le 8 juin 1795, un cadavre d'enfant est sorti du Temple, à Paris, et emmené clandestinement au cimetière Sainte-Marguerite : orphelin de ses deux parents guillotinés, le mort, connu officiellement sous le nom de Charles Capet, était un prisonnier d'État. Un roi est mort, un mythe naît.

Louis XVII en compagnie du savetier Simon à la prison du Temple.

• À la prison du Temple

Louis-Charles a 7 ans lorsque, le 13 août 1792, il arrive avec sa sœur et ses parents, Louis XVI et Marie-Antoinette, devant l'imposante prison du Temple. Il est logé avec le roi au deuxième étage ; les femmes sont au troisième. Une vie de famille s'organise, scandée par une promenade quotidienne de deux heures dans le jardin.

Louis XVI, sur les fonds qui lui ont été alloués, fait acheter des livres et des jeux pour l'enfant, auquel il prodigue personnellement des leçons de géographie et de latin. Cette proximité dure quelques mois : en décembre 1792, père et fils sont séparés.

• Le début du martyr du Dauphin

L'enfant reste avec les femmes de la famille, qui font tout pour adoucir son sort. L'année 1793 est plus difficile pour lui. À la fin du mois de janvier, Louis-Charles est informé du sort de son père, décapité le 21. À cette date-là, il devient, pour les monarchistes, le nouveau roi de France.

Puis, au début de juillet, le petit garçon, qui a 8 ans, est mis à l'isolement dans l'ancien appartement de son père, au-dessus de l'étage réservé à sa mère, sa tante et sa sœur. Il ne les reverra plus, mais on lui extorque un témoignage pour nourrir une extravagante accusation d'inceste contre sa mère, guillotinée le 16 octobre.

Désormais, seuls des étrangers s'occupent de l'enfant : il est confié à la garde du savetier Simon et de sa femme, qui viennent s'installer avec lui. Il s'habitue aux Simon, qui lui ménagent l'existence la moins désagréable possible ; des témoins le voient jouer dans le jardin. Mais, le 19 janvier 1794, les Simon doivent quitter le Temple sur ordre du citoyen Chaumette, responsable de la prison.

• L'atroce réclusion du petit roi

Pendant les six mois qui suivent, Louis-Charles reste seul et on perd sa trace officielle. Commence alors la période d'enfer du jeune garçon.

Toutes les issues de sa chambre sont obstruées, les fenêtres condamnées. La porte est murée jusqu'à mi-hauteur et munie de barreaux de fer : seul un étroit guichet permet de passer la nourriture. L'enfant vit dans la pénombre. Personne ne peut entrer dans la cellule, qui devient vite un cloaque. Deux fois par jour, les gardes viennent constater la présence de l'enfant : une ombre qui ne quitte plus son lit, envahi par la vermine. Le garçonnet reste séquestré dans ces conditions terribles jusqu'à la chute de Robespierre.

Le 28 juillet 1794, jour même de son accession au pouvoir, Barras se rend au Temple et fait ouvrir la cellule. Il trouve un enfant assez grand, livide, amaigri, les articulations gonflées, trop faible pour marcher. Barras désigne un médecin et donne l'ordre de rendre au prisonnier une vie décente. Il est trop tard : le pitoyable garçonnet est gravement malade et reste prostré dans une apathie silencieuse.

• Otage de la Convention, enjeu de la guerre

La Convention, qui craint une réaction violente de l'opinion si elle choisit de mettre à mort l'enfant, peut cependant de

L'enquête scientifique la preuve par l'ADN

L'historien Philippe Delorme a montré que le cœur d'enfant qui en 1975 a été déposé à la basilique Saint-Denis, après plusieurs décennies d'« odyssée », est bien celui qui fut subtilisé au Temple par le médecin qui procéda à l'autopsie du corps de Louis XVII.

Portrait de Louis XVII au Temple, par Joseph-Marie Vien.

15 décembre 1999. À l'initiative de P. Delorme, un prélèvement est pratiqué sur la relique par les soins du professeur Jean-Jacques Cassiman, généticien de l'université de Louvain, en Belgique.

19 avril 2000. Les séquences d'ADN mitochondrial obtenues à Louvain dans les échantillons du cœur sont corroborées par celles obtenues par le professeur Bernd Brinkmann, directeur de l'Institut de médecine légale de l'université de Munster, en Allemagne.

La conclusion de l'enquête. P. Delorme écrit sur son site Internet : « Ces séquences sont identiques à celles obtenues précédemment à partir des cheveux de Marie-Antoinette et de ses sœurs. En plus, une variante de la séquence de l'ADN du cœur, retrouvée aussi chez les descendants actuels des Habsbourg par les femmes, Anne de Roumanie et son frère André de Bourbon Parme, renforce encore « une parenté plus que probable entre ces différentes personnes ».

Le cœur analysé en avril 2000 est-il bien celui que le docteur Philippe-Jean Pelletan a prélevé sur l'enfant mort au Temple le 8 juin 1795 ? Au terme d'une longue et minutieuse enquête, que je retrace dans *Louis XVII. La Vérité*, confirmée par les résultats de l'ADN, je suis aujourd'hui en mesure de l'affirmer avec certitude. »

... Louis XVII est-il bien mort en 1795 ?

moins en moins tolérer son existence : n'est-ce pas « à seule fin d'obtenir la libération du souverain détenu » que le roi d'Espagne Charles IV, son cousin, est entré dans la première coalition contre la France ? De leur côté, les chouans arborent sur leurs étendards l'image gracile du jeune otage. Il faut donc que l'enfant meure naturellement…

On le laisse tranquillement dépérir. La tactique, d'une cruauté sans nom, réussit : l'enfant, comme son frère aîné, succombe à la tuberculose le 8 juin 1795.

• Le secret crée le mystère

Les Conventionnels, groupés derrière Robespierre, craignent presque autant l'aura du petit roi mort que le prestige dont il jouissait de son vivant. Aussi décide-t-on d'organiser des obsèques très discrètes, destinées à être ignorées de tous. Plutôt que d'avouer la mort du fils de Louis XVI, la République naissante veut plonger son nom et sa personne dans l'oubli, en tenant sa sépulture secrète. Elle ignore, ce faisant, que le mystère crée une ambiguïté fort dangereuse. Puisque nul n'a vu le cadavre du garçon, toutes les hypothèses sont plausibles : l'enfant vit-il encore ? Et le corps emporté est-il celui d'un autre garçon ou bien la République s'est-elle rendue coupable du crime horrible d'assassinat sur la personne d'un enfant ?

• Quand affluent les prétendants

Dans les années qui suivent la mort de Louis XVII, une attente angoissée traverse les milieux des nobles émigrés. Pendant un demi-siècle, périodiquement, de nombreux imposteurs se manifestent, prétendant au trône de France au nom du garçon disparu. Les plus chanceux de ces usurpateurs – ils sont, au total, près d'une quarantaine –, tels Richemont ou Naundorff, se font recevoir dans les aristocratiques salons du faubourg Saint-Germain, une fois la monarchie restaurée. Certains entretiennent même autour d'eux une véritable cour.

Aucun, cependant, ne peut apporter la preuve qu'il a été l'enfant du Temple.

Une scène au Temple. Tableau de Scherrer.

Ceux qui prétendirent être Louis XVII

Ce fut une des plus célèbres énigmes de l'histoire de France. Aujourd'hui, cependant, on sait que Louis XVII est bien mort dans la prison du Temple. Les recherches tant historiographiques que génétiques l'ont démontré. En revanche, en pleine Révolution française et dans les décennies qui ont suivi, nombreux furent ceux qui auraient voulu croire que l'héritier du trône de France avait échappé à une mort cruelle. En réponse à cette attente, nombreux furent ceux également qui tentèrent de faire croire qu'ils pouvaient prétendre à cet héritage.

Un fils de tailleur. En 1798, trois ans après la mort de Louis XVII, apparaît un certain Jean-Marie Hervagault. Cet adolescent aux cheveux blonds et aux traits bourboniens est reconnu par l'évêque Lafont de Savines comme le fils de Louis XVI, et prétend avoir été reconnu comme le successeur légitime du trône par les ambassadeurs européens réunis à Lisbonne.

Son histoire fait le tour de Paris, mais Hervagault est bientôt identifié comme le fils d'un tailleur du faubourg Saint-Antoine. Le coup d'État du 18 brumaire le fait oublier.

Portrait de Marie Thérèse Charlotte dite Madame Royale, future duchesse d'Angoulême (1778-1851), fille de Louis XVI et de Marie-Antoinette. École de Füger Friedrich Heinrich (1751-1818).

Naundorff, la « star » des pseudo-Louis XVII. Un des plus célèbres prétendants, Naundorff, un horloger berlinois, arrive à Paris en 1833, après avoir été condamné en Allemagne comme faux-monnayeur. Malgré son passé, il est reconnu par plusieurs anciens serviteurs de la famille royale. Madame Royale refuse de le rencontrer. Elle avoue cependant, dans sa correspondance au baron Charlet : « Celui-ci me tourmente plus que les autres. »

Louis-Philippe, agacé, fait expulser Naundorff en 1836. Il finira sa vie aux Pays-Bas.

Un fils de cordonnier. Avec la Restauration, les prétendants se multiplient. Dès 1815, Louis XVIII reçoit de Saint-Malo une lettre signée du « Dauphin Bourbon ». Elle émane de Mathurin Bruneau, fils de cordonnier, qui se fait appeler Charles de Navarro.

Interrogé, il se révèle incapable de donner des précisions sur la vie à la prison du Temple. Il est condamné à 7 ans de réclusion pour « outrage à la magistrature » par le tribunal de Rouen.

Une inflation de prétendants ! D'autres tentent leur chance : plus d'une quarantaine ! Parmi eux, le baron de Richemont, qui se fait également appeler duc de Normandie. C'est en réalité un escroc aux multiples identités, dont le vrai nom est Claude Perrin.

Napoléon a-t-il été empoisonné à l'arsenic ?

En 1821, Napoléon Ier, ex-empereur des Français, meurt à Sainte-Hélène, des suites d'un ulcère à l'estomac. Cent quarante ans plus tard, un dentiste suédois, le docteur Forshufvud, publie Napoléon a-t-il été empoisonné ? Ouvrage qui passe d'abord inaperçu.

• *Le Sunday Telegraph révèle l'affaire*

Mais, quand le département de médecine légale de Glasgow examine cinq échantillons de cheveux de l'Empereur, transmis par des personnes différentes, tous comportent des quantités non négligeables d'arsenic.
Au printemps de 1965, après le *Sunday Telegraph*, qui se fait le premier l'écho d'expériences ayant utilisé jusqu'au réacteur nucléaire de Harlow, *France-Soir* et *le Journal du dimanche* s'emparent de l'affaire. L'opinion s'émeut.

• *Une pincée d'arsenic à l'origine de tous les maux ?*

Les rapports d'autopsie parlaient d'une large ulcération de l'estomac ayant dégénéré en un cancer. Forshufvud, en 1961, oublie l'ulcère, qui n'est pas la cause directe du décès, et se concentre sur le cancer pour l'écarter promptement. Une tumeur maligne aurait fait maigrir considérablement sa victime, or la couche de graisse, sur le ventre du cadavre de Napoléon, avait encore près de cinq centimètres. En revanche, il arrive que les victimes d'une intoxication arsenicale lente prennent du poids ; à faible dose, le

Mort de Napoléon à Sainte-Hélène, baron de Steuben (1788-1856). Les symptômes de Napoléon peuvent faire penser à un empoisonnement, mais bien d'autres explications sont possibles...

POURQUOI Y AVAIT-IL DE L'ARSENIC DANS LES CHEVEUX DE L'EMPEREUR ?

L'objection du « poison » demande à être prise en considération. Trop de mèches – et parvenues à nous par trop de voies – interdisent de penser à une erreur. Les méthodes d'analyse employées sont à la pointe de la modernité. Pourtant, Alain Decaux a proposé une solution, en tout point satisfaisante.
On sait que l'arsenic, à petites doses, était prescrit comme stimulant. Les nécessités de sa vie trépidante ont pu contraindre Napoléon à en user, à en abuser, quitte à en subir parfois les effets secondaires. C'est cet arsenic que les scientifiques ont mis en évidence…
C'est simple, trop peut-être, mais plus convaincant que des hypothèses exigeant de nombreux poisons, et de nombreux empoisonneurs.

poison a longtemps été utilisé comme stimulant. De plus, un médecin anglais souligne la quasi-absence de poils sur le corps de l'Empereur, ce qui peut être aussi un symptôme d'un empoisonnement à l'arsenic ; tout comme le bon état de conservation du corps en 1840, lorsqu'il est exhumé pour être ramené en France – il est vrai que ses entrailles avaient été retirées et qu'il avait subi un début d'embaumement.
Fort de ces maigres indices, le dentiste suédois attribue à l'arsenic tous les problèmes de santé de Napoléon : une crise étrange, proche de l'épilepsie, en 1805, quelques semaines avant Austerlitz ; des douleurs d'estomac, des angoisses et un larmoiement abondant en 1809 ; une toux sèche et une migraine épouvantable, en 1812, lors de la bataille de la Moskova ; de nouveaux maux d'estomac en 1813 ; de l'eczéma à l'île d'Elbe ; une somnolence et des difficultés urinaires à Waterloo et les multiples malaises qui ponctuent son dernier exil, jusqu'à la maladie finale…
Certes, à chaque fois, le détail des troubles peut faire penser à un empoisonnement, mais bien d'autres explications sont possibles. Et pourquoi la main mystérieuse qui tuait lentement l'Empereur ne lui aurait-elle pas administré une dose mortelle, pour en finir une fois pour toutes ?

• *Une réaction chimique aux effets mortels*

Forshufvud, de plus, revient aux conclusions de l'autopsie, qui signalent que l'estomac de Napoléon était plein d'une sorte de marc de café. Il conclut à une hémorragie mortelle, liée à la corrosion de toute la paroi stomacale, caractéristique de tous les empoisonnements au mercure. Il suppose donc qu'après des années d'intoxication à l'arsenic l'assassin est passé à un autre poison. Il s'agirait très précisément du cyanure de mercure, produit en effet redoutable, formé dans l'estomac même du malade par la rencontre entre un médicament, le calomel, prescrit à fortes doses dans l'espoir de lui dégager les intestins, et une boisson effectivement consommée par l'Empereur, un sirop d'orgeat à base d'amandes amères. Faute d'orgeat et d'amandes amères, du simple sel de cuisine aurait pu produire la même réaction.

• *À qui profite le crime ?*

Il ne reste plus qu'à trouver un coupable, et un mobile. Les Anglais n'avaient guère accès à leur prisonnier, peu de ses compagnons sont restés avec lui du début à la fin. Le grand maréchal Bertrand est unanimement mis hors de cause. Reste le général Montholon, qui aurait suivi Napoléon pour fuir ses créanciers, pour servir aussi d'agent à la monarchie française restaurée, laquelle ne pouvait se sentir tranquille tant que Napoléon vivait, et pour se faire coucher sur un intéressant testament. D'ailleurs, dans les dernières semaines, les maux de l'Empereur se calment quand il rédige ses dernières volontés, comme si l'arsenic lui était pour un temps épargné.

L'ennui, c'est que Montholon n'a jamais abjuré son bonapartisme. Suivant le neveu, après l'oncle, dans leurs heures les plus noires, il a même été, plus tard, le compagnon de captivité du futur Napoléon III. De plus, il n'a pas approché l'Empereur avant 1815 et ne peut donc être le mystérieux empoisonneur qui sévissait alors depuis dix ans.

L'autopsie de l'Empereur

Extraits du rapport du médecin François Antommarchi :

« J'ai observé que l'adhérence de la face concave du lobe gauche du foie formait un trou du diamètre d'environ trois lignes (soit 6,75 mm) dans la face antérieure de l'estomac, près de son extrémité droite.

Ayant ouvert l'estomac derrière sa grande courbure, j'ai observé qu'il était rempli en partie d'une substance liquide noirâtre, d'une odeur piquante et désagréable.

Ayant ôté le dit liquide, j'ai observé un ulcère cancéreux fort étendu qui occupait spécialement la partie supérieure de la face interne de l'estomac et s'étendait de l'orifice du cardia jusqu'à environ un pouce du pylore.

Sur le bord de cet ulcère vers le pylore, j'ai reconnu le trou ci-dessus produit par la corrosion ulcéreuse des parois de l'estomac.

Les parois ulcéreuses de l'estomac étaient considérablement gonflées et endurcies… »

Tombeau de Napoléon à Sainte-Hélène, par Georgin, Imagerie d'Épinal.

• L'explication la plus simple ne serait-elle pas la meilleure ?

Dans ces conditions, pourquoi voir partout des mains criminelles, des complots, des meurtres ?

La vie de Napoléon, ses chevauchées, ses habitudes alimentaires qui n'étaient en rien conformes aux préceptes de la diététique actuelle, tout a pu user l'organisme de l'Empereur. Le climat de Sainte-Hélène, où les températures varient souvent de plus de dix degrés d'un endroit à l'autre, ne pouvait guère rétablir sa santé. La médecine du XIXe siècle était à peine moins tâtonnante que celle du temps de Molière.

L'ulcère allait tuer Napoléon, le mal était ancien ; il explique sans doute un tic bien connu, la main glissée entre deux boutons du gilet, comme pour réchauffer l'estomac. La conjonction entre un purgatif dangereux et du sirop d'orgeat n'a fait que précipiter une fin inéluctable.

• Que faut-il penser de tout cela ?

Laissons le mot de la fin à Jacques Charbonnier qui, sur le site Internet de l'Accademia Corsa, écrit :

« Il semble donc établi que le dentiste suédois appartient à ces plumitifs qui tirent les profits du pauvre en balayant les miettes de la mémoire des hommes illustres. Leur récolte, dès qu'il s'agit de Napoléon, est d'autant plus abondante que l'Empereur a consacré les dernières années de sa vie à sa propre propagande.

Genre dans lequel, si l'on s'en réfère à Jacques Bainville, il "est devenu maître" car "l'œuvre de Sainte-Hélène a réussi". Réussite qui, longtemps après la mort de Napoléon, permet encore à des êtres aspirant une notoriété de mauvais aloi, de tirer parti des ultimes vicissitudes de son destin. »

Une partie de Cluedo à la résidence de Longwood

La thèse de l'empoisonnement de Napoléon n'en finit plus de rebondir. Gérard Gengembre relate dans *Napoléon. La vie, la légende* (Larousse) comment l'historien Ben Weider (qui, en 1978, avait déjà publié deux ouvrages avec Sten Forshufvud) a récemment relancé le débat.

« L'un des plus sûrs signes de la popularité est l'existence d'une polémique ou d'une controverse. En 1969, Georges Restif de La Bretonne sommait les perfides Anglais de nous rendre le corps de Napoléon, auquel on aurait substitué celui d'un domestique qui reposerait indûment aux Invalides.

En 2000, la querelle concernant la mort de l'Empereur a resurgi. En 1982, Ben Weider et David Hapgood avaient lancé dans la mare leur pavé, *l'Assassinat de Napoléon*. Il s'agit en fait d'un serpent de mer qui refait surface. [...] En 1999, le Canadien Ben Weider, président de la Société napoléonienne internationale de Montréal, publie la synthèse des divers travaux sur ce sujet [l'empoisonnement], avec les résultats des analyses effectuées par le FBI sur les cheveux de l'Empereur (*Napoléon est-il mort empoisonné ?*).

Napoléon.
D'après Ernest Crofts.

Le coupable ? Montholon.

Le commanditaire ? Hudson Lowe, agissant pour le compte de lord Bathurst, secrétaire d'État à la Guerre et aux Colonies, mandaté par le gouvernement anglais.

Le complice ? Le comte d'Artois.

Le mobile de Montholon ? La jalousie d'abord, Napoléon étant, à Sainte-Hélène, l'amant de la belle Albine, comtesse de Montholon, qui donnera le jour, en 1818, à une petite Joséphine. La cupidité ensuite. La politique enfin, son beau-père étant ami personnel du comte d'Artois.

Le moyen ? L'intoxication à l'arsenic, de janvier 1816 à mars 1821, afin d'affaiblir l'organisme.

À partir de mars 1821, Montholon ajoute des amandes amères au sirop d'orgeat de Napoléon, à qui l'on administre du calomel, lequel, associé à l'acide prussique, produit du cyanure de mercure.

Cyanure ou cancer de l'estomac ? Certes, un tel cancer entraîne un amaigrissement prononcé, alors que Napoléon est mort fort enrobé, et, lors de l'exhumation, le corps était bien conservé, comme sous l'effet de l'arsenic, qui, comme on le sait, conserve. Enfin, les cheveux présentent une forte dose de poison. Également représentée du côté français par René Maury [...], la thèse « empoisonniste » est combattue depuis 1962, notamment dans les colonnes de la *Revue du Souvenir napoléonien* ainsi que dans l'article de Jacques Macé « Empoisonnement de Napoléon » du *Dictionnaire Napoléon*.

Cancer ou ulcère ? La médecine du temps ne fait pas toujours la différence et parle de squirre. L'analyse des cheveux n'est pas probante. La culpabilité et les mobiles de Montholon sont loin d'être établis. Match nul donc pour le moment, avec cependant un indice : les meilleurs historiens spécialistes réfutent la thèse « empoisonniste ».

Reste que la mort de Napoléon, comme celle de Kennedy, continue de fasciner. »

Un meurtre a-t-il été maquillé en suicide ?

Le duc de Bourbon – père du duc d'Enghien exécuté sur les ordres de Bonaparte en 1804 – est retrouvé mort dans sa chambre du château de Saint-Leu. Peut-il s'être pendu lui-même, alors qu'il a perdu l'usage d'un bras et trois doigts de l'autre main ?

Le 27 août 1830, le valet de chambre de Louis Henri Joseph, prince de Condé et duc de Bourbon, frappe à la porte de son maître et trouve la chambre à coucher fermée, le verrou tiré de l'intérieur. Très inquiet, il fait défoncer la cloison et, accompagné du médecin personnel du duc, découvre le vieux prince pendu à l'espagnolette d'une fenêtre au moyen de deux mouchoirs attachés ensembles…

• Une enquête controversée et bâclée

Au premier regard, les deux témoins concluent à un suicide, la porte étant fermée de l'intérieur. Pourtant, les circonstances sont plus que suspectes : il est impossible au duc de lever le bras gauche, en raison d'une fracture de la clavicule datant de 1816, et il lui manque trois doigts à la main droite. Les premières personnes dépêchées par le roi Louis-Philippe, dont le colonel de Rumigny, agent de confiance du souverain et chef de sa police particulière, expriment dès le premier jour leurs doutes concernant cette mort étrange. Officiellement pourtant, la version reste celle du suicide, confirmée après autopsie par les médecins légistes. Mais, si la version du suicide satisfait les autorités gouvernementales, elle semble suspecte à l'opinion publique. Très vite, la thèse de l'assassinat est avancée, et une demande de complément d'instruction est déposée au parquet de Pontoise par le prince Louis de Rohan, héritier potentiel du prince de Condé.

Monsieur de la Huproye, le magistrat chargé de l'affaire, a la conviction que le duc n'a pu se suicider. Mais on lui retire les moyens de mener son enquête jusqu'au bout : au moment où il veut dévoiler ses conclusions au grand jour, il est remplacé par M. Brière-Valigny, homme beaucoup plus souple.

Portrait de Louis-Joseph de Bourbon, prince de Condé (1736-1818).

• Pourquoi étouffe-t-on les voix qui s'élèvent contre la vérité officielle ?

Si c'est bien d'assassinat qu'il faut parler, quelle personne impliquée dans l'affaire est assez puissante pour que la justice soit bâillonnée ? Faut-il chercher dans les plus hautes sphères du pouvoir celui ou ceux qui ont intérêt, en 1830, à la mort du duc de Bourbon ?

Le duc de Bourbon a, depuis 1811, une maîtresse, Sophie Dawes, une servante anglaise à qui il a fait épouser un aristocrate français pour qu'elle acquière son titre de noblesse. Désormais baronne de Feuchères, elle est officiellement installée avec son amant au château de Saint-Leu, dont le duc a hérité à son retour d'exil, en 1815. Bourbon a 32 ans de plus que sa maîtresse. Resté sans héritier direct depuis la mort de son fils unique, il est à la tête d'une immense fortune.

La baronne de Feuchères, en droit d'espérer un héritage considérable après la mort du duc, craint pourtant l'avidité des héritiers naturels de celui-ci, ses plus proches parents, les Rohan. Elle sait que le duc a rédigé un testament où il lui lègue une somme considérable, mais sa plus grande crainte est qu'il ne le modifie en faveur, par exemple, du comte de Bordeaux, petit-fils de Charles X, en exil avec son grand-père.

• *Une disparition qui arrange bien du monde*

Un décès rapide du duc, déjà, arrangerait Sophie, en évitant que les dispositions testamentaires ne soient changées. Elle trouve un allié inespéré en la personne du roi lui-même. En effet, Louis-Philippe, dès avant de monter sur le trône, rêve de voir la branche Orléans hériter de la fortune de son cousin, le duc de Bourbon. Pour ce faire, il intéresse sans doute la baronne de Feuchères, qui fait tout pour que le vieux prince lègue la part de la fortune qu'elle ne peut recueillir au duc d'Aumale, fils de Louis-Philippe. Et elle parvient à ses fins : mis à part douze millions qui reviennent à Sophie, le duc d'Aumale est déclaré héritier universel.

Mais les motivations du roi ne sont pas seulement d'ordre financier. Des facteurs politiques interviennent également : le vieux duc n'a pas admis le changement de régime de juillet 1830 ; il refuse de figurer à la nouvelle Chambre des pairs et pense même rejoindre Charles X à l'étranger. Pour Louis-Philippe, ce départ serait une véritable gifle. Le roi et la courtisane ont donc intérêt à la mort du duc.

Portrait de Sophie Dawes, baronne de Feuchères.

• *La thèse de l'accident, dans les feux de l'amour*

Une chose est sûre : le duc n'a pu, physiquement, se pendre lui-même. Une autre hypothèse est plausible : que Sophie ait tué son amant par amour ! Il arrive que des hommes physiquement diminués ou vieillis recourent à une strangulation poussée jusqu'à une extrême limite pour stimuler leurs sens et retrouver ce que la nature leur refuse en raison de leur faiblesse ou de leur âge. Le duc n'ayant plus l'ardeur de ses 20 ans, la baronne de Feuchères a pu pratiquer ce procédé au cours de la nuit tragique et ne pas arrêter son geste à temps…

Dans cette éventualité, elle aurait fait preuve d'un sang froid étonnant : plutôt que d'appeler de l'aide, elle serait sortie sans encombre de la chambre en tirant le verrou de l'extérieur au moyen d'un lacet. Aucune trace de violence n'apparaissant sur le corps du duc, elle a pu très bien camoufler l'accident en suicide.

L'installation de la nouvelle monarchie

De 1814 à 1830, Louis XVIII et Charles X se succèdent à la tête de la France. Ce sont des Bourbons, les frères de Louis XVI. Louis-Philippe, lui, est un Orléans. La révolution de 1830 éclate en raison de maladresses politiques de Charles X : en 1822, après l'assassinat du duc de Berry, son héritier potentiel, il renvoie le ministre libéral Decazes et favorise la répression contre les opposants à son pouvoir. À ces maladresses s'ajoute une mauvaise conjoncture économique. Aux troubles, le roi répond par la rigidité, nommant des ministres très conservateurs et édictant des ordonnances qui mettent fin à la liberté de la presse et de réunion. Éclatent alors les « Trois Glorieuses » (27-28-29 juillet 1830). Sous la pression de la rue, Charles X abdique en faveur de son petit-fils, le duc de Bordeaux ; mais cette décision ne satisfait pas les révolutionnaires. Les derniers Bourbons sont contraints à l'exil, laissant définitivement la place à la branche cadette des Orléans. Le 9 août, Louis-Philippe est reconnu « roi des Français ».

MORTS ÉTRANGES

La danseuse « hindoue » était-elle vraiment coupable ?

Le15 octobre 1917, au plus fort des combats de la Première Guerre mondiale, la célèbre danseuse Mata Hari, accusée d'espionnage au profit de l'Allemagne, est fusillée. L'énigme Mata Hari est née : la séductrice dont la bonne société parisienne s'est entichée au début du siècle était-elle un agent secret ?

• Une danseuse hindoue…

C'est au cours d'une réception organisée le 13 mars 1905 au musée Guimet, qui abrite de fameuses collections d'art asiatique, que le Tout-Paris remarque Mata Hari.

Ce soir-là, pour le plus grand plaisir du public venu découvrir les arts de l'Inde mystérieuse, Mata Hari exécute des danses sacrées apprises dans le secret des temples hindous, vêtue seulement de quelques voiles transparents qui laissent apercevoir sa peau cuivrée. L'assistance est fascinée. Dès lors, on rencontre l'étrange danseuse dans tous les lieux à la mode et dans les meilleurs salons, où elle ne se lasse pas de raconter son enfance à Java et son initiation au culte brahmanique. Bientôt, sa renommée s'étend à toutes les capitales européennes.

• …qui s'avère être une Hollandaise, au tempérament de braise !

Séduisante, mais aussi fantaisiste, Mata Hari sait faire illusion. Pourtant, on découvre bientôt qu'elle connaît mal les rites et danses hindous et qu'elle ment. La jeune femme au teint mat et aux yeux en amandes s'appelle en réalité Margaretha Zelle. Elle est née en 1876 à Leeuwarden, petite ville au nord des Pays-Bas. À 19 ans, sur un coup de tête, elle épouse le capitaine Mac Leod, officier des troupes coloniales, qui l'emmène à Java, où elle réussit facilement à séduire la bonne société un peu snob de la Belle Époque.

L'artiste devient bientôt une courtisane avisée, parcourant l'Europe au gré de ses aventures galantes dans les plus hautes sphères de la politique, de la diplomatie, de la finance ou de l'armée.

Nul ne trouve à redire à cette existence mouvementée et à ces relations cosmopolites tant que la paix règne. Mais le déclenchement de la Première Guerre mondiale change tout. Les voyages inces-

Portrait original de Mata Hari.

sants et les fréquentations de Mata Hari deviennent suspects pour les autorités françaises. N'est-elle pas l'amie intime de dignitaires et d'officiers allemands ? On s'inquiète de la voir rechercher la compagnie des diplomates et officiers français, britanniques ou russes, de la rencontrer trop souvent dans des lieux cruciaux pour la conduite de la guerre.

• *La mission piégée de l'agent secret H 21*

Au moment où les combats se déchaînent sur tous les fronts, la hantise de la trahison et de l'espionnage s'exaspère. Les services secrets français et britanniques soupçonnent Mata Hari de travailler pour l'Allemagne. En 1916, le deuxième bureau décide de la mettre à l'épreuve : on lui propose de faire partie des services secrets français et on lui confie une mission (imaginaire) qui doit la conduire en Belgique en passant par… Lisbonne. Mata Hari entreprend le voyage mais, sur le chemin de Lisbonne, elle s'arrête à Madrid où se trouve le plus important centre d'espionnage allemand ! Là, de sa propre initiative, elle se glisse dans l'intimité de l'attaché militaire, le capitaine von Kalle. Elle en tire des renseignements sur les manœuvres allemandes, qu'elle transmet aux services français. Mais ceux-ci continuent de la soupçonner : n'est-elle pas un agent double, essayant de faire croire à son ralliement à la cause française ?
Quand les Allemands exécutent un agent double dont le nom a été délibérément « confié » à Mata Hari, les Français pensent tenir la confirmation de la culpabilité de la danseuse. Leurs craintes sont confirmées lorsqu'ils interceptent des messages codés, expédiés par von Kalle à l'état-major allemand. Ces messages évoquent les missions et les déplacements de l'agent allemand H 21, et ceux-ci correspondent exactement aux agissements de Mata Hari.
Pour la police française, il est désormais certain que l'agent H 21 et Mata Hari ne font qu'un. La danseuse est donc arrêtée lorsqu'elle revient, après sa mission, s'installer à Paris, le 14 février 1917.

• *Amants, curieux amants aux noms allemands*

Dans un premier temps, Mata Hari nie toute activité en faveur de l'Allemagne et prétend avoir pris contact avec des ennemis dans le seul but de fournir des renseignements à la France. Puis elle finit par reconnaître que son jeu était plus complexe : attirée par l'appât du gain, elle s'est effectivement engagée à fournir des renseignements aux Allemands dès le début de la guerre, mais elle affirme s'être jouée d'eux, ne leur transmettant que des informations anodines. Quant à l'argent qu'elle a reçu – à commencer par 30 000 marks du chef de l'espionnage allemand –, elle explique que celui-ci étant son amant, il ne s'est agi que d'un cadeau…
Pourtant, le Conseil de guerre qui juge l'affaire retient sa culpabilité : il considère que les messages interceptés et les sommes importantes que l'Allemagne lui a versées sont des preuves accablantes. De plus, en cette difficile année 1917 sur les théâtres d'opération, l'heure est à la reprise en main des forces de la nation et à la plus grande sévérité contre les mutins, les défaitistes et surtout les traîtres.
Mata Hari est donc condamnée.

• *La fin courageuse d'une femme fatale*

En juillet 1917, au moment où Pétain vient de mettre fin aux mutineries de Verdun, personne ne s'attendrit sur le sort de la « Boche », et son recours en grâce est rejeté par Poincaré, président de la République.
Le 15 octobre à l'aube, les autorité judiciaires font donc irruption dans la cellule où Mata Hari dort profondément, assommée par les somnifères qu'on lui a administrés la veille. Réveillée en sursaut, elle a un moment d'épouvante mais reprend vite ses esprits. Après avoir apporté un soin particulier à sa toilette, elle demande à être baptisée par le pasteur, ce qui est rapidement expédié.
Puis, elle marche d'un pas rapide jusqu'au fourgon cellulaire qui la conduit à Vincennes. Douze chasseurs à pied attendent. La condamnée refuse d'être attachée au poteau d'exécution et d'avoir un bandeau sur les yeux. Une seule détonation retentit, Mata Hari s'affaisse au sol, les troupes défilent au son du clairon. Comme personne ne réclame le corps, on fait un simulacre d'inhumation, puis la dépouille récupérée est remise à la faculté de médecine et finit sur une table de dissection.

A-T-ON EXÉCUTÉ L'ESPIONNE OU LA FEMME LIBRE ?

Tout prouve que Margaretha Zelle, alias Mata Hari, danseuse « hindoue » de son état, entretenait des relations suivies avec des officiers allemands. Relations aussi bien charnelles que pécuniaires…
Pour obtenir de l'argent, elle a certainement rendu des services, transmis des messages, toutes choses qui sont graves en période de conflit, même si elle n'a pu fournir des informations capitales, susceptibles de changer le sort des armes. Mais son jeu a semblé insupportable en ces temps de guerre et de souffrance.
C'est la femme scandaleuse autant que l'espionne qu'on a condamnée.

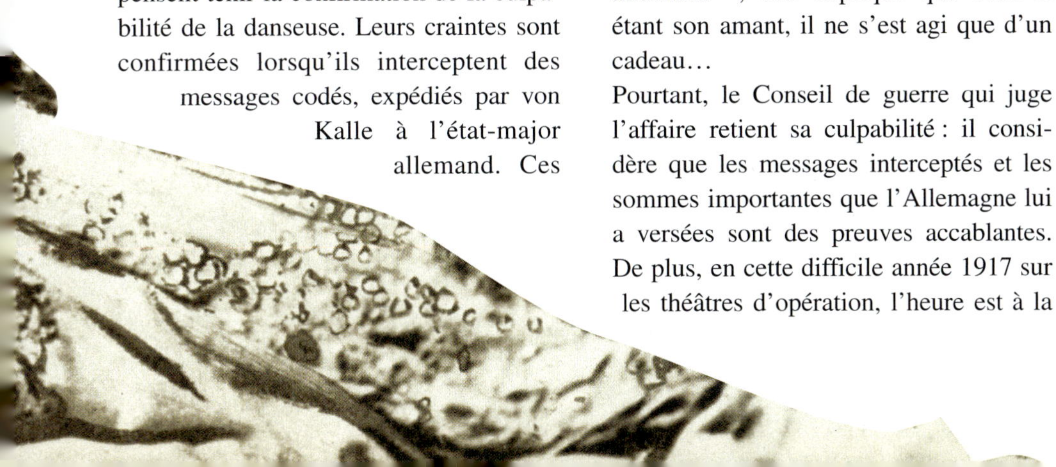

NAISSANCES MYSTÉRIEUSES

pages 274 à 277

FAUSSES MORTS

pages 284 à 291

SUBSTITUTIONS D'ENFANTS
pages 278 à 283

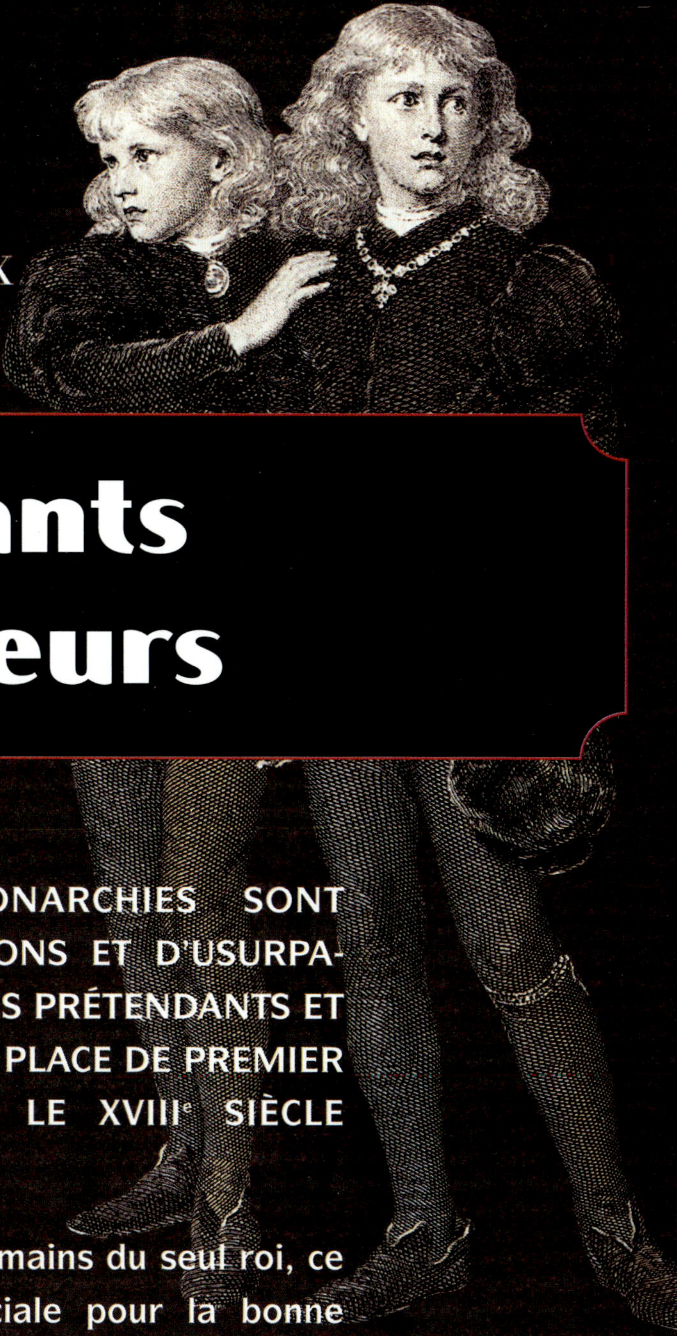

CHAPITRE X

Prétendants et imposteurs

LES ANNALES DES MONARCHIES SONT REMPLIES DE MACHINATIONS ET D'USURPATEURS PARMI LESQUELS LES PRÉTENDANTS ET LES IMPOSTEURS TIENNENT UNE PLACE DE PREMIER CHOIX… RIEN QU'EN RUSSIE, LE XVIIIe SIÈCLE CONNAÎT 37 FAUX TSARS !

Le pouvoir étant concentré dans les mains du seul roi, ce dernier revêt une importance cruciale pour la bonne marche de l'État. Sa disparition est souvent source d'inquiétudes… La tentation est grande pour un ambitieux un peu imaginatif de se faire passer pour le roi mort : victime des intrigants, il réapparaît quelques années plus tard, affirmant avoir échappé au complot. Son succès dépend de sa capacité à regrouper les mécontents et de la faiblesse du roi alors sur le trône. D'où des ascensions fulgurantes et des coups de théâtre nombreux. Mais dans bien des cas, encore aujourd'hui des doutes sur leur réelle identité demeurent…

Catherine II devait-elle trembler pour son trône ?

Une femme, dite « la Tarakanova ». Celle-ci s'affiche depuis plusieurs années dans toute l'Europe comme l'héritière légitime du trône de Russie, c'est-à-dire comme la petite-fille de Pierre le Grand.

• Une princesse fille de tsarine et de cosaque ?

C'est en 1772, à Paris, que l'on voit apparaître pour la première fois la prétendante. Elle se présente alors sous le nom et le titre d'Aly Emetey, princesse de Vlodomir. Elle dit être née de parents inconnus d'elle, avoir été élevée en Allemagne puis envoyée en Perse…

À Ispahan, un prince lui aurait révélé sa noble identité et l'aurait convaincue de revenir en Europe, à la conquête de son destin. Entourée de personnages louches et d'intrigants, elle mène grand train à Paris, Londres ou Berlin. Elle commence à raconter que l'impératrice russe Élisabeth, morte depuis 1762, est sa mère. Ravissante, elle séduit et rallie à sa cause un certain nombre de personnages : le comte polonais Oginsky et le comte Rochefort Valcourt s'éprennent follement d'elle.

La femme a-t-elle des raisons valables de prétendre au trône qu'occupe la tsarine Catherine depuis 1762 ?

Élisabeth, qu'elle prétend être sa mère, a régné de 1741 à 1762 et s'est secrètement mariée à son amant, Alexis Razoum, un simple cosaque. A-t-elle eu ou non des enfants de cet homme ? Certains historiens l'admettent et avancent que ces enfants, au nombre de deux, ont reçu le titre de prince et princesse Tarakanov. Or, notre aventurière prétend s'appeler Tarakanova.

Portrait de Catherine II.
L'impératrice dirige d'une main de fer la Russie.
(Pietro Rotari)

• Tous unis contre Catherine II !

La femme compte en tout cas de nombreux partisans, prêts à l'aider par haine de la tsarine régnante, et elle a la chance de se trouver dans un contexte favorable. Depuis 1773 en effet, un certain Pougatchev soulève les campagnes et suscite l'enthousiasme dans les villes en affirmant être Pierre III, le mari assassiné de Catherine II ! Ce prétendant déstabilise le pouvoir de l'impératrice. Dans l'atmosphère d'enthousiasme qui entoure l'ascension de l'imposteur, une jeune femme qui se déclare la fille d'Élisabeth a toutes les chances d'être crue.

À cette époque, les Polonais exilés depuis le partage de leur patrie en 1772 intriguent contre la Russie. Ils voient en la Tarakanova le moyen de destituer Catherine, qu'ils haïssent parce qu'elle dirige d'une main de fer une partie de leur pays. Ne pouvant assassiner l'impératrice sous peine de se déconsidérer sur la scène internationale, ils préfèrent soutenir une prétendante au trône.

• Trahie et arrêtée par son fiancé !

La Tarakanova se trouve, au début de l'année 1774, à Venise. Elle est traitée dans les salons mondains comme un personnage d'une extrême importance – une possible tsarine. Catherine ne peut supporter pareil affront. Elle met au point une machination avec Alexis Orlov, commandant de la flotte russe en Méditerranée. Ce dernier fait courir le bruit qu'il est en disgrâce et la Tarakanova, à la recherche de nouveaux appuis, lui envoie une missive où elle lui explique sa filiation avec la tsarine morte. Orlov lui propose de faire sa connaissance. Leur rencontre a l'allure d'un coup de foudre réciproque ; Orlov jure qu'il aidera la Tarakanova à accéder au pouvoir et la demande en mariage. La cérémonie doit se dérouler, quelque temps plus tard, sur le bateau d'Orlov, c'est-à-dire en territoire russe. Mais, à peine montée sur le navire dans sa robe de mariée, la princesse est mise aux arrêts et emmenée à Saint-Pétersbourg, où elle est interrogée.

• *Aventurière ou héritière légitime ?*

L'interrogatoire est mené par le grand chancelier Galitsine. La Tarakanova lui donne la même version des faits, mais cette obstination lui est fatale : elle est enfermée dans la forteresse de Saint-Pétersbourg. Peu à peu, sa santé décline, et elle se met à cracher du sang. Galitsine lui-même s'en émeut et demande à l'impératrice d'adoucir le sort de sa prisonnière. En vain : elle meurt en prison le 4 décembre 1775.

Différents informateurs ont donné à Catherine des renseignements sur la Tarakanova : elle serait la fille d'un cabaretier praguois, d'un boulanger allemand ou encore une juive de Pologne. Aucune de ces hypothèses ne semble entièrement plausible. Comme il n'est pas exclu que des enfants cachés de l'impératrice Élisabeth et de Razoum aient existé, nul ne peut affirmer que la Tarakanova ne fut pas celle qu'elle prétendait être.

Si tel était le cas, alors, Catherine II a volontairement laissé mourir, dans la forteresse Pierre-et-Paul, l'héritière légitime du trône.

Assassiner pour régner

L'histoire russe est ponctuée d'exemples où des actes sanglants ont assuré l'accession au trône.

La Tarakanova finit ses jours dans la forteresse de Saint-Pétersbourg dans des conditions déplorables. (Konstantin Flavtski, 1864).

Hélène Glinsky, mère d'Ivan le Terrible. Régente du pays depuis la mort de son époux en 1533, elle meurt en 1538, vraisemblablement empoisonnée par les familles princières qui rêvent de monter sur le trône. Entre 1538 et 1547, date du sacre d'Ivan le Terrible, ce ne sont que violences dans tout le pays.

À la mort de l'impératrice Élisabeth, en 1762, Pierre, son neveu, monte sur le trône de Russie. Il est marié depuis 1745 à une princesse allemande, Catherine. Une fois tsar, il suscite, tant par sa dureté que par son incompétence, le mécontentement de la cour et de la population.

Sa femme, la future Catherine II, en profite pour organiser une révolution de palais : il est déposé et envoyé au cachot. Il meurt peu après dans des circonstances mystérieuses, sans doute tué accidentellement par Alexis Orlov, l'un des chefs de l'insurrection.

En 1682, à la mort du tsar Alexis, deux familles, les Miloslavsky et les Narichkine, s'affrontent pour s'emparer du pouvoir. Pierre, le fils d'Alexis, est désigné comme tsar et sa mère, régente. Mais Sophie Narichkine, demi-sœur de Pierre, organise une révolte en 1682, devient régente et fait régner la terreur.

En 1689, Pierre reprend le pouvoir, Sophie est envoyée au couvent et tous ses alliés sont sauvagement exécutés sur la place Rouge de Moscou : le tsar, qui sera bientôt surnommé « le Grand », règne jusqu'en 1725.

NAISSANCES MYSTÉRIEUSES

Qui était Gaspard Hauser ?

Surgi de nulle part, un étrange adolescent fascine la population de Nuremberg, et bientôt l'Europe tout entière se passionne pour son cas. Qui est-il ? D'où vient-il ? Serait-il l'enfant abandonné d'une famille illustre ?

• Un bien étrange adolescent

Le 26 mai 1828, un adolescent épuisé, titubant et grognant de façon incompréhensible, est recueilli dans une rue de Nuremberg. Il tient une enveloppe destinée au capitaine de cavalerie Wessnich. On le conduit jusqu'à la caserne.

« Honoré capitaine, je vous envoie un garçon qui désire servir le roi dans l'armée. Il fut laissé chez moi le 7 octobre 1812. Je ne suis qu'un journalier, j'ai dix enfants à moi, j'ai assez à faire pour les élever… » Un billet rédigé sur le même papier et avec la même encre est joint à la lettre. « Le petit a été baptisé sous le nom de Gaspard. Quand il aura dix-sept ans, envoyez-le à Nuremberg, au 6e régiment de cavalerie : son père y était soldat. Il est né le 30 avril 1812. Je suis une malheureuse fille et je ne peux le garder. Son père est mort. »

Le capitaine Wessnich suppose que ce billet est faux. Il tente de faire parler le garçon : il n'obtient que des petits cris et des grognements. Exaspéré, il le conduit à la police.

• Séquestré depuis sa naissance dans un cachot sombre et humide

L'adolescent est observé par le bourgmestre, le commissaire et un médecin. Il semble fasciné par le feu, effrayé par la musique et, lorsqu'on lui tend une feuille de papier, il y inscrit maladroitement le nom de Gaspard Hauser. Au fil des jours et au contact de ses nombreux visiteurs, Gaspard commence à bredouiller quelques mots. Bientôt, il possède un vocabulaire suffisant pour raconter son histoire.

Aussi loin que remontent ses souvenirs, Gaspard dit avoir vécu dans un sombre réduit. Il dormait sur de la paille ou à même la terre battue, sans jamais voir personne. De l'eau et du pain lui étaient apportés chaque nuit, sans qu'il puisse jamais apercevoir quiconque. Les derniers temps cependant, Gaspard recevait une fois par semaine la visite d'un homme masqué habillé de noir. Le personnage lui apprit à marcher et à écrire son nom. Un jour, il l'habilla et le traîna hors de sa cellule : il le conduisit en vue de la ville de Nuremberg et lui glissa une enveloppe dans la main.

• Orphelin de l'Europe

La presse internationale s'empare de l'histoire. Gaspard est surnommé l'orphelin de l'Europe. Il est hébergé chez un professeur et apprend à lire et à écrire avec une rapidité surprenante. Les médecins notent la finesse de sa peau et de ses traits, la noblesse de son visage. Les imaginations travaillent : pourquoi l'enfant a-t-il été gardé au secret, s'il n'a pas une importance exceptionnelle ? Ne serait-ce pas qu'il appartient à une illustre famille ? Très vite, une hypothèse se dégage.

Fille adoptive de Napoléon, la Française Stéphanie de Beauharnais est mariée au grand-duc Charles de Bade en 1806. Cette union, imposée par l'empereur à un État allemand dont il s'est proclamé protecteur, est mal acceptée dans le grand-duché. Stéphanie a une ennemie déclarée : la comtesse de Hochberg, épouse en secondes noces du père de Charles, qui aimerait mettre son propre fils sur le trône. Elle ne peut y parvenir qu'à la condition que Charles et Stéphanie n'aient pas d'héritier mâle.

• Stéphanie convaincue d'avoir retrouvé son fils

Or, le 29 septembre 1812, Stéphanie met au monde un beau garçon. L'enfant paraît solide et plein de vie. Pourtant, il meurt 15 jours plus tard, dans des circonstances mal expliquées – la jeune mère n'est même pas autorisée à voir le cadavre. Le second fils de Stéphanie et Charles subit, un an plus tard, le même sort. Le souvenir de ces deux disparitions resurgit en 1828, et quelques chroniqueurs posent la question : Gaspard Hauser n'est-il pas l'enfant de Charles et Stéphanie, enlevé et caché par l'ambitieuse comtesse de Hochberg ? Émue, Stéphanie s'interroge. Elle se souvient que, la nuit où l'enfant fut donné pour mort, sa nourrice se trou-

Maison où Gaspard Hauser a été emprisonné pendant 16 ans.

vait plongée dans un sommeil anormalement profond, comme si elle avait été droguée. Stéphanie s'entretient longuement avec lord Stanhope, alors en charge de Gaspard. Elle effectue même secrètement un voyage à Anspach où le jeune homme est établi et elle l'observe sans se faire connaître. Stéphanie est convaincue : Gaspard Hauser est son fils.

• Gaspard assassiné avant même d'être reconnu

Mais à cette époque, c'est Léopold, fils de la comtesse de Hochberg, qui est grand-duc de Bade. Stéphanie n'a guère de recours : la chute de Napoléon en 1815 a rendu sa situation difficile. Elle se prépare néanmoins à tenter quelque chose pour celui qu'elle reconnaît comme son fils, mais elle n'a pas le temps d'agir.

En décembre 1833, Gaspard est assassiné, poignardé par un inconnu dans un jardin public – ce n'était d'ailleurs pas la première tentative d'assassinat à son encontre. La vérité sur ce meurtre ne peut être établie avec certitude, mais le seul danger pour le pouvoir des Hochberg disparaît alors définitivement.

Gaspard Hauser, « l'orphelin de l'Europe », apparut dans la ville de Nuremberg en Bavière.

Gaspard Hauser, un imposteur ?

Comment un garçon, qui, de son aveu même, est demeuré des années durant sans voir ni entendre personne, sans donc recevoir le début d'une éducation, peut-il sur le tard, apprendre à marcher, à parler, à écrire, et même parvenir à acquérir la culture et les manières d'un homme de bonne famille ? Cette question est primordiale. Les contemporains la résolvent par le biais de la naissance : Gaspard serait de si bonne famille qu'il aurait, malgré les obstacles de sa biographie, recouvré rapidement toutes les possibilités qui devaient assurer à un jeune homme bien né une bonne éducation.

On est aujourd'hui plus sceptique. Les nombreux cas d'« enfants sauvages » examinés dans l'histoire montrent qu'un petit enfant laissé sans éducation ni contact humain ne peut devenir un adulte normal. L'acquisition de la marche ainsi que celle du langage, notamment, doivent se faire à un certain âge, précoce, faute de quoi un individu ne peut évoluer ni parler normalement.

Substitution d'enfants

Le nouveau-né assassiné était-il bien Jean Ier ?

Roi dès sa naissance, Jean Ier trouve la mort cinq jours plus tard dans des conditions mystérieuses, certainement assassiné. Pourtant, 30 ans après, un Siennois du nom de Giannino Guccio prétend être le roi Jean et est même reconnu par plusieurs cours d'Europe.

• Un nourrisson assassiné sur ordre de son oncle ?

Lorsque meurt Louis X le Hutin, le 5 juin 1316, sa seconde épouse, Clémence de Hongrie, est enceinte de trois mois. Chacun espère que l'enfant sera un garçon : le Hutin n'a pas laissé d'autre héritier mâle et la loi salique exclut les femmes du trône de France.

L'assassinat de Jean Ier va permettre à Philippe V de régner. Certains vont suspecter le nouveau roi d'avoir été complice du meurtre dans le but d'accéder au trône.

Charles de Valois, frère de Philippe le Bel, convoque une assemblée de hauts dignitaires qui nomme Philippe de Poitiers, le frère de Louis X, « gouverneur du Royaume ». Si Clémence met une fille au monde, Philippe sera reconnu roi : si c'est un fils, Philippe assurera la régence jusqu'à la majorité légale de l'enfant, à ses 13 ans.

Après presque six mois d'attente, le 15 novembre 1316, la reine Clémence met un enfant au monde. C'est un garçon. Paris est en liesse, le peuple a un roi : Jean Ier. L'enfant est en bonne santé et, selon la tradition, il doit être présenté aux grands du royaume. La comtesse Mahaut d'Artois requiert de Clémence le privilège de présenter l'enfant. Elle l'obtient et, le 19 novembre, c'est elle qui brandit le nouveau-né devant l'assemblée des hauts barons. La nuit même, l'enfant est au plus mal. Il expire au petit matin – il n'a régné que 5 jours.

Aussitôt, des bruits se répandent à la cour : pourquoi Mahaut d'Artois a-t-elle tant insisté pour le présenter ? Pour avoir ainsi l'occasion de l'assassiner ? Personnage controversé et craint, la comtesse d'Artois est connue pour ses intrigues. On évoque l'empoisonnement ou une compression trop forte qui aurait atteint quelque partie vitale du nouveau-né.

L'hypothèse est plausible : l'ambitieuse Mahaut est la belle-mère de Philippe de Poitiers, c'est-à-dire de l'homme qui, si Jean meurt, deviendra le roi Philippe V. Certains suspectent d'ailleurs Philippe lui-même d'être complice : ces rumeurs cessent sitôt le nouveau roi sacré.

• Un pressentiment entraîne une substitution d'enfant

Trente ans plus tard, l'affaire rebondit. En 1346, un Siennois nommé Giannino Guccio se présente comme le roi Jean. Le récit qu'il fait est inspiré de ses propres souvenirs et de faits qui lui ont été rapportés par un ermite de Saint-Augustin nommé Jordan, confesseur, en 1345, d'une noble dame à l'agonie : une certaine Marie de Carsi, jadis l'éphémère nourrice de Jean.

Le 19 novembre 1316, quelques heures avant que l'enfant ne soit présenté aux grands du royaume, deux barons, craignant pour sa vie, auraient décidé de ne pas confier Jean à la redoutable Mahaut. Ils lui auraient substitué Giannino, le propre enfant de Marie et d'un Italien appelé Guccius Miri. Dans la nuit, après la mort de son enfant, Marie éperdue de douleur aurait été chargée d'élever le petit roi clandestinement, à l'abri de nouvelles tentatives d'assassinat, jusqu'à ce qu'il soit en âge de reparaître. Mais les deux barons seraient morts à la guerre sans avoir pu livrer leur secret. Dix ans après les événements, l'enfant aurait été enlevé par son père, Guccius Miri, ignorant de sa probable identité.

• Le « Re Giannino »

Authentique ou faux, le récit est, en tout cas, plausible. Il convainc certains grands personnages d'Europe, qui ne dédaignent pas, par ailleurs, de jeter le trouble dans le trop puissant royaume de France. L'un des premiers défenseurs de la thèse de la

Philippe IV le Bel.

L'État de la France en 1316

Sous le règne de Philippe IV le Bel (1285-1314), la France médiévale atteint le sommet de la puissance. Le royaume le plus peuplé d'Europe est riche et ne cesse de s'étendre : ses structures de gouvernement sont réorganisées. Le roi s'entoure d'un conseil de juristes et, grâce à une action en profondeur et durable sur l'administration, il modifie peu à peu son propre statut : le suzerain féodal devient réellement le souverain d'un État centralisé. Grâce à de vastes campagnes d'opinion menées par le roi et ses conseillers, les légistes, le sentiment d'unité nationale naît alors. France d'oc et France d'oil s'unifient et Paris devient véritablement capitale du royaume.

On comprend donc toute l'importance que revêt dorénavant la personne du roi et le désarroi dans lequel se trouve plongé le pays à la mort de Philippe. Son successeur, Louis X le Hutin, est un souverain sous le gouvernement duquel les grands relèvent la tête. Il ne règne d'ailleurs que deux ans et, à sa mort, en 1316, la perspective d'une longue régence sous le règne d'un roi qui n'est même pas encore né, alimente toutes les inquiétudes et toutes les ambitions.

survie de Jean est Cola di Rienzo, sénateur de Rome et, pour un temps, dictateur de la ville. C'est lui qui, le premier, a reçu le récit de l'émissaire du frère Jordan, lui qui a fait rechercher Giannino. Après avoir vu le jeune homme qu'il a retrouvé à Sienne, et analysé toutes les pièces du dossier, il rédige finalement, en 1354, une charte dans laquelle il expose l'affaire et affirme sa conviction : Giannino est bien le roi Jean Ier.

La réapparition de Jean Ier sous le nom de Giannino remet en cause le titre de roi de France attribué à Jean II, dit le Bon.

• Une seconde mort en prison laisse le mystère intact

À 40 ans, la vie de Giannino est bouleversée. Le roi Louis Ier de Hongrie, neveu de la reine Clémence, se laisse à son tour convaincre et reconnaît, lui aussi, Giannino. L'État siennois soutient bien sûr le prétendu roi de France, lui donne un Conseil et une garde. Les marchands vénitiens le financent : il rassemble une armée. En effet, le roi de France en titre, le Valois Jean II, dit le Bon, n'apprécie évidemment guère qu'un inconnu revendique sa couronne.

Giannino entre en Provence et s'installe sur la Durance, soutenu par les Anglais. Mais sa trop faible armée ne résiste pas face à Jeanne de Naples, comtesse de Provence, alliée de Jean le Bon : le « Re Giannino » est capturé près d'Uzès en 1361. La comtesse Jeanne refuse cependant de le livrer au roi de France. Elle l'envoie en prison à Naples, où il meurt en 1363 emportant son secret dans la tombe.

SUBSTITUTION D'ENFANTS

Richard d'York a-t-il survécu à son assassinat ?

Apparu en Irlande en 1491, un prétendant au trône d'Angleterre se présente comme le second fils du roi Édouard IV. Or, celui-ci a été assassiné 8 ans plus tôt, sur l'ordre de son oncle, lorsqu'il n'était encore qu'un enfant.

L'assassinat des enfants d'Édouard

Dans *Richard III*, Shakespeare évoque, par la bouche de Tyrrel l'assassinat des deux fils d'Édouard IV.

« L'acte tyrannique et sanglant est accompli. Le forfait le plus grand, le plus lamentable massacre dont cette terre ait jamais été coupable ! Dighton et Forrest, que j'avais subornés pour faire cette besogne d'impitoyable boucherie, des scélérats incarnés, des chiens sanguinaires, attendris par une douce compassion, fondaient en larmes, comme deux enfants, au triste récit de leur mort : Oh, disait Dighton, ils étaient couchés ainsi, les charmants petits ! Ainsi, ainsi, disait Forrest, les innocents s'enlaçaient l'un l'autre dans leurs bras d'albâtre : leurs lèvres étaient quatre roses rouges sur la même tige, se baisant toutes dans l'épanouissement de leur beauté. Un livre de prières était posé sur leur oreiller : à cette vue, dit Forrest, j'ai presque changé d'idée. Oh, mais le démon... Ici le scélérat s'arrêtait quand Dighton a continué : Nous avons étouffé le chef-d'œuvre le plus charmant que, depuis la création, ait jamais formé la nature. Puis tous deux sont partis, avec une telle conscience et de tels remords qu'ils ne pouvaient plus parler ; et je les ai quittés pour venir porter cette nouvelle au roi sanglant. »

• Un assassin pris de remords

Lorsque le roi Édouard IV meurt, en 1483, il laisse 2 fils et 5 filles. L'aîné des deux garçons, connu dès lors sous le nom d'Édouard V, n'a que 13 ans : la régence est assurée par son oncle Richard. Rapidement, le régent fait courir des rumeurs : les deux garçons seraient illégitimes. Il les fait enfermer à la Tour de Londres, alors prison d'État, se fait proclamer roi le 26 juin, et, dix jours plus tard, est sacré sous le nom de Richard III.

Dans leur cellule, les deux enfants sont assassinés par un certain James Tyrell, l'homme de main de Richard. Leurs cadavres sont enterrés dans la Tour, au pied d'un escalier.

Huit ans plus tard, en 1491, un noble jeune homme, beau et richement vêtu, débarque dans le port de Cork, en Irlande. Quelqu'un dit reconnaître Richard d'York, le second fils d'Édouard IV. L'inconnu confirme, et raconte comment il a échappé à la mort. Après avoir étouffé son frère, le tueur pris de remords l'a aidé à fuir et l'enfant a été caché dans plusieurs pays d'Europe, notamment aux Pays-Bas puis au Portugal.

Cork fête alors celui qu'elle reconnaît comme Richard d'York. Le jeune homme contacte les cours d'Europe, et reçoit partout un accueil favorable. Le roi Jacques IV d'Écosse l'assure de son soutien,

***Les princes dans la tour*, gravure de John Everett Millais (1884).**

le roi de France, Charles VIII, l'invite dans son État. À dire vrai, l'un et l'autre ne se posent guère de question sur la véritable identité du jeune homme : ils sont ravis de créer des ennuis au roi d'Angleterre.

• *Le fils de roi n'est-il...*

Richard, qui a réuni autour de lui une troupe de partisans, s'installe dans le château d'Amboise, dont le roi de France lui a aimablement fait don. À Londres, Henri VII s'inquiète des appuis que trouve le prétendant. Il envoie une armée qui débarque à Calais et met le siège devant Boulogne. Charles VIII ne tient pas à refaire la guerre avec l'Angleterre : il retire son soutien à Richard, qui doit quitter la France.

Le jeune homme obtient alors l'appui de Maximilien d'Autriche, qui l'aide à réunir une armée de 1 500 hommes. En juin 1495, le prétendant se présente devant les côtes anglaises à la tête d'une flotte de 14 vaisseaux. Il est repoussé mais trouve asile en Écosse, où Jacques IV l'accueille à bras ouverts.

Du même âge, les deux jeunes gens se lient d'amitié. Jacques offre à Richard d'épouser sa cousine Catherine, descendante des Stuart. Après le mariage, les deux jeunes gens partent ensemble en guerre contre l'Angleterre et s'emparent de deux forteresses proches de la frontière.

L'année suivante, le comté de Cornouailles se soulève contre Henri VII : Richard y voit l'occasion de reconquérir son trône. Un navire le conduit à Whitesand Bay, où il est accueilli en libérateur. Des milliers d'hommes rejoignent celui qui se fait appeler Richard IV et se dit seul roi légitime d'Angleterre : il est porté en triomphe.

• *... que le fils d'un marchand ?*

Pourtant, lorsque vient le jour décisif de la bataille contre les troupes d'Henri VII, il est pris de panique. La nuit précédant l'affrontement, il va se réfugier dans un monastère... La bataille n'a pas lieu. Constatant la disparition de Richard, l'armée s'éparpille.

Henri VII capture le jeune homme et le ramène à Londres. Terrorisé, le prétendant avoue : il s'appelle en réalité Perkin Warbeck et est le fils d'un marchand flamand de Tournai. Étrangement, le roi traite l'imposteur avec égards ; au lieu de le faire exécuter ou jeter dans un cachot, il l'assigne à résidence au palais de Westminster, où il lui offre un somptueux appartement. Fidèle jusqu'au bout, sa femme, la (vraie) princesse Catherine, vient habiter avec lui ; les jeunes gens peuvent même sortir en ville sans escorte.

• *Sinistre fin d'un imposteur peu reconnaissant*

Mais en 1498, Perkin, repris par le démon de l'aventure, tente de s'évader. Il est aussitôt capturé, puis conduit à la Tour de Londres où on l'enferme avec Édouard Warwick, descendant des York et dernier Plantagenêt – autre prétendant au trône. Quelques mois plus tard, les deux garçons s'évadent après avoir soudoyé un geôlier. Ils ne trouvent pas mieux que de fêter leur évasion dans une taverne de Londres, où ils sont faits prisonniers le soir même.

Cette fois, Henri VII n'a plus d'indulgence pour l'imposteur. Warbeck est jeté dans un cul-de-basse-fosse de la sinistre prison de Newgate, puis condamné à mort. Un matin de 1499, celui qui voulut devenir le roi Richard IV est pendu au gibet de Tyburn.

Edouard V, roi mineur d'Angleterre, et Richard duc d'York, son frère.
Les enfants d'Edouard, *peinture de Paul Delaroche (1797-1856).*

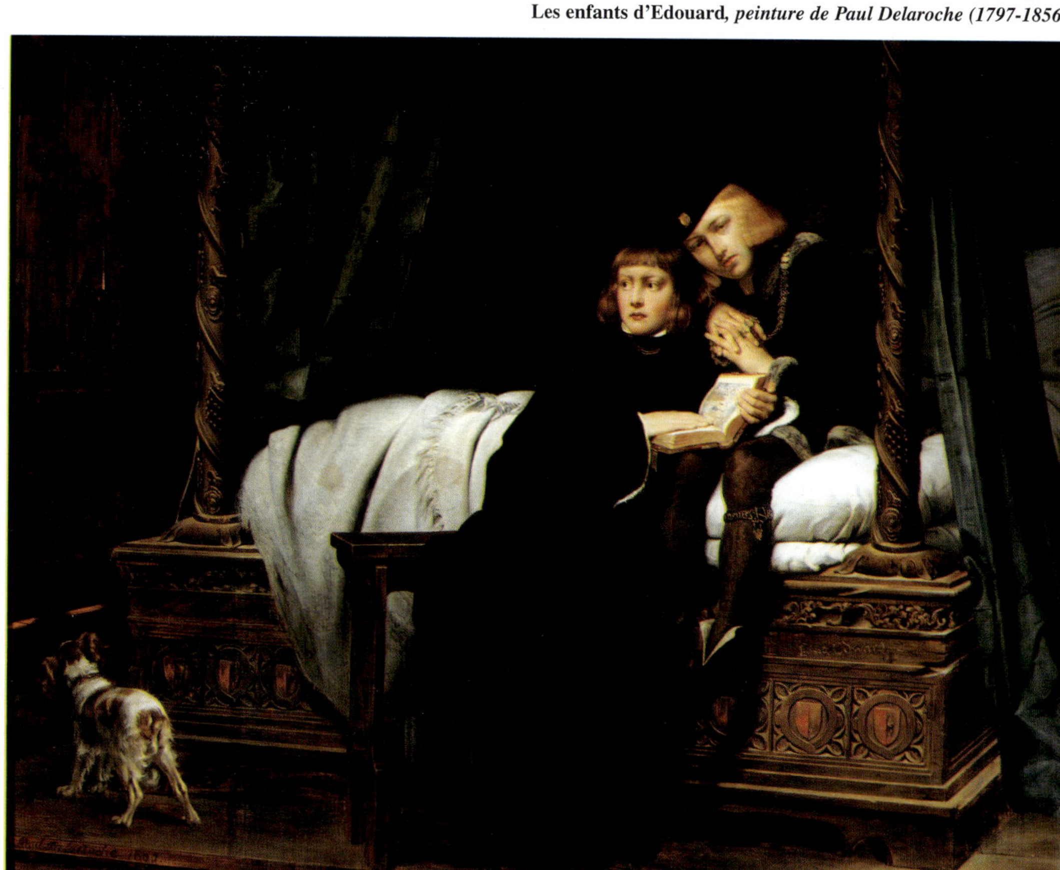

SUBSTITUTION D'ENFANTS

Louis-Philippe aurait-il dû ne jamais régner ?

En octobre 1773, au Palais-Royal, la duchesse de Chartres, épouse du duc Philippe d'Orléans, met au monde Louis-Philippe, futur roi des Français de 1830 à 1848. Cinquante ans plus tard, une aristocrate d'origine italienne cherche à se faire reconnaître comme seule héritière de la branche Orléans.

• Un échange de nouveau-nés révélé un demi-siècle plus tard

Au mois de juillet 1823, une mystérieuse baronne de Sternberg entame en France une série de démarches pour tenter d'établir qu'elle est la fille de Philippe d'Orléans. Ce prince, célèbre pour s'être rallié à la Révolution, est le père de l'homme sur qui reposent les espoirs de la maison d'Orléans, branche cadette des Bourbons : Louis-Philippe.
Or, dans les années 1820, ce dernier s'impose comme candidat possible au trône, incarnant l'opposition libérale au régime de la Restauration.
Les allégations de la baronne mettent en cause la légitimité d'une des figures les plus élevées de l'aristocratie, et d'un homme qui joue, de plus, un rôle essentiel dans le jeu politique français de l'époque. Or, elles sont telles qu'il est impossible de les rejeter sans un examen sérieux.
La baronne n'a en effet rien d'une aventurière. Elle est née en Italie, en avril 1773, d'origine très modeste : son père légal est gardien de prison. Mais elle est belle et douée pour la musique et le théâtre. Un vieil aristocrate anglais, lord Newborough, la remarque à ses débuts sur les planches et l'épouse. Maria-Stella part vivre en Angleterre, où son époux ne tarde pas à mourir, la laissant à la tête d'une immense fortune. Remariée à un noble russe, elle devient la baronne de Sternberg.
En 1820, survient un événement essentiel : son père, Lorenzo Chiappini, meurt en lui laissant une lettre où il avoue qu'il n'est pas son vrai père ! Il déclare avoir échangé, moyennant finances, le garçon que sa femme venait de mettre au monde contre la fille d'un personnage de haute naissance de passage dans sa ville, et dont il ne révèle pas l'identité.

Portrait présumé de Louise de Bourbon, duchesse de Chartres. Miniature de Jean-Baptiste Le Tellier.

• « Échangerais fille contre héritier mâle »

De retour dans sa ville natale de Modigliana, Maria-Stella finit, après de longues recherches, par reconstituer les événements censés s'être déroulés en 1773. À cette époque, la comtesse Borghi, châtelaine du lieu, accueille dans son palais un couple de Français qui se font appeler le comte et la comtesse de Joinville. Ledit comte entre en relation avec Chiappini, qui travaille dans la prison jouxtant le palais.
Prétextant qu'il a impérativement besoin d'un héritier mâle pour toucher un héritage, le comte lui propose l'incroyable marché : si l'enfant qui va naître de la comtesse est une fille, et celui de l'Italien un garçon, les nouveau-nés seront échangés. Le geôlier ne fait pas de difficultés, tout scrupule évanoui devant l'argent qu'on lui offre. Ainsi, la petite Maria-Stella est déclarée à l'état civil au nom du gardien de prison, alors que ses véritables parents sont les deux aristocrates français.

• Une avalanche de témoins pour rectifier un état civil

Son enquête achevée, Maria-Stella entame un procès en rectification d'état civil devant le tribunal ecclésiastique de Faenza. Elle y fait défiler une impressionnante quantité de témoins, parents des Chiappini, hommes de loi, domestiques, religieux, ayant, de manière directe ou détournée, eu vent de l'affaire et confirmant sa version des faits. Elle obtient enfin gain de cause le 29 mai 1824 : le jugement du tribunal ordonne qu'on corrige son acte de naissance en l'y portant fille des époux de Joinville.

Mais Maria-Stella ne s'arrête pas là et se convainc rapidement que l'étrange comte de Joinville et le duc Philippe d'Orléans sont une seule et même personne : revenu en France avec un enfant mâle, le duc aurait assuré ainsi les droits de la branche cadette, qui, autrement, n'aurait pu prétendre au trône. Cela revient à dire que Louis-Philippe est un usurpateur et n'a aucun droit à ses titres.

• Des présomptions, mais pas de preuves définitives

À partir de 1823, la baronne entreprend alors des recherches en France pour explorer cette piste, à laquelle elle semble croire sincèrement. Elle se fonde pour cela sur plusieurs faits troublants. D'abord, le titre pris par celui qui serait son vrai père, de Joinville, appartient à la famille Orléans, et à elle seule. Ensuite, il est avéré que Philippe d'Orléans a voyagé à plusieurs reprises sous ce nom avec son épouse, pour s'assurer un relatif anonymat. Enfin, la confrontation entre les descriptions du comte de Joinville livrées par les témoins et les portraits, ainsi que le caractère de Philippe, montrent des points communs troublants.

Mais tout cela est-il suffisant ? La baronne s'en contente et, jusqu'à sa mort, en 1843, ne cesse de proclamer à qui veut l'entendre qu'elle est la seule héritière légitime des Orléans. Elle avait d'ailleurs un certain nombre de partisans et ne fut pas la seule prisonnière de ses chimères.

L'ÉPREUVE DES FAITS

Il semble aujourd'hui qu'on puisse penser qu'il y a effectivement eu substitution d'enfants nouveau-nés à Modigliana, en 1773. Mais cela ne signifie pas que Philippe d'Orléans ait été Joinville, pour la bonne raison que le futur Louis-Philippe était en France, en avril 1773, dans le ventre de sa mère..., et non en Italie !

Surtout, il est absolument certain que Louis-Philippe est né en octobre, et pas en avril : comment mettre en doute, en effet, une naissance princière, dont des dizaines de gens ont été les témoins, ou comment penser qu'un enfant de 6 mois aurait pu être, à cette occasion, présenté à l'entourage comme un nouveau-né ?

Selon Maria-Stella, Louis-Philippe n'est pas l'héritier de la branche d'Orléans. Ici, le « roi des Français » et son fils devant le château de Versailles.

FAUSSES MORTS

Jeanne d'Arc a-t-elle échappé au bûcher ?

L'annonce de la mort de Jeanne sur le bûcher de Rouen, le 30 mai 1431, laisse sceptiques et désemparés nombre de ses admirateurs. Quatre ans plus tard, en 1435, une jeune femme qui dit être Jeanne est reconnue par la famille et des amis de la vierge guerrière.

Jeanne d'Arc au couronnement de Charles VII dans la cathédrale de Reims, d'après Jean Auguste Ingres.

• Un procès et une condamnation historiques

Le 23 mai 1430, Jeanne est capturée par Jean de Luxembourg, un mercenaire au service du duc de Bourgogne. Luxembourg la vend aux Anglais, désireux de discréditer l'héroïne qui a donné à la France la force de se libérer. L'université de Paris, aux mains des occupants, demande qu'elle soit jugée par un tribunal de la Sainte Inquisition. Une cour exceptionnelle est constituée. Sa direction est confiée à l'évêque de Beauvais : Pierre Cauchon, un ecclésiastique qui a toute la confiance du duc de Bedford.

Le procès s'ouvre à Rouen le 9 janvier 1431. Après six mois d'instruction et de débats, le 14 mai, Jeanne d'Arc est déclarée idolâtre, invocatrice de démons, schismatique et hérétique. On la somme d'abjurer publiquement ses erreurs : en échange, elle aura la vie sauve. Le 24 mai, à bout de résistance, elle accepte le compromis et abjure. Trois jours plus tard, elle se reprend. Un rapide procès la déclare relapse : son bûcher est dressé. Dans la matinée du 30, la tête couverte d'une mitre qui la rend méconnaissable, Jeanne est conduite sur la place du marché de Rouen. Huit cents soldats anglais empêchent 10 000 spectateurs d'approcher. Les consignes sont strictes : personne ne doit adresser la parole à la condamnée. À 9 heures, le bourreau met le feu au bûcher. Quelques minutes plus tard, la suppliciée est morte.

• Jeanne est de retour, et retrouve ses frères

Une femme vient d'être brûlée : qu'est-ce qui prouve qu'il s'agit de Jeanne ? On commence à raconter que la Pucelle s'est évadée, que l'exécution n'a été qu'un simulacre : la France veut croire en la survie de la jeune fille.

Au cours de l'été 1435, une femme vêtue en soldat se présente à Saint-Privey, en Lorraine. Elle cherche Pierre du Lys et l'écuyer Petit-Jean, les deux frères de Jeanne. Ils acceptent de rencontrer la visiteuse et, dit-on, sont saisis de stupeur :

QU'EST-CE QUI FAISAIT COURIR CES « PUCELLES » ?

Jeanne des Armoises ne fut pas la seule postulante au rôle d'une Jeanne rescapée des flammes. Le Moyen Âge était très friand de ces réapparitions miraculeuses, qui ne surprenaient guère un peuple vivant au rythme de la « légende dorée » de la Pucelle. L'état civil n'étant pas à l'époque ce que nous connaissons aujourd'hui, il pouvait être relativement aisé de se faire passer pour quelqu'un d'autre.

Ainsi, bien souvent, la ressemblance suffisait à ceux qui avaient approché, de loin, la vraie Jeanne, et l'aplomb des prétendantes faisait le reste. Guidées par le goût de l'aventure, celles-ci étaient aussi mues par l'appât du gain, ce qui permet de comprendre, par exemple, la reconnaissance par la famille : un des frères de Jeanne a, pendant un temps, vécu des exploits de sa sœur en collectant des fonds auprès des municipalités.

celle qui est devant eux est, sans aucun doute possible semble-t-il, leur sœur. La rescapée raconte qu'elle s'est évadée de sa prison rouennaise et s'est cachée ensuite, en adoptant le nom de Claude. Le récit achève d'emporter la conviction des deux hommes ; ils l'acceptent pour Jeanne, et elle demeure avec eux, comme membre de la famille.

• La « Pucelle » se marie, a des enfants, et avoue tout !

Cette situation ne dure pas : la jeune femme épouse un seigneur, Robert Des Armoises, en 1436. À aucun moment son mari ne met en doute l'identité de sa femme : pour lui, elle est bien la Pucelle, Jeanne du Lys – titre sous lequel la petite paysanne de Domrémy a été anoblie par Charles VII. Quand Robert agrandit son château de Jaulny, il fait graver les armes de Jeanne à côté des siennes. Cette reconnaissance privée ne suffit pas à l'épousée : dès août 1436, elle envoie des messagers à Orléans, à Blois et à Loches, où séjourne le roi, pour annoncer qu'elle est toujours en vie.
Mais Charles s'abstient de répondre aux messages de Jeanne. La jeune femme se consacre alors à sa vie familiale : elle met au monde deux fils avant de se décider, en 1439, à retourner à Orléans. Là, elle est reconnue et acclamée par le peuple. La municipalité organise des festins en son honneur. Mais le roi ne lui accorde toujours pas d'audience. En 1440, Jeanne se rend à Paris.
Que se produit-il à ce moment-là ? Alors qu'aucun obstacle, aucun démenti n'est venu contredire jusque-là ses assertions, Jeanne Des Armoises confesse brusquement qu'elle n'est pas la Pucelle. Elle raconte alors sa « véritable » histoire devant les magistrats de la capitale. Aventurière, veuve d'un chevalier, elle dit avoir guerroyé un temps dans l'armée pontificale. À son retour en France, l'idée lui serait venue de se faire passer pour Jeanne. Frappée de remords, elle demande pardon pour son imposture.

Entrée triomphale de Jeanne d'Arc à Orléans, d'après le tableau de Scherrer.

Fausses morts

Le roi Sébastien est-il mort à Alcaçar-Quivir ?

Le 11 juin 1557, le vieux roi du Portugal, Jean III d'Avis, disparaît. De tous ses fils, seul Sébastien, âgé de 3 ans, a survécu. Sur lui reposent désormais les espoirs d'un pays que menace de plus en plus l'expansion castillane.

• Une reconquête au nom de Dieu

Sébastien est le dernier représentant d'une illustre lignée frappée par des décès prématurés dus peut-être à des mariages consanguins. Tandis que sa tante Catherine assure la régence du royaume de Portugal jusqu'à sa majorité (13 ans), son oncle, le cardinal Henri, confie son éducation aux jésuites. Lorsque, en 1568, le jeune homme accède au pouvoir, le poids de cette formation religieuse est évident.
Sébastien, de tempérament mélancolique, inquiète vite son entourage.
Hanté par d'étranges visions mystiques et religieuses, le nouveau roi refuse le mariage, indispensable pour perpétuer une dynastie dont il est le dernier descendant. Comme « envoyé de Dieu et moine-soldat », il entend renouer avec la tradition portugaise de lutte contre le Maroc, dans l'esprit des croisades.
Le désir qu'affirme Sébastien d'attaquer l'islam s'inscrit dans l'esprit de l'époque : un fort courant messianique s'impose depuis le début du siècle, l'heure est à la persécution du judaïsme et aux aspirations de conquête universelle. Des textes prophétiques circulent un peu partout. Parmi les plus extraordinaires, les *Strophes* du savetier Bandarra prophétisent la venue d'un souverain, créateur de l'empire de Dieu sur terre.

• Une comète pour un massacre

Le 10 novembre 1577, une comète traverse le ciel de Lisbonne en direction du sud, vers le Maroc. Considérant cette apparition comme un signe céleste, Sébastien décide de lancer la conquête : il veut soumettre les Maures et les convertir au christianisme. La bataille décisive a lieu le 4 août 1578…
Les Portugais sont écrasés dans la plaine d'Alcaçar-Quivir. La fine fleur de la noblesse portugaise perd la vie au cours de cette terrible bataille, ou se trouve réduite en esclavage. Le roi lui-même disparaît pendant le carnage.
La nouvelle de la catastrophe jette le pays dans la consternation : le Portugal a perdu son roi, son armée et l'élite de son aristocratie. Le vieux cardinal Henri, oncle de Sébastien, règne pendant deux ans mais ne peut, bien sûr, assurer sa succession. À sa mort, en 1580, Philippe II d'Espagne s'empare du Portugal.

Sébastien, roi du Portugal, veut convertir les Maures au christianisme.

Le faux Sébastien de Venise

« Cet homme était un Calabrais, marchand qui se nommait Cauzone, qui avait deux enfants et une femme en vie, qu'on faisait venir de Messine pour aller à Naples le reconnaître. Ce Calabrais pour le fait de son trafic, avait été quelquefois en Portugal où certain religieux dominicain l'avait persuadé de se proclamer Dom Sébastien, roi de Portugal. Le moine, avec des fers ardents, lui avait imprimé sur le corps les marques qu'avait ledit roi Dom Sébastien. Lui-même s'était fait une blessure au bras et le moine celle de la tête. (…)

Hormis cette folie de se dire le roi Dom Sébastien, il était un homme très vertueux et de sainte vie (en sorte) qu'il était plus raisonnable d'accuser de traître le religieux pour l'avoir subordonné, persuadé et poussé à se dire Sébastien de Portugal. »

Témoignage cité par Y.M. Bercé, *le Roi caché*, 1990.

• Un roi masqué et cloîtré ?

Cependant des voix s'élèvent qui mettent en doute la mort du jeune roi. Le cadavre identifié après la bataille comme étant celui de Sébastien présente un visage gonflé, déchiqueté et déjà gagné par la décomposition. Une rumeur se propage bientôt : au soir de la défaite, quatre cavaliers se seraient présentés aux portes de la place forte portugaise d'Arzila. L'un d'eux était soigneusement encapuchonné et pourrait être le roi disparu.

On raconte à l'appui de cette thèse que, durant l'hiver 1578, le docteur Mendès Pacheco, médecin de Sébastien, appelé dans un lointain ermitage, aurait soigné un jeune homme masqué, vivant retiré du monde. Est-ce le roi, exilé volontaire pour expier la folie qui l'a poussé à sacrifier l'avenir de son royaume ? Nombreux sont ceux qui veulent croire à son retour.

• *Les Sébastianistes à la recherche d'un roi*

Les Sébastianistes : ainsi nomme-t-on ceux qui interprètent les événements et prophéties comme annonçant le retour du jeune roi. Or, très vite, de faux Sébastien se manifestent. Le phénomène se répand surtout dans les campagnes, où des jeunes gens se faisant passer pour lui organisent de véritables cours princières autour d'eux. Mais le phénomène ne se limite pas à l'émergence de quelques Sébastien « campagnards » Certaines impostures, comme celle de 1598, demeurent célèbres.

• *Le prétendant de Venise*

Elle a pour théâtre Venise. En juin 1598, un jeune homme se prétend le roi disparu, revenu d'un long voyage de pénitence. Les milieux sébastianistes s'enflamment pour sa cause et parviennent à le faire libérer des geôles vénitiennes dans lesquelles l'ambassadeur espagnol l'a fait enfermer. Soumis à interrogatoire, il répond avec sagacité. Les Portugais en exil, de plus en plus, croient qu'ils ont retrouvé leur roi. Mais, alors que le prétendant traverse la Toscane, les autorités de Florence le livrent aux Espagnols. Il est emmené à Naples, où le vice-roi, le comte de Lemnos, l'interroge de nouveau. Condamné aux galères, il réussit à obtenir des marques de déférence dignes d'un souverain. Mais il impressionne aussi de grands personnages espagnols, comme le duc de Medina Sidonia.

Suite à la bataille d'Alcaçar-Quivir, Phillipe II d'Espagne profite de la disparition du roi Sébastien pour conquérir le Portugal.

Le roi Philippe III décide finalement de lui faire subir la question, c'est-à-dire la torture. Celle-ci lui fait avouer être un imposteur : on lui coupe alors le poignet droit, puis on le pend. L'aventure sert de leçon à d'éventuels prétendants et plus personne ne tente sa chance.

Comment un imposteur devint tsar

En mars 1591, le frère cadet et possible successeur de Fédor Ier, le tsarévitch Dimitri, meurt égorgé dans le palais d'Ouglitch, au nord de Moscou. Or, depuis la mort d'Ivan IV – le Terrible –, en 1584, la Russie traverse une ère de confusion.

• Une mort accidentelle bien compliquée et bien suspecte

Le redouté Ivan IV a lui-même tué son premier fils. Le deuxième, devenu Fédor Ier à la mort de son père, est faible, sans enfant, décrit par les témoignages contemporains comme atteint d'idiotie. Son règne est l'occasion de l'ascension de son beau-frère, le frère de sa femme, Boris Godounov.

Membre du conseil de régence institué avant sa mort par Ivan IV, Godounov élimine les autres conseillers et, dès 1587, assure seul la réalité du pouvoir. Le troisième fils d'Ivan le Terrible, Dimitri, issu d'un autre lit, n'est encore qu'un enfant ; de plus, le remariage du tsar avec sa mère, Maria Nagaïa, n'a pas été reconnu par l'Église orthodoxe. Boris Godounov fait exiler la mère et l'enfant loin de la cour, à Ouglitch.

En 1591, lorsque Dimitri est retrouvé égorgé, la rumeur accuse Boris. Une émeute éclate, menée par la famille de la mère de l'enfant. Les officiers chargés de la sécurité du tsarévitch sont lynchés. Informé des événements, Boris envoie à Ouglitch une commission d'enquête dirigée par le prince Vassili Chouïski.

L'enquête est conduite de manière désordonnée et maladroite. Procès-verbaux et compte rendus sont truffés d'imprécisions et de contradictions. Selon la conclusion officielle, la mort de l'enfant est accidentelle : pris d'une crise d'épilepsie alors qu'il jouait dans la cour du palais avec un long couteau, Dimitri est tombé, a glissé sur la lame et s'est tranché la gorge ! Satisfait de l'explication, le prince Chouïski rentre à Moscou. Les années passent.

Icône du XVIIe siècle représentant « le faux Dimitri » couronné le 8 mai 1606 et assassiné le 16 mai 1606.

L'affaire semble oubliée et Boris Godounov poursuit son ascension : 7 ans plus tard, en 1598, à la mort de Fédor Ier, il se fait élire tsar par les états généraux. Mais l'état de grâce du nouveau souverain est bref. Réformateur, il choque par sa tolérance religieuse et sa volonté de rapprochement avec l'Occident. D'autre part, en légalisant le servage, il se fait détester des paysans. De 1601 à 1603, la famine ravage le pays. Boris est aux abois.

• Dimitri est de retour, et il monte sur le trône !

La prédiction d'une sorcière le hante depuis l'enfance : il doit régner 7 ans, 6 ont déjà passé. Une rumeur se propage, s'appuyant sur l'imprécision de l'enquête de 1591 : Dimitri n'est pas

Icône du XVIII*e siècle représentant le tsarevitch Dimitri, dernier fils d'Ivan IV le terrible. Musée historique, Moscou.*

mort, il reviendra sauver la Russie. En 1604, on signale en plusieurs points du pays un homme qui se présente comme Dimitri. C'est un moine étrange, appelé Grigori Otrepiev : cette « fausse » identité lui permet d'échapper aux assassins lancés à ses trousses par Boris.

Doté d'un fort charisme, Dimitri convainc les foules, et ses partisans sont chaque jour plus nombreux. À la cour de Pologne, il reçoit un appui militaire et regroupe autour de ce noyau d'armée cosaques rebelles et paysans mécontents. Les boyards, grands propriétaires terriens dont le poids politique est prépondérant, voient d'un bon œil ce trublion qui met en danger le tsar Boris. En moins d'un an, Dimitri conquiert province après province.

La prédiction de la sorcière se réalise : après 7 ans de règne, en 1605, Boris meurt inexplicablement. Son fils, devenu tsar sous le nom de Fédor II, est massacré ainsi que sa famille. Les portes de Moscou s'ouvrent devant Dimitri : l'homme surgi de nulle part devient Dimitri V, fils d'Ivan le Terrible. Chouïski, qui a vu l'enfant égorgé, préfère se taire. Maria Nagaïa, mère du tsarévitch, reconnaît publiquement son fils.

• Égorgé une seconde fois !

L'enthousiasme qui a porté Dimitri au pouvoir retombe très vite. Le nouveau tsar est un politique assez intelligent et efficace, mais ses mesures sociales et économiques, comme ses sympathies pour l'Occident, le rendent vite impopulaire. Les boyards ne tardent pas à se liguer contre lui et font courir le bruit que Dimitri est un imposteur. En mai 1606, Dimitri est renversé et égorgé… une seconde fois !

Maria Nagaïa renie ses déclarations précédentes : ce Dimitri était bien un usurpateur. L'homme qui monte alors sur le trône avec le soutien des boyards n'est autre que Vassili Chouïski. Il espère restaurer l'ordre et la confiance dans le pouvoir, mais il n'en est rien. Le cadavre de Dimitri est exposé en place publique, le visage couvert d'un masque, officiellement pour cacher la terrible blessure : on murmure qu'il est encore vivant.

De nouveaux Dimitri surgissent de tous les coins du pays. Certains prétendent être celui qui est monté sur le trône, d'autres se présentent comme l'enfant qu'on a cru égorgé, enfin de retour.

• La multiplication des Dimitri

Ainsi, le « tsar de Touchino », reconnu par Maria Nagaïa et la femme du tsar Dimitri, ou encore le moine Sidoine et bien d'autres, suscitent des troubles importants. Durant 6 ans, la Russie vit une folie collective au rythme des divers Dimitri. Le tsar Vassili Chouïski, impuissant à rétablir l'ordre, est déchu. Personne ne règne. En 1612, une guerre contre la Pologne, qui croit pouvoir profiter de la confusion, permet de fédérer le pays, sous l'impulsion du prince Pojarski et de Kouzma Minine. Le « tsar de Touchino » est pendu et le moine Sidoine empalé. Les Dimitri qui échappent à la mort retournent à l'anonymat.

En février 1613, les états généraux élisent un nouveau tsar, un garçon de 15 ans, Michel Fedorovitch Romanov. C'est le petit-neveu d'Anastasia Romanova, la première femme d'Ivan IV. La dynastie des Romanov régnera plus de 3 siècles.

FAUSSES MORTS

Alexandre Ier a-t-il choisi de disparaître ?

À la mort du tsar Alexandre Ier, la Russie pleure le vainqueur de Napoléon. Pourtant, devant le cadavre présenté comme celui du tsar, le bruit court qu'Alexandre n'est pas mort. Onze ans plus tard, un étrange vagabond répondant au nom de Fédor Kousmitch parcourt les plaines de Sibérie…

• Un tsar mélancolique

Tout commence par une nuit de mars 1801. Jeune tsarévitch, Alexandre accepte de participer à un complot destiné à déposer son père, l'impopulaire Paul Ier. Les conjurés – en fait l'état-major même de Paul Ier – promettent au jeune homme d'exiler le souverain dans une retraite paisible. Mais ils n'en font rien et, le 23 mars, une véritable boucherie se déroule dans les appartements du tsar.

Lorsque Alexandre l'apprend, il est trop tard. Il se sent responsable de la mort de son père. De nature très croyante, presque mystique, il en gardera toute sa vie un sentiment de culpabilité et un profond repentir.

Alexandre est aimé du peuple russe. Ce n'est pas un grand démocrate mais, succédant à Catherine II et à Paul Ier, il fait figure de modéré, permettant par exemple aux serfs de racheter leur liberté. En 1812, il sauve la Russie en chassant du pays les troupes françaises. Trois ans plus tard, à la chute de Napoléon, il est au sommet de sa gloire.

Vient une période de calme : la mélancolie le ronge, l'inaction lui pèse ; il parcourt sans cesse son empire, cherchant à fuir ses souvenirs. C'est alors que de mystérieux personnages, la mystique baronne de Krüdener et le visionnaire lyonnais Bergasse, le convertissent à un protestantisme méthodiste. Depuis longtemps, Alexandre rêve d'abandonner le pouvoir. Il ne cesse de répéter à son entourage qu'il abdiquera avant d'avoir atteint 50 ans. Un an avant sa disparition, il écrit à Guillaume de Prusse qu'il compte laisser sa couronne à son frère Nicolas et se retirer pour vivre en ermite.

• Est-ce Alexandre que l'on a vu mort à Taganrog ?

Le 16 novembre 1825, Alexandre arrive dans son château de Taganrog, sur les bords de la mer d'Azov. Il vient d'avoir 50 ans. Quinze jours plus tard, sa mort est annoncée. Officiellement, le tsar a succombé à une crise de paludisme. De nombreux documents en attestent mais le procès-verbal d'autopsie porte les signatures de médecins qui, de leur propre aveu, n'étaient pas à Taganrog ce jour-là ; il s'agit de toute évidence d'un faux. De plus, les conclusions de ce document sont en contradiction avec ce que l'on sait d'Alexandre. Aucune mention d'hypertrophie de la rate, symptôme évident de paludisme ; présence d'une cicatrice à la jambe droite alors que c'est de la gauche qu'Alexandre souffrait ; traces de lésions encéphaliques dues à une syphilis : Alexandre n'en a jamais été atteint.

Alexandre Ier, tsar de Russie. Peinture du baron François Gérard.

Conformément aux coutumes, le cadavre est exposé plusieurs jours en public. Dans l'église de Taganrog, les visiteurs qui se succèdent sont surpris : le prince Volkonsky, chargé de la dépouille, écrit que « le visage est noirci par l'air humide et les traits du défunt sont complètement changés ». Lorsque, 40 ans après la mort du tsar, son petit-neveu Alexandre III fera ouvrir la tombe pour mettre fin aux rumeurs, on ne trouvera qu'un cercueil vide !

C'est suite à la mort de son père, l'impopulaire Paul Ier, qu'Alexandre Ier va éprouver un sentiment de culpabilité et une lassitude permanente.

LA RUSSIE AU DÉBUT DU XIXe SIÈCLE

La Russie est membre prépondérant de la Sainte-Alliance, pacte conclu en 1815 avec les souverains d'Autriche et de Prusse réunis autour d'un idéal chrétien commun, en vue de se prêter aide et assistance.

L'Empire russe, dans le même temps, poursuit son expansion, tant dans le Caucase qu'en Arménie et dans les Balkans.

Pourtant, le pays est politiquement et économiquement arriéré par rapport au reste de l'Europe. Exécutions massives et déportations en Sibérie sont la seule réponse aux soulèvements paysans : le servage est toujours en vigueur, dans un empire où les nobles sont très attachés à leurs privilèges.

• Le très étrange starets de Krasnoretchensk

Onze années après la mort du tsar, à l'automne 1836, un surprenant personnage d'une soixantaine d'années est arrêté dans la province de Perm. Ce cavalier aux nobles attitudes se présente comme un vagabond du nom de Fédor Kousmitch, revenant d'un long voyage en Terre sainte. Les policiers sont surpris par ses airs de grand seigneur. Mais, conformément à la loi sur le vagabondage, ils déportent leur prisonnier vers la Sibérie. Celui-ci ne proteste pas. Plusieurs années durant, il travaille dans une distillerie, puis dans une mine d'or. Mais Kousmitch n'est pas un homme ordinaire. Il émane de lui une noblesse morale qui n'a d'égale que sa piété, et il devient peu à peu connu comme un *starets*, un saint homme.

• Le « vagabond » reconnu par un ancien soldat

Installé dans une petite maison à Krasnoretchensk, Fédor Kousmitch ne demande rien. Pourtant, de nombreux visiteurs, dont l'évêque d'Irkoutsk, viennent s'entretenir avec lui. L'homme surprend : il parle plusieurs langues étrangères, connaît parfaitement tous les événements politiques et les grands dirigeants, s'enflamme lorsqu'il raconte, avec une précision ahurissante, la guerre de 1812 et les détails de l'entrée du tsar Alexandre dans Paris.

Tous les témoignages concordent : il ne peut s'agir que de quelqu'un qui a vécu ces événements, très haut placé dans l'appareil d'État. Un ancien soldat de retour de campagne s'agenouille un jour devant lui : il vient de reconnaître le tsar Alexandre. Fédor Kousmitch s'emporte et impose le silence au soldat : « Je ne suis qu'un vagabond », répète-t-il une fois de plus.

Depuis lors, les historiens cherchent à percer la véritable identité du *starets*. Des documents prouvent que le « vagabond » a reçu en secret la visite de plusieurs membres de la famille impériale : il n'est pas impossible que Fédor Kousmitch et Alexandre Ier aient été le même homme.

PRÉHISTOIRE
pages 294 à 295

GRÈCE
pages 302 à 305

ÉGYPTE
pages 296 à 301

ORIENT
pages 306 à 313

ROM
pages 314

OCCIDENT
pages 318 à 321

ÉRIQUES
s 322 à 327

CHAPITRE XI

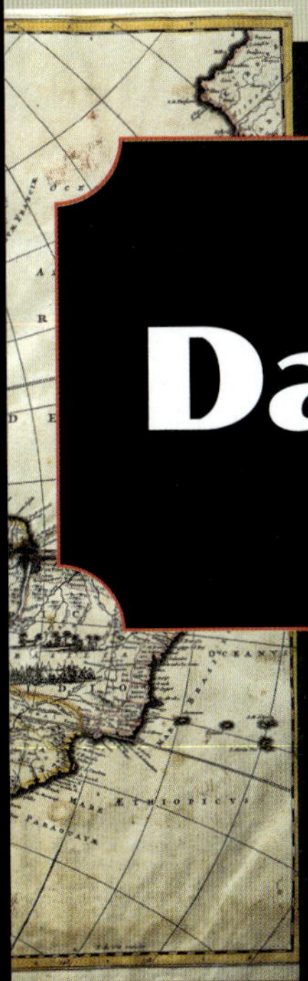

Dans l'ombre de l'histoire

DE LA PRÉHISTOIRE AU XXᵉ SIÈCLE, L'HISTOIRE EST UNE SOURCE IMPORTANTE DE MYSTÈRES. BIEN SOUVENT AUSSI LES DRAMES SURVENUS SONT TRANSFIGURÉS PAR LA TRANSMISSION DES TÉMOIGNAGES ET TOURNENT À LA LÉGENDE.

17

Des buts politiques souvent viennent interférer avec la réalité des faits, et des dynasties se sont fondées sur un meurtre ou un complot, dont il vaut mieux pour les nouveaux souverains « arranger » le récit, modifier la mémoire. Parfois c'est la faiblesse des moyens techniques ou scientifiques qui explique cette distorsion du réel. Comme dans un crime, plus le temps passe, plus les indices s'effacent, plus il devient difficile de faire surgir la vérité... L'histoire est pleine de ces mythes dont elle se nourrit, de ces zones d'ombre dont la mise en lumière aurait pu changer le cours des choses...

PRÉHISTOIRE

L'homme de Similaun livrera-t-il un jour tous ses secrets ?

Le 19 septembre 1991, deux excursionnistes partis pour l'ascension du glacier autrichien de Similaun, à 3 300 mètres d'altitude, découvrent, dans la glace, un homme gelé depuis plus de 4 millénaires.

Le corps momifié a été transféré dans un institut médical pour être analysé.

• Tatouages et médaillon

Les deux promeneurs allemands découvrent le spectacle suivant : une tête et deux épaules qui émergent de la glace. Aussitôt alertés, les policiers se rendent vite compte que ce mort n'est pas ordinaire : desséché comme une momie, il n'a, au sens propre, plus que la peau sur les os. Une fois l'homme extrait, avec les objets qui l'accompagnent, de son cercueil de glace, les témoins réalisent que c'est du fond des âges qu'il a surgi. L'individu est dans un état de préservation exceptionnel (parties molles, os et peau bien conservés). De sexe masculin, il semble avoir entre 25 et 35 ans. Ses cheveux sont bruns et il les porte courts. Son corps est tatoué. Les tatouages ont été faits avec des pigments noirs à base de charbon de bois. Ils représentent une croix au-dessus du genou gauche, s'étalent en bracelet autour du poignet et de la cheville, et en stries régulières dans le bas du dos. Attaché par un lien de fibre végétale à son cou, l'homme porte un petit disque de pierre blanche percé. Il peut s'agir d'un bouton ou, plus probablement, d'une parure, une sorte de médaillon. Toutes ces observations nous livrent du mort une vision saisissante de réalité. Elles ne disent cependant rien sur les conditions de son décès. Son corps ne paraît pas comporter de traces de meurtrissure ou de fracture. Les blessures que l'on peut apercevoir derrière la tête semblent avoir été faites après la mort. Peut-être sont-elles dues à des rapaces ou à des charognards.

• Équipé pour la montagne

Les vêtements que porte l'homme devaient lui permettre d'affronter des températures basses. Partant pour la haute montagne, il s'est chaudement vêtu. Sa veste de fourrure, très bien cousue, laisse cependant apparaître, par endroits, de grossiers raccommodages. Par-dessus cette veste, il a jeté une cape coupe-vent imperméable, faite de joncs tressés. Ses chaussures en cuir sont rembourrées de paille afin de protéger ses pieds du froid. Il possède un grand arc, d'environ 1,80 mètre et 14 flèches dans son carquois. Deux étaient d'ailleurs prêtes à servir puisqu'on a retrouvé leurs pointes faites en silex collés avec de la poix et un empennage de plumes soigneusement disposées. S'il s'agit d'un chasseur, comme semble l'indiquer cette panoplie, quel gibier venait-il chasser à de si hautes altitudes ?

Pour transporter le produit de sa chasse, il s'est muni d'une sorte de gibecière en bois, en noisetier pour l'armature et en mélèze pour les lattes. Afin d'attacher ses proies, il a aussi emporté des cordes d'herbes et de tendons tressés. Une partie de ce gibier devait être consommée sur place, cuite dans le foyer qu'il allume le soir, afin de se réchauffer pour la nuit et d'éloigner les animaux sauvages. Il a sur lui tout ce qu'il faut pour faire rapidement du feu : des pièces à feu en bois de saule, des pyrites et de l'amadou.

• *Un prospecteur de métal ?*

Il s'est équipé pour une expédition de plusieurs jours puisqu'il a emporté des vivres : quelques céréales, des prunes sauvages, qui nous indiquent que c'est alors l'automne, et des morceaux de viande. Ce dernier point est curieux : s'il s'est pourvu de viande, c'est qu'il n'était pas certain d'en trouver sur place. La chasse était-elle vraiment le but principal de son expédition ?

Une autre hypothèse fait de cet homme un prospecteur de métal. Il y avait, à l'époque, des filons de cuivre à l'air libre dans cette région. En plus de sa panoplie de chasseur, le cadavre porte une hache, qu'il serrait encore dans sa main quand il a été découvert. Celle-ci est formée d'un manche en bois d'if coudé et d'une lame trapézoïdale. La lame est, non pas en fer, mais en cuivre qui, après analyse, a montré quelques traces d'arsenic et d'argent. Qui était donc cet homme pour posséder, 3500 av. J.-C., un outil aussi précieux ? Les haches existaient, fort nombreuses à cette époque, mais elles étaient en pierre polie et, seulement dans des cas exceptionnels, en métal. L'alliage de cette hache n'est pas très bien réalisé, mais témoigne des premiers tâtonnements de l'homme en matière de métallurgie. À la ceinture, dans une petite sacoche faite d'herbes tressées, l'homme porte encore un poignard au manche en bois de frêne, à la lame de silex, taillé et non poli : autre étrangeté car, cette fois, c'est un outil d'une technique grossière, qui devait valoir peu.

UNE DÉCOUVERTE EXCEPTIONNELLE

La découverte de l'homme de Similaun est tout à fait extraordinaire : si nous ne saurons jamais qui il était et comment il est mort, la somme d'informations qu'il nous apporte est inespérée. L'examen effectué au carbone 14 sur l'attirail qu'il avait avec lui permet d'établir une datation relativement précise étant donné la grande distance temporelle : la hache peut être ainsi située entre 3500 et 2600 av. J.-C.

Jamais le corps d'un homme d'une époque aussi reculée n'avait été découvert avec sa peau et tout son matériel conservé. Seuls les « hommes des tourbières », tel « l'homme de Tollund », peuvent lui être comparés, mais ils ont été sacrifiés, pour des raisons inconnues, quelques siècles à peine avant J.-C. L'existence de tatouages, présumée depuis longtemps, n'avait jamais pu être prouvée. C'est désormais chose faite.

On savait d'autre part que les populations du néolithique se servaient de l'arc, depuis bien longtemps déjà, mais sans qu'on puisse imaginer la taille réelle de l'objet, ni la façon dont les flèches étaient préparées. Aucun document aussi précis ne nous était non plus parvenu sur la façon dont s'habillaient ces lointains ancêtres.

Ce sont des randonneurs qui ont découvert le corps sur le glacier Similaun, à 3 200 mètres d'altitude.

Qu'est devenue la belle Nefertiti ?

En 1350 av. J.-C., on perd brutalement la trace de la plus belle et de la plus célèbre des reines d'Égypte : Nefertiti. L'épouse du pharaon réformateur Aménophis IV Akhenaton disparaît : son nom est effacé sur les monuments d'Égypte, ses statues souvent brisées.

• Sous le soleil d'Aton

En revanche apparaît dans les inscriptions égyptiennes un nouveau nom, celui d'un corégent. Qui est ce personnage ? Qu'est devenue Nefertiti ? S'est-elle retirée ? Ou bien ne fait-elle qu'un avec le mystérieux corégent, auquel les représentations donnent une allure si « féminine » ?

Nefertiti est probablement une princesse mitannienne, fille du roi Tousratta, née sous le nom de Tadouchépa. La Mitannie, royaume de haute Mésopotamie, est alors puissante et plusieurs de ses princesses sont mariées à de nobles Égyptiens. Arrivée en Égypte, Tadouchépa prend le nom de Nefertiti, ce qui signifie « la Belle est venue ». Elle devient l'une des épouses du vieux pharaon Aménophis III, puis à sa mort, celle de son fils, Aménophis IV. Nous sommes probablement en 1364 av. J.-C. Elle a dix-sept ans, il en a douze. Le couple se dégage peu à peu de l'influence de la reine-mère, Tiyi, et se consacre au culte d'Aton.

• D'un art paisible à une vision tourmentée du monde

Aménophis IV prend le nom d'Akhenaton et déplace sa capitale. À en croire de nombreux bas-reliefs, le jeune couple vit des années heureuses. Nefertiti met au monde plusieurs filles, et la famille s'installe dans la ville nouvelle d'Akhetaton (Amarna). Akhenaton se veut un souverain aussi paisible que ferme : il diminue avec détermination l'influence du clergé égyptien, mais cherche la paix à l'extérieur. L'art qu'il promeut est dominé par des scènes reposantes et tendres : Aton, dieu unique et invisible, est un dieu d'amour universel et non un dieu martial et vengeur. Progressivement, pourtant, les œuvres artistiques deviennent plus inquiétantes. Le roi et son entourage sont figurés avec des proportions étranges, le ventre enflé et le visage amaigri, le crâne étiré, tout le corps parfois déformé. Le roi est-il malade et les artistes calquent-ils la représentation de la famille royale entière sur celle de son corps amoindri ? Ou son esprit peu à peu exalté impose-t-il à tous une vision hallucinée du monde ?

La belle Nefertiti va être brusquement remplacée par un étrange personnage : Semenkharê.

• L'énigmatique Semenkharê

La dernière image du couple date de la douzième année du règne d'Akhenaton ; le pharaon et la reine reçoivent le tribut des pays vassaux. L'année suivante, Nefertiti disparaît de la vie publique. Elle est remplacée, aux côtés du pharaon, par un troublant personnage : Semenkharê. Le jeune homme est d'abord élevé par Akhenaton au titre de pharaon corégent. Puis, l'an XIV du règne d'Akhenaton, il se voit octroyer un titre jusque-là réservé à la reine : Nefer-Neférou-Aton : « celui qui est aimé d'Akhenaton ». Qui est Semenkharê ? Probablement le gendre d'Aménophis IV, l'époux de sa fille Méritaton. Plusieurs stèles, qui le représentent avec le pharaon dans des poses tendres, suggèrent que les deux hommes entretiennent des relations amoureuses. Sur les reliefs et les peintures, les déformations physiologiques imposées à la silhouette d'Akhenaton sont telles que les historiens antiques Flavius Josèphe et Sexte Jules l'Africain parlent du pharaon comme étant une femme.

• La reine écartée

De même, Semenkharê est représenté avec les attributs féminins : l'égyptologue John R. Harris en a déduit que Semenkharê et Nefertiti ne faisaient qu'un. Mais une telle hypothèse peut difficilement être soutenue : elle n'explique pas le traitement féminin du corps d'Akhenaton lui-même et omet un fait archéologique essentiel. En effet, la tombe 55 de la Vallée des Rois a livré en 1907 un sarcophage contenant, sur la momie, une plaquette d'or sur laquelle est gravé : « Celui qui fut aimé d'Akhenaton ». La momie est celle d'un homme d'une vingtaine d'années, mais elle repose dans la posture réservée aux épouses royales : le bras gauche sur la poitrine, le droit tendu le long du corps. Aucun doute n'est possible : Semenkharê est un homme, considéré par Akhenaton comme son épouse. Il est inhumé dans le sarcophage qui avait été réalisé pour Nefertiti, preuve supplémentaire de la disgrâce de la reine.

• Le retour raté de Nefertiti

Contrairement à ce qu'on a longtemps cru, il apparaît que la disparition de Nefertiti soit bien due à une disgrâce et non à sa mort. Les découvertes les plus récentes semblent attester une séparation : Nefertiti, après l'an XII du règne de son époux, choisit de vivre dans son palais, au nord d'Akhetaton. Il n'est pas impossible que la reine évincée ait préparé un coup d'État pour défendre le dieu unique Aton, dont son mari s'éloignait visiblement, sous l'influence de Semenkharê. La mort des deux hommes, à quelques mois d'intervalle, la dix-septième année du règne d'Akhenaton, a rendu ce coup d'État inutile. Grâce aux archives hittites, on connaît en effet la réaction de Nefertiti à la mort du pharaon. Par crainte que les réformes entreprises ne soient balayées par un successeur choisi dans la noblesse égyptienne, la reine fait parvenir au souverain hittite plusieurs ambassades lui demandant d'envoyer un de ses fils, qu'elle épousera et fera pharaon. Après de longues hésitations, le roi délègue le prince Zannanza, mais celui-ci est assassiné en route sur ordre des prêtres d'Amon. Nefertiti place alors sur le trône un garçon de onze ans, Toutankhaton, mais elle est rapidement écartée par les grands du royaume et, placé sous une influence nouvelle, l'enfant-pharaon restaure le polythéisme, prend le nom de Toutankhamon et abandonne la ville nouvelle dédiée à Aton pour retourner à Thèbes. D'après les urnes retrouvées sur place, Nefertiti meurt à Amarna aux environs de 1344 av. J.-C.

Buste d'Akhenaton.
Le pharaon va laisser planer le doute quant au véritable statut de son « corégent » Semenkharê.

ÉGYPTE

Ramsès III assassiné par ses femmes ?

E*n 1153 avant notre ère, Ramsès III, le dernier grand souverain de l'Égypte pharaonique, meurt dans des conditions inconnues. Dans les mois qui suivent, son fils et héritier Ramsès IV fait juger les femmes de son père, accusées d'avoir tué celui-ci.*

• Pour l'amour de son fils

Le compte rendu du procès, porté sur quatre papyrus dont le principal est conservé au musée égyptien de Turin, fait revivre sous nos yeux une institution méconnue, le harem du pharaon.

Uni à un grand nombre de femmes, en dépit de la coutume, Ramsès a omis de choisir parmi elles une « Grande Épouse » dont l'enfant mâle deviendrait son successeur normal. Mais il a désigné l'un de ses fils, Ramsès – le futur Ramsès IV –, pour lui succéder. Ce choix, qui ne repose que sur la préférence du pharaon, est facilement contestable. Il ouvre la porte à toutes les intrigues, de la part de mères qui souhaitent voir régner leur propre progéniture.

Au cœur du complot se trouve une concubine nommée Tiyi. Tiyi a conçu de Ramsès un enfant nommé Pentaouret. Pour installer celui-ci sur le trône, elle décide de faire assassiner le pharaon. Habile manœuvrière, elle gagne à sa cause, outre ses compagnes de harem, le directeur et un certain nombre de fonctionnaires de l'institution, des dignitaires extérieurs tels qu'un échanson, un médecin, un intendant des prêtres, le commandant des troupes de Kouch, qui est le frère d'une femme du harem, et enfin un général. Vingt-huit hommes et un nombre indéterminé de femmes sont impliqués dans le complot.

• L'arrestation des conjurés

Ils ont de plus recouru à la magie. Un conjuré, à l'aide d'un grimoire précieux dérobé dans la bibliothèque royale, fabrique des figurines de cire sur lesquelles il prononce des formules magiques ; il les introduit ensuite dans le harem. Enfin, une date est fixée pour l'assassinat du pharaon : il doit avoir lieu lors de la célébration de la fête de la Vallée, ou fête des Morts, dans le palais de Médinet Habou accolé au temple destiné au culte de Ramsès III.

La tombe de Ramsès III est située à l'embouchure de la Vallée des Rois à Louqsor.

Les papyrus conservés ne nous apprennent pas de quelle manière les événements se sont déroulés, et la momie de Ramsès III ne porte aucune trace de blessure montrant qu'il y ait eu violence. Ramsès IV, ayant fait juger les conspirateurs, laisse penser que le complot, s'il n'a pas pu imposer un autre successeur que celui choisi par Ramsès III, a en revanche pu être fatal au roi. La conjuration, en tout cas, a été découverte et ses membres arrêtés.

• L'exécution ou le suicide

Le rapport du procès nous apprend que douze juges, choisis par Ramsès IV parmi les plus grands personnages, sont chargés d'instruire l'affaire. La décision des juges est laconique et sans appel. Pour chaque inculpé, la même formule revient : « il [l'accusé, qui peut être une femme] a été conduit devant les juges du tribunal ; ils ont examiné ses crimes ; ils l'ont trouvé coupable ; ils ont fait en sorte que son châtiment s'abatte sur lui. » Le châtiment n'est autre que la peine capitale. Dix-sept hommes et six femmes au moins sont ainsi exécutés. Les autres, dont Pentaouret, le fils de Tiyi, sont « condamnés au suicide ». La sentence, cette fois, est ainsi exprimée : « Ils l'ont laissé où il était ; il s'est ôté la vie. » Étrangement, Tiyi, citée comme âme du complot, ne figure pas dans les listes des accusés. Peut-être s'est-elle préalablement donné la mort, au moment de l'échec du complot ?

• *Des complots à répétition*

L'institution du harem a sécrété des troubles à plusieurs reprises dans l'histoire de la royauté pharaonique. Déjà, vers 2300 av. J.-C., soit plus de onze siècles avant les événements évoqués ici, le roi Pépi Ier avait fait juger dans le plus grand secret une reine, dont le nom n'est pas cité, pour avoir conspiré contre lui. En 1962 av. J.-C., un scénario identique à celui-ci aboutit à l'assassinat du roi Amenemhat Ier. Il existe quelques détails sur les événements. Les femmes du harem soutinrent le fils de l'une d'elles contre l'héritier légitime. Elles soudoyèrent des proches du souverain régnant pour l'assassiner. Le crime fut perpétré pendant la nuit, alors qu'Amenemhat dormait, et en l'absence de son successeur désigné, parti guerroyer contre les Libyens. Mais, comme en 1153, le complot échoua : le retour anticipé de l'héritier lui permit de sauver sa couronne.

Le harem du pharaon

Le nombre des femmes enfermées en ces lieux varie considérablement d'une époque à une autre, atteignant plusieurs centaines de femmes sous Ramsès III.

Des origines sociales mêlées. Elles sont recrutées pour la plupart dans les couches inférieures de la société et voient dans le fait d'être choisies une chance inespérée de promotion sociale. Toutes ne sont pas destinées au pharaon. Certaines resteront vierges, d'autres seront offertes par le pharaon comme épouses à des dignitaires qu'il veut récompenser.

Ramsès III accompagné de son fils, le futur Ramsès IV.

Des activités multiples. Le harem possède des terres, des troupeaux et abrite une véritable industrie textile. Les servantes et les épouses d'origine modeste travaillent, filant, tissant, cousant les vêtements. L'établissement éduque les enfants royaux et ceux des grands dignitaires et forme les danseuses et les musiciennes qui divertissent le souverain.

Un personnel masculin. La gestion est confiée à un personnel masculin. Il s'agit des gardes des femmes, qui semblent n'avoir jamais été recrutés parmi des eunuques. Mais le harem a aussi son intendant, ses scribes. À la tête de cet ensemble est placé un directeur du harem royal.

Qui protège la tombe de Toutankhamon ?

En 1922, l'archéologue britannique Howard Carter fait une formidable découverte : il retrouve le tombeau intact du pharaon Toutankhamon. Ses ouvriers le préviennent : une malédiction est attachée à la sépulture, ceux qui la violeront mourront.

Plus de 3 000 objets précieux ont été trouvés dans la tombe de Toutankhamon.

• Où est passé Toutankhamon ?

Jeune dessinateur et aquarelliste, Howard Carter a 17 ans lorsqu'en 1890, il trouve un emploi au British Museum. Il est chargé de faire des copies de hiéroglyphes. En 1891, il est envoyé sur le terrain et débarque pour la première fois au Caire. Devenu l'assistant du célèbre égyptologue Flinders Petrie, il apprend rapidement l'écriture hiéroglyphique et devient un chercheur et un égyptologue compétent.

En 1906, Gaston Maspéro, conservateur du musée du Caire, lui présente lord Carnarvon, riche oisif passionné d'égyptologie. Lord Carnarvon se fait attribuer une concession de fouilles et engage Carter. Dès la première saison, les deux hommes et leur équipe découvrent la tombe d'un prince de la XVIIe dynastie, pillée, mais où subsistent un certain nombre d'objets. Cette première trouvaille décuple l'enthousiasme du lord mécène. D'autant que Carter lui expose son raisonnement : tous les souverains de la XVIIIe dynastie ont été enterrés dans la Vallée des Rois. Toutes les sépultures ont été retrouvées sauf une, celle du jeune roi Toutankhamon, bref successeur du célèbre Akhenaton (Aménophis IV). Les archéologues pensent que Toutankhamon, compte tenu de son peu d'importance et de la brièveté de son règne, a été enterré ailleurs. Carter est persuadé du contraire.

• Plusieurs saisons de fouilles

Lorsque l'Américain Davis annonce qu'il a terminé ses fouilles dans la Vallée des Rois, Carter presse Carnarvon de demander la concession. Mais la Première Guerre mondiale éclate, et les deux hommes doivent attendre 1918 pour se remettre à l'œuvre. Des milliers de mètres cubes de terre sont alors enlevés à la main : l'emplacement choisi par Carter se situe dans une zone que les autres archéologues ont transformée en dépôt pour leurs gravats. Plusieurs saisons de fouilles se succèdent. Les chercheurs trouvent quelques objets, mais toujours pas de tombe. Enfin, en novembre 1922, leurs ouvriers mettent au jour des marches qui s'enfoncent dans le sol et conduisent à une porte. Une tombe. Carter prévient Carnarvon, qui se trouve alors à Londres.

• La plus grande découverte de tous les temps

Depuis quelque temps, Carter possède un canari auquel son équipe s'est attachée. Pour elle, le petit « oiseau d'or » est un porte-bonheur. Mais quelques jours avant l'ouverture du tombeau, le canari connaît un triste sort : un cobra se glisse dans sa cage et l'avale. Le cobra est le serpent des pharaons, symbole de la royauté. Les ouvriers y voient un mauvais présage. Alors que Carter et Carnarvon se préparent à ouvrir la première porte, un contremaître les met en garde : ils mourront comme l'oiseau, s'ils violent le repos de Toutankhamon. Les archéologues ne tiennent aucun compte de l'avertissement. Avec Evelyn, la fille de Carnarvon, et l'égyptologue Callender, qui procède à ses propres fouilles à quelques kilomètres de là, ils pénètrent dans la sépulture. Une première chambre leur révèle un fantastique trésor : trône, statues, meubles, chars, armes, tout ruisselle d'or et de pierres précieuses. Une autre pièce, couverte de faïence bleu et or, renferme les trois sarcophages emboîtés de Toutankhamon, une dernière contient des statuettes et des coffres pleins de bijoux. Carter et Carnarvon viennent d'effectuer la plus formidable trouvaille archéologique de tous les temps : le tombeau intact d'un pharaon, miraculeusement préservé des pillards.

• La malédiction du pharaon ?

Dans l'année qui suit, lord Carnarvon, à la suite de piqûres de moustiques, est pris de fièvre. Son état empire rapidement. On le ramène au Caire : il y meurt le 5 avril 1923 à 2 h du matin. La presse, qui a eu vent de l'avertissement lancé au moment de l'ouverture de la tombe, voit en Carnarvon la première victime de la malédiction : n'est-il pas le commanditaire, le véritable responsable de la violation du repos royal ? La suite des événements comble les journalistes, avides de sensationnel. George Bénédite, égyptologue attaché au Louvre, meurt après avoir visité le tombeau. Son homologue américain Arthur Mace connaît le même sort, puis c'est le tour du frère et de l'infirmière de lord Carnarvon, du secrétaire de Howard Carter…

• Un mystérieux virus ?

On dénombre jusqu'à 27 morts « mystérieuses ». La plupart des victimes sont atteintes de maladie ; la presse évoque un virus resté captif de la tombe pendant 3 000 ans, mais les analyses n'en révèlent pas la présence. Cette succession de décès ne suffit cependant pas à accréditer l'idée que le pharaon s'est vengé d'avoir été troublé dans son repos éternel. Outre que le climat de l'Égypte est notoirement malsain, il faut reconnaître que, parmi les principaux acteurs à avoir pénétré en premier dans la tombe, seul lord Carnarvon est mort, à l'âge de 57 ans ; il était en mauvaise santé depuis longtemps. Howard Carter, Evelyn Carnarvon et l'archéologue Callender, qui présidèrent avec lui à l'ouverture de la sépulture, ont terminé paisiblement leurs jours, bien des années plus tard.

Howard Carter et Callender découvrent la tombe de Toutankhamon. Ils ne savent pas encore qu'ils risquent leur vie en pénétrant dans la sépulture.

GRÈCE

La guerre de Troie a-t-elle eu lieu ?

Chefs-d'œuvre de la littérature occidentale, l'Iliade et l'Odyssée décrivent des événements qui se seraient déroulés en 1200 av. J.-C. Pourtant, depuis un siècle, historiens et archéologues s'interrogent sur la réalité du célèbre conflit qui opposa, selon Homère, les Grecs aux Troyens.

• La ruse d'Ulysse

À l'origine de la lutte qui oppose les Grecs aux Troyens, on trouve une histoire d'amour : Pâris, un des cinquante fils de Priam, le roi de Troie, enlève la belle Hélène, épouse de Ménélas, souverain de Sparte. Pour venger l'honneur de ce dernier, son frère Agamemnon réunit une coalition de peuples grecs – ou achéens – et, à leur tête, vient assiéger Troie.

Dix années durant, au pied des remparts de Troie, les héros grecs – Achille, Ulysse, Nestor, les deux Ajax – multiplient en vain les actions d'éclat. La ville résiste. Ulysse, le plus astucieux des Grecs, imagine alors un stratagème : il fait construire un gigantesque cheval de bois dans lequel il cache des guerriers, tandis que les autres Grecs font mine de lever le siège. Sans méfiance, les Troyens font entrer la statue dans leurs murs. Pendant la nuit, les soldats dissimulés sortent des flancs de l'animal et ouvrent à leurs compagnons les portes de la ville.

• La destruction de la ville

Pour les Troyens, désarmés et plongés dans le sommeil, la résistance est impossible. Tandis que des incendies sont allumés dans toute la ville, les Grecs pénètrent dans les maisons, saccagent, pillent, massacrent. Le palais de Priam est investi : Cassandre, fille du roi, est arrachée de l'autel d'Athéna, où elle s'est réfugiée, et devient le butin d'Agamemnon ; sa belle-sœur Andromaque échoit au fils d'Achille ; le jeune Astyanax, fils

La procession du cheval de Troie, ***d'après Giovanni Domenico Tiepolo, XVIIIe siècle.***

d'Hector, petit-fils de Priam, est précipité du haut des remparts Le vieux roi Priam, qui, malgré son grand âge, a pris les armes pour résister à l'envahisseur, est décapité.

Après le tumulte et l'agonie, le silence retombe sur Troie. Il ne reste plus de la splendide capitale de la Troade que des ruines fumantes.

• Réalité historique

Les historiens grecs du Ve siècle av. J.-C. – Hérodote, auteur des *Histoires*, et Thucydide, à qui l'on doit la *Guerre du Péloponnèse* – apportent à la tradition homérique des explications historiques et politiques. Pour le premier, les Troyens représentent les éternels ennemis de la Grèce, c'est-à-dire les Perses ou Mèdes. La guerre de Troie serait donc, selon le « père de l'Histoire », une première guerre médique. L'analyse de Thucydide est plus politique. Pour lui, le conflit décrit par Homère symbolise la première tentative de rassemblement des Grecs en vue d'une conquête, en somme une première forme d'impérialisme hellénique. La véracité des poèmes n'est, en tout cas, pas mise en doute par les Anciens : les événements qu'ils décrivent ont à leurs yeux une réalité historique.

À partir de la fin de l'Antiquité, l'histoire de Troie est regardée comme une légende plutôt que comme le récit d'événements véridiques.

• Les ruines de Troie

À la fin du XIXe siècle, l'Allemand Heinrich Schliemann, admirateur passionné de littérature grecque, décide de faire la preuve que la Troie des récits homériques a bel et bien existé et connu la fin tragique que décrit Homère. Il ne découvre qu'une petite bourgade, baptisée par les archéologues du nom de Troie VII d'après l'ordre des couches archéologiques. Le site date de périodes antérieures à celles supposées de la guerre, et les vestiges le montrent si

L'incendie de Troie, ***d'après Pieter Schoubroek, 1606.***

petit et si pauvre que l'on ne comprend pas pourquoi les Grecs auraient levé une telle armée contre lui. D'autant que des fouilles entreprises à Mycènes, la ville du roi Agamemnon, révèlent, à l'inverse, un grand nombre de trésors. L'hypothèse d'une razzia contre Troie dans le but d'en ramener un butin, doit donc être écartée.

• L'extension de la puissance hellénique

En 1953, en revanche, une découverte capitale ouvre la voie à une autre interprétation de la guerre. Cette année-là, le déchiffrement de l'écriture des tablettes trouvées dans les ruines du palais de Cnossos, en Crète, et à Pylos, dans le Péloponnèse, montre qu'il s'agit de la même langue : une première forme de grec. Cela signifie qu'il y a bien eu une extension de la puissance hellénique. Ainsi, l'hypothèse d'un roi de Mycènes suffisamment puissant pour former une telle coalition et la conduire si loin peut être historiquement fondée.

Un grand historien, M. I. Finley, a fait avancer le débat dans un sens déterminant. Dans son ouvrage *le Monde d'Ulysse*, il affirme que ce n'est ni dans le monde mycénien (XIIIe siècle), ni dans celui des cités de la période archaïque (VIIIe-VIe siècle) qu'il faut chercher l'inspiration ou le modèle homérique. La société décrite dans *l'Iliade* et dans *l'Odyssée* serait celle des temps obscurs de l'histoire grecque, la période qui sépare la chute de Mycènes de la naissance des cités.

• Un événement magnifié

Les chercheurs d'aujourd'hui vont plus loin et distinguent trois niveaux de lecture dans les textes homériques. D'une part, il s'agit d'une œuvre poétique d'imagination qui échappe de ce fait à l'interprétation historique. Ensuite, Homère se réfère effectivement à des temps lointains mythiques, ceux de l'âge d'or de la puissance mycénienne. Mais les détails de la société qu'il décrit – c'est là le troisième niveau de lecture possible – sont bien ceux de son temps. Ainsi, si une expédition hellénique a effectivement eu lieu en Asie, elle n'a sûrement pas eu l'ampleur de la légendaire guerre de Troie : mais la portée et l'importance de l'événement ont été magnifiées par la suite. Peut-être justement, comme le disait Thucydide, parce que cette entreprise fut une action commune des Grecs contre un autre peuple.

GRÈCE

Homère a-t-il existé ?

L'Iliade *et* l'Odyssée *: ces deux poèmes forment le plus ancien et le plus connu des textes classiques. Mais qui en est l'auteur ?*

Homère déifié, dit aussi l'Apothéose d'Homère, peinture de Jean-Auguste-Dominique Ingres, 1827.

• De multiples versions

« Chante, déesse, la colère d'Achille, le fils de Pélée : détestable colère, qui, aux Achéens, valut des souffrances sans nombre et jeta en pâture à Hadès tant d'âmes fières de héros, tandis que de ces héros mêmes elle faisait la proie des chiens et tous les oiseaux du ciel, pour l'achèvement du dessein de Zeus. » C'est par ces lignes que commence *l'Iliade*, le premier des deux poèmes attribués à Homère. Il raconte en vingt-quatre chants versifiés, la guerre de Troie. Le second poème homérique, *l'Odyssée*, a pour héros Ulysse, roi d'Ithaque, un personnage secondaire dans *l'Iliade*. Au retour de Troie, Ulysse s'égare au milieu des tempêtes et, dix années durant, il parcourt la Méditerranée, affrontant monstres et magiciens. De retour à Ithaque, il vainc les prétendants qui se disputent son épouse Pénélope et retrouve son trône.

Au cours du VIIe siècle av. J.-C., des aèdes, poètes et bardes parcourent la Grèce en chantant les deux épopées nouvelles. Partout, leurs récits obtiennent un formidable succès, et ils sont bientôt connus de tous. Au VIe siècle, Athènes en organise une lecture publique intégrale. À partir du ve siècle, les jeunes Grecs apprennent par cœur les deux poèmes : ils s'imposent, pour longtemps, comme la base de l'enseignement classique. Outre leurs qualités littéraires, ils expriment, en effet, l'unité culturelle grecque : ils constituent en quelque sorte le symbole d'une civilisation. Au ive siècle, le conquérant Alexandre le Grand conserve avec lui un exemplaire de *l'Iliade* et *l'Odyssée*, où que ses campagnes le mènent.

Les deux poèmes sont largement copiés et diffusés. Or, il advient souvent qu'un copiste ajoute quelques vers de son cru. On conserve ainsi aujourd'hui plusieurs centaines de versions de *l'Iliade*, chacune légèrement différente, jusqu'à ce que le texte soit épuré à l'époque alexandrine.

• *Comment dater l'œuvre ?*

La tradition a longtemps fait d'Homère un homme du xe ou du ixe siècle. Mais les premières lectures attestées de ses deux poèmes ont lieu au viie siècle seulement. L'Allemand Schadewaldt situe donc la gestation des deux œuvres dans la seconde moitié du viiie siècle, précisément aux alentours de 720 av. J.-C. Des données archéologiques semblent confirmer cette date. En effet, Homère, qui raconte des événements censés se dérouler à l'époque mycénienne, commet nombre d'anachronismes. Mais ces anachronismes ne signifient pas que l'œuvre soit de pure fiction, ni qu'un seul homme – Homère – l'ait inventée. Une tradition orale a pu se maintenir, les récits relatant les événements de la guerre de Troie passant de bouche en bouche, puis cette tradition a été couchée par écrit, au viiie siècle, à la faveur de l'invention nouvelle de l'écriture en Grèce.

• *Un poète unique…*

Jusqu'au xviie siècle, personne n'a douté de l'existence historique d'Homère. La tradition le fait naître à Colophon. À moins que ce ne soit à Chio, à Smyrne, à Ios ou à Cymè… Bien des cités se disputent l'honneur d'avoir été sa patrie. La même tradition veut qu'il ait été aveugle. En 1670, dans ses *Conjectures académiques*, l'abbé d'Aubignac dénonce pourtant les incohérences des poèmes homériques. Pour la première fois, il met en doute l'existence d'un auteur unique. Ses affirmations ne recueillent guère d'écho, mais, un siècle plus tard, en 1795, l'érudit allemand Friedrich-August Wolf publie un ouvrage, *Prolegomena ad Homerum*, où il pose les mêmes questions. Nous sommes alors au siècle des Lumières, l'esprit critique envers les classiques s'est développé et, bientôt, le débat est ouvert : plusieurs auteurs anonymes ne se cachent-ils pas derrière un pseudonyme ?

• *… ou plusieurs auteurs ?*

La composition des deux poèmes est analysée. *L'Iliade* est une œuvre aboutie, irréprochable dans sa composition. *L'Odyssée* paraît, en comparaison, plus désordonnée, moins unie. De grandes différences de fond et d'esprit séparent les deux textes. *L'Iliade* est un récit épique, son auteur possède une vision grandiose, cosmique, les dieux sont omniprésents. Il utilise des schémas fixes dans la structure de certaines scènes, comme les combats et les rencontres. Il est proche de la tradition orale des aèdes : anciennes épopées, poésies généalogiques.

L'auteur de *l'Odyssée*, lui, apprécie les thèmes fantastiques : monstres, sorcières, enchanteurs et sirènes ; les dieux, à l'inverse, sont fort discrets. Même Athéna, qui protège Ulysse durant *l'Iliade*, ne s'aventure pas avec lui dans la Méditerranée occidentale ; elle ne reparaît que lors du retour à Ithaque. *L'Odyssée* fait une grande part aux scènes de la vie quotidienne, à la recherche de la paix et de la douceur de vivre. On n'y retrouve pas l'esprit guerrier qui marque *l'Iliade*.

C'est à partir du xviie siècle, avec les **Conjectures académiques** *de l'abbé d'Aubignac, que l'on commence à douter de l'existence d'Homère.*

L'HÉRITAGE DE LA TRADITION ORALE

Le fait est admis aujourd'hui que l'auteur de *l'Iliade* n'est sans doute pas celui de *l'Odyssée*. L'analyse du langage, mais aussi de la vision poétique, révèle deux caractères différents. L'auteur de *l'Iliade* vécut sans doute au viiie siècle, celui de *l'Odyssée*, plutôt au viie siècle : les caractéristiques de son poème révèlent un Grec ouvert à la navigation et à la découverte de la Méditerranée. Il a une vision nouvelle du rôle des dieux qui ne sont plus des « surhommes » omniprésents. Mais ce poète exploite probablement lui-même de multiples sources. Les défauts de structure et le manque d'unité de *l'Odyssée* permettent de penser que le texte est l'œuvre de différents conteurs, l'adaptation de plusieurs récits de tradition orale unifiés par un habile rédacteur.

Où se trouvaient les mines du roi Salomon ?

Le roi des Hébreux avait accumulé, dit-on, d'immenses richesses. D'où venaient-elles ? La Bible parle d'un voyage par mer et en laisse deviner d'autres, en direction d'une contrée mystérieuse et productrice d'or nommée Ophir.

• Première étape : une ville minière de l'Antiquité

Pour mener à bien l'entretien de son royaume, la construction de nombreuses forteresses et le fastueux train de vie de sa cour, Salomon a besoin d'or. Pour le trouver, raconte la Bible, il s'entend avec le roi phénicien Hiram de Tyr, qui lui fournit de quoi monter une expédition maritime en direction d'un énigmatique pays d'Ophir qui, selon la tradition, regorge d'or. Cette flotte part d'un port du nom d'Ezion Geber, situé au nord de l'ancien rivage du golfe d'Aqaba, dans la mer Rouge, et elle revient chargée de 420 talents d'or (environ 11 tonnes).

En 1938, l'archéologue américain Nelson Glueck identifie le site d'Ezion Geber en Jordanie sur un lieu aujourd'hui nommé Tell Kheleyife. Découverte d'importance, car elle révèle que Salomon a fait édifier une ville spécialisée dans la fonte et le traitement du cuivre et du fer tirés de ses mines. Les installations trouvées par Glueck et son équipe révèlent qu'Ezion Geber est un grand centre commercial auquel aboutissent les caravanes venues d'Égypte,

Ruines de la cité de Zimbabwe. Jusqu'au début du XXe siècle, la cité d'Ophir et Zimbabwe ne font qu'un.

Le roi Salomon et la reine de Saba.

d'Arabie et de Judée, et d'où partent des bateaux, souvent construits sur place. Dorénavant, un coin du voile est levé : ce sont des objets en bronze et en fer que Salomon échange contre l'or d'Ophir, qui n'a sans doute pas la même valeur.

• Deuxième étape : Ophir se trouve-t-elle en Afrique ?

L'importance de la cargaison d'or rapportée par les bateaux phéniciens permet de limiter les recherches destinées à tenter de localiser ce pays fabuleux. Une si grande quantité d'or ne peut, en effet, provenir que de trois pays touchant à l'océan Indien : l'Arabie, les Indes et le sud de la côte orientale de l'Afrique. L'Arabie est à éliminer pour des raisons évidentes : nul besoin d'une flotte avec le réseau caravanier existant. Les Indes utilisent tant d'or qu'elles doivent en importer, en dépit de leur importante production jalousement protégée par des souverains puissants. Reste donc l'Afrique australe et plus particulièrement sa partie correspondant à l'actuel Zimbabwe.

Là, à un millier de kilomètres des côtes environ, se situent les plus riches gisements aurifères jamais exploités alors dans le continent noir. L'or convoité existe donc bien. Or, les anciens Africains sont passés directement de l'âge de pierre à celui du fer, en sautant la période du bronze, ce qui implique une importation étrangère du fer par voie terrestre, en provenance d'Afrique du Nord, ou par voie maritime. Un processus dans lequel l'échange entre la ville d'Ezion Geber et l'Afrique australe trouverait sa place. Dans ce contexte, la découverte en 1868 des ruines d'une formidable cité – qui porte le même nom que le pays, Zimbabwe –, par Adam Renders, suscita un espoir extraordinaire.

• Troisième étape : la vérité des dates brise les espérances

Jusqu'au début du XXe siècle, tout le monde ou presque, est convaincu que Zimbabwe, seule ville en pierre du continent, dans laquelle on voit une colonie phénicienne, et Ophir ne font qu'une. On observe même une « ruée vers l'or » dans la région, jusqu'à ce que, en 1929, l'archéologue britannique Gertrude Caton-Thompson démontre de manière définitive que l'imposante cité africaine, abandonnée vers le XVIe siècle, ne date que du Moyen Âge.

Il semble donc qu'il faille voir dans Ophir non pas une ville productrice d'or, mais plutôt une zone de production primitive où seraient venus se fournir les envoyés du roi Salomon, sans doute en rencontrant les indigènes sur la côte actuelle du Mozambique.

Les révélations de l'archéologie

En dépit des découvertes archéologiques, Zimbabwe et Ophir restent liées par une sorte de mythe moderne reposant en partie sur le roman de H. R. Haggard. Zimbabwe, qui signifie « maisons de pierre » en dialecte local, se situe dans une région verdoyante et couvre une surface d'environ vingt-cinq hectares.

Elle se compose de trois structures principales : une enceinte fortifiée de dix mètres de haut sur une colline, un temple elliptique dont la tour circulaire fait environ dix mètres de hauteur sur seize de diamètre à la base et, entre les deux, les nombreuses ruines de bâtiments bien plus petits. C'est la seule construction de ce type en Afrique noire, ce qui explique qu'elle ait été attribuée d'abord à des étrangers et donc, aux Phéniciens du roi Salomon. Mais les travaux des archéologues, puis les datations au carbone 14, ont montré que l'édification de Zimbabwe s'est étendue, en plusieurs phases, du IIe au XIIIe siècle, sous l'égide de peuples bantous désireux d'impressionner les étrangers. La ville, grand centre commercial et religieux, dépassait, au XVIe siècle, les 3 000 habitants. Ceux-ci ont alors commencé à l'abandonner, sans doute après avoir épuisé toutes les réserves en nourriture et en bois de la région.

La reine de Saba, ancêtre du Négus ?

La reine de Saba appartient à ces personnages énigmatiques qui ont nourri l'imaginaire des hommes : mi-femme, mi-déesse, elle apparaît dans diverses traditions religieuses au point que juifs, chrétiens et musulmans se la disputent.

• Un personnage de la Bible...

La reine de Saba apparaît tout d'abord comme un personnage biblique secondaire ; quelques lignes à peine lui sont consacrées dans la tradition hébraïque. En réalité, son importance provient du fait qu'elle est indissolublement liée à une haute figure de l'histoire juive : le roi Salomon (Xe siècle avant notre ère), fils de David et réputé pour sa grande sagesse. Ainsi, la Bible relate leur rencontre dans le livre des Rois. Attirée par la renommée de Salomon, la reine de Saba se rend à Jérusalem. Là-bas, elle éprouve la sagesse du grand roi en lui soumettant une série de questions. La justesse des réponses de Salomon mais aussi le luxe et l'abondance de sa cour amènent la reine à reconnaître sa puissance. Ainsi, s'adressant à lui, elle s'exclame : « tu as plus de sagesse et de prospérité que la renommée ne me l'a fait connaître. [...] Béni soit l'Éternel, ton Dieu, qui t'a accordé la faveur de te placer sur le trône d'Israël ». Par cet épisode, la reine de Saba valorise la puissance du royaume d'Israël et, par là même, reconnaît la grandeur de son Dieu.

• ... du Coran...

C'est le Coran et ses interprétations savantes qui font véritablement de la reine de Saba un personnage plus proche des *Mille et Une Nuits* que du récit biblique. Le texte coranique reprend le récit de sa rencontre avec Salomon dans la sourate dite « de la fourmi ». D'entrée, le merveilleux est présent : le roi est entouré de génies et de djinns. Quant à la reine, nommée ici Balkis, elle suscite la curiosité de Salomon qui apprend par le témoignage d'un oiseau fantastique qu'« elle et son peuple [adorent] le soleil à côté de Dieu : Satan a embelli ce genre de culte à leurs yeux ». Portrait étrange que celui d'une femme qui semble liée au démon et qui règne sur un peuple entier dans le pays de Saba, une terre fort éloignée d'Israël. Le reste du récit est assez semblable au texte biblique ; la reine, se rendant à Jérusalem, reconnaît finalement le Dieu de Salomon, Allah en l'occurrence. Le Coran a pourtant radicalement modifié l'image de la reine : de personnage secondaire, elle devient une femme de premier plan dans la tradition musulmane. Certains commentateurs de cet épisode n'hésiteront pas à voir en elle un être d'exception qui a su d'instinct distinguer Dieu dans ses manifestations terrestres.

La rencontre entre le roi Salomon et la reine de Saba a inspiré de nombreux artistes. Ici, peinture de Frans Francken.

• … et des légendes chrétiennes d'Éthiopie

La reine de Saba apparaît enfin dans une légende chrétienne d'Éthiopie, élaborée entre les XIIIe et XIVe siècles, qui en fait la fondatrice de la lignée royale. Ce récit, reprend la trame des précédents en les modifiant substantiellement. La reine, cette fois appelée Makeda, serait originaire d'Axoum en Éthiopie. Son apparence est étrange, voire inquiétante ; en effet, une de ses jambes se termine par un talon d'âne. Sa visite au roi Salomon prend cette fois-ci une tout autre tournure. Il ne s'agit plus de magnifier la grandeur de Dieu mais de légitimer une dynastie. C'est pourquoi un épisode nouveau est ajouté : le roi, séduit par Makeda, use d'un subterfuge pour profiter d'elle. Après un repas particulièrement pimenté, il lui fait promettre de ne toucher aucun objet de son palais. Elle promet mais, prise d'une soif violente dans la nuit, boit de l'eau contenue dans une jarre, brisant ainsi son serment. Salomon la surprend et obtient d'elle la faveur d'une nuit. À son retour, la reine de Saba accouche d'un fils qu'elle nomme Ménélik. Ce récit est capital en Éthiopie. D'une part il expliquerait la présence des falachas, ces juifs noirs d'Éthiopie qui descendraient de la garde et des lévites envoyés par Salomon afin de raccompagner la reine dans son royaume. D'autre part, la royauté très chrétienne d'Éthiopie qui, jusqu'au coup d'État de 1975, proclamait descendre de Ménélik justifiait par cette parenté illustre (descendants de David et Salomon, les rois éthiopiens n'étaient rien moins que parents du Christ, lui-même descendant de David) sa prétention à représenter l'avant-garde du christianisme en Afrique. Il faut encore ajouter que la légende fait des souverains d'Éthiopie les gardiens de l'Arche d'Alliance et des Tables de la Loi. En effet, Ménélik, devenu adulte, serait allé rencontrer son père Salomon et aurait ramené l'Arche à Axoum où, aujourd'hui encore, un grand nombre d'Éthiopiens soutiennent qu'elle se trouve.

• Une femme envoûtante

Trois récits donc qui font de la reine de Saba un mythe méditerranéen fascinant. L'aura qui s'en dégage est d'autant plus grande que les liens avec la réalité historiques sont difficiles à élucider. La localisation du royaume de Saba n'est pas aisée. Il est bien possible qu'il corresponde au Yémen actuel où vivent encore quelques communautés juives. C'est dans cet espace converti à l'islam au VIIe siècle que le récit biblique aurait été adapté dans le *Coran*. Quant à l'Éthiopie, elle aurait adopté la légende de la reine de Saba au contact de Yéménites venus commercer ou vivre sur son territoire.

Le point commun de tous ces récits est la visite au roi Salomon. Invention ou réalité ? Les historiens actuels y voient le souvenir de relations commerciales nouées entre la péninsule arabique et le royaume juif plusieurs siècles avant notre ère. C'est en tout cas cette rencontre qui a nourri l'imaginaire occidental de Gérard de Nerval au cinéma hollywoodien. Au-delà de la signification économique et religieuse de cette histoire, l'image de la reine de Saba demeure celle d'une femme envoûtante et mystérieuse.

La rencontre de la reine de Saba et du roi Salomon est différente selon sa source : la Bible, le Coran ou une légende chrétienne d'Éthiopie.

ORIENT

Riche comme Crésus le Lydien

« Riche comme Crésus » : cette expression connue de tous correspond à une incontestable réalité : l'incroyable richesse de Crésus, roi de Lydie. Mais son terrible destin rappelle aussi la moralité d'une certaine fable : l'argent ne fait pas le bonheur...

• Crésus, ennemi des Grecs

Presque tout ce que nous savons de Crésus nous vient des *Histoires* d'Hérodote. Cet historien vit à l'époque des dernières guerres médiques (490-479 av. J.-C.). Selon le « père de l'Histoire », le royaume de Crésus, situé en Lydie, un peu plus au nord à l'intérieur des terres, est voisin des cités grecques d'Asie Mineure. Et le roi Crésus veut, bien entendu, étendre son pouvoir. Il est ainsi décrit par Hérodote comme « le premier Barbare à avoir injustement attaqué des Grecs, contraint certains à lui payer tribut, et fait d'autres ses alliés ».

• La faute de l'aïeul

À ceci s'ajoute une légende. Si Crésus est le roi de Lydie à partir de -561, c'est parce que son arrière-arrière-grand-père Gygès, garde du corps du roi Candaule, a assassiné son maître et usurpé le pouvoir en épousant la reine. L'oracle de Delphes a révélé que les descendants de Candaule auraient leur revanche à la cinquième génération : cette génération est celle de Crésus. Celui-ci ne semble pas craindre la prédiction, qu'il ne peut pourtant ignorer. Il lance une série d'expéditions victorieuses contre les cités grecques ioniennes et insulaires. Il parvient ainsi à annexer d'immenses territoires à son État. Pillages, tributs, impôts, vente des citoyens comme esclaves : voici l'origine de la fortune de Crésus. Sa capitale, Sardes, devient une ville prestigieuse. Il y fait ériger des palais somptueux et distribue sans compter des subsides importants pour attirer une foule d'artistes, de philosophes ainsi que de poètes.

• Premier avertissement

Les richesses lydiennes paraissent inépuisables ; en matière financière, Crésus impose sa loi à tout le bassin méditerranéen. Les finances de Crésus sont tellement supérieures à celles des autres puissances que son étalon monétaire s'impose partout. Il se considère d'ailleurs comme le plus grand et le plus heureux des hommes, et le proclame... Un avertissement lui est infligé lorsque se présente à Sardes un personnage attiré par les fastes de la cour : le célèbre législateur Solon, considéré comme le père fondateur de la démocratie athénienne. Crésus lui fait visiter son palais et lui montre ses trésors. Puis il lui demande : « As-tu déjà vu quelqu'un qui fût le plus heureux des hommes ? » Le sage athénien lui fait la réponse suivante : « Tu es, je le vois bien, fort riche, et tu règnes sur de nombreux sujets ; mais je ne puis te répondre avant d'avoir appris que ta mort a été belle. Car l'homme riche n'est nullement plus heureux que l'homme qui vit au jour le jour, si la faveur du sort ne lui reste pas assez fidèle pour qu'il termine sa carrière en pleine prospérité. Il faut en toute chose considérer la fin car, à bien des hommes, le ciel a montré le bonheur, pour ensuite les anéantir tout entiers. »

• L'oracle ambiguë de la prêtresse

Après cet épisode, de fait, le sort semble s'acharner sur Crésus. Il est d'abord averti par un songe que son fils Atys, commandant de ses armées, périra frappé d'une pointe de fer ; malgré toutes les précautions prises, la prédiction se réalise : Atys

La chute de Crésus

« Ainsi les Perses s'emparèrent de Sardes et prirent Crésus vivant ; après un règne de 14 ans, après un siège de 14 jours, il avait, conformément à l'oracle, mis fin à un grand empire : le sien. Les Perses qui le prirent l'amenèrent à Cyrus, qui ordonna d'élever un grand bûcher sur lequel il fit monter Crésus chargé de chaînes, et 14 jeunes Lydiens avec lui. Peut-être voulait-il les sacrifier à un dieu en prémices du butin, ou s'acquitter de quelque vœu ; du moins est-ce là, dit-on, ce qu'il fit, et Crésus était debout sur le bûcher lorsqu'il lui vint à l'esprit, malgré l'horreur de la situation, qu'un dieu avait dicté à Solon ces paroles : "Nul vivant n'est heureux." À cette pensée, avec un profond soupir et un gémissement, il rompit son long silence et par trois fois cria : "Solon !" Cyrus l'entendit, et lui fit demander par ses interprètes quel était l'être qu'il invoquait. Les interprètes s'approchèrent pour l'interroger ; pressé de répondre, Crésus leur dit : "C'est l'homme avec qui j'aurais voulu, au prix d'une immense fortune, voir tous les rois s'entretenir !" »

Hérodote, *Histoires* (I, 86)

Crésus montre ses trésors à Solon, *d'après Frans Francken (XVIe siècle).*

est tué au cours d'un accident de chasse. Puis Crésus doit prendre une décision essentielle. Face à l'ascension de l'empire perse de Cyrus, il hésite entre la négociation et la lutte. Il va consulter l'oracle de Delphes, non sans avoir, au préalable, couvert le sanctuaire d'offrandes : vases et coupes d'or, vêtements et tuniques de pourpre, jarres et cratères d'argent, et même 117 briques d'or pur… Cet étalage de présents doit, pense-t-il, lui gagner la faveur du dieu Apollon. Or, l'oracle est ambigu, puisqu'il annonce seulement qu'un puissant empire sera vaincu. Lequel ? Crésus pense qu'il s'agit de celui des Perses, et il attaque.

• Sauvé du bûcher

Mal lui en prend, car, peu après les premiers combats, à Thymbrées, les Perses investissent par surprise Sardes, et Crésus est fait prisonnier. Condamné au bûcher, assistant à la mise à sac de sa capitale, il peut méditer l'avertissement de Solon, le sage, sur la fragilité des fortunes humaines. Mais, intrigué de voir Crésus murmurer le nom de Solon, alors que les flammes montent vers lui, Cyrus ordonne qu'on éteigne le feu pour se faire raconter l'histoire. Troublé par ce récit, et craignant qu'il ne puisse plus tard s'appliquer à lui-même s'il sacrifiait sa victime, Cyrus prend Crésus en pitié, puis en amitié. Il ne lui rend certes pas son royaume, mais en fait son conseiller.

ORIENT

Des Phéniciens sont-ils arrivés en Amérique du Sud ?

En 1872, près de Rio de Janeiro, on exhume une dalle gravée portant un texte d'origine méditerranéenne. Est-ce la preuve que des navigateurs phéniciens ont abordé le Brésil deux mille ans avant sa découverte officielle ?

• La très mystérieuse pierre de Paraïba

On sait depuis longtemps que Christophe Colomb n'a fait que redécouvrir le Nouveau Monde, cinq siècles après ses véritables « inventeurs », les Vikings. Mais, au fil des trouvailles archéologiques, il apparaît que l'Amérique était peut-être connue, en fait, dès l'Antiquité.

Le 11 septembre 1872, le vicomte de Sapuacahy, président de l'*Instituto historico* de Rio de Janeiro, reçoit une lettre racontant la découverte, dans une plantation à Paraïba, d'une pierre portant une étrange inscription dont la copie est jointe. Mais l'étrange pierre en question ne sera jamais retrouvée.

Quelques érudits croient reconnaître dans l'inscription recopiée l'écriture phénicienne. On fait appel au Français Ernest Renan, car l'auteur de *la Vie de Jésus* est un spécialiste de la civilisation phénicienne. Renan déclare que l'inscription est un faux, après avoir effectué une traduction qui apparaît aujourd'hui entièrement erronée. Par la suite, une controverse s'installe entre spécialistes européens : l'étrangeté de l'affaire tient au fait que certains aspects de l'écriture employée étaient théoriquement inconnus à l'époque de la découverte. Ce détail ferait pencher pour l'authenticité du texte, même si la disparition de la pierre est un argument majeur en faveur des sceptiques.

• Nouvelle traduction et nouvelle interprétation

En 1967, le professeur Cyrus Gordon, spécialiste des langues anciennes et directeur du département des études méditerranéennes de l'université Brandeis (Massachu-

Le texte phénicien de la pierre

« Nous sommes des Cananéens sidoniens de la cité du roi marchand. Nous avons été jetés sur cette île lointaine, une terre de montagnes. Nous avons sacrifié un jeune aux dieux et aux déesses célestes dans la dix-neuvième année de notre puissant roi Hiram et nous avons embarqué d'Ezion Geber dans la mer Rouge. Nous avons voyagé avec dix bateaux et fait le tour de l'Afrique par mer pendant deux ans. Puis nous avons été séparés par la main de Baal, et nous ne sommes plus avec nos compagnons. Ainsi nous sommes venus ici, douze hommes et trois femmes, dans « l'île de fer ». Suis-je, moi l'amiral, un homme qui prendrait la fuite ? Non ! Puissent les dieux et déesses célestes nous bien favoriser ! »

Pierre phénicienne de l'île Motya en Sicile. Une pierre semblable aurait été découverte à Paraïba, au Brésil.

setts), reprend le texte et le traduit de nouveau. Il affirme alors, à la lumière de découvertes récentes, que l'inscription de Paraìba ne peut être un faux. Sa déclaration réveille la polémique.

Gordon explique que le roi mentionné n'est autre que Hiram III (552-532 av. J.-C.), ce qui donne 531 comme date de l'inscription. Le contrôle de Gibraltar par les Carthaginois explique le contour de l'Afrique par l'est à partir de la mer Rouge. L'« île de fer » n'est autre que le Brésil, où ce métal est abondant. L'évocation de la « main de Baal », dieu de l'orage et de la pluie qui intervient dans les affaires des hommes, peut avoir deux significations : tempête ou tirage au sort, peut-être un voyage commandé par la cité.

• *Pourquoi les Phéniciens ne sont-ils pas revenus ?*

L'expression « jeté sur cette île lointaine » ainsi que le nombre très réduit des membres composant l'équipage laissent entendre que le navire a dû faire naufrage. Mais, dans un pays boisé comme le Brésil, des navigateurs de cette trempe pouvaient parfaitement reconstruire un bateau de plus petite taille et repartir.

Le véritable obstacle a un nom : les alizés. À cette latitude, ils soufflent d'Afrique vers l'Amérique et ils facilitent le voyage aller. Mais les navires phéniciens dépourvus de gouvernail d'étambot (inventé vers le XIIe siècle en Europe) sont incapables de louvoyer et donc de lutter contre de puissants vents contraires. Ce qui laisse présumer que les navigateurs qui ont gravé cette dalle sont restés toute leur vie prisonniers du continent où ils avaient échoué…

La hardiesse des marins phéniciens, crétois et carthaginois est connue : ils sont très souvent sortis des limites rassurantes de la Méditerranée. Aussi une traversée telle que celle-ci n'a-t-elle finalement rien d'impossible.

Qui a découvert l'Amérique ?

Dans l'Antiquité. Il se peut que les Phéniciens aient eu des prédécesseurs, mais sur la côte pacifique du continent sud-américain, cette fois. À en croire Cyrus Gordon, des poteries japonaises de l'époque de Jomon (IIIe - Ier siècle av. J.-C.) auraient été trouvées en Équateur.

Une chronique de l'époque Ming rapporte également qu'une flotte de 60 navires commandés par l'amiral Chen Ho aurait touché la côte ouest d'un continent inconnu, Fou Tchang. Fou Tchang et l'Amérique du Sud ne feraient-ils qu'un ?

Des Romains à l'an 1000. En dehors des voyages de Brandan au VIe siècle qui restent entourés d'un halo semi-légendaire, quelques indices tendraient à prouver que des voyages auraient eu lieu au début de notre ère : tête de statue romaine déterrée dans une pyramide mexicaine, trésor de pièces romaines mélangées avec quelques pièces arabes retrouvées au large du Venezuela. Mais l'authenticité de chacune de ces découvertes est toujours très contestée.

Pendentif représentant un bateau phénicien (400 av. J.-C.).

Des Vikings à Colomb. On sait maintenant que les Vikings avaient atteint l'Amérique du Nord un peu avant l'an 1000, et certaines recherches laissent penser que les drakkars sont descendus bien plus loin au sud, jusqu'à l'Amazone.

Mais bien des signes montrent aussi que d'autres marins européens ont dû sans doute traverser l'Atlantique entre le voyage de Leif Eriksson et celui de Colomb.

Des signes prémonitoires ont-ils annoncé sa mort à César ?

Le 15 mars 44 av. J.-C., à 11 heures du matin, César est assassiné. Vingt-trois coups d'épée abattent le maître de Rome. Il se couvre le visage de sa toge pour ne pas être défiguré, puis, avant de mourir, dans un ultime geste de décence, cache ses jambes sous ses vêtements.

• Des mobiles peu glorieux

Le mobile avoué des meurtriers est d'empêcher César de rétablir la monarchie. Ils veulent sauver la république. Pourtant, César a toujours refusé de prendre le titre de roi. À quoi cela lui servirait-il, puisqu'il exerce une royauté de fait ? Nommé dictateur à vie par le sénat le 14 février 44 av. J.-C., il possède déjà tous les pouvoirs. En réalité, la plupart des conspirateurs ont des motifs moins glorieux : rancœur et amertume, ambition déçue… Loin de rétablir la république, leur acte inaugure une guerre civile dans l'empire.

Grande statue nue de l'époque romaine impériale représentant Jules César.

• Des signes inquiétants

Bien avant les événements, à en croire l'historien Suétone, auteur d'une *Vie de César*, les présages, qui auraient dû éveiller la méfiance de la victime, se sont multipliés. Tout d'abord, Spurinna, l'haruspice (c'est-à-dire le prêtre qui lit l'avenir dans les entrailles des animaux sacrifiés), prévient César qu'il courra un grand danger le jour des ides de mars.

Les présages, selon Suétone

« Les derniers jours [avant sa mort], César apprit que les troupes de chevaux, qu'en franchissant le Rubicon il avait consacrées au dieu du fleuve et laissées sans gardien, se privaient obstinément de nourriture et versaient d'abondantes larmes. De plus, tandis qu'il sacrifiait, l'haruspice Spurinna l'avertit "de prendre garde à un péril qui ne serait pas reculé au-delà des ides de mars". La veille de ces mêmes ides, un roitelet portant un rameau de laurier volait vers la curie de Pompée, lorsque des oiseaux de différentes espèces quittant les arbres voisins le poursuivirent et le mirent en pièces dans cette même salle. Durant la nuit qui précéda le meurtre, César lui-même se vit en songe tantôt volant au-dessus des nues, tantôt serrant la main à Jupiter ; de son côté, sa femme Calpurnia rêva que le faîte de leur maison s'écroulait et que son mari était percé de coups entre ses bras ; puis, tout à coup, la porte de leur chambre s'ouvrit d'elle-même… »

Suétone, *César*, LXXXI, traduction d'Henri Ailloud, éditions Les Belles Lettres, 1931.

Puis, on découvre à Capoue le tombeau du fondateur de la ville, Capys. Le monument livre une curieuse tablette de bronze qui porte l'inscription suivante : « Quand on aura découvert les ossements de Capys, un descendant d'Iule [que César réclame pour son ancêtre] tombera sous les coups de ses proches, et bientôt l'Italie expiera sa mort par de terribles désastres. »

À cela s'ajoute l'étrange comportement des chevaux que César a consacrés au dieu du Rubicon, après avoir franchi ce fleuve avec son armée et déclenché la guerre civile dont il est sorti vainqueur.

La mort de Jules César, *d'après Vincenzo Camuccini. Galerie d'art moderne de Rome.*

Dans les jours précédant la mort du dictateur, ces animaux « se prive(nt) obstinément de nourriture et verse(nt) d'abondantes larmes » (Suétone). Enfin, la veille des ides, un roitelet portant un rameau de laurier est mis en pièces par d'autres oiseaux, dans la salle où doit siéger le sénat. À mesure que la date fatale approche, les signes se font plus précis. Au cours du dernier dîner de César, celui-ci débat avec des convives de la meilleure façon de mourir. Lui préfère « la moins attendue » : il sera bientôt exaucé. Dans les heures qui suivent, son sommeil et surtout celui de son épouse, Calpurnia, sont perturbés par des cauchemars.

• Brutus le traître

Vivement effrayée par ses songes, Calpurnia implore César de rester chez lui. Celui-ci décide de céder : il demande à son ami Marc Antoine de renvoyer le sénat. Mais Brutus, l'homme que César considère comme son fils et qui fait partie des conjurés, assiste à la scène. Conscient que la conspiration est sur le point d'échouer, il s'entremet aussitôt. Un tel comportement, insiste-t-il, n'est pas digne de César. Est-il homme à se laisser impressionner par des rêves et de vains présages ? Ces paroles convainquent finalement le dictateur de ne rien changer à ses plans. César monte donc dans sa litière et se dirige vers le sénat. Sur son passage, un homme s'écarte de la foule, lui tend un billet et insiste pour qu'il le lise sur-le-champ. Mais l'attention de Jules César est détournée. Que contient donc ce billet de si urgent ? Rien moins que la révélation du complot. Sur le trajet, il rencontre aussi le prêtre Spurinna. Il lui fait remarquer en plaisantant : « Eh bien, voilà les ides de mars venues.
– Oui, répond le devin, elles sont venues, mais elles ne sont point passées. »

• Le crime

César poursuit son chemin. Quand il arrive à destination, les prêtres offrent les sacrifices. Ils immolent victime sur victime, sans résultat. Ils n'obtiennent que de mauvais présages. Et, lorsque le dictateur, désappointé, se tourne du côté du soleil couchant, les prêtres y voient un signe plus sinistre encore. Enfin César pénètre dans la curie où sont rassemblés les sénateurs. Son siège en or est déjà entouré par un groupe de vingt-trois sénateurs. Un vingt-quatrième est resté à l'extérieur pour empêcher Marc Antoine de porter secours à son ami. Nullement étonné par ce rassemblement, César s'avance en confiance et s'assied. Un sénateur s'approche aussitôt. Il sollicite la grâce de son frère exilé. Ses vingt-deux amis le rejoignent et appuient sa demande. César refuse. Les sénateurs le serrent de plus près. Il se lève pour les repousser, mais l'un d'eux tire alors sa toge. C'est le signal attendu. Les conspirateurs se saisissent du glaive dissimulé dans les plis de leur vêtement. Tous frappent César ; un seul coup sera mortel. Surpris de compter Brutus au nombre de ses assassins, César aurait alors lancé son fameux « Toi aussi, mon fils ».

Néron a-t-il brûlé Rome ?

En l'an 64 après J.-C., un incendie particulièrement violent dévaste pendant plus d'une semaine la plus grande partie de la ville de Rome. L'importance du sinistre fait naître des rumeurs : l'empereur Néron est désigné comme l'instigateur du feu.

Portrait de Néron. L'empereur aurait brûlé sa propre capitale. Les raisons de cet acte reste inexpliquées.

Le témoignage d'un contemporain

Quelques années après les événements, l'historien latin Tacite (55-120 apr. J.-C.) décrit ainsi l'incendie :

« Le point de départ de l'incendie se trouva dans cette partie du Cirque qui est contiguë aux collines du Palatin et du Caelius. De là, à cause des boutiques dans lesquelles les marchandises alimentent les flammes, le feu, violent et activé par le vent, dévore toute la longueur du Cirque. En effet il n'y avait rien pour le retenir, ni maisons entourées de clôtures ni temples ceints de murs ni rien d'autre d'équivalent. L'incendie se répand avec violence d'abord dans les parties planes, puis s'élance vers les quartiers en altitude avant de dévaster les parties basses de la ville. Par sa rapidité foudroyante, il devance les secours et trouve une proie facile dans la ville aux ruelles étroites et tortueuses, aux quartiers mal alignés, comme était l'ancienne Rome. »

• Un feu d'une violence inouïe

C'est un véritable drame national qui se produit lorsque la métropole romaine est anéantie par les flammes. Si l'ampleur des désastres justifie la notoriété de ce sinistre, sa renommée posthume tient aussi aux graves accusations portées contre l'Empereur.

Dans la nuit du 18 au 19 juillet 64, les entrepôts situés près du Grand Cirque prennent feu pour une raison inconnue. Attisées par un vent violent, les flammes montent rapidement vers le Palatin puis redescendent dans les quartiers longeant le Quirinal, le Viminal et l'Esquilin. Réveillés en plein sommeil, les habitants affolés se répandent à travers la ville dans une cohue indescriptible, chacun essayant de sauver sa vie, sa famille ou ses biens. Les vigiles, soldats chargés de la prévention et de l'extinction des incendies, ne peuvent stopper le sinistre, tant l'obscurité de la nuit et le désordre de la foule constituent des obstacles à leur travail.

Bien loin de se calmer, l'incendie fait fureur pendant sept jours et sept nuits. Puis, alors que les autorités croient enfin en être devenues maîtresses, il renaît dans un autre quartier. Le neuvième jour, enfin, il s'éteint. Rome n'est plus que ruines.

• Rome est détruite

Seules quatre régions, parmi les 14 que compte Rome, ont été épargnées. Les 10 autres sont entièrement ou partiellement détruites. Aucun chiffre n'existe sur le nombre des victimes. 200 000 Romains, sans doute, privés de domicile, se retrouvent à la rue. Les quartiers populaires, aux grands immeubles locatifs, sont parmi les plus touchés. Nombre d'édifices, vénérés par les Romains à cause de leur ancienneté, ne sont plus que décombres. Les œuvres d'art, ramenées de Grèce et d'Orient pour orner les lieux publics, sont irrémédiablement perdues, ainsi que tous les manuscrits contenus dans les bibliothèques publiques.

Vue des anciens aqueducs du palais Néron. Peinture de Hubert Robert (1733-1808).

• Les rumeurs les plus folles

Dès le début de la catastrophe, l'opinion cherche des responsables : le feu s'est répandu avec une telle rapidité que, pour beaucoup, il ne peut être imputé au seul hasard. Certains racontent avoir vu des hommes jeter des torches contre les maisons. Mais, très vite, le peuple romain désigne comme maître d'œuvre de ce spectaculaire désastre Néron lui-même. Pour les uns, l'Empereur, désireux de reconstruire sa capitale de fond en comble, aurait trouvé ce moyen expéditif pour raser les vieux quartiers ; pour d'autres, c'est en vue de trouver l'inspiration pour la composition de son épopée, *la Prise de Troie,* qu'il aurait donné l'ordre d'incendier sa ville !

• Néron sauve sa peau

Lorsqu'il a connaissance des bruits circulant à son sujet, Néron prend peur. La foule a besoin d'un bouc émissaire. Il faut rapidement désigner un coupable, qui dégagera entièrement la responsabilité du souverain. Effectivement, la vindicte populaire s'apaise lorsqu'une accusation officielle est lancée contre une petite secte religieuse, les chrétiens, dont les rites mystérieux ont pu mécontenter les dieux tutélaires de Rome. Environ 200 d'entre eux sont arrêtés et exécutés. Leur martyre devient un spectacle puisque, transformés en torches vivantes, ils illuminent les fêtes offertes par Néron à son peuple…

• Un Empereur pyromane ?

Nul, à l'heure actuelle, ne peut prouver avec certitude la culpabilité de l'Empereur. Plutôt que de désigner telle ou telle catégorie d'individus, il faut en revenir à l'explication la plus vraisemblable et la moins spectaculaire : le feu a pris dans les réserves d'huile et de blé contenues dans les docks et il s'est propagé très vite à cause du vent. Comme l'accident est survenu en plein été, les vigiles sont restés à peu près impuissants, car ils ne pouvaient disposer que de réserves d'eau très réduites…

Les incendies de Rome

Une proie facile pour les flammes. La ville de Rome avec ses nombreux immeubles en bois, ses ruelles étroites et encombrées, rend l'extension des incendies particulièrement rapide. Le feu, qu'il soit d'origine accidentelle ou criminelle, ou qu'il soit en relation avec les combats de rues lors des guerres civiles, ne trouve pas d'obstacle et se répand dans toute la cité.

De nombreux incendies. Ainsi, du début du règne d'Auguste (en 27 av. J.-C.) à la fin de l'Empire (476 apr. J.-C.), près de quarante sinistres ravagent Rome. Quatre d'entre eux sont particulièrement violents : celui de 64 et ceux de 80, de 190 et de 283 apr. J.-C. Ils consument de nombreux quartiers d'habitation ainsi que les temples, des monuments et des œuvres d'art.

OCCIDENT

Le roi Arthur : légende ou réalité ?

Héros de la résistance celte à l'invasion anglo-saxonne, Arthur a inspiré les plus beaux récits des poètes médiévaux. Mais le grand roi n'est-il qu'un personnage de légende ou a-t-il réellement tranché des têtes saxonnes, d'un revers de sa fameuse épée Excalibur ?

Arthur serait mort, selon la légende, à l'âge de 90 ans.

• L'épée magique

Quelque temps après que les Romains ont quitté la Grande-Bretagne, les Celtes, livrés à eux-mêmes, s'organisent en une multitude de petits royaumes qui, rapidement, se querellent. L'un de ces États est dirigé, nous disent les conteurs, par le roi Uther Pendragon. Grâce à une ruse de son druide Merlin, Uther parvient à abuser de la femme d'un de ses ennemis, la très belle Igraine. L'enfant qui naît neuf mois plus tard, Arthur, est élevé par Merlin.
Adolescent, Arthur révèle son sang royal en parvenant sans peine à dégager d'un rocher l'épée merveilleuse, Excalibur. Il fédère les royaumes d'Angleterre et repousse l'envahisseur saxon qu'il poursuit jusque sur le continent. Il règne, son épouse Guenièvre à ses côtés, dans sa brillante cité de Camelot où il réunit autour d'une immense table ronde de formidables chevaliers : Gauvain, Kay, Perceval, Lancelot, Tristan… Mais, sans le savoir, il a eu un enfant de sa demi-sœur, la fée Morgane. Ce fils, Mordred, revient un jour à la cour du roi et revendique la couronne. Les deux hommes s'entretuent et Arthur, agonisant, fait jeter son épée dans un lac : la lame magique est rendue à la fée Viviane, la « Dame du lac », qui éleva Lancelot et envoûta Merlin…

Roman de Tristan : scène de la légende du roi Arthur.

• Naissance d'une légende

Le premier auteur à évoquer Arthur est l'historien Nennius, dans son *Histoire des Bretons*, rédigée en 826 mais inspirée par un récit remontant à une époque bien antérieure. Nennius parle d'Arthur comme d'un « dux bellorum », c'est-à-dire un chef de guerre indépendant, désigné par des rois qui doivent s'unir mais refusent que l'un d'entre eux prenne le commandement. La nécessité d'une telle union s'explique par une imprudence, celle du roi celte Guthrigen qui, en 449, demande aux Saxons de venir combattre avec lui d'autres envahisseurs barbares : les Saxons acceptent, puis se retournent contre Guthrigen. Alors les Celtes, pour ne pas être anéantis, s'unissent derrière Arthur. Plusieurs batailles sont livrées à partir de 456, jusqu'à la grande victoire de Badon Hill, située en 518 par un texte de la fin du Xe siècle, *les Annales galloises* (995). Ces mêmes annales placent la mort d'Arthur à Camlann en 529 : il aurait donc eu plus de quatre-vingt-dix ans.
Geoffroi de Monmouth, auteur d'une *Histoire des rois de la Grande Bretagne*, écrite en 1136, développe les exploits d'Arthur. Il en fait un roi, introduit dans son récit le personnage fabuleux de Merlin et met en place tous les éléments qui inspireront les poètes.

• L'hypothèse du chef du guerre

De nombreux historiens ont cherché à situer Camelot, la capitale d'Arthur, dont le nom vient probablement de Camulos, dieu celtique de la Guerre. On a vu Camelot en Cornouailles, dans le Somerset ou en pays de Galles, mais c'est plus certainement dans le Devonshire qu'il faut situer la ville qui inspira la légende. Les archéologues ont retrouvé à Cadbury les vestiges de puissantes fortifications circulaires, restes de la plus importante place forte connue datant de cette époque. Si un roi luttait effectivement en ce temps-là contre l'envahisseur, il est logique que Cadbury ait été sa capitale.

Alors, Arthur a-t-il existé ? Il est certain qu'à la fin du Ve et au début du VIe siècle, les invasions saxonnes ont été en effet, pour un temps, freinées et repoussées. Un tel résultat, pour être obtenu, a forcément nécessité l'alliance de nombreux rois celtes. Cette alliance, pour durer, devait avoir un chef, selon toute vraisemblance étranger aux différents partis. Compte tenu de ses succès militaires, ce chef était sans doute un ancien officier romain, un homme rompu à la stratégie et à l'art de la guerre… pourquoi cet homme ne se serait-il pas appelé Arthur ?

Ruines du château de Tintagel, construit par le comte Richard de Cornwall vers 1240. Selon la légende, ce serait le lieu de naissance d'Arthur.

Des « preuves » peu convaincantes

Plusieurs sites évoqués dans le cycle arthurien existent encore.

Les ruines du château de Tintagel où, d'après la légende, Igraine mit au monde Arthur se dressent sur une pointe de terre fichée dans l'océan, au nord des Cornouailles. L'édifice date sans aucun doute de la période concernée, ses murs sont faits de plaques d'ardoise liées par du mortier et un donjon de pierre est toujours debout.

Une table ronde nous est parvenue à travers les siècles et elle a longtemps été considérée comme une preuve de l'existence d'Arthur. C'est un disque de chêne de six mètres de diamètre, exposé au château de Winchester. Mais les analyses montrent que la table date en fait du XIIIe siècle et qu'elle a été repeinte au XVIe siècle, sous Henri VIII.

Les réunions rituelles autour de la table ronde sont le point de départ des exploits des chevaliers d'Arthur.

Glastonbury, au sud de Bristol, dans le Somerset. En 1911, les moines de l'abbaye déclarèrent y avoir retrouvé les corps d'Arthur et de Guenièvre. L'événement suscita une grande émotion et les deux souverains supposés eurent droit à de nouvelles et grandioses funérailles. On peut encore voir aujourd'hui les dalles modernes, au centre d'une pelouse, dans les restes de l'abbaye. Comment les moines ont-ils identifié les ossements d'Arthur ? « À sa noble stature », répondent-ils… Réponse qui ne garantit pas, évidemment, l'authenticité de cette découverte !

La grande peur de l'an 1000 a-t-elle existé ?

Peu de périodes ont aussi mauvaise réputation que les alentours de l'an 1000. Les historiens romantiques, au XIXe siècle, ont accrédité l'idée d'une période d'anarchie, de disettes, de crédulité et de craintes.

• Les témoignages contemporains

Des rares actes de l'époque, il n'y a rien à attendre. Certains parlent bien du « monde qui approche de sa fin » : lieu commun, usuel depuis le VIe siècle. Restent par ailleurs quelques lettres, quelques chroniques, toutes d'hommes d'Église : par vocation, par formation, ils lisent et interprètent le monde comme un vaste livre, écrit par le Créateur. Comètes, éclipses, « combats d'étoiles », naissance de monstres, disettes et épidémies : tout a un sens.

Les terreurs de l'an 1000

En 1833, Michelet organise le mythe avec son habituel talent :

« Cette fin d'un monde si triste était tout ensemble l'espoir et l'effroi du Moyen Âge. Voyez ces vieilles statues dans les cathédrales…, l'air souffrant comme la vie, et laides comme la mort (…). Malheur sur malheur, ruine sur ruine. Il fallait bien qu'il vînt autre chose, et l'on attendait. Le captif attendait dans le noir donjon, dans le sépulcral in pace (cachot) ; le serf attendait sur son sillon, à l'ombre de l'odieuse tour ; le moine attendait, dans les abstinences du cloître… Dans cet effroi général, la plupart ne trouvaient un peu de repos qu'à l'ombre des églises. »

Le moine bourguignon Raoul Glaber construit sa *Chronique* (qui va de 900 à 1046) autour des manifestations accompagnant les deux millénaires de 1000 et 1033. L'impiété des hommes du siècle, la rapacité des aristocrates, l'anthropophagie au pire de la famine, autant de crimes qui appellent une punition divine. Que les croyances de Raoul, esprit instable et tourmenté, aient été partagées, n'est pas invraisemblable : on sait qu'à Paris un prédicateur agitait devant son auditoire la menace du millénaire et prédisait l'arrivée de l'Antéchrist pour l'an 1000.
Le dossier, particulièrement mince, ne suffit pas à étayer l'hypothèse d'une psychose collective : guère plus d'angoisse, sans doute, que quelques siècles avant ou après : tout le Moyen Âge, tendu vers le salut, s'est vu au milieu d'un monde vieillissant et décrépit.

• Les espoirs de l'an 1000

Plus que d'anarchie, la période est celle d'une recomposition des pouvoirs sur des bases locales : la société sort des schémas antiques et, dans un cadre souvent oppressif, se reconstitue autour de cellules, châtellenies et paroisses. Le temps des grands périls est passé pour l'Occident. La disette peut toujours surgir, mais les famines se font moins fréquentes, les « pestes » moins générales. Sans doute portée par une amélioration climatique, la croissance démographique et agricole est évidente : plus

précoce sur les rivages méditerranéens, elle s'amplifie au cours du XIe siècle.
Le bilan global ne peut certes masquer la violence quotidienne, physique et morale. De rares témoignages subsistent de révoltes paysannes durement matées, ainsi en Normandie (996-997), comme de mouvements hérétiques qui concernent des théologiens hantés par les rapports de la foi et de la raison, ou qui impliquent des clercs marginaux et des « illettrés », c'est-à-dire des laïques : ainsi en Champagne, où l'on récrimine contre la dîme, en Flandre et en Milanais. Bien plus que les frayeurs, c'est un puissant mouvement de fond qui porte l'Occident sur les routes à la conquête de la terre. Raoul Glaber lui-

La peste fut l'un des grands fléaux de l'an 1000. Tableau de Louis Gallais, 1882 : **La Peste de Tournai en 1092.**

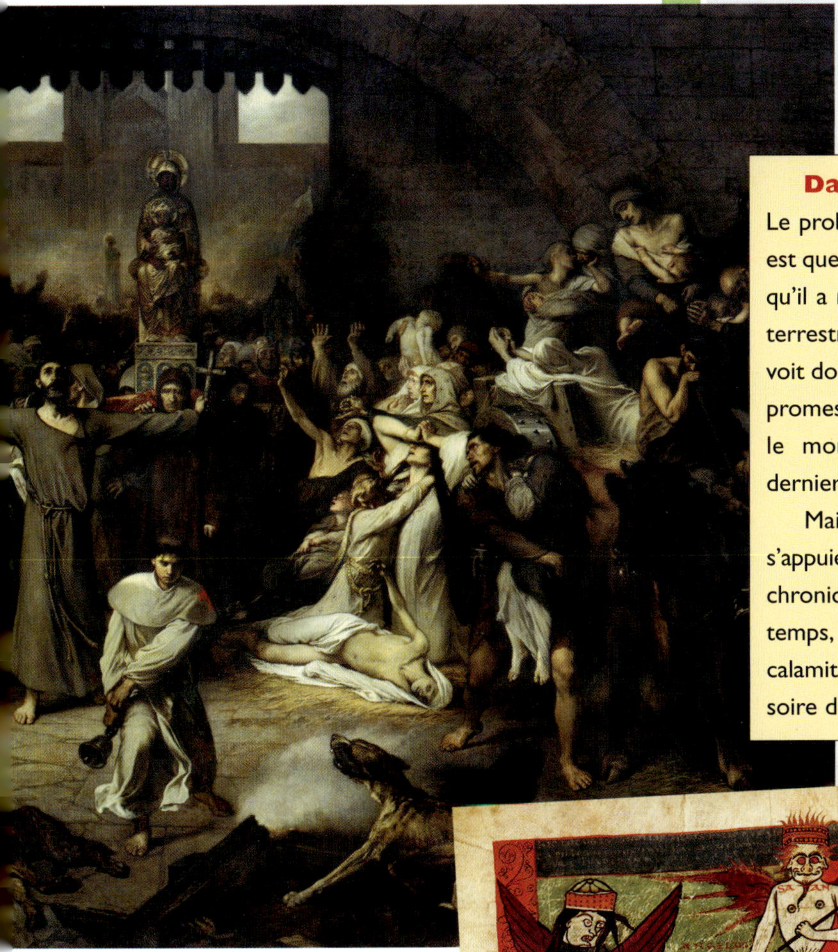

même traduit bien l'optimisme de ce monde jeune qui se croit vieux : « La millième année après la Passion du Seigneur, après ces désastreuses famines, la bonté et la miséricorde divines apaisèrent nuées et averses (…) aux alentours de 1033, on se mit sur presque toute la terre, principalement en Italie et dans les Gaules, à reconstruire les basiliques (…), comme si le monde lui-même s'était secoué pour rejeter la vieillesse et avait, un peu partout, endossé un blanc manteau d'églises. »

Le millénarisme

On appelle millénarisme un mouvement de contestation de l'ordre, fondé sur l'attente d'un « Messie » : un envoyé de Dieu appelé à établir sur terre un règne de mille ans (millenium), avant le Jugement dernier.

Dans le christianisme. Le problème, pour les chrétiens, est que le Messie est déjà venu et qu'il a refusé d'établir son règne terrestre. L'Église chrétienne ne voit donc dans le *millenium* que la promesse de son triomphe dans le monde, avant le Jugement dernier.

Mais la tradition millénariste s'appuie sur l'Apocalypse de Jean, chronique anticipée de la fin des temps, qui décrit une période de calamités, celle du règne provisoire d'un Antéchrist.

Les mouvements historiques. C'est surtout après le XIe siècle qu'ils prennent forme. Jusqu'au XIIIe siècle, les crises sont provoquées par des illuminés qui se font passer pour le Messie.

Chez certains clercs, le millénarisme débouche sur une critique de la hiérarchie ecclésiastique : Joaquim de Flore, qui annonce l'Apocalypse pour 1260, influence une partie du courant franciscain. Le mouvement s'exacerbe à la fin du Moyen Âge et prend un sens anticlérical (taborites de Hongrie), psychologique (flagellants) ou social révolutionnaire (anabaptistes du Münster, 1535).

Une tendance de toutes les religions. Le millénarisme existe dans le judaïsme comme dans le christianisme, en islam comme dans des croyances « primitives », tel le « culte du cargo » en Mélanésie, qui promet l'expulsion des Blancs et l'instauration d'un âge de paix et de prospérité marqué par le retour des ancêtres sur un grand bateau blanc.

Commentaire sur l'Apocalypse. *L'ange sonne la cinquième trompette, les sauterelles s'abattent sur terre. Manuscrit dit « de Saint-Sever ». D'après Beatus de Liébana.*

L'Eldorado est-il un mythe ?

Suite à la découverte de l'Amérique par Christophe Colomb, en 1492, aventuriers et soldats espagnols se lancent à la conquête de ce nouveau continent. Les conquistadores sont attirés par la réputation de son immense richesse qu'entretient le mythe de l'Eldorado.

Couteau de cérémonie en or. Ces objets recouverts d'or vont attirer de nombreux aventuriers et, ainsi, entretenir le mythe de l'Eldorado.

• La légende de « l'homme doré »

Ce pays fabuleux, dont on dit les sous-sols gorgés d'or, exerce une fascination extraordinaire sur ces hommes désireux de s'enrichir et que l'ampleur des butins de Cortés au Mexique et de Pizarro au Pérou conforte dans l'idée que ce royaume existe réellement.

Le mythe de l'Eldorado trouve son origine dans la légende de l'« homme doré ». Le chroniqueur Gonzalo Fernandez de Oviedo situe la première apparition officielle de celle-ci en 1534. Pourtant, cela fait alors plusieurs années que les Espagnols entendent des rumeurs insistantes sur ce royaume situé quelque part dans l'intérieur des terres.

Les Indiens Muiscas, natifs du Cundinamarca, le « pays du condor » (région de Bogotá, dans l'actuelle Colombie), célèbrent chaque année une cérémonie étrange. Au cours de celle-ci, un cacique – un souverain local – s'enduit de graisse de tortue et de poudre d'or puis s'avance, étincelant, au milieu de ses sujets qui chantent leur joie et frappent sur des tambours. Le roi et les nobles montent ensuite dans des pirogues et, au milieu du lac de Guatavita, jettent dans l'eau de l'or et des émeraudes en offrande aux dieux. Enfin, le cacique plonge dans le lac et réapparaît sous un tonnerre d'applaudissements.

Ainsi naît la figure de l'homme doré, *El hombre dorado*, bientôt abrégé en *El Dorado*, qui est censé régner sur un pays féerique.

• La quête sanglante des conquistadores

Mais, au fil des années, le mythe ne cesse de se transformer, et l'Eldorado, en un seul mot, devient le royaume de l'or lui-même, où les rues sont pavées de pépites et où maisons et objets sont recouverts de métal précieux.

Le premier à se lancer à la recherche de l'Eldorado est un homme cruel, l'Allemand Ambroise Alfinger, qui finance ses expéditions entre 1529 et 1538, en vendant comme esclaves, à Saint-Domingue, des Indiens marqués au fer rouge.

Parti de Coro, capitale du Venezuela, il remonte le fleuve Magdalena, massacrant sur son passage de nombreuses tribus indigènes dans le but d'écraser en elles tout sentiment de révolte. Mais Alfinger, perdu, et sa troupe décimée, voit ses recherches stoppées net après plusieurs années alors qu'il ne se trouve en fait qu'à quelques dizaines de kilomètres du Cundinamarca. Au cours d'un violent affrontement avec des Indiens, il reçoit dans le cou une flèche empoisonnée et meurt peu de temps après.

• L'Eldorado : un rêve fou, mais durable

Cet échec ne dissuade pas les autres conquistadores.
Un seul, pourtant, connaît le succès, l'Espagnol Gonzalo Jiménez de Quesada, un ancien avocat épris d'aventures, surnommé « le chevalier de l'Eldorado ». Après un long et éprouvant périple au cours duquel ses hommes sont harcelés par les Indiens et minés par les fièvres tropicales, il pénètre, en janvier 1537, dans le Cundinamarca et en conquiert la capitale, Bogotá. Il y trouve en effet de l'or et des émeraudes, mais rien qui s'apparente à ces inépuisables réserves qu'est censé contenir le Royaume de l'or. Cette désillusion persuade les conquistadores que l'Eldorado se trouve ailleurs et les fait se tourner, mais en vain, vers la partie est du continent, vers l'Orénoque et les Guyanes (1559-1569).
En dépit des échecs, le rêve de l'Eldorado survit encore au XVIe siècle. Au XVIIe siècle les récits merveilleux de l'explorateur anglais Walter Raleigh contribuent à le propager et, au XVIIIe siècle, Voltaire y situe encore une aventure de Candide.

• La fin du mythe

La légende meurt définitivement, au début du XIXe siècle, avec le naturaliste allemand Alexander von Humboldt. À la demande des Espagnols, qui croient toujours à l'Eldorado, il explore les vallées de l'Apure et l'Orénoque. Ses relevés topographiques, d'une grande précision, ne laissent plus aucun doute : l'Eldorado n'existe pas.
En 1954, des archéologues colombiens établissent qu'une météorite est tombée il y a des milliers d'années dans les eaux du lac de Guatavita. La cérémonie de l'Homme doré ne marquait peut-être que le souvenir de cet événement, doublé d'un hommage à un dieu supposé être descendu au fond du lac.

À la conquête de l'Eldorado

Pendant plus de deux siècles, les conquistadores se lancent dans des dizaines d'expéditions qui se terminent presque toutes dans le drame et le sang, mais elles permettent progressivement l'exploration et la colonisation de la partie septentrionale de l'Amérique du Sud.

Des échecs répétés. Jorge de Spira arrive au pied des Andes (1535-1538) mais doit s'en retourner après avoir perdu la plupart de ses hommes, victimes des Indiens et de l'épuisement. Nicolas Ferdermann et Sebastian de Belalcazar, après Gonzalo Jimenez de Quesada, atteignent chacun de leur côté le haut plateau de Bogotá (1537-1539) pour y connaître les mêmes déconvenues que leur prédécesseur.

Un mandat utopique. De 1584 à 1597, l'infatigable Antonio de Berrio cherche en vain la lagune de Manoa, dans Llanos et la Guyane : c'est là, croit-on à l'époque, que se situe le royaume mythique. À soixante ans, il est même nommé gouverneur de l'Eldorado et de la Guyane, mais il meurt, quinze ans plus tard, sans avoir jamais trouvé le royaume dont il a, en théorie, la charge !

Le lac de la légende. Par ailleurs, des tentatives répétées de dragage ou de pompage des eaux du lac Guatavita pour y retrouver l'or et les bijoux jetés au cours des cérémonies, ont lieu entre 1540 et 1912. Elles aboutissent à chaque fois à des résultats presque nuls.

L'empereur des Aztèques fait offrir des présents à Cortès. C'est sur l'ampleur des butins de ce célèbre conquistador que la légende de l'Eldorado s'est fondée.

Combien d'or perdu par les conquistadores ?

A*u* xvi*e* *siècle, l'exploitation des mines du Nouveau Monde provoqua un afflux considérable de métaux précieux en Europe. Pourtant, bien des galions espagnols ont disparu lors de la traversée de l'Océan. Qui les retrouvera ?*

• Des expéditions très organisées, mais…

Pour lutter contre l'insécurité qui règne sur les mers, la *Casa de Contratacion,* chargé de réglementer le trafic maritime entre Cadix et les Amériques, en vient à organiser un convoi annuel de galions, surnommé la *flota de plata* (la « flotte de l'argent », car ce métal constitue en réalité l'essentiel des cargaisons), afin d'acheminer les produits de la métropole et de rapporter les richesses soutirées aux Indiens ou extraites des mines exploitées sur place. Partant au printemps, elle se sépare en deux au-delà de Saint-Domingue. La *flota* de la Nouvelle-Espagne (Mexique) se dirige vers Cuba, et celle de la Terre-Ferme (l'Amérique du Sud) vers Cartagena, sur la côte caraïbe de l'actuelle Colombie. À Callao, sur la côte péruvienne du Pacifique, dès que l'on apprend l'arrivée des galions à Cartagena, un convoi remonte vers l'isthme de Panamá pour y décharger ses précieuses cargaisons qui transitent ensuite à dos de mulet vers la côte caraïbe. La *flota* de la Terre-Ferme rejoint ensuite celle de la Nouvelle-Espagne à La Havane, et le convoi repart pour être de retour à la fin de l'année à Cadix.

• … des convois entiers se perdent !

Si le système des voyages par convois se montre efficace pour lutter contre les pirates ou les attaques anglaises, françaises ou hollandaises, les pertes sont cependant considérables lorsqu'une flotte entière est prise dans les terribles tempêtes tropicales.

À son départ, la *flota* comprend entre 30 et 40 galions, navires marchands et navires « armés ». Ces bâtiments sont accompagnés d'une dizaine de bateaux plus légers, destinés au transport de la poste et des marchandises sans grande valeur. Durant tout le voyage, le convoi est soumis à la loi du navire le plus lent, et la moindre avarie de l'un des bateaux retarde tous les autres. De plus, une erreur d'appréciation du chef du convoi, surtout dans les Caraïbes, peut avoir des conséquences désastreuses.

C'est le cas en 1641. Cette année-là, le général espagnol responsable de la mission fait embarquer tout l'or et l'argent sur seulement deux galions en mauvais état ; l'un coule au large de Saint-Domingue après avoir échappé à un cyclone qui a déjà envoyé par le fond huit autres navires de la même expédition ; le second poursuit sa route, mais il coule en vue des côtes espagnoles…

À leur retour des Amériques, des galions remplis de métaux précieux ont disparu dans de terribles tempêtes. Le fond des mers conserve encore ces nombreux trésors…

• Une flotte convoitée, malmenée, décimée

À partir du milieu du xvi*e* siècle, chaque *flota* subit son lot de désastres. L'année 1567 est l'une des pires. Un ouragan s'abat sur le convoi au large des Antilles :

la majorité des galions sont coulés ou projetés sur les côtes de l'île de la Dominique. Celle-ci n'étant pas colonisée mais habitée par des cannibales, les survivants espagnols finissent dévorés !

Les ports construits par les Européens n'offrent eux-mêmes qu'une protection précaire, puisque sept navires sont détruits par la tempête dans celui de Nombre de Dios, dans l'actuel Panamá, en 1563 (cinq autres sont déchiquetés ensuite sur les récifs du golfe de Campèche) et quinze dans celui de Veracruz, en 1590.

Lorsque les *flotas* malmenées finissent par retraverser l'Atlantique, leur calvaire n'est pas terminé pour autant… Ainsi, 16 navires coulent aux Açores en 1591 et, en 1702, 19 galions sont attaqués par une force anglo-hollandaise et tentent de se saborder dans la baie de Vigo (en Espagne) où ils se sont réfugiés. Enfin, les navires séparés de leur convoi par une tempête deviennent une proie toute désignée des corsaires et des pirates qui les attendent près des côtes d'Espagne, sur la route du retour : certains sont pris presque devant Cadix.

• Une fortune qui gît sous la mer

Au cours des 12 premières années, la *Casa* tient des statistiques : sur 391 navires partis, seuls 269 sont revenus. Les pertes s'élèvent donc, au XVIe siècle, à plus de 30 %. Et cette situation ne s'améliore guère dans les cent années qui suivent. On estime cependant que, de 1503 à 1660, 181 tonnes d'or et 17 000 tonnes d'argent furent acheminées d'Amérique en Espagne.

Et même en prenant en compte que les galions ne transportent pas que des pierres et des métaux précieux, qu'une partie des pertes est due aux pirates et corsaires et que certaines cargaisons ont pu être récupérées par les Espagnols sur des navires échoués, il reste tout de même une belle fortune dormant sous les eaux…

Un convoi de galions part chaque printemps en direction des Amériques. On l'appelle la « flotte de l'argent ».

La Casa de Contratacion

Fondée en 1503 à Séville, la *Casa de Contratacion* est un organisme autoritaire qui supervise tous les mouvements de navires entre l'Espagne et l'Amérique.

Au début, les bateaux n'ont pas le droit de voyager seuls et doivent se regrouper par destination. Pour assurer un fret d'aller, la *Casa* interdit aux nouvelles colonies de fabriquer des produits manufacturés, ce qui crée une contrebande de produits européens dominée par les Anglais.

Cette situation s'aggrave encore lorsque la *Casa* décide de n'autoriser, pour des raisons de sécurité, le voyage que d'un seul convoi par an. Les conséquences de cette mesure ne sont pas tout à fait celles prévues : les galions, dont le fret a été alourdi pour répondre aux besoins de la métropole et de la colonie, deviennent, en fait, d'autant plus vulnérables !

La *Casa* s'occupe également du recrutement des colons, ainsi que d'établir et de recueillir les taxes douanières.

Si la *Casa de Contratacion* a effectué un travail considérable dans la mise en place de la colonisation espagnole, elle a cependant largement contribué au sous-développement économique des colonies d'Amérique.

AMÉRIQUES

Que cachent les Sargasses ?

La mer des Sargasses a constitué au temps de la marine à voile un des pièges les plus redoutés des équipages. Elle était synonyme de mort lente et terrible dans des bateaux prisonniers des algues et abandonnés des vents.

• « Le cimetière des Bateaux perdus »

Découverte par Christophe Colomb lors de son premier voyage en 1492, la mer des Sargasses doit son nom à une algue géante de couleur brune – *sargassum* – qui flotte à sa surface, sous forme de paquets isolés ou en masses de grande superficie. À cette spécificité écologique s'ajoute une particularité météorologique : des périodes sans vents peuvent y durer des mois. Ces deux éléments ont été fatals à bien des voiliers. Cette mer, sans courant et délimitée à l'ouest par le Gulf Stream, s'étend entre les 20e et 35e parallèles Nord, des Grandes Antilles au large du cap Hatteras et jusqu'à la dorsale atlantique vers l'est. Elle couvre une superficie égale à 650 000 km², soit plus de la moitié de la surface de l'Europe, et constitue le lieu de reproduction exclusif des anguilles. Lorsque Colomb découvre les paquets d'algues, il en déduit, par une erreur heureusement sans conséquences, que la terre n'est pas très éloignée. Par la suite, les marins apprennent à apprécier à sa juste mesure le danger que représentent ces prairies flottantes, et la mer des Sargasses devient la « mer de la Peur » ou le « cimetière des Bateaux perdus ». Car les navires peuvent se trouver pris dans les pièges d'algues qui atteignent jusqu'à 100 mètres de long, et demeurer encalminés indéfiniment, faute de vent.

• La terrible odyssée d'un trois-mâts italien

Parti de Gulport, dans le Mississippi, le 19 juillet 1912, à destination de Buenos Aires, le trois-mâts italien *Herat* est victime d'une tempête dans le golfe du Mexique et entraîné contre son gré dans les eaux séparant Cuba du Yucantán. La tempête finit par s'apaiser et laisse place à un calme plat. Le navire se retrouve au milieu d'une mer couverte d'algues et de troncs d'arbres, sur laquelle flottent en outre des débris de bateaux. Une odeur de décomposition monte de la surface de l'eau. Au bout de deux mois, le vent se remet à souffler en direction du sud : mais il tourne de nouveau bientôt et ramène l'*Herat* dans le piège qu'il vient juste de quitter. Pendant quatre nouveaux mois, c'est l'attente terrible, puis, une nuit, alors que tout semble perdu et que les vivres sont pratiquement épuisées, le vent se lève de nouveau et le trois-mâts parvient enfin à s'arracher au piège des Sargasses.

Le 12 février 1913, presque sept mois après son départ des États-Unis, l'*Herat* entre finalement dans le port de Bridgetown, dans l'île de la Barbade, la coque encore noircie par les algues qui ont contribué à le retenir si longtemps prisonnier.

L'algue **Sargassum** *a donné son nom à la mer des Sargasses.*

• *Un enfer immobile, entre réalité…*

Depuis l'arrivée des Espagnols en Amérique, des dizaines de voiliers se sont ainsi perdus à jamais dans l'enfer immobile ou n'ont réussi qu'à grand-peine à s'en échapper. Les Anglais ont surnommé le lieu la « latitude des chevaux » en souvenir des équipages des galions souvent obligés de sacrifier les montures apportées aux conquistadores pour lutter contre la pénurie d'eau lorsqu'ils étaient empêchés trop longtemps d'avancer. On imagine la mort épouvantable connue par les marins retenus dans ce piège quand on lit le compte rendu du vapeur *Britannia* qui découvrit, en 1884, dans les Sargasses un voilier avec des cadavres à son bord, si rongé par les éléments naturels que son identification demeura impossible.

• *…légendes et fantasmagories*

Un tel lieu ne pouvait qu'alimenter récits exagérés et légendes.

En 1894, le voilier américain *J. G. Norwood* dériva, après une tempête, jusque dans la mer des Sargasses, et y demeura prisonnier. L'unique survivant, un garçon de cabine du nom d'Elipha Thomson, raconta alors avoir vu un galion espagnol encore chargé de son or, un brick, et finalement un vapeur sur lequel il trouva des vivres, ainsi qu'une chaloupe à voile qui lui permit d'atteindre des eaux où il fut récupéré par un autre bateau.

En 1968, le film fantastique *le Peuple des abîmes*, de Michael Carreras, résume, mieux qu'aucun autre, les légendes attachées à ce lieu étrange et terrible : personnages égarés dans les algues des Sargasses vivant une suite d'aventures incroyables face à des crustacés géants, à des algues carnivores, et qui rencontrent finalement un groupe de descendants de conquistadores bloqués depuis des siècles dans le cimetière des navires perdus….

La mer des Sargasses se prêtait admirablement à ces fantasmagories.

Atlas du continent américain d'après Frédérique de Witt.

ÉCHOUÉ… EN PLEINE MER

Des pièges rappelant ceux des Sargasses peuvent guetter les marins sur toutes les mers du globe. Ainsi, en juillet 1890, le trois-mâts français *Fédération* faisant route entre Saigon et les Philippines, aperçoit, de nuit, des formes sombres que l'équipage finit par prendre pour des îlots non signalés par les cartes marines. Soudain, un choc se produit et la coque se met à gémir. Un instant plus tard, un arbre se dresse puis s'abat sur le pont : un autre suit bientôt, et ses feuilles se coincent dans les superstructures : le *Fédération* est bel et bien échoué. Un examen montre que la coque n'est pas endommagée et qu'il y a des chances de dégager le navire. À l'aube, les marins tentent en vain de le tirer de la masse de végétation par l'arrière avec deux baleinières. Heureusement, une brise se lève qui permet enfin au navire de se dégager. Au retour le commandant du navire repasse au même endroit : il ne trouve pas trace du moindre îlot.

La clé de l'énigme est fournie bien plus tard, lorsqu'on s'aperçoit que, lors des grandes crues sur les côtes asiatiques, des morceaux de terre et leur végétation touffue sont parfois arrachés du rivage et entraînés au large. C'est l'un d'eux qui a dû capturer le *Fédération*.

RUSSIE

pages 330 à 335

ÉTATS-UNIS

pages 342 à 347

IIIe REICH

pages 336 à 341

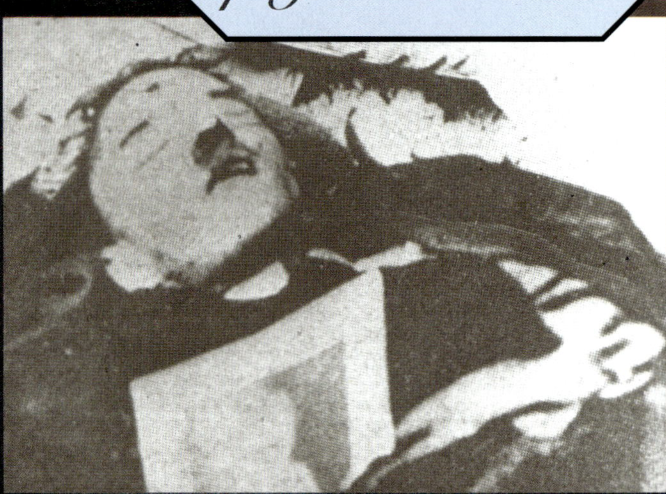

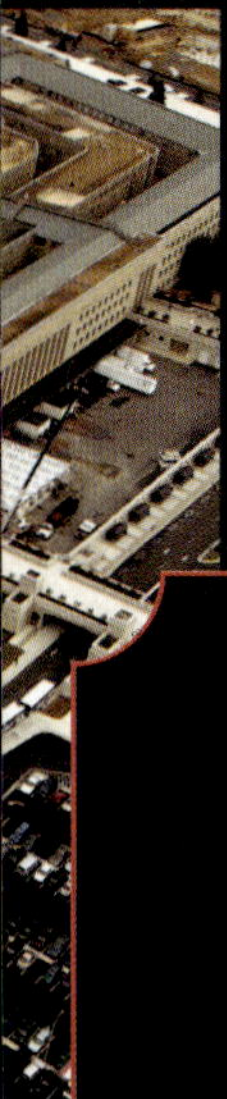

CHAPITRE XII

Drames modernes

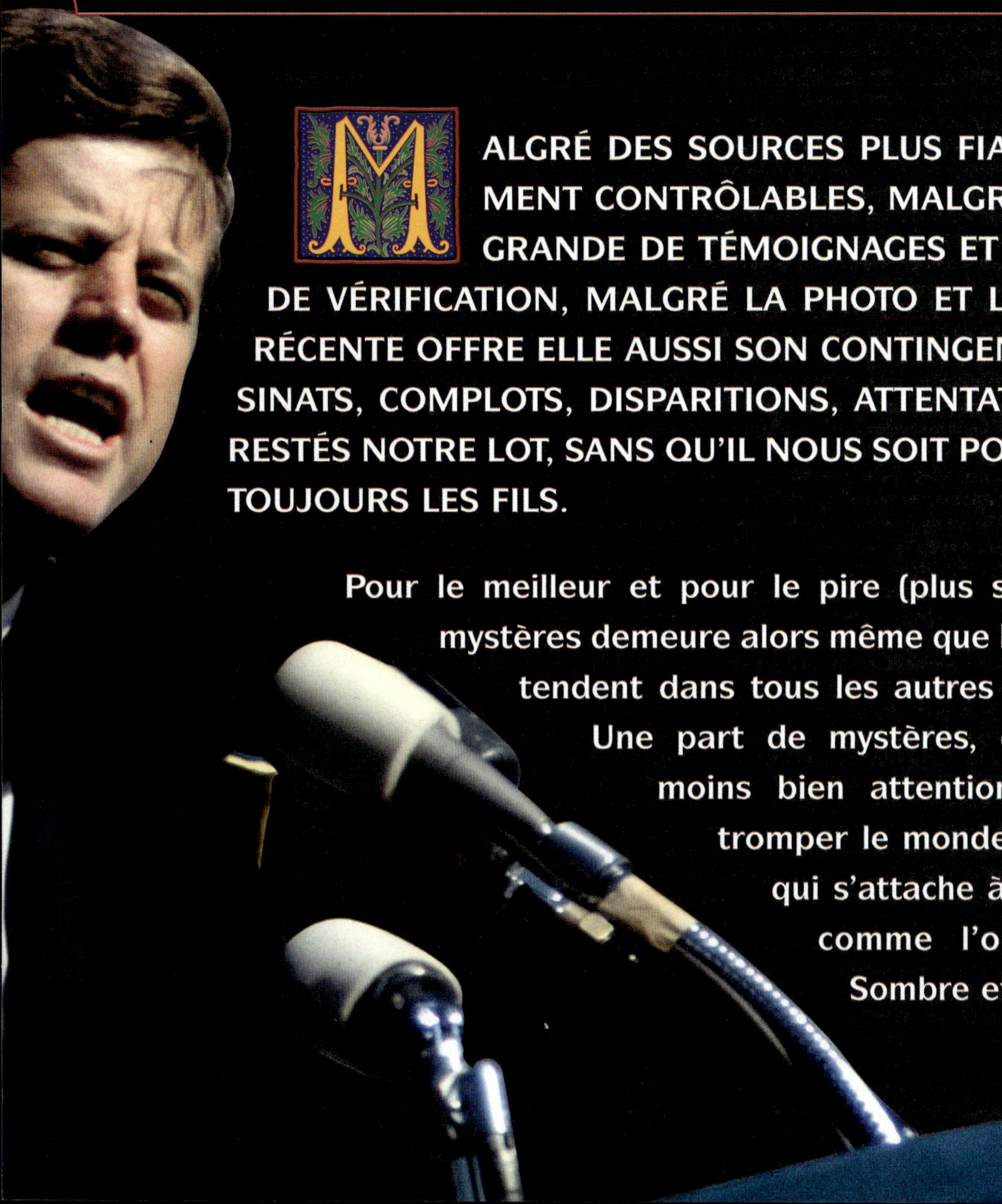

MALGRÉ DES SOURCES PLUS FIABLES ET PLUS FACILEMENT CONTRÔLABLES, MALGRÉ UNE RICHESSE PLUS GRANDE DE TÉMOIGNAGES ET DES MOYENS ACCRUS DE VÉRIFICATION, MALGRÉ LA PHOTO ET LE CINÉMA, L'HISTOIRE RÉCENTE OFFRE ELLE AUSSI SON CONTINGENT D'ÉNIGMES. ASSASSINATS, COMPLOTS, DISPARITIONS, ATTENTATS ET RUMEURS SONT RESTÉS NOTRE LOT, SANS QU'IL NOUS SOIT POSSIBLE D'EN DÉMÊLER TOUJOURS LES FILS.

Pour le meilleur et pour le pire (plus sûrement), une part de mystères demeure alors même que les progrès des sciences tendent dans tous les autres domaines à la réduire. Une part de mystères, dont certains, plus ou moins bien attentionnés, se servent pour tromper le monde, une part de mystères qui s'attache à l'histoire des hommes, comme l'ombre à la lumière... Sombre et inévitable à la fois.

RUSSIE

Comment a été assassiné Raspoutine

Le 16 décembre 1916, le prince Youssoupoff et quelques autres aristocrates décident de mettre fin à la vie de Grégory Raspoutine, moine débauché, moujik ivrogne, entré dans les faveurs de la famille impériale en raison de ses pouvoirs de guérisseur.

Youssoupoff raconte

« ... Raspoutine était mort. Des gouttelettes de sang coulaient de la blessure et tombaient sur les dalles de granite. Brusquement son œil gauche s'entrouvrit... et les deux yeux de Raspoutine, devenus étrangement verts et fixes comme ceux d'un serpent, me transpercèrent d'un regard diabolique plein de haine... Comme s'il avait brusquement été pris de frénésie, il bondit d'une détente sur ses pieds, de l'écume coulait de sa bouche. Il était effrayant. Un hurlement sauvage emplit la salle et je vis arriver sur moi une main aux doigts tordus... Raspoutine ressuscité répétait sans arrêt mon prénom d'une voix sifflante et étouffée... Dans cet homme mourant, empoisonné et transpercé d'un coup de feu, dans ce cadavre que des forces obscures avaient remis debout pour venger sa mort, il y avait quelque chose de si terrifiant, de si monstrueux que, jusqu'à aujourd'hui, quand je repense à ce moment, je suis saisi d'une terreur indicible... Il me semblait que le diable lui-même s'était incarné dans ce moufik... et que ses doigts crochus me tenaient pour ne plus jamais me lâcher... Mais quel ne fut pas mon étonnement et mon horreur lorsque je vis la porte d'entrée s'ouvrir et Raspoutine disparaître dans l'obscurité... Pourichkevitch s'élança à sa suite, trois coups de feu retentirent puis un quatrième... Je vis Raspoutine tituber puis s'effondrer dans la neige. »

Prince Youssoupoff, *la Fin de Raspoutine*.

• Du fin fond de la Sibérie...

Grégory Raspoutine vient d'un petit village sibérien qu'il a abandonné un jour pour se consacrer à la religion, la méditation et l'errance. Après quelques années de ces vagabondages mystiques, il acquiert dans sa région natale la réputation d'un *starets*, c'est-à-dire de saint homme. En 1904, il quitte la Sibérie pour se rendre à Saint-Pétersbourg et vient demander l'hospitalité à l'Académie de théologie, où il est présenté à l'évêque Hermogène et au grand prédicateur Iliodore. Ceux-ci, aussitôt séduits par sa foi, favorisent son entrée dans la société de la capitale. Dès lors, il commence à faire parler de lui, tant par les miracles qu'il accomplit que par sa vie de débauche.

• ... à la conquête de la Cour

La cour du tsar Nicolas II vit un drame. Le tsarévitch Alexis, unique héritier de la couronne, est atteint d'une maladie incurable, l'hémophilie, qui le fait atrocement souffrir. La réputation de Raspoutine étant arrivée aux oreilles de la tsarine Alexandra, on convoque à la Cour le « faiseur de miracles ». À plusieurs reprises, il atténue les souffrances du jeune malade ou arrive à stopper des hémorragies en principe fatales. Peut-on parler de pures coïncidences entre les visites de Raspoutine et l'évidente amélioration de la santé de l'enfant ? Il est impossible de répondre avec certitude. Pourtant l'influence apparemment positive que l'homme exerce sur la maladie du petit Alexis explique la source de son emprise sur la tsarine, sur la Cour et dans le monde aristocratique de Saint-Pétersbourg.

• Le « tsar au-dessus des tsars »

La famille impériale lui voue une amitié telle qu'on commence à le désigner comme le « tsar au-dessus des tsars ». Raspoutine profite largement de la fascination qu'il exerce, notamment sur les femmes. Lorsqu'une jeune fille vient lui demander conseil, il n'hésite pas à abuser d'elle tout en lui parlant de Dieu et de la rédemption. Sa vie de débauche réputée sans bornes ne l'empêche pas d'avoir une cour féminine à sa dévotion, prête à tout pour lui. L'appartement de Raspoutine devient bientôt le lieu de passage obligé de tous les solliciteurs possibles et de personnages importants.
En 1916, le président du conseil Sturmer et le ministre de l'Inté-

Le mysticisme en Russie

Après le XVIIe siècle et jusqu'à la Révolution de 1917, un grand nombre de sectes naissent en Russie.

« Les combattants de l'esprit ». Ils considèrent la religion orthodoxe comme une forme d'idolâtrie ; ils rejettent le baptême, ne se signent pas avant de prier comme le veut la tradition et refusent l'institution du mariage, considérant que le consentement mutuel est suffisant. Pour eux, la principale source de la foi n'est pas la Bible mais la tradition orale vivante, que les fidèles se transmettent de génération en génération.

« Les buveurs de lait ». Les membres de cette secte, fondée par Simion Oukléïne, sont en opposition avec les « combattants de l'esprit » et l'Église orthodoxe. Ils détruisent toutes les icônes ou en font du bois de chauffage ; ils ne boivent pas de boisson alcoolisée (d'où leur nom de « buveurs de lait ») ; leurs enfants n'ont pas de jouet, n'ont pas le droit de traîner dans la rue ou de manger des friandises, mais ils ne sont jamais punis par leurs parents. Les femmes ne portent pas de bijoux, mais sont traitées à l'égal des hommes.

Raspoutine prit beaucoup d'importance à la cour de Russie grâce aux « miracles » exercés sur le tsarévitch Alexis.

« Les flagellants » ou « khlysty » (« fouettés »). Ils se fouettent avec des branchages ou des tissus torsadés lors de leurs assemblées pour mortifier leur chair. D'après leur doctrine, le Christ se réincarne périodiquement dans des êtres humains qu'ils appellent « christ ». On connaît des cas où les participants communient en buvant l'urine de leur « christ » et entrent en communication avec l'Éternel durant des « danses tournantes », sortes de séances d'extase et de frénésie collectives, d'où ils sortent purifiés.

« Les castrats ». Ramification du groupe des flagellants qui apparaît au XVIIIe siècle, ils pratiquent les mêmes « danses tournantes » mais y ajoutent la castration obligatoire. Pour eux, il faut échapper à l'enveloppe corporelle, symbolisée par le sexe, pour atteindre la pureté absolue.

rieur Protopopov participent aux séances de table tournante qu'il organise chez lui. Ce rôle suscite tant de haines et de jalousies dans les milieux influents qu'on finit par lui prêter une activité et une responsabilité politiques qu'il n'a peut-être pas en réalité, même si la tsarine semble à ses ordres.

• Insensible au cyanure !

En 1916, les défaites militaires de la Russie au front et la décomposition de l'État suscitent une vague d'indignation dans tout le pays. Pour l'opinion russe, si tout va mal, c'est nécessairement à cause de la mauvaise influence que Raspoutine exerce sur le tsar, et les déconvenues de l'armée s'expliquent parce que le *starets* est vendu à l'espionnage allemand.
Dans cette atmosphère de soupçon, un certain nombre d'aristocrates, dont le grand-duc Dimitri Pavlovitch, apparenté au tsar, pensent que l'unique moyen d'aider le pays est de le débarrasser de Raspoutine. Un jeune prince de 19 ans, Félix Youssoupoff, se sent investi de cette mission. Le 29 décembre 1916, il invite Raspoutine chez lui, au palais de la Moïka, sous le prétexte de lui présenter sa femme. Avec ses complices, le prince fait préparer des gâteaux imprégnés d'une dose de cyanure capable de tuer vingt personnes et verse également de ce poison dans le verre destiné à Raspoutine. Arrivé chez Youssoupoff, le *starets* s'installe, mange les différents mets qui lui sont offerts et, alors que le cyanure agit normalement en quelques minutes, deux heures après il se porte comme un charme.

• Raspoutine refuse de mourir

Le prince est à bout et Raspoutine redemande à boire ! Décidé à en finir, Youssoupoff prend son revolver et tire à bout portant. À ce bruit, les complices surgissent de leur cachette ; un médecin, qui examine Raspoutine, conclut qu'il est encore vivant. Pourtant, bientôt, la respiration cesse et ses assassins descendent le corps au sous-sol du palais. Quelques minutes après, Raspoutine se relève, tente d'étrangler Youssoupoff, se précipite à l'extérieur : il faut quatre balles pour qu'il tombe et des coups de matraque pour lui défoncer le crâne. Les conjurés enveloppent le corps et le jettent dans la Neva. Lorsque l'on retrouve le cadavre dans l'eau, on constate qu'il était encore vivant lorsqu'il a été jeté dans le fleuve : Raspoutine est mort noyé ! Cette endurance proprement exceptionnelle contribue à la légende de Raspoutine comme « surhomme ». Était-il insensible au poison ? Cela reste un mystère. C'était, en tout cas, ce que l'on appelle une force de la nature et un tempérament hors du commun.

Youssoupoff avait incorporé dans des gâteaux une dose de cyanure capable de tuer un éléphant, lui avait-on dit. Il lui a fallu aller beaucoup plus loin pour arriver à ses fins...

RUSSIE

La fille de Nicolas II a-t-elle survécu au massacre de sa famille ?

En 1984, l'Américaine, madame Anderson, disparaît en laissant derrière elle une énigme qui divise les historiens depuis 1920 : est-elle ou non la grande-duchesse Anastasia, fille du tsar Nicolas II, survivante du massacre d'Iekaterinbourg ?

• Massacre à Iekaterinbourg

À partir de février 1917, Nicolas II et sa famille sont prisonniers. De la résidence de Tsarskoïe Selo à Tobolsk, puis à Iekaterinbourg, leurs conditions de détention se dégradent. Selon la version officielle, ils sont exécutés dans la nuit du 16 au 17 juillet 1918. Le tsar, la tsarine, leurs cinq enfants, le docteur Botkine et trois domestiques sont passés par les armes à deux heures du matin, puis achevés à coups de baïonnette. Les corps sont transportés dans un bois proche, dépecés, arrosés d'acide et d'essence, puis brûlés. Leurs restes sont jetés dans un puits de mine inondé.

• Plusieurs hypothèses contradictoires

Établie par le juge Sokolov, cette version officielle contient des imprécisions et s'appuie sur des récits contradictoires. Selon l'hypothèse la plus crédible, le tsar et son fils ont été fusillés, alors que la tsarine et ses quatre filles étaient emmenées à Perm. C'est la conviction de Malinovski, officier « blanc », chargé de l'enquête lorsque Iekaterinbourg est reprise, une semaine après l'exécution. Dans son rapport, il conclut que plusieurs personnes ont été fusillées pour simuler le meurtre de la famille impériale. Le premier juge chargé du dossier arrive à la même conclusion : il est dessaisi au profit de Sokolov qui met en place la version officielle. Parallèlement, Kirsta, chef du contre-espionnage blanc, mène sa propre enquête et retrouve la trace du passage de la tsarine et de ses quatre filles à Perm, en août et septembre 1918. Plusieurs témoignages évoquent la fuite d'Anastasia, rattrapée à l'issue d'une battue, soignée par un médecin qui laisse une déposition, évadée de nouveau le 17 septembre. Ces informations recoupent le récit d'une enseignante de Perm qui déclare : « L'impératrice et ses trois filles partirent après septembre par le train. » Ce témoignage donne une indication précieuse, confortée par d'autres dépositions contemporaines : à cette date, Anastasia n'est plus là.

LA RÉVOLUTION RUSSE

En 1917, l'empire est épuisé par trois années de guerre. En février, le peuple se soulève et des soviets (conseils) se forment dans les grandes villes du pays. Le tsar Nicolas II doit abdiquer. Les partis « bourgeois » tentent d'organiser une république libérale. Chef du gouvernement provisoire, le prince Lvov poursuit la guerre contre l'Allemagne et ne parvient pas à enrayer l'effondrement économique du pays. Il cède la place au socialiste modéré Kérensky. Les bolcheviks, menés par Lénine, s'emparent du pouvoir en octobre. Lénine signe une paix séparée avec l'Allemagne et met en place les structures de la première république socialiste.
Il doit lutter contre les Russes « blancs » fidèles à l'empire et soutenus par les Alliés.

Selon la version officielle, le tsar Nicolas II, la tsarine et leur cinq enfants sont exécutés dans la nuit du 16 au 17 juillet 1918.

... La fille de Nicolas II a-t-elle survécu au massacre de sa famille ?

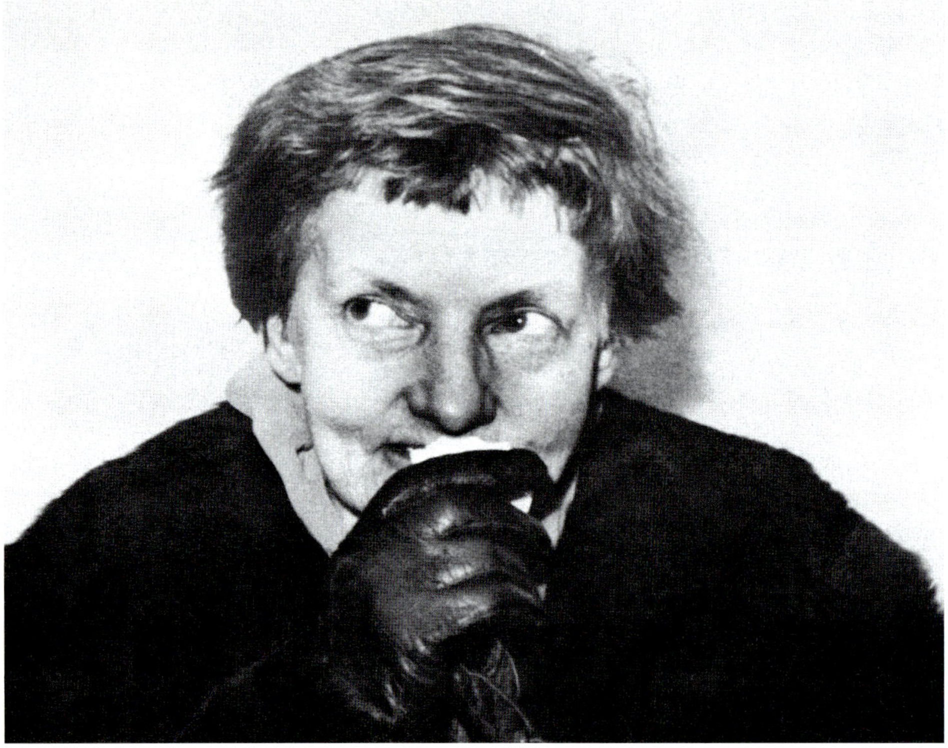

Anna Anderson était-elle la grande-duchesse héritière de Nicolas II ou une simple ouvrière polonaise ?

• Une inconnue affirme être Anastasia

Le 17 février 1920, une jeune femme tente de se suicider dans un canal de Berlin. On la sauve. Ses manières distinguées frappent les policiers, mais elle refuse de parler et reste prostrée. Envoyée à l'hôpital, puis à l'asile de Dalldorf, elle demeure apathique et refuse qu'on la photographie. Pourtant, c'est grâce aux photographies d'un magazine qu'une autre malade la reconnaît : selon son témoignage, cette étrange jeune femme n'est autre qu'Anastasia Romanov, fille de Nicolas II. La noblesse russe s'émeut. En mars 1922, l'inconnue est recueillie par le baron Kleist. Elle sort peu à peu de sa prostration et explique qu'elle est en effet Anastasia : un soldat nommé Tchaïkowski l'a sauvée du massacre d'Iekaterinbourg. L'homme l'a cachée, emmenée à Bucarest et épousée, mais il a été ensuite tué. Pour la presse, l'inconnue devient madame Tchaïkowski. Les proches de la famille impériale se succèdent à son chevet : certains la reconnaissent, d'autres non. Les partisans d'Anastasia Tchaïkowski accusent la branche latérale de la famille Romanov de ne pas la reconnaître pour sauvegarder ses intérêts dynastiques.

• Anastasia Anderson

En 1929, madame Tchaïkowski quitte l'Allemagne pour les États-Unis, où elle adopte le nom d'Anderson. La polémique sur son identité continue cependant, les deux parties présentant tour à tour preuves et témoignages troublants. Outre une ressemblance physique incontestable, Anna Anderson se souvient de détails que seule Anastasia devrait pouvoir connaître. La volonté qu'elle manifeste de rester cachée et ses réticences à révéler son identité plaident en sa faveur : ce comportement n'est pas celui des imposteurs ordinaires.

Les adversaires de madame Anderson soulignent pourtant plusieurs contradictions dans ses récits. Le problème de la langue joue surtout contre elle. Alors qu'Anastasia parlait parfaitement le russe, l'anglais, un peu le français et très mal l'allemand, l'inconnue de Berlin ne s'exprime au début que dans un allemand parfait. Elle comprend le russe, mais, fait troublant, ne le parle pas et ne comprend ni l'anglais ni le français.

• Nouvelles découvertes

En 1928, le détective Martin Knopf ouvre une enquête en prenant le problème à l'envers : retrouver la trace de l'inconnue avant le 17 février 1920. Il consulte les archives de Berlin et trouve une fiche de police qui signale la disparition, le 15 février, d'une jeune ouvrière polonaise, Franziska Schanzkowski. Son écriture ressemble à celle de madame Anderson, et elle a déjà fait deux séjours en asile psychiatrique.

Knopf retrouve les membres de la famille Schanzkowski en Poméranie. Il leur montre les photos d'Anna Anderson : ils reconnaissent Franziska. La mère raconte comment sa fille s'est, un jour, blessée au majeur de la main gauche : Anna y porte une profonde cicatrice. Tous les détails que recueille Knopf sont vérifiés et concordent, mais, malgré l'accumulation des preuves, madame Anderson refuse d'admettre l'évidence.

• Nouveaux mystères

S'il est aujourd'hui certain que Anna Anderson n'était pas une grande-duchesse russe mais une ouvrière polonaise psychologiquement instable, le mystère Anastasia n'en demeure pas moins. Madame Anderson a longtemps accaparé l'attention, mais la véritable énigme d'Iekaterinbourg n'est toujours pas résolue : la tsarine et ses filles ont-elles échappé à l'exécution, malgré une version officielle trop manipulée pour être convaincante ? Et, dans ce cas, que sont devenues les cinq femmes ? En 1970 meurt une autre vieille dame : elle laisse un manuscrit à n'ouvrir que dix ans après sa mort. Dans ce document, publié en 1982 par son petit-fils Alexis de Durazzo, prince d'Anjou, elle affirme être la grande-duchesse Maria, sœur d'Anastasia, déclarée morte à Iekaterinbourg.

Les rebondissements se poursuivent… En 1979, 9 squelettes sont découverts dans la région d'Iekaterinbourg, alors qu'officiellement 11 personnes ont été tuées… Mais qu'est-il advenu des deux autres corps ? Et surtout de qui s'agit-il ? Dans les années 1990, un certain Alexandre Filatov se présente comme étant le fils de Nicolas II…

Le 17 juillet 1998, les restes des corps sont transférés dans la cathédrale Saint-Pierre et Paul à Saint-Pétersbourg, sans que pour autant le mystère soit élucidé…

Anastasia, victime des Rouges et des Blancs ?

Selon l'historien français, Marc Ferro, Anastasia, ses sœurs et sa mère auraient échappé à la mort en 1918. Mais les bolcheviks et leurs adversaires auraient eu intérêt à cacher cette vérité.

Pourquoi auraient-elles échappé au massacre ? La raison serait d'ordre politique. À cette époque, le régime bolchevik est encore très fragile. Sa survie, aux yeux de Lénine, dépend de l'arrêt de la guerre avec l'Allemagne.

Or la tsarine est allemande et ses filles sont liées à la famille de l'empereur Guillaume II. Leur exécution pourrait donc avoir de graves conséquences. Les bolcheviks les auraient mises en lieu sûr avant de les faire passer en Allemagne. Quant à Anastasia, elle se serait enfuie sans attendre avec un de ses gardiens dont elle serait tombée enceinte. Ayant réussi à rejoindre sa famille à Berlin, elle devenait l'héritière du tsar. Mais elle se serait heurtée à l'hostilité du grand-duc Cyrille, qui brigue la couronne. En voulant prouver son identité, elle aurait révélé que le frère de la tsarine serait venu en 1916 en Russie pour négocier une paix séparée entre Guillaume II et Nicolas II. Sa famille lui tourne alors le dos, on suscite même une fausse Anastasia pour la discréditer et elle sombre dans la folie…

Ainsi Rouges et Blancs auraient eu le même intérêt à nier qu'Anastasia ait survécu. Les Rouges pour ne pas passer pour les alliés des Allemands, et pour se prémunir de toute restauration des Romanov. Les Blancs pour ne pas révéler les contacts entre la famille du tsar et les Allemands et surtout pour légitimer la branche latérale du grand-duc…

Les filles de Nicolas II :
Olga, Tatiana, Marie et Anastasia.

Hitler était-il sous l'influence de sociétés secrètes ?

Évoquées lors du procès de Nuremberg, en 1946, les relations du IIIe Reich avec l'occultisme et la magie noire n'ont pas retenu l'attention des juges. Pourtant, elles permettent peut-être de mieux comprendre la gestation d'un certain nombre de thèses prônées par les nazis et les actions de quelques-uns des dirigeants les plus en vue du régime.

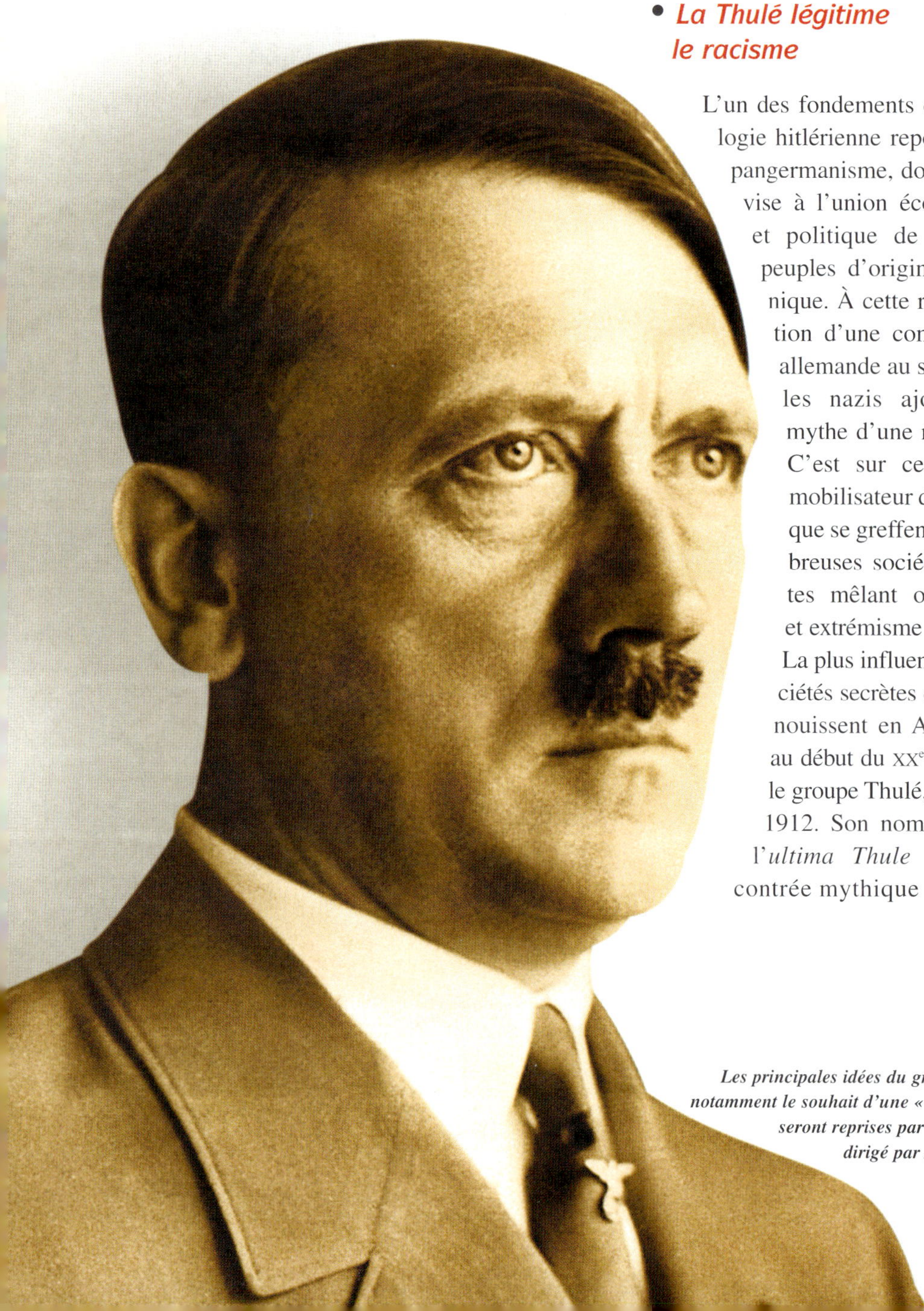

Les principales idées du groupe Thulé, notamment le souhait d'une « race pure », seront reprises par le parti nazi dirigé par Adolf Hitler.

• La Thulé légitime le racisme

L'un des fondements de l'idéologie hitlérienne repose sur le pangermanisme, doctrine qui vise à l'union économique et politique de tous les peuples d'origine germanique. À cette revendication d'une communauté allemande au sens large, les nazis ajoutent le mythe d'une race pure. C'est sur ce courant, mobilisateur d'opinion, que se greffent de nombreuses sociétés secrètes mêlant occultisme et extrémisme politique. La plus influente des sociétés secrètes qui s'épanouissent en Allemagne au début du XXe siècle est le groupe Thulé, fondé en 1912. Son nom vient de l'*ultima Thule* romaine, contrée mythique localisée dans le Grand Nord, dans une plaine entourée de montagnes de glace étincelantes, et habitée par une race supérieure. Comme l'Atlantide, Thulé aurait sombré dans la mer, mais quelques-uns de ses habitants auraient échappé au cataclysme et engendré la race aryenne. Les membres du groupe Thulé voient chez les nordiques et particulièrement chez les Allemands, grands, athlétiques, blonds et aux yeux bleus, les plus purs descendants des survivants de Thulé. Le pangermanisme est ainsi fondé sur des bases racistes, le mythe jouant un rôle de légitimation.

• Hitler sous influence

L'initiateur du groupe est l'Allemand Sebottendorf, et plusieurs de ses membres comptent parmi les notabilités à venir du IIIe Reich. Ainsi Dietrich Eckart, ancien dramaturge, qui fit connaître à Hitler les idées du groupe ; Rudolf Hess, appelé à devenir le deuxième personnage du parti nazi et, en large partie, l'inspirateur du manifeste de Hitler, *Mein Kampf*, rédigé alors qu'ils se trouvaient tous deux en prison après l'échec du putsch du 3 novembre 1923 à Munich ; Alfred Rosenberg, théoricien de la doctrine raciale hitlérienne, et Karl Haushofer, militaire de carrière et diplomate, inventeur de l'idée de *Lebensraum*, l'« espace vital » indispensable, selon lui, à l'épanouissement de la « race supérieure » allemande.

Les principaux dirigeants nazis : Goebbels, Goering et Hess. Ce dernier est à l'origine de l'influence du groupe Thulé sur le IIIe Reich.

Le Führer et les astrologues

Quoique Hitler n'ait appartenu à aucune société secrète, son attrait pour l'occultisme et la magie noire est un fait avéré dès les années 1920. On le dit superstitieux (comme Hess) et préoccupé de connaître l'avis des astrologues avant de prendre des décisions importantes. En 1942-1943, au moment des premiers revers de l'armée allemande, il aurait même fait déporter quelques-uns de ces « devins » qui auraient osé lui annoncer des défaites.

Son « conseiller astral » le plus important est un personnage du nom d'Eric-Jan Hanussen, « mage noir », organisateur de soirées initiatiques d'une moralité douteuse pour un cercle très restreint ; il est connu pour accorder à prix d'or des consultations astrologiques à des nazis haut placés. Poursuivi par la haine de certains dirigeants du Reich qui n'apprécient pas l'influence qu'il semble exercer sur Hitler, il fait l'objet d'une campagne de presse hostile dirigée par Goebbels. Il aurait « prédit » deux jours à l'avance l'incendie du Reichstag… et failli ainsi tout compromettre.

• *Le svastika devient un emblème maléfique*

C'est d'ailleurs aux « armes » du groupe Thulé que Hitler emprunte l'emblème du IIIe Reich, la croix gammée, issue du « svastika », un symbole solaire aryen dont l'existence a été divulguée aux membres de la société secrète par Haushofer. Celui-ci, qui a séjourné longuement au Tibet au début du siècle, est un bon connaisseur des pratiques et des symboles du bouddhisme tibétain. Il est lié, en Allemagne même, avec d'étranges personnages, plus sorciers que chamans, connus sous le nom de « Bonnets noirs » – une des sectes religieuses du Tibet. Mais l'emblème qu'il diffuse est inversé par rapport au sens réel du symbole oriental ; la terminaison des rayons de la croix est orientée de sorte à former un cercle tournant de la gauche vers la droite, alors que le svastika pivote dans le sens contraire. Un idéal maléfique, clairement affiché, inspire ainsi l'emblème de la « race des seigneurs ».

• *L'expédition de Rudolf Hess*

C'est surtout dans les actions de Rudolph Hess que l'influence du groupe Thulé, et plus particulièrement celle de Karl Haushofer, est manifeste. Elle inspire en particulier la tentative que fait Hess de négocier une paix séparée avec l'Angleterre. En effet, selon la doctrine prônée par Haushofer, seul un partage de l'Occident entre les Anglo-Saxons et les Germains est viable. L'Anglais n'est pas tant un ennemi qu'un adversaire avec lequel il faut négocier les zones d'influence.

Hitler, un moment séduit par cette idée, l'a abandonnée. C'est donc apparemment de sa propre initiative que, le 10 mai 1941, Hess s'envole pour l'Angleterre et se fait parachuter dans le Renflexshire, au sud de l'Écosse. Son but est de joindre le duc de Hamilton, membre du Parlement britannique et *Wing Commander* de la Royal Air Force, qui doit servir d'intermédiaire dans les négociations de paix. Celui-ci avait été contacté dès 1940 par Haushofer lui-même en vue d'une éventuelle rencontre. Hamilton transmet en haut lieu l'annonce de la visite de Hess, mais les négociations aboutissent d'autant moins que Rudolph Hess ne représentait que lui-même.

Où est passé le cadavre du Führer ?

À la fin du mois d'avril 1945, Berlin, capitale du IIIe Reich, est encerclée par les armées soviétiques et un déluge de bombes s'abat sur la ville. Réfugié dans l'abri antiaérien situé au-dessous du bâtiment de la Chancellerie d'où il gouverne, le Führer, se voyant perdu, décide de mettre fin à ses jours.

• Hitler se cache dans son bunker

L'abri est construit seize mètres sous terre. Il est composé de deux étages recouverts d'un bouclier de béton armé. L'étage inférieur forme le *Führerbunker*, où Hitler et son état-major ont leurs quartiers et où sont réfugiés un certain nombre de fidèles du régime. Hitler sait que la IXe armée de Wenck, sur laquelle il a longtemps compté pour délivrer Berlin, a été vaincue.

Dès le 23 avril, Hitler fait part à Keitel, chef des forces armées, et à Speer, ministre de l'Armement, de sa décision de se suicider et de faire disparaître son corps. Il ne veut pas que sa dépouille soit donnée en spectacle et il sait très bien de quoi il parle, lui qui a fait suspendre à un croc de boucher le cadavre du Feldmarschall von Witzleben, accusé d'avoir trempé dans un complot destiné à le tuer. Dans la nuit du 26, les Russes commencent à bombarder la ville et ne sont plus qu'à deux kilomètres de la Chancellerie.

• La fin d'un dictateur

Deux faits confortent sans aucun doute Hitler dans sa volonté de suicide. Il y a d'abord l'annonce, le 28 avril, de la nouvelle que son successeur désigné,

Les dernières volontés d'Hitler

Avant de se donner la mort, Adolf Hitler rédige ses dernières volontés dans deux documents. Le premier extrait est tiré de son testament politique où il règle les modalités de sa succession, le second de son testament personnel :

« Après six années d'une guerre (…), je ne peux pas abandonner la ville qui est la capitale du Reich… J'ai donc décidé de rester à Berlin et de m'y donner la mort au moment où je ne pourrai plus remplir mes fonctions de Führer et de Chancelier… »

« J'ai maintenant décidé, avant de mourir, de prendre pour épouse la femme qui, après tant d'années d'amitié fidèle, est entrée (…) dans cette ville (…) pour y partager mon sort. De son propre désir, elle va mourir avec moi, comme mon épouse (…) Moi et ma femme choisissons la mort pour échapper à la honte de la déposition ou de la capitulation. Notre désir est d'être brûlés immédiatement sur les lieux où j'ai fourni la plus grande partie de mon travail quotidien pendant les douze années au service de mon peuple. »

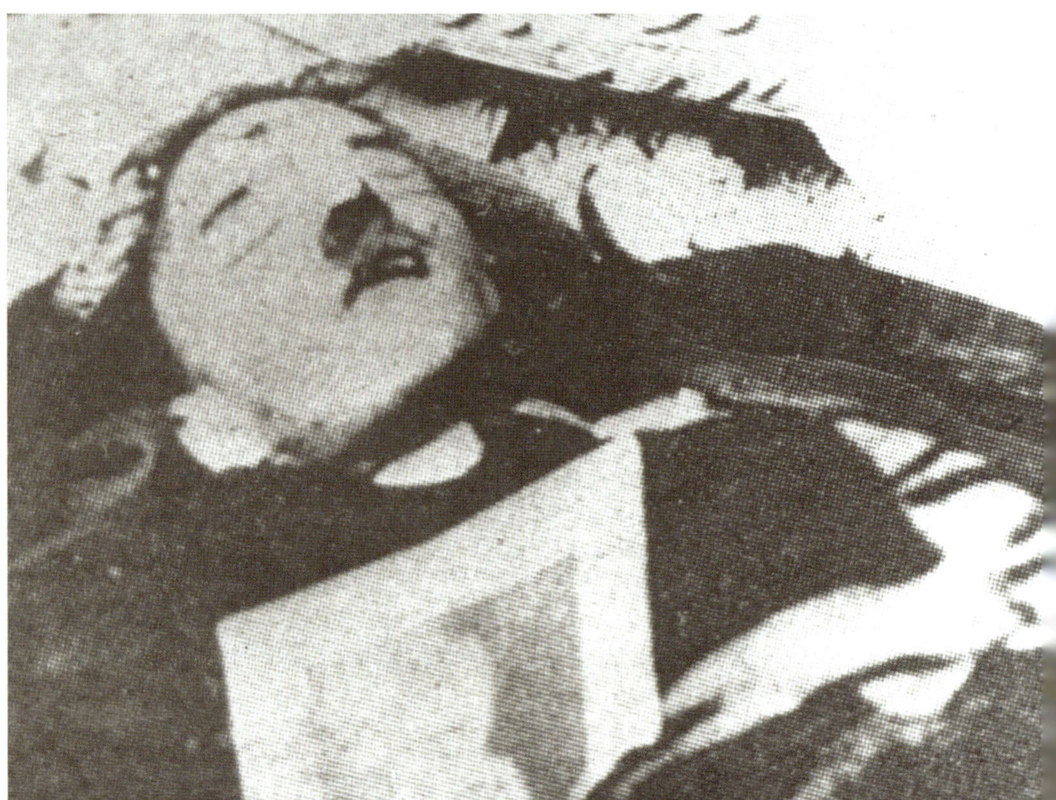

Hitler mort : cette photo aurait été prise quelques heures après son suicide.

Himmler, ministre de l'Intérieur, négocie en secret une paix avec les Alliés. Cette nouvelle le met hors de lui. Il rédige peu après deux testaments, l'un personnel, et l'autre politique, dans lequel il nomme l'amiral Dönitz pour lui succéder. Le lendemain, il apprend la mort de son allié de la première heure, Mussolini. Peut-être a-t-il également connaissance de la façon dont a été traité le corps de Mussolini, suspendu par les pieds sur la place du marché de Milan et abandonné à la vindicte populaire. Dès lors, Hitler prépare minutieusement son suicide.

Il fait tout d'abord tuer son chien. Le 29 avril, il épouse sa compagne Eva Braun et, le lendemain, après avoir fait ses adieux à son état-major et à ses derniers partisans, il se retire avec sa femme dans leurs appartements. Retentit alors un coup de feu. Après une courte pause, ses familiers, qui attendent devant la porte, entrent dans la pièce. Hitler est étendu sur le sofa, couvert de sang. Il s'est tiré une balle dans la bouche et a la tête à moitié emportée. Eva Braun gît à côté de lui, morte, empoisonnée.

• *Qui détient les cendres du Führer ?*

Une couverture est jetée sur Hitler pour dissimuler sa tête fracassée, et les deux corps sont transportés dans le jardin, dont les issues ont été condamnées pour que seules quelques personnes puissent assister à la crémation des corps. 180 litres de pétrole sont déversés sur les cadavres, qui brûlent toute la journée. Lorsque les Russes pénètrent dans le bunker, ils trouvent quelques corps mais, naturellement, pas celui d'Hitler.

On ne sait pas avec certitude ce que sont devenus ses cendres et ses os, ces derniers n'ayant pu complètement brûler. Selon Guensch, l'aide de camp SS d'Hitler, les cendres ont été emportées hors de la Chancellerie. Elles auraient pu être remises à Arthur Axmann, chef des Jeunesses hitlériennes. Mais ce récit n'est confirmé par aucune source. Pour Trevor-Roper, auteur d'un récit détaillé sur les derniers jours d'Hitler, reconstitués à partir, notamment, des interrogatoires de ses proches par l'armée américaine et lors du procès de Nuremberg, ce dernier événement n'est pas certain. Par ailleurs, les fouilles menées ayant été succinctes et très rapides, les cendres ont parfaitement pu avoir échappé aux recherches.

Fausses rumeurs

Certains ont pris prétexte de la disparition du corps du Führer pour mettre en doute sa mort. Selon eux, il aurait pu s'échapper hors du bunker et disparaître. Une hypothèse voudrait qu'il ait été transporté à bord d'un sous-marin allemand, le U-977, qui a rallié le port de Mar del Plata, en Argentine, à la fin de la guerre. Toutefois le commandant de ce bateau, H. Schaeffer, qui s'est rendu avec son équipage, a écrit un ouvrage dans lequel il réfute formellement cette thèse.

Les historiens d'Hitler soutiennent que le *Führer* a délibérément choisi de rester à Berlin et d'y mourir, avançant à titre de preuve les testaments. Les témoignages concordants de ceux qui ont assisté à la fin d'Hitler et l'enquête minutieuse menée par Trevor-Roper attestent que le chef du IIIe Reich est bien mort dans son bunker et que son corps y a été brûlé.

Seuls quelques esprits pervers, probablement des nostalgiques du régime nazi, ont pu vouloir croire, et faire croire, qu'il n'était peut-être pas mort.

Cet officier examine la pièce dans laquelle le chef du IIIe Reich et Eva Braun se sont donné la mort.

Qu'est devenu Martin Bormann ?

La mort de Bormann n'étant pas prouvée, il est condamné à mort par contumace lors du procès des grands criminels de guerre à Nuremberg.

À la fin du mois d'avril 1945, Hitler se donne la mort dans son bunker. Certains hauts dignitaires nazis sont appréhendés, Joseph Goebbels, le ministre de la Propagande, se suicide avec sa femme et ses six enfants. Martin Bormann, l'un des dirigeants du parti nazi et proche de Hitler, demeure quant à lui introuvable.

• Mort ou évadé ?

Du 20 novembre 1945 au 1er octobre 1946 se déroule, à Nuremberg, un procès historique où sont jugés 24 membres du parti national-socialiste ou dirigeants du IIIe Reich. Au terme du procès, Bormann est condamné à mort, en même temps que 11 autres dignitaires nazis. La sentence est prononcée par contumace : l'accusé n'a pas comparu devant le tribunal.
Bormann a été nommé à la direction du parti nazi dès janvier 1942, ce qui lui confère un immense pouvoir. Il conserve ce poste jusqu'à la chute du IIIe Reich. C'est un homme dont la brutalité est reconnue par les nazis eux-mêmes, l'un des personnages les plus détestés du régime. Et c'est, surtout, un proche d'Hitler. Il est présent dans le bunker lorsque le Führer met fin à ses jours le 29 avril, après l'avoir désigné comme son exécuteur testamentaire. Dans la nuit du 1er au 2 mai 1945, les personnes entassées dans le réseau souterrain autour de la Chancellerie tentent une évasion massive. Bon nombre d'entre elles parviennent à sortir de la capitale encerclée. Bormann est-il de ceux-ci ? Certains de ses compagnons d'évasion le disent mort, mais les témoignages contradictoires abondent. D'aucuns affirment par exemple avoir vu mourir Bormann près d'un char « Tigre » en flammes. Les versions des témoins sont en fait trop diverses pour convaincre. Le tribunal de Nuremberg condamne Bormann comme s'il était vivant, et les organisations juives se lancent à sa recherche.

• La folle cavale de Bormann

Dès la capitulation du IIIe Reich, en mai, les Alliés se mettent en quête des principaux dirigeants nazis et SS. Mais leurs recherches, dans une Allemagne en proie au chaos, sont malaisées, et de nombreux responsables du régime nazi parviennent à fuir grâce à différentes filières. En 1968, Michel Bar-Zohar, journaliste et ancien membre de la Knesset, le Parlement israélien, croit pouvoir reconstituer, au terme d'une enquête minutieuse, l'itinéraire de Bormann. Selon lui, après le 2 mai 1945, grâce à la filière *Die Schleuse* (l'Écluse), l'ex-dirigeant nazi aurait quitté Berlin avec de faux papiers et se serait rendu à Flensbourg, puis dans le château-hôpital de Grosten, au Danemark. Il serait ensuite revenu dans le Sud, par le col du Brenner. Passé en Italie, où il aurait trouvé refuge dans des couvents, il aurait alors gagné l'Espagne. À la fin de l'année 1947, il serait parti pour l'Argentine et s'y serait installé, à Paraná, jusqu'en 1951.

• *Donné plusieurs fois pour mort*

À cette date, averti que des agents secrets étaient à sa recherche, il serait reparti pour le Brésil où existaient, alors comme aujourd'hui, de nombreuses colonies allemandes. Un agent israélien ancien membre de l'Irgoun, le service secret israélien, parvient à retrouver la trace de l'Allemand. Mais celui-ci, qui sait changer de cachette chaque fois qu'il le faut, lui échappe in extremis. La piste de Bormann se perd alors plusieurs années durant.
De nouveaux indices apparaissent en 1959 : un médecin paraguayen retrouvé par Bar-Zohar affirme avoir soigné, à Asunción, un homme en lequel il a reconnu l'ancien fidèle de Hitler. Ce dernier serait ensuite retourné dans le Mato Grosso. Les annonces de la mort du nazi se succèdent à partir de cette date. En 1960, on déclare qu'il a été tué par un médecin juif, sans qu'aucune preuve vienne confirmer l'information. Peu de temps après, on le dit décédé de mort naturelle. Le 7 décembre 1962, les grandes agences de presse diffusent à nouveau la nouvelle de la mort de Bormann, des suites d'un cancer de l'estomac. Elles indiquent même le lieu où il est enterré. Il n'est nul besoin d'autopsie pour découvrir la supercherie : le cadavre exhumé est celui d'un Indien guarani. Si l'on en croit l'enquête de Michel Bar-Zohar, Bormann aurait donc vécu dans le Mato Grosso, jungle immense entrecoupée de marécages et traversée seulement par deux routes qu'il est facile de surveiller. Il y aurait été protégé par des organisations nazies puissantes en Amérique du Sud.

Les « chasseurs » de nazis

À la fin de la guerre s'organise la traque des anciens nazis. Au sein de l'armée anglaise est formée une brigade juive de jeunes combattants, « les Vengeurs », qui opère clandestinement en Europe et exécute sommairement les nazis découverts. Mais les ordres de la Haganah, organisation paramilitaire juive qui aspire à une certaine respectabilité, obligent les membres de cette brigade à suspendre leurs opérations.
Des « chasseurs » de nazis prennent alors la relève. Rescapé de Mauthausen, Simon Wiesenthal crée un Centre de documentation à Vienne qui rassemble des archives sur l'extermination des Juifs par les nazis. Avec peu de moyens, ils poursuivent les anciens bourreaux à travers le monde et, lorsqu'ils en découvrent un, ils en font part aux autorités compétentes afin qu'elles le jugent ou demandent son extradition.
Les services secrets israéliens ont également poursuivi de semblables recherches. Leur plus grande réussite est l'enlèvement, en 1960, d'Adolf Eichmann, ancien chef du Bureau juif de la Gestapo. L'Argentine, où il s'était installé, avait refusé son extradition. Jugé par la cour suprême d'Israël, Eichmann est condamné à mort et pendu.

Avant de mourir,
Hitler désigne Martin Bormann
comme son exécuteur testamentaire.

États-Unis

Pourquoi a-t-on assassiné Kennedy ?

Le 22 novembre 1963, John Fitzgerald Kennedy, président des États-Unis depuis 1960, effectue une visite à Dallas pour préparer sa réélection. À 12 heures 30, alors que le cortège des voitures officielles parvient au centre-ville, plusieurs coups de feu éclatent ; Kennedy, touché au cou et à la tête, meurt peu après à l'hôpital.

• L'assassin assassiné

L'Amérique est en état de choc : qui peut avoir désiré la mort du plus jeune président des États-Unis, de celui qui, depuis trois ans, a si bien su incarner le renouveau du rêve américain ? Immédiatement, les policiers se lancent à la recherche de l'assassin et ils arrêtent bientôt un suspect : Lee Harvey Oswald travaille à la bibliothèque située dans la rue de l'attentat, d'où sont partis les coups de feu ; il l'a quittée quelques minutes après l'assassinat du président. Il clame son innocence, mais les présomptions sont énormes : l'arme du crime, découverte dans la bibliothèque, lui appartient. Le lendemain, au moment où il quitte le siège de la police pour être transféré en prison, il est abattu par un certain Jack Ruby, tenancier d'une boîte de nuit, qui affirme avoir voulu venger le président. La mort prématurée du principal suspect laisse planer l'obscurité sur les circonstances de l'assassinat. Le nouveau président, Lyndon B. Johnson, nomme donc immédiatement une commission d'enquête présidée par le chef de la Cour suprême, le juge Warren.

• Y avait-il plusieurs tueurs ?

La commission travaille pendant dix mois, entend plusieurs centaines de témoins et visionne la scène de l'attentat, filmée par un témoin. Les conclusions de la commission sont formelles : Kennedy a bien été assassiné par Oswald ; celui-ci a tiré de la bibliothèque et a agi seul, par

John Fitzgerald Kennedy lors d'un discours à Berkeley, en 1962.

démence et non pour des raisons politiques. Mais le rapport Warren contient des contradictions et ne répond pas à toutes les questions. Plusieurs témoins sont certains d'avoir entendu des coups de feu partir de l'autre côté de la rue, d'un monticule où se dressait une palissade ; y aurait-il eu plusieurs tueurs ? Quelqu'un a-t-il armé la main d'Oswald, qui a vécu en URSS et a fréquenté des milieux favorables à la révolution cubaine ? Enfin, la personnalité de Jack Ruby, lié à la mafia, et sa mort bien rapide en prison, en 1967, rendent son geste suspect : cherchait-on à dissimuler quelque chose en éliminant Oswald ? Tout, dans cette affaire, fait penser à une conspiration politique.

L'Amérique de Kennedy

La présidence de John Fitzgerald Kennedy (1960-1963) ouvre une période de changements pour les États-Unis. Le jeune président propose un projet ambitieux à ses compatriotes, la conquête d'une « nouvelle frontière » qui doit donner plus de force au pays et plus de bien-être à ses habitants. Il lance l'idée de programmes sociaux plus justes destinés à aider les défavorisés, présente un projet de loi garantissant les droits civiques des minorités et interdisant toute discrimination.

En politique étrangère, il sait se montrer ferme et, malgré, quelques incidents fâcheux, parvient à imposer les États-Unis comme force internationale et à garantir la sécurité, ce qui lui permet d'envisager des relations moins tendues avec l'URSS.

Toutefois, lorsque Kennedy disparaît, les résultats de son généreux programme sont encore maigres. Il revient à son successeur, Lyndon B. Johnson, d'assurer concrètement la poursuite des changements et de prendre en charge le délicat problème, légué par Kennedy, de l'engagement des États-Unis dans le conflit vietnamien.

• *Assassinat commandité par Cuba...*

Plusieurs thèses font l'inventaire des inimitiés que Kennedy se serait attirées par sa politique intérieure ambitieuse ou par ses actions internationales décidées. Pour certains, il faut voir dans cet assassinat la main des sudistes réactionnaires, ulcérés par le projet de faire reconnaître les droits civiques des Noirs. D'autres pensent que l'assassinat a été commandité par Cuba ou Moscou. En effet, Kennedy a couvert la tentative d'invasion de Cuba, organisée par des réfugiés anticastristes et par la CIA ; il s'est ensuite opposé avec la plus grande fermeté à toutes les provocations soviétiques, notamment lors de la crise suscitée par l'installation de missiles soviétiques à Cuba en 1962. Il aurait même approuvé plusieurs complots organisés par les services secrets pour éliminer Fidel Castro.

Lee Harvey Oswald, assassin de Kennedy. A-t-il agi seul ou était-il manipulé ?

Le gouverneur du Texas John Carnally, Jacqueline et John Fitzerald Kennedy roulent tranquillement à travers les rues de Dallas...

• ... ou par les anticastristes !

Mais l'inverse peut être également soutenu, car, à partir de 1963, Kennedy a engagé une politique de détente avec les Soviétiques : il aurait alors été victime d'un complot liant le Pentagone, les anticastristes, l'ensemble du complexe militaro-industriel et la CIA, tous opposés à la détente Est-Ouest.

Par ailleurs, les relations s'étaient détériorées entre le président et la CIA depuis l'échec cinglant de la tentative de débarquement à Cuba, et l'on prêtait à Kennedy l'intention de réorganiser les services secrets pour éliminer Fidel Castro.

• Kennedy lié à la mafia ?

Dernière hypothèse : le jeune président aurait été éliminé par la mafia, pour avoir voulu lutter contre la corruption et les agissements des organisations criminelles. En 1991, la confession de Judith Campbell, ex-maîtresse de Kennedy, a jeté un éclairage fort différent sur cette question : le président aurait bien été exécuté par la mafia, non pas parce qu'il était un homme politique intègre, mais parce qu'il aurait été pris au piège de ses compromissions, recourant aux services de l'Organisation et à son appui financier lors de ses campagnes électorales, et l'abandonnant ensuite.

• Président-martyr ou homme politique véreux ?

On le voit, les raisons de la mort de Kennedy restent, aujourd'hui encore, bien obscures. Les hypothèses sont multiples, oscillant entre légende rose et légende noire : Kennedy fut-il un président-martyr abattu pour sa politique courageuse ? Son assassinat a-t-il été, au contraire, la conséquence malheureuse des actions discutables d'une personnalité moins vertueuse que la légende ne le dit ?

Un effroyable complot

Six mois après les attentats du 11 septembre 2001, un livre paraît en France qui tente de démontrer que cette tragédie est en fait une formidable manipulation du complexe militaro-industriel américain. La rumeur court…

Les caméras de surveillance ont enregistré la date du 12 septembre 2001 à 17 h 37. Les autorités n'ont donné aucune explication à cette « erreur ».

• Au lendemain du 11 septembre 2001

Les ruines du World Trade Center comme celles du Pentagone sont encore fumantes qu'en mars 2002 un Français, Thierry Meyssan, publie un brûlot destiné à révéler au monde entier la vérité sur les attentats qui ont touché les États-Unis. Sa thèse est aussi simple que brutale : seule une organisation extraordinairement bien préparée a pu commettre de tels actes qui ne peuvent être le fait de militants islamistes dont on dit qu'ils se terrent dans des grottes en Afghanistan. Surtout, l'auteur affirme qu'aucun Boeing ne s'est jamais écrasé sur le Pentagone, et que des militaires américains auraient monté de toutes pièces ce scénario catastrophe pour soulever l'opinion publique et justifier des opérations de représailles à venir qui ne sont qu'une étape supplémentaire dans l'inexorable domination impérialiste américaine.

• La vérité est ailleurs…

L'ouvrage de Meyssan, intitulé *L'effroyable imposture*, passe d'abord inaperçu. Sans doute s'agit-il d'une énième élucubration comme beaucoup ont commencé de circuler dès le lendemain des attentats. Mais l'auteur n'est pas un inconnu : directeur du Réseau Voltaire qui a maintes fois prouvé son engagement dans le débat de société et promu l'esprit critique, Meyssan est connu et apprécié de nombreux journalistes. En quelques semaines, sa thèse, relayée activement par les sites internet, se propage. La rumeur circule, enfle, prend corps. Meyssan est invité sur les plateaux de télévision. Ses soi-disant révélations, aussi stupéfiantes soient-elles, sont crédibles pour beaucoup. Elles feront toutefois long feu.

À l'origine de ces affirmations, la constatation à partir de simples photographies diffusées sur internet que le Pentagone n'a pas été touché par un avion de ligne. La preuve ? On ne voit aucun débris d'avion sur ces photos. Ce constat suffit pour démonter le machiavélique complot ourdi par un mystérieux et puissant groupe de pression au sein même des institutions américaines. L'idée n'est pas nouvelle puisque la littérature et le cinéma des années de guerre froide sont remplis de ce genre de scénario, et le polar politique se porte d'autant mieux que certaines turpitudes de la CIA sont depuis longtemps dénoncées. Si la rumeur cette fois est énorme, elle a pour corollaire l'extraordinaire émotion causée par les actes terroristes les plus meurtriers jamais commis. Selon cette rumeur, le monde entier a été le jouet d'une manipulation sans précédent dont l'objectif cynique serait d'accorder aux États-Unis la liberté d'agir à leur guise, au nom de la légitime défense et des valeurs de liberté, pour établir plus encore leur hégémonie.

• L'Amérique punie

Malgré l'émotion suscitée par les attentats, la thèse du complot séduit certains qui aimeraient faire rendre gorge à l'Oncle Sam et à sa politique. D'ailleurs, la compassion internationale face aux

Elle court, elle court la rumeur…

Contre-feux aux discours officiels admis, certaines rumeurs ont en leur temps affirmé les « vérités » les plus grotesques. Et pourtant elles ont la vie dure.

Le 20 juillet 1969, Neil Armstrong est le premier homme à marcher sur la Lune. Ce moment historique est retransmis à la télévision dans le monde entier, mais tout cela ne serait qu'affabulation ! Certains, dont Philippe Lheureux, dans *Lumières sur la Lune*, expliquent comment les autorités américaines ont « fabriqué » l'événement dans un studio de cinéma…

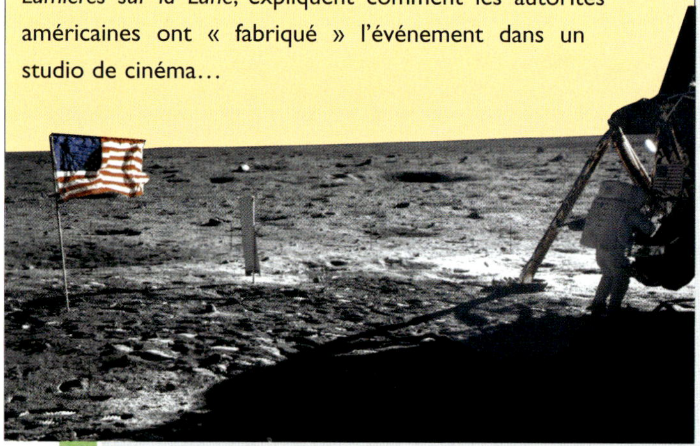

Le 17 août 1977, Elvis Presley meurt à Memphis. Toute l'Amérique est en deuil, sauf une poignée de fans convaincus que le « King » a mis en scène, avec la complicité du FBI, sa propre disparition pour fuir l'oppressante popularité qui l'accablait. On ne compte plus aujourd'hui les révélations sur les lieux supposés de l'existence de l'ancien roi du rock and roll. Sans préjudice de le savoir dans un autre monde depuis son enlèvement par les extraterrestres...

En 1985, le virus du sida est enfin identifié, mais l'épidémie mondiale a commencé ses ravages. Comment un tel fléau a-t-il pu surgir ? Nul doute pour certains, confortés par les révélations de chercheurs, que ce nouveau virus s'est « échappé » d'un laboratoire secret américain – ou soviétique – où l'on met au point les armes d'une guerre bactériologique.

En juin 2002, *The Guardian* révèle la véritable raison de l'abdication du roi d'Angleterre Édouard VIII, le 10 décembre 1936. La raison officielle du renoncement au trône est l'amour sincère qui lie Édouard VIII à l'Américaine Wallis Simpson. Mais le journal affirme que Wallis Simpson aurait été l'ancienne maîtresse d'un dignitaire nazi. Les services secrets américains et le gouvernement britannique ont alors fait pression pour qu'Édouard VIII cède son trône…

En avril 2001, la Somme déborde de son lit et inonde la région. Certains accusent : on a volontairement inondé pour préserver Paris, par l'intermédiaire du canal du Nord. La rumeur enfle plus vite que les eaux de la rivière, et il faudra plusieurs experts hydrologues pour tenter de convaincre les sinistrés de l'impossibilité d'une telle chose, les deux bassins hydrologiques concernés, celui de l'Oise et celui de la Somme étant divergents : le premier est orienté vers l'Ouest, le second vers le Sud, ce qui rend impossible le transfert de l'eau de la Seine vers la Somme.

Selon Thierry Meyssan, l'attentat du Pentagone a été monté de toutes pièces par l'armée américaine.

milliers de victimes n'est pas unanime, des voix se sont aussitôt élevées pour fustiger la diplomatie américaine qui, en bien des points du globe, a attisé voire provoqué les guerres civiles ou les coups d'État afin de défendre ses intérêts économiques. L'Amérique n'aurait alors subi qu'un juste châtiment.
Mais la rumeur s'arrêtera rapidement tant les accusations sont fragiles et maladroites. Les Américains eux-mêmes n'y prêtent aucune attention. En France, deux journalistes signent aussitôt un pamphlet, *L'effroyable mensonge*, pour dénoncer les « foutaises » de Meyssan. Mais, comme toutes les rumeurs, celle-ci mérite qu'on s'intéresse aux raisons qui ont permis qu'elle circule. La rumeur, loin d'être une simple malveillance destinée à nuire, révèle toujours une part de vérité dans les peurs inconscientes qui lui sont sous-jacentes et dont elle fait son terreau.

• La démocratie manipulée

Dans le cas présent, « l'effroyable imposture » dont tente de nous convaincre Thierry Meyssan est un nouvel avatar du grand complot (complot juif, menées des francs-maçons ou encore du grand capital sinon des trois confondus…) visant à saper les fondements de la démocratie. « On nous cache tout », « les vrais décideurs ne sont pas ceux que nous croyons », ou bien « la vérité est ailleurs »… À maintes reprises il est vrai, la diplomatie américaine de ces dernières décennies a pu prêter le flanc à ces rumeurs vivaces, certains rappellent l'attitude des États-Unis à Cuba, ou encore l'assassinat de plusieurs chefs de l'opposition dans des pays où les intérêts pétroliers américains ne sont pas négligeables. Le Congrès américain ne vient-il pas de voter une augmentation sans précédent des crédits militaires ? Les attentats interviendraient alors à point nommé pour satisfaire les velléités du lobby militaro-industriel qui tire les ficelles d'une Maison blanche transformée en pantin entre les mains d'un pouvoir occulte. Un tel scénario n'est pas nouveau, il est celui qui conforte le mieux les inquiétudes des démocraties souvent confrontées à leurs faiblesses. Et c'est la force des rumeurs de révéler ces faiblesses.

Index

Abraham 39, 59, 87, 88, 187
Abraracourcix 242
Abyssinie 47
Achille 191, 302
Achuaras 207
Açores (les) 183
Adam 70
Adams (A. R.) 177
Adare (lord) 136
Afar Ouf 210
Afghanistan 345
Afrique 17, 47, 127, 156, 171, 176, 180, 202, 307, 313
Afrique australe 307
Afrique du Nord 216, 307
Afrique du Sud 15, 16, 17, 123
Afrique noire 166
Afrique orientale 16
Agamemnon 191, 302, 303
Agen 83, 250
Agnès (sainte) 51
Agrippa (Cornélius) 82
Agrippa d'Aubigné 63
Aïtor 200
Aix 83
Akhenaton (Aménophis IV) 187, 296, 297, 300
Akhetaton (Amarna) 296, 297
Akrotiri 184, 185
Alaise 242, 243
Alaska 193
Alaya 201
Albains (monts) 198
Albe la Longue 198
Albi 250
Albine (comtesse de Montholoon) 267
Alcaçar-Quivir 286
Aldobrandini 126
Alésia 242, 243
Alexandre Ier 290, 291
Alexandre III (pape) 47
Alexandre le Grand 75, 79, 193, 211, 305
Alexandrie 51
Alexis 330
Alfinger (Ambroise) 322
Alfred le Grand 203
Alise Sainte-Reine 242, 243
Allemagne 14, 48, 74, 94, 103, 105, 245, 270, 271, 274, 336, 337
Allen (Carl) 140
Along (baie) 172
Alpes 256
Alphonse X de Castille 100
Alphonse le Batailleur 253
Alsace 111
Altaï (haut) 204
Amala 156
Amazone (fleuve) 203, 313
Amazonie, Amazones 202, 203, 206, 207
Amboise 281
Amenemhat Ier 299
Aménophis III 296
Aménophis IV voir Akhenaton
Amérique, Américains 72, 73, 108, 180, 183, 189, 193, 313, 322, 324, 325, 327, 342
Amérique centrale 18
Amérique du Nord 18, 23, 127, 188, 189, 313
Amérique du Sud 183,187, 188, 203, 206, 213, 312, 313, 324, 341
Amérique précolombienne 232
Amon-Râ 79
Amsterdam 92, 122
Anastasia (duchesse) 333, 334, 335
Anchise 198
Andersen 171
Anderson (Anna) 333, 334
Andes 187, 323
Andreä (Johann) 90
Andrinople 58, 59
Andromaque 245
Angeline 116
Angleterre, Anglais 25, 75, 80, 81, 93, 122, 135, 138, 149, 203, 215, 216, 219, 245, 249, 280, 281, 337
Anie (pic d') 201
Anténor 244, 245
Antilles 171
Antinori (Severino) 155
Antiope 203
Antommarchi (François) 266
Apcher 164
Apollon 76, 77, 219, 311
Aqaba 306
Aquitaine 160, 246
Arabie 186, 307
Aragon 253
Aranzadi (T. de) 201
Ararat (mont) 18
Arcis (Pierre d') 60
Ardèche 163
Ares Vallis 13
Arès 202
Arezzo 58
Argentine 339, 341
Ariane 212
Arimathie (Joseph d') 60
Aristote 96, 183, 225
Arjan 205
Arles 84
Arménie 291
Armstrong (Neil) 346
Arnold (Kenneth) 24
Arthur (roi) 219, 318, 319
Artois (comte) 267
Arzila 287
Ascagne 198
Asie 17, 46, 47, 181, 187, 201, 202, 204
Asie du Sud-Est 197
Asie Mineure 180, 190, 201, 202, 203, 310
Assouan 226
Assyrie 187, 204
Astaroth 109
Asunción 341
Atacama 23
Atahualpa 193
Athènes 66, 183, 212, 304
Athez 170
Atlantide 180, 181, 182, 183, 336
Atlantique (océan) 31, 44, 183
Atreva (professeur) 145
Attique 203
Atys 310
Aubignac (abbé) 305
Aubrac 164
Aubrey (John) 219
Aubry (Nicole) 111
Audovère 247
Auguste (empereur) 40, 79, 317
Augustin (saint) 252, 253
Aumale (duc de) 269
Austerlitz 265
Australie 13, 18, 171, 176, 181, 193, 246
Austreberte 160
Autriche 291
Autun (évêque) 247
Auxerrois 165
Auxois (mont) 242, 243
Avenbury 217
Aveyron 159
Avignon 60
Ávila 56
Avis 286
Axmann (Arthur) 339
Axoum 309
Azov (mer d') 203, 205, 290
Aztèques 81

Babel 200, 210
Babu Ram 145
Babylone 19, 41, 210, 211
Babylonie 72, 210
Bacon (Francis) 183
Bade (François de) 276, 277
Badon Hill 318
Bagdad 210
Bahamas (archipel des) 183
Balkans 148, 191, 250, 291
Ballestrero (Mgr) 61
Baltique 75
Bandarra (savetier) 286
Barandiaran (J.-P. de) 201
Barbade (île de la) 326
Barbades 106, 162
Barberousse (Frédéric) 47
Barent Fokke (capitaine) 122
Barker (Lex) 156
Barnard (Christian) 155
Barnett 27
Barras 261
Barret (Jack) 28
Barry (Smith) 136
Bar-Zohar (Michel) 340, 341
Bastille 92, 93, 256, 257
Batavia 122
Bathilde (reine) 246
Bathory (Élisabeth) 149
Bathurst (lord) 267
Baudoin II 252
Bavière 95, 137
Bayeux (évêque de) 160
Bayonne 201
Béarn 111
Beaumarchais (Stéphanie de) 276, 277
Beaumarchais 259
Beaumont (Charles Geneviève Louise Auguste Andrée Thimotée de) 258
Beaumont (Lia de) 258
Beaumont (Louis Déon de) 258
Beauterne (François Antoine, dit Antoine de) 164, 165
Becket (Thomas) 121
Bedford (duc de) 284
Belalcazar (Sebastian de) 323
Belges (Jean Lemaire de) 245
Belgique 271
Bénarès 145
Bénédite (George) 301
Bénévent 62
Benjamin de Tulède 186
Benoit (Pierre) 183
Benoît III 67
Bercé (Y. M.) 286
Bergasse 290
Béring (détroit de) 181, 187
Berlin 95, 274, 334, 335, 338, 370
Berlitz (Charles) 141
Bermudes (triangle des) 142, 173
Bernard (saint) 85, 253
Bernin 48, 56, 57
Bérose 72
Berrio (Antonio de) 323
Berry (duc de) 269
Bertrand (Maréchal) 265
Besançon 242
Besold (Christophe) 90
Bethléem 39, 40, 41
Beugnot (comte) 92
Beatus de Liébana 321
Béziers 250
Biarritz 201
Bilbao 201
Bimini (île de) 183
Biscaye 201
Bizango 117
Blatvasky (Helena Petrovna) 181
Blois 63
Blondel (David) 67
Blyth 23
Bogotá 322, 323
Bohême 82
Boileau (Estienne) 61
Boleyn (Anne) 120, 121
Bolivie 193, 235
Bonaparte 268
Bonaventure (saint) 54
Bonn 14
Bonne-Espérance (cap de) 123
Boothby (Guy) 72
Bordeaux (comte de) 268
Bordet (Abbé) 168
Boréades 219
Borghi (comtesse) 282
Bormann (Martin) 340, 341
Borsippa 210
Bosch (Jérôme) 73
Boston 106, 107, 108
Botkine (docteur) 333
Bougainville 197
Boulogne 281
Bourbon (duc de) 268
Bourbon (connétable de) 62
Bourbons 282
Bourgogne 242, 246
Bourgogne (duc de) 284
Brahajjâtaka 81
Braid (James) 97
Bramante 48
Bran 149
Branag (Kenneth) 155
Brandan 44, 313
Brasseur de Nourbourg (Étienne) 181
Braun (Eva) 339
Brême 82
Brésil 313, 341
Bretagne, Bretons 52, 53, 111, 216, 218, 245
Bretagne (duc de) 151
Breydenbach 114
Bridgetown 326
Brière-Valigny (M.) 268
Brinkmann (Bernd) 261
Bristol 319
Brive 165
Broca (Paul) 201
Brossier (Marthe) 111
Brown (Louise) 155
Brown (Melvin E.) 29
Bruegel 54
Bruneau (Mathurin) 263
Brunehaut 247
Brutus 245, 315
Bryberian 175
Bucarest 334
Buenos Aires 326
Buinaksk 169
Burgess (Cass) 129
Burgondie 246
Burroughs (Edgar Rice) 156
Burton (Richard) 187
Byron (lord) 148, 155
Byzance 47

Cadbury 318
Cadix 324, 325
Cælius 199
Cagliostro (Giuseppe Balsamo, dit) 92
Cahuachi 23
Caire (Le) 114, 115, 300, 301
Calabrais 286
Calais 281
Calanoupoulos 183
Californie 23, 29, 169, 181
Callao 197
Callender 301
Calment (Jeanne) 72
Calpurnia 314, 315
Calvin 61, 63
Cambridge 80
Camelot 318
Camlann 318
Campbell (Alex) 174
Campbell (Judith) 344
Campèche (golfe de) 325
Cana 75
Canaan 187
Canada 169, 176, 177
Canaries 45
Canches (maître) 88
Candaule (roi) 310
Cannes 256
Cantal 163
Canterbury 121
Capet (Charles) 260
Capétiens 248
Cap-Haïtiens 116
Capitole 199
Capodimonte 62
Capoue 314
Capys 314
Carcassonne 250
Carnac 214, 215, 218
Carnarvon (Evelyn) 301
Carnarvon (lord) 300, 301
Caroline du Nord 171, 173
Carolingiens 246, 247, 248
Carpenter (Mrs) 128
Carrache (les) 54
Carreras (Michel) 327
Carter (Howard) 300, 301
Cary (Nathaniel) 106
Casanova 258
Caspienne (mer) 200
Cassiman (Jean-Jacques) 261
Castille 56
Castro (Fidel) 343, 344
Catherine II 274, 275, 290
Catherine de Médicis 84, 286
Catherine de Sienne 55
Caton Thompson (Gertrude) 307
Caton 79
Caucase, Caucasiens 200, 201, 205, 216, 291
Cauchon (Pierre) 284
Cauzone 286
Cavitt 27
Cergy (comtesse de) 75
César (Jules) 58, 59, 240, 241, 242, 243, 314, 315
Cézailler 165
Châlons-sur-Marne 156, 213
Chambéry 60
Chambord 74
Champagne 60, 156, 158, 253, 255, 320
Champtocé 150, 151
Charbonnier (Jacques) 266
Charcot (professeur) 97
Charlemagne 160, 246, 247
Charles II 75
Charles IV 255, 262
Charles V le Sage 248
Charles VII 285
Charles VIII 280, 281
Charles IX 84
Charles X 248, 249, 268, 269
Charles de Valois 278
Charles Quint 101, 245
Charlet (baron) 263
Charpak (Georges) 127
Chartres 213, 236, 237
Chastel (Jean) 164, 165
Chaumette (Pierre) 261
Chen Ho (amiral) 313
Chiapas 232
Chiappini (Lorenzo) 282
Chicxulub 31
Childebert 247
Childéric III 246
Chili 23, 235
Chilpéric 247
Chine 15, 17, 123, 167, 173, 186
Chinon 255
Chio 305
Choiseul (duc de) 75
Chouïski (Vassili) 288, 289
Christ 37, 38, 39, 40, 42, 43, 51, 54, 58, 60, 61, 63, 73, 74, 75, 113, 114, 228, 254, 309
Christine (sainte) 51
Chrysopolis 58
Churchward (John) 181
Chypre 254
Cicéron 78, 199
Cieza de León 234
Circé 170
Clancy (Tom) 131
Clémence de Hongrie 255, 278, 279
Clément V 254, 255
Clément VII 60
Clodoald 247
Clodomir 247
Clotaire Ier 247
Clotaire II 51
Cloud 247
Clovis 51, 244, 247, 248
Clovis II 246
Cnossos 185, 212, 303
Coes (Damião de) 207
Cola di Rienzo 279
Colomb (Christophe) 171, 176, 183, 189, 203, 312, 313, 322, 326
Colomban (saint) 176
Colombie, Colombiens 72, 322, 324
Colombie-Britannique 169, 176, 177
Colophon 305
Condon (docteur) 25
Connaught (comté de) 175
Conrad de Marbourg 105
Conrad IV de Hohenstaufen 100
Constance 96
Constantin (empereur) 42, 43, 48, 49
Constantinople 67, 250
Conti (prince de) 258
Cook (îles) 197
Cook (Mme) 136
Copán 232
Copernic (Nicolas) 10
Coppens (Yves) 15, 16
Corbon 247
Corée 216
Corey (Martha) 106, 108
Cork (port de) 280
Cornouailles 53, 213, 281, 319
Cornwall (Richard de) 319
Coro 322
Corse 216
Cortés 322
Cos (île) 185
Côte d'Or 242
Cotlow (Lewis) 207
Cousteau 183
Crach (rivière de) 214
Creek (Bluff) 169
Crésus 310, 311
Crète 183, 185, 191, 212, 303
Crimée 205, 216
Cro-Magnon 14, 72, 201
Crookes (Sir William) 137
Cuba 324, 326, 343, 344, 347
Cumes 79
Cundinamarca 322, 323
Currie 136
Cyclades (archipel des) 184
Cymè 305
Cyrille (grand-duc) 335
Cyrus 310, 311

Dac (Pierre) 72
Dagobert (roi) 51, 246, 247
Dallas 342
Danube 148, 244
Dardanelles 138, 139
Dart (Raymond) 15
Darwin (Charles) 14, 155
Dauger (Eustache) 257
David 186, 308, 309
David-Neel (Alexandra) 132, 133
Davis (Wade, docteur) 117
Davis 300
Dawes (Sophie) 268
De Mely 61
Decazes 269
Dédale 212
Dee (John) 80, 81, 82
Delacroix 242
Deleuze 97
Delorme (Philippe) 261
Délos (oracle) 79
Delphes 76, 77, 78, 310, 311
Denis (saint) 50, 51
Denizard Rivail (Hippolyte Léon) 135
Denneval 164
Denys 190
Des Armoises (Jeanne) 284, 285
Des Armoises (Robert) 285
Descartes 153
Devonshire 318
Dighton 280
Dimitri 288, 289
Dinsdale (Tim) 175
Dioclétien 51, 62
Diodore de Sicile 77
Doble 53
Doig (Desmond) 168, 169
Dolly 154, 155
Dominique (saint) 55
Dönitz (amiral) 339
Donnelly (I.) 183
Dordogne 14
Dortmund 100
Douarnenez (baie de) 52
Doubs 175, 242
Douglas (Janet) 121
Doumer (Paul) 173
Douvon (Lamarque) 116, 117
Doyle (Arthur Conan) 135
Drac 175
Dracul (prince Vlad) 148, 149
Dracula 71, 148
Drenan 53
Drôme 55
Du Guesclin 247
Dubois (Eugène) 14, 15
Dubreuil 256, 257
Dumézil (Georges) 200
Durango 201
Durazzo (Alexis de) 335
Dürer (Albrecht) 54, 229
Düsseldorf 14

Ébroïn 246, 247
Eckart (Dietrich) 336
Eco (Umberto) 103
Écosse 53, 154, 174, 175, 281, 337
Édesse (forteresse) 46
Edgerton (professeur) 176
Édimbourg 136
Édouard IV 280
Édouard V 121, 280
Édouard VI 21
Édouard VIII 346
Edwards 27
Edwin (136)
Égée (mer) 185
Égypte, Égyptiens 47, 59, 83, 115, 180, 187, 189, 190, 191, 204, 225, 227, 228, 229, 296, 298, 306
Eichmann (Adolf) 341
Einstein 141
Eisenhower (Dwight) 29
Elbe (île d') 265
Eldal ha-Dani 186
Éleuthère 50
Élisabeth Ire 80, 81, 121, 258
Élisabeth II d'Angleterre 80, 81
Emmerich (Anne Catherine) 55
Énée 198, 244, 245
Enfield (famille) 124, 125
Engano (île) 203
Enghien (duc de) 268
Éon (Charles Geneviève d') 258
Épire 79
Équateur 193, 206
Eriksson (Leif) 313
Erlan 53
Ernan 53
Eschyle 77, 202
Espagne, Espagnols 17, 103, 183, 193, 215, 232, 253, 287, 325, 341
Esquilin 199
Esquimaux 156, 158, 193
Esus 241
États-Unis 25, 29, 135, 136, 171, 177, 169, 188, 326, 342, 343, 345, 347
Éthiopie 47, 187, 309
Étienne de Bourbon 67

Eton 155
Étrusques 190, 191
Euclide 80, 81, 229
Eudoxe de Cnide 10
Eugénie 67
Euphrasie 67
Euripide 77
Europe 17, 21, 25, 47, 73, 80, 82, 83, 85, 86, 105, 127, 137, 149, 151, 153, 160, 161, 162, 180, 200, 202, 203, 205, 206, 212, 216, 219, 237, 249, 253, 258, 270, 274, 276, 278, 291, 324
Eusèbe de Césarée 43
Evans (Arthur, sir) 212
Ève 103
Everest 168
Évreux 165
Excalibur 318
Exiiles 256, 257
Extrême-Orient 176
Eymerich 103
Eyzies 17
Ezion Geber (port) 306

Fai-Tsi-Loiung (baie de) 172
Fama fraternitatis 90
Fara 19
Faria (abbé) 97
Faust 123
Fédor Ier 288
Fédor II 289
Feliciani (Lorenza) 93
Ferdermann (Nicolas) 323
Ferro (Marc) 335
Féry (Jeanne) 111
Feuchères (baronne de) 268, 269
Fidji (îles) 127, 197
Filatov (Alexandre) 335
Finley (M. I.) 303
Fisher (Steven R., docteur) 223
Flamel (Nicolas) 71, 86, 88
Flammarion (Camille) 135
Flandre 320
Flavius Josèphe 205, 297
Flenley (John) 222
Florence 287
Florence (évêque de) 126
Floride 73, 128, 142
Foix 250
Folden (Art) 176
Fontainebleau 255
Fontbrune (Jean-Charles de) 85
Forrest 280
Forshufvud 264
Fort Lauderdale 142
Fort Worth 27
Fouquet 256
Fourvières 64
Fox (Famille) 134, 135, 137
France, Français 25, 63, 66, 83, 85, 93, 105, 109, 110, 112, 135, 138, 150, 156, 158, 165, 175, 205, 236, 245, 248, 250, 254, 258, 260, 281, 284, 346
Francesca (Piero della) 58, 229
Franche-Comté 111, 153, 242
Francion 244, 245
François Ier 115, 245
François II 84
François d'Assise (saint) 54, 55, 160
François de Sales 54
Frankenstein (Victor, docteur) 154, 155
Frédégonde 247
Frédéric II 75, 100
Freud (Sigmund) 97
Friedmann (Alexandre) 10
Friga 244
Fulbert (évêque) 236

Galba (empereur) 59
Galère (empereur) 59
Galice 213
Galilée 10
Galitsine 275
Galles (pays de) 44, 318
Gallipoli (presqu'île de) 138
Galswinthe 247
Gange 195
Gard 165
Gargouille 175
Garnier (Gilles) 153
Gaufridy (C.) 111
Gaule, Gaulois 50, 51, 135, 215, 236, 240, 241, 242, 243, 245, 246, 247
Gauvain 318
Gauve 75
Geber 86
Geneviève (sainte) 50
Gengembre (Gérard) 267
Geoffroy II de Charny 60
George V 122
Georges (Saint) 63, 160
Géorgie, Géorgiens 17, 47, 201
Germanie 244
Gévaudan 162, 163, 164, 165
Gibraltar 180, 313
Gilgamesh 18
Giotto 54
Giovanni 148
Gizeh (plateau de) 224, 225, 227, 228
Glaber (Raoul) 320
Glamis Castle 121
Glastonbury 319
Glinsky (Hélène) 275
Glueck (Nelson) 306
Gmeling-Meyling 125
Gobert 87
Godefroy Ier de Charny 60
Godefroi de Bouillon 252
Godounov (Boris) 288
Godwin-Shelley (Mary) 155
Goebbels (Joseph) 340
Goldwater (Garry) 27
Golgotha 42
Gontran 247
Good (Sarah) 106
Gordias 193
Gordon (Cyrus) 312, 313
Gottrop 75
Gournay-sur-Aronde 241
Gouschalk (Alfred) 142
Grallon (roi) 52, 170
Grande-Bretagne 217, 318
Grandes Antilles 326
Grandier (Urbain) 109, 111
Grant (Arthur) 175
Gray (Hugh) 175
Grèce, Grecs 149, 171, 185, 190, 191, 198, 202, 210, 212, 304, 310, 317
Grégoire IX 54
Griggs (William, docteur) 106
Grimm (frères) 101
Groenland 167
Grosse (Maurice) 124, 125
Guadalquivir 183
Guatavita (lac de) 322, 323
Guatemala 232
Gubbio 54
Guccio (Giannino) 278, 279
Guenièvre 318, 319
Guensch 339
Guerchi 258
Guérin (madame) 159
Guernica 201
Gui (Bernard) 103
Guillaume II 335
Guillaume de Hollande 100
Guillaume de Nogaret 254, 255
Guillaume de Prusse 290
Guipuzcoa 201
Guitton (Jean) 55
Gulport 326
Gurkhan 47
Guthrigen 318
Guyanes 323
Gygès 310

Habor 186
Habsbourg (les) 101
Hadès 149
Hadrien 42
Haggard (Henry Rider) 72, 156, 307
Haïti 127
Hakim (calife) 43
Halicarnasse 190, 202
Halley (comète de) 12
Hamarguédon 85
Hamilton (duc de) 337
Hampton Court 121
Hapgood (David) 267
Harris (John R.) 297
Harvard 117, 137
Hatshepsout 79
Hauser (Gaspard) 276
Haushofer (Karl) 336, 337
Haute-Loire 163
Hawaii 196
Hawkins (Gerald) 23, 219
Hayflick (Leonard, Pr) 72
Hector 245
Heine (Heinrich) 123
Héligoland 183
Héliopolis 48
Hemiunu (prince) 224
Hendaye 201
Hénoch 39, 70
Henri (cardinal) 286
Henri III 84
Henri VII 281
Henri VIII 80, 120, 121, 319
Henri de Poitiers 60
Héraclite 77
Héraklion 213
Hercule 202
Hermogène (évêque) 330
Herne 121 121
Hérode Agrippa (roi) 40, 42
Hérodote 77, 115, 190, 202, 203, 204, 211, 225, 303, 310
Herschel (William) 10
Hervagault (Jean-Marie) 263
Hess (Rudolf) 336, 337
Hess (Tobias) 90
Hesse (prince de) 75
Hesse-Cassel 82
Heyerdahl (Thor) 197, 221
Hibbins (Ann) 108
Hildegarde 67
Hillary (Edmund, sir) 168
Himalaya 168, 200
Himmler 339
Hippocrate 204
Hippolyte 202, 203
Hiram III 313
Hitler 336, 337, 338, 339, 340
Hochberg (comtesse de) 276, 277
Hocken (docteur) 127
Hoffman (Kuno) 149
Hollande 123
Home (Daniel Dunglass) 136, 137
Homère 76, 79, 203, 210, 303, 304
Honduras 232
Hongrie 148, 149, 321
Hoover (Edgar) 29
Horka (baron) 95
Hotu (Matua) 223
Hoyle (Fred) 219
Hubble (Edwin) 11
Hughes de Payns 252
Hugo (Victor) 135
Humboldt (Alexander von) 323
Huproye (Monsieur de la) 268
Hydesville 137
Hynek (professeur) 26

Ibérique (péninsule) 216
Icare 212
Idaho 177
Iekaterinbourg 333, 334, 335
Igraine 318, 319
Iliodore 330
Incas 192, 193, 206
Inde 74, 93, 127, 144, 156, 181, 194, 195, 216
Indes 203, 307
Indiana 189
Indus 195
Ingelheim 66
Innocent III 250
Innocent VIII 102
Institoris (Henry) 102
Ios 305
Irkoutsk (évêque d') 291
Irlande 44, 52, 85, 216, 217, 219, 280
Irvine (Malcom) 175
Ispahan 274
Israël 40, 186, 187, 308
Israël (Manassé ben) 187
Italie 55, 60, 62, 75, 83, 180, 190, 191, 198
Ithaque 170
Iule voir Ascagne
Ivan IV (le Terrible) 275, 288, 289

Jacques Ier 82, 121
Jacques IV d'Écosse 280, 281
Jageshwar 145
Japon 127, 176
Java 14, 17, 270
Jean (saint) 36, 42
Jean Ier 255, 278, 279
Jean II (dit le Bon) 279
Jean III 286
Jean VIII l'Angélique 66
Jean-Baptiste (saint) 63
Jean de Luxembourg 284
Jeanne (papesse) 66
Jeanne d'Arc 150, 247, 284
Jeanne de Naples 279
Jeanne des Anges 109, 111
Jean-Paul II 85
Jehennon 102
Jéhovah 85
Jéricho 37
Jérôme (saint) 244
Jérusalem 39,40, 41, 42, 43, 46, 47, 186, 252, 308
Jessup (Morris K, docteur) 140
Joannet (commandant) 172
Joaquim de Flore 321
Johannesburg 15
Johnson (Lyndon B.) 34, 342
Jones (Margaret) 108
Jordan (Neil) 71
Jordan 278
Joseph 40, 56, 63, 225
Jouvence 73
Judée 40, 307
Jules II 48
Jumièges 160
Junon 73
Jupiter 42, 73, 314
Jutland 216

Kalle (von, capitaine) 271
Kamala 156
Kannauj 144
Kara-Kitaï 47
Karapetyan (V. S., lieutenant-colonel) 169
Kardec (Allan) 125, 135
Kay 318
Kéban 53
Keitel 338
Kelly (Edward) 81, 82
Kennedy (John Fitzgerald) 342, 343, 344
Kentucky 189
Kenya 16
Kepler 41
Kercado 214
Kérensky 333
Kerlescan 215
Kermario 214
Khan (Gengis) 47
Khaybar 186
Kheops 227
Khesmakoran 203
Kiev 167
Kimberley 15
Kircher 183
Kirrha (port de) 77
Kirsta 333
Kish 19
Kleist (baron) 334
Knopf (Martin) 334
Kodak 175
Koldewey (Robert) 210
Kosok (Paul) 22, 23
Kousmitch (Fédor) 290, 291
Krasnoretchensk 291
Krüdener (baronne de) 290
Kürten (Peter) 149

La Bédollière (amiral de) 173
La Havane 324
La Mecque 93
La Rivière 256, 257
Labourd 201
Lactanse 58
Lafont de Savines 263
Lagrange (Pierre) 26
Lagrésillé (lieutenant de vaisseau) 172
Lambtory (John, sir) 175
Lamech 70
Lamia 149
Lancelot 318
Langley 27
Langogne 163
Langres (plateau de) 242
Languedoc 83
Larousse (Pierre) 55, 57, 65
Larramendi (Manuel de) 200
Laski (prince) 82
Latapie (Catherine) 64
Latinus 198
Latium 191, 198, 199
Latouche (Robert) 53
Latran (palais du) 67, 126
Laubardemont (baron de) 109, 110, 111
Lauragais 250
Lausanne 153
Lauzun (duc de) 256
Lavinia 198
Lavisse 247
Lavoisier 89
Lazare 37
Le Corbusier 229
Leakey (famille) 15
Lébadée 79
Leblanc (Mlle) 156
Leeuwarden 270
Léger (saint) 247
Leipzig 82
Lejeune (Paul) 126
Lemaître (Georges) 10
Lemnos (comte de) 191, 287
Lénine 333, 335
Léon (frère) 54
Léon II 67
Léon IV 67
Léon X 67
Levi (Abraham) 187
Levi de Montezinos (Aaron) 187
Levy-Dhurmer (Lucien) 102
Lheureux (Philippe) 346
Libye 180
Licinius (empereur) 58, 59
Liège 60
Lilith 149
Lilydale 134
Lima 22
Lind (James) 155
Lindsay (lord) 136
Linné (Carl von) 158
Lion (golfe du) 216
Lirey 60
Lisbonne 271, 286
Liuta 23
Livingstone (David) 166
Liyn-Goder 175
Llanos 323
Locmariaquer 215
Locronan 52, 53
Loire-Atlantique 214
Londres 74, 80, 81, 82, 92, 167, 258, 259, 274, 281
Lorraine 111, 284
Loudun 109
Louis VI le Gros 248
Louis IX (Saint Louis) 237, 248, 250
Louis X le Hutin 255, 278, 279
Louis XI 248
Louis XIII 111
Louis XIV 245, 256, 257
Louis XV 74, 163, 164, 258, 249, 259
Louis XVI 85, 96, 249, 258, 259, 260, 262, 269
Louis XVII 260, 262, 263
Louis XVIII 269
Louis Henri Joseph (prince de Condé, duc de Bourbon) 268
Louisiane 117
Louis-Philippe 75, 263, 268, 269, 282, 283
Lourdes 64, 65
Louvain 80
Louvois (ministre) 256, 257
Lovecraft 71
Lowe (Hudson) 267
Lozère 163
Luc (saint) 36
Lucy 15
Lumières 154
Lutèce 50, 51
Luxembourg (les) 101
Luzzanas 213
Lvov (prince) 333
Lybie 225, 227
Lycaon 153
Lydie 190, 191, 310
Lyon 64, 257

Mac Kay (Mr et Mrs) 174
Mac Leod (capitaine) 270
Mace (Arthur) 301
Macé (Jacques) 267
Machecoul 150
Macrobe 40
Madagascar 181
Madame Royale 263
Maderno (Carlo) 48
Madrid 92, 271
Magdaland 203
Magneval 93
Mahaut d'Artois 278
Makaric (Vlado) 149
Maké Maké 223
Malacca (détroit de) 173
Malachie (saint) 85
Malaisie 127, 181, 203
Malinoski 333
Malte 216
Mamor (Pierre) 152
Manche 52
Manchester 82
Manipogo 177
Manitoba 177
Manoa 323
Mantell (capitaine) 25
Manu 18
Manuel Ier 47
Mar del Plata (port de) 339
Maranon (rio) 206
Marc (saint) 36, 51
Marc Antoine 315
Marcel (Jesse A., major) 27
Marcellin (Ammien) 225
Mardouk 210
Margaret (comtesse de Salisbury) 121
Margeride 164
Marguerite de Bourgogne 255
Maria (grande-duchesse) 335
Marie 40, 63, 64, 101, 167, 237
Marie-Antoinette 75, 93, 260
Marie de Carsi 278
Marigny 74
Marinatos (Spiridon) 183, 185
Maroc 286
Marquises (archipel des) 197
Mars 198, 202
Marseille 64, 83, 85
Martel (Charles) 246, 247
Martel (frères) 165
Martel de la Chaumette 164
Marti (Bertrand) 250
Martin de Troppeau 67
Mask (lough) 175
Maspéro (Gaston) 300
Massabielle 64
Massachusetts 106, 108
Mata Hari 270, 271
Mather (Cotton, révérend) 107, 108
Mathusalem 70
Mato Grosso 341
Matthieu (saint) 36
Matthioli (comte) 256, 257
Mauléon-Licharre 201
Maurepas 259
Maury (René) 267
Maxence 58
Maximilien Ier 101
Maximilien d'Autriche 281
Maximilien-Joseph 95
Mayence 66
Mayer (Franz Carl) 14
McBracel 27
McCarthy (sénateur) 25
McMullen (général) 27
Médinet Habou 298
Méditerranée 167, 170, 184, 191, 274, 304, 305, 313
Mehmed le Conquérant 148
Meïdoum 227
Mélanésie 193, 321
Melgar (comte de) 75
Memphis 346
Ménec 214
Ménélik 309
Mercure 50
Merlin 219, 318
Mérovée 247
Mérovingiens 51, 246, 247
Merveilles (île des) 44
Mesmer (Anton Franz) 94, 96, 97
Mésopotamie 210
Messine 286
Mexique 31, 232, 322, 324
Mexique (golfe du) 171, 233
Meyssan (Thierry) 345, 347
Miami 142, 183
Michée (prophète) 40
Michel-Ange 48
Michelet 320
Midnapore 156
Milan, Milanais 59, 320
Milford Haven 217
Miloslavsky 275
Milvius (pont) 58
Minine (Kouzma) 289
Minos 212
Minotaure 203, 212, 237
Miri (Guccius) 278
Mississippi 188, 189, 326
Mochua de Connaught (saint) 175
Moïse 36, 37, 59, 187, 225
Molay (Jacques de) 255
Moldavie 148
Molène 52
Monmouth (Geoffroi de) 219, 318
Monsalvat 251
Montfort 250
Montgoméry (Comte de) 84
Montholon (général) 265, 267
Montjoie 50
Montmartre 50
Montségur 250, 251
Moore (William L.) 141
Morbihan (golfe du) 214
Mordred 318
Morgane 318
Morisson (Tony) 23
Morte (mer) 39
Mortlake 82
Morton (Samuel) 189
Moscou 288, 343
Moto Nui (îlot) 223
Moussaut (prieur) 109
Moyen Orient 85, 253
Mozambique 307
Muck (O. H.) 183
Munna 144
Munster 321
Murchinson 13
Muret 250
Mussolini 339
Mycènes 303
Nabopolassar 210
Nabuchodonosor 126, 210

Nagaïa (Maria) 288, 289
Nantes 150
Naples 62, 93, 286, 287

Napoléon Ier 85, 264, 265, 266, 276, 277, 290
Napoléon II 137
Napoléon III 65, 135, 243, 266
Narcisse (Clairvius) 116, 117
Narichkine (Sophie) 275
Naundorff 263
Navarre 201
Navarro (Charles de) 263
Nazca 22, 23
Neandertal 14
Nebraska (plaines) 177
Nefertiti 296, 297
Négus 308
Nennuis 318
Nérée 171
Néréide 171
Néron 48, 51, 59, 316, 317
Nerval (Gérard de) 309
Ness (Loch) 174, 176, 177
Nessie 174, 176
Neubourg (Marie-Anne de) 75
Neustrie 244, 246, 247
Nevers 65
Nevet (forêt de) 52
New York 131, 134
Newark 188
Newborough (lord) 282
Newton 87
Nicée 42
Nicolas (saint) 160
Nicolas II (tsar) 330, 333, 334, 335
Nicolas de Prusse 290
Nil 114, 115, 224, 225, 227, 228
Ninive 19
Nishapur 187
Noé 18, 39, 70, 225
Noire (mer) 138, 200, 204
Norfolk 138
Normandie 164, 175, 320
Nosferatu 71
Nostradamus (Michel de Nostre-Dame) 83, 84, 85, 131
Notre-Dame de la Garde 64
Nouveau-Mexique 27
Nouvelle-Angleterre 108, 136
Nouvelle-Orléans 117
Nouvelle-Zélande 173, 196, 197
Nubie 225, 227
Nuremberg 101, 276, 336, 339, 340
Nurse (Rebecca) 107

Occident 73, 149, 160, 194, 201, 254, 320
Océanie 18, 197
Oginsky (comte) 274
Ogopogo 176, 177
Ohio 27, 188, 189
Okaangan (lac) 176, 177
Oloron 201
Olympie 79
Ophir 306, 307
Orellano (Francisco de) 203
Orénoque 323
Orient 73, 90, 203, 250, 254, 255
Orléans 88
Orlov (Alexis) 274, 275
Osburn (Sarah) 106
Osterwald 95
Oswald (Lee Harvey) 342, 343
Otrepiev (Grigori) 289
Oukléïne (Simion) 331
Ourouk 19
Outanapishtim 18
Over-Yssel 156
Oviedo (Gonzalo Fernandez de) 322
Oxford 215

Pacheco (Mendès) 287
Pacifique 22, 181, 197
Pacioli (Luca) 229
Padoue 245
Palatin 198, 199
Palenque 232
Palerme 92
Palestine 41, 46, 60, 216, 237, 252, 253
Panamá 325
Pâques (île de) 196, 220
Paracas 22
Paracelse 82, 87, 97
Paré (Ambroise) 115
Paris 50, 51, 65, 74, 75, 80, 85, 88, 92, 93, 94, 95, 112, 156, 159, 162, 164, 210, 253, 260, 274, 284, 285, 291, 346
Pâris (François de) 112, 113
Parnasse (mont) 77
Parris (Elisabeth) 106
Parris (Samuel, reverend) 106
Pasiphaé 212
Patrocle 191
Patterson (Roger) 169
Paul Ier 290, 291
Paul V 48
Pavlovitch (Dimitri) 332
Payette (lac) 177
Pays basque 201
Pays-Bas 75, 156, 280
Pazyyk 204
Pelletan (Philippe-Jean) 261
Péloponnèse 303
Pembrokeshire, 175
Pénélope 304
Pennsylvanie 27, 189
Penzias (Arno) 11
Pépi Ier 299
Pépin le Bref 246
Pépin le Jeune 246
Perceval 318
Pereira Dos Santos (Nelson) 207
Perm 291
Pérou 193, 197, 206, 322
Péroul 23
Perrault (Charles) 151, 160
Perrin (Claude) 263
Perse, Perses 46, 93, 202, 210, 274
Pétain 271
Petrie (Flinders, sir) 228, 300
Philadelphie 140
Philippe II d'Espagne 286
Philippe II de Macédoine 205
Philippe III 287
Philippe IV le Bel 87, 245, 252, 254, 255, 278, 279
Philippe V (le Long) 255,
Philippe V d'Espagne 62
Philippe d'Orléans (duc) 282, 283
Philippe de Poitiers 278
Philippines 127, 327
Phips (William, sir) 107, 108
Phrygie 193
Pie IX 64
Pie XI (pape) 62
Pie XII 48
Pierre (saint) 48, 49, 51, 56, 85
Pierre III 274
Pierre de Tewkesbury 54
Pierre du Lys 284
Pierre le Grand 167, 274
Pignerol (forteresse) 256, 257
Pinel (Philippe) 159
Pio (Padre) 55
Pisco 23
Pizarro 322
Platon 77, 96, 126, 180, 181, 182
Playfair (Guy) 124, 125
Plutarque 77
Poitiers 152
Poitou 111, 150
Pojarski (prince) 289
Polidori (John-William) 148, 155
Polo (Marco) 47, 203
Pologne, Polonais 82, 274, 289
Polynésie, Polynésiens 127, 193, 197, 221
Pompadour (marquise de) 74
Pompée 314
Ponce Sanjinés (Carlos) 235
Ponenegamook (lac) 177
Pontevedra 213
Pontoise 86, 268
Poppen (Nicholas von) 29
Porta Giacomo della 48
Port-au-Prince 116
Porto Rico 142
Portugal, Portugais 216, 219, 280, 286, 287
Poséidon 182, 212
Pougatchev 274
Pouzauges 150
Pouzzoles 62
Prague 82
Prasad (Jamuna, docteur) 145
Prat dels Cremats 251
Prescelly (monts) 217
Presley (Elvis) 346
Prêtre Jean 46, 47, 73
Priam (roi) 245
Proche-Orient 17, 216
Prométhée 154
Protopopov 332
Provence 111
Prusse 75, 291
Ptolémée 10
Putman (Ann) 106, 108
Puységur (marquis de) 97
Pylos 303
Pyrénées-Atlantiques 201
Pythagore 80, 226, 229

Québec 177
Quesada (Gonzalo Jiménez de) 323
Quimper 52
Quinsac (Paul François) 73
Quirinal 199
Qumran 39
Racine 203
Rais (Gilles de) 150, 151
Raleigh (Walter, sir) 121, 323
Ramey (général) 27
Ramor (Lough) 175
Ramsès III 298, 299
Ramsès IV 298
Randi (James "the Amazing") 125
Rano Raraku 220, 222
Rapa Nui 220
Raphaël 48
Rapu (Sergio) 223
Raspoutine (Grégory) 330, 332
Razoum (Alexis) 274
Rebikoff (D.) 183
Reeser (Mary Mrs) 128
Régnan 53
Reiche (Maria) 22, 23
Reims 248
Remi 248
Remus 191, 198, 199
Renan (Ernest) 53, 312
Renders (Adam) 307
René 53
Renflexhire 337
Réunion (île de la) 127
Reuveni (David) 186
Rhazès 86
Rhin 14, 244
Rhodes (île) 185
Richard (duc d'York) 121
Richard II 121
Richard III 121, 280
Richard IV 281
Richard de Cornouailles 100
Richelieu 109, 111
Richemont (baron de) 263
Rift 16
Rio de Janeiro 312
Rita de Cascia 55
Robertson (Morgan) 130, 131
Robespierre 262
Robin (Marthe) 55
Rochefort Valcourt (comte) 274
Rochester 134, 135
Rocheuses (montagnes) 25
Rodophe II de Bohême 82
Roggeveen (Jacob) 220
Rohan (cardinal de) 93
Rohan (Louis de) 268
Roland (neveu de Charlemagne) 247
Romain (saint) 175
Romanov (Michel Fedorovitch) 289
Romanov 335
Romanova (Anastasia) 289
Rome, Romains 42, 44, 48, 49, 50, 58, 62, 67, 75, 79, 90, 92, 93, 100, 149, 191, 195, 198, 199, 190, 214, 240, 244, 245, 314, 316, 317, 318
Romulus 191, 198, 199
Ronan 52, 53
Rongorongo 223
Ronsard 84
Rosenberg (Alfred) 336, 337
Rosencreutz (Christian) 90
Rosma (Charles B.) 134
Roswell 27, 28
Rouen 175, 284
Rouge (mer) 37, 306
Roumanie, Roumains 148149
Rubens (Petrus Paulus) 49
Rubicon 314
Ruby (Jack) 342, 343
Rudleck (Olav) 183
Rumigny (colonel de) 268
Rummon 53
Russel (Charles) 258
Russie 75, 160, 169, 275, 290, 291, 332
Rustique 50
Ryckaert III (David) 104

Saba (reine de) 308, 309
Sabarthès 251
Sahara 183
Saïan (montagnes de) 205
Saint-Affrique 159
Saint-Barthélemy 251
Saint-Costard 93
Saint-Denis 50
Saint-Domingue 322, 324
Sainte-Barbe 214
Sainte-Hélène 264, 266, 267
Sainte-Marie-des-Chazes 164
Sainte-Empire romain 100, 245
Saintes 241
Sainte-Vehme 100
Saint-Félix 250
Saint-George (Monsieur de) 259
Saint-Germain (comte de) 71, 74
Saint-Jacques de Compostelle 87
Saint-Jean-de-Luz 201
Saint-Jean-Pied-de-Port 201
Saint-Leu 268
Saint-Mars (Bénigne de) 256, 257
Saint-Mathieu (pointe) 52
Saint-Maxence 255
Saint-Médard (cimetière de) 112
Saint-Pétersbourg 92, 128, 258, 275, 330, 335
Saint-Pierre 110
Saint-Privey 284
Saint-Rémy-de-Provence 83
Saint-Sébastien 201
Saint-Sernin-sur-Rance 159
Saint-Siège 100
Saïs (temple de) 180
Saladin (sultan) 47
Salem 106, 108
Salisbury 217
Salomon 186, 187, 252, 254, 306, 308, 309
Salon 83, 84
Samarkand 46, 47
Samnites 191
Samoa 197
Samyutta Nikâva 144
San Francisco 123
Sandinavie 183
Santorin 37, 183, 184, 212
Sapho 57
Sapuacahy (vicomte de) 312
Sardaigne 213, 216
Sargasses (mer des) 326, 327
Sargon (roi) 187
Satyaavrata 18
Savonarole 126
Saxe 75
Saxons 318
Scaliger (Jules César) 83
Scandinavie 25, 176, 213, 216
Schadewaldt 305
Schaeffer (H.) 339
Schanzkowki (Franziska) 334
Schliemann (Heinrich) 183, 303
Schweitzer (Albert) 116
Scytie, Scythes 203, 204, 205
Seattle 24
Sébastien (roi) 286, 287
Sebottendorf 336
Semenkharé 297
Semur-en-Auxois 243
Seth 70
Sexte Jules l'Africain 297
Seymour (Jane) 121
Shakespeare 280
Shankar 144
Shelley (Mary) 154
Shelley (Percy Bysshe) 155
Shinéar (plaine de) 210
Shipton (Éric) 168
Shourouppak 19
Sibérie 167, 200, 204, 205, 290, 291, 330
Sicile (Diodore de) 219
Sidoine (moine) 289
Sidonie (Medina) 287
Siegel (Don) 25
Sienne 279
Sierra Unica 23
Sigebert 247
Silvia (Rhea) 198
Similaun 294
Simon (savetier) 261
Simpson (Wallis) 346
Sinaï 227
Singh (reverend) 156
Sixte IV 103
Sixte V (pape) 82, 83
Smith (E. J., capitaine) 24
Smyrne 305
Smyth Piazzi (Charles) 226, 228
Snowdon 175
Sogny (seigneur de) 156
Sokolov (juge) 333
Solon (sage) 180, 183, 311
Somme 346
Soto (Hernando de) 189
Soubirous (Bernadette) 64
Soudan 227
Soule 201
Southampton 131
Spanuht (J.) 183
Sparte 78
Speer 338
Spinoza (Baruch) 36
Spira (Jorge de) 323
Sprenger (Jacques) 102
Spurinna 314
Sri Babu Ram Cupta 144
Sri Jageshwar Prasad 144, 145
Ssebunya 156
Stanhope (lord) 277
Sternberg (Maria Stella, baronne de) 282, 283
Stevens (Ralph E.) 24
Stoker (Bram) 71, 72, 148, 149
Stonehenge 215, 217, 218, 219
Stonor (Charles) 168
Stoughton (juge) 107, 108
Strasbourg 102
Stringfield (Leonar) 29
Stuart (Catherine) 281
Stuart (Lachlan) 175
Stuarts 74
Stukeley (William) 219
Stumf (Pieter) 153
Sturmer 332
Sue (Eugène) 72
Suétone 59, 315
Suisse 105
Sumatra 203
Suyla (baie de) 139
Svante Arrhenius 12
Syrie 213

Tacite 316
Taganrog 290, 291
Tahiti, Tahitiens 197, 220
Tangata Manu 223
Tangello (Giuliano de) 48
Tarakanov 274
Tarakanova (la) 274, 275
Taranis 241
Tarascon-sur-Ariège 251
Tarquin (roi) 79
Tartessos 183
Tarzan 156
Taung 15
Tautavel (homme de) 17
Taylor (Charles G. Taylor) 142
Taylor (John) 226, 228
Tchaïkowski 334
Tchernitcheff 14
Tell Kheleyife 306
Tell Rifaat 213
Tello 19
Tepes (Vlad) 148
Tertry (bataille de) 246
Teutatès 241
Texas 27
Thèbes 79
Thémoscyre 203
Théodebald 247
Théodebert 247
Théodose (empereur) 78
Théophile (moine Rogerus) 89
Théra (île) 37, 184, 185, 212
Thérèse (sainte) 56
Thermodon 203
Thésée 202, 203, 212, 237
Thierry (fils de Clovis II) 246
Thierry II 247
Thierry IV 246
Thompson (Éric) 233
Thomson (Elipha) 327
Thorm (Alexander) 215, 216
Thucydide 77, 303
Thymbrées 311
Tiahuanaco 234, 235
Tibet 74, 75, 127, 132, 216, 337
Tibre 58, 198, 199
Tibur 79
Tiffauges 150, 151
Tintagel 213, 319
Titanic 130
Titicaca (lac) 234, 235
Titude 106
Tiyi 296, 298, 299
Tobie 39
Tobolsk 333
Tonga 197
Tonkin 172
Tonnerre 258
Torquemada (général) 103
Toscane 287
Toulouse 102, 250
Tournai 281
Tousratta (roi) 296
Toutankhamon 297, 300, 301
Transylvanie 148
Travaux 175
Trevor-Roper 339
Tristan 318
Troie 170, 198, 244, 302, 304
Trombetti 200
Troyes 60
Troyu 226
Truffaut (François) 159
Tsarkoïe Selo 333
Tschernezsky (W.) 168
Tuanotu (îles) 197
Tübingen 90
Tulède (Benjamin, de) 225
Turcus 245
Turin 60
Turkana (lac) 16
Turquie, Turcs 139, 149, 185, 245
Tyburn 281
Tyr (Hiram de) 306
Tyrell (James) 280
Tyrrhénienne (mer) 199
Ukraine 167
Ulysse 170, 302, 304
Union soviétique 25, 343
Ur 187
Uriel 81
Urtiaga 201
Uther Pendragon 318
Uxmal 232

Valachie 148, 149
Valentine (M.) 183
Valentinien II 245
Vanderberg (général) 27
Van der Decken 123
Van der Staten 123
Van Helsinsg (professeur) 148
Varennes 85
Vatican 48, 61
Vaudé (C.) 90
Venezuela 313, 322
Venise 75, 245, 287
Vénus (déesse) 42, 59, 198
Veracruz 325
Vercingétorix 247, 242
Verdaguer (Jacint) 183
Verdun 271
Vergennes 259
Vienne 94
Viêt Nam 172
Vigo (baie de) 325
Viguier (Nicolas) 245
Viminal 199
Vincennes 271
Vinci (Léonard de) 229
Vinetti (Jean) 102
Virgile 126, 244
Virginie-Occidentale 189
Vishnou 18
Vitruve 229
Vivarais 164, 165
Viviane 318
Vlad IV 148
Vlodomir 274
Volkonsky (prince) 291
Voltaire 249, 256, 323
Vysé (Howard) 226

Wadamans 193
Wagner (Richard) 123
Waisbard (Jack) 23
Waisbard (Simone) 23
Wakely (Chuck) 143
Walkyries 203
Warbeck (Perkin) 281
Warren (juge) 342, 343
Warwick (Édouard) 281
Washington 27
Waterloo 265
Watson Joe 125
Weider (Ben) 267
Weisberg (docteur) 29
Wepemnofret 224
Wessnich (capitaine) 276
Westminster 281
Westphalie 100
Whitesand Bay 281
Wiesenthal (Simon) 341
Wilcot (Sarah) 106
Williams (Abigail) 106, 107
Wilson (Robert) 11, 175
Winchester 319
Winniped 177
Wisconsin (lac) 177
Wittelsbach (les) 101
Witzleben (von) 338
Wolf (Friedrich-August) 305
Wooley (docteur) 18
Wright (Field) 27
Wright (Patterson) 27
Wynn (Capitaine) 136

Xerxès 211

Yaffa (prêtresse) 117
Yémen 309
Yirkalla 193
York (les) 281
York (Richard d') 280
Youssoupoff (Félix, prince) 330, 332
Ys 170
Yucatán 31, 232, 326
Yupanqui (Tupac) 206

Zannanza (prince) 297
Zelle (Margaretha) 270, 271
Zeus 76, 79, 153, 212
Zimbabwe 307
Zjousoudra 18
Zuber (Christian) 167
Zurlo (cardinal) 62

Crédits photographiques

The Independent/Sipa Presse, couverture ; Nasa, 11 ; Roger Ressmeyer/Corbis, 12 ; Nasa, 13 ; Bettman/Corbis, 14 (b et h) ; Patrick Robert/Corbis Sygma, 15 ; Digital Art/Corbis, 16 ; Noël Gouilloux/Catiche Productions, 17 ; © © RMN, musée des Beaux-Arts, Nantes, 19 ; Nasa (bd et hd), 20 ; Nasa, 21 ; Marilyn Bridges/Corbis, 22 ; Gianni Dagli Orti/Corbis, 23 ; Bettman/Corbis, 24 (b) ; Corbis, 24 (h) ; Digital Art, 26 ; Bettman/Corbis, 28-29 ; Nasa, 30 ; Mitchell Gerber/Corbis, 31 ; Nasa, 32 ; Joël W. Rogers/Corbis, 33 ; Dave Bartruff/Corbis, 36 ; Bettman/Corbis, 37 ; Richard T. Nowitz/Corbis, 38 ; West Semitic Research/Dead Sea Scrolls Foundation/Corbis, 38, 39 ; D.R., 40 ; D.R., 41 (b) ; © RMN/Ojeda/Couto, 41 (h) ; David Lees/Corbis, 42 ; D.R., 43 (h) ; D.R., 43 (b) ; Bettman/Corbis, 44, 45 ; Bibliothèque municipale de Grenoble, 46 ; Stapleton Collection/Corbis, 47 ; Archivo iconografico, S.A./Corbis, 49 ; Josette et Charles Lenars/Corbis, 50 ; © RMN/Hervé Lewandowski, 51 ; Josette et Charles Lenars/Corbis, 52 ; Josette et Charles Lenars/Corbis, 53 ; Archivo iconographico, S.A/Corbis, 54 ; Corbis Sygma, 55 ; © RMN/Gérard Blot, 57 ; David Lees/Corbis, 58 ; David Lees/Corbis, 59 ; D.R., 60 ; D.R., 61 (h et b) ; © RMN/Gérard Blot, 62 ; Neri Grazia/Corbis, 63 ; Bettman/Corbis, 64 ; Chris Bland, Eye Ubiquitous/Corbis, 65 ; Bibliothèque municipale de Grenoble, 66 ; Ali Meyer/Corbis, 70 ; Duhamel François/Corbis Sygma, 71 ; Parrot Pascal/Corbis Sygma, 72 ; Gianni Dagli Orti/Corbis, 73 ; © RMN/Gérard Blot, 74 ; © RMN, Coll. Rothschild, 75 ; Wolfang Kaehler/Corbis, 76 ; Corel, 77 ; Bettman/Corbis, 78 ; Corel, 79 ; Nasa, 80 ; D.R., 81 ; Bettman/Corbis, 82 ; Chris Hellier/Corbis, 83 ; Archivo iconografico, S.A/Corbis, 84 ; Christel Gerstenberg/Corbis, 86 ; Archivo iconografico, S.A/Corbis, 87 ; © RMN/ H. Lewandowski, 89 ; Fortean Picture Library, 90,91 ; © RMN, 92 ; Swim Ink/Corbis, 93 ; Bettman/Corbis, 94 ; Corbis, 95 ; Musée de l'histoire de la médecine (Lyon), 96 ; Bettman/Corbis, 97 ; D.R., 100 (h et b) ; Bettman/Corbis, 101 ; D.R., 102 ; Ali Meyer/Corbis, 103 ; © RMN/K. Ignatiadis, 104 ; Bettman/Corbis, 105 ; Bettman/Corbis, 106, 107 ; Bettman/Corbis, 108 ; D.R., 109 (g) ; Musée Renaudot, Loudun, 109 (d) ; Bettman/Corbis, 110 ; Musée Renaudot, Loudun, 111 ; © RMN/Gérard Blot, 112 ; © RMN/Gérard Blot, 113 ; Yann Arthus Bertrand/Corbis, 114 ; Josette et Charles Lenars/Corbis, 115 ; Philip Gould/Corbis, 116,117 ; Janet Wishnetsky/Corbis, 117 ; Bettman/Corbis, 120 ; Archivo Iconografico, S.A/Corbis, 121 ; Bettman/Corbis, 122 ; D.R., 123 ; Fortean Picture Library, 124 ; Fortean Picture Library, 125 ; Bettman/Corbis, 126 ; Hulton-Deutsch Collection/Corbis, 127 ; Fortean Picture Library, 128 ; Fortean Picture Library, 129 ; D.R., 130 ; Craig Lovell/Corbis, 132 ; Royal Ontario Museum/Corbis, 133 ; Fortean Picture Library, 134 (g et d) ; Fortean Picture Library, 135 ; Hulton-Deutsch Collection/Corbis, 136 ; Fortean Picture Library, 137 ; Hulton-Deutsch Collection/Corbis, 138 ; Bettman/Corbis, 139 ; Corbis, 140 ; Albert Einstein™ rep. by The Roger Richman Agency, Inc. Bev. Hills, CA/Corbis, 141 ; Bettman/Corbis, 142 (h) ; Horace Bristol/Corbis, 143 (b) ; David Turnley/Corbis, 144 ; So Hing-Keung/Corbis, 145 ; Bettman/Corbis, 148 ; Grant Smith/Corbis, 149 ; © RMN/Gérard Blot, 150 ; Archivo Iconografico, S.A/Corbis, 151 ; Leonard De Selva/Corbis, 152 ; Historical Picture Archive/Corbis, 153 ; Archivo Iconografico, S.A/Corbis, 154 ; Corbis Sygma, 155 ; John Springer Collection/Corbis, 156, 157 ; Corbis Sygma, 157 ; D.R., 158 (h) ; Bettman/Corbis, 158 (b) ; Office du tourisme St-Sernin-sur-Rance, 159 ; Archivo Iconografico, S.A, 160 ; National Gallery Collection ; by kind permission of the Trustees of the National Gallery ; London/Corbis, 161 ; Jeff Vanuga/Corbis, 162 ; D.R, 163 (b) ; Association "Au pays de la bête du Gévaudan", 163 (h) ; Bernard Soulier, 164 ; Paul A. Souders/Corbis, 166 ; M. Philip Kahl, Gallo Images/Corbis, 167 ; D.R, 168 ; Earl et Nazima Kowall/Corbis, 169 ; Corbis, 170 ; D.R, 171 (h) ; D.R, 171 (b) ; Collection Larousse, 172 ; Collection Larousse, 173 ; Fortean Picture Library, 174 ; Fortean Picture Library, 176 ; Grant Smith/Corbis, 177 ; Corel, 180 (bg) ; Gianni Dagli Orti/Corbis, 181 ; Bibliothèque municipale de Grenoble, 182 ; Gail Mooney/Corbis, 184 ; Gail Mooney/Corbis, 185 ; © RMN/Hervé Lewandowski, 186 ; Gianni Dagli Orti/Corbis, 187 ; Richard A. Cooke/Corbis, 188 ; Gianni Dagli Orti/Corbis, 189 ; Araldo de Luca/Corbis, 190 ; Archivo Iconografico, S.A./Corbis, 191 ; Corel, 192 ; Lindsay Hebberd/Corbis, 194 ; Bradley Smith/Corbis, 195 ; Brian A. Vikander/Corbis, 196 ; Christel Gerstenberg/Corbis, 197 ; Araldo de Luca/Corbis, 198 ; Ali Meyer/Corbis, 199 ; Dominique Chauvet/Milan Presse, 200 ; Hulton-Deutsch Collection/Corbis, 201 (b) ; Owen Franken/Corbis, 201 (h) ; © RMN/Arnaudet, 202 ; Leonard de Selva/Corbis, 203 ; Charles et Josette Lenars/Corbis, 204 ; Gianni Dagli Orti/Corbis, 205 ; Wolfgang Kaehler/Corbis, 206 ; Bettmann/Corbis, 207 ; Corel, 210 ; Coll. Larousse, 211 ; Corel, 212 ; Corel, 213 ; Anatoly Bobrovitch/Bretagne nouvelle vague, 214 ; Martin Schulte-Kell/Bretagne nouvelle vague, 215 ; Bodard/Bretagne nouvelle vague, 216 ; Corel, 217 ; Adam Woolfitt/Corbis, 218 ; Ambassade du Chili, 220 (d et fond) ; Ambassade du Chili, 221 ; Ambassade du Chili, 222 ; Corel, 224 (b et h) ; Bettmann/Corbis, 226-227 ; Corel, 228 (b) ; Arte & Immagini srl/Corbis, 229 (h) ; Bettmann/Corbis, 230-231 (h) ; AFP, 231 (b) ; Corel, 232 ; Corel, 233 (h et b) ; Kevin Schafer/Corbis, 234 ; Office du tourisme de Chartres, 236 ; Office du tourisme de Chartres, 237 (h et b) ; Bettmann/Corbis, 240-241 (g) ; Christel Gerstenberg/Corbis, 240-241 (d) ; D.R., 242 (g) ; © RMN/Jean Schormans, 242-243 ; © RMN/Michèle Bellot, 243 ; Bettmann/Corbis, 244 ; © RMN, 246 ; © RMN, 247 ; Bettmann/Corbis, 248 ; Gianni Dagli Orti/Corbis, 250 ; Philippe Terrancle/Milan Presse, 251 ; Corbis, 252-253 ; © RMN-Blot/Ojeda, 254 ; Bettmann/Corbis, 256 (b) ; CAT'S/Corbis KIPA, 256-257 ; Bettmann/Corbis, 258-259 ; Leonard de Selva/Corbis, 259 (h) ; Bettmann/Corbis, 260 ; Gianni Dagli Orti/Corbis, 261 ; D.R., 262 ; © RMN, 263 ; © RMN/Gerard Blot, 264-265 ; Christie's Images/Corbis, 267 ; © RMN/Gerard Blot, 268 ; © RMN/Harry Bréjat, 269 ; Bettmann/Corbis, 270-271 ; © RMN/Jean, J. Schorman, 274 ; Michael Maslan Historic Photographs/Corbis, 276-277 ; Historical Picture Archive/Corbis, 277 (b) ; Stefano Bianchetti/Corbis, 278 ; Bettmann/Corbis, 279 (h) ; Stefano Bianchetti/Corbis, 279 (b) ; Archivo Iconografico, S.A./Corbis, 280 ; © RMN/H. Lewandowski, 281 ; © RMN, 282 ; Archivo Iconografico, S.A./Corbis, 283 ; Archivo Iconografico, S.A./Corbis, 284 ; D.R., 285 ; Historical Picture Archive/Corbis, 286 ; Bettmann/Corbis, 287 ; Coll. G. Dagli Orti, 288 ; Coll. G. Dagli Orti, 289 ; © RMN/Arnaudet, 290 ; Corbis Sygma, 294 ; Corbis Sygma, 295 ; Francis G. Mayer/Corbis, 296 ; Charles et Josette Lenars/Corbis, 297 ; Sandro Vannini/Corbis, 298 ; Gianni Dagli Orti/Corbis, 299 ; Corel, 300 ; Hulton-Deutsch Collection/Corbis, 301 ; National Gallery Collection, by kind permission of the Trustees of the National Gallery, London/Corbis, 302 ; Archivo Iconografico, S.A./Corbis, 303 ; © RMN/R.G. Ojeda, 304 ; Araldo de Luca/Corbis, 305 ; 318, Gallo Images/Corbis, 306 ; Archivo Iconografico, S.A./Corbis, 307 ; Christie's Images/Corbis, 308 ; David Lees/Corbis, 309 ; Archivo Iconografico, S.A./Corbis, 311 ; David Lees/Corbis, 312 ; Gianni Dagli Orti/Corbis, 313 ; H. Lewandowski/© RMN, 314 ; Coll. G. Dagli Orti, 315 ; © RMN, 316-317 ; © RMN/Frank Raux, 317 (b) ; Archivo Iconografico, S.A./Corbis, 318 (b et h) ; Bob Krist/Corbis, 319 (b) ; Archivo Iconografico, S.A./Corbis, 319 (h) ; Archivo Iconografico, S.A./Corbis, 320-321 ; Coll Larousse, 321 (b) ; D.R., 322 ; D.R., 323 ; Bibliothèque municipale de Grenoble, 324-325 ; Stephen Frink/Corbis, 326 ; Archivo Iconografico, S.A./Corbis, 327 ; D.R, 330-331, 332, 333 ; Bettmann/Corbis, 334 ; D.R., 335 ; Bettmann/Corbis, 336 ; Corbis, 337 ; Hulton-Deutsch Collection/Corbis, 338 ; Bettmann/Corbis, 339 ; Corbis, 340 ; Bettmann/Corbis, 341 ; Ted Streshinsky/Corbis, 342 ; Corbis, 343 ; Corbis, 344 ; Corbis-Sygma, 345 ; Nasa, 346 (g) ; Corbis, 346 (d) ; Corbis, 347.

N° de projet : 100 939 47 (I) 20 (CSBTS 150)
Imprimerie : Gráficas Estella
Dépôt légal : septembre 2002
Imprimé en Espagne (Printed in Spain)
505347-01-septembre 2002